histoire

LYCÉE

ISBN : 2-84410-064-3

Pierre Miquel

Historien, professeur émérite à l'université Paris-Sorbonne

histoire

LYCÉE

ÉDITIONS DE LA CITÉ

MANUEL+

Collection créée
Bernard Lecherbonnier,
agrégé des lettres, docteur ès lettres

Rédaction
Carole Bitoun (certifiée d'histoire), Leila Dakhli (agrégée d'histoire),
Catherine Donnadieu (professeur agrégé d'histoire et de géographie),
Christine Gruest (professeur agrégé d'histoire et de géographie),
Nicole Leroux (professeur certifié d'histoire et de géographie),
Bastien Miquel (auteur et co-auteur d'ouvrages historiques
sur la période contemporaine).

Édition
Première édition : Stéphane Maire et Philippe Faverjon
Deuxième édition : Anne-Sophie Bourg

Correction
Bernard Lehembre, Frédéric Perroud, Emmanuelle de Villedary, Fériel Yaïche

Conception de la couverture
Yannick Lebourg

Iconographie
Bernard Crochet, Emmanuelle de Villedary ;
Colette Laporte, Céline Collinet

Cartographie
Graffito

Conception graphique
ELSE

Maquette
Anna Klykova,
assistée par Christian Fey, Sophie Guihaire, Claire Hostin,
Eddy Naigre, Séverine Poulain

Réalisation éditoriale
ATE

Avant-propos

Le récit qui vous est offert, amis lecteurs et lectrices, est très simplement celui de l'Histoire des hommes, depuis qu'elle est gravée dans la pierre ou la brique ou tracée sur le papyrus. Quoi de commun entre le fellah du pharaon Ramsès et les sujets de la reine Élisabeth d'Angleterre ? Le fil rouge de ce livre vous le dira.

Depuis qu'ils vivent ensemble, les hommes recherchent des formes de vie sociale et obéissent à des pouvoirs qui peuvent devenir oppressifs. Pour s'en défendre, ils inventent des principes, des institutions. Les premières sont inspirées par les dieux et cherchent déjà à garantir l'égalité des Grecs, la liberté du droit romain, avant d'exiger – dans la longue marche des ouvriers européens du XIXe siècle – la justice.

D'autres institutions s'inspirent, à l'exemple américain de Philadelphie, de l'idée de nation. Plus tard, la Révolution française reprendra cette idée en définissant les Droits de l'homme et du citoyen. Ainsi se développent en Europe d'abord des nations qui bientôt se font la guerre. Deux guerres mondiales ont à ce point meurtri l'humanité que pour la première fois est exigée la constitution d'un monde unique, le monde du droit.

Toute histoire contemporaine est faite du tracé parallèle, souvent haché, conflictuel de ces évolutions qui tendent à la constitution d'un ensemble mondial inspiré des seuls principes du droit et de la justice.

Tel est à coup sûr le fil rouge de l'Histoire qui vous est proposé, votre Histoire.

Pierre Miquel

Manuel +, mode d'emploi

La perspective du bac donne un objectif précis aux lycéens qui, de la seconde à la terminale, doivent consolider et approfondir leurs connaissances dans de nombreuses disciplines.

Pour bien maîtriser chacune de ces disciplines, qu'elles soient scientifiques ou littéraires, il faut avant tout bien en saisir l'esprit et les spécificités, appréhender les tenants et les aboutissants de leurs programmes, maîtriser les méthodes permettant de réussir aux examens. La seule compilation des savoirs ne suffit pas. Le lycéen doit clairement comprendre ce qu'on lui demande et savoir s'organiser en conséquence. Là est la clé du succès.

C'est pourquoi Manuel + constitue l'outil le mieux adapté à ce but. Dans une première partie, les **Bases** font un résumé des connaissances acquises au collège. Tout le programme du lycée, pour chaque discipline, est ensuite développé dans le **Fil rouge**, écrit par un auteur éminent. Les **Points clés** traitent tous les sujets de cours et les **Fiches pratiques** orientent parmi les autres ressources documentaires : livres, encyclopédies, films, multimédia… Enfin, le **Dico** contient tous les termes et noms indispensables… avec un renvoi systématique aux Points clés.

Cet ouvrage est utilisable dès l'entrée en seconde. Pour préparer le bac, ainsi que les concours administratifs et les examens professionnels, il est l'outil idéal puisqu'il réunit en lui toutes les fonctions des aides généralement disséminées entre plusieurs livres : mementos, manuels classiques, grammaires, dictionnaires…

La caution d'une grande signature assure la garantie scientifique des contenus, la liaison avec l'enseignement supérieur. Avec Manuel +, vous aimerez les études secondaires parce que vous en comprendrez mieux la signification.

Bernard Lecherbonnier

Sommaire

Bases *Ce qu'il faut savoir à l'entrée en 2de*

Chronologie : l'Antiquité 14
Chronologie : le Moyen Âge 15
Chronologie : les Temps modernes 16
Chronologie : le XIXe siècle 17
Chronologie : le XXe siècle 18
Chronologie : le XXe siècle 19
L'Égypte, une civilisation plurimillénaire 20
Le monde grec domine la Méditerranée 21
Rome, de la République à l'Empire 22
Naissance et victoire du christianisme 23
Byzance, la deuxième Rome 24
L'islam, à la conquête de la Méditerranée 25
Des Barbares à la féodalité 26
La société médiévale 27
L'Église au Moyen Âge 28
Du Moyen Âge aux Temps modernes 29
Humanisme et Renaissance 30
L'Ancien Régime 31
La monarchie absolue 32
La Révolution française 33
L'Empire et l'Europe 34
La révolution industrielle 35
La société industrielle 36
Nationalités et nationalismes 37
La domination européenne du monde 38
La France de 1815 à 1914 39
La Première Guerre mondiale 40
La révolution russe 41
Le monde dans l'entre-deux-guerres 42
Les régimes totalitaires 43
La Seconde Guerre mondiale 44
Les relations internationales 45
La décolonisation et le tiers-monde 46
La France, de la IVe à la Ve République 47

Fil rouge *Pour comprendre le programme dans son ensemble*

L'Antiquité
Pourquoi l'Histoire ? 50
Les modèles politiques de l'Antiquité 54
Les États religieux à dieu unique 58
Le Moyen Âge
La fin du malheur 62
Les Temps modernes

Sommaire

La renaissance de l'Occident 66
Monarchie absolue et monarchie libérale 70
La révolution d'Amérique et les idées françaises 74
L'échec de la monarchie constitutionnelle en France 78
La République des démocrates 82

Le XIXᵉ siècle

La construction de l'État libéral en France 86
L'Europe des princes en 1815 90
Les espoirs déçus de 1830 94
La question sociale en 1848 98
La révolution silencieuse des choses 102
Le monde en 1900 106
Le triomphe des nations 110
Le choc des nationalismes 114

Le XXᵉ siècle

La guerre et la révolution 118
La paix perdue et les Années folles 121
Le nouvel ordre mondial en 1929 125
La crise mondiale de 1929 129
Les nazis en Allemagne 132
L'Europe des dictatures 135
Le communisme totalitaire 139
La Seconde Guerre mondiale 142
La fin du nazisme 146
L'échec du « monde un » 150
La guerre froide 153
Le tiers-monde entre en scène 156
L'Amérique et l'Europe 161
Le monde à quatre 164
La crise mondiale 168
Le retour de la guerre froide 171
Le triomphe américain 175
La Chine, le tiers-monde et l'ancien bloc communiste 178
L'horizon démocratique aujourd'hui 183
La France et le monde 188

Points clés

Pour maîtriser les sujets de cours

Citoyens et non-citoyens en Grèce 194
Le fonctionnement de la démocratie athénienne 196
Les panathénées : un culte civique 198
Être citoyen sous l'Empire romain 200
La romanisation de l'Empire 202
Les origines du christianisme 204
L'organisation de l'Église paléochrétienne 206
Le christianisme, religion officielle 208
De l'Antiquité au Moyen Âge 210
La Méditerranée au XIIᵉ siècle 212
Les croisades 214
Églises et mosquées : art et culte 216
Des innovations techniques et un nouveau monde 218
L'humanisme 220
La Renaissance 222

Sommaire

Réforme et Contre-Réforme 224
L'universalité des Lumières 226
La crise de l'Ancien Régime : les cahiers de doléances 228
Souveraineté nationale contre légitimité dynastique 230
L'expérience républicaine en France (1792-1799) 232
L'Empire clôt la Révolution 234
La naissance de l'État moderne 236
L'Europe transformée par l'Empire napoléonien 238
Quelle idée de nation pour l'Europe ? Romantisme et identité nationale 240
L'Europe, du congrès de Vienne aux révolutions de 1830 242
Les révolutions de 1848 244
La France entre Restauration et révolutions 246
Origines et processus de l'industrialisation 248
La révolution des transports 250
Croissance, crises et dépression 252
Capitalisme et libéralisme au XIXe siècle 254
Le monde ouvrier 256
Le syndicalisme en Europe au XIXe siècle 258
Le socialisme 260
Les chrétiens face à la modernité 262
L'Europe domine le monde 264
Des rivalités coloniales au partage du monde 266
Colonies et métropoles 268
La modernisation du Japon, de 1868 à 1939 270
L'irrésistible ascension des États-Unis (1860-1939) 272
Revendications nationales et nationalismes en Europe 274
L'unité italienne et l'unité allemande 276
Les nations sacrifiées 278
La poudrière balkanique 280
Les intellectuels entre révolte et engagement 282
La science, de la foi aveugle au désenchantement 284
De l'académisme à l'art moderne 286
La naissance d'une culture de masse 288
Suffrage universel et Parlements en Europe 290
La difficile mise en place du régime républicain en France 292
De Boulanger à l'affaire Dreyfus 294
L'enracinement de la République 296
Modernisation et rayonnement de la France : 1880-1914 298
Les origines de la Grande Guerre 300
La Première Guerre mondiale 302
La guerre des tranchées 304
La guerre économique et l'économie de guerre 306
1917, l'année charnière 308
Culture de guerre et propagande : la Première Guerre mondiale 310
La division du mouvement socialiste français en 1920 312
La nouvelle carte de l'Europe après la Première Guerre mondiale 314
La révolution russe 316
La Russie sous Staline, de 1924 à 1939 318

Sommaire

Les révolutions et leur reflux : 1918-1920 320
La Yougoslavie (1920-1996) 322
La crise des démocraties libérales et l'échec de la SDN 324
La crise de 1929 326
Les régimes politiques face à la crise 328
Régimes autoritaires, fascisme et totalitarisme 330
L'Italie fasciste 332
L'Allemagne nazie 334
Les accords de Munich 336
Les origines de la Seconde Guerre mondiale 338
L'évolution singulière de l'économie française 340
La France de l'entre-deux-guerres : la IIIe République contestée 342
1936, le Front populaire 344
La Seconde Guerre mondiale 346
Une guerre totale 348
Résistance et collaboration 350
Des camps de concentration à la solution finale 352
Auschwitz-Birkenau 354
Vichy, un fascisme à la française 356
La Résistance intérieure et extérieure française 358
La France de la Libération 360
De Yalta à Potsdam : l'alliance antinazie en question 362
Le bilan moral et matériel de la Seconde Guerre mondiale 364
La réorganisation américaine 366
La croissance des Trente Glorieuses 368
Les grandes mutations sectorielles 370
Civilisations urbaines et nouveaux modes de vie 372
Les inégalités dans le monde 374
La dépression économique contemporaine 376
Accroissement des richesses et dissolution sociale 378
Les nouveaux pôles de la croissance mondiale 380
Les États-Unis, modèle universel 382
Le grand frère russe et les démocraties populaires 384
La Chine, un modèle pour le tiers-monde 386
La guerre froide et la naissance des blocs (1947-1961) 388
La crise de Cuba : le monde autour du gouffre 390
La détente et les zones d'influence 392
Les décolonisations 394
La conférence de Bandoeng (1955) 396
L'émergence du tiers-monde 398
Le tiers-monde : de l'éclatement à la faillite 400
Le Proche et le Moyen-Orient, zones instables 402
La course à l'armement nucléaire 404
Le bilan mitigé de l'ONU 406
Ordre ou désordre mondial ? 408
La construction européenne 410
L'Europe entre tradition et modernité 412
L'effondrement et l'éclatement du monde communiste 414
Le difficile passage au marché 416
La France de la IVe République 418
Du gaullisme à l'alternance 420

Les institutions de la Ve République 422
Les transformations de la société française depuis 1945 424
Les mutations culturelles en France 426
La politique extérieure de la France depuis 1945 428

Fiches pratiques

Pour se documenter

Lire et se documenter
Utiliser la bibliothèque municipale : livres et revues 433
Lire des revues de vulgarisation 435
Consulter un dictionnaire d'histoire 437
Comprendre le journal 439
Les produits multimédia 441

L'histoire au baccalauréat
La composition d'histoire 443
L'étude d'un ensemble documentaire 445
L'explication d'un document 447

Regarder, écouter
Regarder la chaîne « histoire » sur le câble 449
Le documentaire historique 451
La musique et l'histoire : la symphonie « Héroïque » de Beethoven 453
La peinture et l'histoire : « Scènes des massacres de Scio » de Delacroix 455

Visiter
Le musée du Louvre 457
Les écomusées 459

L'histoire, aujourd'hui et demain
L'histoire aujourd'hui 461
Les métiers de l'histoire 463

Dico

Pour retrouver une définition, une notion

De la page 466 à la page 556

BASES

Ce qu'il faut savoir à l'entrée en 2de

Les repères chronologiques, les connaissances acquises au collège indispensables pour être prêt à suivre les cours d'histoire au lycée.

L'Antiquité

v. 8000	Naissance de l'agriculture
v. 4000	Apparition de l'écriture
v. 2600	Construction des grandes pyramides en Égypte
v. 1800	Départ des Hébreux du pays d'Ur
v. 1250	Sortie des Hébreux d'Égypte
v. 1040	Formation du royaume d'Israël
753	Fondation de Rome
v. 750	L'*Iliade* et l'*Odyssée* d'Homère
587	Destruction du Temple de Jérusalem et déportation des Juifs
509	Proclamation de la République romaine
508	Réformes de Clisthène : naissance de la démocratie athénienne
498-479	Guerres médiques opposant les Perses aux Grecs
478	Grèce : constitution de la ligue de Délos
462	Réformes d'Ephialtès : achèvement de la démocratie
447-432	Construction du Parthénon
443-429	Périclès stratège
431-404	Guerre du Péloponnèse
334-325	Épopée d'Alexandre
264-146	Guerres puniques : Rome domine la Méditerranée
89	Les Italiens obtiennent la citoyenneté romaine
58-52	Guerre des Gaules, défaite de Vercingétorix à Alésia
27 av. J.-C.	Octave reçoit le titre d'Auguste
30 apr. J.-C.	Passion du Christ
51-85	Rédaction du Nouveau Testament
64	Persécutions des chrétiens. Martyres de Pierre et de Paul
70	Destruction du Temple de Jérusalem et diaspora juive
212	Édit de Caracalla : tous les hommes libres obtiennent la citoyenneté romaine
303-304	Dernières grandes persécutions contre les chrétiens
313	Édit de Milan : Constantin accorde la liberté de culte aux chrétiens
325	Premier concile œcuménique à Nicée contre l'arianisme
330	Fondation de Constantinople sur le site de Byzance
356	Mort de saint Antoine, père du monachisme
392	Théodose interdit les cultes païens
395	Division de l'Empire romain entre Empires d'Orient et d'Occident
476	Fin de l'Empire romain d'Occident

v. 498	Baptême de Clovis, roi des Francs à Reims
v. 530	Règle de saint Benoît
533-555	Reconquête byzantine d'une partie de l'Occident (Afrique du Nord, Italie, sud de l'Espagne)
622	Début de la prédication de Mahomet ; l'hégire
632	Mort de Mahomet
634-716	Conquêtes arabes de la Mésopotamie jusqu'à l'Espagne
v. 650	Rédaction du Coran
751	Élection et sacre de Pépin le Bref
756	Création du patrimoine de saint Pierre et de la dîme
800	Couronnement impérial de Charlemagne à Rome
817	Règle de saint Benoît imposée dans tous les monastères
843	Traité de Verdun : division de l'Empire carolingien
852	Premières guildes et confréries d'artisans
859	Définition des obligations du vassal
862	Évangélisation de la Moravie par Cyrille et Méthode
909	Fondation de Cluny par Guillaume d'Aquitaine
v. 920	Premières mottes castrales (châteaux en bois)
962	Couronnement impérial d'Otton Ier : naissance du futur Saint Empire romain germanique
v. 975	Éclatement des principautés et multiplication des châteaux
987	Hugues Capet est proclamé et sacré roi de France
989	Début du mouvement de la paix de Dieu en France
	Baptême de Vladimir : conversion des Russes
1050-1250	Les grands défrichements
1054	Schisme entre Rome et Constantinople
v. 1050	Début de la réforme pontificale (lutte contre la simonie, le nicolaïsme, libre élection du pape par les cardinaux)
1066	Conquête de l'Angleterre par Guillaume le Conquérant
1095	Urbain II appelle à la première croisade
1098	Fondation de Cîteaux
1099	Prise de Jérusalem par les croisés (première croisade)
1163-1260	Construction de Notre-Dame de Paris
1204	Détournement de la 4e croisade : prise de Constantinople
1215	Jean sans Terre concède la Grande Charte (Angleterre)
v. 1220	Création des ordres mendiants, dominicains et franciscains
1242-1270	Règne de Saint Louis
1302	Philippe le Bel convoque les premiers états généraux
1337-1453	La guerre de Cent Ans
1347-1350	Peste noire en Europe
1429-1431	Chevauchée de Jeanne d'Arc
1453	Prise de Constantinople par les Turcs

L'Église : réforme monastique et affirmation du rôle du pape

Islam : fondation et expansion

France : formation du royaume par les Capétiens

Croisades : sept expéditions de 1095 à 1270

Les Temps modernes

- **v. 1455** Impression de la Bible par Gutenberg
- **1492** Christophe Colomb découvre l'Amérique
- Prise de Grenade : fin de la reconquête espagnole
- **1508-1512** Michel-Ange réalise les fresques de la chapelle Sixtine
- **1511** *Éloge de la folie* d'Érasme
- **1517** Martin Luther énonce ses 95 thèses
- **1519-1522** Premier tour du monde par Magellan
- **1534** Henri VIII fonde l'Église anglicane
- **1545-1563** Concile de Trente : Contre-Réforme doctrinale et disciplinaire
- **1572** Massacre de la Saint-Barthélemy
- **1598** L'édit de Nantes accorde la liberté religieuse aux protestants
- **1624-1642** Richelieu, Premier ministre de Louis XIII
- **1649** La Fronde
- **1661-1715** Règne personnel de Louis XIV
- **1679** Vote de l'habeas corpus contre les arrestations arbitraires
- **1685** Révocation de l'édit de Nantes
- **1689** La Déclaration des droits institue une monarchie parlementaire en Angleterre
- **v 1740** Début d'une forte croissance démographique en Europe
- **1751-1772** Rédaction de l'*Encyclopédie,* reflet des idées des Lumières
- **1769** Watt met au point une machine à vapeur
- **1776** Déclaration d'indépendance américaine
- Échec des réformes sur l'impôt de Turgot
- **1787** Adoption de la Constitution des États-Unis d'Amérique
- **1789** **4 août** Abolition des privilèges et des droits seigneuriaux
- **26 août** Déclaration des droits de l'homme et du citoyen
- **1791** Loi Le Chapelier interdisant les coalitions
- Vote de la Constitution
- **1792** **20 avril** Entrée en guerre contre l'Autriche
- **10 août** Chute de la monarchie
- **20 septembre** Victoire de Valmy
- **22 septembre** Première République
- **1793** Insurrection vendéenne
- Décret sur la Terreur
- **1794** **27 juillet** Chute de Robespierre
- **1795-1799** Le Directoire
- **1799-1804** Le Consulat

1802	Création des lycées
1803	Création du franc Germinal
1804-1815	Premier Empire : Napoléon Ier
1804	Publication du Code civil
1805	Victoire d'Austerlitz
1808	Soulèvement antifrançais à Madrid
1815	Le congrès de Vienne rétablit le droit des princes
1815-1830	La Restauration en France
1820-1840	Apogée du romantisme
1830	Révolutions en France, en Belgique et en Pologne
	Indépendance de la Belgique (de la Grèce en 1829)
	Première ligne de chemin de fer Liverpool-Manchester
1830-1848	La monarchie de Juillet
1846-1852	Grave crise économique en Europe
1848	Révolutions libérales et nationales en Europe
1848-1852	IIe République
1852-1870	Second Empire : Napoléon III
1853-1856	Guerre de Crimée
1859	Théorie de Darwin sur l'évolution
1860	Cession de Nice et de la Savoie à la France
1861	Formation du royaume d'Italie
1863	Échec du soulèvement polonais contre le pouvoir russe
1864	Création de la Ire Internationale à Londres
1869	Inauguration du canal de Suez
1870	**4 septembre** Proclamation de la République
1871	Proclamation de l'Empire allemand
	Écrasement de la Commune de Paris
1875	France : vote des lois constitutionnelles
1876	Invention du téléphone (G. Bell)
	Angleterre : Victoria, impératrice des Indes
1878	Congrès de Berlin : indépendance de la Serbie, de la Roumanie et du Monténégro
1882	France : enseignement public, laïc et obligatoire
1884	Conférence de Berlin sur les zones d'influence en Afrique
	Loi Waldeck-Rousseau sur la liberté syndicale
1885	Pasteur découvre le vaccin contre la rage
1889	France : crise boulangiste
1890	Premier vol réussi d'un avion (Clément Ader)
1895	Création de la CGT
	Invention du cinématographe par les frères Lumière
1898	Affaire Dreyfus

Napoléon domine l'Europe

France : de 1815 au second Empire

Heurs et malheurs du mouvement des nationalités en Europe de l'Ouest et centrale

France : triomphe de la IIIe République

Le xxe siècle

1905 Séparation de l'Église et de l'État en France
1908 La Ford T est fabriquée en série
1912-1913 Les deux guerres balkaniques
1914 **4 août** Début de la Première Guerre mondiale
1916 La bataille de Verdun
1917 Entrée en guerre des États-Unis
Révolutions russes et retrait de la Russie du conflit
1918-1920 Guerre civile et communisme de guerre
1918 **11 novembre** Armistice signé avec l'Allemagne
1919 Fondation du Komintern
Vague révolutionnaire en Europe (Allemagne, Hongrie)
1919-1920 Traités de paix, création de la SDN
1920 Premiers essais de radiodiffusion en Grande-Bretagne
1922 Mussolini accède au pouvoir
1926 Premier appareil de télévision
1929 Staline impose la collectivisation des terres et la planification
1933 Hitler est nommé chancelier
F. D. Roosevelt lance le New Deal
1935 Les lois de Nuremberg
1936-1939 Guerre civile en Espagne
1936 France : adoption des lois sociales du Front populaire
1938 L'Anschluss et la conférence de Munich
1939 **1er septembre** Début de la Seconde Guerre mondiale
1940 **Mai-juin** Défaite de la France
1940-1944 Le maréchal Pétain dirige l'État français
1941 **Juin** Invasion de l'URSS
Août Solution finale, camps d'extermination
7 décembre Pearl Harbor : entrée en guerre des États-Unis
1942 Débarquement allié en Afrique du Nord
1943 Défaite allemande devant Stalingrad
1944 **6 juin** Débarquement anglo-américain en Normandie
15 août Débarquement allié en Provence
Droit de vote des femmes en France
Conférence monétaire de Bretton Woods
1945 Conférences de Yalta et de Potsdam
8 mai Capitulation allemande
6 et 9 août Hiroshima et Nagasaki
2 septembre Capitulation japonaise
Création de la Sécurité sociale en France
Fondation de l'ONU

1947-1958	France : IVe République
1947	Doctrine Truman et doctrine Jdanov
1948	Création de l'État d'Israël
1949	République populaire de Chine
	Signature du pacte atlantique
1950-1953	Guerre de Corée
1954-1962	Guerre d'Algérie
1955	Conférence de Bandoeng
1956	Crise de Suez et intervention soviétique en Hongrie
1957	Le traité de Rome fonde la CEE (France, Allemagne de l'Ouest, Italie et Bénélux)
1958	Insurrection à Alger et fondation de la Ve République
	Crise de Berlin
1960	Indépendance des pays d'Afrique noire française
1961	Construction du mur de Berlin
	Fondation du mouvement des non-alignés
1962	Crise des fusées de Cuba
1968	Grandes grèves étudiantes et ouvrières
1969	Mission Apollo 11 : un Américain marche sur la Lune
1975	Accords d'Helsinki sur la sécurité et la coopération en Europe
1979-1989	Intervention soviétique en Afghanistan
1980-1988	Guerre Iran-Irak
1981	François Mitterrand, président de la République
1987	Reagan et Gorbatchev signent les accords de Washington sur le retrait des euromissiles
1989-1991	Dissolution du bloc socialiste en Europe
1989	Chute du mur de Berlin
1990	Réunification allemande
1991	Guerre du Golfe : coalition internationale contre l'Irak
	Éclatement de l'URSS
	Conférence de Madrid sur la paix au Proche-Orient
	Début de la guerre dans l'ex-Yougoslavie
1992	Traité de Maastricht
1995	L'Europe des Quinze
1995	Jacques Chirac, président de la République
	Accords de Dayton : fin de la guerre en Bosnie
1999	Entrée en vigueur de l'euro
2001	**11 septembre** Attentat contre le World Trade Center
2001	Guerre en Afghanistan
2003	Guerre en Irak
2004	L'Europe des Vingt-cinq

L'Égypte, une civilisation plurimillénaire

Dans la vallée du Nil, en Afrique du Nord-Est, les Égyptiens ont bâti une civilisation plurimillénaire. À la tête d'un État centralisé, le pharaon, à la fois homme et dieu vivant sur terre, dirige une société agraire et très hiérarchisée.

Le Nil, source de vie

L'Égypte doit sa prospérité au Nil, dont la crue annuelle apporte l'eau et le limon et transforme le désert en oasis verdoyante. Les paysans travaillent sur de grands domaines qui appartiennent au pharaon et aux grands fonctionnaires de l'État. D'importants travaux pour stocker l'eau et irriguer les terres cultivables permettent d'obtenir des récoltes abondantes dont la plus grande part est reversée comme impôt. Pendant la crue, les paysans sont astreints à des corvées sur les grands chantiers du pharaon, où ils côtoient les artisans et les nombreux prisonniers de guerre.

◀ *Le sarcophage de Toutankhamon expose les insignes royaux : le cobra et le faucon (dieux protecteurs), le sceptre royal et le fouet (autorité) et la barbe postiche (immortalité).*

Le pharaon, dieu vivant

Le pharaon détient un pouvoir de nature théocratique. Il est l'incarnation des dieux Amon-Rê et Horus. Intermédiaire entre les dieux et les hommes, il est le chef religieux de l'Égypte, responsable de l'harmonie du monde et de la prospérité. Il est maître de tout ce qui existe et dirige l'État en monarque absolu. Il est secondé par le vizir, qui dirige une administration puissante composée de fonctionnaires.

Une religion de la survie

Polythéistes, les Égyptiens adorent de nombreux dieux qui interviennent dans leur vie. Les offrandes et les prières sont destinées à se concilier leurs faveurs. Le pharaon fait construire des temples qui sont leurs demeures. La statue du dieu est érigée dans le sanctuaire, dont l'accès est réservé au pharaon et à ses prêtres. Après leur mort, les Égyptiens peuvent gagner l'immortalité et le paradis : les «champs d'Ialou». Le tribunal d'Osiris juge leurs actes en pesant leur âme. Leur corps est embaumé et déposé dans un sarcophage ; le pharaon et les puissants se font bâtir des pyramides pour abriter leur corps momifié.

Le monde grec domine la Méditerranée

Le monde grec, constitué de cités indépendantes, souvent rivales, domine la mer Méditerranée orientale avec ses colonies. À partir d'Alexandre le Grand, il influence tout l'Orient jusqu'à l'Indus.

L'identité grecque

Les cités grecques sont de petits États formés d'une ville et de la campagne environnante. Chacune possède son régime politique - monarchie, oligarchie ou démocratie - et rend un culte à la divinité protectrice de la cité. Mais le panthéon et la mythologie racontée par les grands poètes, comme Homère ou Hésiode, sont communs à tous les Grecs. Les grands sanctuaires panhelléniques, tels ceux de Delphes et d'Olympie, rassemblent périodiquement tous les Grecs pour honorer Apollon et Zeus par des sacrifices et des concours musicaux ou dramatiques, ou des compétitions sportives. C'est l'occasion de taire les rivalités pour célébrer l'unité du monde grec.

Athènes, école de la Grèce

Au Ve siècle av. J.-C., Athènes dirige la ligue de Délos, confédération de cités alliées contre la menace perse. Elle puise dans le trésor de la ligue et fait appel aux plus grands artistes pour reconstruire les temples de l'Acropole. Son rayonnement attire les savants de toutes les cités. Elle invente la démocratie et favorise l'essor de la philosophie et du théâtre.

L'héritage hellénistique

La rivalité entre Sparte et Athènes conduit les Grecs dans une longue guerre qui les affaiblit. En 338 av. J.-C., ils tombent sous la domination de Philippe de Macédoine. Son fils Alexandre conquiert un immense empire, de l'Égypte à l'Indus. Il bâtit de nombreuses villes, comme Alexandrie, diffuse la culture grecque et tente de réaliser la fusion avec la civilisation perse. À sa mort, ses généraux se partagent l'empire et fondent des royaumes hellénistiques, synthèses des cultures grecque et orientale.

▶ *Le Parthénon, construit en marbre blanc, mêle les ordres dorique et ionique. Il abrite la statue d'Athéna Parthénos, œuvre de Phidias, ainsi que le trésor de la cité.*

Bases

Rome, de la République à l'Empire

Petite bourgade du Latium, Rome devient une république à la fin du IVᵉ siècle av. J.-C., qui se mue au début de notre ère en un vaste empire à vocation universelle.

Une république aristocratique

Selon la légende, Romulus fonde Rome en 753 av. J.-C. Après deux siècles de royauté, la République est proclamée en 509. Le peuple romain, réuni en assemblées fondées sur des distinctions de fortune, les comices, élit tous les ans des magistrats qui gouvernent la cité. Les plus importants, les deux consuls, détiennent le pouvoir civil et militaire, l'imperium. Les anciens magistrats composent le sénat, qui possède une autorité morale considérable, l'*auctoritas.*

▶ *Octave, premier empereur, porte plusieurs titres : Auguste (porteur de l'auctoritas), Princeps (premier des citoyens), Imperator (victorieux grâce aux dieux) et grand pontife (chef religieux).*

L'armée conquiert Rome

Du IVᵉ au Iᵉʳ siècle av. J.-C., Rome s'impose en Italie puis sur l'ensemble du bassin méditerranéen. L'armée romaine, nationale et censitaire, a été l'instrument de cette conquête. Très disciplinée, organisée en légions, elle est renforcée par des contingents des cités alliées. À la fin de la République, elle devient permanente et professionnelle, dévouée aux généraux qui la commandent. César, puis son fils adoptif Octave l'utilisent pour mettre fin au régime républicain.

Quatre siècles d'Empire en Occident

Officiellement, la République est maintenue, mais Octave et ses successeurs cumulent les différents pouvoirs et exercent une autorité impériale. Celle-ci est relayée dans les provinces par des gouverneurs. Progressivement, la citoyenneté romaine est étendue à tous les hommes libres de l'Empire en 212. Rome respecte la culture des peuples vaincus et leur accorde une large autonomie. La paix romaine assurée par l'armée qui protège une frontière fortifiée, le limes, la construction de routes et le développement de l'urbanisation favorisent les échanges et la prospérité. La romanisation du bassin méditerranéen se traduit par la diffusion d'une culture gréco-romaine.

Naissance et victoire du christianisme

Dès la fin du Iᵉʳ siècle, un clergé clandestin est créé dans plusieurs régions de l'Empire romain. En dépit des persécutions, le christianisme s'impose et devient, en 392, la seule religion de l'Empire.

Une religion du salut par le sacrifice

Vers 27, Jésus, Juif de Nazareth, commence à prêcher en Palestine. Il se dit fils de Dieu et ses disciples le reconnaissent comme le Christ, messie envoyé par Dieu. Il est arrêté et crucifié par les Romains comme agitateur politique. Après sa mort, les Apôtres prêchent les Évangiles (la bonne nouvelle) : au temps de la Loi succède celui de la Grâce. Dieu s'est incarné, a souffert, est mort et est ressuscité pour sauver les hommes de la damnation. Il promet à ceux qui suivront son message - l'amour de Dieu et des hommes - la vie éternelle au paradis.

▼ *La plus ancienne représentation connue du Christ. Une auréole entoure sa tête, signe d'appartenance à Dieu.*

Diffusion et persécutions

Les Évangiles fondent une nouvelle religion qui s'adresse à tous les hommes. Les apôtres la diffusent en Orient, puis dans tout l'Empire romain. Les premiers chrétiens s'organisent en communautés, les Églises, réunies autour d'un évêque. On devient chrétien après avoir été baptisé. Lors de fêtes, les fidèles commémorent les épisodes de la vie du Christ (Noël, la Cène, Pâques). Leur refus de rendre un culte à l'empereur déclenche des vagues de persécutions.

Le christianisme, religion d'État

Le martyre des chrétiens ne freine pas les conversions. En 313, Constantin autorise le christianisme et convoque un concile à Nicée (325) pour confirmer le dogme de la sainte Trinité. L'Église calque son organisation sur celle de l'Empire. En 392, Théodose fait du christianisme la religion officielle : l'Empire devient l'image terrestre du royaume de Dieu.

Bases

Byzance, la deuxième Rome

En 330, Constantin Ier inaugure la deuxième Rome, Constantinople, la nouvelle capitale de l'Empire. En 1453, la ville tombe aux mains des Turcs; l'Empire romain et son rêve d'universalité s'effondrent.

L'Empire romain d'Orient

En 476, la partie occidentale de l'Empire romain s'effondre sous la pression des Barbares (Goths, Wisigoths…). Seul l'Empire d'Orient garantit le maintien de la romanité. Au VIe siècle, Justinien lance ses armées à la reconquête de la Méditerranée. Mais dès le VIIe siècle, réduit aux Balkans et à l'Asie Mineure, l'Empire devient byzantin; le grec remplace le latin et l'empereur prend le titre de basileus. Souverain, il gouverne l'Empire, lieutenant de Dieu sur Terre et vivante image du Christ; il dirige l'Église et répond du salut du nouveau peuple élu. Il nomme le patriarche, convoque et préside les conciles.

▼ *Le Christ en trône: ex-voto pour commémorer les donations de Constantin IX et de l'impératrice Zoé à l'Église.*

L'Église byzantine

L'empereur a le devoir de maintenir et de faire appliquer le dogme, il ne l'élabore pas. C'est le rôle des évêques réunis en concile sous la direction du patriarche, chef spirituel de l'Église. Les moines jouent un grand rôle auprès des fidèles. Leur ascétisme en fait des saints hommes capables d'intercéder auprès de Dieu. La sensibilité religieuse byzantine se concentre notamment sur le culte des reliques et des icônes, liens directs entre les fidèles et Dieu.

L'extension de l'orthodoxie

Au IXe siècle, le christianisme byzantin étend son influence sur les peuples slaves. Cyrille et Méthode évangélisent les Moraves et transcrivent les Évangiles en slavon. Les Bulgares, puis les Russes se convertissent et adoptent la liturgie grecque. En 1054, le schisme divise la chrétienté entre catholiques et orthodoxes. Après 1453, les Russes se proclament héritiers de Byzance et baptisent Moscou la troisième Rome.

L'islam, à la conquête de la Méditerranée

Né en Arabie au VIIe siècle, l'islam est la troisième religion monothéiste. Il se place dans la continuité du judaïsme et du christianisme, dont le prophète Mahomet déclare achever le message.

◀ La mosquée de La Mecque avec la Kaaba, dans laquelle est enchâssée la pierre noire, sacrée, d'origine abrahamique.

La naissance de l'islam

Vers 610, Mahomet, marchand de La Mecque, reçoit en songe la révélation divine. Il est le dernier des prophètes, chargé d'annoncer la toute-puissance de Dieu, de diffuser la foi et d'organiser la communauté des croyants. Devant l'hostilité des Mecquois, il part pour Médine en 622 : c'est l'hégire, début de l'ère musulmane. À sa mort, en 632, l'Arabie est convertie à l'islam.

Les cinq piliers de la foi

Après la mort de Mahomet, le contenu de la révélation est rédigé en arabe dans le Coran. Tout musulman doit respecter les cinq piliers de l'islam : la profession de foi qui marque la conversion; les cinq prières quotidiennes en direction de La Mecque; le mois de jeûne du ramadan; le pèlerinage à La Mecque à réaliser une fois dans sa vie; l'aumône, signe de solidarité envers la communauté. Le Coran règle tous les aspects de la vie. Il n'y a pas de clergé mais des guides, les imams. La mosquée, centre de prière et d'étude et lieu d'expression artistique, réunit l'ensemble de la communauté le vendredi.

La civilisation musulmane

Édifié par la conquête, l'Empire musulman est dirigé par un calife, chef religieux et politique. Religion de la transmission du savoir s'étant étendue en un siècle à toute l'Afrique du Nord et au Moyen-Orient, l'islam nourrit de grands centres culturels, comme Bagdad ou Cordoue, qui rassemblent les plus grands intellectuels du Moyen Âge. Ils acquièrent le savoir antique qu'ils font progresser, en particulier en mathématiques et en médecine.

▶ L'interdiction de toute représentation vivante contraint les artistes à inventer des motifs décoratifs abstraits.

Des Barbares à la féodalité

Au ve siècle, l'Empire romain d'Occident disparaît, remplacé par des royaumes barbares. L'idée impériale est reprise par les Carolingiens. Puis l'Occident se décompose en fiefs; la féodalité s'impose au xe siècle.

La restauration impériale

Vers 481, Clovis, roi des Francs, entreprend la conquête de la Gaule. Sa conversion au catholicisme lui apporte le soutien de l'Église. Plusieurs partages entre ses successeurs affaiblissent le royaume. En 751, le pouvoir passe aux mains du maire du palais, Pépin le Bref, qui se fait élire, puis sacrer roi des Francs, avec l'appui du pape. Son fils, Charlemagne, couronné empereur en l'an 800, conforte la dynastie carolingienne. Chef de guerre et roi chrétien, il impose le christianisme aux peuples qu'il soumet; il nomme les évêques et les abbés et convoque des conciles pour réorganiser l'Église. Il gouverne par capitulaires et divise son Empire en comtés, inspectés régulièrement par les missi dominici. Il exige de tous les hommes libres un serment de fidélité.

▲ *Hommage du vassal à son suzerain: « Voulez-vous devenir mon homme sans réserve? Je le veux. »*

Le lien féodal

Après la mort du fils de Charlemagne, Louis le Pieux, le traité de Verdun, en 843, divise l'Empire en trois royaumes. Devant la faiblesse du pouvoir royal et le climat d'insécurité provoqué par une nouvelle vague d'invasions, les hommes recherchent la protection des plus puissants. L'État s'efface devant les liens féodo-vassaliques, liens personnels qui unissent deux hommes libres lors de la cérémonie de l'hommage. Le vassal prête serment de fidélité à son seigneur et lui promet l'aide militaire et financière, ainsi que le service de cour et de plaid (justice). En retour, le suzerain lui assure la protection et l'entretien en lui remettant des terres, qu'on appelle un fief.

L'affirmation des grands

Progressivement, le fief devient héréditaire et le vassal s'engage auprès de plusieurs seigneurs. Devenu puissant, il peut à son tour accorder sa protection à de plus faibles. Les principautés se morcellent en de multiples seigneuries; des châteaux forts, sièges des pouvoirs locaux, s'érigent dans tout l'Occident. À la fin du IXe siècle, la puissance des seigneurs est telle que la royauté devient élective.

La société médiévale

La terre est le fondement de la société médiévale. Source de richesse, elle assure le pouvoir à ceux qui la détiennent. Le renouveau des villes au XIe siècle est le résultat de l'essor des campagnes.

Seigneurs : nobles et évêques

La seigneurie est le cadre de vie des hommes. Le seigneur est propriétaire du sol. Il exploite la réserve, mais l'essentiel des terres est divisé en tenures louées aux paysans contre des redevances en argent, le cens, ou en nature, le champart. Il exerce la justice, taxe les échanges aux péages, exige des corvées pour l'entretien du château et perçoit des impôts, les banalités, pour l'utilisation du moulin, du four et du pressoir. Localement, deux pouvoirs coexistent, celui des nobles et celui des évêques.

▶ *Le porc, dont la saignée se pratiquait en décembre, était la seule alimentation carnée des paysans.*

L'essor des campagnes

Autour de l'an mille, le monde rural connaît une mutation décisive. De nouvelles techniques permettent d'accroître la production : le moulin à eau et la charrue se diffusent, l'attelage se perfectionne. L'assolement triennal assure une meilleure utilisation du sol. Pour répondre à la poussée démographique, de grands défrichements augmentent les terroirs et créent de nouveaux villages (les essarts).

Les villes luttent pour être libres

L'essor du monde rural profite aux villes, lieux d'échange et de vente des surplus agricoles. Les marchands, organisés en guildes, s'enrichissent et constituent un groupe très dynamique. Au XIe siècle, les villes ou communes parviennent à arracher aux seigneurs des chartes de franchise qui leur accordent des privilèges et des libertés. Le droit de ban est transféré du seigneur à la commune. Un conseil formé par l'oligarchie urbaine administre la ville, qui s'entoure de murailles pour se protéger.

◀ *La moisson à la faucille en juillet. Le chaume est brûlé pour amender la terre.*

L'Église au Moyen Âge

L'Église, puissance temporelle, détient une fortune considérable. Au XIe siècle, elle s'affirme comme le premier ordre de la société. Détentrice du sacré, avec le roi, elle affirme sa supériorité sur les laïcs.

▼ *Lors de la résurrection des morts, au Jugement dernier, Jésus devient le redoutable Dieu justicier; à sa droite les élus, à sa gauche les damnés.*

L'encadrement des fidèles

L'Église est représentée par deux types de clergé : le clergé séculier vit au contact des laïcs. Au cœur de chaque village se dresse l'église paroissiale et son cimetière. Le prêtre, chargé des âmes des fidèles, distribue les sacrements. Il est dirigé par l'évêque, qui siège dans la cathédrale, ordonne les prêtres, surveille la discipline et lutte contre les hérésies. Le clergé régulier a choisi de vivre à l'écart du monde, dans des monastères. Les moines sont chargés de prier pour aider les vivants et les morts à gagner le paradis.

Sauver les âmes

Au XIe siècle, l'Église se lance dans un vaste mouvement de réformes morales et disciplinaires pour se libérer de l'emprise du pouvoir laïc et lutter contre la corruption. De nouveaux ordres monastiques se constituent, fondés sur un idéal de pauvreté et de retour au désert. Les laïcs, animés par l'angoisse du salut, multiplient les pèlerinages auprès des reliques des saints dont ils espèrent une aide. En 1095, le pape appelle à la première croisade, pèlerinage armé, pour libérer Jérusalem.

L'élan religieux

Autour de l'an mille, l'Europe se couvre d'un « blanc manteau d'églises ». Signe de ferveur religieuse, le moindre village construit son église en pierre de style roman. Les décors sculptés sur les tympans et les chapiteaux représentent des scènes tirées de la Bible. Ils doivent éduquer et impressionner les fidèles.
Au XIIe siècle, l'art gothique s'épanouit; les églises s'élancent vers le ciel et percent leurs murs de vitraux. La lumière célèbre la gloire d'un Dieu de miséricorde.

Du Moyen Âge aux Temps modernes

En 1455, le premier livre imprimé, la Bible, sort des presses de Gutenberg. En 1492, Christophe Colomb découvre l'Amérique. Deux événements marquants de l'histoire de l'humanité.

L'héritage médiéval

Forte de son avance technique et de sa puissance acquises pendant le Moyen Âge, l'Europe part à la conquête d'un monde qu'elle va dominer durant quatre siècles. Mais l'unité chrétienne, ciment d'un monde morcelé, s'efface progressivement devant l'éclatement religieux et la formation de nouveaux États, essentiellement attachés à renforcer leur pouvoir et à délimiter leurs frontières. L'Europe des rois va alors favoriser l'émergence, puis l'affirmation du capitalisme et de l'idée nationale.

▼ *La caravelle est un petit bateau (25 m), très maniable, rapide et de faible tirant d'eau.*

L'ouverture du monde

À la fin du XVe siècle, la vogue des épices conduit les Européens à rechercher de nouvelles routes maritimes pour rallier l'Inde. Christophe Colomb ouvre la voie de l'Atlantique, puis Magellan réalise le premier tour du monde (1519-1522). Sur la base des informations fournies par les Portugais et les Espagnols, la connaissance du monde s'affine (on établit des cartes précises).

La crise religieuse

Les crises des XIVe et XVe siècles réveillent les peurs de l'enfer. Pour l'Église, le salut s'obtient par la foi et par les œuvres. Le moine saxon Luther dénonce la vente des « indulgences » et conteste le rôle d'intermédiation de l'Église, à travers la confession : seule la foi sauve. Le prêtre français Calvin va plus loin, en énonçant la prédestination des âmes. Au concile de Trente qui inaugure la Contre-Réforme, l'Église aspire à reconquérir la société et à restaurer la discipline au sein du clergé.

Humanisme et Renaissance

À la fin du XVe et au XVIe siècle, savants et artistes européens, tout d'abord en Italie, redécouvrent le savoir antique et placent l'homme au centre de leur étude.

L'homme au centre du monde

Les intellectuels renouent avec une vision optimiste de l'homme et de sa place dans le monde. Ouvert aux connaissances de l'Antiquité, celui-ci doit utiliser sa liberté et sa raison pour comprendre la nature et améliorer la société. Les intellectuels, tel Érasme, voyagent, correspondent entre eux et diffusent leurs idées auprès des princes, qu'ils cherchent à influencer.

Renaissance en art et en science

En Italie, les artistes s'enthousiasment pour l'art gréco-romain. Les architectes utilisent les procédés de construction grecs comme les colonnes, la coupole, le fronton triangulaire ou l'arc de triomphe. Peintres et sculpteurs s'inspirent de la mythologie et réintroduisent le nu à l'antique. L'esprit scientifique se développe avec l'Italien Galilée et l'Allemand Kepler.

L'Antiquité revisitée

La Renaissance n'est pas un simple retour au passé. Les artistes, imprégnés du sentiment religieux, représentent des scènes tirées de la Bible. Ils inventent l'art du portrait et définissent les règles de la perspective. En Flandre, autre grand foyer artistique de la Renaissance, les frères Van Eyck inventent la peinture à l'huile et utilisent la toile comme support. Ce bouillonnement artistique est encouragé par les princes européens qui jouent les mécènes pour ajouter à leur gloire.

◄ Combat de carnaval et de carême, *de Pieter Bruegel. D'inspiration populaire, son œuvre met en scène le peuple flamand tout en offrant une vision toute personnelle de son temps.*

L'Ancien Régime

La société d'Ancien Régime est divisée en ordres voulus par Dieu. Cette représentation, héritée du Moyen Âge, rend imparfaitement compte des réalités sociales du XVIIIe siècle.

▲ *Dans* **Le Repas de paysans**, *Le Nain représente un riche laboureur entouré de deux employés : les vêtements et les attitudes expriment les différences sociales.*

Une société d'ordres

Chaque ordre exerce une fonction au sein de la société. Le clergé, au service de Dieu, prie pour le salut des hommes. La noblesse, au service du roi, les protège par les armes. Le tiers état, par son travail, nourrit l'ensemble. Le roi incarne l'unité de l'État. Ces fonctions assurent des privilèges (exemption d'impôts, etc.). Chaque ordre mais aussi les villes, les métiers, les universités sont régis par des lois qui les différencient des autres.

L'amorce d'une société de classe

Les grands, dont le rôle décline avec la construction de l'État moderne, sont contraints de déserter les campagnes pour la ville. La vente d'offices par le roi donne naissance à la noblesse de robe, qui constitue l'armature de l'État. La petite noblesse rurale résiste mal à la baisse de ses revenus et à l'achat de terres par les élites urbaines. Le haut clergé, issu de la noblesse, contrôle la richesse de l'Église. Au sein du tiers état, il y a peu de points communs entre le manouvrier et le laboureur, entre les grands négociants et les pauvres, marginalisés et enfermés dans les villes.

Villes et campagnes

Le monde rural compose l'essentiel de la population. La communauté villageoise, soumise aux seigneurs et encadrée dans la paroisse, est unie par de puissants liens de solidarité. Les villes possèdent le privilège de s'administrer. Lieux de résidence des autorités civiles et ecclésiastiques, elles sont dirigées par une élite au sein de laquelle s'opère la fusion entre la noblesse et la grande bourgeoisie. Elles sont peuplées d'artisans et de boutiquiers organisés en corporations.

La monarchie absolue

L'absolutisme connaît son expression la plus achevée sous le règne de Louis XIV (1643-1715). Il est l'aboutissement d'un lent renforcement de l'État dans sa lutte contre la noblesse et l'autonomie des provinces.

Un roi très chrétien, empereur en son royaume

La doctrine monarchique repose sur des conceptions d'origine médiévale. Roi chevalier, le monarque dirige l'armée au combat. Suzerain de tous les seigneurs, il est le premier des nobles. Lors du sacre, il reçoit l'onction qui le fait thaumaturge : « Le roi te touche, Dieu te guérit. » Lieutenant de Dieu sur Terre, il nomme les évêques et les abbés du royaume. À la fin du XIIIe siècle, la renaissance du droit romain l'a fait « empereur en son royaume ». Souverain, il possède la plénitude des pouvoirs législatif, exécutif et judiciaire, illustrée par la formule « car tel est notre bon plaisir ». Sa légitimité repose aussi sur la longue tradition d'une monarchie héréditaire, sur la continuité du pouvoir : « Le roi est mort, vive le roi. »

◀ *Parmi les nombreuses représentations du monarque, celle d'Apollon. Louis XIV est « roi soleil » et protecteur des arts.*

Une monarchie absolue limitée

Monarchie absolue ne signifie ni tyrannie ni despotisme. Le pouvoir royal est limité par les lois fondamentales qui lui interdisent le choix de son successeur et l'aliénation du royaume. Il doit maintenir le catholicisme au rang de religion d'État. Les coutumes, libertés et privilèges dont bénéficient les différents ordres, les corps de métiers, les villes et les provinces s'opposent à la toute-puissance du roi.

Un gouvernement centralisé

« L'État c'est moi », a déclaré Louis XIV. Il dirige un gouvernement très centralisé, constitué d'un personnel compétent recruté parmi les grands bourgeois et révocable à tout moment. Il préside le Conseil d'en haut d'où émanent toutes les décisions importantes. Les généralités sont dirigées par les intendants, relais de l'autorité royale. Ils disposent d'un pouvoir de justice, de police et de finances. Les nobles sont écartés du pouvoir : domestiqués à la cour de Versailles, ils deviennent les serviteurs du culte monarchique.

La Révolution française

Tournant central dans l'histoire de la France et de l'Europe, la Révolution bouleverse le cadre de l'Ancien Régime en affirmant les principes de souveraineté nationale, de liberté et d'égalité.

La monarchie constitutionnelle

Le refus de la noblesse de réduire ses privilèges fiscaux oblige Louis XVI à convoquer les États généraux. En juin-juillet 1789, l'Ancien Régime s'effondre.
Les députés du tiers état se proclament Assemblée nationale. Leur révolte est relayée par celle des Parisiens, qui s'emparent de la Bastille et de l'Hôtel de Ville (14 juillet), puis se dotent d'une garde nationale. Dans les campagnes, les paysans se révoltent contre les droits seigneuriaux. L'Assemblée nationale, après avoir aboli les privilèges, adopte la Déclaration des droits de l'homme et du citoyen. La Constitution affirme la séparation des pouvoirs et la souveraineté de la nation.

La première République

En août 1792, à la suite de l'échec de la fuite du roi à Varennes (1791) et à l'entrée en guerre contre l'Autriche (1792), Paris s'insurge. La république est proclamée.
Une Convention est élue au suffrage universel. Sous la pression des Jacobins, celle-ci crée un Comité de salut public chargé d'organiser la Terreur contre les ennemis de la Révolution. Les sans-culottes obtiennent le contrôle de l'économie par l'État.
De libérale, la Révolution est devenue guerrière et prosélyte.

De Thermidor à Brumaire

Les insurrections dans les provinces, notamment en Vendée, sont écrasées et les armées étrangères refoulées. Les députés, en provoquant la chute du Comité de salut public animé par Robespierre, mettent un terme à la Terreur (1794).
Ils instaurent une république censitaire, le Directoire, reflet des vœux de la bourgeoisie modérée. Le nouveau régime tente de restaurer la paix civile. Mais il doit sans cesse faire appel aux généraux républicains pour se maintenir contre la double menace de restauration royaliste et de révoltes populaires.
Le 18 Brumaire (1799), le général Bonaparte prend le pouvoir par un coup d'État.

▶ *La Bastille, symbole de l'arbitraire royal, est une forteresse qui contient d'importants stocks d'armes et menace les faubourgs populaires de l'Est parisien.*

L'Empire et l'Europe

L'Empire napoléonien, bien qu'éphémère (1804-1814), laisse néanmoins des traces durables sur les structures administratives et civiles de la France et de l'Europe.

▲ *Les Français, accueillis comme des libérateurs, sont rapidement perçus comme des occupants. Les peuples reprennent l'idée française de nation pour la retourner contre la France.*

«Les masses de granite»

Le Consulat, établi au lendemain du 18 Brumaire, garde en apparence un régime républicain, mais concentre en réalité le pouvoir dans les mains du premier consul, Bonaparte. Celui-ci est nommé consul à vie en 1802, puis est sacré empereur en 1804. Il poursuit l'œuvre de modernisation de la France en créant «les masses de granite»: l'administration est centralisée et hiérarchisée; les préfets dirigent les départements, les juges sont nommés par le pouvoir. Napoléon crée la Banque de France et fixe un étalon monétaire, le franc Germinal. Les lycées, sous le contrôle de l'Université, doivent fournir au régime ses futurs cadres. Le Code civil garantit l'égalité civile, la liberté individuelle, le droit de propriété et la laïcité de l'État. Le Concordat signé avec le pape Pie VII rétablit la paix religieuse.

L'Europe napoléonienne

Les guerres de conquête de Napoléon prolongent celles de la Révolution. La Grande Armée rassemble les conscrits français et des contingents des pays conquis. En 1811, à l'apogée de l'Empire, la France compte 130 départements et domine six États vassaux. Napoléon y diffuse les principes révolutionnaires. Les droits féodaux sont abolis, le Code civil est imposé. La justice et l'administration sont uniformisées.

L'écroulement

Face aux ambitions françaises, des coalitions successives se nouent, animées par l'Angleterre, qui garde le contrôle des mers. L'occupation française suscite l'éveil de mouvements nationaux en Espagne, en Italie, en Suisse et en Allemagne. L'échec de la campagne de Russie (1812) inspire les soulèvements autrichiens et espagnols. Après une première abdication et le bref retour des Cent-Jours, Napoléon est vaincu à Waterloo en 1815.

La révolution industrielle

Au début du XVIIIe siècle, la révolution industrielle rompt avec l'économie traditionnelle et ouvre l'ère du machinisme. Marginal à ses débuts, ce processus gagne peu à peu l'ensemble de l'économie.

L'Angleterre, pionnière

La hausse de la demande en produits courants oblige les entrepreneurs à réaliser des gains de productivité. Les ressources rares (la main-d'œuvre, le bois et les matières premières locales) sont remplacées par des ressources meilleur marché (les machines, le charbon et le coton importé). Le processus démarre dans le textile (mécanisation de la filature du coton, puis du tissage). Il gagne ensuite la métallurgie et la sidérurgie. Le charbon remplace le bois dans la métallurgie. La machine à vapeur devient la principale source d'énergie. Les innovations techniques en chaîne suscitent une baisse des prix et un élargissement progressif de la demande.

L'extension de l'industrialisation

L'industrialisation triomphe avec la révolution des transports (chemin de fer, steamer, télégraphe), qui ouvre de nouveaux marchés. Les sociétés anonymes ont besoin de capitaux très importants, qui sont rassemblés par les banques de dépôt. L'industrialisation mobilise les autres branches (métallurgie et travaux publics). La France et la Belgique sont les premiers pays à suivre le modèle anglais (1820-1840).

Les rythmes de la croissance

L'industrialisation est ponctuée de cycles courts et de phases plus longues où la croissance alterne avec des périodes de crise. Ces rythmes correspondent à des phases d'industrialisation. La première a satisfait des besoins simples, la seconde, à partir de 1860, ouvre de nouveaux secteurs. L'acier et le béton, le pétrole et l'électricité, la motorisation inaugurent l'ère du machinisme. Les entreprises familiales cèdent le pas aux entreprises capitalistiques. La concentration permet une nouvelle organisation du travail. Le taylorisme rationalise le geste ouvrier, le travail à la chaîne permet de produire des biens standardisés.

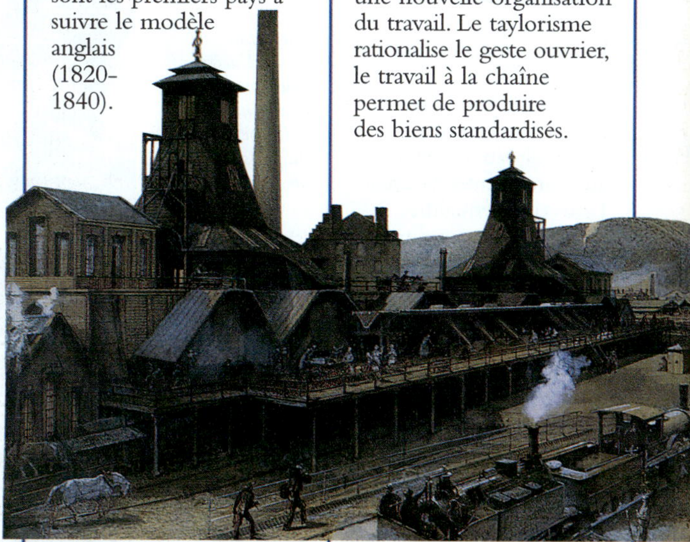

▶*La grande usine: les hauts fourneaux, les terrils et les bâtiments industriels transforment les campagnes et donnent naissance aux «pays noirs».*

La société industrielle

L'industrialisation entraîne une mutation profonde de l'ensemble de la société et le passage d'un monde rural et agraire à une civilisation industrielle et urbaine.

Un monde de plus en plus urbanisé

Le déclin, d'abord progressif et temporaire, de la population rurale s'accélère et s'amplifie à partir de 1880. L'exode rural nourrit la croissance urbaine favorisée par le chemin de fer.
Les grandes villes attirent la main-d'œuvre dans les usines. De grands travaux d'aménagement modifient le paysage urbain. La ville s'élève, se perce de grands boulevards et s'équipe d'un réseau métropolitain. Une ségrégation sociale oppose les zones populaires insalubres aux beaux quartiers, symbole de la ville.

Les mutations du travail

Le monde paysan entame un lent déclin. Les campagnes se désenclavent et se modernisent, l'agriculture s'intègre au marché international. L'ouvrier déqualifié, astreint à des conditions de travail très dures, remplace peu à peu l'ouvrier de métier et son savoir-faire. Les progrès de l'administration et des services favorisent l'essor des classes moyennes. La bourgeoisie triomphante impose ses valeurs morales et politiques à la société.

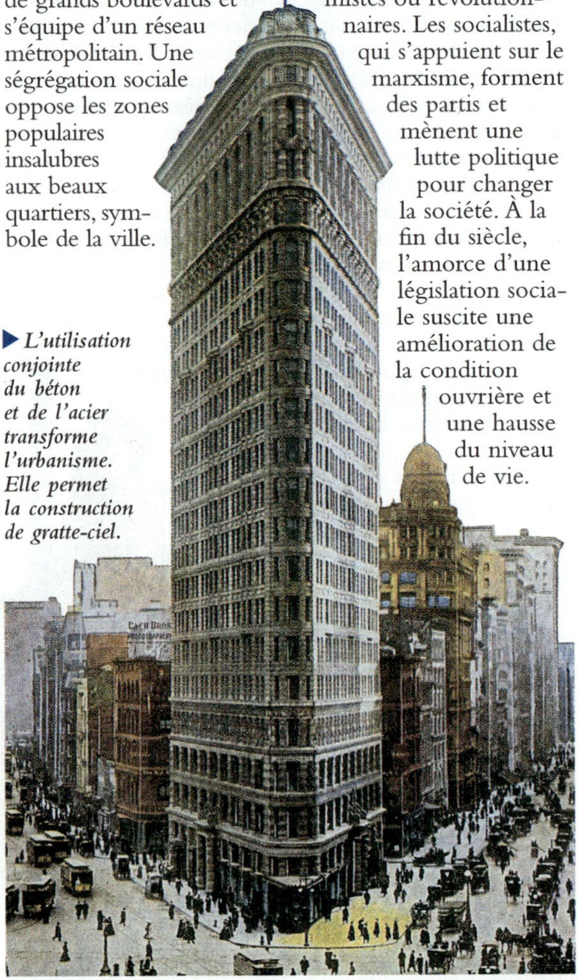

▶ *L'utilisation conjointe du béton et de l'acier transforme l'urbanisme. Elle permet la construction de gratte-ciel.*

Grèves ouvrières et marxisme

La misère ouvrière provoque de graves tensions sociales. Les grèves sont réprimées par la troupe. Pour améliorer son sort, le monde ouvrier s'organise en syndicats, réformistes ou révolutionnaires. Les socialistes, qui s'appuient sur le marxisme, forment des partis et mènent une lutte politique pour changer la société. À la fin du siècle, l'amorce d'une législation sociale suscite une amélioration de la condition ouvrière et une hausse du niveau de vie.

Nationalités et nationalismes

Le XIXe siècle est marqué par l'émergence du mouvement des nationalités et la volonté des peuples de se constituer en États-nations. La montée de nationalismes agressifs, à la fin du siècle, conduit les puissances européennes à la guerre.

Le principe de nationalité

Les guerres de la Révolution et de l'Empire ont permis la diffusion de l'idée de nation, fondée sur le peuple et le volontariat – droit des peuples à disposer d'eux-mêmes et souveraineté nationale. Le rétablissement du principe de légitimité dynastique au congrès de Vienne, en 1815, bafoue les aspirations libérales et nationales. Dans les grands empires multinationaux, l'Autriche, la Russie et l'Empire ottoman, les minorités revendiquent l'autonomie ou l'indépendance. Les Italiens et les Allemands, divisés en plusieurs États, aspirent à l'unité. En 1830 et en 1848 des vagues révolutionnaires tentent de briser l'ordre instauré.

Les unités réalisées

Bismarck, chancelier de Prusse, réalise l'unité allemande en 1871, obtenue «par le fer et par le sang» contre l'Autriche, puis contre la France. Cavour, Premier ministre du royaume du Piémont, fonde le royaume d'Italie en 1861, avec l'aide de Napoléon III et l'appui des patriotes italiens menés par Garibaldi.

La montée des périls

L'idée nationale, généreuse dans son principe, évolue rapidement vers un nationalisme xénophobe et agressif. C'est ainsi que les rivalités entre États européens, accentuées par la compétition économique et la course aux colonies, aboutissent à la mise en place de systèmes d'alliance rivaux. Dans les Balkans, le recul ottoman ainsi que le jeu des grandes puissances (Autriche, Russie) attisent une vive concurrence entre les jeunes États et les peuples soucieux d'affirmer leur identité nationale.

▶ *Des révolutions libérales et nationales éclatent dans toutes les capitales européennes. Les mouvements nationaux se construisent sur leur échec.*

Bases

La domination européenne du monde

Forte de sa supériorité économique, l'Europe assoit sa domination sur le monde. Elle se taille d'immenses empires coloniaux et impose ses valeurs au reste de la planète.

▼ Le Tour de France par deux enfants, *livre de l'école primaire, expose la supériorité de la race blanche. Cette conception reflète la vision dominante chez les Européens.*

Race blanche. Race rouge. Race jaune. Race noire.

LES QUATRE RACES D'HOMMES. — La race blanche, la plus parfaite des races humaines, habite surtout l'Europe, l'ouest de l'Asie, le nord de l'Afrique et l'Amérique. Elle se reconnaît à sa tête ovale, à une bouche peu fendue, à des lèvres peu épaisses. D'ailleurs son teint peut varier. — La race jaune occupe principalement l'Asie orientale, la Chine et le Japon : visage plat, pommettes saillantes, nez aplati, paupières bridées, yeux en amandes, peu de cheveux et peu de barbe. — La race rouge, qui habitait autrefois toute l'Amérique, a une peau rougeâtre, les yeux enfoncés, le nez long et arqué, le front très fuyant — La race noire, qui occupe surtout l'Afrique et le sud de l'Océanie, a la peau très noire, les cheveux crépus, le nez écrasé, les lèvres épaisses, les bras très longs.

L'hégémonie de l'Europe

Conséquence et moteur de l'expansion européenne, l'essor démographique est considérable. Des grands flux migratoires drainent les Européens vers les pays neufs. À la fin du siècle, ces derniers abritent le tiers de la population mondiale. L'Europe assure l'essentiel de la production, domine les échanges mondiaux de marchandises et de capitaux et impose aux autres continents une division internationale du travail. Londres est la plaque tournante de ce réseau mondial tissé par les Européens. Convaincus de leur supériorité culturelle et raciale, ils s'engagent dans une mission civilisatrice auprès des autres peuples. La compétition économique et les rivalités commerciales poussent les grandes puissances européennes à la conquête coloniale pour s'assurer les approvisionnements et les débouchés pour leurs produits.

Les grands empires

Pionnières, l'Angleterre et la France constituent d'immenses empires coloniaux. La Grande-Bretagne impose sa tutelle sur le quart de l'humanité. Les jeunes États, l'Allemagne et l'Italie, dénoncent cette mainmise et revendiquent leur part. Une conférence, tenue à Berlin (1885), fixe les règles de la compétition impérialiste. Les États restés formellement indépendants, comme la Chine, sont contrôlés par de multiples concessions.

Les formes de la domination

L'administration des colonies oscille entre l'association, privilégiée par les Anglais, qui laisse une autonomie relative aux autorités indigènes, et l'assimilation, prônée par les Français, qui place les populations sous administration directe. Dans tous les cas, les colons s'emparent des meilleures terres et développent l'économie en fonction des besoins de la métropole.
Les sociétés traditionnelles en sont durablement déstructurées.

La France de 1815 à 1914

Au XIXe siècle, la France entre dans la modernité économique et politique. Après des vicissitudes, l'idée républicaine s'enracine dans la société française à travers l'école et l'armée.

L'échec de la restauration

Louis XVIII instaure un compromis entre la majorité des Français et les ultras. Il octroie une Charte qui garantit la liberté et la séparation des pouvoirs. Le durcissement du régime sous Charles X provoque une révolution en 1830. L'avènement de Louis-Philippe marque le triomphe de la bourgeoisie censitaire, la défense de l'ordre et le progrès économique. L'opposition républicaine est réduite au silence. En février 1848, sur fond de crise économique, une insurrection éclate à Paris.

▼ ***La tour Eiffel à l'Exposition universelle de 1900 est le symbole de la place dominante de la France au tournant du siècle.***

Le second Empire

Un gouvernement provisoire proclame la IIe République et jette les bases d'une démocratie sociale. Mais le régime prend rapidement un caractère autoritaire et noie dans le sang un soulèvement ouvrier. Louis Napoléon Bonaparte, élu président de la République, rétablit l'Empire en 1852. Il modernise et favorise l'expansion économique du pays. L'Empire évolue dans un sens libéral et parlementaire, mais la défaite française de 1870 entraîne sa chute.

Le triomphe de la République

En 1875, des lois constitutionnelles donnent un régime parlementaire à la IIIe République. Les grandes libertés individuelles et collectives sont concédées. L'État laïc prend en charge l'école, rendue obligatoire. Celle-ci a pour mission d'enraciner l'amour de la nation. Attaquée par la droite nationaliste et la gauche socialiste, la République se renforce en surmontant les crises.

La Première Guerre mondiale

Contre toute attente, le conflit qui éclate en Europe en 1914 devient mondial. Le Vieux Continent sort de la guerre meurtri et profondément transformé.

▲ *Le froid et la boue, les rats et les poux, l'enfer et l'inutilité des grandes offensives demeurent les symboles de la Grande Guerre vécue par les combattants dans les tranchées.*

Une guerre d'usure

En juin 1914, l'attentat de Sarajevo est l'étincelle qui embrase les principaux États européens, sous tension depuis trente ans. L'offensive allemande échoue sur la Marne ; les armées s'enterrent dans des tranchées qui s'étendent de la mer du Nord à la Suisse. Chaque camp lance, en vain, des offensives meurtrières pour tenter de percer les lignes ennemies. Le conflit se généralise; les colonies participent à l'effort de guerre. En 1917, les États-Unis se rangent aux côtés des alliés tandis que la Russie révolutionnaire signe l'armistice. En 1918, une grande offensive alliée contraint l'Allemagne à signer l'armistice, le 11 novembre.

Une guerre totale

La durée et l'ampleur du conflit mobilisent l'ensemble des populations. Les soldats supportent l'enfer des tranchées dans l'attente angoissée de l'assaut ennemi. L'arrière participe à l'effort de guerre, les entreprises fournissent du matériel pour l'armée, les femmes remplacent les hommes dans les champs et dans les usines. Les mutineries et les grèves de 1917 expriment la lassitude des peuples devant un conflit qui s'éternise.

Un monde bouleversé

L'Europe sort meurtrie du conflit. Près de 10 millions de jeunes y ont laissé leur vie. Les productions agricoles et industrielles ont chuté, les États européens sont débiteurs des États-Unis. Les traités de paix modifient la carte européenne en démantelant les grands empires multinationaux. La Société des Nations (1919) doit assurer la sécurité collective. Mais la paix, fragile, révèle les rancœurs et les frustrations des peuples.

La révolution russe

La révolution russe, en instaurant un régime communiste à prétention universelle, constitue une rupture majeure dans l'histoire de l'humanité. Les générations suivantes vont se diviser entre partisans farouches et adversaires déterminés.

Les révolutions de 1917

La guerre accélère la décomposition du régime autocratique, déjà ébranlé lors de la révolution de 1905. L'économie du pays est paralysée. En 1917, les désertions et les grèves se multiplient et conduisent au renversement du tsar en février. Le gouvernement provisoire, issu de la douma, poursuit la guerre et repousse à plus tard les réformes sociales réclamées par les soviets. Lénine, de retour d'exil en avril, exige la paix immédiate, la terre aux paysans et tout le pouvoir aux soviets. En octobre, les bolcheviks, devenus majoritaires au soviet de Petrograd, s'emparent du pouvoir.

La victoire des bolcheviks

Le conseil des commissaires du peuple, présidé par Lénine, décrète la paix, la terre aux paysans et le contrôle ouvrier dans les usines. Trotski organise l'Armée rouge pour combattre les généraux Blancs appuyés par les Occidentaux.
Le communisme de guerre est instauré. En 1920, les bolcheviks triomphent, mais la Russie est plongée dans la misère. Lénine met en place la NEP pour relancer la production.

La construction du socialisme

Après la mort de Lénine, Staline s'impose comme seul maître de l'URSS. Il veut construire le socialisme dans un seul pays (collectivisation des usines et des terres, planification économique). La priorité est donnée à l'industrie lourde aux dépens de la consommation et de l'agriculture.
Staline instaure un régime totalitaire. Les libertés sont supprimées, les opposants sont envoyés au goulag. Le parti et la police politique, piliers du pouvoir, encadrent les hommes. Un culte de la personnalité exalte Staline, présenté comme l'héritier de Lénine.

▶ *Lénine s'adressant aux délégués du second congrès des soviets. Lénine a été l'artisan de la révolution : il a dû convaincre les bolcheviks qu'elle était possible dans la Russie de 1917.*

Le monde dans l'entre-deux-guerres

La prospérité des années 1920 accompagne le retour de la paix. Mais la crise de 1929 provoque la création de barrières douanières et le retour en force des frustrations nationalistes.

Croissance et crise

Après une brève crise de reconversion, la croissance s'accélère, portée par les États-Unis. Le bâtiment profite de l'urbanisation et l'automobile adopte la standardisation et le travail à la chaîne. Les gains de productivité, l'essor du crédit et de la publicité favorisent l'émergence d'une consommation de masse. Mais la crise qui éclate en 1929 révèle les déséquilibres de la croissance. La demande n'a pas suivi la hausse de la production. L'échec d'une concertation internationale provoque la désorganisation du système monétaire et la contraction des échanges. Roosevelt tente de favoriser la relance par la consommation et les investissements. Les régimes totalitaires s'engagent sur la voie du réarmement.

De la SDN à Munich

La Société des Nations (SDN) est fondée à Genève en 1919 dans le but d'instaurer une sécurité collective. Mais les États-Unis retournent à une politique isolationniste et la France durcit le ton envers l'Allemagne. Toutefois, à partir de 1925, le rapprochement franco-allemand favorise la détente. L'«esprit de Genève» souffle sur les relations internationales : en 1928, la guerre est déclarée hors la loi. La crise met un terme à cette embellie, réveillant les sentiments nationalistes. Les démocraties s'inclinent devant les coups de force répétés des régimes totalitaires (intervention dans la guerre civile espagnole). En 1938, après avoir réalisé l'Anschluss, Hitler leur impose, à Munich, le dépeçage de la Tchécoslovaquie.

La France du Front populaire

L'union sacrée qui a prévalu pendant la Grande Guerre ne résiste pas à la paix et l'instabilité politique favorise la montée de l'antiparlementarisme. En 1936, le Front populaire gagne les élections dans un contexte de grève générale ouvrière et d'occupations d'usines. Il accorde aux Français la semaine de 40 heures, les congés payés et des conventions collectives.

◀ *Le Front populaire, union électorale de la SFIO, du PC et des radicaux, se constitue peu après la manifestation du 6 février 1934, perçue comme une tentative de coup d'État fasciste.*

Les régimes totalitaires

Dans l'entre-deux-guerres, les démocraties sont confrontées à l'émergence de mouvements qui se réclament du fascisme. En Italie, puis en Allemagne, ces derniers accèdent au pouvoir par les urnes et créent des régimes politiques totalitaires.

Le fascisme en Italie

Le fascisme se développe en Italie sur fond de crise économique et morale. Mussolini et ses chemises noires instaurent un climat de violence dans la rue. Après une menace de coup d'État, Mussolini, avec le soutien de la bourgeoisie, est appelé par le roi en 1922. Il instaure une dictature totalitaire d'un type nouveau. Le Duce s'attribue tous les pouvoirs, le parti fasciste est le seul autorisé. La population est encadrée dans les structures fascistes, les corporations, les organisations de la jeunesse. La société est embrigadée et soumise à une intense propagande dont la finalité est de créer un homme nouveau.

La conquête du pouvoir

En Allemagne, la crise des années 1930 provoque une résurgence des idées nationalistes xénophobes et racistes. Le parti nazi, dirigé par Hitler, rassemble les victimes de la crise et obtient l'appui des milieux d'affaires. En 1933, Hitler est nommé chancelier et devient le Reichsführer en 1934.

Le nazisme en Allemagne

Le NSDAP, parti unique, contrôle toutes les structures de l'État et de la société et n'a de compte à rendre qu'à Hitler. Les opposants et les «asociaux», pourchassés par la Gestapo et les SS, sont enfermés dans des camps de concentration. Les foules, encadrées et fanatisées, vouent un véritable culte au Führer lors de gigantesques manifestations. Pour résorber le chômage, Hitler lance une politique de grands travaux et engage l'Allemagne dans la voie du réarmement. Le nazisme affirme la supériorité de la race aryenne, son besoin d'espace vital et son droit à asservir les races jugées inférieures, comme les Slaves. Les Juifs et les Tziganes, envoyés dans les camps, sont systématiquement exterminés.

▶ *Pour Adolf Hitler, l'individu seul n'existe pas. Absorbé dans la masse* (das Volk), *il doit s'effacer devant la toute-puissance de l'État* (das Reich), *incarné par son guide* (der Führer).

La Seconde Guerre mondiale

Commencé en Europe, le second conflit mondial embrase la planète entière. Il devient le symbole du combat entre les démocraties et les dictatures fascistes.

Guerre totale et occupations

Après la Pologne, la Belgique, les Pays-Bas et la France sont balayés lors d'une guerre éclair par l'armée allemande. L'Angleterre se retrouve seule. En 1941, Hitler attaque l'URSS tandis que le raid japonais sur Pearl Harbor provoque l'entrée en guerre des États-Unis. L'Europe occupée est mise au service du Reich. Au pillage économique s'ajoute le transfert de main-d'œuvre vers l'Allemagne. La police traque les mouvements de résistance. À partir de 1942, les Alliés prennent l'offensive. La chute de Stalingrad permet à l'Armée rouge de libérer l'URSS, puis l'Europe de l'Est. Les Anglo-Américains débarquent en Normandie en juin 1944. Dans le Pacifique, les Américains organisent la reconquête. Les 6 et 9 août 1945, ils larguent deux bombes atomiques sur le Japon. Le 8 mai et le 2 septembre 1945, l'Allemagne et le Japon signent la capitulation.

Vichy contre la France libre

En juin 1940, le maréchal Pétain signe l'armistice et engage la France dans une politique de collaboration. Au nom d'une révolution nationale, il crée l'État français, régime autoritaire et policier, d'inspiration fasciste. En 1943, Jean Moulin unifie les résistances intérieures dans le CNR, sous l'autorité de la France libre, présidée par le général de Gaulle.

Construire la paix avec l'ONU

La guerre a coûté la vie à 55 millions d'hommes. Les destructions matérielles sont considérables, le choc moral provoque un profond pessimisme. L'Europe en déclin s'efface devant les États-Unis et l'URSS. Lors des conférences de Yalta et de Potsdam, les vainqueurs s'accordent pour juger les crimes contre l'humanité, organiser des élections dans les pays libérés et créer l'ONU, chargée de garantir la paix. Le sort de l'Allemagne, occupée, reste en suspens.

▶ *Soldats allemands sur le front germano-soviétique. La guerre contre l'URSS, prévue pour un été, devient le calvaire de l'armée allemande, qui y perd ses meilleurs régiments.*

Les relations internationales

Après la guerre, l'affrontement de deux systèmes de valeur inconciliables conduit à la construction d'un monde bipolaire. La fin de l'URSS, en 1991, le rend plus ouvert, mais aussi plus incertain.

▲ *Champignon atomique. La coexistence pacifique est garantie par l'équilibre de la terreur nucléaire.*

La guerre froide

Dès 1946, la méfiance s'installe entre les deux grands. L'URSS se dote en Europe de l'Est d'un glacis d'États vassaux. Pour endiguer cette expansion, le président américain Truman propose une aide financière à l'Europe, le plan Marshall. L'URSS réplique par la création du Kominform, chargé de lutter contre l'impérialisme américain. Le monde s'organise en deux blocs engagés dans une guerre froide ponctuée de crises (Berlin, guerre de Corée).

La coexistence pacifique

Après 1953 – mort de Staline –, le dégel des relations conduit à la coexistence pacifique. Chacun reconnaît l'hégémonie de l'autre sur son camp. Mais la détente n'exclut ni les crises ponctuelles, comme la crise de Berlin en 1958, ni l'extension des zones d'influence. Dans les années 1960, les tensions internes et les volontés d'autonomie des pays du tiers-monde perturbent le système des blocs. En 1975, alors que les accords d'Helsinki semblent consacrer la détente, un regain de tensions relance la course aux armements entre les deux super-puissances.

Un nouvel ordre du monde

En 1985, Mikhaïl Gorbatchev, au pouvoir en URSS, signe les accords de Washington sur le démantèlement des euromissiles. En 1989, l'effondrement des régimes communistes en Europe de l'Est entraîne dans son sillage l'éclatement de l'URSS. Les États-Unis, forts de leur domination économique, militaire et culturelle, assument seuls l'ordre mondial. Mais la résurgence de revendications identitaires dans les anciens pays de l'Est, la montée des intégrismes religieux au Proche-Orient et les conflits ethniques en Afrique viennent troubler les espoirs d'une paix mondiale.

Bases

La décolonisation et le tiers-monde

Entre 1945 et 1975, de nouveaux États se constituent sur les ruines des empires coloniaux. Constitués en troisième monde, ils cherchent à peser sur les relations internationales et à acquérir leur autonomie.

▼ *En 1956, Tito, Nasser et Nehru se rencontrent à Brioni, en Yougoslavie, pour préparer la fondation du mouvement des non-alignés.*

Le mouvement de décolonisation

Le déclin des métropoles européennes entre les deux guerres favorise l'émergence de revendications d'autonomie et d'indépendance exprimées par des élites formées à la culture européenne. Cette tendance s'accélère après 1945, encouragée par les deux grands et par l'ONU, dont la charte, adoptée en 1945, proclame le droit des peuples à disposer d'eux-mêmes.

Le mouvement d'émancipation débute en Asie (Inde, Moyen-Orient et Extrême-Orient), puis s'étend à l'Afrique dans les années 1950 et 1960. L'indépendance est obtenue par la négociation quand la métropole y est préparée ou est arrachée lors de guerres douloureuses dans les colonies de peuplement. Les États nés de ces décolonisations doivent surmonter les difficultés économiques, l'instabilité politique et des tracés de frontières hérités du colonialisme.

La naissance du tiers-monde...

En 1955, 29 pays d'Asie et d'Afrique réunis à Bandoeng (Indonésie) dénoncent le colonialisme sous toutes ses formes et rejettent le système des blocs. Le mouvement des non-alignés naît lors de la conférence de Belgrade en 1961. Mais l'unité se révèle difficile, car les jeunes pays, selon le modèle économique choisi, sont intégrés dans un des deux camps. En 1973, les revendications se déplacent sur la question des échanges inégaux entre le Nord et le Sud.

... et sa disparition

L'évolution économique depuis 1975 a définitivement mis un terme à l'éphémère unité du tiers-monde. Les écarts ne cessent de croître entre les États exportateurs de pétrole, les pays d'Asie devenus de grandes puissances industrielles et l'Afrique, qui s'enlise dans la misère et le sous-développement. Les conflits, autrefois pris dans l'antagonisme Est-Ouest, se poursuivent aujourd'hui selon des logiques propres, devant l'indifférence des grandes puissances.

La France, de la IVe à la Ve République

Les mutations économiques et sociales profondes qu'a vécues la France depuis 1945 se sont accompagnées d'une redéfinition de sa place en Europe et dans le monde.

L'œuvre de la IVe République

En 1944, le Gouvernement provisoire, présidé par le général Charles de Gaulle, réalise de grandes réformes de structure (nationalisations, Sécurité sociale) qui jettent les bases d'une France nouvelle. Mais la jeune République, confrontée au double problème de la guerre froide et de la décolonisation, disparaît lors des émeutes des Français d'Algérie.

Les institutions de la Ve République

En 1958, le général de Gaulle, appelé par crainte d'un coup d'État, fait approuver une nouvelle Constitution. Les pouvoirs de l'exécutif et du président (élu au suffrage universel après 1962) sont renforcés aux dépens du législatif. La réforme du mode de scrutin permet de constituer une majorité stable au Parlement. Les présidents suivants se moulent dans des institutions qui révèlent leur souplesse lors de l'alternance de 1981 – victoire de la gauche – et des cohabitations successives.

Sur la voie de la modernisation

De 1945 à 1975 – les Trente Glorieuses –, la France participe pleinement à la croissance. L'État, qui contrôle les secteurs clés de l'économie, est un acteur essentiel de la modernisation. La société se modifie en profondeur, marquée par une forte urbanisation, la prédominance des emplois tertiaires et une consommation de masse. Agent de la construction européenne, la France demeure attachée à maintenir son rôle d'ancienne grande puissance mondiale.

▶ *Les charbonnages, la sidérurgie et l'ouvrier d'usine, piliers de la reconstruction, sont aujourd'hui en voie de disparition.*

FIL ROUGE

Pour comprendre
le programme dans
son ensemble

Le sens des
programmes du lycée,
leur objectif, leur intérêt
à travers un récit
de Pierre Miquel.

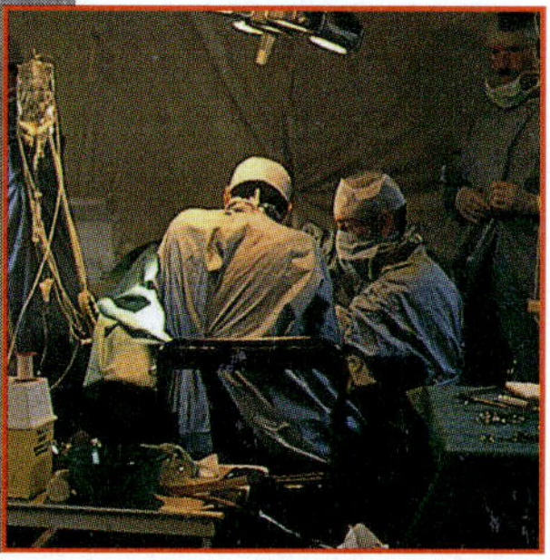

De l'aube des temps au ve siècle

Pourquoi l'Histoire ?

Pas plus qu'on ne peut renoncer à se repérer dans l'espace, on ne peut fuir le temps. La mémoire est une fonction naturelle, qui permet le souvenir. Comme la géométrie l'espace, l'histoire a pour champ le temps. On peut refuser de se souvenir, mais on crée, qu'on le veuille ou non, de la mémoire tous les jours.

« Mon beau navire, ô ma mémoire ! » dit Apollinaire. Les événements se succèdent en rides superposées, à la poupe. Ils dérivent d'une origine commune, d'un mouvement en avant qui porte le navire loin du port. Ainsi le sillage est-il le témoin et la conséquence d'une navigation précise. Il permet d'en retrouver les origines.

Pour retrouver la mémoire

Mais il se brouille, et disparaît. Ainsi jaunissent les films et périssent les manuscrits. Rien n'est plus périssable qu'une image, mais les textes imprimés sur papier ne sont pas éternels. Le premier devoir de l'histoire est de retrouver la mémoire et de rendre possible la navigation dans le passé, en conservant et transmettant les textes et documents qui permettent de repérer, dans l'océan du temps, les sillages des civilisations. Ignorer superbement ce que tant d'efforts de copistes, de bibliothécaires, d'archivistes ont permis de conserver jusqu'à nous serait absurde. Dans Homère, la pire calamité qui puisse toucher un homme est de perdre le souvenir de son logis. Il erre de ville en ville, sans disposer du feu ni de l'eau. Faute de mémoire, il a perdu le souvenir du coin de terre où il peut vivre. Il n'existe pas de mémoire morte. Il n'y a que des morts vivants, ceux qui, précisément, ont perdu la mémoire.

Encore faut-il se reconnaître dans les cités glacées, les ruines des temples, les inscriptions énigmatiques et, plus près de nous, le long flux des images qui, à quelque distance, ne veulent plus rien dire. Le passé n'est utile que s'il a un sens. Il ne sert à rien de s'encombrer de témoignages ou de textes que l'on ne comprend pas. L'histoire n'est pas seulement la mémoire qui conserve, mais aussi la clé qui ouvre les portes.

On ignorerait tout des premiers rois de Thaïlande (ex-Siam) sans une inscription datée de 1292. Elle établissait, en langue siamoise, dérivée de l'écriture khmère, que le roi Rama Khameng avait assuré la prospérité de son royaume et le développement de la civilisation thaïe en empruntant aux Khmers leurs richesses culturelles, en particulier le bouddhisme. Pour la comprendre, il fallait posséder les clés précieuses de la langue. Sans la pierre de Rosette et ses inscriptions simultanées en grec et en égyptien, qui aurait pu saisir le sens des bas-reliefs du temple d'Abou-Simbel, sur le Nil ? Des soldats qui entassent les mains coupées de leurs ennemis permettent au pharaon de célébrer sa victoire sur les Hébreux en comptant les archers mis hors de combat : ainsi Churchill, pendant la bataille d'Angleterre, en août 1940, faisait-il établir quotidiennement la liste des pilotes ennemis descendus en vol par les avions de la RAF. Le déchiffrage des inscriptions runiques permet de mesurer l'extension des navigations vikings

**La pierre de Rosette, trouvée à Rachid, à l'ouest du delta du Nil, était un fragment de stèle trilingue découvert en 1798, par un capitaine français.
Le même texte était gravé en égyptien (sous deux formes, en caractères hiéroglyphiques et en démotique – l'écriture cursive) et en grec.**

du IXe siècle, non seulement le long des côtes d'Occident vers l'Angleterre, l'Allemagne, la France et jusqu'à la Sicile, mais le long de la Volga jusqu'à Constantinople, où les pirates venus du Nord pillaient l'or des basiliques. Si l'on songe que les drakkars ont aussi porté les Vikings vers le Canada, il est clair que la clé des inscriptions permet de retrouver la carte immense de leurs explorations mondiales. On avait sous-estimé les Vikings.

ROME, INSPIRATRICE DE LA RÉVOLUTION FRANÇAISE
Lorsque les révolutionnaires ont voulu de 1789 à 1794 galvaniser leurs concitoyens pour célébrer le nouveau régime et les appeler à se battre pour lui, ils ont souvent eu recours dans leurs discours aux héros de la République romaine, les Brutus et les Gracchus.

Combien d'archives filmiques ou photographiques, dans les cinémathèques du monde, sont-elles inutilisables faute d'avoir été légendées ou commentées? Combien de documents du Moyen Âge sont-ils sans signification parce qu'on ne comprend plus à quelle activité humaine ils pouvaient correspondre? Les clés de l'histoire sont loin d'ouvrir facilement toutes les portes.

Un modèle du passé pour éclairer l'avenir

S'ils forcent quelquefois les serrures des trésors oubliés, les modèles offerts par l'histoire traversent les civilisations, sur deux mille ans et plus, avec une persistance étrange. Une des causes de cette rémanence insolite est la référence que les hommes du présent recherchent dans le passé quand ils veulent jeter les bases d'une société d'avenir. Ainsi les Gambetta, les Ferry et autres fondateurs de la IIIe République songeaient-ils au modèle romain en construisant la première démocratie véritablement installée en France à la fin du XIXe siècle. On appelait Waldeck-Rousseau, autre homme illustre de ce régime, le « Périclès de la République ». Est-ce un hasard si l'empereur Napoléon III, qui se prenait, comme son oncle, pour un Romain, commanda à l'historien Victor Duruy une vie de Jules César ? On a pu voir François Mitterrand coiffer le chapeau de Blum, celui du Front populaire. Le vainqueur de l'élection présidentielle de 1981 cherchait ses repères dans un modèle du passé. Ces références sont courantes en histoire, elles sont loin d'être fortuites : « L'État, chez nous, écrivait au Ve siècle avant notre ère l'Athénien Périclès, est administré dans l'intérêt de la masse et non d'une minorité… Notre régime a pris le nom de démocratie. » Pourquoi faut-il que cette forme idéale de gouvernement ait dû attendre le XIXe siècle industriel pour se reproduire progressivement, au prix de quels combats, aux États-Unis d'Amérique et dans l'Europe dégagée de ses régimes monarchiques et autocratiques ?

Les modèles analysés par l'histoire permettent de se repérer dans l'évolution des formes politiques, des forces économiques, dans les pulsions sociales des révolutions ou des croyances religieuses. Il serait trop facile de plaquer sur l'actualité souvent incompréhensible des filtres du passé pour analyser au plus juste les situations des peuples. Mais il est vrai que les convulsions récentes de la Bosnie perdent leur signification si l'on oublie les références aux tensions inouïes de la péninsule balkanique au temps de l'empire d'Autriche-Hongrie.

LA SOCIÉTÉ DE L'INFORMATION EXIGE DES CONNAISSANCES HISTORIQUES
Dans le flux ininterrompu des informations qui déferlent quotidiennement de tous les points du monde, il est impossible de se repérer sans retracer les sillages profonds de l'Histoire.

La distanciation du temps est certes essentielle à la compréhension du présent, même si elle ne permet en aucun cas de prévoir l'avenir, tant les modèles proposés par l'Histoire sont à la fois éclairants et toujours nouveaux. Il reste que le recul critique donne à chacun le loisir d'acquérir, selon le précepte du philosophe Alain, « au lieu de l'éternel retard de celui qui se plaint, l'éternelle avance de celui qui sait ».

Cette distance critique, la philosophie et l'histoire peuvent l'offrir. Elle ne plaît pas à ceux qui exercent un pouvoir tyrannique : Socrate, qui apprenait à douter de toutes choses, est mort empoisonné. Beaucoup d'historiens soviétiques ou allemands ont connu l'exil ou la mort dans les camps pour n'avoir pas accepté la vérité officielle. L'histoire est une école de liberté. Pour cela même, elle a vocation d'éduquer.

Les modèles politiques de l'Antiquité

Les Grecs n'avaient pas de dieu unique. Zeus, Héra, Apollon et Athéna batifolaient et se querellaient dans l'Olympe, se distrayant au spectacle des hommes. Il n'était pas bon de les savoir hostiles, aussi la religion leur rendait-elle ponctuellement, à chacun, un culte. Mais ils n'intervenaient pas dans l'organisation des cités : c'était l'affaire des hommes. Ces derniers ont ainsi pu se donner librement le régime qui leur convenait le mieux.

On joue encore de nos jours la pièce *Lysistrata*, d'Aristophane, dans le théâtre antique d'Athènes à la manière antique. Les spectateurs, assis sur des gradins disposés en hémicycle, font face à l'autel de Dionysos (au fond) devant lequel le chœur se tient. Quant aux acteurs, ils occupent le devant de la scène, ou *proskênion*.

Les Athéniens ne l'ont pas trouvé facilement : la préoccupation du premier législateur, Dracon, au VIIe siècle avant notre ère, était d'empêcher les vendettas des chefs de guerre, maîtres des terres et des troupeaux, et d'établir l'autorité de la cité. Au siècle suivant, Clisthène établissait le premier l'isonomie, l'égalité des Grecs libres devant le droit, pour soulager les paysans de l'Attique accablés de dettes et victimes de l'arbitraire de leurs maîtres.

Dès lors, la démocratie devait s'installer progressivement, par la création d'institutions ouvertes à tous les Athéniens fils d'Athéniens, inscrits à leur naissance sur le registre de leur village ou quartier appelé dème. Chaque dème faisait partie d'une des dix tribus dont le découpage avait été remanié pour qu'elles s'ouvrent à la fois aux citoyens des côtes, aux paysans, aux habitants des villes.

Les riches avaient admis ce régime rendu nécessaire par l'orientation d'Athènes vers la mer au Ve siècle avant notre ère. La victoire de sa flotte sur les Perses à la bataille de Salamine en 480 avait permis à la cité de devenir prépondérante en Méditerranée et de construire sur l'Acropole le plus riche centre civique et religieux du monde grec. La statue en or et argent d'Athéna par Phidias, le temple du Parthénon étaient des modèles pour les cités.

Cette réussite avait été rendue possible par le sacrifice des hoplites et des rameurs, citoyens pauvres, qui méritaient d'être associés au pouvoir. On obligeait les plus riches à payer les liturgies, spectacles offerts aux dieux et aux hommes pour les grandes panathénées et les grandes dionysies, le programme des constructions publiques, les cérémonies religieuses et le financement de la flotte. Les Grecs riches avaient admis ce partage démocratique parce qu'il ne bénéficiait qu'aux 40 000 citoyens nés de pères athéniens. Les 130 000 métèques et surtout les 85 000 esclaves en étaient exclus. La démocratie était donc le moyen de protéger l'équilibre restreint de la cité.

Mais le droit d'Athènes s'imposait à tous : chaque année étaient tirés au sort 6 000 juges de l'héliée qui rendaient la justice. Ils touchaient, comme les magistrats ou les membres des assemblées, des indemnités. Le système semblait parfait. Il protégeait les Athéniens de la tyrannie et de l'oligarchie des hommes d'argent. Il portait régulièrement au pouvoir des hommes choisis par le peuple pour leurs qualités exceptionnelles, comme Périclès, stratège pendant trente ans. Mais chaque année, comme tous les magistrats, Périclès avait dû rendre des comptes devant l'ecclésia. « Tu cherches à tort un roi dans cette ville, disait Euripide à un étranger. Athènes est libre. Les magistrats annuels administrent l'État. Nul privilège à la fortune : car le pauvre et le riche ont des droits égaux dans ce pays. »

LES LOIS DE CLISTHÈNE

Selon les lois de Clisthène, ces hommes libres participaient aux débats d'une assemblée, l'ecclésia, qui surveillait les magistrats, les dix stratèges qu'elle désignait pour un an, et leur faisait rendre des comptes. Ceux qui avaient démérité pouvaient être exilés, ostracisés pour dix ans. Une autre assemblée, chargée de préparer les lois, la boulê, était d'abord ouverte aux anciens magistrats et aux riches propriétaires. Clisthène avait démocratisé cette institution en faisant tirer au sort, chaque année, les 500 bouleutes parmi des candidats choisis par les dèmes dans le cadre des dix tribus d'Athènes.

La République romaine

LA RÉPUBLIQUE ROMAINE
Les Romains n'ont pas suivi les Athéniens sur la voie de la démocratie. Après avoir chassé les rois Tarquins, ils ont édifié la République, fondée sur la loi des XII tables, base du droit romain, rendue publique en 449 avant notre ère dans cette cité de paysans et de pasteurs fondée en 753.

Comme les Grecs, les Romains croyaient à l'égalité devant le droit et légiféraient aussi pour ceux qui, soumis à leur autorité, n'avaient pas la chance d'être citoyens. Très vite, la conquête de l'Italie par les légions et la fondation des villes devaient donner au nouvel État une autre échelle qu'une cité grecque : on comptait déjà 300 000 citoyens au IIIe siècle avant notre ère : ils seront un million au temps de Jules César en 50, quand la citoyenneté romaine sera accordée à tous les Italiens.

La République était la protection des hommes libres, leur bien juridique. Les citoyens élisaient dans les comices, pour un an, les magistrats exerçant le pouvoir : les deux consuls, les préteurs, édiles et questeurs. Les dix tribuns de la plèbe, réputés inviolables, pouvaient opposer leur veto aux décisions des magistrats ; enfin, les censeurs dressaient la liste des personnes et des biens pour l'impôt. Une autre assemblée exerçait, sous la République, la réalité du pouvoir : le sénat, où siégeaient les anciens magistrats et les représentants des familles riches. Les pouvoirs de la République étaient équilibrés : les pauvres dans les assemblées, avec droit de veto, les riches au sénat, les magistrats siégeant toujours par deux et pour un an seulement. Chaque citoyen devait servir dans la légion, mais vite les consuls avaient recruté des étrangers, qui, à l'issue de vingt-cinq ans de service, devenaient citoyens romains.

L'Empire et le droit

LE SÉNAT ROMAIN
Le sénat de Rome comptait 300 membres désignés à vie, maîtres des finances et de la politique étrangère.

À l'échelle de l'Empire du Ier siècle après notre ère, les institutions romaines étaient périmées. La conquête de tous les rivages de la Méditerranée, d'une partie de l'Europe et du Proche-Orient plaçait sous le pouvoir de Rome 80 millions d'habitants. Une seule autorité devait maintenir l'ordre, et mettre fin aux guerres civiles que se livraient entre eux les généraux. Auguste, le premier, avait cumulé tous les pouvoirs et pris l'impérium, le pouvoir militaire. Il était en outre le premier du sénat et le grand pontife. Tolérants en matière de religion, les empereurs acceptaient tous les cultes étrangers mais avaient fini par imposer leur propre image divine, comme facteur d'unité. Dans chaque province, dirigée par un gouverneur, on rendait un culte à l'empereur et à la ville de Rome. Les cités avaient leur administration autonome et construisaient des monuments à la romaine, forum, curie, basilique, temples et portiques. Elles étaient reliées entre elles par les voies, instrument d'uniformisation. La civilisation latine se voulait urbaine et défendait l'idée d'un droit unique, écrit, inviolable. Sans doute les citoyens romains étaient-ils les seuls à jouir des droits politiques et civils (droit de propriété, de se marier et de tester légalement), mais chacun pouvait espérer, même les esclaves par affranchissement, devenir citoyen romain. L'Empire avait sécrété un système politique imposé à des peuples divers, encourageant, par la langue, le droit et la civilisation, l'assimilation de ces peuples à un modèle unique (seul le monde grec a résisté). La formule conçue dans la ville aux sept collines de Romulus et de Remus avait été appliquée et considérablement élargie, chapeautée par la centralisation impériale. Rome n'était pas une démocratie, mais elle avait conçu un régime de droit.

LA ROMANISATION

Le souci des empereurs était la romanisation des peuples conquis. Ils élargissaient la citoyenneté romaine aux provinces, acceptaient au sénat de Rome des citoyens des cités de droit latin. En 212, un édit de Caracalla devait accorder la citoyenneté romaine à tous les hommes libres de l'empire.

Les légions romaines étaient accompagnées d'unités de cavalerie chargeant en rangs serrés aux ailes, comme ces soldats romains de l'empereur Marc Aurèle en train de combattre les Germains.

Les États religieux à dieu unique

Les cités grecques et l'Empire romain toléraient toutes les croyances et construisaient leurs modèles politiques autour des notions de droit ou d'État : le pouvoir n'avait pour origine que le désir des hommes de vivre ensemble dans la justice et la liberté. Mais une autre forme de pouvoir s'organisait, d'abord en Orient chez les peuples qui croyaient à un dieu unique.

LA TORAH
Le livre sacré des Juifs est constitué des cinq premiers livres de la Bible dite hébraïque. Dans la tradition chrétienne, ces mêmes cinq livres sont réunis sous le nom commun de Pentateuque.

Trois livres sacrés définissaient un nouveau droit, voulu par Dieu : la Bible des Hébreux, donnant la parole de Yahvé, les Évangiles des disciples de Jésus et le Coran du prophète Mahomet, qui affirmait à son tour la parole de Dieu. De ces trois « religions du Livre », les deux dernières avaient prétention à l'universalité : elles n'auront de cesse de s'imposer au monde entier.

Dieu et le peuple élu

Les Juifs seuls n'avaient pas cette ambition. Leur religion avait seulement pour dessein la liberté du « peuple élu », dont la Torah (la Loi) raconte qu'il avait passé contrat avec Yahvé : par cette « Alliance », Dieu promettait au patriarche Abraham que des rois « sortiraient de lui » pour gouverner le « pays de Canaan ». Mais, pour tous les Juifs, Yahvé serait le seul dieu. Alliance confirmée au XIIIe siècle av. J.-C. par Moïse, qui ramenait d'Égypte les Juifs captifs des pharaons : il recevait de Dieu les Dix Commandements et promettait de ne pas adorer les idoles.

La monarchie théocratique (dont le pouvoir venait de Dieu) était installée par les Juifs dès l'époque du roi David, vers 1000 avant notre ère. Il avait reçu du prophète Samuel l'huile sacrée qui avait fait de lui l'élu de Yahvé. Même si le royaume du roi Salomon avait éclaté après sa mort, les institutions avaient subsisté sous la tolérante domination romaine, mais elles étaient discréditées. Des mystiques comme Jean-Baptiste annonçaient le règne de Dieu et l'arrivée d'un messie.

Le Christ et le message d'amour

Les prédications et les miracles de Jésus, un Juif de la tribu de Juda et de la lignée de David, né à Bethléem en Judée, ne créent pas immédiatement une religion nouvelle et ne proposent aucun texte aux fidèles qui l'entourent. Mais le fils de Dieu annonce la « bonne nouvelle » (Évangile) de la restauration de l'alliance entre Dieu et les hommes à qui il offre le pardon et le salut éternel. Ses paroles d'amour, ses paraboles de fraternité seront plus tard publiées par les quatre évangélistes, Marc, Matthieu, Luc et Jean, dans un recueil appelé le Nouveau Testament.

LES ÉVANGILES
Les quatre Évangiles ont été attribués à quatre des disciples du Christ bien qu'ils aient été écrits beaucoup plus tardivement.

Jésus n'apportait pas seulement la bonne nouvelle aux Juifs, peuple élu de Dieu, mais à tous les hommes : beaucoup de ses compatriotes n'avaient pas cru à son message, qui mettait en question l'institution hébraïque. S'il était roi, « son royaume n'était pas de ce monde ». S'il proposait une révolution, il ne touchait pas à l'ordre politique : « Rendez à César, disait-il, ce qui est à César. » Il prétendait follement, disaient les traditionalistes, sauver l'humanité et « régner à la droite de la puissance ». Après avoir partagé le pain et le vin avec ses douze disciples (la Cène), le Christ avait été crucifié la veille de Pâques, en 30 de notre ère, sur ordre du gouverneur Ponce Pilate.

Une révolte générale des Juifs contre Rome en 66 conduisait à la destruction du Temple et, plus tard, à la dispersion des communautés (Diaspora). L'État juif disparaissait. Mais les disciples de Jésus affirmaient que le Christ était ressuscité, monté au ciel le jour de l'Ascension, et qu'à la Pentecôte l'Esprit saint les avait visités. La prédication de la religion nouvelle était assu-

Le Christ est baptisé par saint Jean-Baptiste dans les eaux du Jourdain. Les poissons dans le fleuve symbolisent la religion chrétienne. La colombe qui représente l'Esprit saint visite Jésus.

rée chez les Juifs par les apôtres, puis par Paul, originaire d'Asie Mineure, qui parcourait le monde pour convertir tous les hommes, juifs ou « gentils ».

Un clergé clandestin était créé dès la fin du Ier siècle dans plusieurs régions où les évêques élus par les clercs et les fidèles installaient leurs diocèses sur les territoires des cités romaines, malgré les persécutions sporadiques organisées par les empereurs. Ils devenaient bientôt, dans la débandade des cadres de l'Empire, seuls responsables de l'ordre dans les cités. Les menaces graves qui pesaient sur le monde romain devaient conduire l'empereur Constantin à autoriser par l'édit de Milan, en 313, l'exercice du christianisme parmi d'autres religions. Il se convertissait lui-même, entraînant dans la hiérarchie impériale des conversions en chaîne. Plus tard, sous l'empereur Théodose, en 392, le christianisme devenait la seule religion de l'Empire. Le culte païen était interdit à Rome.

L'Église à l'image de l'Empire

Ainsi intégrés à la tradition impériale romaine, les évêques constituaient une hiérarchie parallèle au pouvoir politique qui avait fini par investir l'État. Deux pouvoirs se côtoyaient : quand Théodose, excommunié par saint Ambroise en 390, avait accepté de se soumettre, il reconnaissait pour la première fois la suprématie du pouvoir spirituel.

Il reste que les deux pouvoirs subsistaient en Occident jusqu'à la chute de l'Empire romain, en 476. L'empereur d'Orient, qui se faisait appeler Basileus (le roi), ne reconnaissait plus à partir de 1054 l'autorité du pape de Rome, gardien contre les hérétiques du dogme élaboré au concile de Nicée, ayant pris position pour le patriarche de Constantinople. Le Basileus était seul maître de son Église et son État était théocratique, il se donnait pour fin de réaliser un « plan de Dieu ».

LE CORAN
Livre sacré des musulmans, le Coran est un recueil des messages qu'aurait révélés Dieu à Mahomet entre 622 et 632. Ces propos ont été publiés pour la première fois cinquante ans après la mort du Prophète. Ils sont présentés en 114 chapitres, ou sourates, divisés en versets.

L'islam à la conquête de la Méditerranée

Il est vrai qu'il devait lutter, depuis le VIIe siècle, contre la troisième religion à dieu unique venue d'Orient, l'islam, prêché par le prophète Mahomet, né à La Mecque dans une tribu de commerçants arabes, époux de la riche Khadidja. Il avait reçu de l'archange Gabriel mission de répandre la parole de Dieu, recueillie plus tard dans les versets du Coran. Poursuivi par les notables, réfugié à Médine (hégire), il avait, avant sa mort en 632, islamisé l'Arabie. Les cavaliers arabes portaient alors son étendard vert dans tout l'Orient, prenaient la Perse, la Syrie, l'Égypte, le Maghreb, débarquaient en Espagne, campaient à l'est sur les rives de l'Indus.

Successeurs de Mahomet, les califes, qui organisaient et administraient les conquêtes, tenaient leur pouvoir de la religion seule et gouvernaient au nom de Dieu. Le monde méditerranéen avait soudain basculé dans une conception religieuse du pouvoir civil.

Le Moyen Âge

V^e^-XVe siècle

La fin du malheur

Du Ve au XIIe siècle, l'Occident chrétien connaît le malheur : les nouveaux États installés sur les ruines de l'Empire par les envahisseurs germains se font la guerre pour asseoir leur pouvoir. Les Wisigoths et les Ostrogoths sont, comme les Burgondes ou les Vandales, des hérétiques convertis au catholicisme par l'évêque Arius condamné par le pape.

Le premier roi catholique, baptisé à Reims par l'évêque Remi, le Franc Salien Clovis, rétablit à grand-peine l'unité de la Gaule, et ses héritiers mérovingiens se déchirent pendant deux siècles. Sans l'énergie du « maire du palais » Charles Martel, les Arabes n'auraient pu être arrêtés à Poitiers en 732.

Charlemagne et la féodalité

Charlemagne, épée de l'Église, traque les Saxons outre-Rhin et les Sarrasins outre-Pyrénées, protège le pape contre les Lombards et obtient de lui la couronne d'Occident, comme s'il était la seule autorité capable de la restaurer. Après lui, ses héritiers divisent en trois l'Empire, c'est-à-dire l'Europe chrétienne (partage de Verdun, 843), et résistent à grand-peine aux envahisseurs normands qui pillent les églises et égorgent les évêques. La rupture des relations commerciales avec l'Orient réduit l'Occident à la misère et contraint les rois à vivre de leurs terres, comme de simples barons. Le système féodal organise une hiérarchie des devoirs pour lutter contre

Godefroi de Bouillon, le chevalier franc, s'embarque pour la croisade. Ses valets d'armes chargent ses coffres. Les armateurs italiens assurent le transport – à prix d'or. Le chef des Francs s'est en effet embarqué à partir de l'Italie du Sud pour gagner la Grèce.

la pénurie et assurer la sécurité : aux prêtres le devoir d'obtenir les grâces de Dieu contre les maux de l'Apocalypse, la famine, la peste et la guerre. Aux nobles chevaliers celui de défendre les communautés. Aux vilains, serfs ou manants, de faire vivre en économie pauvre une société qui manque d'or et d'argent. Dans le déchirement des guerres féodales, le pape de Rome, lui-même menacé, est impuissant.

Le duel chrétienté-islam

Le pape prend le premier l'initiative de sortir de l'isolement en renouant, par force, les liens avec l'Orient : les chevaliers chrétiens piétinaient en Espagne, où le roi de Castille Alphonse VI avait tout juste reconquis Tolède en 1085, les guerriers almoravides ayant repoussé les chrétiens au-delà du

LA PREMIÈRE CROISADE ET LA FOI POPULAIRE
Si Godefroi de Bouillon a conduit la noblesse franque (provenant essentiellement du nord de la France et de la Belgique actuelle) sous les remparts de Jérusalem, des dizaines de milliers de pèlerins n'ont pu accomplir ce rêve. En effet, la première croisade a donné lieu à un enthousiasme extraordinaire dans le peuple chrétien. Conduite par Pierre l'Ermite et Gautier Sans Avoir, cette croisade, décimée par la faim, a été anéantie en Syrie par les musulmans.

Tage. Les Almohades avaient plus tard conforté les possessions musulmanes de Séville et de l'Andalousie. Seuls les chevaliers normands avaient réussi à reconquérir Palerme et la Sicile.

Le pape cherchait à obtenir un succès décisif en Orient en reprenant aux Arabes Jérusalem. Il savait que les musulmans étaient, comme les chrétiens, divisés : les sunnites, partisans de la sunna (la tradition), combattaient les chiites, qui exigeaient des califes descendant de la famille du Prophète. Le calife sunnite de Bagdad, appuyé par ses mercenaires turcs seldjoukides s'opposait au Xe siècle au calife chiite d'Égypte. Jérusalem et la Palestine étaient à prendre. Les Byzantins, hostiles au pape de Rome, avaient converti à la foi orthodoxe les populations slaves des Balkans, de Grèce et de Russie, mais ils étaient menacés par les Turcs Seldjoukides en Asie Mineure et ne pouvaient combattre sur deux fronts. Ils accueillaient donc les chevaliers de la première croisade prêchée par Urbain II à Clermont en 1095. Ils réussissaient à prendre Jérusalem, à créer des États chrétiens en Orient, que les moines chevaliers, hospitaliers, templiers, devraient fortifier et défendre. Huit expéditions furent lancées jusqu'en 1270, sans résultats notables, sinon le sac de Byzance en 1204. Les chrétiens avaient dû abandonner l'Orient, livré à la puissance militaire des Turcs : Saladin, au XIIIe siècle, s'imposait à la Syrie et à l'Égypte. En 1453, les Turcs étaient assez forts pour prendre Constantinople et menacer les pays du Danube.

L'épanouissement du Moyen Âge

L'ouverture vers l'Orient avait transformé l'Europe, déjà en développement dès le Xe siècle, depuis les grands défrichements entrepris par les seigneurs et surtout par les moines de Cluny et de Cîteaux, par l'amélioration des cultures et l'organisation du commerce. Rois, princes et chevaliers partant pour la croisade avaient consenti des avantages et des privilèges aux villes (sous forme de chartes) et aux paysans (sous forme de censives ou droits fixes en argent et non plus en nature, payables à un taux fixe qui se dévaluerait de siècle en siècle). L'enrichissement général permettait l'essor d'une civilisation marchande, mais aussi le changement du décor urbain. La foi profonde qui animait les chrétiens les poussait à construire de blanches cathédrales, romanes au sud, puis gothiques au nord de la France, sur les bords du Rhin, et au nord de l'Italie. Les monastères se multipliaient dans toute l'Europe, organisant un colonat industrieux de paysans sur les terres acquises vouées à la culture.

Les villes flamandes faisaient fortune dans l'industrie, celles de la Baltique étaient reliées par une hanse de commerçants qui trafiquait des produits du Nord, ambre, fourrures, poisson séché, bois de navires. L'Europe des royaumes (France, Angleterre, Espagne), bientôt ruinée par les affrontements meurtriers comme la guerre de Cent Ans, le cédait en richesse et en puissance à l'Europe des villes, jalouses de leur indépendance, particulièrement en Allemagne rhénane et en Italie. Un axe économique nouveau s'installait sur le continent : les foires de Champagne, actif relais au XIIe siècle entre les Flandres et la Hanse pour les marchands du Nord et ceux qui venaient d'Italie par les cols alpins, étaient désertées, à partir du XIVe siècle, à la suite de l'instauration d'une relation directe entre les villes allemandes du Nord et Venise, à travers le Brenner.

Des cités italiennes constituées, à l'antique, en républiques ou en principats étaient aux mains de l'oligarchie des marchands. Après Amalfi, Gênes et Pise avaient obtenu des comptoirs à Constantinople et en Orient pour importer en Europe les épices et autres produits rares et coûteux. Les croisades avaient porté au maximum la puissance de Venise, déjà présente à Constantinople, et qui avait financé les navigations et obtenu les dépouilles de l'empire d'Orient, dominant militairement grâce à sa flotte de galères les pays de l'Adriatique et de la mer Égée. Enrichis par ce trafic, les banquiers de Florence, particulièrement les Médicis, étaient devenus les vrais détenteurs du pouvoir à l'époque.

LA HANSE

Le mot hanse désigne plusieurs associations libres de villes marchandes qui se sont formées au Moyen Âge, en Angleterre, en France et surtout en Allemagne du Nord. La Hanse des marchands d'Allemagne du Nord, fondée par Lübeck au XIIIe siècle, avait pour but entre autres d'exploiter les richesses des pays Baltes et des côtes septentrionales de la mer Baltique et de contribuer à garantir les voies commerciales avec la Moscovie et Constantinople. Elle regroupa à son apogée 150 villes environ.

Les Temps modernes

1453-1815

La renaissance de l'Occident

Les contacts avec l'Orient avaient permis à l'Occident d'amorcer son développement intellectuel : des universités s'étaient créées au XIIIe siècle à Montpellier, Oxford, Paris et Bologne, elles devaient se multiplier jusqu'à atteindre, avec Cracovie, la Pologne, avec Königsberg la Prusse-Orientale et s'enrichir, pour celles d'Espagne et de la France du Sud, du contact avec les philosophes de l'islam, Avicenne et Averroès, qui avaient réussi à concilier la religion avec la science et la réflexion héritées de l'Antiquité.

La force de l'Occident était déjà sa supériorité technicienne : les moines cisterciens métallurgistes avaient pris les leçons de leurs frères allemands. On forgeait en France, en Allemagne, en Italie, les meilleures armes du monde et les bronziers fondaient bientôt des canons dont s'équipaient les armées et les flottes. Le savoir-faire des fondeurs lorrains, des tisserands flamands ou florentins, des soyeux milanais et lyonnais, des joailliers, bijoutiers, ferronniers et serruriers alimentait un marché mondial, au XIIe siècle par les foires de Provins, puis, jusqu'au XVe siècle, par les routes alpines germano-franco-italiennes et les flottes de Gênes et Venise. Des inventions aussi décisives que l'étrier et le collier de cheval, la boussole et l'astrolabe (inventions arabes), la comptabilité en partie double pour les banquiers, facilitaient les échanges et lançaient les grandes compagnies sur la mer. Les banquiers Fugger en Allemagne, Médicis à Florence prêtaient aux rois et au pape et devenaient les maîtres du jeu.

L'esprit d'aventure et d'invention

Ils n'avaient que faire des tabous d'un autre âge, encourageaient la science, les lettres et les arts. Ils soutenaient Galilée contre les théologiens de Pise, quand il prétendait que la Terre tournait, ce que la Genèse, dans la Bible, n'avait pas prévu. Un Léonard de Vinci se flattait de tout connaître et de tout imaginer, du parachute au char d'assaut. Le savoir n'avait plus de limites. Dieu aurait dit à l'homme, selon Pic de La Mirandole : « Toi que nulle limite ne contraint, tu décideras toi-même des propres limites de ta nature. Nous t'avons mis au centre du monde. »

Conseillers des princes, les Érasme, les Machiavel, les Léonard de Vinci, les Castiglione, devenaient les familiers des puissants par leur pouvoir intellectuel et créatif. Rois et princes se les disputaient. François Ier créait le Collège de France pour former des lettrés qu'il utilisait dans son gouvernement. Les banquiers de Florence demandaient au mathématicien Brunelleschi de construire, par savants calculs, la plus vaste coupole du monde pour leur dôme qui faisait pâlir d'envie les Milanais, restés fidèles au gothique.

Le changeur lombard, ou syrien, pèse les pièces d'or pour assurer les transactions. Il en est ainsi jusqu'à l'utilisation de la lettre de change, qui évite les manipulations monétaires.

Peintres et sculpteurs changeaient le décor de la vie et exprimaient la nouvelle énergie de l'homme, choquant à l'occasion les vieilles élites : le *David* nu de Michel-Ange faisait scandale sur la place de Florence et la *Vénus* florale de Botticelli souriait à la cour de Laurent le Magnifique, éprise de beauté à l'antique et de nu triomphal. Les personnages du peintre florentin Masaccio sortaient des fresques et se campaient en relief dans des décors réels, la *Vierge* de

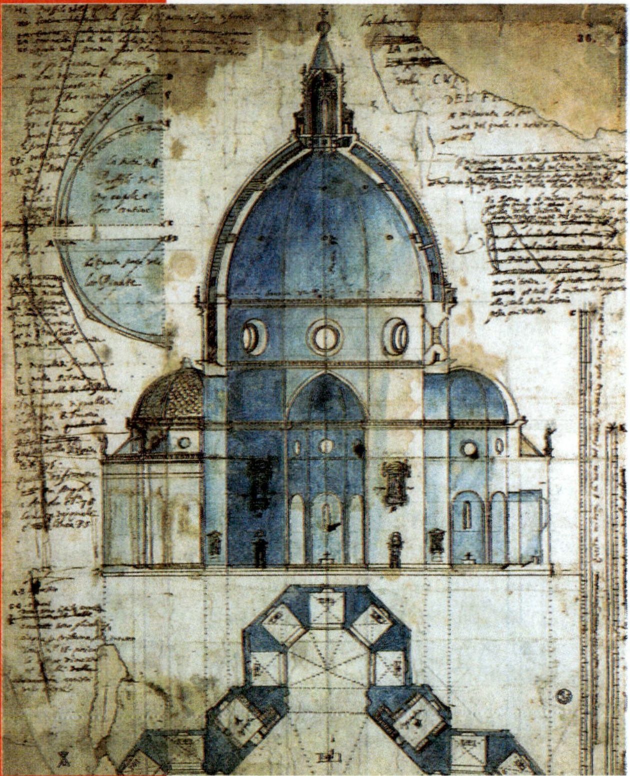

Les mathématiciens ont pris le pouvoir en architecture. Brunelleschi dessine le dôme de Florence sur des calculs précis. Le bâtiment doit tenir seul et braver les siècles sans l'aide de contreforts.

Raphaël exprimait la douceur vraie de la maternité. Le pape Jules II ne s'y trompait pas : il demandait au sculpteur, peintre et architecte Michel-Ange de représenter, dans la chapelle Sixtine, la création du monde. Le peintre devenait lui-même créateur, à l'exemple de Dieu.

Aucun roi d'Europe ne voulait plus vivre dans un château médiéval. De son côté, Léonard de Vinci dessinait un château idéal pour François Ier tandis que Pierre Lescot construisait, pour sa part, au Louvre une façade à l'italienne. Une révolution culturelle transformait l'Europe, soutenue par l'immense richesse du commerce entre l'Orient et l'Occident, entre la Baltique et la Méditerranée. Les guerres elles-mêmes s'humanisaient : au regard de la guerre de Cent Ans qui avait ruiné les royaumes de France et d'Angleterre, les guerres d'Italie du XVIe siècle étaient de simples opérations de pillage menées par les rois du Nord contre des condottieres italiens, chefs de soldats mercenaires fort économes de la vie de leurs troupes et qui considéraient les campagnes militaires comme des affaires.

Les exigences nouvelles de l'âme

Trop de bien-être inquiétait les plus sages. La prodigalité des riches et des princes amollissait les mœurs, parait les femmes des bijoux d'Orient et menaçait les pratiques religieuses, mal défendues par un clergé qui ne songeait lui-même qu'à s'enrichir. Un mouvement de réforme s'était dessiné au sein de l'Église, qui prétendait imposer au clergé les valeurs modernes. Érasme annonçait déjà qu'il fallait revenir à la lecture des textes sacrés. Il publiait lui-même une Bible, que l'imprimerie, invention du Rhénan Gutenberg, devait permettre de répandre partout, avec d'autres, en Europe. Le moine augustin Martin Luther rendait publiques en 1517 ses 95 thèses qui bravaient l'autorité du pape en réduisant la religion à un rapport direct de l'homme avec Dieu par l'intermédiaire des seuls textes sacrés. Le salut n'était offert aux hommes que par la foi et non par les œuvres : il était inutile d'acheter au pape ces indulgences qui garantissaient aux pécheurs des années de paradis. Le succès des idées de Luther était tel en Allemagne qu'il obligeait l'empereur Charles Quint, à la paix d'Augsbourg, à proclamer le principe *cujus regio, ejus religio* : les fidèles devaient suivre la religion de leur prince.

La réforme luthérienne gagnait la Suède, le Danemark et la Prusse. Le Français Jean Calvin, fixé à Genève, organisait une Église huguenote qui se développait dans le royaume, mais aussi aux Pays-Bas. Le roi d'Angleterre Henri VIII rompait avec Rome pour établir dans son pays l'Église réformée anglicane. Mais le pape réagissait avec force, en s'appuyant sur les trônes catholiques d'Espagne, d'Italie et de France. Une première série de guerres de religion multipliaient les deuils et les destructions sur le territoire français pendant près de quarante ans, surtout après l'épisode tragique de la Saint-Barthélemy (1572), où le roi Charles IX et la reine mère Catherine de Médicis avaient fait assassiner au Louvre la noblesse protestante. Le siècle béni de la Renaissance avait trouvé son calvaire, annonciateur des guerres atroces du XVIIe siècle qui devaient ensanglanter l'Europe.

LES GUERRES DE RELIGION EN FRANCE
De 1562 à 1598, date de l'édit de Nantes, qui a mis fin aux guerres opposant protestants et catholiques, huit guerres interrompues par des traités de pacification aussi courts qu'illusoires ont ensanglanté le pays. Véritables guerres civiles, elles ont été marquées par des massacres retentissants (Wassy, 1562, Paris et Province, 1572).

Monarchie absolue et monarchie libérale

Le passage de la comète chevelue dans le ciel de l'Europe en 1618 annonçait un siècle de malheurs : la guerre de Trente Ans entre catholiques et protestants fera 12 millions de morts, victimes des rivalités économiques et politiques et du fanatisme religieux en Europe centrale. La France sera plongée pendant un demi-siècle dans un conflit sans fin, extrêmement coûteux, contre les « Impériaux ».

Le sacre est une cérémonie rituelle, fixée par la tradition. Le costume et les attributs du sacre figurent Louis XIV, oint du Seigneur, en majesté.

Sans ces guerres interminables entre catholiques et protestants, on ne peut comprendre la remise en question des régimes politiques dans l'Europe déchirée qui aboutit dans l'est et dans le centre du continent à l'établissement, aux XVIIe et XVIIIe siècles, de monarchies fortes, dites de « despotisme éclairé » : par exemple la Prusse de Frédéric le Grand, la Suède de Charles-Adolphe, l'Autriche de Marie-Thérèse ou la Russie du tsar Pierre Ier le Grand, puis de la tsarine de toutes les Russies, la Grande Catherine II. Ainsi, dans tous ces royaumes ou empires, la réponse au désordre était la modernisation de l'État et l'adoption par les sujets d'une seule religion, celle du roi, qu'il fût protestant comme à Stockholm ou à Berlin, catholique comme à Vienne, orthodoxe comme à Saint-Pétersbourg. En France et en Angleterre, la solution était plus incertaine, car les religions étaient mêlées, et le souverain contesté. Pour assurer l'ordre, force était de revoir l'institution de la monarchie.

L'absolutisme à la française

En France, le royaume des Bourbons, descendants d'Henri IV, était le plus ruiné par les guerres successives. Il était urgent d'y rétablir la paix intérieure en renforçant l'autorité du roi.

Très-Chrétien, « oint » du Seigneur au sacre de Reims, il a le devoir de faire respecter dans son royaume l'Église catholique, qui assure des services publics, l'assistance, l'état civil et l'enseignement, en échange de privilèges, par exemple d'être exemptée de l'impôt direct pour ses innombrables biens, provenant des legs des fidèles, qui font d'elle le propriétaire d'un dixième des terres du royaume.

Pendant les guerres de Religion, qui ont ensanglanté le XVIe siècle, le roi s'est toujours fait le défenseur de l'Église. Pour devenir souverain, Henri IV le huguenot a dû revenir à la religion catholique. Son édit de Nantes, garantissant depuis 1598 à ses frères huguenots des sécurités dans le royaume, devait être aboli en 1685 par Louis XIV, qui ne pouvait tolérer la division de l'État « très-chrétien ». Le roi ne pouvait éviter d'être le défenseur du dogme, des pratiques et des biens de son Église. Le régime monarchique absolu confirmait donc l'Église de France au premier rang des ordres privilégiés.

Le pouvoir absolu confié par Dieu au roi, dont l'évêque de Meaux Bossuet avait établi la théorie avec autorité, supposait la réduction des nobles, qui venaient de faire la preu-

LE DESPOTISME ÉCLAIRÉ
Au XVIIIe siècle, en Europe, s'est développée une forme de monarchie absolue, le despotisme éclairé. Dans ce cadre, le pouvoir monarchique est tempéré par une volonté de réforme des institutions et de modernisation de l'appareil d'État. Parmi les souverains les plus célèbres, citons le roi de Prusse, Frédéric II le Grand, l'empereur d'Autriche Joseph II et l'impératrice de Russie Catherine II. D'autres souverains, en Italie, ont repris la tradition inaugurée par le Roi-Soleil.

LES PARLEMENTS, UNE OPPOSITION IRRÉDUCTIBLE
Chargés d'exercer la justice au nom du roi, les Parlements sont aussi traditionnellement appelés à entériner les décisions royales en matière d'impôts. Originaires de la haute bourgeoisie et de la noblesse de robe, leurs membres sont en général hostiles aux levées d'impôts quand celles-ci touchent leurs intérêts particuliers.

ve, pendant un siècle, de leur indocilité dangereuse, à l'obéissance. Louis XIV devait décourager toute révolte et domestiquer, à force de pensions, cette noblesse rebelle. Pour gouverner les provinces, il avait créé l'administration parallèle des intendants de police, de justice et de finance, nommés par lui et révocables. Il reste que le parlement de Paris, composé de magistrats officiers du roi, prétendait exercer un droit de remontrance et faire respecter par le roi les « lois fondamentales du royaume ». Le roi lui avait refusé toute intrusion dans les affaires de l'État. Et cependant, pour se procurer de l'argent, il continuait à vendre des offices aux privilégiés toujours avides de pouvoir et d'honneurs. Ainsi, la monarchie tendait à devenir souveraine, sans y parvenir tout à fait. Les rois du XVIIIe siècle (Louis XV et surtout Louis XVI) éprouveraient de nouveau la résistance des parlements et des princes qui refuseraient avec constance de renoncer à leurs privilèges. Les philosophes comparaient l'impuissance de ce régime à l'efficacité du régime libéral anglais.

La monarchie parlementaire anglaise

Depuis la Grande Charte de 1215 que les barons avaient imposée au roi, les Anglais avaient une tradition de résistance à l'absolutisme. Chaque homme, protégé par la loi, avait droit à la justice. L'impôt devait être consenti. Ainsi, les deux sources de l'arbitraire, fiscal et judiciaire, avaient un début de contrôle.

Pour dominer les mers, l'Angleterre d'Henri VIII et d'Élisabeth avait besoin au XVIe siècle d'un pouvoir royal fort, capable d'armer une flotte. Mais les bourgeois prétendaient contrôler ce pouvoir au plus près de leurs intérêts. Des juristes avaient stipulé que la loi était au-dessus du roi et que les sujets avaient le droit de s'insurger contre un roi tyrannique. Nul ne pouvait les arrêter arbitrairement ni les dépouiller. Ils avaient le pouvoir de refuser les impôts.

Même au temps d'Élisabeth, en 1583, le Parlement n'hésitait pas à affirmer qu'il était le pouvoir « le plus haut et le plus absolu ». Un demi-siècle plus tard, quand les rois Stuarts Jacques Ier (1603-1625) et Charles Ier (1625-1649) prétendirent imposer l'absolutisme, le Parlement rendit publique en 1628 la Pétition des droits, où il rappelait que nul sujet ne devait être arrêté ou dépossédé sans jugement, et nul impôt consenti sans un vote du Parlement. Une guerre civile opposa en 1642, pour trancher le conflit, les « cavaliers » du roi aux « têtes rondes », les bourgeois. Oliver Cromwell, petit noble puritain élu au Parlement, commandait cette armée, qui l'emporta sur celle de Charles Ier. Pour la première fois dans son histoire, l'Angleterre jugeait et exécutait son roi, avant de proclamer la république.

Après la mort de Cromwell en 1658, les Stuarts étaient de retour en 1660. Ils ne purent imposer l'absolutisme. Première victoire de la pensée libérale : l'*Habeas corpus*, qui protégeait les individus contre l'arbitraire, fut voté par le Parlement en 1679.

Une deuxième victoire suivit la Glorieuse Révolution de 1688. Les bourgeois s'étaient débarrassés de Jacques II Stuart pour lui substituer Guillaume d'Orange, l'époux de sa fille Marie, couronné sous le nom de Guillaume III et qui s'engageait à respecter la Déclaration des droits votée par le Parlement.

Désormais, le pouvoir législatif, célébré par le philosophe anglais John Locke, s'installe à Londres ; le roi doit respecter le Parlement, qui contrôle et vote les lois, consent l'impôt, interdit la levée d'une armée en temps de paix, exige des élections libres et le choix « sans partialité » de jurés dans les tribunaux. « La grande fin pour laquelle les hommes entrent en société, écrit alors John Locke, c'est de jouir de leurs biens dans la paix et la sécurité. »

LES TROIS TEXTES MAJEURS DU XVIIe SIÈCLE ANGLAIS

La défense des droits de l'individu face à l'arbitraire de la puissance publique est le point central de la réflexion et de l'action politiques en Angleterre au cours du XVIIe siècle. Cette préoccupation est illustrée par l'adoption de trois textes fondamentaux par le Parlement : la Pétition des droits *(Petition of rights)*, l'*Habeas corpus* et enfin la Déclaration des droits *(Bill of rights)*.

La révolution d'Amérique et les idées françaises

L'AMÉRIQUE ÉCLAIRÉE PAR LES LUMIÈRES D'EUROPE

Les principes constitutionnels américains étaient strictement conformes à ceux que les libéraux européens avaient formulé aux XVIIe et XVIIIe siècles : l'Anglais John Locke et les Français Voltaire et Montesquieu étaient partisans d'un régime qui garantît les libertés et les droits du citoyen. Ils avaient lutté pour ces droits, avec les autres philosophes qui écrivaient dans l'*Encyclopédie*, une publication des « Lumières » dont les Américains avaient ..it leur profit : un ...jamin Franklin, ...it efficace- ...idé à Paris ...l'indépen- ...ine, ...

Qu'est-ce qu'une Constitution ? Un texte « sacré », définissant les principes et le fonctionnement d'un régime dont le fondement est la souveraineté populaire.

Les présidents des États-Unis, au moment de leur entrée en fonction, ont toujours juré sur la Bible de respecter la Constitution rédigée à Philadelphie en 1787 par les « Pères fondateurs » des États-Unis d'Amérique, qui venaient de conquérir en 1776 leur indépendance, après une guerre victorieuse contre les Anglais, qui exerçaient jusqu'alors un pouvoir absolu sur leurs treize colonies.

Le triomphe de la loi et du droit

Les Américains vainqueurs n'avaient que faire d'un roi. « Dans les gouvernements absolus, le roi est la loi. Dans les gouvernements libres, la loi doit être le roi », écrivait alors l'Américain Thomas Paine. Un simple président est élu pour quatre ans, chargé de l'exécutif. Pour le législatif, un Congrès à deux Chambres : le Sénat reçoit deux délégués de chaque État. La Chambre des représentants est élue pour deux ans avec un nombre de députés proportionnel à la population de chaque État. Le Congrès vote les lois, les impôts, décide de la guerre et de la paix. Une Cour suprême de six juges nommés à vie par le président est chargée du pouvoir judiciaire : ainsi les pouvoirs sont-ils séparés.

La Constitution promet de garantir les « droits naturels » des citoyens que Thomas Jefferson, un des « Pères fondateurs », avait inscrits dans la Déclaration d'indépendance des États-Unis d'Amérique, le 4 juillet 1776. « Les hommes, était-il affirmé, sont créés égaux. Ils sont doués par le Créateur de certains droits inaliénables. Parmi ces droits se trouvent la vie, la liberté et la recherche du bonheur. »

Les idées nouvelles défendues de l'autre côté de l'océan Atlantique n'étaient pas seulement libérales, mais aussi démocratiques et plaçaient le peuple à l'origine de la souveraineté : le *Contrat social* de Jean-Jacques Rousseau exigeait que tous se mettent au service du corps social constitué par leurs suffrages. Ces idées démocratiques n'avaient pas été suivies par les «Pères fondateurs», qui avaient construit un régime seulement libéral, réservé aux anciens colons les plus riches. Il n'était pas alors question de considérer les Indiens ni les esclaves noirs des plantations de tabac de Virginie ou de coton des Carolines comme des hommes libres.
La République américaine n'était pas encore une démocratie, mais elle était le premier régime qui eût osé affirmer qu'il n'avait besoin d'aucun autre souverain que le peuple constitué.

George Washington, président des États-Unis, ne tient pas, comme un roi de France, son pouvoir de Dieu, mais de la délégation de souveraineté que lui confient les citoyens libres. Mais il jure – sur la Bible et devant Dieu – de respecter le droit.

En France, idées nouvelles et vieux réflexes

La France des Lumières suivrait-elle cet exemple ? Les ministres de Louis XVI souhaitaient une monarchie réformée, conforme aux idées des philosophes. Au jour le jour, ceux-ci dénonçaient les tares du vieux système monarchique : en économie, ils exigeaient la liberté d'entreprise qui permettrait de rattraper le retard industriel

TURGOT, UN MINISTRE ÉCLAIRÉ

Magistrat, Turgot participe aux débats intellectuels de son temps et se convainc rapidement de la nécessité de mener des réformes profondes. Intendant du Limousin, il y introduit des innovations qui le font remarquer du roi. Ministre en 1774, il entame un ambitieux programme de réformes : libération du commerce, abolition de la corvée royale, levée d'un impôt foncier qui n'épargne que ...s ecclésiastiques. ...s il se heurte ... l'opposition ...s et du ... t limogé

pris sur l'Angleterre dans les mécaniques textiles et les débuts de la vapeur. En politique, ils voulaient un régime moderne, qui abolît la torture en justice, proscrivît l'intolérance religieuse, permît l'expression libre des idées. Pour Condorcet, le combat des « Lumières » était celui de la vérité, il devait pousser un triple « cri de guerre » dans ses écrits philosophiques : « raison, tolérance, humanité ! » À l'autre bout de l'Europe, ce message était entendu par le philosophe de Königsberg, Emmanuel Kant, qui jugeait opportun de faire sortir l'homme « de l'état de minorité ». Il devait, affirmait-il, enfin « se servir de sa raison sans être guidé par autrui ». Les bases intellectuelles de la révolution étaient ainsi cimentées.

Pour que ces idées généreuses eussent force de loi, les ministres de Louis XVI, qui ne leur étaient pas insensibles, avaient tenté une réforme de l'État. Turgot avait aboli la torture, organisé la libre circulation des grains, tenté de supprimer les corporations de métiers qui empêchaient les compagnons de s'installer comme maîtres. Il avait été renvoyé par Louis XVI en 1776, après deux ans de pouvoir, parce qu'il avait été incapable de trouver l'argent nécessaire à la réduction du déficit de l'État en faisant payer les riches, les privilégiés, qui échappaient à l'impôt. Ses successeurs, Calonne et Necker, ne feraient pas mieux : le service de la dette de l'État couvrait la moitié de ses ressources. Les parlementaires étaient les plus ardents à combattre leur politique réformatrice. Le peuple les avait soutenus à Grenoble, quand ils s'étaient révoltés au cours de la « journée des tuiles », parce qu'ils protestaient contre les impôts trop lourds ; quant au peuple, il protestait contre la cherté du prix du pain. Le roi n'avait trouvé comme remède que de promettre, comme le demandaient les députés du Dauphiné réunis à Vizille, la convocation des États généraux, afin de faire consentir les élus à de nouveaux impôts. Les 28 millions de Français auraient-ils les moyens d'imposer aux 300 000 privilégiés leurs idées sur la réforme de la nation ?

Les femmes aident les insurgés dans leur lutte contre les troupes coloniales anglaises. Elles partent à la guerre avec eux, soignent les blessés, font la soupe du soir, et parfois se battent.

Le roi saura-t-il réformer ?

La contradiction entre les riches et les pauvres éclatait dans chacun des trois « ordres » du royaume : le bas clergé n'était nullement solidaire des riches évêques et abbés de cour, la petite noblesse de province ne partageait pas les mêmes intérêts que les ducs pensionnés, moins encore avec un duc de La Rochefoucauld-Liancourt, qui employait sa fortune à moderniser ses terres arables, tout en finançant des entreprises. Le tiers état lui-même, qui comprenait tous les non-privilégiés – soit les quatre-vingt-seize centièmes de la nation –, avait ses bourgeois opulents et ses paysans misérables.

Les bourgeois lettrés, aisés, dominaient la première phase libérale de la révolution, celle de l'élection aux États généraux. Ils inspiraient les cahiers de doléances envoyés au roi, qui demandaient la suppression de l'Ancien Régime et la mise en œuvre d'une Constitution. Aucun de ces notaires, avocats, journalistes, juristes, nobles libéraux, rentiers ne voulait se passer du roi.

POURQUOI LE MODÈLE AMÉRICAIN ?
De nombreux nobles et militaires français avaient combattu pour la liberté des Américains et partagé leurs idéaux politiques. De retour en France, ils ont défendu l'idée que la monarchie absolue devait s'amender. L'exemple le plus célèbre est celui de Gilbert Motier de La Fayette, dit «le héros des Deux Mondes», qui joua un rôle majeur ...ns la Révolution ...aise jusqu'en ... qui réappa- ...0, lors des ...ses.

L'échec de la monarchie constitutionnelle en France

Après les élections, les députés aux États généraux se réunissent à Versailles le 5 mai, ceux du Tiers ayant obtenu que leur représentation soit égale à celle des deux autres ordres réunis. Ils exigent en outre de voter par tête et non par ordre, ce qui leur est refusé.

Le roi croit pouvoir esquiver la révolution. En fait, le 17 juin, les députés du Tiers et quelques nobles et curés ont décidé de se proclamer Assemblée nationale. Au Jeu de paume, ils ont prêté, le 20 juin, le serment de ne pas se séparer « avant qu'une Constitution du royaume ne soit établie ». L'astronome Bailly a répondu au marquis de Dreux-Brézé, qui voulait faire évacuer la salle : « La nation rassemblée ne peut recevoir d'ordre » ; et le marquis de Mirabeau : « Nous ne quitterons nos places que par la force des baïonnettes. »

La faiblesse du roi renforce le mouvement

Le roi cédait le 27 juin. Le 9 juillet, l'assemblée prenait le nom de Constituante, représentant la nation souveraine : la révolution légale était faite sur le modèle anglais ou américain. Tout était en place pour construire un nouveau régime.

Mais le roi y prêterait-il la main ? Avait-il l'intention de tenter une contre-révolution ? Le peuple parisien, inquiet, affamé et abandonné, redoute une conspiration, enlève des armes aux Invalides et s'empare de la Bastille le 14 juillet : c'est le début de la révolution violente, que le roi compte apaiser par un nouveau recul. Il arbore à la municipalité constituée à Paris, devant la garde nationale commandée par La Fayette, une cocarde où le blanc royal s'insère entre les couleurs de Paris. Les révolutionnaires viennent de trouver leur symbole.

Les troubles des campagnes, la peur des brigands et des émigrés, des soldats étrangers et des pilleurs incitent les paysans à brandir les fourches et à brûler les châteaux, pour y supprimer les « terriers », liasses de droits seigneuriaux ou féodaux. Les députés s'inquiètent de cette Grande Peur qui court dans la plupart des provinces. Pendant la nuit du 4 août, l'Assemblée nationale proclame l'abolition des droits féodaux. L'Ancien Régime est par terre, même si les émeutiers de village ne se rendent pas compte qu'on ne leur fait cadeau que de la plus faible partie de leurs charges. S'ils ne payent pas la dîme, ils devront encore la taille au roi et le loyer au propriétaire.

Pourtant l'Ancien Régime politique est bien mort : pendant les mois d'été, les Constituants ont d'abord rédigé la Déclaration des droits de l'homme et du citoyen (26 août), qui

Les fédérés sont des gardes nationaux venus à pied, en charrette, en péniche jusqu'à Paris, où ils assistent au serment du roi après la messe dite au Champ-de-Mars par l'évêque de Talleyrand-Périgord le 14 juillet 1790.

affirme les principes d'égalité civile et toutes les libertés, ainsi que la souveraineté de la nation. La loi est supérieure au roi et organise un État de droit que le roi ne peut menacer sans donner au peuple le droit et le devoir d'insurrection. Il est dit que les pouvoirs exécutif, législatif et judiciaire seront séparés, comme en Amérique.

LA DIFFICULTÉ DE FAIRE DU NOUVEAU
La formation des départements en 1791 n'a pas fait que des heureux. Les négociations pour établir le tracé des frontières et surtout pour déterminer le siège du chef-lieu ont été longues et âpres. Ces décisions n'étaient rien moins qu'anodines. Elles pouvaient décider de l'avenir – plus ou moins brillant – d'une cité. C'est ainsi que dans le département du Gers, la ville épiscopale d'Eauze a perdu de son aura et de son dynamisme quand les législateurs ont choisi Auch pour être la capitale du département.

L'apprentissage de la délégation de pouvoir

Des différences cependant : le pouvoir législatif n'aura qu'une Chambre, élue par les citoyens actifs, les 4 300 000 Français qui payent un impôt convenable. Ils nommeront 45 000 électeurs qui désigneront, dans le cadre des 83 départements dessinés sur la carte, les 745 députés de la future Assemblée législative chargée de voter les lois et le budget, de décider de la guerre ou de la paix. Plus de 3 millions de Français seront exclus des urnes, les plus pauvres. Le pouvoir exécutif sera exercé par le roi et ses ministres, mais il ne pourra s'opposer aux lois que par un droit de veto suspensif. Les 45 000 électeurs éliront leurs représentants à la tête des départements, les citoyens actifs les maires et conseillers municipaux ainsi que les juges et les jurés des tribunaux. Plus de parlements : les députés nommeront les juges de la Haute Cour et de la Cour de cassation. Les impôts royaux seront remplacés par trois contributions payables par tous, la foncière, la mobilière et, pour les entreprises, la patente.

Le roi avait affiché pendant toutes ces discussions une attitude hostile. À la suite des journées des 5 et 6 octobre 1789, où le peuple parisien avait manifesté au château de Versailles, il avait accepté d'habiter avec sa famille le château des Tuileries. Il était désormais à la merci de la garde nationale et de la municipalité parisienne et ne pouvait empêcher le déroulement légal de la Révolution : le 14 juillet 1790, il avait, au Champ-de-Mars, prêté serment de fidélité à la nation et à la loi devant 14 000 gardes nationaux venus de tout le royaume. Il avait fini par admettre en septembre 1791 la Constitution qui le désignait comme « le roi des Français par la grâce de Dieu et la Constitution de l'État ». Mais il était scandalisé par la Constitution civile du clergé (votée le 12 juillet 1790), qui confisquait les biens de l'Église et donnait un traitement aux ecclésiastiques, élus par le peuple. La condamnation de ce texte par le pape encourageait Louis XVI à la résistance, d'autant que de nombreux prêtres « réfractaires » avaient refusé de suivre les « jureurs » qui avaient prêté serment de respecter la Constitution. En prétendant établir un État dont dépendrait le clergé, un État tolérant qui subventionne la religion catholique et protège les autres religions, la Révolution divisait pourtant les Français, et suscitait une opposition tenace chez les catholiques. Le 20 juin 1791 le roi avait décidé de s'enfuir avec sa famille : reconnu à Varennes, il était ramené à Paris où les clubs de gauche demandaient sa déchéance. Mais le 17 juillet 1791, La Fayette le sauvait de justesse en faisant tirer sur la foule qui manifestait au Champ-de-Mars.

LA CONSTITUTION CIVILE DU CLERGÉ
L'adoption de la Constitution civile du clergé a été d'une importance capitale dans l'évolution du processus révolutionnaire. Elle a divisé l'Église en deux camps irréductibles. De même, le pays a plongé dans la guerre civile, quand des poursuites ont été lancées contre les prêtres réfractaires. Son adoption répondait pourtant à des impératifs plus financiers que religieux. Il s'agissait de rendre à la nation tous les biens ecclésiastiques. Et la vente de ces biens était censée réduire le déficit.

La guerre contre la Révolution

Maintenu à grand-peine, Louis XVI poussait à déclarer la guerre à l'Autriche. Les Jacobins de gauche ou Girondins (élus de la Gironde comme Vergniaud) voulaient en finir avec l'opposition contre-révolutionnaire. Seul ou presque, le Jacobin Robespierre, un admirateur démocrate de Jean-Jacques Rousseau, dénonçait le danger d'une dictature militaire. À peine née, la monarchie constitutionnelle jouait son avenir sur une campagne militaire. Mauvaise surprise : les Prussiens se joignaient aux Autrichiens pour envahir la France et le duc de Brunswick sommait Paris « de se soumettre sur-le-champ et sans délai au roi ». La guerre étrangère poussait la Révolution aux extrêmes : aux premiers coups de canon, la monarchie perdrait sa tête et la victoire de Valmy fonderait la République.

LA COMMUNE DE PARIS
Le pouvoir de l'Assemblée élue par la nation se heurtait, à Paris, aux revendications des sections qui exerçaient une forte pression sur une assemblée jugée trop prudente. De 1792 à 1794, la Convention résista difficilement à la pression de la Commune de Paris dirigée par les Montagnards. La municipalité parisienne est née à la veille de la prise de la Bastille et a porté à sa tête l'astronome Bailly. Quant à la commune insurrectionnelle née à la veille du 10 août 1792, elle joue un rôle majeur dans la destitution du roi, puis lors des massacres de septembre. Son rôle diminua à mesure que le Comité de salut public s'imposa. Elle fut décimée lors de la chute de Robespierre.

La République des démocrates

Entre le pouvoir royal et celui de l'Assemblée, la rue avait tranché : le roi refusait-il de laisser le gouvernement lever 20 000 fédérés, bloquait-il le décret qui condamnait à la déportation les prêtres réfractaires ? L'Assemblée, sans s'occuper de son veto, proclamait « la patrie en danger », peuplait les camps de la région de Paris de soldats en armes venus des provinces et envoyait aux frontières les volontaires par milliers. La rue se mobilisait, et les sans-culottes, aidés par les « fédérés » de Brest et de Marseille, prenaient les Tuileries, le 10 août 1792.

L'Assemblée suspendait la royauté et décidait de faire élire au suffrage universel une Convention chargée de rédiger une nouvelle Constitution. Pour la première fois l'idée démocratique d'égalité politique recevait une application immédiate. La commune insurrectionnelle de Paris, qui venait de massacrer de très nombreux prisonniers dans la ville du 2 au 5 septembre, exigeait un gouvernement fort et un changement immédiat de régime. La rue avait imposé la République, proclamée le surlendemain de la victoire de Valmy, le 22 septembre.

Une République guerrière

Poussés par les clubs les plus violents et par les sans-culottes armés par la Commune, les conventionnels montagnards, ainsi appelés parce qu'ils siégeaient sur la partie haute de l'assemblée, la Montagne, avec Robespierre, Saint-Just, Danton et Marat, éliminaient du pouvoir les Girondins, jugés trop tièdes, qui ne voulaient pas la mort du roi, et souhaitaient que la Révolution arrête son cours. Le roi était condamné et exécuté le 21 janvier 1793 et toute l'Europe se levait contre la France dans une coalition financée par l'Angleterre qui comprenait, outre la Prusse et l'Autriche, déjà engagées, l'Espagne, les princes allemands et italiens, indignés par la politique étrangère de la Révolution : déjà, en septembre 1791, la France avait obtenu au nom du droit des peuples à disposer d'eux-mêmes le rattachement d'Avignon et du Comtat Venaissin. Elle avait supprimé les droits seigneuriaux en Alsace, même ceux des seigneurs allemands possessionnés dans cette province. Après Valmy, la Convention avait promis « d'accorder fraternité et secours à tous les peuples qui veulent reconquérir leur liberté ». En Savoie l'armée française était accueillie en libératrice, de même qu'en Belgique et sur la rive gauche du Rhin. Partout les généraux s'empressaient d'abolir les privilèges, et de créer des institutions librement élues. Aucune des monarchies

Le 8 juin 1794, Maximilien Robespierre marchait en tête du cortège qui célébrait la fête de l'Être suprême au Champ-de-Mars. Pour la figure centrale du Comité de salut public, le culte de l'Être suprême pouvait assurer le lien entre tous les citoyens.

d'Europe ne pouvait accepter cette exportation forcée des idées françaises qui les mettait en péril.

Les rébellions intérieures

Toutes les frontières étaient menacées quand les Girondins soulevèrent une insurrection fédéraliste en Normandie, Bretagne, Bordelais, Lyonnais, Provence. Elle dut être réduite dans le sang ainsi que la révolte de la Vendée, où les « colonnes infernales » envoyées par Lazare Carnot, membre du gouvernement et salué par l'Assemblée du titre d'« organisateur de la victoire », décimèrent la population avec une grande cruauté. À peine née, l'idée démocratique suscitait une guerre civile qui obligeait les Montagnards à mettre en veilleuse, « jusqu'à la paix », la nouvelle Constitution, qui était la première à appliquer les idées de Jean-Jacques Rousseau : suffrage universel, élection d'une assemblée souveraine pour un an, constitution d'un gouvernement collectif de 24 membres nommés par l'Assemblée sur proposition des électeurs des assemblées primaires. La Constitution sanctifiait le droit du peuple à l'insurrection quand ses droits étaient violés. Elle avait pour but « d'affirmer en société le bonheur commun », prétendait assurer l'instruction de tous et faisait des secours publics aux nécessiteux une dette sociale.

CONDORCET, DES LUMIÈRES À LA RÉVOLUTION
L'histoire du marquis de Condorcet (1743-1794) symbolise le destin tragique d'un esprit des Lumières plongé dans la Révolution. Héritier de la pensée philosophique des Lumières, il se bat pour la défense des droits de l'homme. Convaincu que le savoir est la condition essentielle de la liberté, il élabore un projet d'organisation de l'instruction publique qui restera lettre morte. Proche des Girondins, il se suicide alors qu'il est sur le point d'être pris.

L'organisation du futur

Certaines de ces idées, qui étaient celles de Condorcet, avaient pu être mises en pratique, et des grandes écoles (École normale supérieure, École centrale des travaux publics, Muséum, Observatoire et Conservatoire des arts et métiers, entre autres) accueillaient déjà les élèves. Mais le temps n'était guère aux réformes : un gouvernement révolutionnaire avait dû se mettre en place pour assurer la conduite de la guerre, sauver la Révolution des « factieux » de gauche ou de droite (les Enragés d'Hébert, qui exigeaient une aggravation de la

Terreur, les Indulgents, amis de Danton, accusés de corruption). Robespierre et Saint-Just, après l'assassinat de Marat par Charlotte Corday le 13 juillet 1793, étaient au pouvoir à la tête du Comité de salut public (créé par la Convention le 5 avril 1793), qui obtenait le 5 septembre de la même année de mettre la Terreur « à l'ordre du jour » et pourvoyait la guillotine de tous ses ennemis politiques : 40 000 victimes. Le Comité de salut public, chargé de la direction politique, et le Comité de sûreté générale, qui déférait les suspects devant un tribunal révolutionnaire, envoyaient en province et aux armées des représentants en mission qui assuraient l'ordre par les exécutions, comme celles du funeste Carrier à Nantes, qui noyait ses victimes dans la Loire. « Il n'y avait pas de liberté pour les ennemis de la liberté », et le gouvernement avait promis d'être « révolutionnaire jusqu'à la paix ». Cette guerre civile fit près de 200 000 morts.

Robespierre, sur son chemin sanglant, rêvait d'instaurer la dictature de la vertu. On datait les actes publics de l'an I et II de la République, on changeait les noms de villes et de lieux qui faisaient référence à l'Ancien Régime, on adoptait un calendrier révolutionnaire, on rendait un culte à l'Être suprême, pour manifester des sentiments déistes et non pas athées. Par les moyens les plus autoritaires, les Montagnards prétendaient changer le monde et lui apporter le bonheur, « cette idée neuve en Europe », disait Saint-Just.

La taxation des denrées, les levées de citoyens, les dénonciations, les exécutions étaient le pain quotidien de cette dictature qui sauvait le pays par une succession impressionnante de victoires, mais discréditait pour longtemps l'idée démocratique. Quand Robespierre et ses amis furent emportés, le 9 Thermidor an II (27 juillet 1794), par l'opposition des députés du centre ameutés par Barras, la République devenait conservatrice et libérale : elle voulait mettre un point final à la Révolution.

VENDÉE, ATROCITÉS OU GÉNOCIDE ?

L'interprétation des événements historiques est souvent nourrie par des expériences postérieures aux événements dont on parle. Il en est ainsi de la guerre civile qui opposa les armées révolutionnaires aux insurgés vendéens et chouans dans l'ouest du pays de 1792 à 1795.
Les massacres commis par les uns et par les autres ne sauraient faire oublier le contexte dans lequel ils ont été perpétrés : un pays réunifié par la fête de la Fédération, mais divisé par la question religieuse et en guerre avec la plus grande partie de l'Europe.

Le XIXe siècle

1815-1914

La construction de l'État libéral en France

La première étape est le Directoire, mis en place en septembre 1795 : une nouvelle Constitution établit un régime parfaitement libéral avec deux assemblées, les Anciens et les Cinq-Cents, élus au suffrage censitaire, parce que seuls ceux qui payaient le cens (ainsi les Romains appelaient-ils l'impôt) avaient, à partir de l'âge de vingt-cinq ans, le droit de vote.

On revenait au suffrage des riches qui désignaient seuls les administrations de la commune, du canton, du département, et contrôlaient le pouvoir exécutif, un Directoire de cinq directeurs élus pour cinq ans, parmi lesquels Barras, l'homme qui avait envoyé Robespierre à l'échafaud. « Un pays gouverné par les propriétaires, disait à la tribune Boissy d'Anglas, est dans l'ordre social. »

Faire la paix et réunir la nation

Mais le Directoire devait continuer la guerre à l'extérieur et bouleversait l'Europe en créant aux frontières des républiques sœurs qu'il pillait. Il comptait de plus en plus sur les conquêtes des généraux pour nourrir les caisses de l'État, et sur les généraux eux-mêmes pour faire face aux « journées révolutionnaires » organisées par les Jacobins ou aux complots royalistes soutenus par l'Angleterre. L'instabilité du régime était telle que Sieyès, l'un des directeurs, choisit de s'appuyer sur le plus illustre des généraux, vainqueur en Italie, et de retour d'Égypte, où il avait conduit une désastreuse expédition, Napoléon Bonaparte, pour réaliser le coup d'État du 18-Brumaire (9 novembre 1799), intimider les députés des deux assemblées, et renforcer le pouvoir exécutif en l'attribuant à trois « consuls ». Celui qu'on appelait « le Robespierre botté » devenait le maître tout-puissant d'un nouveau régime, qui n'avait de république que le nom.

Sa tâche était d'en finir avec la Révolution, mais non avec l'État créé par les révolutionnaires. Il avait au contraire l'intention de le renforcer. Si le régime était dictatorial, cet État devait être libéral, et s'inspirer dans sa Constitution des principes essentiels des hommes de 1789. À coup sûr, le Consulat était un régime autoritaire, où l'exécutif l'emportait sur les autres pouvoirs, mais il n'était pas une dictature : premier des trois consuls (les deux autres, Sieyès et Roger Ducos, n'avaient qu'un rôle consultatif), Bonaparte avait fait plébisciter par les Français la Constitution de l'an VIII (décembre

L'escadre française débarque en Égypte le corps expéditionnaire de Bonaparte. Elle sera entièrement détruite par les Anglais à Aboukir.

LA PAIX D'AMIENS
Célébrée avec soulagement par l'Europe entière, la paix d'Amiens peut être considérée comme une fausse paix tant elle ne réglait pas – du point de vue des coalisés, et de l'Angleterre en particulier – le problème posé par le maintien d'un gouvernement en France capable de dominer le continent. Quant à Bonaparte, devant le peu d'empressement des Anglais à appliquer les attendus du texte final, il met en place les préparatifs d'une invasion de l'Angleterre (1803-1804).

1799), qui s'en remettait à lui pour le choix des magistrats, exceptés les juges de paix, élus au suffrage universel. Il était donc le maître de la justice. Il désignait les conseillers d'État qui rédigeaient les lois, les sénateurs qui veillaient au respect de la Constitution et nommaient les membres des deux autres assemblées, les tribuns du Tribunat, qui discutaient des lois sans les voter, et les députés du Corps législatif, qui votaient sans débattre. Le pouvoir législatif était morcelé, en fait soumis à l'exécutif. Quand les tribuns frondèrent, le Tribunat fut dissous en 1807.

Ces députés avaient été choisis sur des listes de notables. Le principe démocratique était donc respecté, mais il aboutissait à la constitution d'assemblées choisies par le consul et qui n'avaient aucun pouvoir véritable de contrôle : le consul avait l'initiative des lois.

L'œuvre du Consulat

Il avait constamment renforcé son pouvoir personnel : consul à vie en 1802, nommé empereur par sénatus-consulte et plébiscite en 1804, sacré par le pape Pie VII empereur des Français, il avait transformé la République en cour impériale. Il avait rétabli la paix religieuse en signant avec le pape un Concordat en juillet 1801. Si le catholicisme était la religion « de la grande majorité des citoyens français », la tolérance était assurée par la reconnaissance des Églises protestantes et par le libre exercice de la religion juive.

L'ordre était maintenu à l'intérieur par la police active de Fouché, par la gendarmerie dans les campagnes, par les préfets, sous-préfets et maires nommés par le pouvoir exécutif. Utilisant la loi Jourdan de 1798 qui avait créé la conscription, Napoléon levait sans arrêt des soldats pour nourrir les effectifs de la Grande Armée, qui avait dû reprendre la guerre en 1803 contre une coalition menée par l'Angleterre. Celle-ci ne pouvait admettre un Empire français formé de 108 départements, de Bruxelles à Genève, dominant l'Europe, bientôt fermée par le blocus continental. Mais la Russie, l'Espagne, l'Autriche et la Prusse avaient résisté et Napoléon devait connaître une série de graves revers qui lui coûteraient son trône en 1814. Évadé de l'île d'Elbe, où l'avaient enfermé les alliés vainqueurs, il ne réussissait pas à faire basculer le destin sur le champ de bataille de Waterloo, le 18 juin 1815, et partait bientôt, pour y mourir en 1821, dans l'île de Sainte-Hélène. L'Empire avait vécu.

Mais l'État libéral qu'il avait fondé lui survivait. Napoléon avait organisé la paix civile par son administration efficace, l'armée nationale et la gendarmerie. L'ordre économique et social était garanti par des mesures libérales d'encadrement du crédit par la Banque de France, qui avait le monopole d'émission de la monnaie et garantissait la valeur or du franc germinal qui ne devait pas varier jusqu'en 1914. La liberté d'entreprise était confirmée, garantie par les interdits qui frappaient la classe ouvrière : ni grèves, ni associations. Un livret ouvrier permettait de surveiller et de tenir en main les travailleurs. Quant aux paysans, ils étaient, pour les plus riches, satisfaits de conserver les terres qu'ils avaient achetées à bas prix, biens nationaux confisqués aux émigrés et au clergé.

UNE MONNAIE TRÈS STABLE
Le franc germinal tire son nom du mois du calendrier révolutionnaire au cours duquel il a été institué (17 germinal an XI, ou 7 avril 1803). Le franc germinal est une pièce qui contient 4,5 g d'or pur. Il restera stable durant 111 ans, jusqu'en 1914.

Les idées libérales étaient inscrites dans un texte, le Code civil, aux 2 281 articles, qui établissait l'égalité et le droit de propriété, les règles de partage successoral. La famille était considérée comme la cellule essentielle. Bien que le droit au divorce fût maintenu, le Code établissait l'autorité absolue du père de famille sur les siens, au détriment des droits de la femme. Cet État libéral, qui respectait la fortune et la propriété, mais aussi les libertés, était admis par la bourgeoisie française. Il lui manquait la liberté politique, l'équilibre des pouvoirs et un véritable pouvoir législatif. Trois révolutions seraient nécessaires pour y parvenir au siècle suivant.

L'Europe des princes en 1815

Napoléon avait voulu constituer une Europe forte et moderne, avec routes, canaux, passages alpins aménagés, industries puissantes, droit unifié sur la base du Code civil français, États nationaux regroupés comme la confédération du Rhin ou celle de l'Italie du Nord, le grand-duché de Dantzig, la Pologne reconstituée.

Les vainqueurs, réunis au congrès de Vienne de 1814 à 1815, s'empressèrent de détruire l'Europe napoléonienne, sous l'influence du négociateur anglais lord Castlereagh, dont le gouvernement avait financé toutes les coalitions antifrançaises.

LE CONGRÈS DE VIENNE
Réuni de 1814 au 9 juin 1815, le congrès a été convoqué pour établir, à la suite de la première abdication de Napoléon Ier, « un système d'équilibre réel et durable ». En réalité, les quatre grandes puissances qui ont monopolisé les débats (l'Autriche, la Prusse, la Russie et la Grande-Bretagne) se sont partagé les dépouilles de la France et des alliés. Elles ont remodelé la carte de l'Europe au grand désespoir des nations.

Sainte-Alliance et Quadruple-Alliance

L'Angleterre, après Waterloo, ne voulait pas d'une Europe unie mais « équilibrée », aucune puissance ne pouvant dominer les autres. Le tsar impatient avait absorbé la Finlande, une partie de la Pologne, de nouveau partagée, et la Bessarabie. Personne en Europe ne souhaitait qu'il chasse les Turcs de Méditerranée et qu'il force les Détroits. Aussi avait-on laissé aux mains des Ottomans les pays chrétiens orthodoxes des Balkans – Grèce, Bulgarie, Roumanie, Serbie, Bosnie.

L'Angleterre ne demandait pas de territoires en Europe. Elle visait à la maîtrise du monde. Inquiète des révolutions nationales et libérales de l'Amérique latine contre les puissances coloniales, Espagne et Portugal, elle avait cependant reconnu le régime de Simón Bolívar et l'indépendance du Brésil. Par la possession de Malte et des îles Ioniennes, elle dominait la Méditerranée. Elle garantissait son débouché en Europe par la constitution d'un royaume unique hollandobelge. Son développement bancaire et industriel précoce lui faisait souhaiter l'implantation de son grand commerce maritime monopolistique dans tous les pays d'Europe. Aussi cet État libéral dont le gouvernement était nommé ou congédié par un vote du Parlement, cet État de l'*Habeas corpus* et des libertés publiques, cet État marchand qui avait déjà réussi sa révolution agricole et se lançait dans l'exploitation industrielle grâce à ses mines de charbon et à ses canaux voulait-il maintenir le *statu quo* en Europe. Le Britannique lord Castlereagh n'avait avantagé que les États protestants du Nord, dont on pouvait attendre un essor industriel ou mari-time : la Norvège était retirée au Danemark indocile pour être confiée à la Suède, la Prusse devenait une puissance rhénane, maîtresse des bassins houillers de la Ruhr.

Charles X, frère de Louis XVI, est sacré avec un faste anachronique, comme s'il était encore un souverain absolu. Il est entouré de tous les évêques du royaume.

Pour l'empêcher de devenir une puissance dominante, Castlereagh avait maintenu la division de l'Allemagne en 39 États dominés par l'Autriche, qui recevait une partie de la Pologne, les côtes dalmates et la Croatie, la riche province de Lombardie-Vénétie dans une Italie émiettée en huit États.

La libérale Angleterre avait laissé, sans l'approuver, le chancelier autrichien Metternich conclure avec le tsar et le roi de Prusse, qui comptaient de nombreux serfs sur leurs terres, une Sainte-Alliance, société d'entraide des princes pour maintenir l'ordre en Europe. Les grands propriétaires retrouvaient leurs droits et l'Église sa puissance dans les pays catholiques.

LA TERREUR BLANCHE
La France a connu deux périodes de terreur blanche. La première en 1795 avec l'activité de bandes contre-révolutionnaires (dont les Compagnons de Jéhu, rendus célèbres par Alexandre Dumas). La seconde marque l'été 1815, et fait suite à la seconde défaite de Napoléon. Elle est d'abord spontanée, puis légale. Aux exécutions sommaires succèdent le jugement et la condamnation à mort de militaires qui avaient rallié l'Empereur à son retour de l'île d'Elbe.

La France entre Charte et terreur blanche

La France avait dû à l'habileté de son négociateur Talleyrand de conserver quelques colonies et son territoire de 1789 (sans la Savoie et Nice, redevenus piémontais) parce qu'elle avait accepté le retour du Bourbon Louis XVIII, avec le drapeau blanc.

Le frère de Louis XVI avait eu l'intelligence d'« octroyer » une charte constitutionnelle qui ne pouvait donner satisfaction qu'aux très riches bourgeois, seuls capables de payer le cens de 300 francs permettant de voter, et celui de 1 000 francs pour être éligible. 99 % des Français étaient ainsi écartés de la vie politique. La Chambre, qui partageait avec le roi le pouvoir législatif, était doublée, à l'anglaise, d'une Chambre des pairs entièrement nommée par le roi, seul maître de l'exécutif. S'il nommait aussi les juges, il les rendait inamovibles.

Il est vrai qu'il avait maintenu le Code civil, admis la vente des biens nationaux, limité la Terreur blanche qui avait envoyé en exil ou devant le peloton d'exécution nombre de serviteurs de l'Empire après juin 1815. Il souhaitait une politique de réconciliation appuyée, contre les ultras, sur le parti constitutionnel des royalistes modérés comme Richelieu et Decazes. Mais l'assassinat du duc de Berry en 1820 par Louvel, qui voulait faire disparaître la race des Bourbons, avait amené les ultras au pouvoir, pour une politique de rigueur, de répression et de réaction religieuse. Le ministère ultra de

Villèle suscitait l'opposition des libéraux, comme les banquiers Laffitte et Casimir Perier, le général La Fayette rentré en France, et le pamphlétaire Benjamin Constant. Après la mort du roi, en 1824, le règne de son frère Charles X, qui se faisait sacrer à Reims, devait les décevoir. Les Villèle, les Martignac, les Polignac étaient incapables de maîtriser le mouvement de protestation libéral et populaire devant un régime de réaction qui indemnisait les émigrés, jugulait la presse et le Parlement.

La question nationale au cœur des conflits

Les libéraux français n'étaient pas les seuls à combattre l'ordre des princes. En Allemagne, en Italie, ils avaient des émules qui s'enflammaient pour la cause de l'unité nationale : outre-Rhin, le discours de Fichte à la nation allemande était lu avec passion dans les universités. Dans les Balkans, les peuples voulaient échapper à la domination turque. En Belgique, on complotait contre le roi de Hollande. En Italie, la société secrète des carbonari luttait contre les occupants autrichiens. Ils avaient déclenché une révolution contre le roi de Naples en 1820, tandis que les libéraux espagnols imposaient une Constitution au roi Ferdinand VII. Metternich avait rétabli l'ordre en Italie, chargeant la France d'intervenir en Espagne. À la bataille du Trocadéro, les princes français avaient écrasé les opposants. Mais les Grecs insurgés avaient obtenu leur indépendance grâce au concours d'une flotte internationale constituée par l'Angleterre. La Serbie, en 1829, avait été également libérée du joug turc.

Dans toutes les capitales du continent, l'exemple grec enflammait les cœurs, déjà chavirés par le mouvement romantique qui révolutionnait les mentalités et les portait aux luttes de libération : l'année 1830 serait celle de tous les espoirs.

SERBES ET OTTOMANS

En 1459, le royaume de Serbie est abattu par les Ottomans. Le sort des Serbes dépend désormais des relations qu'entretient l'Empire ottoman avec respectivement l'Autriche et la Russie. Cette dernière devient officiellement en 1774 la protectrice des Serbes.
En 1793, ces derniers obtiennent une certaine autonomie avant de se révolter en 1804 sous la direction de Karageorges, qui libère Belgrade.
Son combat est poursuivi par Milan Obrenovic, qui se fait reconnaître comme chef des Serbes en 1830.

Les espoirs déçus de 1830

LE ROMANTISME
Avant d'être un mouvement littéraire, le romantisme exprime un sentiment qui gagne l'Europe à une époque où émerge une nouvelle société machinique. Ce mouvement naît en Angleterre, vers 1780, pionnière en la matière. La fibre romantique s'exprime tout d'abord dans la poésie : recherche de la passion, retour au peuple, adhésion aux forces de la nature. La sensibilité romantique ne touche la France que dans les années 1820-1830.

« L'enfant grec » des Orientales *de Victor Hugo demandait de la poudre et des balles. Le mouvement romantique, qui est d'abord, dit Baudelaire, une « manière de sentir », vient à point nommé fournir des armes au formidable désir de liberté qui anime les peuples d'Europe.*

Cette sensibilité pousse au refus de l'ordre établi, celui des notaires, des « épiciers aux lunettes d'or » du poète, des Églises, des banques, de Metternich et de Charles X. Contre cet ordre oppressif, la revendication pour la liberté individuelle s'épanouit dans le culte du héros solitaire, malheureux ou persécuté, mais aussi de l'antihéros qui, tel le Lorenzo de Musset, traîne le mal du siècle et tue le duc de Florence par acte gratuit, parce que ce crime, dit-il, « est tout ce qui me reste de ma vertu ». Le Werther de Goethe, le René de Chateaubriand sont autant d'êtres déchirés.

L'espoir est dans la fuite. Dans le passé, avec les fous de Moyen Âge qui lisent *Ivanhoé* de Walter Scott, *Notre-Dame de Paris* de Hugo ou *Tarass Boulba* de Gogol, ceux qui découvrent le passé allemand avec les contes populaires des frères Grimm, les légendes des Niebelungen ou la *Lorelei* du poète Heinrich Heine, une jeune fille blonde qui hante les rochers du Rhin de son « chant fatal ». Ceux qui aiment le dépaysement se précipitent aux opéras de Wagner, s'arrachent les «poèmes d'Ossian», de l'Anglais Macpherson, et s'enthousiasment pour le mouvement allemand *Sturm und Drang* («tempête et élan») qui ouvre le monde aux romantiques allemands dès la fin du XVIIIe siècle. Ceux qui préfèrent le dépaysement dans l'espace orientalisent avec Hugo ou Byron, admirent l'*Odalisque* d'Ingres ou *La Mort de Sardanapale* de Delacroix.

Le temps des héros

Mais l'espoir est aussi dans la lutte : dénoncer les souffrances des pauvres dans l'Angleterre industrielle, comme Dickens, les bas-fonds de Paris, comme Eugène Sue, le drame des campagnes avec George Sand, c'est être aussi romantique. Si l'on est polonais, on récite les vers de Mickiewicz, l'éternel exilé, et on écoute les valses de Chopin ; le Russe libéral lit les poèmes de Pouchkine ou les romans de Gogol, l'Italien patriote préfère Leopardi ou Manzoni, le Hongrois révolutionnaire les poèmes de Petöfi, mort au combat contre les Autrichiens, ou ceux de l'Anglais Byron, héros de l'indépendance grecque. Les romantiques sont aussi ceux qui peignent la révolution de 1830 comme Eugène Delacroix ou la sculptent comme Fernand Rude.

George Byron, poète romantique anglais, est devenu célèbre pour avoir défendu avec passion la cause de l'indépendance grecque.

La Révolution telle une lame de fond

Car la révolution éclate d'abord à Paris contre les « ordonnances » de Charles X qui dissolvent la Chambre, suppriment la liberté de la presse, restreignent le droit de suffrage et convoquent le peuple pour de nouvelles élections. La réponse de la rue à cette provocation est immédiate. Le peuple en colère veut le rétablissement de la République et la passion patriotique le pousse à réclamer, contre les royalistes, le retour du drapeau tricolore.

Mais les organisateurs de la révolution sont les journalistes et banquiers libéraux, patriotes, certes, mais surtout partisans d'un élargissement du régime au pays réel. Ils veulent parti-

LA RÉVOLTE CONTRE LES MACHINES
Dans les années 1810, les luddites du Lancashire, en Angleterre, puis plus tard, en 1831, les canuts lyonnais, tous ces ouvriers réagissent contre les nouvelles machines. Les métiers à tisser, la navette volante, toutes ces inventions ont pour conséquences d'augmenter les cadences de travail et de changer l'organisation de celui-ci. Les gens du textile voient se profiler la fabrique, destinée à remplacer le travail à domicile. La perte de l'emploi et la baisse de revenus sont des perspectives inquiétantes.

ciper aux affaires pour lancer de grands projets, les chemins de fer, par exemple, déjà installés en Angleterre, ou les compagnies de navigation à vapeur. Ils ne sont pas sensibles aux mots d'ordre de justice sociale inspirés par un certain romantisme. Cette ambiguïté de la révolution est tout de suite manifeste.

Le maréchal Marmont ne peut empêcher les insurgés venus des quartiers populaires de s'emparer des Tuileries. Charles X s'enfuit. Le peuple veut proclamer la république. Les bourgeois libéraux, menés par Thiers et par les banquiers, réussissent à imposer Louis-Philippe comme roi des Français, avec le drapeau tricolore. Il est entendu que le catholicisme ne sera plus religion d'État mais seulement « de la grande majorité des Français ». Les électeurs admis aux urnes étaient 90 000 sous Charles X. Ils sont désormais 165 000 et le peuple est toujours exclu. La révolution est confisquée par le « roi des barricades », l'espoir déçu.

L'ouvrier, nouveau sujet de l'histoire

Les troubles de la famine et du désespoir seront réduits impitoyablement par les armes : révolte des canuts lyonnais en 1831, des ouvriers parisiens du quartier du Marais en 1834. On désigne le monde du travail par l'expression les « classes souffrantes ». Le Premier ministre Casimir Perier déclare franchement : « Les ouvriers doivent savoir qu'il n'est de remède à leurs maux que la patience et la résignation. » Quand Guizot vient au pouvoir en 1840, les républicains savent que seule une nouvelle révolution pourra faire sortir le régime de son immobilisme. Le protestant rigide dit au peuple : « Enrichissez-vous » et lance le premier programme de construction de chemins de fer. Il croit que l'enrichissement progressif de la nation élargira progressivement le corps électoral. Il se refuse à toute nouvelle réforme. La porte semble fermée à toute évolution, le régime verrouillé.

L'Europe avait retrouvé sa cage, celle du chancelier Metternich et du tsar de Russie, les princes autocrates de la Sainte-Alliance. La révolution parisienne avait, en 1830, donné le branle à l'Europe. La Belgique s'était révoltée contre la domination hollandaise le 25 août et avait obtenu son indépendance, acceptée par l'Angleterre. Les Polonais avaient été moins heureux : l'insurrection de Varsovie avait bien permis à la diète de proclamer en novembre l'indépendance du pays, mais l'armée russe avait repris la ville, et la répression avait abouti à des milliers de déportations en Sibérie. Les Italiens n'avaient pas mieux réussi : les carbonari des sociétés secrètes s'étaient insurgés en 1831 mais avaient été écrasés par l'armée autrichienne. Mazzini, en exil, avait fondé le mouvement «Jeune Italie» pour arracher son pays à la domination étrangère mais les libéraux et patriotes étaient aussi amers que les patriotes allemands qui voulaient unifier leur pays. La Sainte-Alliance avait fait son œuvre.

La révolution de 1830 est violente, brève (elle ne dure que trois jours) et patriote. Les insurgés arborent, contre le roi Bourbon, le drapeau tricolore.

La question sociale en 1848

En 1848, Marx publie son Manifeste du parti communiste *: « Prolétaires de tous les pays, unissez-vous ! » La pensée sociale est déjà développée dans les cercles ouvriers les plus évolués, et milite pour une révolution égalitaire, qui abolisse le capital : « la propriété, c'est le vol ! » écrit l'anarchiste français Proudhon.*

Les écrivains « socialistes » ou « collectivistes » proclament qu'il faut « organiser la production ». Pour Saint-Simon, les producteurs doivent être les maîtres de la société, et non les archevêques, les ducs et les généraux.

LE SOCIALISME UTOPIQUE
Avant que les idées de Marx et de Proudhon ne prédominent dans les milieux ouvriers socialistes, une tendance dite utopique a fleuri plus particulièrement en France. Il s'agit alors de réfléchir à la société idéale qui épanouirait le genre humain. Des penseurs comme le comte de Saint-Simon ou bien Charles Fourier avec ses phalanstères tentent d'imaginer un monde nouveau.

La révolution industrielle accouche d'autres révolutions

Cette fermentation sociale trouve un écho dans les masses en raison du développement de l'économie, particulièrement en Angleterre, où le mouvement d'industrialisation est très engagé, les villes encombrées d'émigrés des campagnes qui cherchent du travail dans les fabriques et ne bénéficient d'aucune protection : les chômeurs sont hébergés dans des *workhouses,* véritables prisons pour pauvres, qui constituent l'armée de réserve du capital. Faute de capitaux, l'industrialisation de l'Europe, forte en Angleterre et dans la Ruhr, ainsi que dans le nord et le centre-est de la France (la production de houille passe de 12 millions de tonnes en 1800 à 75 millions en 1850), n'est pas assez rapide. Les chemins de fer allemands ne sont développés qu'à l'Ouest. Dans le royaume de Piémont-Sardaigne, Cavour regrette de ne pouvoir lancer un programme efficace, en France les chantiers sont arrêtés faute de crédits. Les plus-values de l'agriculture sont compromises par une série de mauvaises récoltes qui répandent la famine de 1846 à 1848 : crise des pommes de terre en Prusse et en Irlande, du blé en France et en Italie. Les prix industriels s'effondrent, le marché s'anémie, les chômeurs se multiplient.

Karl Marx, réfugié en Belgique, puis en Angleterre, publie le *Manifeste du parti communiste* sans être aucunement inquiété. Pourtant l'Angleterre est alors le pays à la plus forte concentration de prolétaires.

La révolution de février 1848 en France intervient dans ce climat désastreux. Elle ne touche pas seulement Paris, mais aussi les villes industrielles de province. Les ouvriers renforcent les effectifs habituels de manifestants : artisans et étudiants. Ils crient des slogans nouveaux, comme le « droit au travail » ou la « démocratie sociale ». Ils arborent le drapeau rouge. Après la fusillade du 23 février, les barricades surgissent dans tous les quartiers de Paris, empêchant les troupes de Bugeaud de manœuvrer dans les rues étroites. La Chambre est envahie, un gouvernement provisoire formé, présidé par le poète Lamartine. Il compte parmi ses membres le socialiste Louis Blanc et l'ouvrier Albert.

Drapeaux nationaux ou drapeau rouge

Lamartine fait acclamer le drapeau tricolore « qui a fait le tour du monde » et répudier le drapeau rouge de la discorde. Mais la république est proclamée, les libertés rétablies, les clubs politiques autorisés. La peine de mort et l'esclavage sont abolis, le suffrage universel instauré pour les hommes de plus de 21 ans. Des ateliers nationaux accueillent et payent quotidiennement 100 000 chômeurs. On plante dans les villages des arbres de la liberté. Il semble que le mouvement parisien va gagner le pays et l'Europe tout entière.

Le droit au travail était inscrit dans la Constitution de 1848 pour la première fois. Les chômeurs touchaient une indemnité quotidienne dans les ateliers nationaux : ici une « association fraternelle de tailleurs ».

En Europe centrale, le mouvement libéral et social se double de revendications nationales. Metternich doit s'enfuir devant l'émeute à Vienne, où l'empereur promet les libertés, la fin de l'esclavage rural (le régime autrichien de la sujétion) et l'octroi d'une Constitution. Les minorités se rebellent, les Hongrois proclament avec Kossuth leur indépendance, les Tchèques demandent l'autonomie de leur pays, un congrès des peuples slaves se réunit à Prague. Est-ce la fin de l'Empire ?

Les États allemands sont en ébullition. Des élections au suffrage universel sont partout organisées pour envoyer 580 élus au parlement de Francfort qui prétend réaliser l'unité allemande. Les démocrates de Berlin assiègent le palais royal, arrachant au souverain la promesse d'une Constitution. En Italie, le royaume de Piémont-Sardaigne s'engage dans la révolte, avec tous les révolutionnaires italiens, prenant la tête du mouvement unitaire.

À Berlin, le roi n'a pas besoin d'utiliser la force : les bourgeois se rallient à la monarchie quand ils apprennent que le drapeau rouge flotte à Paris sur les barricades. « La bourgeoisie prussienne, écrit Friedrich Engels, alla remercier Sa Majesté d'avoir bien voulu combler les vœux de son peuple... au prix de quelques minces concessions. » Les armées autrichiennes rétablissent l'ordre, d'abord à Vienne et à Prague, puis à Budapest. Partout les patriotes sont massacrés, déportés ou exilés. En Italie, l'armée piémontaise est battue en deux rencontres et la révolte écrasée dans le sang. En Allemagne, le parlement de Francfort hésite dans sa formule unitaire, ne sachant choisir entre l'Autriche et la Prusse. Quand il se décide pour la seconde, la première se charge de renvoyer les députés à leurs études.

1848, RÉVOLUTION MANQUÉE
Dans de nombreux pays, plus particulièrement en Allemagne et en Italie, la révolution de 1848 est considérée comme une révolution manquée. Un échec qui a retardé le processus d'unification nationale. La bourgeoisie, un moment favorable au mouvement libéral, s'en détourne, inquiète des revendications sociales qui viennent de voir le jour.

Échec de la révolution en France

À Paris, les modérés reprennent en main la République après les élections d'avril, où les campagnes ont voté massivement « contre les partageux », et pour le « parti de l'ordre » de Thiers. La suspension des ateliers nationaux provoque une révolte ouvrière les 23, 24 et 25 juin 1848, brisée dans le sang par le général Cavaignac : 5 000 victimes, 1 500 fusillés, 15 000 déportés en Algérie. « L'ordre a triomphé de l'anarchie », dit le général, et Karl Marx : « La révolution de juin offre le spectacle d'une lutte acharnée, comme le monde n'en a pas vu de pareille. La fraternité proclamée en février, son expression véritable, authentique, prosaïque, c'est la guerre civile, la guerre entre le capital et le travail. »

Désormais le régime d'ordre s'installe. La Constitution prévoit une assemblée de 750 députés où la droite sera majoritaire, un président de la République élu pour 4 ans au suffrage universel qui sera le prince Louis Napoléon Bonaparte, futur Napoléon III. Au seuil de la seconde moitié du siècle, la bourgeoisie d'affaires, en France et en Europe, admet le suffrage universel, mais refuse la révolution.

La révolution silencieuse des choses

L'Europe de 1880 a changé : le Nord-Ouest s'est industrialisé, les nouvelles nations allemande et italienne se sont constituées. Les masses serviles de Prusse, d'Autriche et de Russie ont été libérées. Le monde a été remué par l'enrichissement très rapide des États-Unis, le phénomène colonial, et l'ouverture du Japon au système de production occidental.

Les années 1850-1880 sont donc décisives : ces trente années heureuses correspondent d'abord à une période d'expansion de longue durée, d'accumulation du capital et d'augmentation des réserves monétaires due à la découverte de l'or de Californie et au développement du crédit.

Le développement triomphal du capitalisme

En France, tous les grands établissements bancaires, Crédit lyonnais, Société générale, Crédit foncier, Crédit mobilier ont financé l'ambitieux programme de construction et d'industrialisation, imitant les banques anglaises : Westminster Bank en 1834, Midland en 1836, Lloyds en 1865, et allemandes : Darmstädter en 1855, Diskonto en 1856, Deutsche Bank en 1870. À cette époque, le grand capitalisme, doté d'instruments de crédit, a pu élever, comme des champignons, les capitales de l'Europe (le Paris d'Haussmann), ses grands ports (Amsterdam, Londres, Hambourg, Le Havre, Marseille, Gênes), ses liaisons ferroviaires par les percées alpines et la mise en place des réseaux internationaux, intercontinentaux aux États-Unis d'Amérique. Par mer, la navigation à vapeur a exigé la percée des canaux interocéaniques, Suez en 1869 puis Panamá. Le capitalisme avait les moyens, selon les vœux de Saint-Simon, de « rectifier la géographie ».

1848-1851, C'EST AUSSI L'OR

Or californien, puis or australien. Pour des centaines de milliers d'Européens, il est temps de quitter le pays pour se donner à la fièvre de l'or. Ils gagnent les terres vierges des continents américain et australien à la recherche du précieux métal. La découverte de nombreux gisements (Californie, 1848; Australie, 1851; Transvaal [Afrique du Sud], 1886, et Klondyke [Canada], 1896) au cours de la seconde moitié du siècle alimente la demande en stocks du métal précieux pour garantir les investissements.

Les très grandes fortunes ont pu s'édifier sans que les salaires distribués aux travailleurs soient grevés de charges sociales et dans une absence complète de fiscalité sur l'entreprise. Andrew Carnegie, ancien télégraphiste dans une compagnie de chemins de fer, gagne une fortune en organisant le trafic ferroviaire du Nord pendant la guerre de Sécession, John Pierpont-Morgan lance sa banque familiale dans la spéculation sur le rail et John Davidson Rockefeller achète en 1865 une raffinerie de pétrole, base de la Standard Oil Company, fondée en 1870. Les *self made men* font fortune sans être contrariés par aucune législation antitrust. Les Européens ne sont pas en reste et développent des entreprises anciennes comme l'Allemand Krupp, d'Essen, qui devient le trust de

On dit la messe sur les bords du canal de Suez lors de son inauguration en 1869 par la pieuse impératrice des Français Eugénie de Montijo, épouse de Napoléon III. Elle figure sous l'immense dais aux côtés du sultan d'Égypte.

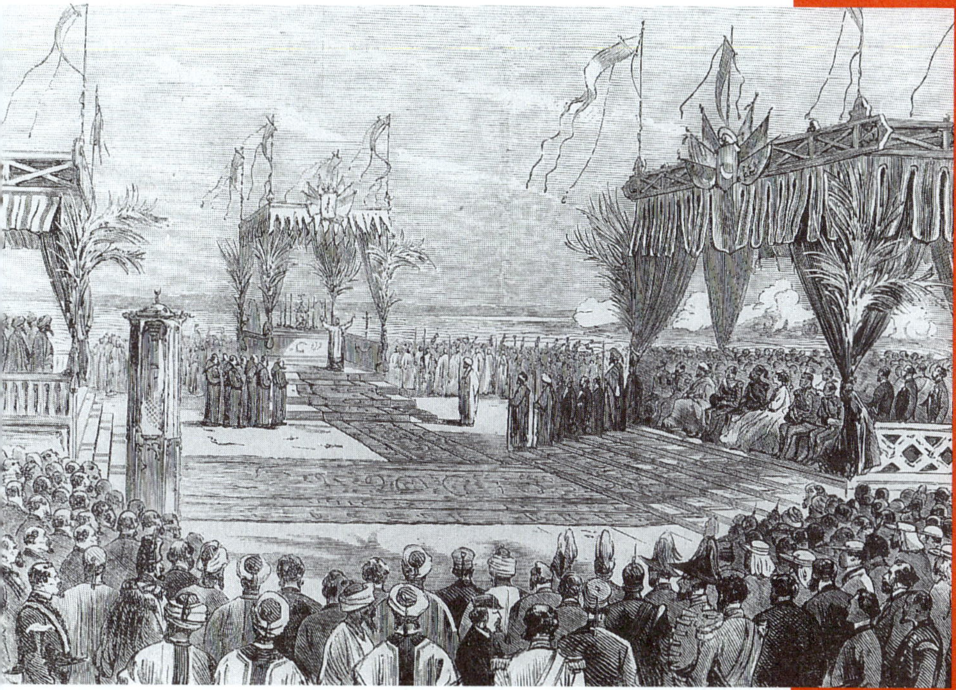

l'acier ou les Français Schneider, du Creusot, ou de Wendel, de Lorraine. Les houillères françaises, propriétés privées, produisaient déjà treize millions et demi de tonnes en 1870, contre quatre millions et demi en 1850 : le chemin de fer était passé par là.

LA GUERRE DE SÉCESSION
Cette guerre qui met aux prises les États de l'Union (le Nord) et les États confédérés (le Sud) est appelée par les Américains eux-mêmes la guerre civile *(Civil War)*. Elle est la première guerre moderne de l'histoire, par l'emploi d'armes nouvelles (cuirassés sur les mers, torpilles et mines) ainsi que par la mobilisation économique qu'elle a impliquée.

Les derniers feux de l'Angleterre

L'Angleterre, maîtresse des routes maritimes du monde grâce à la supériorité de sa flotte, était le plus gros vendeur d'objets industriels de consommation et d'équipement, de cotonnades de Manchester et de machines à vapeur. Elle produisait, en 1870, 107 millions de tonnes de houille, contre 33 aux États-Unis et 29 en l'Allemagne. Au temps de la reine Victoria, elle était, de loin, la première puissance mondiale. Le revenu de ses capitaux placés à l'étranger lui rapportait 50 millions de livres par an, total doublé trente ans plus tard.

L'Europe était alors, de très loin, le premier investisseur dans le monde et l'Angleterre, dans l'Europe : le développement de l'Italie, de l'Espagne, de l'Europe centrale et de la Russie absorbait des capitaux britanniques. Il fallait tout construire : les réseaux d'eau, de gaz, les égouts dans les villes et les ports, les fabriques, les voies de chemin de fer, les lignes télégraphiques. Les Américains avaient un espace intérieur constamment gonflé par les millions d'émigrés, qui rendait provisoirement inutile l'investissement hors du territoire. Ils étaient en outre handicapés par la guerre de Sécession, de 1861 à 1865 qui devait se terminer par la mainmise du Nord industriel et bancaire sur le Sud cotonnier et esclavagiste. Non seulement les pays riches en houille et en fer réunissaient les plus grandes fortunes capitalistes, mais ils étaient les seuls à pouvoir, par leur capital, participer à l'exploitation du monde.

L'Internationale ouvrière

Avant 1880, aucune force syndicale ne s'opposait à la toute-puissance des groupes économiques. Le vieil unionisme anglais ne menaçait nullement les grands intérêts. En France, Napoléon III, constamment soutenu par les milieux d'affaires, avait concédé aux ouvriers le droit de grève, mais non le droit syndical. L'Empire était un régime plébiscitaire, non parlementaire. S'il avait dû, en 1860, faire des concessions aux députés, c'est en raison du mécontentement soulevé dans le pays par le traité de libre-échange franco-anglais qui ruinait l'industrie textile traditionnelle – et pour s'appuyer sur les notables contre les ouvriers révolutionnaires, attentifs aux mots d'ordre de la première Internationale, fondée par Karl Marx en 1864. Celui qui avait soutenu, avec Engels, la Ligue des communistes constituée à Londres en 1847 devait faire admettre ses idées au congrès de Bruxelles en 1868, où furent réclamées la collectivisation des chemins de fer et des mines, ainsi que des terres, qui devaient être distribuées à des sociétés agricoles.

En 1870, l'Internationale avait des sections en France, en Belgique, en Suisse, en Allemagne, en Italie, en Espagne, dans les pays nordiques et même aux États-Unis, alors qu'aucun syndicat n'était vraiment constitué pour la lutte sur le front du travail. Mais l'arme idéologique de la révolte était à la disposition des organisations du futur, y compris le combat contre la guerre et la notion de « grève des peuples ». La description des contradictions du capitalisme annonçait la « phase finale » révolutionnaire, bien que la lutte de Marx et de Bakounine l'anarchiste ouvrît une brèche dans le front naissant de la contestation : les ouvriers devaient-ils lutter directement contre le patronat par la grève, ou prendre le pouvoir politique par la révolution ? La question était ouverte dès 1880. Marx et Rockefeller étaient les créations les plus significatives du siècle industriel.

LA COMMUNE DE PARIS
La Commune de Paris conserve une place à part dans l'imagerie populaire du mouvement ouvrier. Il s'agit de la première prise de pouvoir par des hommes se réclamant du mouvement ouvrier. À ce titre, elle a été fêtée dans tout le monde communiste des années durant, même si Karl Marx dans un écrit célèbre, « Guerre civile en France », s'est montré particulièrement critique sur cette tentative qui a tourné à un échec sanglant (plusieurs milliers de fusillés et d'exilés, sans compter les condamnés aux bagnes de Nouvelle-Calédonie).

Le monde en 1900

Autour de 1880, comme pour donner raison aux analyses de Karl Marx sur les contradictions du capitalisme, une importante crise financière et industrielle frappe pour vingt ans les économies occidentales, en Amérique mais surtout en Europe : surproduction, mévente, baisse des prix industriels et agricoles à cause de la concurrence des pays neufs (Canada, Nouvelle-Zélande, Australie). Chômage et faillites sont dus à la stagnation des produits financiers, à la fin de l'équipement ferroviaire et à l'absence de nouvelles techniques. Des régions industrielles s'effondrent, les industries rurales ou traditionnelles (le textile notamment) disparaissent.

Le 25 juillet 1909, Blériot, parti de Calais en France, atteint la falaise de Douvres ayant traversé la Manche. Toute l'Angleterre est au rendez-vous.

Les États réagissent par le protectionnisme : tarif Méline en France en 1892, barrières douanières en Allemagne, Russie, Italie et même aux États-Unis, où la crise européenne favorise une émigration massive de paysans de Pologne, des Balkans, d'Italie et d'Espagne. Les ouvriers, de leur côté, créent les premiers syndicats : l'American Federation of Labour, la Confédération générale en Allemagne, la CGT (Confédération générale du travail) en France. En Angleterre, les *trade-unions*, reconnues en 1871 (des ouvriers avaient le droit de grève dès 1825), accueillent en leur sein 4 millions d'ouvriers non qualifiés qui adhéreront au parti travailliste en 1906. On compte en Allemagne, où Bismarck a interdit le syndicalisme et favorisé le vote de lois d'assurances sociales, 2 millions de syndiqués dix ans après sa démission (1890).

En France, où la répression de la Commune de Paris en 1871 a décapité le mouvement ouvrier, le syndicalisme tarde à se reconstituer, mais bénéficie de la loi Waldeck-Rousseau de 1884 et se rassemble en Confédération générale du travail en 1895.

Le poids du socialisme

Si le parti social-démocrate allemand s'appuie sur les syndicats, comme le Labour Party en Angleterre, le parti socialiste français, unifié tardivement en 1905, est distinct de la CGT, anarcho-syndicaliste, qui veut engager la révolution, non par la lutte politique, mais par la journée de huit heures et la grève générale. Ces revendications étaient soutenues par la IIe Internationale, dominée par les partis sociaux-démocrates marxistes, qui avait posé en principe au congrès de Bruxelles en 1891 la lutte des classes.

Mais le mouvement politique et syndical était divisé dans tous les pays par l'affrontement des révisionnistes ou réformistes de type anglais et des révolutionnaires. La répression des grèves et des meetings par les forces de l'ordre, souvent sanglante, empêchaient les mouvements de déboucher sur une remise en question du capitalisme. Les seules formes d'amélioration de la condition ouvrière étaient obtenues par le paternalisme patronal et par quelques essais de législation comme la loi Sherman antitrust aux États-Unis en 1890.

SOCIALISTES ET ANARCHISTES

À la fin du XIXe siècle, l'Europe socialiste est partagée en deux grandes tendances. Dans les pays anglo-saxons et germaniques, à la culture religieuse protestante, une industrialisation rapide a permis l'éclosion d'un mouvement socialiste à connotation sociale-démocrate qui partage précisément les rôles dévolus au parti et au syndicat. Dans les pays latins, de culture catholique et à l'industrialisation plus lente, en particulier l'Italie et la France mais surtout l'Espagne, les anarchistes et les anarcho-syndicalistes sont majoritaires.

LE PÉTROLE, L'OR NOIR DE L'ÈRE INDUSTRIELLE
Connu depuis l'Antiquité sous la forme du bitume (on s'en servait à l'époque, notamment, pour soigner les rhumatismes), le pétrole jaillit des entrailles de la terre pour la première fois à Titusville, en Pennsylvanie (États-Unis), le 24 août 1859. Il fut immédiatement utilisé pour l'éclairage domestique et publique en alimentant les lampes à pétrole.

La deuxième révolution industrielle

La sortie de crise était assurée après 1895 par le développement des nouvelles technologies issues de la deuxième révolution industrielle, celle du pétrole et de l'électricité. L'investissement-recherche des entreprises apportait à Marx le plus brillant démenti : l'invention de la dynamo (1871), de la lampe électrique (1879), des centrales électriques (1884), la transmission de l'électricité à distance et l'équipement des villes en électricité ouvraient la voie aux compagnies de tramways, puis, à Paris, à la construction du métropolitain. Les gisements pétroliers du Texas, du Moyen-Orient et de Russie permettaient aux compagnies d'alimenter en essence les moteurs à explosion des voitures et des avions, qui multipliaient les records avant 1914 : Blériot, en 1909, traversait la Manche. Michelin inventait le pneu automobile pendant que le départ était donné aux premières courses où un frère Renault devait trouver la mort. L'équipement de la presse en rotatives (la France comptait en 1914 plus de cent quotidiens, dont quatre dépassaient le million d'exemplaires). Les débuts de la radio, l'équipement en câbles sous-marins, l'installation du téléphone et des ascenseurs d'immeubles, ces inventions touchant à la vie quotidienne permettaient une relance de l'investissement et de la consommation, soutenue par l'afflux d'or venu d'Afrique du Sud.

L'Église catholique face à la modernité

Les bourgeois éclairés des États industriels croyaient alors au progrès ininterrompu des sciences et des techniques, renforçaient leur positivisme, se désintéressaient des religions, comme la très grande majorité des ouvriers. La séparation de l'Église et de l'État en France et en Italie annonçait l'instauration de démocraties laïques, croyant en la valeur d'un enseignement moderne et scientifique donné dans les écoles de l'État, concédant aux religions une place modérée. L'ardeur des luttes sociales touchait aussi la paysannerie, surtout dans les régions où elle était victime de la monoculture, comme les plaines à blé américaines ou le Languedoc viticole français. Les syndicats de résistance s'organisaient en France comme en Italie, et dans certaines régions l'opinion rurale considérait la religion comme complice des grands propriétaires. Aussi l'encyclique du pape Léon XIII *Rerum novarum*, qui ouvrait tardivement le dialogue social en 1891, fut-elle considérée comme une innovation : des partis chrétiens-démocrates se constituèrent en Allemagne, en Italie et, même, en France avec le Sillon de Marc Sangnier. Il est vrai que ce dernier fut désavoué par le nouveau pape Pie X, revenu à la position traditionnelle de l'Église.

La révolution artistique

Les artistes, les écrivains, les philosophes contestaient à leur manière une société qui profitait si bien à la bourgeoisie des élites sociales et des rentiers. Si Einstein, par sa théorie de la relativité, ouvrait des abîmes aux certitudes du passé (1905), Freud et Bergson de leur côté recherchaient les voies d'une connaissance irrationnelle, comme Gauguin en Bretagne « l'âme primitive », et le fauviste Matisse la couleur provocatrice. Il revenait aux Cézanne, Picasso, Braque et Kandinsky de rechercher les voies, comme en musique Arnold Schönberg ou dans la danse Igor Stravinsky, de formes d'avant-garde, expression d'un nouveau rapport au monde. « Bergère, ô tour Eiffel, disait Apollinaire, le troupeau des ponts bêle ce matin. » Il n'était plus question de vivre « dans l'Antiquité grecque et romaine ». On voulait découvrir partout dans le monde « les dieux des obscures espérances ». La révolution que les ouvriers n'avaient pu réaliser dans les choses, les artistes l'avaient distillée dans les sensibilités.

LA DÉMOCRATIE - CHRÉTIENNE
C'est à partir de 1870 que des catholiques se posent la question de fonder un parti afin de prolonger dans la sphère politique les principes chrétiens. Mais c'est en Allemagne, où les catholiques doivent affronter Bismarck, qu'est fondé le premier parti catholique : le Zentrum (Centre), qui devient le troisième parti du pays au tournant du siècle. En Italie et en France, la partie est plus difficile. En Italie, il faut attendre 1919 pour que Don Sturzo fonde le PPI (Partito popolare italiano).

Le triomphe des nations

LA RÉVOLTE IRLANDAISE
La domination anglaise sur l'île verte s'est heurtée depuis le XVIe siècle à de nombreuses révoltes avant que l'Irlande gaélique ne disparaisse du point de vue politique en 1607. Au XIXe siècle, le combat politique des Irlandais se conjugue tout d'abord avec celui des catholiques pour l'égalité des droits. Puis des organisations secrètes fleurissent et luttent pour obtenir l'indépendance. Ils arrachent l'autonomie, le Home Rule, en 1914, mais l'entrée en guerre retarde sa mise en œuvre. Le soulèvement de Pâques 1916 est écrasé.

La pulsion nationale a toujours été la plus forte dans les révolutions du XIXe siècle : si les Européens veulent vivre libres et égaux entre eux, ils veulent d'abord se libérer des oppressions. Deux sortes de nations existent en 1914, celles qui sont libres et celles qui constituent des empires asservissant des peuples étrangers.

Dans le nord-ouest de l'Europe, les États nationaux sont en même temps libéraux et démocratiques : le Danemark et la Norvège, qui s'est séparée de la Suède par plébiscite en 1905, sont les deux premiers pays où les femmes ont le droit de vote.

Des États modernes dans le nord-ouest de l'Europe

La Belgique et les Pays-Bas sont des monarchies constitutionnelles dotées du suffrage universel. La Grande-Bretagne est moins évoluée : socialement la plus moderne, puisqu'elle a démocratisé son enseignement, garanti la journée de huit heures aux mineurs, développé un système d'assurances obligatoires, réduit depuis 1911 la Chambre des lords réactionnaire à une influence nulle, elle est politiquement moins avancée : Gladstone, en 1885, s'est borné à élargir le système électoral. L'Angleterre, qui a voté l'impôt sur le revenu, n'a pas en 1914 le suffrage universel. Elle redoute une insurrection des Irlandais indépendantistes groupés dans le Sinn Féin, créé en 1905.

L'avancée de l'Allemagne

L'Allemagne, État national constitué en 1871 par Bismarck à la suite de trois guerres victorieuses de la Prusse (contre le Danemark en 1864, contre l'Autriche en 1866, contre la

France en 1870), a des problèmes plus préoccupants, puisqu'elle englobe sur son territoire de fortes minorités danoises et polonaises, et qu'elle a pris à la France l'Alsace et la Lorraine.

La deuxième puissance industrielle du monde dispose d'un système social avancé et du suffrage universel, mais sa Constitution privilégie le gouvernement prussien, où les grands propriétaires terriens, les junkers, et les industriels de la Ruhr exercent une influence prépondérante. L'empereur et son chancelier sont les maîtres du pouvoir, à peine tempéré par le Reichstag, où sont élus nombreux les sociaux-démocrates et les chrétiens du Zentrum, mais sans possibilité d'imposer une politique. La deuxième Chambre, le Bundesrat, représente les 25 États confédérés, il est présidé par le chancelier, lui-même Premier ministre de Prusse, qui ne dépend que de l'empereur. Le régime est constitutionnel, mais non pas libéral et parlementaire.

État libéral en Italie, instable en Espagne

L'État est plus libéral en Italie, cette autre jeune nation de l'Europe constituée grâce à l'énergie du royaume de Piémont-Sardaigne, soutenu militairement contre les Autri-

Guerre civile sans pitié en Irlande. Les rebelles irlandais prisonniers, escortés par l'armée anglaise, traversent Londres. Certains d'entre eux seront fusillés.

GAMBETTA ET FERRY
Deux avocats ont joué un rôle essentiel dans la consolidation du régime républicain en France. Le premier a joué un rôle éphémère comme président du Conseil en 1882, mais il a mené tous les combats pour la République depuis le second Empire grâce à ses talents oratoires. Le second, en revanche, a occupé presque sans interruption des postes ministériels de 1879 à 1885. C'est lui qui a posé les bases de l'enseignement gratuit, laïc et obligatoire.

chiens par Napoléon III, qui, pour prix de ses services, a obtenu des Italiens la Savoie et Nice. La bouderie du pape, qui refuse de reconnaître Rome comme capitale du nouvel État et empêche les catholiques de participer à la vie politique, et le faible développement des États du Sud, dominés par les grands propriétaires et la mafia, empêchent longtemps l'évolution démocratique, mais le Premier ministre Giolitti impose en 1912 le suffrage universel et un régime parlementaire relativement équilibré. Une évolution semblable se dessine en Espagne, où le rappel des Bourbons permet, sous le règne d'Alphonse XIII, de faire voter la Constitution de 1876, d'instaurer en 1890 le suffrage universel qui fait alterner au pouvoir conservateurs et libéraux. Une république laïque de modèle français est instaurée au Portugal en 1910, après la destitution du roi Manuel II.

La République enfin installée en France

La France était la seule grande nation républicaine dans l'Europe de 1914. Le régime s'était installé sur la pointe des pieds après la guerre civile de la Commune, en 1871, qui avait porté, par contrecoup, les conservateurs monarchistes au pouvoir jusqu'en 1879. Depuis lors, les modérés républicains avaient exercé le pouvoir, après les fondateurs (Gambetta et Ferry) qui avaient établi un régime libéral parlementaire garantissant toutes les libertés, soutenant une politique militaire de réarmement, une politique scolaire égalitaire et laïque. Diverses crises avaient menacé ce régime. Boulanger, un général populaire, avait été soutenu par la droite pour renverser le régime en 1887. Les scandales financiers (Panamá, 1892-1893), les attentats anarchistes, l'espionnite et l'antisémitisme avaient fait de l'affaire Dreyfus (capitaine alsacien condamné à tort pour espionnage à la dégradation et à la déportation en 1894) une querelle politique violente entre les partisans de l'armée et ceux de la justice, Jaurès, Clemenceau, Zola, soutenus par la Ligue des droits de l'homme et une partie des intellectuels. La réhabilitation de Dreyfus s'était accompagnée d'un changement politique, portant au pouvoir les radicaux, alliés des socialistes, aux élections de 1902. Partisans de la séparation de l'Église et de l'État (1905), ils se rendaient vite indispensables par leur ardeur à juguler la crise sociale (Clemenceau en 1906, Briand en 1910) et par leur souci de poursuivre une politique de défense. L'élection de Raymond Poincaré à la présidence de la République en 1913 annonçait le vote de la loi militaire de trois ans et l'entrée du pays dans une phase de préparation à la guerre.

LE TERRORISME
À la fin du siècle, tous les pays d'Europe sont touchés par le terrorisme, qu'il soit d'inspiration sociale (anarchiste en France ou en Italie, socialiste-révolutionnaire en Russie) ou nationaliste (Irlande). Tous ces mouvements sont convaincus que la suppression d'un souverain jugé tyrannique ou symbolique de l'ordre établi suffira à faire vaciller les trônes.

De nouveaux États contre de vieux empires

Les États historiques de l'Europe centrale et orientale, dont dépendait le maintien de la paix, n'étaient ni libéraux ni démocratiques. L'Autriche avait donné son autonomie à la Hongrie par le compromis de 1867 qui créait une double monarchie, promu des lois sociales et instauré en 1906 le suffrage universel. Mais le pouvoir, très centralisé, devait lutter contre les tendances centrifuges des nationalités slaves qui réclamaient l'autonomie : les Tchèques et les Polonais étaient les plus ardents, mais aussi les Serbes de Bosnie, les Croates et les Slovènes. Les nationalités étaient aussi agitées en Russie (Finlandais, Baltes, Polonais, musulmans des steppes, Caucasiens), où le tsar Nicolas II était sorti fort éprouvé de la révolution de 1905 (le dimanche rouge de Saint-Pétersbourg) qui l'avait obligé, après la mutinerie du cuirassé *Potemkine*, à renoncer à l'autocratie et à faire élire une assemblée au suffrage universel, la Douma. Les libéraux espéraient fonder un empire constitutionnel, parlementaire et démocratique pour prévenir la révolution socialiste toujours menaçante, mais l'assassinat du ministre de l'Intérieur Stolypine, qui voulait libérer les terres collectives des villages pour les vendre aux paysans riches, les koulaks, annonçait des lendemains difficiles pour la nation la plus arriérée d'Europe.

Le choc des nationalismes

Les nations industrielles constituées dans l'Europe du Nord-Ouest et du Centre considèrent l'expansion dans le monde comme la condition de leur développement. Elles entrent ainsi dans l'ère coloniale, et dans le partage malaisé de la planète.

Si l'Angleterre occupe une position dominante avec ses colonies de peuplement du Canada, de l'Australie, de la Nouvelle-Zélande et de l'Union sud-africaine (où elle sort d'une guerre sauvage contre les Boers, colons d'origine hollandaise) et ses colonies d'exploitation de l'Inde et d'Afrique, si l'Union Jack flotte sur 33 millions de kilomètres carré, si ses marchands et ses capitalistes règnent en Chine, en Égypte, en Turquie, en Amérique latine, si son commerce représente encore un quart des échanges de la planète, son industrie est dépassée par l'américaine, talonnée par l'allemande. Elle doit étendre ses positions, les défendre en construisant une nouvelle race de cuirassés, les *super-dreadnoughts*, pour lutter contre l'armement naval allemand, et maintenir la règle des *two powers standard*, obligeant la Royal Navy a être plus puissante que les deux autres meilleures flottes de guerre réunies. Ainsi la politique de partage du monde oblige les nations à un vigilant réarmement naval.

L'IMPORTANCE DE LA FLOTTE
Avant l'apparition de l'aviation, le contrôle des mers est d'un intérêt stratégique de première force. Il l'est d'autant plus pour l'Angleterre qui est une île mais qui dispose d'un immense empire réparti sur tous les continents. L'empereur d'Allemagne Guillaume II, qui veut faire de son pays le rival de l'Angleterre, se lance dans la construction d'une flotte destinée à concurrencer la Royal Navy. Une ambition qui aura pour conséquence d'isoler l'Allemagne.

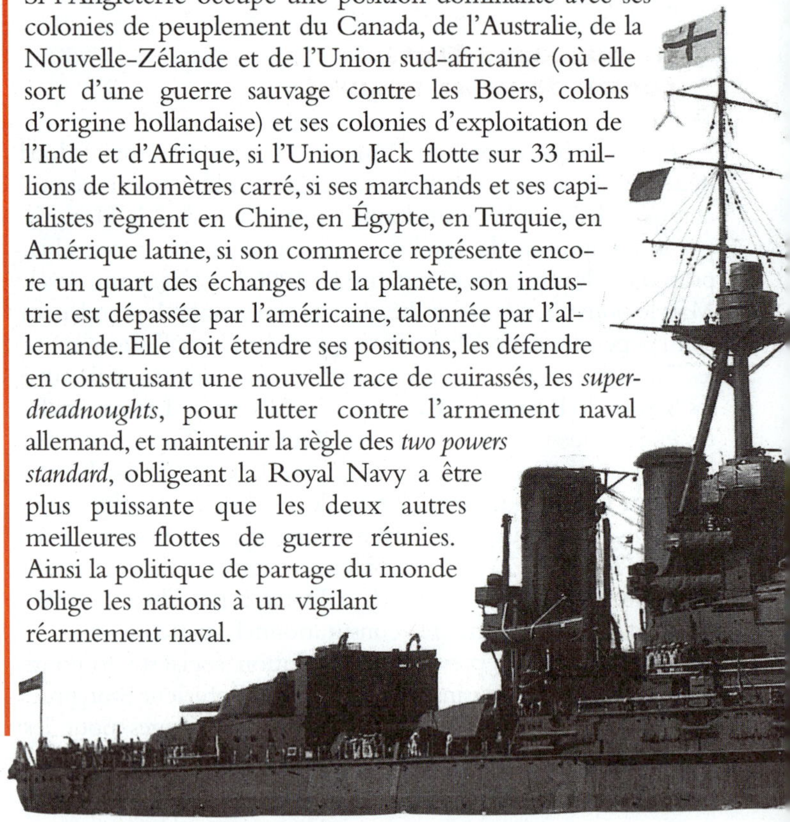

La compétition impériale franco-anglaise

Le concurrent principal, dans le domaine colonial, est français : la présence du drapeau tricolore dans toute l'Indochine après l'expédition du Tonkin, en Afrique du Nord après la conquête de la Tunisie et les visées sur le Maroc, au centre de l'Afrique noire par l'occupation du Sahara conduisent à l'incident de Fachoda, où les deux routes de colonisation se croisent (du Soudan à Djibouti pour les Français, du Cap au Caire pour les Britanniques). Cette rivalité n'est réglée que par la conclusion de l'Entente cordiale en 1904, qui reconnaît à la France les mains libres au Maroc contre l'abandon de l'Égypte à Londres. Elle est complétée par une entente russo-anglaise sur les confins indo-persans en 1907. Les conflits coloniaux sont finalement réglés entre les nations qui constituent la Triple-Entente de 1914 : la France est alliée à la Russie depuis la convention militaire de 1892, elle s'allie aussi à l'Angleterre.

Les ambitions des jeunes impérialismes

Depuis le discours prononcé par l'empereur Guillaume II sur la *Weltpolitik*, l'Allemagne est candidate au partage du monde. Elle acquiert en Afrique le Togo, le Cameroun, l'Afrique orientale et deux archipels d'Océanie (les Carolines et les Mariannes) ainsi que des comptoirs en Chine, mais elle est mécontente d'avoir obtenu si peu. Plus amère encore est l'Italie, furieuse de voir la France à Tunis, battue en 1896 par les Éthiopiens à Adoua, tout juste présente en Tripolitaine et

Le dreadnought (en anglais *who dreads nothing*, « qui ne craint rien ») a une double coque cuirassée et des pièces d'artillerie géantes. L'*Ironduke*, commandé par l'amiral Jellicoe, lord of the Sea, participa à la bataille du Jutland sous son pavillon.

L'EMPIRE COLONIAL ALLEMAND AVANT 1914
En une vingtaine d'années, la Weltpolitik allemande devient une réalité. Guillaume II se dote d'un empire colonial en Afrique, en Asie et en Océanie. Cet empire devient le troisième après ceux de l'Angleterre et de la France. Les principales possessions se trouvent en Afrique (Cameroun, Togo, Tanganyika et Sud-Ouest africain), en Océanie (Nouvelle-Guinée et Samoas) et enfin en Chine (Kiautchou).

en Cyrénaïque. Ayant lâché la Triplice conclue par Bismarck avec l'Autriche parce qu'elle revendique les territoires italiens de l'Adriatique, elle guette l'occasion d'obtenir des avantages des alliés de l'Entente, tout en faisant profession de neutralité. Quant à l'Allemagne, elle prétend à deux reprises empêcher la France de s'installer au Maroc : en 1905, une réunion internationale désarme ses prétentions, mais en 1911 elle envoie une canonnière à Agadir pour exiger une négociation. Elle obtient une parcelle du Congo français.

La Chine, prochaine victime

Les États industriels ne sont jamais allés jusqu'à la guerre pour résoudre leurs conflits. Ils ont au contraire conclu des ententes, pour protéger les intérêts européens : en Chine, une expédition est venue à bout de la révolte des Boxers nationalistes en 1900. Les Occidentaux ont soutenu Yuan Shi-kaï, un militaire qui avait écarté du pouvoir Sun Yat-sen, le fondateur en 1912 de la République chinoise. Même complicité en Turquie, où ils se sont associés pour gérer la dette ottomane. Si les Allemands ont obtenu la construction du chemin de fer de Bagdad et le marché de l'artillerie turque des Détroits, les Anglais ont vendu aux Jeunes-Turcs, au pouvoir à partir de 1908, deux super-cuirassés. Même association dans l'exploitation industrielle de la Russie : si le capital français a été le plus sollicité, c'est qu'il était le plus disponible. Les Anglais ont partagé l'exploitation du fer, du charbon et du pétrole avec les Français. Les Allemands ont multiplié les installations industrielles à Saint-Pétersbourg, notamment la firme Siemens.

Le défi japonais

L'entrée en scène des puissances extra-européennes a cependant modifié la donne. L'orientation du commerce et de la marine américaine vers l'exportation touchait les intérêts allemands et britanniques, notamment dans le Pacifique, où les

États-Unis installaient une base à Hawaii, sur la route de Chine. La guerre de Cuba contre l'Espagne et le contrôle de Panamá intensifiaient la rivalité capitaliste anglo-américaine en Amérique latine. Mais l'industrialisation du Japon était autrement dangereuse : sa flotte moderne lui permettait de battre l'escadre russe envoyée dans le Pacifique en 1905 et de chasser le tsar de Mandchourie. Le Japon prenait, au traité de Portsmouth, le sud de l'île russe de Sakhaline, la Mandchourie et la Corée. Il menaçait les intérêts européens en Chine et fragilisait le pouvoir tsariste, qui ne pouvait plus admettre une autre défaite.

Les Balkans, poudrière de l'Europe

L'assassinat de l'archiduc héritier d'Autriche François-Ferdinand et de sa femme à Sarajevo par un terroriste serbe de Bosnie, le 28 juin 1914, créait une situation grave en Europe, car elle mettait en question l'existence même des deux États historiques que les problèmes de nationalités risquaient de faire éclater. L'Autriche-Hongrie avait annexé la Bosnie en 1908 pour faire pièce aux ambitions de la Serbie, soutenue par le tsar. La Turquie, après une défaite militaire, avait dû liquider son territoire européen au profit de la Serbie, de l'Albanie, de la Bulgarie, de la Grèce et du Monténégro. Ces petites nations, armées par les marchands de canons français et allemands, avaient ouvert un deuxième conflit en 1913, qui s'était terminé par la défaite de la Bulgarie. Mais l'État ottoman était désormais acculé à la guerre s'il voulait maintenir son unité.

L'ultimatum de l'Autriche, soutenue par l'Allemagne, à la Serbie, la mobilisation russe, l'absence de médiation efficace de l'Angleterre, le soutien de la France à la Russie déchaînaient le conflit, l'Allemagne ayant déclaré la guerre à la Russie le 1er août, à la France le 3. Le 4, l'Angleterre se décidait à intervenir, devant la violation de la Belgique neutre par les troupes du Kaiser. 65 millions d'hommes, en quatre ans, prendraient le sac et le fusil.

LES BALKANS ET LE BOSPHORE
Tout autant que les Balkans, l'accès au Bosphore et le contrôle sur l'Empire ottoman sont le prétexte à des luttes d'influence particulièrement vives entre l'Allemagne, l'Angleterre et la Russie.

Le XXe siècle

Le XXe siècle

De 1914 à nos jours

La guerre et la révolution

Ils partent joyeux ou résignés, le fusil sur l'épaule, de Pétersbourg, Vienne, Paris, Berlin, convaincus que la guerre sera courte ; ils vivront et mourront quatre ans dans les tranchées.

VERDUN, BATAILLE SYMBOLE
Les Allemands accumulent des moyens énormes pour détruire toute trace de vie sur les 20 km² de Verdun en février 1916. L'héroïsme des « poilus » les repousse, mais la bataille dure jusqu'à la fin de l'automne et cause 500 000 morts.

Les armes modernes ont neutralisé très vite les fronts : les Russes sont arrêtés en Prusse-Orientale par Hindenburg, vainqueur à Tannenberg. Les Allemands constatent l'échec du plan Schlieffen d'encerclement des armées françaises de l'Ouest à partir de la Belgique : vainqueurs à Charleroi, ils sont rejetés par Joffre, du 5 au 10 septembre, sur la Marne. Ils se retirent sur l'Aisne et étirent le front de la mer du Nord à la Suisse. Les morts se comptent déjà par centaines de milliers : les baïonnettes ne peuvent rien contre les mitrailleuses et l'artillerie lourde allemande, très supérieure à la française, détruit les colonnes avant qu'elles n'entrent en ligne. Il faut nourrir le front, tenir dans les tranchées, lever de nouvelles classes, tenter de percer par des offensives qui échouent en Artois (mai 1915), en Champagne (septembre). L'emploi des gaz asphyxiants par les Allemands sur le front d'Ypres obligera la France et l'Angleterre à produire à leur tour des armes chimiques, et les hommes des deux camps à porter des masques pour échapper au « gaz moutarde ».

La guerre embrase l'Europe, puis le monde

De nouvelles nations entrent dans la fournaise : la Turquie en 1914, la Bulgarie en 1915 dans le camp allemand, le Japon, l'Italie et la Roumanie dans le camp allié. Une armée anglaise part du Caire, engage les tribus arabes et des bataillons juifs pour libérer l'Orient des Turcs. Les Alliés ne parviennent pas à forcer le détroit des Dardanelles mais envoient un corps international à Salonique pour progresser vers Vienne. Le blocus des côtes allemandes par la flotte anglaise conduit à la guerre sous-marine à outrance, décidée par l'Allemagne le 1er février 1917. Les Américains, victimes de cette offensive, protestent, puis déclarent la guerre à l'Allemagne, au moment où la révolution russe rend rapidement inutiles, puis indisponibles les troupes du tsar. Après la seconde révolution bolchevik, dite d'Octobre, les Russes signent, le 3 mars 1918, la paix de Brest-Litovsk.

L'armée française a échoué au printemps de 1917 au Chemin des Dames et elle est très éprouvée par une immense vague de mutineries qui affecte aussi l'armée anglaise. Ludendorff, quartier-maître général allemand, perce à plusieurs reprises le front allié en 1918 grâce à sa technique de synchronisation des armes (feu roulant d'artillerie, infanterie d'assaut armée de grenades et de fusils-mitrailleurs). Mais Clemenceau, Lloyd George et Wilson décident de confier le commandement unique à Foch, qui rétablit la situation en Italie, où les Autrichiens avaient percé à Caporetto, et en France, où quatre

Lénine rentre à Petrograd le 23 octobre 1917. Il passe par Stockholm, où l'accueillent les socialistes suédois.

offensives sont repoussées du 21 mars au 8 août, grâce aux Américains et à l'emploi des chars Renault.

Les Bulgares signent l'armistice le 30 septembre, les Autrichiens le 3 novembre. En Allemagne, les militaires et les civils se renvoient la balle : aucun ne veut signer. Mais le président Wilson s'impatiente, exige la démission de l'empereur. La révolution des villes allemandes chasse le Kaiser. Le socialiste Ebert demande l'armistice, signé le 11 novembre. Deux millions de soldats américains, les *doughboys*, ont alors débarqué en France. Mais ils sont aussi présents à Vladivostok et à Arkhangelsk aux côtés des Anglais, comme les Français en Crimée ou aux frontières roumaines et polonaises, pour préparer la reconquête de la Russie bolchevisée.

LES RÉFORMES IMMÉDIATES DE LÉNINE
Il donne immédiatement satisfaction aux désirs du peuple révolté : la paix est signée et les soldats mutinés dégradent leurs officiers, à qui ils reprochent la dernière offensive meurtrière lancée par Kerenski. Lénine donne les terres aux paysans, les entreprises à des soviets d'ouvriers, l'indépendance aux Polonais et aux Finlandais, promet l'autonomie aux peuples non russes du Caucase et de l'Orient musulman.

La révolution russe change la donne

Les partis présents à Pétersbourg, après la révolution de la nuit du 26 au 27 février et l'abdication du tsar le 2 mars (Parti constitutionnel démocrate K. D. de Milioukov, parti socialiste de Kerenski, parti menchevik de Martov), ont en effet cédé le pouvoir, le 25 octobre, au parti bolchevik de Lénine, qui, rentrant d'exil par la grâce des Allemands, engage la révolution, commande la prise du palais d'hiver où siège le gouvernement de Kerenski, organise des élections qui ne lui sont pas favorables, mais dissout aussitôt la Chambre pour mettre en place la « dictature du prolétariat ». Le Conseil des commissaires du peuple, aidé par la Tcheka, la police politique, organise la terreur, ouvre les premiers goulags, liquide le tsar prisonnier et sa famille (16 juillet 1918), pendant que Trotski constitue une Armée rouge de trois millions d'hommes pour lutter contre l'amiral Koltchak, les généraux « blancs » Dénikine et Wrangel, soutenus par les Alliés.

Il l'emporte, mais le pays est exsangue, affamé, angoissé. Aucun secours ne peut venir d'Europe. Les mouvements révolutionnaires ont été écrasés dans le sang en Allemagne (insurrection des Spartakistes à Berlin), à Vienne, à Budapest. Les marins rouges se révoltent à Kronstadt en mars 1921. Lénine doit décréter la « nouvelle politique économique » (NEP), rendre en partie le profit des terres collectivisées aux paysans, dénationaliser les usines de moins de 21 salariés, appeler les techniciens et les capitaux étrangers, rétablir la monnaie gagée sur l'or. L'Allemagne, puis les pays européens reconnaissent l'URSS à partir de 1922. La Constitution de 1924 établit un État fédéral, l'Union des Républiques socialistes soviétiques, en fait dirigée par un organisme unique et centralisé, aux mains de Staline depuis 1922, le parti communiste. Le socialisme vient de triompher, mais dans un seul pays.

Le 17 juillet 1918, les gardes rouges massacrent le tsar et toute sa famille dans la cave de la maison d'Ekaterinbourg, au pied du massif de l'Oural, où il était en résidence surveillée.

La paix perdue et les Années folles

Les négociateurs européens du traité de Versailles, Clemenceau, Lloyd George, Orlando, sont d'accord pour appliquer à l'Europe les « quatorze points » du programme de paix de Wilson, en particulier le droit des peuples à disposer d'eux-mêmes, et pour établir partout des régimes démocratiques et libéraux. Wilson a tenu à inviter Lénine avec les autres leaders russes, mais ce dernier a refusé.

Dès lors, le refoulement du bolchevisme était à l'ordre du jour et le premier article de la paix devenait l'établissement, selon le mot de Clemenceau, d'un « cordon sanitaire ». On ne pou-

LE «CORDON SANITAIRE» DE CLEMENCEAU
Il restait à constituer des États solides, une Pologne présente sur la Baltique, à Dantzig, où la population allemande dominait, une Roumanie englobant cinq millions de citoyens étrangers, une Tchécoslovaquie comptant trois millions d'Allemands des Sudètes. Autant de points de contestation pour l'Allemagne, qu'indignait le «diktat» de Versailles.

vait faire remplir cette mission à l'Allemagne vaincue : on la désarmait au contraire (son armée était réduite à cent mille hommes, sans armes lourdes, avec une bande démilitarisée en Rhénanie ; la rive gauche du Rhin était occupée pour quinze ans par les Alliés, avec têtes de pont sur le fleuve), on amputait son territoire de l'Alsace et de la Lorraine, de la Haute-Silésie, de la Posnanie, de deux cantons belges et d'un duché danois.

La nouvelle Europe des traités

Les traités de Saint-Germain-en-Laye et de Trianon (1919 et 1920) consacraient l'éclatement déjà effectif de l'empire de Vienne. L'Autriche, qui ne devait pas réaliser l'*Anschluss* (union avec l'Allemagne), était réduite à 6 millions de germanophones et la Hongrie aux seuls magyarophones de l'ancien Empire. Tchécoslovaquie, Pologne et Yougoslavie se partageaient les territoires slaves. Le traité de Sèvres conclu en 1920 avec les Turcs détachait la Syrie et le Liban, confiés en mandats à la France, la Mésopotamie et la Palestine revenant à l'Angleterre. Tous les territoires d'Europe étaient perdus, ainsi que l'Arménie et le Kurdistan.

Pour assurer le respect de la paix, Wilson comptait sur la création de la Société des Nations, siégeant à Genève, dotée d'institutions (une assemblée générale annuelle, un conseil permament de 9 membres, dont les 5 grands, une Cour de justice internationale à La Haye), mais, en mars 1920, le Sénat américain refusait de ratifier le traité de Versailles et les États-Unis étaient absents, comme l'URSS et l'Allemagne vaincue, de la SDN, qui ne disposait d'aucune armée internationale mais seulement de sanctions. Dans ces conditions, la SDN fut incapable d'empêcher la Pologne d'engager une guerre, soutenue par la France, pour gagner 200 km sur sa frontière russe, ni le général turc Mustafa Kemal d'anéantir l'armée grecque et d'imposer le traité de Lausanne en 1923 : il récupérait l'Arménie, le Kurdistan et, en Europe, la Thrace.

Le problème de la dette allemande

L'épineuse question des réparations allemandes ne put être réglée que par l'intervention des financiers américains : la France leur devait près de trois milliards de dollars. Elle avait perdu son or et ses valeurs. Les destructions de ses dix départements envahis, la perte de deux millions et demi d'actifs, morts à la guerre ou invalides, lui avaient permis d'obtenir des compensations : le charbon de la Sarre pour quinze ans et des brevets industriels allemands. La commission des réparations réunie à Londres en 1921 avait condamné l'Allemagne à payer la somme énorme de 132 milliards de marks-or. Poincaré, pour la contraindre à payer, avait envahi la Ruhr en janvier 1923. Pour sortir l'Allemagne du chaos d'une inflation gigantesque, le banquier américain Dawes avait, en 1924, fait conclure un accord raisonnable prévoyant des règlements en nature, en échange d'une renégociation de la dette française aux États-Unis. Un certain dégel se manifestait alors dans les relations franco-allemandes : à Locarno en 1925, Stresemann et Briand avaient signé un accord garantissant les frontières occidentales de l'Allemagne, mais non celles de l'Est. L'Allemagne entrait en 1926 dans la Société des Nations et un nouveau règlement financier, le plan Young de 1929, réduisait encore sa créance, cependant que Poincaré, en 1928, venait de régler le problème de la dette fran-

Massacre de la population grecque de Smyrne, en Asie Mineure, par les troupes turques de Mustafa Kemal en 1919.

çaise aux États-Unis. Les comptes entre les nations semblaient enfin apurés, dix ans après la fin de la guerre.

Les Années folles allaient leur train, sans se soucier de ces difficultés. Si les rentiers de 1900 avaient subi de lourdes pertes, un nouvel âge d'or s'annonçait aux profiteurs de la guerre, des industries alimentaires, d'équipement, d'armement, aux managers de l'automobile, de l'aéronautique, de la chimie, des pneumatiques. En France, la production industrielle avait presque triplé en dix ans. Les houillères, la sidérurgie, les industries chimiques constituaient des ententes imitant les cartels allemands.

LA POLITIQUE FRANÇAISE EN EUROPE CENTRALE
La France devait s'engager, puisque la garantie anglo-saxonne promise par Wilson en cas d'agression allemande était tombée, dans une politique aléatoire d'alliances de la « Petite-Entente » avec la Yougoslavie, la Roumanie et la Tchécoslovaquie pour ne pas se trouver seule en Europe.

Le modèle américain s'impose

Les méthodes de production américaine étaient imitées avec passion, en particulier le taylorisme, organisation scientifique du travail dans les usines modernes où les chaînes étaient installées. La réussite américaine frappait les imaginations : Ford et General Motors produisaient 5 millions de véhicules par an, la construction aéronautique faisait de tels progrès que Lindbergh, en 1927, pouvait traverser l'Atlantique à bord du *Spirit of Saint Louis.* Les financiers américains investissaient en Europe, notamment en Allemagne, et même en Russie, disposant de la moitié des réserves d'or du monde et de la seconde flotte marchande. Le modèle du crédit à la consommation, qui permettait l'expansion illimitée de la production, fascinait les foules, et inquiétait les dirigeants. La société risquait-elle de se dissoudre dans le bien-être de l'après-guerre ? Les femmes, qui avaient obtenu le droit de vote aux États-Unis, en Angleterre et en Allemagne, donnaient le ton des Années folles : elles jetaient les corsets aux orties, fumaient et dansaient le charleston, les cheveux aussi courts que les jupes. L'âge d'or durerait-il toujours ?

Le nouvel ordre mondial en 1929

Le paradoxe de ce nouvel ordre capitaliste est qu'il met la Russie bolchevique entre parenthèses, sans pouvoir afficher des valeurs libérales solides. Les États-Unis, devenus premier pays producteur et marchand, n'encouragent nullement les échanges et l'immigration.

Les États-Unis font voter en 1921 des quotas restreignant l'entrée des Européens et bardent leurs frontières de tarifs douaniers pour protéger contre la concurrence des pays neufs leurs fermiers affectés par la baisse des prix agricoles.

Ils redoutent les ambitions du Japon, qui prépare la conquête économique du Pacifique et dont la production industrielle a quintuplé. Héritant des intérêts allemands en Chine, il a provoqué dans ce pays un vif mouvement patriotique, affirmé par les étudiants de Pékin dès le 4 mai 1919 et confirmé par l'alliance du parti nationaliste Guomindang de Sun Yat-sen avec le Parti communiste chinois fondé en 1921 et soutenu par les conseillers militaires soviétiques. Son successeur, Tchang Kaï-chek, réduit au nord les « seigneurs de la guerre » qui profitent de la faiblesse du pouvoir pour se retrancher dans les provinces, et va

À la manière des suffragettes anglaises, les féministes manifestent en France pour obtenir, dans les années 1920, l'égalité civile avec les hommes et le droit de suffrage.

LES CRAINTES AMÉRICAINES
Les Américains redoutent la surproduction et les excès de la spéculation boursière. Les présidents républicains Harding, Coolidge et Hoover, qui se succèdent de 1920 à 1932, ne redoutent rien tant que le communisme. Mais tout leur est suspect, les Noirs que le Ku Klux Klan persécute dans le Sud, les gangsters qui répandent, tel Al Capone, l'insécurité à Chicago au temps de la prohibition, les anarchistes soupçonnés de vouloir détruire la société comme Sacco et Vanzetti, condamnés à mort en 1927.

rompre avec les communistes ; mais ceux-ci se replient dans leurs bases rouges, où ils distribuent la terre aux paysans. Les Américains redoutent que la Chine n'évite le danger communiste que pour tomber dans les bras des Japonais, qui renforcent leurs armements et leur marine de guerre.

Le bolchevisme, étendard de la révolte

Le paradoxe de la paix est en effet que les Soviétiques mis hors jeu se manifestent partout dans le monde en provoquant des révoltes contre le colonialisme européen : si le Mahatma Gandhi en Inde, qui réclame l'indépendance, ne leur doit rien, Hô Chi Minh a déjà mis en place le Parti communiste indochinois et les communistes français soutiennent l'insurrection marocaine d'Abd el-Krim. L'effondrement du cours des denrées coloniales – café, coton, caoutchouc – peut entraîner des flambées de révolte auxquelles les Européens auront du mal à faire face.

En Angleterre, l'essor des jeunes industries ne peut compenser le déclin des activités traditionnelles, qui n'ont pas été modernisées : les grèves sont violentes, le chômage dépasse le million de travailleurs. Les trade-unions comptent 8 millions d'adhérents et le Labour Party se partage le pouvoir avec les libéraux-conservateurs. Le sauvetage de la livre sterling par Churchill rétablit la balance des comptes et, si le commerce maritime faiblit, les positions mondiales de la Grande-Bretagne ne sont pas encore menacées.

La France aussi rétablit sa monnaie sous Raymond Poincaré (1926-1928) au prix d'une dévaluation des quatre cinquièmes qui stimule les industries nouvelles, aide à se dégager des emprunts internationaux. Mais le front social reste en alerte depuis 1920, année de grèves violentes. En décembre, au congrès socialiste de Tours, la majorité devenait communiste en acceptant les 21 conditions de la IIIe Internationale fondée à Moscou. Seuls les minoritaires, autour de Blum, restaient socialistes. La même scission séparait la CGTU communiste de la vieille CGT. Les communistes affichaient un état d'esprit révolutionnaire, militaient contre l'armée et le colonialisme et regardaient vers Moscou, où l'Armée rouge avait liquidé la réaction. Mais dans la Chambre poincariste de 1928, où la gauche était désormais divisée, les communistes n'avaient que 14 députés.

Drame allemand : peste brune contre Weimar

Hitler lors de son procès pour tentative de coup d'État en 1923, à Munich.

La réponse allemande au danger communiste était moins nette : grâce aux investissements étrangers, le docteur Hjalmar Schacht avait stabilisé le Reichsmark, qui retrouvait sa valeur d'avant guerre, et l'Allemagne était devenue la deuxième puissance industrielle du monde en dix ans. Mais l'inflation avait ruiné les classes moyennes, mécontentes du régime parlementaire de la République de Weimar : un président sans pouvoir élu pour sept ans, un gouvernement responsable devant le Reichstag élu à la représentation proportionnelle, un Reichsrat pour les élus des Länder ou provinces. Dans la valse des partis reconstitués (social-démocrate, démocrate libéral, centre catholique et parti populiste), les putschs soutenus par les militaires démobilisés (Kapp en 1920, Hitler et son parti national-socialiste, le NSDAP, à Munich en 1923) rappelaient que l'ancienne

Allemagne n'admettait pas que les communistes tiennent le haut du pavé au Parlement (77 députés en 1930), dans la rue, où ils affrontaient les sections d'assaut (SA) du parti nazi, mais aussi dans l'art et le spectacle, avec le théâtre de Bertolt Brecht et l'architecture de l'école du Bauhaus, dirigée par Walter Gropius. L'Allemagne était à la merci d'un putsch réussi, soutenu par l'argent des barons de la Ruhr ou du magnat de la presse revancharde Hugenberg.

LES ACTIONS FASCISTES
Les grands domaines furent occupés par les paysans de la Romagne et de l'Émilie dès 1919. Le mouvement social atteignit les usines du Nord en 1920 : Fiat fut occupée. L'ancien socialiste Benito Mussolini mit alors les *squadre* de son organisation (des escouades de chemises noires), armées grâce à la complicité de la police et de l'armée, à la disposition des grands intérêts.

Solution fasciste en Italie

La réponse italienne au péril rouge était la plus drastique ; les milieux d'affaires avaient délibérément et immédiatement soutenu Mussolini et les fascistes contre les grévistes du Nord ; la situation économique de l'après-guerre était désastreuse : la chute du prix du blé répandait la famine dans les campagnes, où vivaient la moitié des Italiens.

L'inflation et les déceptions italiennes après la paix de Versailles poussaient les classes moyennes dans les bras des fascistes, qui entraient au Parlement en mai 1921 avec 32 députés. Mussolini créait le parti national fasciste, qui comptait 300 000 membres en 1922, et brisait dans la violence une grève générale, avant de lancer de Naples, le 24 octobre 1922, la « marche sur Rome » des chemises noires. Le roi appelait alors Mussolini au pouvoir. En trois ans, il construisait la dictature fasciste, détruisait les libertés individuelles, embrigadait la jeunesse, surveillait la population par sa police politique, l'OVRA, constituait un parti unique et supprimait les syndicats, mais affichait les valeurs nationales et catholiques, avec la complicité du pape Pie XI, qui signait avec lui les accords du Latran en 1929. Le député socialiste Matteotti était assassiné, les communistes destitués ou arrêtés et déportés, comme le créateur du parti, Antonio Gramsci. L'ordre fasciste, pour la première fois en Europe, régnait sur l'Italie. Il était d'abord, comme la révolution russe, le fruit de la guerre.

La crise mondiale de 1929

La crise allait généraliser en Europe la formule fasciste inaugurée par Mussolini en Italie. Les États-Unis, frappés au cœur, n'avaient plus les moyens d'injecter au monde les capitaux dont ils manquaient eux-mêmes.

La chute boursière était plus forte que ne l'avait été la hausse effrénée des dernières années : le 24 octobre 1929, « jeudi noir » à la Bourse de New York, les actions s'effondraient et continuaient à baisser jusqu'en 1932. La surprise était totale, le fait brutal : plus de 4 000 banques américaines fermaient leurs portes, la production industrielle reculait de 46 %.

Une crise mondiale

Le Japon, l'Amérique latine, l'Allemagne et l'Autriche, qui dépendaient étroitement de l'économie des États-Unis, étaient touchés. Le Kreditanstalt de Vienne et quatre banques allemandes faisaient faillite. On comptait 30 millions de chômeurs dans les pays industriels, dont 6 en Allemagne. Les baisses de prix touchaient gravement les agricultures, déjà handicapées (jusqu'à 80 %), on brûlait le café au Brésil et les oranges en Californie.

La crise provoquait aux États-Unis l'arrivée au pouvoir de Franklin Delano Roosevelt, un démocrate dont le programme était la relance de l'économie et la défense sociale par l'État fédéral. La marche désespérée des petits fermiers de l'Oklahoma vers la Californie, les constructions des bidonvilles, les queues des chômeurs devant les soupes populaires, les revendications de John Lewis, créateur du *Committee for Industrial Organization* (CIO) qui conduisait les grèves avec occupation d'usines, inquiétaient l'opinion, qui avait donné à Roosevelt 59 % des voix en novembre 1932.

PREMIER RÉFLEXE : PROTECTIONNISME
Les États-Unis portent leurs droits de douane à plus de 50 %, la Grande-Bretagne, pour la première fois dans son histoire, devient protectionniste et définit par les accords d'Ottawa, en août 1932, une zone de préférence tarifaire avec les pays du Commonwealth. La France s'isole dans son espace « impérial ». Le commerce mondial baisse de plus d'un tiers. Les monnaies dominantes construisent des zones fortifiées autour du dollar, de la livre sterling, du mark et du franc.

Son projet tendait à maintenir la cohésion de la démocratie américaine par des mesures d'urgence, imposées en cent jours, celles du *New Deal* («nouvelle donne»). Il s'efforçait d'abord de sauver les banques en distinguant leurs tâches et en créant un système d'assurance pour les dépôts. Le dollar était dévalué de 41 % pour permettre l'allégement des dettes. L'*Agricultural Adjustment Act* encourageait les fermiers à réduire les emblavures et à lutter contre l'érosion. Le *National Industrial Recovery Act* incitait les industries à fixer les prix et les quotas de production, tout en garantissant des salaires minima. La Tennessee Valley Authority donnait du travail aux chômeurs en planifiant le développement énergétique d'une région sous-développée du Sud. Une allocation chômage serait mise en place dans tous les États. Les aides fédérales provoquaient un certain redressement jusqu'en 1937, mais seules les commandes de guerre de 1940 sauveraient l'économie. Roosevelt avait dû combattre la Cour suprême, hostile à ses projets, pour imposer un programme aux résultats mitigés.

COMMENT SORTIR DE LA CRISE
Un débat opposa le Français Rueff, qui voulait, par la déflation, retrouver le niveau du marché, diminuer toutes les charges de l'État, et l'Anglais Keynes, qui ne voyait de salut que dans l'intervention de l'État et l'inflation contrôlée.

La réponse keynésienne en Grande-Bretagne

L'Angleterre conservatrice des gouvernements Baldwin et Chamberlain avait relativement mieux réussi en abandonnant le libéralisme traditionnel pour prendre des mesures d'urgence préconisées par Keynes : la dévaluation de 35 % de la livre et la construction de la zone sterling avec les Dominions devaient permettre de réaliser des concentrations dans les industries les plus modernes du Sud, qui engageaient des chômeurs et développaient des marchés de masse pour l'automobile, les articles ménagers, cependant que le bâtiment construisait près de 3 millions de maisons. Ce redémarrage permettait d'éviter le danger fasciste et de faire la preuve de la capacité d'adaptation du pays.

En France, du libéralisme au keynésianisme

La France devait tendre au même résultat après des convulsions politiques et sociales : la crise y semblait moins forte qu'ailleurs, en raison des réserves d'or et de devises, et de l'équilibre villes-campagnes. Mais les exportations et les prix industriels et agricoles chutaient jusqu'en 1935 et un chômage inquiétant se développait dans les industries traditionnelles.

Les gouvernements de droite ne voulaient recourir qu'aux recettes libérales, ils repoussaient la dévaluation, et Pierre Laval diminuait de 10 % les salaires versés par l'État. Les scandales financiers (affaire Stavisky) provoquaient de vives réactions de l'extrême droite, qui estimait le régime parlementaire « pourri » incapable de surmonter la crise. Les manifestations d'anciens combattants de la ligue des Croix-de-Feu, mais aussi de ligueurs des Jeunesses patriotes de l'Action française et de Solidarité française, tenaient les rues, cependant qu'une presse d'une extrême violence développait des thèmes antisémites. La journée du 6 février 1934, où les ligues assiégeaient la Chambre (15 morts et 1 500 blessés), avait provoqué un sursaut démocratique, facilité par le retournement du parti communiste, qui acceptait de signer un pacte d'« unité d'action » avec les socialistes : ainsi, la gauche (radicaux, socialistes et communistes) remportait les élections de « front populaire » de mai 1936.

Une autre politique devenait possible, celle de Keynes : le gouvernement Blum, pour mettre fin à la vague des « grèves sur le tas », signait aussitôt les accords Matignon qui élevaient les salaires, instauraient les conven-

« Travail, famillle, patrie » était la maxime des Croix-de-Feu, anciens combattants regroupés en ligue anti-parlementaire. La formule sera reprise en 1940 par Pétain à Vichy.

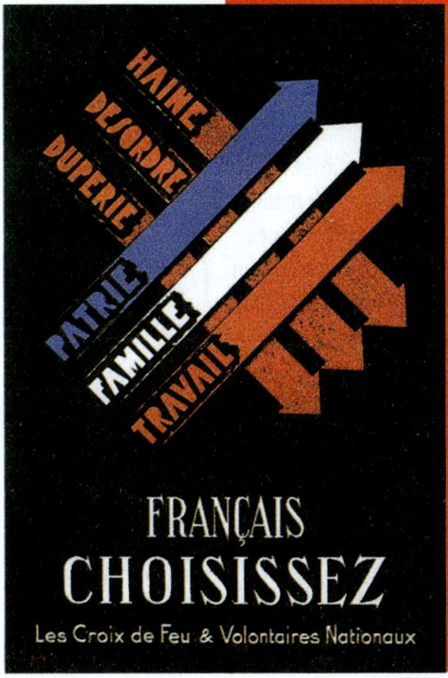

«MEIN KAMPF»
Dans cet ouvrage, Hitler annonce la « révolution totale », qui est la mission de la race supérieure, aryenne. Celle-ci doit régénérer le monde en soumettant les peuples métissés, les Latins, les peuples inférieurs, les Slaves. Ces peuples doivent céder aux Germains l'espace vital dont ils ont besoin. La communauté du sang restituée rendra la nation allemande *(ein Reich)* groupée *(ein Volk)* derrière un seul chef *(ein Führer)* invincible, à condition qu'elle se purifie de la « race impure » des Juifs. Le Juif doit disparaître, il n'a pas droit à l'existence en Allemagne.

tions collectives et un nouveau droit syndical. La semaine des quarante heures et les congés payés de deux semaines accompagnaient l'annonce d'une dévaluation du franc. La Banque de France était réformée, les industries d'armement nationalisées, l'Office du blé mis en place pour imposer un prix minimal au marché. Plus tard seraient nationalisés les chemins de fer (SNCF) mais le gouvernement Daladier-Reynaud décidait par décrets-lois de « remettre la France au travail » et de tourner la loi des huit heures. La reprise de 20 % était surtout due à la mise en place d'une industrie d'armement. La production globale restait de 20 % inférieure à celle de 1928. Du moins la France avait-elle, comme l'Angleterre et l'Amérique, protégé sa démocratie, même si elle avait dû abandonner les principes du libéralisme. Survivraient-ils à la guerre ?

Les nazis en Allemagne

Le premier effet de la crise, qui prend en Allemagne une ampleur particulière, est le gonflement des partis extrêmes, communiste et nazi. L'élimination brutale des communistes donne à Hitler le pouvoir absolu, dont les nazis font un pouvoir totalitaire. Ce pouvoir a toutes les apparences de la légalité.

L'homme qui se présente aux suffrages des Allemands en septembre 1930 est un inconnu. Pourtant, il a écrit en prison, après le putsch manqué de 1923, un ouvrage de doctrine, ouvertement raciste, *Mein Kampf*, où il précise ses intentions.

Les idées racistes développées par le nazi Rosenberg sont la base du régime. « Aucun Juif ne peut être citoyen, disait le programme du parti, les non-citoyens devront être expulsés du Reich. » Elles ne choquent nullement la masse allemande, antisémite, qui attribue aux Juifs internationaux, apatrides, à la fois le bolchevisme et la crise économique. Elles l'incitent au contraire à voter pour Hitler.

Hitler, le recours de toutes les droites allemandes

Hitler prétend parvenir légalement au pouvoir, mais le NSDAP (Parti national-socialiste des travailleurs allemands) n'obtient encore que 18 % des voix aux élections législatives de septembre 1930, et 107 députés. Le thème nationaliste dont il fait son programme (révision de la paix de Versailles, régénération de la vieille Allemagne) est partagé par d'autres partis. L'action violente dans la rue de ses groupes d'assaut (SA) et des SS (*Schutzstaffel*, échelon de protection) inquiète la vieille droite. Pourtant ses adhérents parmi les chômeurs, les paysans, les petits commerçants dépassent déjà le million.

Il bénéficie grandement d'un accord avec la société militaire prussienne par le ralliement des Casques de fer, des anciens combattants qui défilent derrière les drapeaux de la vieille Prusse : une tactique efficace, qui dédiabolise les nazis. Quand Hindenburg est élu président de la République en avril 1932 avec 19 millions de voix, Hitler en réunit plus de 11 millions et rassemble 230 députés aux législatives de juillet 1932.

En 1933, des SA de Hitler et des anciens combattants des Casques d'Acier déchirent un drapeau de la République de Weimar devant l'hôtel de ville de Hambourg.

Il réclame alors le pouvoir : Hindenburg résiste, dissout la Chambre. Les nazis perdent 2 millions de voix, mais au profit des communistes qui ont 100 députés au Reichstag. Hitler rencontre alors von Papen, qui lui ouvre les portes de certains dirigeants de l'économie comme Thyssen, le magnat de la Ruhr, par l'intermédiaire du banquier Schroeder. L'examen est satisfaisant : Hindenburg, sur les conseils de von Papen, consent à nommer Hitler chancelier le 30 janvier 1933.

LES NAZIS CONTRE LA MODERNITÉ
Berlin et Vienne étaient alors les plus grands centres de l'art moderne, avec les peintres, les musiciens, les metteurs en scène les plus célèbres, très souvent juifs ou communistes. Ils doivent tous émigrer. On brûle les livres en place publique. « Quand j'entends parler de culture, dit Goering, je sors mon revolver. » Une exposition de l'« art dégénéré », dont les œuvres doivent être détruites, est organisée à Munich en 1937.

L'organisation de la dictature

Aussitôt les nazis organisent l'incendie du Reichstag, qui leur permet d'inculper les communistes, d'interdire le parti. Hindenburg a donné à Hitler des pouvoirs de police illimités. Il lui manquait la sanction parlementaire : aux élections de mars 1933, il n'obtient, malgré ses méthodes, que 44 % des voix. Pour imposer la dictature, il avait besoin d'un vote des deux tiers : le parti catholique Zentrum lui donne les siennes, parce que l'Église espère que Hitler va signer un concordat avec Rome. Hitler reçoit ainsi, très légalement, les pleins pouvoirs pour quatre ans. « Je ne vois pas d'exemple, écrit alors Léon Blum, que les institutions parlementaires aient jamais été soumises à une si atroce dérision. »

Dès 1934, les Länder sont supprimés, le Reich est un État centralisé, les partis disparaissent, ainsi que les syndicats, remplacés par l'organisation corporatiste du Front du travail ; le parti nazi est seul autorisé. Il est épuré dans la nuit du 29 au 30 juin 1934, dite « des longs couteaux », par les SS, qui massacrent tous les chefs des SA, et d'abord Ernst Röhm, considéré comme hostile au capitalisme, puis Gregor Strasser. Des organisations encadrent les femmes allemandes, les agriculteurs, la jeunesse, les professeurs. Une propagande active, omniprésente par la radio, est développée par le docteur Goebbels. Heinrich Himmler prend en main la police d'État ou Gestapo et les 240 000 SS qui gardent les premiers camps, Dachau et Orianenbourg-Sachsenhausen, où l'on enferme bientôt les catholiques et les protestants qui ont réagi contre l'élimination par les gaz des handicapés.

Persécution antijuive dès 1935

Les Juifs, chassés de la fonction publique et des professions libérales, ainsi que des médias, persécutés dans leurs commerces et dans l'enseignement, dissuadés par les lois de Nuremberg de 1935 de toute union mixte, ayant perdu la citoyenneté allemande, sont menacés dans leur personne après la Nuit de cristal, du 9 au 10 novembre 1938 : leurs biens sont confisqués, les synagogues brûlées, plus de 30 000 hommes et femmes internés dans les camps. Cette persécution est parfaitement connue des puissances de l'Ouest, dont la presse publie des reportages sur Dachau. Pourtant, l'Europe reste aveugle sur les persécutions et sur le réarmement de l'Allemagne, le plus puissant et le plus rapide du monde, qui sauve son économie en préparant la guerre.

UNE PROPAGANDE EFFICACE
La propagande allemande est très active à l'étranger. Chaque ambassade reçoit des agents nazis chargés du renseignement, de l'action et du soutien aux sympathisants, nombreux en Angleterre, en France et aux États-Unis, en particulier aux hommes d'affaires, écrivains et journalistes. On célèbre les victoires du docteur Schacht contre le chômage, les chantiers d'autoroutes et les exploits de Volkswagen.

L'Europe des dictatures

La République de Weimar a échoué. Comment le libéralisme parlementaire aurait-il réussi en Allemagne, alors qu'il était condamné dans presque toute l'Europe, qui avait pour modèle l'Italie de Mussolini ? La crise avait jeté bas la statue de la démocratie construite à Genève par Wilson. Puisque d'Occident ne soufflait plus le vent de la liberté, les nations s'organisaient pour survivre et résister au vent du bolchevisme, venu de l'Est, en supprimant les libertés.

L'évolution technologique mettait à la disposition des dictatures de formidables instruments de conditionnement : si les

SPORT ET ENDOCTRINEMENT DE LA JEUNESSE
Le développement des mouvements de jeunesse était plus faible dans les démocraties que dans les dictatures, qui tiraient profit de toutes les occasions de propagande médiatique : ainsi, Hitler organisait les Jeux olympiques en Allemagne en 1936 et envoyait des coureurs allemands au Tour de France en 1937. Les principales dictatures organisaient leur propagande à l'étranger par des stations de radio sur ondes courtes, sans être combattues par les radios libres.

films américains produits à Hollywood et la vogue du jazz ne menaçaient en rien les valeurs libérales, les États totalitaires, soviétique, hitlérien et fasciste, soutenaient un cinéma de propagande et des formes d'art traditionnelles, combattant toutes les tendances de l'art libératoire qui s'étaient exprimées depuis 1919 : les avant-gardistes évoluaient du reste du surréalisme vers le communisme, comme Breton, Eluard, Aragon, Picasso, Fernand Léger, et mettaient en question l'absurdité criminelle du monde bourgeois. La montée des régimes totalitaires engageait les intellectuels à prendre parti, comme Malraux combattant dans les rangs républicains en Espagne, mais ils étaient partagés par des tendances contradictoires, certains, comme Malaparte en Italie ou Brasillach et Drieu la Rochelle en France, soutenant le fascisme. Le renouveau des valeurs chrétiennes, affirmé notamment dans la jeunesse et le monde ouvrier, s'appuyait sur la condamnation par Pie XI, dès 1931, de l'influence du fascisme sur la jeunesse, puis en 1937 du communisme et du nazisme.

Naissance de la propagande de masse

Les démocraties laissaient se développer les dictatures dans le monde sans réagir efficacement. Mussolini avait eu tout loisir de durcir son régime, après les effets désastreux de la crise en Italie. Il avait installé une autarcie de nature dirigiste avec la création de l'Institut pour la reconstruction industrielle, qui planifiait la production et le lancement de programmes de grands travaux comme la bataille du blé et l'assèchement des marais pontins. Il avait mis en place un système de corporations qui encadrait les ouvriers, leur refusant tout droit de grève. Tenant en main l'opinion par le contrôle des médias, il orientait l'industrie vers la guerre en poussant la mise en chantier de navires et de programmes aéronautiques. Comme Hitler, il donnait pour mission au fascisme de trouver aux Italiens, qui ne disposaient plus de la soupape de l'émigration, des débouchés dans le monde.

Dictatures et régimes militaires

Hitler reçoit les délégations des sportifs concourant pour les jeux Olympiques de 1936 à Berlin. Même les États-Unis ont envoyé des athlètes. Hitler n'a pas serré la main du vainqueur du 100 mètres plat, le Noir américain Jesse Owens qui l'avait emporté sur les représentants de la « race des seigneurs ».

Souvent, les pays méditerranéens constituaient des dictatures pour éviter les régimes totalitaires, ainsi Salazar au Portugal, créateur d'un régime planificateur, catholique, dévoué aux classes dirigeantes, ou le roi Alexandre de Yougoslavie, assassiné à Marseille en 1934, qui avait instauré son pouvoir personnel pour imposer l'unité à une nation déchirée par les haines raciales et politiques. Ainsi le roi Carol de Roumanie, soucieux de combattre Codreanu et ses Gardes de fer, mais prêt à se soumettre aux Allemands qui faisaient main basse sur son pétrole. Ainsi le chancelier d'Autriche Dollfuss, organisant des milices armées contre les nazis dans un régime de dictature. Les dictateurs étaient souvent des militaires, comme le général Metaxas en Grèce, le général Pilsudski en Pologne ou l'amiral Horthy en Hongrie. Ils avaient pour caractéristique commune leur anticommunisme.

Ces dictatures balkaniques ne suscitaient pas chez les Alliés occidentaux de réaction efficace, bien qu'elles orientaient leurs échanges économiques vers l'Allemagne, toujours à la recherche de pétrole, de blé ou de matières premières industrielles. L'intervention allemande dans la guerre d'Espagne obéissait à un mobile de ce genre : obtenir des accords privilégiés pour le fer et le cuivre espagnols, aux mains des Alliés. L'aide des quatre divisions italiennes envoyées par Mussolini gênait Franco, le généralissime porté au pouvoir par les putschistes en guerre depuis le 18 juillet 1936. Les Italiens avaient été battus à Guadalajara et Franco construisait sa propagande sur le refus de l'étranger. Il présentait la présence italienne comme une réplique aux « brigades internationales » qui combattaient dans les rangs républicains, aux côtés des communistes, des anarchistes et des autres partis espagnols. Les démocraties, en prônant le principe de la « non-intervention », avaient permis à Franco de l'emporter et d'installer en Espagne une dictature d'une extrême dureté, après une guerre civile de trois ans qui avait fait 400 000 morts.

Des bombardiers italiens participaient à la guerre d'Espagne aux côtés des avions modernes de la légion Condor prêtée par Hitler au général rebelle Franco.

Dictatures en Asie et en Amérique latine

Hors d'Europe, les dictatures bananières des Caraïbes et des Andes n'étaient guère des nouveautés. Mais, au Brésil, le président Vargas, touché par la crise, avait instauré une dictature soutenue par les fascistes, cependant qu'en Argentine le général Uriburu s'était emparé du pouvoir en 1930. Les militaires étaient aussi devenus les maîtres du jeu au Japon, assassinant le Premier ministre Inukaï en 1932. Toutes les libertés étaient supprimées et l'économie orientée sur une recherche des matières premières et énergétiques par la conquête à l'étranger. Une police politique extrêmement dure éliminait les opposants. La jeunesse était élevée dans le culte de l'empereur et des valeurs

guerrières. Cette politique correspondait à la situation géostratégique du Japon, dont la population avait doublé de 1870 à 1934, et qui ne pouvait donc envisager de survivre que par l'aventure guerrière, mais aussi à une mission idéologique, orchestrée par les propagandistes du régime, de libération des masses opprimées d'Extrême-Orient.

GUERRE D'ESPAGNE, RÉPÉTITION POUR LES FASCISTES
L'intervention de la légion Condor, une aviation de bombardement qui devait s'illustrer par le massacre de la population civile de Guernica, avait pour objet de faire l'essai du nouveau matériel en prévision de la guerre.

Le communisme totalitaire

L'État totalitaire se distingue de la simple dictature parce qu'il n'élimine pas seulement ceux qui le combattent, mais aussi des « ennemis objectifs » dénoncés, au nom d'une idéologie, comme les adversaires du système d'encadrement des masses.

Le stalinisme peupla en permanence les camps de travail, les goulags (abréviation de Gosudarstvennoe Upravlenié Lagereï : direction générale des camps) de 5 millions de travailleurs forcés, employés dans l'extrême Nord, ou en Sibérie à exploiter des mines, creuser des canaux, élever des barrages. La police politique, le NKVD, traquait tous les « ennemis de classe » désignés par le dictateur.

LE CULTE DU CHEF
Le culte de la personnalité était tel que le régime imposait à l'extérieur une image positive, et qu'à part quelques exceptions (André Gide, Louis-Ferdinand Céline) les intellectuels adhéraient au stalinisme, auquel Louis Aragon consacrait des poèmes.

Une première vague d'arrestations touchait les paysans qui, grâce à la NEP, avaient réalisé quelques profits. Staline avait choisi de faire financer l'industrialisation par les plus-values de l'agriculture. Maître du pays en novembre 1929, après avoir éliminé à gauche Trotski, Kamenev, Zinoviev et à droite Boukharine, il décidait, sur le conseil de l'économiste Preobrajenski de prendre « le grand tournant » et de réaliser « la collectivisation totale des terres, et tout de suite ». Après une résistance désespérée des paysans et l'annonce d'une pause rendue nécessaire par la disette, il reprenait sa politique de collectivisation de 1931 à 1938, accompagnant la création des fermes kolkhoziennes et des fermes d'État, appelées sovkhozes, de stations de machines et tracteurs. Il concédait seulement à chaque foyer un lopin librement exploitable. Quelque 30 millions de ruraux quittaient les terres, entre 5 et 10 millions prenaient le chemin du goulag.

STAKHANOVISME ET RÉSISTANCE PROLÉTAIRE

Du nom du mineur Stakhanov, récompensé en 1935 pour avoir tiré de la mine du Donbass quatorze fois plus de charbon que la norme. Le régime célébrait ses réussites : création de la ville de l'acier, Magnitogorsk, dans l'Oural, métro de Moscou, barrage du Dniepr. Les salaires étaient bloqués, les grèves interdites, le niveau de vie bas. Les saboteurs, protestataires ou tièdes étaient déportés.

La deuxième vague d'arrestations touchait les ouvriers, 32 millions de Soviétiques. Un grand nombre étaient accusés de saboter la production industrielle prévue par le Gosplan impératif de 1929, plan quinquennal destiné à installer les industries lourdes, les barrages et les transports entre les combinats du fer et de l'acier. En 1933, des commissions éliminaient du parti tous ceux qui étaient rendus responsables de la production insuffisante. Le deuxième plan, en 1934, avait dû modérer ses objectifs, mais le troisième, en 1938, préparait l'entrée en guerre en exigeant des cadences « stakhanovistes ».

Des grandes purges suivaient, en 1934, l'assassinat de Kirov, secrétaire du parti à Leningrad, sans doute décidé par Staline. À partir de 1936, les procès de Moscou éliminaient la « vieille garde » du parti, les contestataires de la révolution d'Octobre. Les généraux de l'Armée rouge, y compris Toukhatchevski, le spécialiste des blindés, étaient exécutés ou internés, ainsi que Boukharine et les derniers survivants du léninisme. Mais en 1938, l'Armée rouge, avec son aviation, semblait la première d'Europe et la production de charbon était passée de 36 millions de tonnes en 1914 à 166 millions en 1940. 145 000 camions sortaient chaque année des usines. Les canaux géants et les chemins de fer modernes alimentaient les combinats de l'acier en Europe et en Sibérie. Les communistes, dans le monde entier, saluaient sans la moindre critique l'aube du monde nouveau en URSS.

Ils présentaient le pays de Staline comme le seul obstacle au fascisme : dans la montée des menaces, les démocraties libérales avaient accumulé les capitulations. La SDN avait symboliquement condamné l'agression de la Mandchourie par le Japon en 1931, vrai départ de la Seconde Guerre mondiale. Elle n'avait rien fait quand les armées japonaises s'étaient emparées de toutes les côtes et ports chinois en 1937, au prix de massacres reconnus, particulièrement à Canton. Elle s'était bornée à proposer des sanctions économiques contre l'Italie quand celle-ci avait envahi et annexé l'Éthiopie en 1936. Français et Anglais avaient renoncé à intervenir en Espagne, alors que Staline aidait les communistes espagnols.

La marche à la guerre

La France avait tenté en 1934, avec Louis Barthou, de réactiver ses alliances orientales et d'inclure l'Union soviétique dans ce système de protection. Barthou assassiné, Laval avait obtenu de Staline une promesse d'entente en 1935. Mais l'URSS n'avait pas été sollicitée quand la France et l'Angleterre avaient laissé Hitler réarmer, rétablir le service militaire, rattacher la Sarre à l'Allemagne par un plébiscite organisé, remilitariser en 1936 la Rhénanie, réaliser en 1938 l'Anschluss avec l'Autriche dans la neutralité bienveillante de Mussolini, qui avait accepté en 1936 l'axe Rome-Berlin. Les « apaiseurs » (partisans de la paix) anglais et français, Chamberlain et Daladier, convaincus qu'Hitler était la meilleure sauvegarde de l'Occident contre le communisme, avaient conclu avec Hitler et Mussolini les accords de Munich qui permettaient au dictateur d'annexer les Sudètes où habitaient 3 millions d'Allemands de Bohême (29 et 30 septembre 1938). Ils se réjouissaient d'avoir sauvé la paix,

Face aux premières exigences d'Hitler de révision du traité de Versailles, la France, sous l'impulsion du président du Conseil Pierre Laval, tente de redonner vie à l'alliance franco-russe en signant un traité avec Staline en 1935.

mais, le 15 mars 1939, la Wehrmacht entrait à Prague et Hitler créait le protectorat de Bohême-Moravie. Concluant avec l'Italie, qui agressait impunément l'Albanie, un « pacte d'acier », il construisait devant la ligne Maginot française une ligne Siegfried qui le protégeait à l'Ouest et se lançait dans une politique d'agression contre la Pologne, réclamant Dantzig. Cette fois, les Alliés se rendaient à Moscou pour négocier avec Staline. Mais la Pologne et la Roumanie refusaient le passage à l'Armée rouge. Staline, le 23 août 1939, surprenait le monde en concluant par « réalisme » le Pacte germano-soviétique qui prévoyait le dépeçage de la Pologne et la fourniture de blé, de pétrole et de matières premières stratégiques à l'Allemagne nazie : le Führer pouvait se jeter le 1er septembre sur la Pologne. La France et l'Angleterre se voyaient contraintes de lui déclarer la guerre le 3 septembre.

LES ALLIÉS FACE À LA BLITZKRIEG
Les experts connaissaient pourtant parfaitement les méthodes du général allemand Guderian, le spécialiste des chars, pour avoir vu la Pologne écrasée en quatre semaines en septembre 1939. Les Alliés voulaient gagner du temps, pour fabriquer assez d'avions modernes (Dewoitine français, Hurricane et Spitfire anglais) pour lutter contre les Messerschmitt et les Stukas.

La Seconde Guerre mondiale

Rien ne pouvait résister à la synchronisation réalisée par la Wehrmacht des blindés, de l'infanterie et de l'aviation d'assaut. De Gaulle l'avait prévu, mais les trois divisions cuirassées françaises, sans soutien d'aviation, ne pouvaient résister aux dix Panzerdivisionen *qu'Hitler, contournant la ligne Maginot, lançait sur le front allié à Sedan, le 10 mai 1940.*

Hitler avait écrasé la France du 10 mai au 17 juin parce que la *Blitzkrieg* mobilisait un petit nombre d'effectifs politiquement sûrs et techniquement formés, sans avoir besoin du secours d'une armée de masse guère plus motivée que l'armée française, moins de vingt ans après la tuerie de 1914-1918.

Seule l'Angleterre résiste au bulldozer nazi

Une intervention franco-britannique en Norvège pour « couper la route du fer » suédois n'avait pas empêché la Wehrmacht d'occuper le Danemark et la Norvège avant de faire la conquête de la France. Les Pays-Bas et la Belgique avaient capitulé. Si 380 000 Britanniques et Français de l'armée aventurée dans le Nord avaient réussi à quitter Dunkerque, on comptait 2 millions de prisonniers qui ne seraient libérés qu'à la fin de la guerre. L'armistice signé le 22 juin laissait à la France libre de Vichy l'usage de sa marine désarmée et ses colonies, mais la soumettait à la clause déshonorante de la livraison des réfugiés politiques à l'ennemi. Elle découpait la France en quatre zones : interdite au nord, Alsace et Lorraine annexées, bien que rien ne fût prévu sur ce sujet par les clauses d'armistice, zone occupée comprenant toutes les côtes de l'Ouest, et zone libre au sud de la Loire, où régnait le régime de Pétain, qui avait, le 10 juillet 1940 à Vichy, organisé le sabordage du Parlement.

Staline reçoit Pierre Laval à Moscou. Litvinov, son ambassadeur, est à gauche. Molotov, l'homme dur de l'appareil, est au second plan, reconnaissable à sa moustache.

LA RÉSISTANCE OPINIÂTRE DES ANGLAIS
L'Angleterre était-elle perdue ? Repoussant toute offre de paix, elle résistait, sous la conduite de Churchill, à l'offensive aérienne allemande et, grâce au soutien tardif du président américain Roosevelt, à l'offensive des sous-marins allemands dans la bataille de l'Atlantique.

Le 22 juin 1941, Hitler, qui avait occupé la Yougoslavie et la Grèce, envahissait l'URSS qui venait de remporter avec difficulté la victoire contre la Finlande. Les Allemands échouaient devant Moscou à cause du renfort de l'armée de Sibérie mais faisaient des millions de prisonniers et occupaient l'Ukraine.

Le 7 décembre 1941, les Japonais détruisaient une grande partie de la flotte américaine du Pacifique à Pearl Harbor et les États-Unis entraient en guerre contre le Japon et contre l'Allemagne. Si les Japonais réussissent à se tailler un empire en occupant les Indes néerlandaises et les Philippines, et à détruire les bases américaines, ils perdent les 4 et 5 juin 1942 la bataille du Midway et les Américains commencent la reconquête du Pacifique avec leurs *task-forces* de porte-avions et de navires de ligne. À cette date, l'Afrikakorps de Rommel, qui a conquis la Libye avec l'appui de l'armée et de la flotte italiennes, menace Alexandrie. L'Égypte est sauvée par la bataille d'El-Alamein, remportée à la fin d'octobre 1942 par l'Anglais Montgomery, avec le concours des Français libres. Le général de Gaulle, lançant le 18 juin à Londres son appel à la résistance, a en effet réussi à constituer autour de l'Afrique-Équatoriale et des territoires du Pacifique la base d'un recrutement pour l'armée française, enrichi de tous ceux qui ont réussi à rejoindre Londres. Le général Kœnig s'est illustré à Bir Hakeim, résistant jusqu'au bout à Rommel. Le 8 novembre 1942, les Anglo-Américains débarquent au Maroc et en Algérie où s'installe, après un duumvirat avec le général Giraud imposé par les Américains, un comité français uniquement gaulliste de libération nationale. Une mission dirigée par l'ancien préfet Jean Moulin devait unir sous l'égide de Londres les mouvements de résistance français. Jean Moulin ne vit pas son œuvre et mourut sous les coups de la Gestapo.

L'URSS arrête l'expansion allemande

Quand les Allemands sont arrêtés, en janvier 1943 devant Stalingrad, le reflux de l'Axe commence. Von Paulus capitule avec 300 000 soldats. En juillet, les Soviétiques, renforcés en matériel par l'aide américaine et qui ont transféré derrière l'Oural leurs industries de guerre, gagnent la bataille de chars de Koursk, récupèrent l'Ukraine et libèrent Leningrad épuisée par un long siège. Les Anglo-Américains l'emportent sur l'armée allemande en Tunisie et débarquent en Sicile, puis en Italie, où l'armée française de Juin s'illustre sur le Garigliano. Dans le Pacifique, la tactique du « saute-monton » réussit aux Américains qui prennent Guadalcanal, Rabaul et les îles Mariannes.

Reconquête américaine en Europe et en Asie

Le débarquement des Alliés à l'Ouest, tant attendu par Staline, est enfin réussi le 6 juin 1944 en Normandie. La percée décisive à Avranches est réalisée en juillet. Une armée française levée en Afrique du Nord, commandée par de Lattre de Tassigny, débarque aux côtés des Américains en Provence le 15 août, cependant que la division Leclerc permet à Paris insurgé d'être libéré le 25 août. Dans toute la France, maquis et mouvements de résistance apportent une contribution sensible aux opérations. Les Alliés poussent jusqu'au Rhin, qu'ils ne peuvent franchir qu'en mars 1945, quand la contre-offensive de Rundstedt a échoué dans les Ardennes en décembre 1944. Cependant, les armes secrètes (les V1 et les V2) accablent Londres et les Allemands résistent encore. La jonction soviéto-américaine à Torgau en avril 1945 et l'investissement de Berlin annoncent la fin : Hitler se suicide dans son bunker. Les 7 et 8 mai, à Reims et à Berlin, les Alliés reçoivent la capitulation du Reich. Après la reconquête des Philippines, les batailles d'Iwoshima et d'Okinawa, les Américains estiment nécessaire de lancer deux bombes atomiques sur Hiroshima et Nagasaki les 6 et 9 août 1945 pour précipiter la capitulation du Japon, signée le 2 septembre à bord du cuirassé *Missouri*. Au prix de 50 millions de morts, la Seconde Guerre mondiale n'est plus qu'un cauchemar.

L'IRRÉSISTIBLE PROGRESSION DE L'ARMÉE ROUGE
Fin 1944, l'Armée rouge occupe la Pologne, laisse massacrer par les Allemands les résistants polonais à Varsovie, libère Budapest en janvier 1945, aide Tito, le chef de la résistance yougoslave, à mener ses derniers combats de libération.

La fin du nazisme

Dans l'Allemagne occupée par les Alliés, on dénazifiait. La volonté générale des vainqueurs était d'imposer la punition des crimes de guerre. Mais l'expression était trop faible : il fallait aussi punir les crimes contre l'humanité.

L'AVEU SANS AMBIGUÏTÉ DES NAZIS
« Il a fallu prendre la grave décision de faire disparaître ce peuple de la terre. » C'est ainsi qu'expliquait le Reichsführer des SS Heinrich Himmler aux dirigeants du parti, le 6 octobre 1943, la solution finale.

Le génocide des Juifs et des Tziganes était un fait nouveau, sans aucun rapport avec les horreurs habituelles de la guerre. La décision de les anéantir était le résultat d'un choix délibéré : les Juifs devaient périr, non comme opposants, mais par le simple fait qu'ils étaient juifs.

L'organisation du génocide

Cette « solution finale » est planifiée le 20 janvier 1942 à Wannsee : elle concerne tous les Juifs de l'Europe occupée. Des camps d'extermination sont construits en Pologne, à Belzec, Maïdanec, Treblinka et Sobibor. Des camps de travail comme Auschwitz seront également dotés de moyens d'extermination par les gaz et de fours crématoires, pour éliminer les inaptes aux travaux forcés. Six millions de Juifs disparaissent, femmes et enfants inclus, soit par le massacre direct, à la sortie du train, soit par les traitements inhumains (y compris les expériences médicales de résistance au froid ou aux virus accomplies par des médecins nazis).

Dans les 18 camps de concentration établis en Allemagne, le principe était de conduire à la mort les opposants de toute sorte, des républicains espagnols aux curés ou pasteurs allemands hostiles au gazage des anormaux, des antinazis tchèques et autrichiens, des résistants français ou hollandais. Tatoués de numéros, les déportés, déshumanisés par les mauvais traitements, à peine vêtus d'habits rayés, pieds nus dans leurs sabots, mouraient de froid dans la neige, comme les femmes de Ravensbrück ou les hommes de Dachau et Buchenwald, conduits et surveillés par les kapos, détenus qui avaient la confiance des SS à tête de mort *(Totenkopf)*. La découverte des camps par les Russes en 1944 et les Alliés de l'Ouest en 1945 devait susciter dans le monde émotion et surprise. Il fut décidé de constituer à Nuremberg un tribunal spécial pour juger, du 20 novembre 1945 au 30 septembre 1946, les responsables de ces crimes contre l'humanité. 12 furent pendus. Beaucoup échappèrent à la justice et furent par la suite retrouvés, jugés et condamnés, comme Eichmann en Israël, et Barbie, le bourreau de la Gestapo lyonnaise, en France.

1er septembre 1941. Par décret de Vichy, les Juifs n'ont plus le droit d'écouter la radio. Ils doivent livrer leurs postes radiophoniques dans les commissariats.

Le génocide, ou Shoah, est le crime majeur, mais les nazis et leurs alliés japonais ont aussi commis des crimes de guerre contre les prisonniers qu'ils ont laissé périr de faim par millions, notamment les Soviétiques, ou ceux qu'ils ont fusillés sans procès comme les aviateurs alliés. Crimes contre les civils : exécution des « sous-hommes » de Pologne (6 millions de morts), de Russie (10 millions), massacres de populations sur le passage des troupes, en représailles de l'exécution de nazis par la Résistance, comme à Lidice, petit village tchèque, ou à Oradour-sur-Glane, en France.

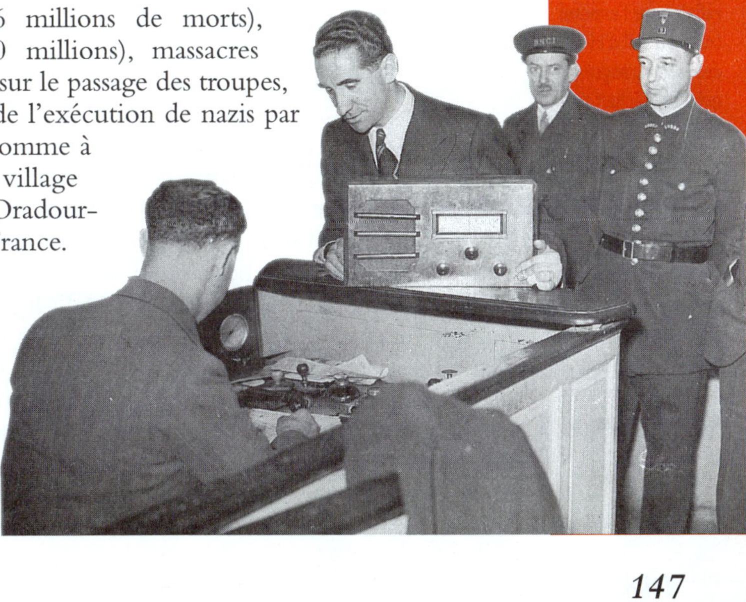

La terreur est organisée par la Gestapo dans les territoires occupés. La guerre totale ne respecte pas les accords de Genève et considère les civils comme des cibles. Les Alliés eux-mêmes, après les raids terroristes sur Londres, en viennent à considérer les représailles comme légitimes : 3 810 000 civils allemands périront sous les bombes (contre 330 000 en France et 150 000 en Grande-Bretagne, en Italie). Les Japonais subiront les effets des premières bombes atomiques. La guerre totale a conduit, exposés aux bombes alliées dans les usines allemandes, 7 millions d'ouvriers contraints dans toute l'Europe occupée au Service du travail obligatoire. Les pays étaient soumis soit à l'administration directe allemande (les gauleiters de Pologne ou de Bohême), soit à l'administration indirecte quand les États étaient restés en place, sans gouvernements à l'étranger comme la Belgique, la Norvège ou les Pays-Bas : la Serbie, la Slovaquie et l'État français de Pétain, en zone non occupée, avaient accepté de collaborer avec les Allemands pour obtenir un régime plus favorable. Le roi du Danemark avait pu sauver tous les Juifs de son pays, évacués vers la Suède, mais non empêcher les Allemands de s'emparer de l'essentiel des ressources, ici comme ailleurs : les usines françaises tournaient pour la Wehrmacht et la Luftwaffe. Des entreprises françaises construisaient à l'ouest le mur de l'Atlantique.

LES RESPONSABILITÉS FRANÇAISES DANS LE GÉNOCIDE
La police française recherchait les déserteurs du Service du travail obligatoire (STO) et livrait aux Allemands les Juifs étrangers détenus dans des camps français avec femmes et enfants, raflait pour l'ennemi (rafle du Vel' d'Hiv) des Juifs étrangers, ce qui n'empêchait nullement les Allemands de déporter aussi 23 000 Français juifs. Depuis 1943, la Milice de Darnand traquait les Juifs, contraints de porter l'étoile jaune, ainsi que les communistes, lancés depuis 1941 dans la résistance active.

Les résistances à l'oppression nazie

Depuis 1940, des réseaux se constituaient sur le territoire. Réseaux de renseignement dans le Nord et dans l'Ouest (la Confrérie Notre-Dame du colonel Rémy), de propagande et d'action : Combat, Libération, Franc-Tireur en zone sud, Défense de la France, Libération-Nord, l'Organisation civile et militaire et quelques autres réseaux en zone occupée, le parti communiste clandestin adhérant en 1943 au Conseil national de la Résistance et permettant la constitution à Alger du Comité français de libération nationale, regroupant les Français libres et les combattants de l'intérieur sous l'autorité du général de Gaulle, y compris les combattants de l'armée secrète, puis les maquisards de 1943. Tous avaient en commun le désir de combattre l'occupant, et d'en finir avec le régime antidémocratique de Pétain, qui supprimait syndicats et partis, promulguait un statut des Juifs oppressif dès octobre 1940 et persécutait ses adversaires politiques, sans s'opposer aux groupes fascistes, à l'origine de la création de la Milice et qui enverraient sur le front de l'Est la Légion française contre le bolchevisme.

Si les Français devaient sortir de la guerre divisés et accablés, les résistants avaient du moins maintenu entre eux l'unité du combat. Dans d'autres pays européens, en Pologne, en Grèce, en Yougoslavie, comme en Chine, une féroce guerre civile opposait les réseaux communistes et les patriotes armés par les Alliés de l'Ouest. Les communistes constituaient de véritables armées de partisans à l'arrière de l'ennemi, en URSS et en Chine, où l'Armée rouge de Mao Zedong groupait 600 000 paysans et disposait, comme Tito en Yougoslavie, de l'assise territoriale des territoires libérés. De la sorte, les résistants en armes constituaient, dans le monde entier, la courageuse réponse des hommes libres aux forces d'anéantissement.

Le camp d'extermination d'Auschwitz où périrent par le gaz des centaines de milliers de Juifs se double de camps de travail où les détenus – Juifs et Tziganes – mouraient à la tâche.

L'échec du « monde un »

Avant de mourir, le président américain Franklin Delano Roosevelt voulait réaliser le « monde un », celui de la justice et du droit, qui rendrait la guerre impossible. Les États-Unis avaient armé tous les belligérants et le Victory Program avait rendu la victoire possible dans l'Atlantique comme dans le Pacifique : la première flotte du monde était désormais américaine, ainsi que la première aviation : 97 000 appareils pour la seule année 1944, contre 40 000 en URSS et 38 000 en Allemagne. 54 millions d'ouvriers américains avaient équipé tous les Alliés et jusqu'à l'Armée rouge. Ils avaient, les premiers, produit l'arme atomique.

Maîtres des industries nouvelles à recherche avancée – électronique, chimie des plastiques, antibiotiques –, producteurs de la moitié des biens du monde, de la moitié de l'acier, de 90 % des

Première assemblée générale de l'Organisation des Nations unies, à San Francisco, en 1945. Staline a envoyé ses responsables les plus intransigeants, de gauche à droite, Vichnievsky, le procureur des purges, Molotov et Gromyko.

automobiles et des avions, les Américains assuraient avec leur flotte un quart des exportations, nourrissaient les pays libérés, disposaient des trois quarts du stock d'or mondial. Avant sa mort, survenue le 12 avril 1945, Roosevelt pensait légitimement qu'il pouvait être l'arbitre de la paix.

Le monde rêvé des Alliés

Il rêvait d'un leadership sur le monde grâce aux principes américains, à la fois moraux et marchands : droits de l'homme, droit des peuples, démocratie et liberté de déplacement, de production et d'échanges. Plusieurs rencontres avaient préparé la création de l'Organisation des Nations unies, la grande affaire de Roosevelt. Le sort du monde se dessinait entre celui-ci, Staline et Churchill. L'ONU était fondée par cinquante États présents à la conférence de San Francisco le 26 juin 1945.

À New York se construirait un gratte-ciel de verre pour l'Assemblée générale de tous les peuples, réunie une fois par an, pour le Conseil de sécurité, comprenant les cinq Grands, dont trois (la Grande-Bretagne, la France et la Chine de Tchang Kaï-chek) étaient nourris, armés, financés par les États-Unis. Il est vrai que le cinquième, l'URSS, disposait comme les autres d'un droit de veto. Un secrétaire général assurait, avec une puissante administration, le suivi des affaires. Une déclaration universelle des droits « des hommes et des femmes » promettait non seulement l'égalité absolue, mais la fin de la misère, le « droit à l'éducation, à la sécurité sociale, au travail, à la santé et à la culture » (Déclaration adoptée au palais de Chaillot à Paris le 10 décembre 1948).

Après les droits de l'homme, ceux de la liberté économique. Anglais et Américains soutiennent que le protectionnisme et les dévaluations sont les causes des conflits. Les accords de Bretton Woods du 22 juillet 1944 donnent toute satisfaction aux États-Unis.

LA LONGUE ROUTE VERS L'ONU
D'abord la Charte de l'Atlantique, signée en août 1941 avec Churchill, puis, le 1er janvier 1942, la déclaration des 26 Alliés contre le nazisme, à laquelle s'était joint Staline, l'ami de la Grande Alliance, qui recevait par Mourmansk les camions, avions et médicaments américains. Les trois Grands s'étaient rencontrés à Téhéran en novembre 1943 pour envisager les grandes lignes de la paix ainsi qu'à Yalta en février 1945.

LA POLITIQUE MONÉTAIRE AMÉRICAINE
Avec Bretton Woods, ils imposent la stabilité du change des monnaies et leur convertibilité en or ou en dollars gagés sur l'or à raison de 35 dollars l'once. Les balances des paiements des États doivent être équilibrées pour éviter les dévaluations. Les Américains peuvent donc aider qui ils veulent, et financer leur propre déficit en dollars qu'ils peuvent émettre selon leurs besoins. Ils se sont assuré les moyens financiers d'une domination durable du monde, qu'ils ouvrent au commerce international par la limitation des droits de douane, décidée en 1947 lors de la conclusion des accords sur les tarifs et le commerce mondial, le GATT.

Le monde est-il « un », selon le vœu de Roosevelt ? Si l'Europe est abaissée, le Japon détruit, la Chine livrée à la guerre civile entre l'Armée rouge de Mao Zedong et l'armée nationaliste de Tchang Kaï-chek, il faut compter, pour le partage du monde et surtout de l'Europe, avec Staline. Glorieux maréchal de l'Union soviétique, chef du gouvernement et du parti, il commande l'Armée rouge, qui occupe toute l'Europe centrale et s'y maintient, alors que les Alliés de l'Ouest démobilisent. En Yougoslavie, en Bulgarie, en Albanie libérées, les communistes ont déjà pris le pouvoir. Ils attendent leur heure en Pologne, en Hongrie, en Roumanie et en Tchécoslovaquie, et leurs partis soutiennent aveuglément Staline à Rome et à Paris quand il crée, en 1947, le Kominform pour unir leurs forces sous des directives communes.

Le duel États-Unis/Union soviétique

Le prestige idéologique du communisme, présenté en Europe comme la seule force de résistance populaire au nazisme, la puissance de l'Armée rouge, l'existence en Chine d'une force rurale et militaire réunie sous le drapeau rouge rendent le partage de l'Europe et du monde inéluctable. Pourtant, à Yalta, en février 1945, Roosevelt avait encore obtenu de Staline son entrée en guerre contre le Japon et la signature d'une déclaration commune sur les zones d'occupation alliées en Allemagne, l'attribution des 20 milliards de dollars de réparations allemandes et des rectifications de frontières en Europe : l'Allemagne évacuait la Prusse-Orientale où s'installaient des populations russes. La Pologne, qui avait déjà abandonné en 1940 une partie de son territoire de l'est aux Soviétiques, maîtres des pays Baltes, poussait sa population vers l'ouest jusqu'à la ligne Oder-Neisse. Des centaines de milliers de familles allemandes devaient se replier vers l'ouest : Roosevelt et Churchill avaient accepté ce transfert massif de populations. Des élections libres étaient prévues dans les pays libérés.

À Potsdam, en juillet 1945, Staline était le seul survivant des trois Grands. Roosevelt mort, Churchill battu aux élections avant la fin de la conférence, il n'avait plus devant lui que le major travailliste Attlee et l'Américain Harry Truman, qui supprimait brutalement l'aide américaine à Moscou. Il reprochait bientôt aux Soviétiques le démontage massif des usines allemandes et l'organisation d'élections truquées en Pologne. L'URSS s'était approprié la Carélie aux dépens de la Finlande, elle avait pris la Bessarabie à la Roumanie. L'URSS, qui venait d'annexer 23 millions d'hommes, forte désormais de 120 nations, n'avait aucune intention d'évacuer l'Europe centrale : le « monde un » de Roosevelt faisait place à la guerre froide.

LES PERTES ITALIENNES
Le communiste yougoslave d'origine croate Josip Broz, dit Tito, avait repris l'Istrie à l'Italie, déjà contrainte d'abandonner à la France le col de Tende et la ville de Brigue (rattachés au département des Alpes-Maritimes).

La guerre froide

De 1947 à 1962, sans faire parler la poudre, les deux blocs, américain et soviétique, accélèrent leur production d'armes nucléaires, encouragent des guerres localisées, aiguisent les « points chauds », se livrent une « guerre froide » planétaire.

L'URSS a les moyens d'y faire face, parce que Staline a choisi, en 1945, de rester dans une économie de guerre, de biens d'équipement, de recherche d'armes nouvelles, au détriment des biens de consommation et de l'agriculture. Les Soviétiques restent plus que jamais soumis à la dictature personnelle du vainqueur de la guerre, plus que jamais pourvoyeur de goulags en « ennemis objectifs », et dont la propagande explique aux peuples soumis, que les capitalistes étant décidés à en finir avec la patrie du socialisme, la guerre n'est pas terminée. La « doctrine Jdanov » fait un devoir aux nations occupées d'Europe centrale de liquider le pluralisme et d'entrer résolument dans

LE FMI
Un Fonds monétaire international dominé par les États-Unis a charge d'aider les pays en difficulté par l'intermédiaire d'une Banque mondiale. Il est alimenté par la quote-part des États membres, calculée en fonction de leur richesse.

LES GRANDES RÉFORMES DE LA LIBÉRATION EN FRANCE
Nationalisation des médias (radio et distribution de la presse), des banques, des assurances, de l'énergie, des usines Renault et de l'entreprise d'aéronautique SNECMA, création de la Sécurité sociale et loi antitrust sur la presse.

le « camp de la paix », celui de l'anti-impérialisme. Déjà, la Roumanie et la Pologne s'alignent en 1947. La Tchécoslovaquie, restée libérale avec Benès, devient communiste avec Gottwald, après le « coup de Prague » de février 1948 (Benès doit accepter la formation d'un gouvernement exclusivement communiste sous la pression des manifestations de rue appuyées par une « milice populaire » en armes). La Hongrie, où le parti communiste est minoritaire, est intégrée par force au bloc soviétique. Seule résiste la Yougoslavie de Tito, aussitôt dénoncé comme social-traître par le Kominform.

Les États-Unis craignent la progression communiste à l'Ouest

Les Américains redoutent que l'Europe ne bascule vers le communisme. Si les pays scandinaves, les Pays-Bas, la Belgique et la Grande-Bretagne travailliste sont des social-démocraties, attentives à la sécurité sociale, la France et l'Italie sont agitées par la propagande intense de leur parti communiste soutenus par un syndicalisme de combat, par une presse abondante et virulente, par les anciens de la Résistance qui animent les associations de jeunes, de femmes, de combattants, et qui obtiennent le quart des voix depuis 1946 aux élections, où votent désormais les femmes. Après le départ du général de Gaulle, le 20 janvier 1946, le régime de la IVe République, qui souffre, de par la Constitution du 13 octobre 1946, d'une grave faiblesse de l'exécutif, ne parvient pas à limiter l'inflation, à assurer la reconstruction, à éliminer l'impopulaire rationnement, à imposer le changement, malgré les mesures prises après la Libération. En 1947, année de création du Kominform, le PCF est exclu du gouvernement et soutient les grèves révolutionnaires. Il s'oppose à la guerre engagée par la France en Indochine contre le communiste Hô Chi Minh, à la répression entreprise à Madagascar, en Algérie, en Afrique noire. La France entre dans une instabilité chronique et dangereuse, qui peut la faire basculer vers le communisme.

Le plan Marshall

En 1947, les Américains se décident à fournir une aide massive à l'Europe. Le plan Marshall offre 12 milliards de dollars en quatre ans, uniquement acceptés par les pays de l'Ouest, gérés par l'Organisation européenne de coopération économique. Pour sortir l'Allemagne du marasme, ils commencent par unifier les zones d'occupation alliées et résistent, par un pont aérien, au blocus de Berlin organisé par Staline en 1948 ; ils soutiennent la création du Deutsche Mark en 1948, créent en 1949 la République fédérale d'Allemagne avec Bonn pour capitale, investissent massivement dans les entreprises allemandes qui se redressent aussitôt. Les Américains concluent l'alliance défensive du traité de l'Atlantique Nord en 1949, date de l'explosion de la première bombe atomique soviétique, qui met, avec l'Otan, l'Europe sous la protection militaire américaine.

L'AIDE AMÉRICAINE À LA CROISSANCE FRANÇAISE

En France, la croissance de la production industrielle est de 6 % tous les ans et la reconstruction est en bonne voie grâce aux plans d'équipement de Jean Monnet et aux accords européens sur la création d'un pool charbon-acier négocié par Adenauer et Robert Schuman.

L'Asie, champ clos du conflit Est-Ouest

La situation se dégrade rapidement dans le Pacifique, quand les armées de Mao Zedong l'emportent sur Tchang Kaï-chek, réfugié et protégé par les Américains à Taiwan, et permettent la proclamation, le 1er octobre 1949, de la République populaire de Chine. Celle-ci conclut en février 1950 un traité avec Moscou, se lance dans la collectivisation des terres, dans l'industrialisation sur le modèle soviétique et dans le réarmement quand Mao décide d'appuyer la Corée du Nord communiste en guerre contre la Corée du Sud, soutenue par les Américains. Proconsul au Japon, MacArthur, qui a démocratisé le pays, a décidé de lui rendre en 1951 son indépendance politique par le traité de San Francisco, assorti d'une alliance militaire. Après

Le SHAPE, commandement de l'Otan en Europe, était installé à Marly-le-Roi, à l'ouest de Paris.

LE RIDEAU DE FER

Le rideau de fer est donc tombé sur l'Europe : le 12 mars 1947, le président Truman a dit au Congrès, pensant à la Grèce et à la Turquie menacées par les Soviétiques : « il est du devoir des États-Unis de soutenir les peuples libres ». Cette politique de *containment* (endiguement) a permis de mettre fin à la guerre civile en Grèce et d'installer des bases navales et aériennes en Méditerranée. Des bases américaines importantes ont été construites en Europe, où les Soviétiques créent en Allemagne de l'Est la RDA communiste, intégrée à l'organisation économique du COMECON et militairement au pacte de Varsovie. Rien ne peut plus bouger en Europe sans risque de guerre grave.

l'armistice conclu en Corée en 1953, l'Otase est constituée dans le Pacifique sur le modèle de l'Otan et les Américains décident d'aider les Français dans leur guerre d'Indochine. Quand ceux-ci sont vaincus à Diên Biên Phû, Washington soutient le Viêtnam du Sud, qui s'oppose, après les accords de Genève conclus en 1954, au Viêtnam du Nord communiste aidé par la Chine. Au Moyen-Orient, le pacte de Bagdad unit sous la protection américaine la Grande-Bretagne, la Turquie, le Pakistan, l'Irak et l'Iran, où le shah est de retour, après l'élimination du docteur Mossadegh. La mort de Staline, en 1953, l'arrivée au pouvoir de Khrouchtchev, apôtre de la « coexistence pacifique », semblent annoncer des jours meilleurs : mais l'insurrection hongroise de 1956, brisée par les chars de l'Armée rouge, l'édification du mur de Berlin en 1961, enfin la tentative d'installation de fusées soviétiques à Cuba, où Fidel Castro a instauré un régime communiste en 1959, montrent que la guerre froide perdure jusqu'au seuil des années 1960.

Le tiers-monde entre en scène

Les deux puissances dominantes poussent également à la décolonisation : les Soviétiques au nom de la révolution mondiale, les Américains pour la défense du droit des peuples. Aux uns comme aux autres la persistance de possessions coloniales européennes semble un anachronisme. Les minorités agissantes des territoires encore dominés pourront s'adresser constamment à Moscou, comme à Washington.

Malgré les promesses prudentes du général de Gaulle à Brazzaville en 1944 et l'attitude ouverte à l'égard de l'Inde du gouvernement Attlee, la décolonisation avançait lentement. La France avait réprimé l'émeute de Sétif en Algérie en mai 1945 et envoyé en 1946 un corps expéditionnaire en Indochine. Les Néerlandais voulaient garder l'Indonésie, et les Belges le Congo. Portugais et Espagnols n'avaient nulle intention d'évacuer l'Afrique. Seuls les Italiens avaient abandonné la Libye.

Le Proche-Orient et la fondation d'Israël

Tout commence en Syrie et au Liban, que les Français doivent évacuer en décembre 1946. La Grande-Bretagne doit alors admettre l'indépendance de la Palestine, sous la pression de la Ligue arabe (Égypte, Syrie, Irak, Liban, Yémen, Arabie Saoudite et Transjordanie) constituée en mars 1945. Ben Gourion, responsable de l'Agence juive, qui regroupe plus de 500 000 colons juifs en Palestine, lance son armée contre les Anglais. L'ONU décide alors de partager la Palestine en deux États, juif et arabe, internationalisant Jérusalem. Le 14 mai 1948, Ben Gourion déclare la naissance d'Israël, État démocratique aussitôt reconnu par les États-Unis et admis à l'ONU. Les pays arabes engagent une première guerre, qu'ils perdent en janvier 1949.

David Ben Gourion, premier chef du gouvernement d'Israël, lors de la cérémonie d'indépendance du 14 mai 1948, à Tel-Aviv. Le portrait est celui du fondateur du sionisme, Théodore Herzl.

DÉCOLONISATION FRANÇAISE AU MAGHREB
La présence de nombreux colons d'origine européenne (surtout en Algérie) est l'obstacle majeur à la décolonisation de l'Afrique du Nord. Les indépendantistes y sont pourtant soutenus par les États de la Ligue arabe et bénéficient des sympathies des jeunes États à l'ONU. En dépit d'une résistance du milieu colonial (le sultan du Maroc est déporté à Madagascar, le leader tunisien Bourguiba jeté en prison) et d'une intervention des forces armées françaises, l'indépendance tunisienne, d'abord négociée par Pierre Mendès France, est acquise le 20 mars 1956, comme, le 2 mars, celle du Maroc, négociée par le gouvernement d'Edgar Faure.

Les Anglais ont abandonné le Proche-Orient. Ils ne peuvent se maintenir en Inde. Mais le parti du Congrès de Gandhi et Nehru s'oppose à la Ligue musulmane du docteur Jinnah. Lord Mountbatten, vice-roi des Indes, doit opérer une difficile partition entre l'Inde et les deux Pakistans musulmans. La Birmanie et Ceylan sont également libérées, mais la riche Malaisie devra patienter jusqu'en 1957.

À cette date, l'Extrême-Orient s'est dégagé du colonialisme. Après une intervention militaire, les Néerlandais ont dû abandonner leur colonie et admettre l'indépendance de l'Indonésie en 1949. Les Américains ont libéré les Philippines, les Français ont été chassés d'Indochine. En Afrique noire, la Grande-Bretagne a accepté la première en 1957 l'indépendance de la Gold Coast (Ghana). Le Nigeria, la Tanzanie, l'Ouganda et le Kenya ont suivi. Dans les possessions françaises, la loi-cadre de Gaston Defferre votée en 1956 a permis à des élites de préparer l'indépendance, acquise en 1960 par des voies pacifiques, et d'abord dans le cadre d'une Communauté française. La résistance de certains États sera plus longue : le Portugal n'abandonne l'Angola et le Mozambique qu'en 1974, sous les effets d'une révolution qui chasse du pouvoir Caetano, le successeur du docteur Salazar. L'année suivante, l'Espagne doit quitter le Sahara. La lutte se prolonge dans les colonies blanches du sud de l'Afrique, en raison de l'intransigeance des colons : la Rhodésie du Sud ne prend le nom de Zimbabwe qu'en 1980 ; en 1990, c'est au tour de la Namibie, ancienne colonie allemande dépendant de l'Union sud-africaine.

La décolonisation sanglante de l'Algérie

La décolonisation de l'Algérie provoque un changement de régime en France : la IVe République avait pourtant su dégager une nouvelle élite politique aimée des Français, Antoine Pinay, le « Poincaré du pauvre » (Jacques Fauvet) qui avait, en 1952, stabilisé le franc et fait rentrer la droite dans le jeu politique, Edgar Faure, le docteur-miracle, qui avait soutenu le décollage économique, Pierre Mendès France, le signataire des accords de Genève, animateur d'un mouvement rénovateur soutenu par *L'Express*. Mais le régime ne pouvait s'appuyer que sur une majorité étroite et centriste, étant contesté dans son fondement par son aile gauche, communiste, et sur sa droite par les gaullistes. Le socialiste Guy Mollet avait été élu en 1956 sur un programme de paix en Algérie, pour mettre fin à la guérilla ouverte par la flambée terroriste de la Toussaint de 1954.

Une table ronde à la RTF en 1955 : Mitterrand (UDSR), Jacques Duclos (PC), Guy Mollet (SFIO) . Cette table en forme de fromage symbolise la IVe République impossible à gouverner du fait de la multiplicité des partis dans un régime d'Assemblée.

Près d'un million d'Algériens non-musulmans, Français pour la plupart, exigeaient l'Algérie française, et refusaient l'évolution politique qui aurait conduit les musulmans (9 millions) au pouvoir. Les derniers gouvernements de la IVe République, Gaillard et Pflimlin, étaient au contraire désireux de rechercher une solution politique au conflit. La pression internationale, après l'incident de Sakiet-Sidi-Youcef (village tunisien abritant l'état-major du FLN, bombardé par l'aviation française) et l'exécution de trois prisonniers français par le FLN en réponse à celle de trois terroristes, avait conduit la foule des « pieds noirs » à s'emparer, le 13 mai 1958, du gouvernement général à Alger. Un comité de salut public, d'abord présidé par Massu, puis par Salan, avait fait appel à de Gaulle. Très légalement, le Général, sorti de sa retraite à Colombey, avait été investi par l'Assemblée nationale, chargé de rédiger une

GUERRE CIVILE ET TERRORISME EN FRANCE
Pour contraindre les indépendantistes du Front de libération nationale (FLN) soutenu par Le Caire, disposant d'une antenne à l'ONU, à mettre bas les armes, Guy Mollet avait envoyé en Algérie 500 000 soldats du contingent, appelés pour 27 mois. Les attentats contre les colons et dans les villes continuaient, provoquant l'emploi de la torture pendant la « bataille d'Alger », où les parachutistes de Massu réussissaient, par des moyens qui provoquaient la démission d'un officier général, de La Bollardière, à rétablir la sécurité.

Constitution approuvée par référendum le 28 septembre 1958, établissant un régime semi-présidentiel, avec une stricte séparation des pouvoirs, la Ve République, dont il était élu président par un collège de 80 000 électeurs le 21 décembre. Son parti, l'Union pour la Nouvelle République, étant largement majoritaire à l'Assemblée, il avait les moyens politiques de régler l'affaire algérienne. Contre un adversaire qui refusait en 1958 la « paix des braves » et constituait un « Gouvernement provisoire de la République algérienne » siégeant bientôt à Tunis, la seule voie était celle de la « pacification » assortie de mesures de développement (le plan de Constantine). En septembre 1959, le Général offrait l'autodétermination, « une Algérie algérienne liée à la France », sans plus de résultats que de provoquer la méfiance, puis l'hostilité de la communauté française qui s'insurgeait en janvier 1960, pendant la semaine des barricades, et des officiers de l'armée qui tentaient en avril 1961 le putsch des quatre généraux (Salan, Zeller, Jouhaux, Challe). Rien ne pouvait empêcher le Général, pas même les attentats de l'OAS, organisation hostile à la négociation, de conclure avec le FLN les accords d'Évian qui provoquaient le retour en France de quelque 800 000 pieds noirs et de ceux des harkis (supplétifs musulmans de l'armée française) qui n'avaient pas été massacrés par le FLN après avoir été abandonnés sur le terrain. L'indépendance de l'Algérie et du Sahara était acquise le 18 mars 1962. Après l'attentat manqué du Petit-Clamart, le général de Gaulle introduisait dans la Constitution l'élection du président au suffrage universel.

La décolonisation était achevée. De Gaulle pouvait soutenir et assumer le neutralisme du tiers-monde, qui cherchait à rompre l'équilibre de la terreur imposé par les deux blocs. À Bandoeng, en avril 1955, 29 pays d'Afrique et d'Asie avaient rêvé de constituer une « troisième force ». En septembre 1961, Nehru, Tito et Nasser avaient lancé le mouvement des non-alignés.

L'Amérique et l'Europe

Les années 1960 sont les plus heureuses des Trente Glorieuses qui ont poussé le monde dans le décollage économique, de 1945 à 1973. Les Américains, dans les années 1950, ont favorisé le redressement de l'Europe, dont la croissance annuelle a dépassé celle des États-Unis grâce à la réussite du Marché commun européen.

La CECA (Communauté européenne du charbon et de l'acier) montrait la voie en avril 1951 par la réconciliation franco-allemande qui attirait l'Italie et les trois pays du Benelux (Luxembourg, Belgique, Pays-Bas). L'échec d'une « communauté européenne de défense » imposée par la guerre froide, refusée par le Parlement français en 1954, n'empêchait pas les Européens de conclure à Rome le 25 mars 1957 la Communauté économique européenne (CEE), qui envisageait la construction d'un marché unique entre les six pays membres.

La Communauté européenne et le problème anglais

Les premières institutions, Commission de Bruxelles, Conseil des ministres, Parlement de Strasbourg, bientôt élu au suffrage universel, se mettaient en place et facilitaient l'ouverture rapide du marché dont bénéficiait d'abord la RFA, devenue premier exportateur mondial d'automobiles, mais aussi l'Italie et la France, dotée de ressources énergétiques (l'hydroélectricité et le gaz), d'un réseau moderne de transports (les locomotives à courant alternatif et les autoroutes), d'une agriculture modernisée et d'une industrie diversifiée.

Restait la Grande-Bretagne, qui avait refusé d'entrer dans le Marché commun pour sauvegarder ses liens avec le

L'UNION EUROPÉENNE, UNE ÉVIDENCE ÉCONOMIQUE
Le développement du marché mondial était tel que toute réticence devant l'union du continent semblait archaïque : aucun recul de la production sur trente ans, des innovations techniques incessantes dues à la recherche, des gains de productivité constants, un élargissement du marché : le commerce mondial progressait de 8 % tous les ans et les pays européens devenaient exportateurs, s'ouvraient aux capitaux des multinationales. En France, les investissements progressaient de 25 % par an pendant les années gaulliennes, pour une croissance régulière de 5 %. La balance des paiements devenait excédentaire, au moment où celle des États-Unis passait au rouge.

LES ÉTATS-UNIS ET ISRAËL
La VIe flotte protégeait Israël, toujours menacé par les représailles des Arabes depuis la guerre des Six Jours qui, en juin 1967, lui avait permis d'envahir et de conserver les territoires stratégiques du Golan, du Sinaï, de Cisjordanie, et l'est de Jérusalem. L'Organisation de la libération de la Palestine fondée en 1964 exigeait leur évacuation. La résolution 242 de l'ONU la réclamait. La résistance palestinienne, animée par Yasser Arafat, tournait au terrorisme. Les Soviétiques soutenaient la Syrie et l'Égypte d'Anouar el-Sadate, quand elles lançaient avec du matériel soviétique moderne la guerre du Kippour le 6 octobre 1973. Les Américains imposeraient à grand-peine le cessez-le-feu.

Commonwealth, préférant le « grand large » à la « petite Europe ». Elle avait créé en 1959 une Association européenne de libre-échange regroupant sept pays (Norvège, Suède, Danemark, Suisse, Autriche, Portugal). Mais elle redoutait le déclin : de Gaulle en 1967 refusait son adhésion à l'Europe. En 1973, Georges Pompidou lui ouvrait grandes les portes de la CEE, constituant d'un coup un marché de 270 millions d'Européens.

Le grand dessein de JFK

La croissance américaine était inférieure à celle des pays européens et les mille jours de la présidence Kennedy (assassiné en novembre 1963) ne pouvaient assurer la relance, malgré la mise en route du programme spatial destiné à faire oublier le succès soviétique du satellite *Spoutnik* en 1957. La « nouvelle frontière » de J.F. Kennedy répondait plutôt aux craintes des Américains qu'à leurs espoirs : « l'Alliance pour le progrès » voulait engager la lutte contre la pauvreté et le sous-développement, cause de la subversion communiste en Amérique latine. Le « grand dessein » de libéralisation des échanges avec l'Europe trahissait le désir d'assurer aux fermiers un large débouché. Les lois sociales sur les assurances, en faveur des pauvres, la loi sur les droits civiques interdisant la ségrégation affirmaient une ambition de paix intérieure mais ne répondaient pas à la cause essentielle du déficit américain : les fortes dépenses dues au leadership mondial. Le Pentagone devait entretenir des forces en Amérique, particulièrement aux Caraïbes, pour contenir le castrisme, et en Europe, face aux divisions soviétiques. Des bases aériennes, de l'Alaska à l'océan Indien, étaient constamment prêtes à intervenir. La VIIe flotte croisait dans le Pacifique, la VIe en Méditerranée.

La théorie de la « riposte graduée », qui avait suivi celle des « représailles massives », avait contraint l'Amérique à réarmer dans les armes conventionnelles. Sa flotte avait imposé la fin des combats entre l'Inde et le Pakistan. L'US Navy avait contenu, en même temps que la menace soviétique, les Franco-Britanniques débarqués en Égypte en 1956, pour protester contre la fermeture par Nasser du canal de Suez.

Présente en Méditerranée, l'Amérique ne l'était pas moins au Viêt-nam, où le fragile régime sudiste de Diêm risquait de disparaître après les élections générales imposées par le traité de Genève. Après la chute du dictateur impopulaire, les Américains avaient été contraints d'intervenir contre les armées du Nord communiste, par l'envoi de 500 000 hommes. Le napalm et les armes chimiques défoliantes ne venaient pas à bout de la résistance vietnamienne, soutenue par la Chine et l'URSS. Le 31 janvier 1968, le Front national de libération lançait l'offensive du Têt, attaquait toutes les villes du Sud. Force était d'envisager une négociation qui livrerait l'ensemble du Viêt-nam et du Cambodge aux communistes en 1975. Cette guerre déprimante, dont les horreurs étaient dévoilées par les médias américains, ruinait le moral de la nation et creusait un gouffre dans le budget.

Le Japon tout proche ne pouvait intervenir, tout en profitant de la guerre. Washington savait alors

22 novembre 1963, à Dallas. Le garde du corps se penche sur le corps du président J.F. Kennedy, qui vient d'être mortellement blessé d'un coup de fusil. Son épouse, Jackie Kennedy, relève son mari.

LE JAPON, 3e PUISSANCE ÉCONOMIQUE
Il avait connu son premier boom en 1950 avec la guerre de Corée. Les conglomérats reconstitués (les *zaïkai*), aidés par le MITI, ministère de l'Industrie et du Commerce extérieur, recueillaient les investissements étrangers qui venaient s'ajouter aux 30 % d'investissements annuels de l'épargne. Les sociétés de commerce *(sogo-shoshas)* ouvraient les marchés étrangers. Champion de l'automobile et de l'électronique, important son énergie et ses matières premières, le Japon devenait en 1970 le troisième Grand mondial, et songeait à s'emparer du marché américain.

qu'il ne fallait pas compter sur le Japon dans le *roll-back* du communisme, mais redouter au contraire sa concurrence dans la guerre économique.

L'industrie américaine restait dominante dans les secteurs atomique et spatial, en raison des charges qu'imposait la course aux armements. Le programme Apollo, avec l'alunissage réussi de juillet 1969, lui permettait de coiffer au poteau les Soviétiques, mais le coût excessif de l'équipement en missiles balistiques, en sous-marins atomiques, en missiles antibalistiques et le danger de prolifération de l'arme nucléaire poussaient les deux blocs à la négociation directe : les accords SALT limitaient pour la première fois en 1972 les armements nucléaires.

Kennedy n'avait pas réussi à imposer son « grand dessein » d'intégration des forces atomiques française et anglaise, « comme un seul doigt sur la gâchette ». L'Europe et le Japon, ces nouveaux riches, entendaient, chacun à leur manière, imposer leur indépendance aux États-Unis.

Le monde à quatre

Si l'Amérique doit tenir compte politiquement de la France, enfant indocile de la prospérité qui regarde vers Moscou et Pékin, Moscou doit aussi se garder de Pékin. Le secrétaire d'État Kissinger est le premier à avoir compris qu'en 1970 le jeu mondial n'avait plus deux, mais quatre partenaires, un cinquième, le Japon, ne jouant pas de partie politique, mais seulement économique.

1968 est passé par là, exprimant le ras-le-bol des sociétés dominées brisant la férule des pouvoirs dominateurs. Un rêve inquiétant, vite passé : le nuage critique touche l'Est avec le « printemps de Prague », mais les chars soviétiques mettent fin au « socialisme à visage humain » que voulait construire Dubcek, provoquant l'indignation du monde et les critiques des partis communistes occidentaux.

1966-1968 : les révoltes anti-autoritaires

La révolte s'annonçait aux États-Unis chez les minorités exclues de l'expansion. Les Noirs pacifistes et non violents étaient débordés, après l'assassinat de Martin Luther King, par les Black Muslims de Malcolm X et les Black Panthers, qui refusaient l'assimilation et exigeaient la fin de la guerre au Viêtnam. À partir de 1966, la protestation gagnait les campus de la côte Ouest, Berkeley, Stanford, et s'exprimait aussi par le mouvement hippie, refusant toute conformité aux modèles de la société de consommation. Le mouvement gagnait le Mexique, le Japon, l'Afrique. En Europe, il était surtout sensible dans les nations les plus développées : Allemagne, France, Italie. En France, le mouvement étudiant se conjuguait avec la grève presque générale de 10 millions de travailleurs : le pouvoir, surpris par la « nuit des barricades » du 10 mai puis par la manifestation géante du 13, semblait lâcher pied.

Mais le 25 mai étaient signés par Georges Pompidou les « accords de Grenelle » qui démobilisaient les syndicats, et de Gaulle organisait des élections triomphales pour la droite. S'il abandonnait le pouvoir le 27 avril 1969 devant les résultats négatifs d'un référendum sur une réforme du Sénat, le régime survivait à la crise, au prix de quelques concessions. Mai 1968 n'était au plus en Europe qu'une révolution des mentalités. Un signal d'alarme pour une expansion trop rapide qui exigeait un « traitement social » des exclus, des marginaux et des minorités.

LE PROJET GAULLIEN

De Gaulle avait refusé cette subordination, retiré ses unités de l'Otan, exigé le démontage des bases américaines en France. Condamnant en 1966 à Phnom Penh l'intervention américaine au Viêtnam, il lançait à Montréal l'année suivante : « Vive le Québec libre ! », reconnaissait en 1964 la Chine populaire et se rendait lui-même à Moscou. Il prenait le leadership d'un neutralisme positif, qui contestait la suprématie des deux blocs et appelait les Européens à exiger la redistribution des cartes dans le monde.

La crise a des effets à l'Est

Les États communistes devaient montrer que la pénurie conduisait aussi bien à la révolte que l'excès de la consommation : la destitution de Khrouchtchev était due non aux insuffisances de la déstalinisation, mais à l'échec de sa politique agricole et industrielle. Brejnev au pouvoir, inspiré par l'économiste Liberman, tenterait en vain de réformer l'entreprise et d'améliorer la productivité. Nouvel échec, masqué par une politique accrue de répression : procès des « dissidents » en 1965 et internement des opposants dans les hôpitaux psychiatriques. Le mécontentement gagnait les masses et particulièrement les nationalités soumises, cependant que la politique mondiale exigeait des investissements toujours plus lourds en faveur du « complexe militaro-industriel » : la grande flotte soviétique relâchait dans ses bases du Viêtnam, du Yémen, d'Éthiopie et cherchait à intervenir en Méditerranée.

En Chine, l'échec était patent : Mao Zedong n'avait nullement l'intention de suivre l'URSS dans la voie de la déstalinisation. Il avait rompu en 1961 avec Moscou au XXIIe congrès du Parti communiste soviétique. « Le vent de l'est, disait-il, l'emporte sur le vent de l'ouest. » Bombardant les îles Quemoy proches de Taiwan, occupant le Tibet, refusant l'aide nucléaire soviétique pour construire sa propre bombe, Mao lançait en 1966 « la grande révolution culturelle prolétarienne » et ses gardes rouges persécutaient les révisionnistes, excluaient Liu Shaoqi du parti. Des conflits de frontière sur le fleuve Issouri obligeaient l'armée à garder la frontière soviétique. Elle était appelée par Mao à rétablir l'ordre dans le pays, menacé désormais par les « gardes rouges » enfiévrés qui suscitaient partout l'anarchie. Les généraux, devenus les maîtres du pays, obtenaient la moitié des sièges au congrès du PC en 1969.

La répression entreprise contre les « réactionnaires » laissait le pouvoir à Mao, soutenu par l'Armée rouge. Il pouvait désor-

LES ÉCHECS CHINOIS

Par la « campagne des cent fleurs », Mao Zedong avait déjà marqué la différence du développement à la chinoise qui devait s'appuyer sur la révolution des campagnes. L'échec du Grand Bond en avant de 1958 prévoyant un essor simultané de l'industrie et de l'agriculture pour « marcher sur les deux jambes », le tragique fiasco des « communes populaires » de 40 000 personnes soumises à une étroite discipline avaient été suivis par une tentative de libéralisation du régime par Liu Shaoqi, que Mao devait dénoncer en 1965.

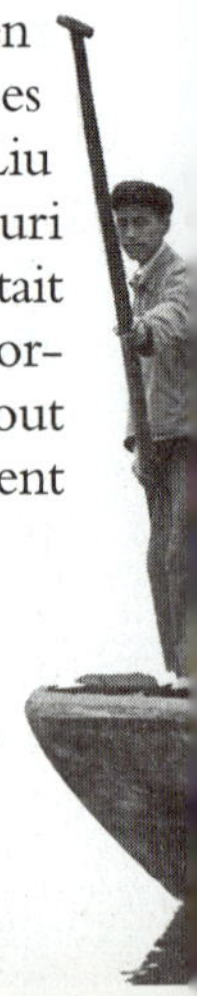

mais accroître encore la distance qui le séparait de Moscou en soutenant les régimes hostiles à la direction unique : il avait ainsi soutenu la Roumanie contestataire de Ceausescu et s'efforçait de combattre l'influence de Moscou dans les pays du tiers monde. Quand le « grand timonier », idole de l'intelligentsia révolutionnaire d'Europe, se rapprocha des États-Unis, la surprise fut complète.

La politique étrangère de Nixon et Kissinger

Kissinger faisait triompher sa politique du jeu à quatre en préparant le voyage de Nixon à Pékin en 1972 par une reconnaissance officielle de la République chinoise. Il se retournait ensuite vers les Soviétiques, préparant le voyage de Brejnev aux États-Unis en 1973, concluant avec lui un accord sur la prévention de la guerre nucléaire, organisant la vente du blé des surplus américains à l'URSS en échange de concessions obtenues dans le domaine des droits de l'homme : par exemple l'autorisation pour les émigrants juifs persécutés de quitter le territoire soviétique. Les Européens n'étaient pas en reste : le chancelier allemand Willy Brandt se rendait, après de Gaulle, à Moscou pour lancer l'*Ostpolitik* (politique d'ouverture à l'Est) et obtenir en 1970 la reconnaissance de la frontière germano-polonaise sur la ligne Oder-Neisse, puis celle des deux Allemagnes en 1972.

Les gardes rouges révolutionnent la Chine. Sur ce bac d'un lac proche de Pékin, ils chantent en brandissant le *Petit Livre rouge* de Mao Zedong.

La politique des deux blocs avait vécu. Nixon affirmait au Congrès en 1972 que les États-Unis devaient reconnaître la puissance de l'Europe et du Japon, convenir que d'autres nations devaient « assumer une plus large part du fardeau du leadership mondial », enfin « jouer dans le monde un rôle de responsabilité, mais d'une ampleur plus restreinte ». Était-ce la fin du leadership américain ?

15 AOÛT 1971 : LE DOLLAR CRAQUE
La réserve fédérale était de 28 milliards de dollars en 1957, elle est tombée à moins de 14 milliards. Les déficits accumulés depuis la période Kennedy ont provoqué des émissions de dollars non gagés. La masse des dollars extérieurs dépasse la valeur des réserves d'or de Fort Knox. Le déficit de l'État atteint 22 milliards de dollars.
La monnaie n'étant plus convertible, elle fut dévaluée de 8 % puis de nouveau de 10 % en 1973.

La crise mondiale

Les difficultés économiques qui commencent en Occident dès 1971 sont plutôt dues à une dépression qu'à une crise et affectent en priorité la monnaie de l'État le plus riche, les États-Unis : la crise du dollar de 1971 précède la crise du pétrole de 1973.

Atteinte dans sa monnaie de référence et dans sa première source d'énergie, l'économie du monde libre doit s'adapter. Les « dépressions » sont des périodes de longue durée qui ont toujours conduit le capitalisme (de 1873 à 1895, de 1929 à 1940) à des renouvellements profonds, et le monde à des déplacements des centres de production et des courants d'échanges.

La restructuration de l'économie mondiale à l'œuvre

Les deux chocs du dollar, en 1971 et 1973, donnent le départ à la récession en sanctionnant l'effondrement du système monétaire international mis en place à la conférence de Bretton Woods. Le 15 août 1971, Nixon décide de suspendre la convertibilité du dollar en or. Toutes les monnaies du monde se mirent à flotter.

Les pays producteurs de pétrole subissaient de plein fouet cette dépréciation du dollar. Le 23 décembre 1973, l'Organisation des pays exportateurs de pétrole (OPEP) décidait à Téhéran de doubler le prix du brut. Le prix au baril était quadruplé au début de 1974 et de nouveau doublé lors du deuxième « choc pétrolier » de 1979. Ces mesures drastiques avaient pour conséquence immédiate de briser la croissance industrielle, de faire reculer l'investissement et d'augmenter le chômage. En raison de la protection du pouvoir d'achat par les « États-providence », les prix augmentaient dans la stagnation et la croissance se poursuivait à un taux réduit, ainsi que les échanges internationaux. L'Occident tenait le choc.

Fort Knox, dans le Kentucky : l'espace imprenable où est gardé l'or de l'État fédéral américain.

Les activités traditionnelles étaient touchées par la crise : les aciéries fermaient, ainsi que les chantiers navals ou les usines textiles. Mais les circuits énergétiques se renouvelaient, et d'abord celui du pétrole. La carte de l'énergie se modifiait d'autant plus vite que la production d'électricité nucléaire faisait la fortune des constructeurs de centrales, américains, français, allemands. Un plan français permettait de fournir à 80 % la consommation d'électricité à partir du nucléaire.

Nouvelles branches, nouveaux espaces

Le développement de l'électronique et des télécommunications alimentait un nouveau marché où se multipliaient les investissements. Il s'accompagnait dans l'industrie d'une robotisation de la production et d'une délocalisation qui réduisait les coûts. La croissance foudroyante dans ces domaines privilégiés marquait l'avènement à l'âge industriel de nouveaux pays dans le Pacifique, les quatre « dragons », Corée du Sud, Taiwan, Hong-Kong et Singapour, qui talonnaient la production japonaise et transformaient l'océan en zone économique de première importance. Les installations électroniques américaines dans la Silicon Valley de Californie répondaient à cette orientation, ainsi que le renouvellement de l'industrie japonaise. La réponse à la crise était d'abord géographique : elle conduisait à une nouvelle localisation de la production et des échanges.

LA PROGRESSION DU CHÔMAGE EN EUROPE
L'Ouest européen comptait 10 millions de chômeurs en 1960 et 35 millions en 1992. La France dépassait le seuil des 3 millions en 1995 et aucune politique ne semblait en mesure de réduire ce chômage qui frappait en premier lieu les femmes et les moins de 25 ans, mais aussi les cadres et les travailleurs immigrés.

L'innovation technique et la qualité des services restaient la carte de l'Europe et des États-Unis : elles impliquaient l'amélioration continuelle de la recherche et de l'enseignement, mais aussi la résignation au chômage, les laissés-pour-compte de la nouvelle expansion étant de plus en plus nombreux dans les régions sinistrées de la vieille Europe hercynienne, celle du charbon et de l'acier. L'assistance nécessaire des États-providence gonflait les fiscalités et n'empêchait pas la mise en place de sociétés « duales », où l'aisance côtoyait l'exclusion et la misère.

L'impossible politique anti-crise

L'impossibilité d'agir contre une réorientation de la production et des échanges, rendue nécessaire et urgente par les chocs pétroliers, encore accentuée par la spéculation que les flottements monétaires rendaient possible, engendrait une instabilité politique chronique dans les démocraties.

Les dirigeants hésitaient entre les remèdes keynésiens (relance de la production par la consommation, encouragée par une hausse des salaires et des investissements de l'État) et les solutions libérales : élimination des États-providence, dénationalisations, baisse des impôts. Les keynésiens échouaient partout : Jacques Chirac, Premier ministre de Valéry Giscard d'Estaing après l'élection de 1974, quittait le pouvoir en 1976. Carter aux États-Unis de 1976 à 1979, les travaillistes en Grande-Bretagne jusqu'en 1979, les sociaux-démocrates en Allemagne de 1974 à 1981, les socialistes en France après la victoire de François Mitterrand à l'élection de 1981 essayaient tous en pure perte la recette keynésienne. Tous les pays revenaient, sans résultats plus probants, au monétarisme, partisan d'une relance de l'économie par le marché : Margaret Thatcher et les conservateurs anglais, Kohl en Allemagne, Reagan et Bush aux États-Unis. Les dénationalisations allaient bon train, dans l'instabilité des majorités : la France faisait l'expérience des cohabitations, le balancier électoral imposant le gouvernement de Chirac à Mitterrand en 1986 avant celui de Balladur en 1993, cependant que le même corps électoral imposait à Chirac, au pouvoir en 1988, une deuxième présidence Mitterrand. L'impossibilité de juguler la crise sociale rendait le jeu politique aléatoire, dans un climat mondial qui, de 1971 à 1989, n'était nullement détendu.

LES DÉMOCRATIES ATTEINTES DU VIRUS DE LA CORRUPTION
Les démocraties occidentales ne sont pas seulement touchées par le développement du chômage, mais sont également atteintes par la révélation des affaires de corruption électorale, au Japon d'abord, et en Amérique, où le scandale du Watergate entraînait la démission de Nixon, puis en France, en Italie, en Allemagne.

Le retour de la guerre froide

De 1971 à 1985, la crise accentue les tensions internationales entre les États-Unis, en repli sous Richard Nixon, l'URSS handicapée par ses problèmes intérieurs, la Chine interventionniste et le tiers-monde accablé par la chute des prix et par l'arrêt de l'aide des pays riches.

Les accords d'Helsinki signés en 1975 par 35 États, dont l'URSS et les États-Unis, qui organisaient la sécurité en Europe, étaient aussitôt démentis par la construction de la fusée soviétique à moyenne portée SS 20, capable de frapper toutes les capitales de l'Ouest européen.

Le dernier durcissement de l'URSS

Violant les accords SALT, Moscou triplait le nombre des têtes d'engins sur ses lanceurs. Le régime se durcissait, devenait impitoyable avec les opposants (les *refuzniks*), expulsés comme Soljenitsyne, ou gardés de force comme Sakharov. Dans le monde, l'impérialisme militaro-diplomatique renforçait ses positions, s'installait en Syrie, en Irak, se confortait au Sud-Yémen, se rapprochait du colonel libyen Kadhafi, soutenait le Viêtnam dans son offensive contre le Laos et le Cambodge, armait les Cubains qui intervenaient en Angola et au Mozambique et renforçait ses bases dans le Golfe.

L'ISLAM ET LE COMMUNISME
L'intégrisme musulman menaçait aussi l'URSS à ses frontières : la population de l'Afghanistan se rebellait contre le gouvernement communiste de Kaboul. Moscou décidait d'intervenir et lançait l'Armée rouge dans les passes afghanes contre des guérilleros réfugiés dans les montagnes, au risque de détruire l'image du communisme dans le tiers-monde.

L'islam contre les deux Grands

Les amis des Américains étaient éliminés du Proche et du Moyen-Orient par un mouvement profond qui s'appuyait sur la crise pour fanatiser les masses musulmanes. Les accords conclus sous l'égide de Washington à Camp David entre Israël et l'Égypte étaient remis en question par l'assassinat, le 6 octobre 1981, du président égyptien Sadate, partisan de la paix, par des intégristes. L'Iran, où l'ayatollah Khomeyni avait pris le pouvoir, chassant le shah en 1979, se voyait imposer une guerre meurtrière par l'Irak du colonel « laïc » Saddam Hussein : un million de morts dans une guerre inexpiable, où les adversaires employaient les gaz asphyxiants et faisaient combattre les enfants. Pour en finir avec le terrorisme palestinien, Israël lançait son armée sur le Liban, et cherchait à éliminer l'OLP. Le massacre des Palestiniens civils dans les camps de Sabra et de Chatila indignait l'opinion internationale, autant que les actions terroristes entreprises contre Israël par les intégristes. La sécurité du Proche-Orient était de nouveau menacée. Les Américains pouvaient-ils s'en désintéresser ?

La contre-offensive américaine

Le nouveau président américain, le républicain Reagan, profitait de ces heureuses dispositions pour réarmer les États-Unis et lancer une nouvelle politique d'intervention destinée à faire oublier la lourde défaite du Viêtnam, abandonné en 1975, et l'affaire humiliante des diplomates otages en Iran, que son prédécesseur Carter n'avait pas réussi à libérer. Un formidable effort de recherche permettait de construire les fusées Pershing, assez puissantes pour contrebalancer en Europe les SS 20, et surtout de développer l'IDS (initiative de défense stratégique) en produisant à grands frais des canons lasers et des missiles antimissiles capables de gagner contre les Soviétiques la « guerre des étoiles » en dressant au-dessus de l'espace américain un véritable cocon protecteur. 45 % de la recherche dans les universités était désormais financée par l'État fédéral, qui accroissait d'année en année son déficit.

Soljenitsyne (à droite) est en France. Il reçoit les plus grands honneurs et passe à la télévision. Son éditeur traduit tous ses livres, qui sont vendus à des centaines de milliers d'exemplaires, en particulier *L'Archipel du Goulag*.

La multiplication des zones à risque

Le réarmement des forces conventionnelles était destiné aux interventions les plus urgentes : le communisme devait être extirpé du continent américain. Au Nicaragua les sandinistes, qui avaient renversé en 1979 le dictateur pro-américain Somoza, étaient combattus par la « Contra », organisation contre-révolutionnaire armée et formée dans les camps américains. Les marines s'emparaient de l'île de Grenade pour éliminer les agents castristes. La résistance afghane recevait des armes, ainsi que les gouvernements de Thaïlande, des Philippines, de Corée du Sud et du Pakistan, décidé à lutter contre l'impérialisme soviétique qui soutenait l'Inde.

LA CHINE ET L'URSS S'AFFRONTENT INDIRECTEMENT
Une troisième guerre d'Indochine opposait le Viêtnam au Cambodge, où les Khmers rouges de Pol Pot, armés et soutenus par Pékin, massacraient leurs adversaires et organisaient un véritable génocide en forçant les gens des villes à se « régénérer » par des travaux forcés à la campagne. Les Soviétiques étaient amenés à soutenir l'armée vietnamienne qui envahissait le Cambodge en janvier 1979. Il n'y avait plus d'unité dans le bloc communiste, mais un affrontement armé entre la Chine et l'URSS par nations interposées.

La Grande-Bretagne envoyait une flotte puissante pour empêcher l'Argentine de s'emparer des rochers des îles Malouines. La France déléguait des forces militaires au Zaïre pour sauver Mobutu menacé par les Cubains d'Angola, au Tchad contre l'armée libyenne équipée de matériel soviétique. La guerre froide était de retour.

Elle n'impliquait aucun affrontement direct des Occidentaux contre les Soviétiques, occupés par l'interminable guerre d'Afghanistan. Ils avaient en Asie un autre adversaire, la Chine. Le soutien accordé par l'URSS à la Syrie maintenait au Proche-Orient un état de guerre violente et de terrorisme qui rendait impossible toute négociation de paix. La VIe et la VIIe flottes américaines restaient constamment en éveil.

La crise économique touchait de plein fouet l'Afrique, où se déclaraient des famines, orientait certains pays – la Turquie, le Maroc, la Colombie – vers la production de drogue destinée à un marché international florissant, encourageait la « rue arabe », la foule sous-alimentée des villes du Maghreb, particulièrement d'Algérie et d'Égypte, à tendre l'oreille aux mots d'ordre des intégristes, qui organisaient des sociétés de subsistance dans la pénurie au nom de la fraternité musulmane et dénonçaient l'impérialisme occidental. Aux États pétroliers – Arabie Saoudite, Irak, émirats du Golfe, Libye – s'opposaient désormais les nations démunies, qui attendaient de l'Iran, lui-même riche en pétrole et dispensateur des mots d'ordre révolutionnaires, les moyens de résister à la crise, au besoin par la guerre. L'équilibre de cette région du monde était, comme celui du Sud-Est asiatique et de l'Afrique centrale, dangereusement menacé.

Le triomphe américain

Le défi américain lancé par Ronald Reagan et financé grâce au privilège mondial du dollar oblige l'URSS à soutenir le rythme imposé par l'effort de réarmement américain sans précédent de 350 milliards de dollars injectés pendant huit ans dans la recherche la plus sophistiquée et la production d'armes nouvelles.

Le complexe militaro-industriel soviétique absorbe dans ce défi toutes les richesses de la nation et rend impossible le développement de l'agriculture et des biens de consommation. Le retard est encore plus impatiemment ressenti dans les démocraties populaires d'Europe, contraintes à des politiques économiques paupérisantes. Le nationalisme reaganien jette ainsi les bases du triomphe de Bush, qui recueille les fruits de l'autodestruction du monde soviétique.

LE DÉFI IMPOSSIBLE
Soumis à une pression intense de la part des États-Unis, le système soviétique implose doucement de l'intérieur. L'URSS n'est plus en mesure d'assurer son rôle de grande puissance, sa croissance, et d'assumer ses obligations de première puissance socialiste mondiale.

Le pari réformiste de Gorbatchev

Mikhaïl Gorbatchev est un homme de la jeune génération : né en 1931, élu au Soviet suprême en 1970, au bureau politique en 1980, il est depuis 1985 secrétaire général du parti et n'est en rien idolâtre de la grande révolution d'Octobre. Cet ingénieur agricole tente de remettre en marche la machine économique en apportant au communisme planificateur les recettes de la productivité et le stimulant du profit individuel. La *perestroïka* (restructuration) s'accompagne de la transparence

Le refuznik russe Andreï Sakharov, par ailleurs physicien inventeur de la bombe H, est devenu la victime mondialement connue de l'intolérance soviétique.

(glasnost) : liberté de parole et d'expression. Sakharov et les *refuzniks* sont amnistiés, les victimes des purges sorties du goulag, les hôpitaux psychiatriques fermés. L'URSS renonce à sa vocation impériale en retirant ses troupes d'Afghanistan à partir de 1987 et en négociant la paix. En 1987, Gorbatchev avait signé avec Reagan l'accord de Washington assurant la destruction des euromissiles des deux camps avant trois ans. En juillet 1991, avec Bush, il s'engage par l'accord START 1 à réduire de 30 % l'arsenal stratégique. L'URSS renonce à la guerre froide. L'Amérique a gagné sans combattre.

La victoire est plus ample que prévu, du fait de l'impatience des nations allogènes : dès 1986, le Kazakhstan s'insurge, bientôt les Baltes revendiquent leur indépendance pendant que les Arméniens et les Azéris s'entretuent dans le Caucase. En mars 1989, Gorbatchev précipite l'évolution en obtenant une réforme des institutions : un Congrès des députés du peuple est mis en place pour rénover l'ancien système et retirer toute influence au parti communiste.

L'effondrement du bloc communiste

En Pologne, sous les efforts conjugués du pape polonais Jean-Paul II, de l'Église catholique, du syndicat Solidarnosc, le général Jaruzelski doit accepter des élections libres qui donnent le pouvoir à Lech Walesa, bientôt élu président de la République. La Hongrie, en mai 1989, ouvre ses frontières et abandonne le communisme. Un rassemblement d'étudiants à Prague, suivi d'une grève générale, suffit à porter au pouvoir Vaclav Havel, porte-parole du mouvement libéral de la Charte 77 qui réclamait pour les Tchèques « le droit de vivre en hommes libres, sans plier l'échine ». En novembre, le dictateur Jivkov quitte le pouvoir en Bulgarie. Un mois plus tard, Ceausescu sera exécuté en Roumanie. Mais l'événement décisif, symbolique, médiatique, est la chute du mur de Berlin le 10 novembre 1989. Erich Honecker doit démissionner sous la pression des masses et le chancelier Kohl formule les « dix points » qui vont permettre la réunification des deux Allemagnes, conclue le 12 septembre 1990.

L'Europe de l'Ouest s'efforce aussitôt de prévoir le développement des nations libérées, leur intégration économique. Une Banque européenne pour la reconstruction et le développement (BERD) est créée pour l'Est, étant donné « que le passage à l'économie de marché exigera des investissements considérables, aussi dans le secteur public ». Les Allemands n'attendent pas : Kohl décide de transférer 100 milliards de marks par an pour la reconstitution du Vaterland.

Depuis mars, Gorbatchev est le président élu de l'Union pour cinq ans. En août 1991, les communistes, appelés désormais « conservateurs », échouent dans une tentative de coup d'État mais la mobilisation populaire assurée par Boris Eltsine, président de la fédération de Russie, lui permet d'interdire le parti et de créer la Communauté des États indépendants (CEI), avec ce qui reste de l'ancienne Russie quand toutes les Républiques périphériques, de l'Ukraine aux pays Baltes, de la Biélorussie au Kazakhstan, ont fait sécession : Gorbatchev ne peut que démissionner, le jour de Noël de 1991. L'URSS n'est plus.

Guerres du Golfe

Le triomphe de l'Amérique s'est affirmé en 1991 dans la première guerre du Golfe. Moscou a dû approuver Washington et l'ensemble des Nations unies quand elles ont protesté contre l'agression de Saddam Hussein contre l'émirat pétrolier du Koweït le 2 août 1990. Le colonel irakien représentait un

LE DÉSENGAGEMENT SOVIÉTIQUE

L'arrêt de l'aide soviétique provoque l'évacuation du Cambodge par les Vietnamiens et l'envoi d'une mission des Nations unies qui réussit à organiser des élections. Le retrait soviétique libère aussi l'Angola de la pression cubaine. Au Nicaragua, par réciprocité, les Américains abandonnent la Contra, ce qui rend possible, sous contrôle de l'ONU, l'élection libre, contre les sandinistes, de Violetta Chamorro.

danger pour la sécurité de la région, par l'importance de son armée et par sa volonté d'obtenir à brève échéance l'arme atomique. Bush mobilise aussitôt l'ONU, où les Soviétiques ne s'opposent pas au rassemblement d'une croisade de 29 États, dont l'Arabie Saoudite, le Maroc et l'Égypte, expédiant dans le Golfe une force essentiellement américaine de 400 000 hommes dotés de l'armement le plus sophistiqué : les « Patriots » américains font chuter les « Scuds » soviétiques et les avions « furtifs » échappent aux radars. L'ambition de Roosevelt de « faire le monde un » dans les principes du droit est assumée par Bush père à la fin de la guerre du Golfe. La guerre en Irak en 2003 n'accorde plus à Bush fils la justification d'un ordre planétaire que semble contredire les dérèglements actuels (concurrence mondiale économique, divergences diplomatiques, conflits religieux, etc.), et c'est au nom de la lutte contre le terrorisme international que l'intervention armée a eu lieu.

LA PORTÉE DES GUERRES DU GOLFE
Les guerres du Golfe démontrent une suprématie militaire américaine incontestée. Pourtant, en 2003, les difficultés politiques éprouvées par George W. Bush à rallier la communauté internationale à sa cause en signalent les limites. Sur la question du pétrole cependant, l'Amérique se réserve le droit d'intervenir à son gré pour protéger ses intérêts vitaux.

La Chine, le tiers-monde et l'ancien bloc communiste

Si la suprématie américaine a pu peser en faveur d'un règlement des conflits, notamment en Palestine, avec la signature en 1993 à Washington d'un accord reconnaissant l'autonomie des territoires, cette pax americana reste fragile. L'échec de la feuille de route et la deuxième Intifada attestent que la puissance n'est rien sans volonté de paix. Ce constat est le même en Afrique où la guerre fait rage, en ex-URSS où l'explosion des nations demeure conflictuelle. Par ailleurs, la Chine et l'Inde émergent en dehors du contrôle des grands ensembles.

L'amélioration des droits de l'homme ne saurait faire oublier des échecs criants. L'intervention manquée de l'ONU en ex-

Yougoslavie, son impuissance à prévenir le génocide rwandais, sa faible implication dans le conflit congolais, toutes ces tragédies enjoignent la communauté internationale à redoubler d'effort pour garantir la paix. La Russie post-communiste vient elle aussi illustrer ces manquements. L'explosion des États-nations et le rude passage à l'économie de marché ont mis en péril un régime dont le président Boris Eltsine a cependant assuré la survie en déjouant, en 1993, une conspiration. Pour contenir l'indépendantisme des 25 millions de non-Russes, Eltsine a longtemps conduit une répression féroce contre les Tchétchènes musulmans du Grand Caucase, poursuivie par son successeur Vladimir Poutine qui refuse de renier le pays, en 2003, sous la menace terroriste. Les Républiques libérées semblent se survivre sans trouver de véritables axes de développement. Grâce à une politique drastique de retour à l'économie de marché, huit pays ont pu intégrer l'Union européenne en 2004 : l'Estonie, la Lettonie, la Lituanie, la Hongrie, la Pologne, la République tchèque, la Slovaquie et la Slovénie. La Bulgarie et la Roumanie sont candidates pour 2007.

Nicolae Ceausescu, président de la République populaire de Roumanie, est fusillé par ses anciens comparses en décembre 1989.

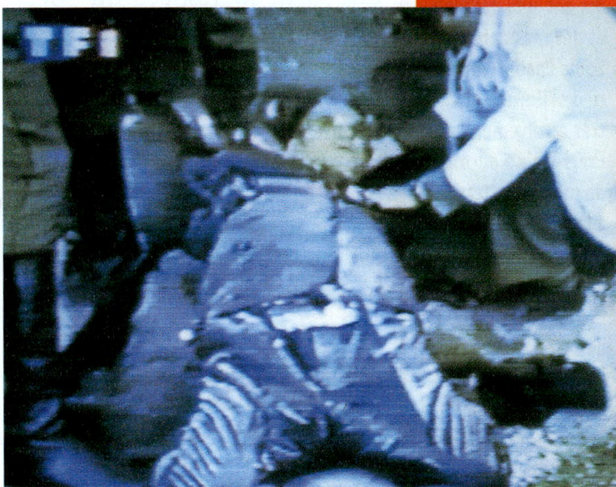

Les adversaires de la démocratie

Cuba et la Corée du Nord, fidèles au communisme autoritaire, sont abandonnées, insularisées dans la misère. Mais les plus grands efforts sont déployés par les États-Unis, le Japon et

DIX ANS DE GUERRE EN YOUGOSLAVIE
Le président serbe Milosevic, communiste et nationaliste, mène une politique de « purification ethnique » des communautés musulmanes, qui ont subi des viols et des massacres. Seule l'action militaire de l'Europe et, très tardivement, des États-Unis a permis de mettre un terme à la guerre civile commencée le 27 juin 1991, qui a laissé la Bosnie exsangue et détruit Sarajevo. Poursuivant la politique d'épuration ethnique, cette fois au Kosovo, Milosevic refuse de signer, en 1999, les accords de Rambouillet. Pour l'y contraindre, l'Otan mène une longue campagne de frappes aériennes qui touchent la Serbie. Près d'un milion de Kosovars albanophones sont contraints de fuir à l'étranger.

l'Europe pour investir le formidable marché chinois de 2,3 milliards de consommateurs potentiels. La survivance du régime communiste a longtemps rendu le gouvernement chinois fort insoucieux des droits de l'homme, comme l'a montré la répression par l'armée de la révolte étudiante sur la place Tian An Men en 1989. Deng Xiaoping, au pouvoir de 1978 à 1997, a toujours refusé la « cinquième modernisation », celle de la démocratie. Cette ancienne victime de la « révolution culturelle » a imposé, en s'appuyant sur l'armée et l'appareil du parti, le respect du socialisme marxiste, mais aussi les quatre « modernisations » : agriculture décollectivisée, industrie où les entreprises sont autonomes, recherche scientifique permettant de poursuivre et d'accélérer l'équipement nucléaire et spatial, défense nationale. Les résultats ont été rapides : un taux de croissance de 14 % depuis 1992 qui a permis à la Chine de poursuivre et d'accélérer le développement nucléaire et spatial (elle a envoyé un homme dans l'espace en 2003) de la défense nationale. Reprenant possession de Hong-Kong en juillet 1997, au terme du contrat qui liait cette île à la Grande-Bretagne, elle apparaît comme la future grande puissance du Pacifique. De plus, la Chine est désormais le onzième exportateur mondial, ouvrant aux capitaux, réseaux de distribution et industries japonaises et américaines un débouché illimité : Coca-Cola dispose déjà de 23 usines en Chine.

Dragons et tigres d'Extrême-Orient

La réussite chinoise s'est accompagnée d'un progrès sensible de la consommation des familles, comme dans les « dragons » industrialisés de Corée, de Taiwan – prochain objectif d'appropriation de Pékin – et de Singapour. Les investissements massifs ont aussi permis le développement des « tigres », la Thaïlande, les Philippines, l'Indonésie, la Malaisie, et gagné les pays les moins développés, comme le Viêtnam, le Laos, le Cambodge et la Birmanie. De proche en proche, tout le Pacifique devenu un centre mondial d'expansion. L'Inde, avec 1 milliard d'habitants, ne pouvait rester à l'écart : malgré ses difficultés, l'opposition violente des sikhs et la rivalité avec le Pakistan au Cachemire, elle s'ouvre aux capitaux étrangers et bénéficie d'une croissance rapide permettant de réduire à 30 % le chiffre des populations vivant au-dessous du seuil de pauvreté. Si le niveau de vie des « dragons » et des « tigres » s'accroît rapidement, il reste en effet misérable dans les pays où l'assistance internationale a été interrompue, sans que les investissements prennent la relève.

Le développement rapide de certains pays d'Amérique latine (Brésil, Uruguay, Argentine, Venezuela et Mexique) et la disparition des régimes militaires au Chili, au Brésil, en Argentine, au Paraguay depuis 1983 ne doivent pas faire oublier les inégalités sociales très fortes jusque dans les pays les

La statue de Staline est déboulonnée à Budapest après la chute du mur de Berlin.

EN CHINE, LES ZONES ÉCONOMIQUES SPÉCIALES
Le pouvoir n'a pas hésité à créer des « zones économiques spéciales » autour des ports, particulièrement au sud, dans la province de Guangdong : les capitaux étrangers se sont investis au rythme de 25 milliards de dollars par an, dans un pays où le salaire ouvrier est de 300 euros par mois.

LA FACE NOIRE DE L'ÉCONOMIE MONDIALE
En Amérique latine, dans les pays andins, la classe politique est corrompue par le narcotrafic qui touche un million de travailleurs et représenterait 45 % des exportations du seul régime de Lima. Les États-Unis ont dû lancer une expédition pour frapper la mafia de la drogue en Colombie.

plus riches. Les oligarchies, multinationales ou propriétaires de grands domaines livrent les masses des campagnes ou des villes, selon les pays, à une exploitation qui n'est corrigée par aucun contre-pouvoir. Aussi la misère se répand-elle dans les zones de production agricole aléatoire ou dans l'entourage des villes : Mexico compte 25 millions d'habitants en 2000 et São Paulo 24 millions.

Les drames de l'Afrique

L'Afrique souffre cruellement de l'abandon des nations développées : l'aide internationale – y compris celle de la France – s'élève à 10 % du produit intérieur brut des États, lequel ne représente, pour 500 millions d'habitants de l'Afrique noire, que 2 % du PIB mondial. Le revenu moyen des habitants baisse tous les ans dans la faillite des tentatives d'industrialisation et la baisse mondiale du cours des denrées agricoles. Le sida, la famine, la malnutrition sont actuellement les plaies de l'Afrique, vouée aux massacres tribaux du Rwanda, du Liberia, de Somalie ou de l'Angola. Seules des interventions de dernière heure (l'ONU, l'armée française dans l'espace francophone) peuvent éviter le pire. Les dictatures corrompues accroissent la dette dans nombre d'États, profitant seules de la vente des produits primaires comme le pétrole, les minerais stratégiques du Zaïre, les denrées agricoles de la zone tropicale. L'Afrique, où l'islam progresse, devient sensible à l'intégrisme de la révolte et se sent proche de l'islam rénové, à la suite de la faillite des systèmes socialistes et des effets du néocapitalisme. L'Afrique du Nord et l'Orient sont dans des situations comparables : leur démographie galopante, l'échec économique, la défaite des nationalismes laïcs des régimes des colonels, l'accroissement de l'écart entre les pays pétroliers riches et les plus pauvres font douter de la solidarité musulmane et servent la cause de l'Iran réformateur : les 700 millions de musulmans (dont 200 seulement d'Arabes) sont sunnites, pour la plupart en Indonésie, en Inde, au Pakistan, dans le Maghreb, et peu concernés par l'action de l'Iran, qui a soutenu surtout les chiites du Liban, les Palestiniens et les Afghans. Le parti des « déshérités de dieu », appuyé sur l'Iran, est une force qui défie, par son intolérance, l'efficacité du « monde un » des droits de l'homme.

L'horizon démocratique aujourd'hui

Elles ont longtemps disposé seules de la supériorité des techniques, qui suffisait à leur assurer la domination du monde. De fait, les États-Unis, le Japon, l'Allemagne, la France et le Royaume-Uni ont été longtemps maîtres de la recherche, poursuivie avec acharnement pendant les années de crise : le domaine privilégié en était le nucléaire, mais il a entraîné la révolution de l'électronique, de l'ordinateur au transistor et au microprocesseur, et la recherche des matériaux nouveaux rendue nécessaire par l'entrée dans l'ère spatiale.

La chimie des molécules, par ses découvertes prodigieuses, du Nylon aux colles et aux plastiques, la maîtrise des produits miracles de la santé – sulfamides, puis pénicilline –, la révélation de l'ADN (acide désoxyribonucléique) permettant la reproduction de la vie, ouvrent des perspectives à l'industrie.

Le village planétaire

Les découvertes électroniques ont permis la diffusion en direct des images et des sons, révolutionné le système de communication grâce aux satellites, diffusé l'information simultanée sur tous les points du monde, devenu « village planétaire ». La maîtrise de ces moyens a ouvert aux sociétés américaines

LE DÉFI ISLAMISTE

En Algérie, l'échec de l'industrialisation, la baisse des revenus agricoles et l'endettement de l'État ont provoqué une flambée de l'islamisme, dont a bénéficié le Front islamique du salut, vainqueur aux élections municipales algériennes. L'annulation des législatives par l'armée en 1992 a ouvert la voie à une guerre civile dont les victimes se comptent par milliers.

L'ATTRAIT DES OCCIDENTAUX POUR L'ORIENT
Les religions du Proche-Orient (islam), ou de l'Extrême-Orient (bouddhisme), se développent en Europe en raison des migrations mais aussi de l'engouement du public pour les pratiques nouvelles. Aux États-Unis, les sectes – Moon, Hare Krishna, Église de scientologie, new age – faisaient fortune comme jadis les Témoins de Jéhovah, les Mormons et l'Armée du Salut.

le marché de l'image, c'est-à-dire de l'imaginaire, en assurant les deux tiers des besoins mondiaux. Concurrencés par les Européens et les Japonais, les Américains sont en mesure de conditionner le monde à leur convenance et d'agir par la publicité sur la promotion des produits des multinationales. Le développement de la vidéo renforce ainsi la puissance industrielle des démocraties en même temps que leur influence culturelle. D'où le rejet de ces images par les États socialistes qui conçoivent leur propre système, par les pays arabes qui s'approvisionnent en Égypte et en Inde, et le refus pur et simple de l'intégrisme qui diabolise la boîte à images. La télévision est accusée, dans les pays industriels eux-mêmes, de fausser le jeu démocratique, cependant que les fichiers informatiques mettent en question les libertés individuelles. Une réflexion critique dénonce la pollution dont les excès industriels sont responsables, ainsi que les avancées de la génétique (clonage, fécondation *in vitro* condamnée par le pape) qui portent atteinte à la morale et à la religion.

Le renouveau de la religiosité

L'interrogation religieuse reprend toute sa force, après un demi-siècle de rationalisme et de philosophies de l'« existence » ou de l'« engagement » et la faillite des idéologies, comme si les découvertes spatiales, biologiques, physiques faisaient ressortir l'indéterminé, le hasard, l'inconnaissable et ressurgir une angoisse que seules les religions pouvaient apaiser. Le catholicisme (900 millions de fidèles), souffrant d'une crise de recrutement des cadres et de la fréquentation religieuse, renaît avec le concile Vatican II du pape Jean XXIII qui modernise le rite, et le pontificat de Jean-Paul II qui considère du devoir de l'Église romaine de combattre la misère, la guerre et la pauvreté en Amérique latine et en Afrique. La victoire sur le communisme en Europe a été considérée, dans une certaine mesure, comme celle du pape polonais qui, dans sa volonté de rassemblement, et malgré sa position traditionnelle sur certains problèmes de société (l'avortement, la contraception), rassemble au cours de ses déplacements des foules immenses dans des messes télévisées : un million de participants à Paris en août 1997. Le protestantisme (entre 300 et 380 millions de fidèles dans le monde) devient aux États-Unis, comme le catholicisme, une religion d'action sociale. La chute du communisme a permis la reconstitution des Églises orthodoxes en Russie, en Ukraine, dans les Balkans ; quant aux 18 millions de Juifs, ils n'ont pas été insensibles au renouveau des pratiques religieuses, aussi bien en Israël que dans les synagogues de la Diaspora.

Des nations en plein renouvellement

La vieille Europe de la tolérance établit en principe la cohabitation de ces religions, admet la construction de mosquées pour les Turcs d'Allemagne, les Pakistanais de Grande-Bretagne ou les Algériens de France. Relativement à l'abri du flux migratoire

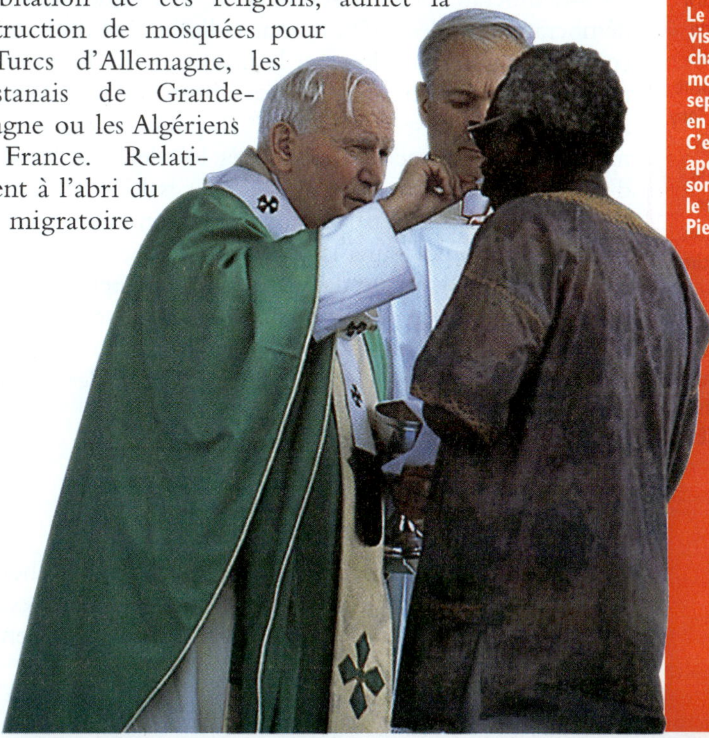

Le pape Jean-Paul II visite les points chauds du tiers monde. Il est en septembre 1995 en Afrique du Sud. C'est son 67e voyage apostolique depuis son élection sur le trône de saint Pierre en 1978 !

venu de l'Est après la destruction du communisme, elle a d'abord attiré chez elle la main-d'œuvre venue d'Afrique ou d'Asie, puis recueilli les communautés d'émigrants chassés de leurs pays par les guerres de décolonisation, enfin lutté contre l'immigration désormais clandestine des gens du Sud cherchant à survivre, dans le naufrage de l'Afrique. La masse grandissante des chômeurs a bousculé l'équilibre social et suscité l'apparition de partis d'extrême droite contestant les principes des régimes politiques établis, au moment où le syndicalisme n'apporte plus de contrepoids suffisant aux effets dramatiques de la dépression.

LES CONDITIONS DE L'ALTERNANCE POLITIQUE EN OCCIDENT
L'exemple anglais est emblématique : comme à l'accoutumée, l'opposition travailliste a constitué un *shadow cabinet* qui a élaboré le programme de gouvernement qu'il appliquerait quand les élections législatives lui donneraient le pouvoir. Ainsi Tony Blair pouvait-il, en 1997, remplacer le conservateur John Major, qui succédait à Margaret Thatcher en infléchissant la politique libérale qui avait procédé aux dénationalisations, à la réduction massive des charges de l'État, sans en mettre en question la continuité.

La souplesse des institutions démocratiques permet aux États de tenir le cap. L'alternance est respectée aux États-Unis, en France, en Allemagne, en Grande-Bretagne. Ainsi, les chrétiens-démocrates peuvent succéder en Allemagne aux sociaux-démocrates qui, dès 1959, se sont radicalement distingués des communistes en abandonnant le marxisme. En France, l'élection du président socialiste François Mitterrand en 1981, premier président de gauche de la Ve République, suscite l'alternance en 1986, avec le choix, après les élections législatives, d'un Premier ministre de droite. Aux États-Unis, le démocrate Bill Clinton succède en 1992 au républicain George Bush qui lui-même avait poursuivi la politique de Ronald Reagan (élu en 1980 et 1984). Aucun de ces présidents ne peut exercer plus de deux mandats de quatre ans. La crise du 11 septembre 2001 survient peu de temps après l'accession au pouvoir de George W. Bush, lequel saura utiliser la solidité des institutions à des fins politiques d'une rare fermeté.

La difficulté à construire l'Europe

Après dix ans de marché unique, les Européens cherchent aujourd'hui à se doter d'un système politique à la mesure de leurs ambitions. Après l'étape du traité de Maastricht en 1992 accepté par tous les parlementaires – y compris la Grande-Bretagne malgré sa clause d'exemption sur la monnaie unique –, après le passage à l'euro en 1999, l'Europe mûrit désormais le projet d'un gouvernement permanent et représentatif, aux allures moins technocratiques, susceptible de « combler le déficit démocratique ». Sans la présence d'une institution fédérale élue et responsable, on ne peut exiger de l'Europe plus qu'elle ne saurait donner.

La perspective des avantages offerts par l'Union européenne semble emporter très largement l'adhésion : après le Danemark, l'Irlande et le Royaume-Uni en 1973, l'UE compte la Grèce parmi ses nouveaux pays-membres en 1981 ; viennent ensuite l'Espagne et le Portugal en 1986, enfin l'Autriche, la Finlande et la Suède en 1995. À l'heure où une constitution européenne est en projet, dix nouveaux pays sont entrés dans l'Union en 2004 : Chypre, Malte, l'Estonie, la Lettonie, la Lituanie, la Hongrie, la Pologne, la République tchèque, la Slovaquie et la Slovénie, avant la Roumanie et la Bulgarie en 2007. Afin de concilier au mieux les intérêts des Vingt-cinq, le système décisionnel de l'UE doit donc être simplifié. Le traité de Nice (2003) a établi de nouvelles règles à cet effet concernant la taille et le mode de fonctionnement de l'institution. Mais reste le fond du débat, celui du choix de la politique économique et financière entre les États décidés : s'agit-il de maintenir le cap libéral, à l'anglaise, ou celui des sociaux-démocrates allemands, plus soucieux des carences sociales ?

Après l'élimination du communisme, les popes réapparaissent à Saint-Pétersbourg et organisent de nombreuses processions hors des églises.

La France et le monde

Que les Français représentent seulement 1 % de la population mondiale n'est qu'une indication quantitative. Au temps de l'ordinateur, la vigueur d'un peuple ne se mesure ni à la superficie de son territoire ni à sa puissance démographique mais à sa capacité à émettre des ondes sur l'espace mondial. Que le français soit parlé par 150 millions de personnes dans le monde, du Québec au Sénégal, est une indication positive : il existe dans le monde des coulées de métal français, un alliage composite, multiculturel, constamment renouvelé par le brassage des populations, des idées et des mœurs.

La France seule est un mythe : le petit cap de l'Europe, elle-même petit cap de l'Eurasie, a toujours été au carrefour des courants et des vents. Ils sont plus vifs en périodes dépressionnaires, voire cycloniques, mais aussi plus porteurs.

L'ESPACE EUROPÉEN DANS LA RÉALITÉ GÉOPOLITIQUE
Les Allemands ne voient encore que les inconvénients financiers de leur réunification, les anciens Soviétiques ceux de l'explosion de leur Union. Mais la ligne Oder-Neisse n'est pas un limes, ni les vieux empires, fussent-ils socialistes, des modèles politiques. Au-delà, l'espace à reconstituer dans l'ensemble du monde est immense et ne peut être limité à l'Europe du Nord-Ouest, même si celle-ci, dans le désordre des mutations, doit être considérée comme le noyau dur, essentiel à l'alchimie du futur continental.

Une nation riche en hommes et en savoir-faire

Le malheur français a toujours prospéré dans l'isolement : ligne des forts de Vauban à la fin du règne de Louis XIV, ligne Maginot au temps de Daladier. La France heureuse est largement déployée en Europe, quand celle-ci n'a pas de frontières : celle de Voltaire et de Frédéric II, de Diderot et de la Grande Catherine. La chance de la France, de l'Allemagne et de l'Europe est dans le prolongement de leur espace culturel et économique jusqu'aux bords de la Léna, au cours de la Volga, aux rives de la mer Noire.

Les 60 millions de Français se sont adaptés au monde post-industriel : avec moins d'un million de travailleurs ruraux, la France est le deuxième exportateur de produits agroalimentaires. Même s'il existe des îlots d'analphabétisme dans la population, les écoliers et lycéens sont plus de 14 millions, contre 6 en 1945, les étudiants plus de 2 millions (contre 100 000 en 1945) et les crédits de la recherche en augmentation constante.

Que la France compte plus de 800 000 enseignants n'est nullement un handicap mais une force. Sur les 6 millions d'ouvriers, et malgré l'insuffisance de l'enseignement technique scolaire, les deux tiers sont qualifiés, moins nombreux que les cadres qui sont près de 3 millions, et les employés du secteur tertiaire, 7 millions. Cette structure de population, qui bénéficie d'une protection sociale constamment renforcée, est résolument postindustrielle. Elle explique que la France soit le deuxième exportateur mondial de services.

Mais non de biens d'équipement : le déficit en machines s'est creusé, du fait de la concurrence et d'une formation technologique insuffisante. Les importations grèvent la balance, et les exportations d'automobiles ont fléchi. Mais d'autres secteurs industriels sont brillants, dans le nucléaire, les transports publics (T.G.V., métros, tramways), l'aéronautique, le spatial, la prospection pétrolière, la chimie, les travaux publics : la firme Bouygues est la première entreprise du monde de TP. Ces résultats sont le fruit de concentrations drastiques, de recherche intensifiée, d'abandons de pans industriels entiers ayant pour conséquence le développement de zones de friches dans les régions traditionnellement minières, sidérurgiques, textiles du Nord et du Nord-Est. Mais la Ruhr aussi est dévastée, et les usines de Manchester et de Liverpool sont des ruines. Au prix du taux de chômage le plus élevé d'Europe (11,9 % de la population active en 1993). Au prix d'une adaptation nécessaire du budget de l'État aux normes d'entrée dans la monnaie commune, qui impose des arbitrages draconiens aux gouvernements et met en question, du fait du vieillissement de la population, les conquêtes réalisées depuis

LA FRANCE ET SON HISTOIRE
L'histoire contribue à forger l'identité d'un pays pour lui-même et pour tous les autres pays. La manière dont un pays se voit et est vu par les autres est un élément important dans les relations internationales. Cette identité nourrit la confiance ou la défiance. L'histoire de la France, marquée par l'esprit des Lumières et la Révolution, accoucheuse des droits de l'homme, donne au pays une responsabilité particulière.

1945 : Sécurité sociale et régime des retraites. Les contraintes qui s'imposent aux décideurs politiques tiennent à la nécessité impérieuse, pour rester dans la compétition mondiale, de s'appuyer sur le marché européen, source de la majorité des échanges. L'Europe n'est pas un choix pour la France, c'est un milieu vital, une respiration.

L'AVENIR DES FLUX MIGRATOIRES
Le flux migratoire venu du Sud ne touche pas seulement la France mais toute l'Europe industrielle, et l'on voit mal comment il pourrait cesser, sans l'accès au développement mondial du continent africain qui ne bénéficie pas, comme l'Amérique latine, de la manne des investissements américains.

Reconquérir la Méditerranée

Comme l'Italie, l'Espagne, mais aussi l'Allemagne, elle souffre du gel de la Méditerranée. L'accord Rabin-Arafat, promesse de paix au Proche-Orient, est, de ce point de vue, un espoir, car le bonheur français ne peut se concevoir durablement sans relations intimes avec le Sud. La guerre civile en Algérie est un malheur, douloureusement vécu par la communauté musulmane en France et par les nombreux immigrés : 3 500 000 en 1990, dont 40 % sont des Européens du Sud, Portugais, Espagnols et Italiens. Les Africains noirs sont beaucoup moins nombreux que les Maghrébins : 614 000 Algériens, 573 000 Marocains, 206 000 Tunisiens. Depuis 1984 et surtout depuis la loi du 23 juillet 1993 créant le Code de la nationalité (modifiée depuis plusieur fois), la législation des naturalisations est devenue moins libérale et s'accompagne de mesures prises contre l'immigration clandestine.

Une identité nationale à renforcer sans relâche

Un Français sur trois est, à quatre générations, d'origine étrangère. Ce flux continu est de tradition, source d'enrichissement et de renouvellement. La France est un État de droit, une démocratie qui croit aux vertus de l'accueil et de l'assimilation selon les principes des droits de l'homme. De la sorte, elle est intégrée au courant de pensée du « monde un » qui refuse les exclusions et les discriminations et prend la défense des minorités. La participation des médecins et des militaires français à l'action humanitaire de l'Organisation des Nations unies au Cambodge, au Liban, en Somalie, au Rwanda, et dans le cadre de ses missions africaines, n'est pas contestable. Les liens avec l'ancienne Communauté française créée par le général de Gaulle sont restés forts, même si l'on peut faire reproche à la France d'avoir protégé tel régime tyrannique ou militaire; elle se distingue des autres pays industrialisés par la part prise dans «l'aide publique au développement», pour mesurée qu'elle soit.

Ainsi peut-elle contribuer à cette réponse au «défi américain», dans la nécessaire association des moyens, des innovations techniques et des hommes, qui assure déjà le succès des entreprises européennes, notamment dans le domaine spatial et dans l'aéronautique. Jamais l'exigence d'identité nationale n'a été plus nécessaire que dans le «monde un». Plus s'élargissent les ensembles, plus forts doivent être les pôles. Il dépend pleinement des Français de demain que la France reste un de ceux-là. ■

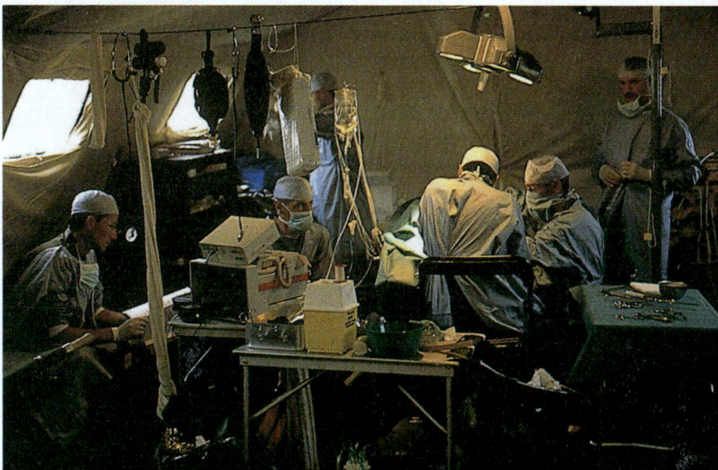

Une antenne chirurgicale française sur un théâtre d'opération dans le tiers-monde. Devant les nombreuses tragédies qui se nouent tous les ans dans le monde, de nombreux médecins français ont été à l'origine de la création d'organisations non gouvernementales qui apportent leur aide aux plus démunis.

Chaque citoyen d'Athènes est tenu de s'armer et de s'équiper à ses frais. Les citoyens de classe inférieure, qui n'en ont pas les moyens, servent sur les trières.

Les exclus : métèques et esclaves

Les cités grecques reconnaissent aux étrangers qui y sont domiciliés (métèques à Athènes, *paroikoi* ailleurs) certains avantages, mais leur imposent également des contraintes.
Les étrangers résidant plus d'un mois à Athènes doivent être recensés comme métèques et être parrainés par un citoyen. Ils sont environ 130 000, c'est-à-dire autant que les citoyens au sens large. Les étrangers sont protégés par la cité, prennent part à la vie culturelle, mais ne participent pas à la vie politique. Ils ne peuvent être propriétaires fonciers, doivent payer un impôt (capitation) et défendre Athènes, uniquement comme hoplites (fantassins) ou rameurs, l'accès à la cavalerie leur étant fermé. Souvent marchands, les métèques représentent une force économique essentielle.
Les esclaves, principalement d'origine barbare, ne sont considérés que comme de simples objets animés. C'est pourquoi ils peuvent être vendus ou achetés par des particuliers ou par la cité elle-même. Toutefois, ils jouent un rôle important dans la vie d'Athènes en raison de leur travail domestique ou de leurs activités productives à la campagne, dans les mines du Laurion et dans les chantiers de construction. Ces « esclaves-marchandises » n'ont aucun droit et ils sont rarement affranchis. ■

594 av. J.-C.
Solon supprime l'esclavage pour dettes. Il partage les citoyens en quatre classes : pentacosimédimmes, hippeis, zeugites et thètes.

508-507 av. J.-C.
Clisthène divise l'Attique en 139 circonscriptions, les dèmes, chargées de dresser la liste des citoyens et regroupées en trois régions : la Ville (Asty), l'Intérieur (Mésogée) et la Côte (Paralie).

451 av. J.-C.
Périclès limite l'accès à la citoyenneté en imposant que la mère soit elle-même fille de citoyen.

Dico → cité • citoyen • métèque

Points clés

Le fonctionnement de la démocratie athénienne

La démocratie athénienne repose sur la participation directe des citoyens à la vie politique. Pour permettre aux plus pauvres de se consacrer aux affaires de la cité, Périclès institue le misthos, un salaire en échange de leur participation à la vie de la cité. Mais celle-ci est dirigée par ceux qui maîtrisent l'art de la parole.

Le klérotérion est une machine à tirer au sort, dans laquelle on introduisait des jetons portant les noms de ceux qui constitueraient le tribunal.

Une égalité de principe

Les citoyens ont le devoir d'exercer des pouvoirs et de proposer des lois. Tous peuvent, à tour de rôle, commander et être commandés. L'ecclésia, l'assemblée des citoyens, se réunit sur la colline de la Pnyx quatre fois par mois, ce qui nécessite une disponibilité que seule confère la richesse : or, tous les citoyens ne sont pas égaux devant la fortune. Les guerres médiques font progresser la démocratie en ouvrant les affaires de la cité aux plus humbles. En effet, la victoire de Salamine à démontré le rôle de la flotte dans la défense d'Athènes et donc celui des rameurs recrutés parmi les citoyens les plus pauvres. Le trésor de la ligue de Délos permet à Périclès d'instituer le misthos. ■

Des institutions ouvertes à tous

Le tirage au sort, considéré comme une intervention des dieux, garantit le fonctionnement des institutions. Il s'effectue en procédant au tirage dans deux urnes, l'une contenant des fèves, l'autre des noms. Pour être retenu, un nom doit être associé à une fève blanche. C'est ainsi que sont désignés les membres de la boulê, un conseil populaire de 500 personnes âgées de plus de 30 ans. La boulê prépare le travail de l'ecclésia, qui vote, à main levée, les lois et la guerre. Pour les décisions importantes il faut qu'au moins 6 000 citoyens soient présents. Pour la justice, on retrouve le tirage au sort effectué à l'aide du klérotérion et la participation équilibrée des tribus dans l'héliée (tribunal). Les 6 000 héliastes sont répartis entre les différents tribunaux. ■

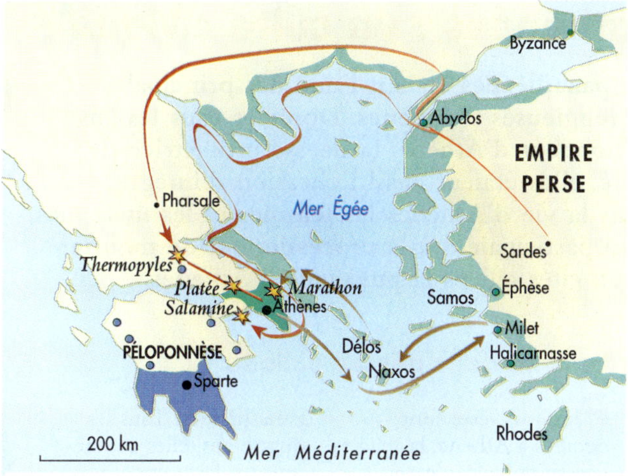

L'organisation du pouvoir

La direction effective de la cité est à la charge des magistrats. Ils appartiennent aux riches familles. Leur fortune leur permet d'être disponibles et instruits. Les magistrats ont plus de trente ans et sont, selon leurs charges, tirés au sort ou élus. Seules les magistratures électives ne sont pas limitées à deux fois. C'est le cas pour les dix stratèges qui commandent l'armée et la flotte : ils désignent un président, mais sont tous responsables devant l'ecclésia. Celle-ci conserve donc sa souveraineté, mais peut être influencée par de brillants orateurs comme lors de la procédure annuelle de l'ostracisme. ■

L'ostrakon. Sur ce tesson de poterie, les citoyens athéniens inscrivaient le nom de celui qu'ils jugeaient dangereux pour la démocratie; ici Thémistocle.

Points clés

Après la défaite des Perses à Platée, en 479 av. J.-C., les Athéniens fondent la ligue de Délos.

594 av. J.-C.
Solon instaure l'isonomie, des lois semblables pour tous les citoyens.

508-507 av. J.-C.
Clisthène met en place l'ostracisme et la boulê.

490 av. J.-C.
Victoire des hoplites contre les Perses du roi Darius à Marathon.

480 av. J.-C.
Victoire des Grecs contre les Perses de Xerxès à Salamine.

479 av. J.-C.
Victoire des Athéniens contre les Perses à Platée.

477 av. J.-C.
Mise en place de la ligue de Délos : les cités alliées fournissent à Athènes hommes et navires.

454 av. J.-C.
Périclès (495-429) est élu stratège. Il occupera cette fonction plusieurs fois jusqu'en 444, puis, tous les ans jusqu'à sa mort.

Dico → cité • citoyen • démocratie • ecclésia • ostracisme

Points clés

Les panathénées : un culte civique

Les panathénées étaient l'une des principales fêtes religieuses d'Athènes. Données tous les ans en l'honneur d'Athéna, la déesse protectrice de la cité, elles étaient aussi l'occasion d'intégrer dans la vie d'Athènes les femmes et les métèques, qui participaient à la procession, et de montrer aux cités alliées la puissance d'Athènes.

Le culte de la déesse poliade

Plusieurs fêtes sont dédiées à Athéna, la déesse poliade, c'est-à-dire celle qui protège la cité. La plus importante de l'année est celle des panathénées. Tous les quatre ans, elles acquièrent un faste encore plus grand : ce sont alors les grandes panathénées. Elles se déroulent à la fin de juillet ou au début d'août. Elles se composent de sacrifices, de jeux et de concours. Les vainqueurs reçoivent des amphores contenant l'huile des oliviers sacrés. Toutefois, le but principal est de revêtir la statue de bois d'Athéna du temple de l'Erechthéion d'un nouveau péplos : cette tunique teinte au safran, tissée par les jeunes filles et brodée des exploits de la déesse contre les Géants est portée en procession (la pompé) jusqu'à l'Acropole. La pompé traverse des lieux symboliques comme l'Agora. La présence des femmes et des métèques témoigne de l'unité de la cité. ■

Athéna est la fille de Métis et de Zeus. Elle est sortie armée et casquée du crâne de son père. Elle a offert l'olivier aux Athéniens qui a été jugé plus beau, par les dieux, que le cheval proposé par Poséidon.

L'espace civique d'Athènes

À Athènes, les lieux de la vie civique sont aussi des sanctuaires. C'est la cité qui s'occupe des affaires religieuses en votant les budgets de construction des temples ou en fixant le calendrier des fêtes. Les citoyens les plus riches doivent, à tour de rôle, financer certains cultes. D'autre part, chaque réunion de l'ecclésia (assemblée des citoyens) commence par des sacrifices et des rites purificateurs. Il en est de même pour les tribunaux. La religion et la politique sont étroitement mêlées. L'Acropole est le domaine des dieux. Athéna, à laquelle plusieurs temples sont consacrés, y occupe une place de choix. C'est ici que se trouve l'olivier sacré. ■

Points clés

Les parties sud et nord de la frise représentent la pompé – ici, des porteurs d'eau – qui rejoint l'assemblée des dieux située sur la façade est. Les reliefs, très précis, montrent trois ou quatre plans différents et étaient rehaussés de couleurs, aujourd'hui disparues.

Dans la religion grecque, l'un des principaux rituels est le sacrifice. Lors des panathénées, ce sont les magistrats qui mènent les bœufs. Considérés comme les plus prestigieux des animaux domestiques, ce sont aussi les plus sacrifiés.

La frise du Parthénon

Lors de la deuxième guerre médique l'Acropole est détruite. Périclès fait entreprendre des travaux grâce au tribut payé par les cités alliées. Dans la seconde moitié du ve siècle sont construits les propylées, le temple d'Athéna Niké, l'Erechthéion et le Parthénon. La frise, dont il ne reste que quelques fragments, permet de connaître les panathénées. Pour la première fois, un sujet non mythologique est représenté sur un temple. Sculptée par Phidias et ses élèves, l'immense frise décrit la pompé. On y voit les magistrats, de jeunes citoyens (cavaliers et hoplites) ainsi que tous les participants à la procession : des hommes âgés avec des rameaux à la main, les porteurs de vases sacrés, les filles de citoyens (les ergastines, les porteuses de corbeilles), des musiciens et les animaux promis au sacrifice. Le cortège rejoint l'assemblée des dieux illustrant ainsi l'imbrication de la vie religieuse et politique dans la cité. ■

Dico → agora • ecclésia • Parthénon • propylées

Points clés

Être citoyen sous l'Empire romain

En multipliant les conquêtes, la République romaine connaît des bouleversements qui aboutissent à la création de l'Empire. Son vaste territoire, divisé en provinces, regroupe des populations aux croyances et aux statuts juridiques multiples. Héréditaire, la citoyenneté romaine peut aussi s'acquérir.

Soldat de la colonne Trajane à Rome. Seuls les citoyens romains peuvent servir dans le corps d'élite qu'est la légion.

L'Empire à son apogée

Les conquêtes apportent leur lot de difficultés, Rome est secouée par des crises sociales et politiques.
Le poids important de l'armée donne aux généraux un rôle essentiel. Après sa victoire sur Antoine (31 avant J.-C.), Octave met en place l'Empire (27). Les institutions de la République sont conservées dans leurs formes, mais sont vidées de leurs sens. Surtout, l'empereur concentre entre ses mains tous les pouvoirs. Son autorité est sans cesse rappelée, comme en témoignent les monnaies à son effigie.
Les dieux le protègent et il peut même être divinisé à sa mort. Les Antonins poursuivent les conquêtes et, au IIe siècle, l'Empire atteint son expansion territoriale maximale et connaît une période de paix, à l'abri du limes. Divisé en provinces, c'est une mosaïque de cités aux multiples statuts. Celui de citoyen romain ne dépend pas du lieu de résidence. ■

Une diversité de statuts

La citoyenneté romaine ne concerne que les hommes : les femmes, les enfants et les esclaves en sont exclus. Elle est accordée aux hommes libres des cités d'Italie et des colonies. Le citoyen romain jouit de droits essentiels. Le *conubium* donne la possibilité de transmettre par un mariage légitime avec une fille de citoyen son statut à ses enfants. Le *commercium* permet de leur transmettre ses biens. Le Romain se reconnaît par les *tria nomina*. Il a un prénom, un nom et un surnom. Il a des privilèges juridiques et fiscaux. Il jouit de tous les droits civiques (mariages, service militaire…), mais ses droits politiques sont déterminés par sa fortune. Les cités soumises au droit latin n'accordent qu'une citoyenneté partielle. Les pérégrins, ceux qui ne sont ni citoyens romains ni latins, conservent leurs droits et leurs coutumes. ■

Points clés

Au IIe siècle après J.-C., l'Empire romain est à son apogée. La paix amène la prospérité dans les provinces et facilite le commerce.

88 av. J.-C.
Le droit de cité est accordé aux alliés de Rome en Italie.

27 av. J.-C.
Mise en place de l'Empire.

48 apr. J.-C.
Claude ouvre le sénat à l'aristocratie des Trois Gaules.

96-192
La Pax Romana sous les Antonins, dont Trajan (98-117).

130
Droit de cité accordé aux magistrats locaux à la fin de leur charge.

212
Édit de Caracalla qui accorde à tous les hommes libres de l'Empire le statut de citoyen.

L'extension de la citoyenneté

Il est possible d'acquérir la citoyenneté romaine. Celle-ci est accordée par l'empereur à titre individuel ou collectif en échange de loyaux services rendus à Rome. Les auxiliaires ayant servi vingt-cinq années et munis d'un certificat de bon soldat deviennent citoyens. Les magistrats des cités latines le deviennent automatiquement en sortant de leur charge annuelle. Mais il y a d'autres possibilités de devenir citoyen romain. Ainsi, Pline le Jeune demande à Trajan d'accorder la citoyenneté romaine au médecin qui lui a sauvé la vie. L'esclave affranchi prend le statut de son ancien maître et peut ainsi devenir citoyen romain. La citoyenneté est donc ouverte ; Caracalla la rend accessible contre rétribution en 212 à tous les hommes libres de l'Empire. ■

Monnaie de Trajan. Sous son règne la Dacie est conquise et l'Empire connaît la prospérité.

Dico → **Auguste • citoyen • limes • république**

Points clés

La romanisation de l'Empire

Le vaste territoire contrôlé par Rome, malgré sa diversité, exprime une certaine unité autour du culte impérial. L'intégration des provinces de l'Empire passe par les cités qui veulent ressembler à la ville par excellence, Rome. Les cités, quel que soit leur statut, disposent des édifices indispensables à « la vie à la romaine ».

Des villes à l'image de Rome

Entourées de murailles, les cités de l'Empire romain offrent un paysage urbain assez similaire. Organisées à partir de deux axes principaux, le *cardo* et le *decumanus*, elles comportent un forum, véritable place centrale, entouré par la curie, qui est le siège du sénat local, et de la basilique, qui est un forum couvert. On y trouve de nombreux temples dédiés aux divinités locales et à la triade capitoline ainsi qu'au génie de Rome et de ses empereurs. Ce qui caractérise le plus la romanisation des cités, c'est la présence de nombreux édifices consacrés aux loisirs. Les citadins peuvent se rendre aux thermes, voir des spectacles au théâtre, assister à de sanglants combats de gladiateurs dans l'amphithéâtre ou à des courses de chevaux organisées dans le cirque. ■

L'intégration des notables provinciaux

Rome, selon les cas, laisse une assez large autonomie aux territoires qu'elle domine. Il y a donc des magistrats locaux élus annuellement par l'assemblée des citoyens. Au terme de leurs charges, ils peuvent devenir décurions à vie, c'est-à-dire membres de la curie. Pour administrer les affaires de la cité, les deux principaux magistrats, les duumvirs, sont assistés de questeurs, qui s'occupent des impôts, et d'édiles. Tous appartiennent aux familles de notables. Ils financent eux-mêmes l'embellissement de leur cité et organisent des fêtes et des jeux romains. ■

La Maison carrée de Nîmes. Édifié vers l'an 16, cet édifice est un temple dédié au culte impérial, comme il en existe de très nombreux dans tout l'Empire.

Une culture intégratrice

Un Romain drapé dans sa toge. Fabriquée à partir d'un demi-disque d'étoffe de laine, la toge est un élément concret de la citoyenneté romaine. Elle est portée au-dessus d'une tunique et symbolise la paix.

Les notables provinciaux portent la toge, constituée d'une large étoffe de laine ; en tant que citoyens romains, ils parlent le latin, langue indispensable pour accéder à des postes importants dans l'administration de l'Empire ou dans l'armée. Ils adoptent les dieux romains et honorent les empereurs morts ou vivants, prouvant ainsi leur attachement à l'Empire.
Le culte impérial est confié à des prêtres (sévirs augustaux et flamines). L'éducation que les provinciaux font donner à leurs enfants est elle aussi tournée vers la culture romaine. Après les apprentissages fondamentaux, elle est confiée à un *grammaticus*, puis à un maître de rhétorique.
Leurs demeures, organisées autour du péristyle, sont décorées de mosaïques et de statues. Toutefois les provinces romaines d'Orient restent fidèles au grec et la romanisation est donc incomplète puisqu'elle n'intègre essentiellement que les notables urbains alors que la majorité de la population des campagnes reste attachée à ses dieux et à sa langue. ■

Course de chevaux à Lyon. Cette mosaïque représente une compétition dont sont très friands les Romains, qui ont diffusé partout leur passion.

Les origines du christianisme

Le christianisme, religion issue d'un schisme du judaïsme, puise ses croyances dans la Bible. Cet ensemble de livres inspirés de Dieu contient la Révélation – ce qu'Il a bien voulu dire aux hommes. La Bible présente un Dieu intervenant dans la vie et dans l'histoire des hommes. Pour les chrétiens, sa dernière grande intervention a été l'incarnation de son essence divine dans un être humain, Jésus-Christ.

Les Hébreux, peuple de la Bible

La Bible est l'interprétation que le peuple juif donne de sa propre histoire : l'alliance conclue entre un Dieu unique et un peuple élu, à qui il promet une terre, la Palestine, contre le respect de sa Loi. Au XVIIIe siècle av. J.-C., des tribus nomades menées par des patriarches, tel Abraham, quittent la Mésopotamie pour s'installer en terre de Canaan, puis en Égypte. Réduits en esclavage, les Juifs, guidés par Moïse, sortent d'Égypte et retournent en Palestine. Au XIe siècle, les tribus s'unissent et forment le royaume d'Israël, avec Jérusalem pour capitale. Vers 950, Salomon construit le Temple, sanctuaire de Dieu. À partir du VIIIe siècle, Israël est conquis par les Assyriens et les Babyloniens. En 587, ces derniers s'emparent de Jérusalem, détruisent le Temple et déportent le peuple juif. ■

L'Ancien Testament réunit 45 livres divisés en trois parties : la Torah (Loi) qui raconte l'histoire du peuple juif et fixe ses règles religieuses et sociales ; les livres des Prophètes, qui lui révèlent la parole divine; et les Écrits, constitués de textes poétiques, moraux et historiques.

La Palestine au temps de Jésus

Autorisés à revenir en Palestine vers 320 av. J.-C., les Juifs reconstruisent le Temple et édifient des synagogues, lieux d'enseignement et de prières, sous la direction de rabbins, spécialistes de la Loi divine. En 63, le royaume de Judée devient un protectorat sous domination romaine. Depuis la fin de l'indépendance, de nombreux prophètes annoncent l'arrivée d'un messie qui délivrera les Juifs et rétablira le royaume d'Israël. Des révoltes sporadiques éclatent, menées par des personnes se présentant comme les nouveaux messies. Les Juifs se divisent entre ceux qui acceptent la domination étrangère et ceux qui la refusent, entre ceux qui appliquent strictement la Loi et ceux qui cherchent à l'interpréter. ■

Le message du Christ

C'est dans cette atmosphère fiévreuse que Jésus naît, à Bethléem, vers - 5, dans une famille descendant de David. Sa vie publique commence vers 30 ans, après qu'il a été baptisé dans le Jourdain par saint Jean-Baptiste. Il mène une vie de prédicateur, entouré de disciples, les douze apôtres. Il annonce la bonne nouvelle (l'Évangile), l'imminence du royaume de Dieu et la miséricorde divine envers les hommes. Fils de Dieu, il rachète les péchés des justes et leur offre le salut et la vie éternelle au Paradis. Il délivre des messages d'amour entre les hommes et de charité envers les plus démunis. Il enseigne par paraboles, livre des sentences morales et religieuses et accomplit des miracles, selon ses disciples. Son message suscite l'hostilité des prêtres, qui le jugent blasphémateur. Présent à Jérusalem pour célébrer la Pâque juive, il prend un dernier repas, la Cène, avec ses disciples avant d'être arrêté et condamné par les Romains pour trouble à l'ordre public. Il est mis à mort sur la croix le vendredi de Pâques. Selon les Évangiles, il ressuscite le dimanche et reste 40 jours avec ses disciples avant de monter au ciel (l'Ascension). ■

Ruines de la synagogue de Massada. Après la destruction définitive du Temple, en 70 apr. J.-C., les synagogues, dispersées dans l'Empire romain, demeurent les seuls lieux de culte des Juifs.

Après le passage de la mer Rouge (la Pâque), Moïse reçoit la Loi, les Dix Commandements, sur le mont Sinaï.

Dico → **apôtre • Bible • Évangile • prêtre • prophète**

Points clés

L'organisation de l'Église paléochrétienne

En dépit de la clandestinité à laquelle ils sont contraints et des persécutions qu'ils subissent, les premiers chrétiens se donnent rapidement une organisation. Ainsi, dès la fin du Ier siècle, ils mettent en place une hiérarchie : le clergé, caractéristique essentielle du christianisme, voit le jour. La distinction entre les simples fidèles et les clercs qui diffusent le contenu de la Bible s'impose également.

La diffusion du christianisme

Les premiers chrétiens sont des Juifs convertis – les disciples de Jésus –, qui, croyant en sa résurrection, le considèrent comme le Messie, le Fils de Dieu. Cinquante jours après Pâques, à la Pentecôte, l'Esprit saint descend sur les apôtres et les charge de prêcher l'Évangile à tous les peuples.
Le christianisme se diffuse parmi les Juifs de Palestine, puis parmi la Diaspora que les apôtres visitent lors de nombreux voyages. Paul de Tarse, Juif hellénisé et citoyen romain, se convertit au christianisme et sillonne pendant près de 20 ans l'Empire romain, où il fonde de nombreuses communautés chrétiennes parmi les Juifs et les païens. Jusqu'au IIe siècle, le christianisme se diffuse chez les populations modestes des villes, séduites par son message d'égalité et de solidarité. ■

Une cuve baptismale. Les premiers baptêmes donnent lieu à une triple immersion qui symbolise la mort, la descente aux Enfers et la résurrection du Christ.

Le temps des persécutions

Les Romains, d'ordinaire très tolérants envers les religions, n'admettent pas que les chrétiens refusent le culte impérial et qu'ils rejettent les dieux romains, considérés comme des idoles. Refusant les cultes civiques, ciment de la société, les chrétiens sont accusés d'attirer la colère des dieux et d'être responsables des catastrophes.

En 64, à la faveur de l'incendie de Rome, Néron lance une première vague de persécutions au cours de laquelle Pierre et Paul subissent le martyre. Jusqu'en 250, les persécutions sont sporadiques et locales. Mais à la fin du IIIe siècle, les empereurs tentent de restaurer leur autorité en instaurant de grandes vagues de persécutions. ■

Sous l'action de saint Paul, les premiers chrétiens abandonnent les rites juifs pour convertir les païens.

L'organisation des églises

Les persécutions ne freinent pas la progression du christianisme. Le courage des martyrs suscite l'admiration et les conversions se multiplient, s'étendant à l'aristocratie romaine, attirée par une religion plus personnelle.
Les communautés chrétiennes s'organisent dans la clandestinité et célèbrent leur culte dans les maisons des notables convertis ou dans des cimetières souterrains, les catacombes, situés à l'extérieur de la cité.
Les évêques, successeurs des apôtres, veillent sur les chrétiens et leur enseignent la foi et les normes de la vie morale. Assistés de prêtres (les anciens) et de diacres (les serviteurs), ils forment le clergé et exercent une fonction d'autorité sur les croyants, les laïcs, constitués en assemblées locales, les églises. On devient chrétien après le baptême, sacrement qui efface le péché originel : le catéchumène renonce à Satan et reçoit la grâce de l'Esprit saint. Chaque dimanche, les fidèles se réunissent sous la direction de l'évêque pour prier, chanter et lire les Évangiles. Ils commémorent la Cène en célébrant l'eucharistie, le partage du pain et du vin consacrés, représentant le corps et le sang du Christ. Au cours de l'année, la célébration de fêtes crée un temps chrétien. Noël célèbre la naissance du Christ, Pâques, son sacrifice et sa résurrection et l'Ascension, sa montée au ciel sous sa forme humaine, preuve qu'à travers lui, c'est l'humanité qui est sauvée. ■

***Des catacombes.** Les chrétiens accordent une grande attention à la conservation des corps, car ils croient à la résurrection des morts dans leur enveloppe charnelle lors du Jugement dernier.*

Dico → christianisme • Évangile • évêque • martyr

Points clés

Le christianisme, religion officielle

Au début du IVe siècle, dans un climat de crise, l'empereur Constantin décide, pour sauver l'Empire, de s'appuyer sur le dynamisme des communautés chrétiennes. Celles-ci sont en effet majoritaires dans de nombreuses villes de l'Orient romain, partie la plus prospère de l'Empire. En 392, le christianisme devient la religion officielle de l'Empire.

La basilique Saint-Paul-hors-les-Murs a été fondée en 388. Elle a été reconstruite en 1823 après avoir été détruite par un incendie.

La naissance de l'Église officielle

En 313, l'empereur Constantin accorde, par l'édit de Milan, la liberté de culte aux chrétiens. Tout en conservant le titre de grand pontife, il favorise le christianisme.

Saint Augustin (354-430), évêque d'Hippone en Afrique, est un des Pères de l'Église. Il affirme l'incapacité de l'homme à trouver seul son salut et la nécessité de la grâce pour le laver du péché originel.

Le dimanche devient férié, les symboles chrétiens apparaissent sur la monnaie et les premières basiliques chrétiennes sont construites à Rome, Constantinople et Jérusalem. En 392, l'empereur Théodose interdit les cultes païens et fait du christianisme la religion officielle. L'Église calque son organisation sur celle de l'Empire. Chaque cité élit son évêque. Celui-ci exerce sa charge assisté d'un clergé diversifié.

Il dispose d'une chaire dans l'église cathédrale pour enseigner la religion. Il crée des églises secondaires sur le territoire qu'il contrôle, le diocèse, où il délègue une partie de ses pouvoirs à des prêtres. Les évêques des cités capitales de province prennent le titre de métropolitain et ceux des cinq grandes villes de la chrétienté, Rome, Alexandrie, Antioche, Jérusalem et Constantinople, celui de patriarche. ■

La fixation du dogme

L'Église sort d'une longue clandestinité au cours de laquelle des interprétations divergentes de la foi se sont exprimées. Pour refaire l'unité de l'Église, menacée par des schismes, Constantin convoque et préside un concile œcuménique à Nicée en 325. L'ensemble des évêques de la chrétienté doit formuler la croyance officielle, le dogme. Les choix contraires à l'orthodoxie deviennent des hérésies. Le credo, fixé à Nicée, puis à Constantinople en 381, affirme que le Père, le Fils et le Saint-Esprit constituent un seul Dieu, de même substance (consubstantialité), en trois manifestations (la Trinité). La doctrine d'Arius, qui considère le Fils comme une créature du Père, est condamnée comme hérétique. L'arianisme se diffuse malgré tout en Occident, en Italie et parmi les peuples germaniques. Peu à peu, la doctrine chrétienne se précise, élaborée par des conciles successifs et les interprétations que les Pères de l'Église donnent de la Bible, en se fondant sur la philosophie grecque. ■

Monachisme et culte des saints

Cette adaptation de l'Église ne satisfait pas certains chrétiens, angoissés par le salut qu'il n'est plus possible d'obtenir par le martyre. Saint Antoine (251-356), en choisissant de se retirer dans le désert pour imiter le Christ, invente le monachisme. Saint Pacôme (287-347) crée le premier village monastique : des hommes y consacrent leur vie à prier. Les fidèles, restés dans le siècle, recherchent auprès des reliques des saints hommes des intercesseurs susceptibles de les aider à gagner le paradis. ■

Les monastères, lieux de prières, deviennent des centres d'études chrétiennes où l'on recopie la Bible, les écrits des Pères de l'Église et les livres de prières.

Dico → accommodement • arianisme • concile • monachisme

Points clés

De l'Antiquité au Moyen Âge

Entre le Ve et le XIIe siècle, de profondes mutations bouleversent l'ancien Empire romain. Le christianisme, divisé, est confronté à un nouveau monothéisme, l'islam. Le pouvoir politique est émietté en Occident alors qu'à Byzance les structures impériales perdurent.

La survivance de l'Empire romain en Orient

À Constantinople, le titre d'empereur des Romains est porté par le souverain byzantin. Le VIe siècle est marqué par le règne de Justinien, qui tente de reconstituer l'Empire disloqué. Malgré ses efforts, il n'y parvient pas et ses successeurs doivent affronter périls extérieurs et crises intérieures. Aux VIIIe et IXe siècles, l'Empire est secoué par l'iconoclasme : l'interdiction du culte des images provoque l'intervention du pape qui s'oppose au patriarche de Constantinople. À la fin du Xe siècle, le règne de Basile II permet à Byzance de retrouver sa grandeur par ses victoires contre les musulmans et les Bulgares. ■

La tétrarchie. Mise en place par l'empereur Dioclétien pour assurer la succession régulière des empereurs et le gouvernement collégial de l'Empire, la tétrarchie est le pouvoir qu'exercent quatre hommes, deux Augustes assistés de deux Césars.

Un émiettement politique en Occident

Après 476, l'Occident est divisé en de nombreux royaumes barbares païens ou hérétiques. Peu à peu, des unités politiques se constituent et la religion catholique s'impose. L'Empire carolingien est divisé par le traité de Verdun en 843. Ainsi se mettent en place trois royaumes : la Francie occidentale, la Francie orientale et, entre elles, la Lotharingie. En 962 est instauré le Saint Empire romain germanique, qui ne domine qu'une partie de l'Allemagne actuelle et de la péninsule italienne. En Occident, la féodalité, liée au déclin de l'autorité royale, caractérise à la fois l'exploitation des paysans par des seigneurs et les relations que ces derniers entretiennent avec leurs vassaux. Dans l'Occident chrétien, au Moyen Âge, l'Église occupe une place de premier plan, tout comme dans l'Empire byzantin, où la religion orthodoxe joue un rôle primordial. ■

293
Dioclétien met en place la tétrarchie, avec Maximien, Constance Chlore et Galère.

395
Théodose partage l'Empire romain qui a deux capitales, Rome en Occident et Constantinople en Orient.

451-751
Dynastie des Mérovingiens.

476
Chute de l'Empire romain d'Occident.

622
Le départ de Mahomet pour Yathrib, l'hégire, marque le début de l'ère musulmane.

1054
Schisme entre chrétiens de Rome et de Constantinople.

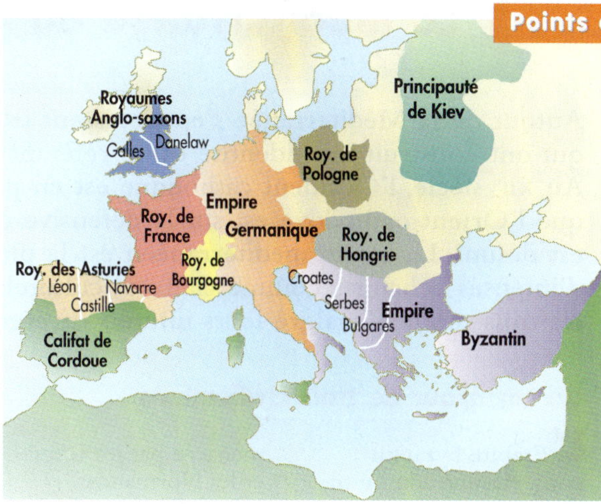

L'Occident en l'an mille. Au nord de la Méditerranée, le monde chrétien est divisé entre l'Empire byzantin et les royaumes issus de l'Empire carolingien. Le sud et l'est de la Méditerranée sont occupés par l'Empire musulman.

Naissance et diffusion de l'islam

L'Arabie est polythéiste jusqu'à la prédication de Mahomet. Né vers 570 à La Mecque, ce dernier reçoit la révélation et enseigne la soumission à Allah, dieu unique et universel. Il quitte sa ville natale, où son message est mal accueilli. Cependant à sa mort, La Mecque est devenue le centre de pèlerinage de l'islam. Les califes, successeurs de Mahomet, appartiennent à sa famille. Fulgurante, la conquête arabe s'accompagne de la conversion plus ou moins profonde des populations. En 658, les Omeyyades font de Damas la capitale de l'Empire. En 750, la dynastie des Abbassides leur succède à Bagdad. La religion est le ciment d'un vaste territoire. La volonté d'Allah, transmise par Mahomet, est recueillie dans le Coran. Livre sacré, ce dernier réglemente toute la vie des musulmans. ■

L'islam se diffuse grâce aux conquêtes réalisées par les cavaliers arabes. Conquérants, ces derniers veulent prouver que les musulmans sont détenteurs de la vraie foi.

Dico → Coran • islam • Mahomet • Théodose

La Méditerranée au XIIe siècle

Points clés

Autour de la Méditerranée s'épanouissent trois civilisations qui ont construit leur identité en se référant à Dieu. Au XIIe siècle, l'Occident catholique est en plein essor, alors que l'Orient orthodoxe est sur la défensive et que l'islam est désuni. Le bassin méditerranéen est la plaque tournante d'intenses échanges commerciaux et culturels qui rapprochent les trois mondes malgré leurs intérêts divergents.

Un carrefour de trois civilisations

L'Empire byzantin conserve une administration puissante et un système fiscal où la terre, strictement cadastrée, est taxée. Le basileus, l'empereur byzantin, considéré comme le lieutenant de Dieu sur terre, nomme le patriarche. Les pouvoirs temporel et spirituel sont étroitement mêlés. Byzance est menacée par les Turcs et les Normands.
L'Occident chrétien est en plein essor démographique et économique. D'un point de vue politique, le morcellement est encore la règle, mais des monarchies commencent à émerger. Le pape Innocent III joue un rôle essentiel dans la lutte contre le Saint Empire, mais aussi contre l'hérésie cathare et les musulmans.
Enfin, le monde islamique connaît des difficultés religieuses entre sunnites et chiites et des bouleversements politiques. En 1055, les Turcs Seldjoukides s'emparent de Bagdad. Le califat d'Égypte est aboli en 1171. ■

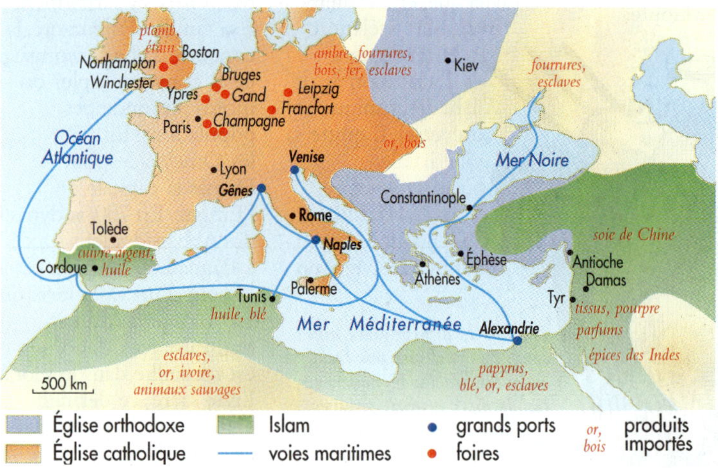

Les civilisations et les échanges commerciaux en Méditerranée au XIIe siècle. Cette époque est marquée par les affrontements entre les trois mondes : la chrétienté occidentale, l'Empire byzantin et l'islam.

Intérieur de la chapelle palatine de Palerme. Construite entre 1129 et 1143, elle est le point de convergence architectural des trois mondes. Sa conception s'ordonne suivant le plan basilical romain à trois nefs. Elle est coiffée par une coupole dans la tradition byzantine. Enfin, ce sont des artisans musulmans qui ont réalisé les mosaïques.

Un commerce intense

Les produits de luxe, notamment la soie et les épices, sont de plus en plus demandés par une partie de la population occidentale, dont le niveau de vie s'élève. Les marchands des villes italiennes tirent de nombreux bénéfices financiers en tant qu'intermédiaires privilégiés dans l'approvisionnement du monde latin. Confrontés à des techniques commerciales en vigueur dans les régions orientales de la Méditerranée, ils en acquièrent rapidement la maîtrise. Ainsi, la tenue des comptes progresse. Par ailleurs, afin de se prémunir contre les risques commerciaux, des associations et des contrats d'assurances voient le jour. ■

De riches contacts culturels

Paradoxalement, les deux chrétientés n'entretiennent que peu de relations et c'est par le monde arabo-musulman que l'Occident a accès à la culture grecque antique. L'art byzantin est cependant imité comme le montre la basilique Saint-Marc, à Venise. Les Latins, grâce à de nombreuses traductions, ont accès à Aristote et aux commentaires d'Averroès, mais aussi aux livres de médecine d'Hippocrate et de Galien. Les grands centres d'échanges culturels se trouvent en Sicile, à Palerme, et en Espagne, à Tolède. Là se côtoient lettrés juifs, musulmans et chrétiens. ■

Dico → **basileus** • **islam** • **patriarcat**

Points clés

Les croisades

L'élan religieux, mais aussi le besoin de trouver des ressources, est au cœur de la première croisade. Celle-ci aboutit à la création des États latins d'Orient, dont la défense nécessite de nouvelles croisades. Lors de la quatrième, les Occidentaux pillent Constantinople, creusant le fossé entre orthodoxes et catholiques.

Libérer les lieux saints : la première croisade

Les causes de la première croisade sont multiples, mais la foi en est le principal moteur. À l'appel d'Urbain II, relayé par les prédications de Pierre l'Ermite, répond une foule nombreuse qui se met en marche pour défendre la liberté d'accès à Jérusalem, lieu de pèlerinage des chrétiens. La croisade populaire est défaite par les Turcs avant d'atteindre la Terre sainte. La croisade des seigneurs, dont les armées se rassemblent à Constantinople, conquiert Édesse, Antioche, puis Jérusalem où la population juive et musulmane est massacrée. Mais les croisés, qui s'étaient engagés à remettre les terres conquises à l'empereur byzantin, ne respectent pas leur promesse. ■

Les États latins d'Orient

Les quatre États créés après la première croisade – principauté d'Antioche, comté d'Édesse, comté de Tripoli, royaume de Jérusalem – s'organisent en principautés féodales autonomes. Pour assurer leur sécurité, un réseau de forteresses et des ordres de moines soldats sont constitués. L'ordre des Hospitaliers offre des secours aux chrétiens en terre d'Islam, tandis que leur défense est confiée à l'ordre du Temple. Deux autres croisades sont nécessaires pour faire face à l'unité musulmane rétablie par Saladin, qui s'empare même de Jérusalem. Afin de financer la quatrième croisade, les croisés s'endettent lourdement auprès du doge de Venise. Pour le rembourser, ils pillent Zara et Constantinople. En s'attaquant ainsi à des villes chrétiennes, la croisade cesse d'être une guerre sainte et devient un enjeu économique et politique. ■

Les chevaliers croisés s'embarquent armés pour la Terre sainte.

Points clés

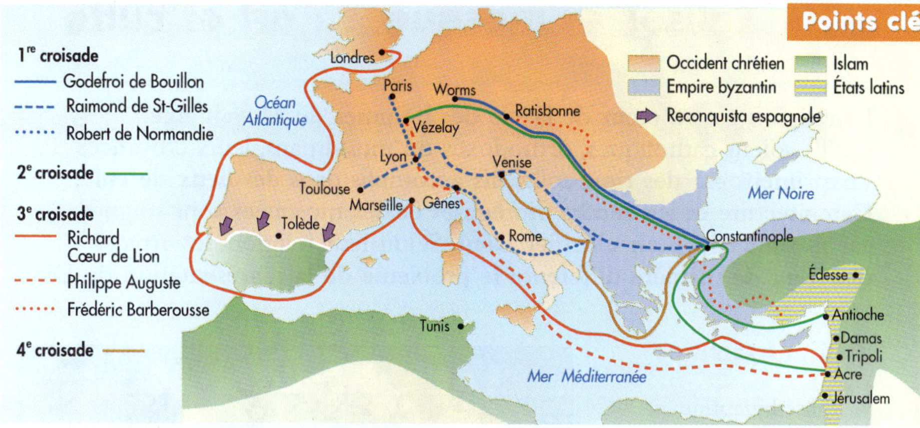

Les itinéraires des quatre premières croisades. Elles illustrent la volonté guerrière de la papauté face à Byzance.

La Reconquista en terre ibérique

L'Espagne est une terre de contacts étroits entre communautés chrétiennes, juives et musulmanes. À partir du XIe siècle, elle devient une terre de combats. Les petits royaumes chrétiens du Nord se lancent dans la reconquête (Reconquista) des terres tenues par les musulmans. Le califat de Cordoue tombe en 1031. Cependant, la dynastie des Almoravides s'empare de l'Andalousie. Les guerres reprennent à la frontière des deux mondes.
La Reconquista qui est l'œuvre de chevaliers, tel le Cid, s'accompagne d'une colonisation des terres par des paysans chrétiens. Ces derniers obtiennent des chartes de liberté. C'est aussi une guerre sainte qui intéresse tous les chrétiens qui viennent en pèlerinage à Saint-Jacques-de-Compostelle. Elle ne s'achève qu'en 1492 par la prise de Grenade. ■

1096-1099
Première croisade appelée par le pape Urbain II.

1147-1149
Deuxième croisade lancée par le pape Eugène III.

1189-1192
Troisième croisade pour secourir les États latins d'Orient.

1202-1204
Quatrième croisade. Les croisés s'emparent de Constantinople (1204) et fondent l'Empire latin de Constantinople.

Combat entre les croisés et les soldats de Saladin sous les murs de Jérusalem, en 1187.

Dico → croisade • islam • reconquista

Points clés

Églises et mosquées : art et culte

La religion est au cœur de la vie des hommes du Moyen Âge. Qu'ils soient catholiques, orthodoxes ou musulmans, leurs croyances s'expriment par des rites collectifs accomplis dans des lieux de culte. L'architecture et les décors des églises et des mosquées sont soignés, car ils sont faits pour glorifier Dieu. Selon leur religion, les artistes résolvent de manière différente le problème de la représentation de Dieu.

L'icône byzantine

L'église byzantine est en forme de croix grecque (quatre côtés égaux) surmontée d'une coupole. À Byzance s'est posé, à deux reprises, le problème de la représentation du Christ, homme et Dieu à la fois. Les icônes en tant qu'objets de culte sont aussi remises en cause. C'est pourquoi, à l'issue de la seconde crise iconoclaste (815-843), l'art religieux byzantin doit respecter des règles très strictes. Les icônes rétablies portent le nom de celui qu'elles représentent et doivent le montrer dans une attitude précise. Dans les églises, le chœur est séparé des fidèles par une cloison de bois, l'iconostase, supportant plusieurs icônes qui sont classées en fonction de leur sujet. La pratique religieuse des chrétiens orthodoxes donne à l'icône une place primordiale. ■

Peintes sur du bois, en métal ou en ivoire, les icônes ornent les murs des églises orthodoxes, mais aussi des maisons.

Vitrail de Chartres. Le vitrail représente de petites scènes pour les fenêtres basses alors que les hautes sont décorées de personnages debout. Pour rendre encore plus lumineuses les églises, on utilise des vitraux blancs ornés de motifs géométriques peints.

Dieu est lumière

En Occident, les églises romanes, en forme de croix latine, sont décorées de fresques et de nombreuses sculptures qui enseignent la foi chrétienne. Pour des raisons techniques, ces églises sont assez basses et mal éclairées. À partir du XIIe siècle apparaît une nouvelle architecture religieuse dans le royaume capétien. Les vastes cathédrales gothiques peuvent accueillir les fidèles qui, nombreux, ont participé à leur construction. Pour obtenir des églises plus hautes, les architectes résolvent le problème de la voûte par des arcs brisés qui, se rejoignant au sommet, forment la croisée d'ogives. La lumière pénètre par des vitraux illustrant des scènes de la vie quotidienne, mais surtout des sujets religieux définis par les théologiens. ■

Un art non figuratif

L'art religieux musulman ne peut représenter d'êtres vivants, car seul Allah est capable de les modeler. Dans les mosquées, le décor est composé de figures géométriques et végétales entremêlées, les arabesques, et d'extraits du Coran calligraphiés. La mosquée est constituée d'une cour intérieure avec un bassin pour les ablutions, d'un minaret pour appeler à la prière et d'une salle de prières. Surmontée d'une coupole d'inspiration byzantine, cette dernière comprend le minbar, chaire réservée à l'imam, et le mirhab, qui indique la direction de La Mecque. ■

Le mirhab de la mosquée de Cordoue. Le mirhab est une niche orientée en direction de La Mecque.

Dico → **Église • icône • islam • orthodoxie**

Points clés

Des innovations techniques et un nouveau monde

À partir de la seconde moitié du XVe siècle, le «temps des malheurs» s'achève et la reprise démographique s'accompagne d'un essor économique. À la même époque, des progrès techniques assurent une plus grande diffusion des savoirs renouvelés par une meilleure connaissance du monde. Un monde que les Européens dominent.

1434-1450
Gutenberg met au point les caractères mobiles d'imprimerie.

1492
Christophe Colomb débarque aux Antilles.

1497
Vasco de Gama atteint l'Inde en contournant le cap de Bonne-Espérance.

1519-1522
L'expédition de Magellan prouve la rotondité de la Terre.

1534
Jacques Cartier explore le Canada.

Des livres plus nombreux

À la fin du Moyen Âge, les étudiants sont de plus en plus nombreux. Mais, en dépit de la multiplication des ateliers de copistes, les livres mis à leur disposition sont insuffisants. Le livre est révolutionné par une série d'innovations. D'abord, on utilise de plus en plus le papier, venu d'Asie, qui est moins onéreux que le parchemin et le vélin, car il est fabriqué à partir de chiffons ou de pâte de bois. Ensuite, l'imprimeur allemand Gutenberg utilise des caractères mobiles réutilisables et qui permettent de multiplier les tirages. Les incunables, livres imprimés avant 1500, conservent l'aspect des manuscrits, mais la ponctuation et les mots bien séparés les rendent plus clairs. Les imprimeries se développent dans toute l'Europe, notamment en Allemagne du Sud, aux Pays-Bas et en Italie du Nord. Les livres, de plus en plus nombreux (35 000 éditions au XVe siècle), ont surtout pour sujet la religion, mais traitent aussi d'autres domaines. La reproduction des images s'améliore également par la technique de l'eau-forte qui consiste à graver une plaque de métal avec un poinçon et de l'acide nitrique. ■

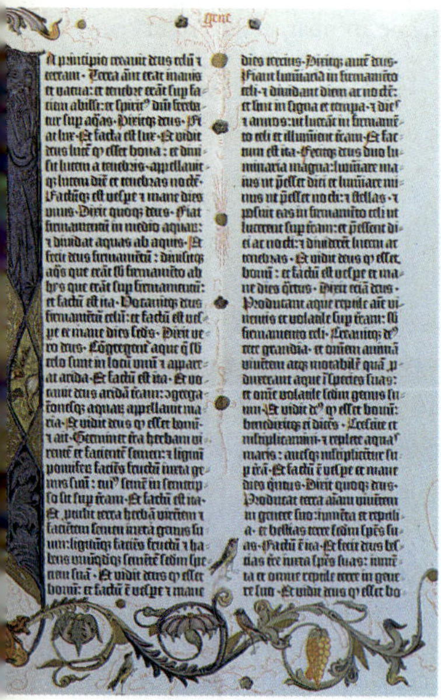

La Bible de Gutenberg. Cette première Bible imprimée à Mayence (vers 1455) est tirée à environ 150 exemplaires. Par sa mise en page, composée de deux colonnes, elle rappelle les manuscrits des copistes.

La découverte du monde

En 1453 les Ottomans s'emparent de Constantinople et interdisent ainsi aux chrétiens le commerce avec l'Orient. La recherche de nouvelles routes est facilitée par la caravelle qui intègre toutes les innovations techniques de la navigation. Deux options sont envisagées : les Portugais choisissent de contourner l'Afrique, alors que Christophe Colomb, au service des Espagnols, se lance vers l'ouest et aborde en Amérique. Ce nouveau continent, qui sera exploré par d'autres navigateurs, est baptisé Amérique en l'honneur de l'un d'eux, Amerigo Vespucci. ■

L'astrolabe. Transmis par les Arabes, il permet d'effectuer des mesures astronomiques.

La révolution copernicienne

Le nouveau monde, que l'Europe se partage et domine, est mieux connu grâce aux progrès de la cartographie. En 1538, le Flamand Gerard Mercator propose le premier planisphère. Les mathématiques, les sciences naturelles s'améliorent, comme l'astronomie. En effet, depuis Ptolémée, on pense que la Terre est au centre de l'Univers. Cette vision du monde est remise en cause par le Polonais Nicolas Copernic. Pour lui, la Terre n'est qu'une planète comme les autres et tourne autour du Soleil par un mouvement circulaire. Cette découverte est longtemps rejetée par l'Église car, en plaçant le Soleil au centre de l'Univers, elle va à l'encontre des Écritures et bouleverse la vision traditionnelle du monde. ■

Représentation du monde selon le système de Nicolas Copernic (1473-1543).

Dico → Bible • humanisme

Points clés

L'humanisme

Le terme humanisme vient du latin *humanus* qui signifie cultivé, instruit. Il est utilisé pour caractériser la nouvelle vision de l'homme et du monde qui se diffuse en Europe à la fin du Moyen Âge. Ce mouvement qui donne une place centrale à l'homme et redécouvre les textes de l'Antiquité s'intéresse également au monde et à la société.

Saint Augustin (354-430) dans son cabinet. Théologien, philosophe, moraliste, ce docteur de l'Église latine a profondément influencé les humanistes.

L'homme au cœur des préoccupations

Pic de La Mirandole (1463-1494) donne une nouvelle « dignité à l'homme », selon lui, le « centre de toutes choses ». L'homme est incontestablement le sujet privilégié des études des humanistes, qui le placent au cœur de la création divine. Ils en ont une vision optimiste et croient aux vertus de l'éducation. Une position que résume parfaitement Érasme, qui estime que l'«on ne naît pas homme, on le devient». C'est pourquoi les humanistes, comme Rabelais notamment, attachent une grande importance à l'enseignement. Ils n'hésitent d'ailleurs pas à remettre en question l'enseignement qui est dispensé dans les universités médiévales. Dans leurs écrits, les humanistes insistent sur la nécessité d'avoir non seulement un esprit sain, mais aussi un corps vigoureux. Ils sont soucieux également du monde qui les entoure. Certains recherchent l'État idéal, comme le juriste anglais Thomas More dans *Utopia* (1516). Le Hollandais Érasme, quant à lui, dresse le portrait du prince chrétien parfait. En revanche, le Florentin Machiavel, même s'il préconise un État moral, conseille dans *Le Prince* d'utiliser tous les moyens pour parvenir à ses fins. Enfin, le philosophe et magistrat français Jean Bodin définit la notion de souveraineté dans son traité *La République*, publié en 1576.

Un nouveau regard sur le monde

La compréhension du fonctionnement du corps humain fait des progrès considérables. Notamment grâce à Vésale, qui publie un ouvrage scandaleux pour l'époque, *De humanis corporis fabrica*, avec des planches d'anatomie qu'il a réalisées à partir des dissections faites sur des cadavres. De son côté, Michel Servet engage la recherche sur la circulation sanguine. Ambroise Paré, dans un ouvrage rédigé en français en 1545, fait part de ses découvertes pour soigner les blessures de guerre. Mais les humanistes s'intéressent à d'autres sciences, comme les mathématiques. À partir de manuscrits grecs et arabes, qui sont traduits, l'algèbre est enrichie grâce aux travaux de Viète, qui introduit l'usage des lettres dans les calculs. Tartaglia, lui, résout les équations au troisième degré. Léonard de Vinci considère le monde comme une machine dont on peut démontrer le mécanisme. ■

Érasme peint par Hans Holbein. Érasme est «le prince de l'humanisme, l'homme le plus savant du monde» pour ses contemporains. C'est la figure la plus représentative de l'humanisme chrétien de la Renaissance.

Pantagruel, personnage créé par Rabelais. Ce dernier est le parfait modèle des humanistes de la Renaissance.

La république des lettres

Les humanistes, qui considèrent la connaissance comme un bien précieux, échangent une très importante correspondance. Ces hommes, qui forment ce que l'on appelle la république des lettres, voyagent beaucoup au gré des sollicitations des princes mécènes. Ainsi Érasme effectue un long périple de Rotterdam, sa ville natale, à Rome et Londres en passant par Paris et Bâle. Mais la vision nouvelle de l'homme et du monde que défendent les humanistes leur vaut de connaître les tourments, voire les persécutions, des institutions ecclésiales et politiques. Certains, comme Servet, sont exécutés, d'autres s'exilent. ■

Dico → Érasme • humanisme • Rabelais • Renaissance

La Renaissance

Les fouilles archéologiques qui mettent au jour des vestiges gréco-romains influencent les artistes italiens. La perfection antique provoque une rupture fondamentale chez ces hommes qui rejettent l'art des siècles précédents. L'amélioration des techniques, les commandes des mécènes permettent une diffusion de cet art dans toute l'Europe.

L'Antiquité revisitée

Dès le Quattrocento (le XVe siècle italien), on utilise le terme de *Rinascità* pour désigner le mouvement artistique qui se développe en Italie. Il indique un nouvel intérêt pour les œuvres gréco-romaines, mais aussi l'idée de la fin des temps barbares du « gothique ». Il ne s'agit pas simplement d'une imitation de l'Antiquité, mais d'une véritable révolution dans l'histoire de l'art européen. L'homme, appréhendé dans une perspective humaniste, est au cœur des productions artistiques, comme le peint Michel-Ange dans la chapelle Sixtine. La religion chrétienne est toujours source d'inspiration, mais on représente aussi des scènes de la mythologie païenne ainsi que des philosophes grecs, comme dans *L'École d'Athènes* de Raphaël.

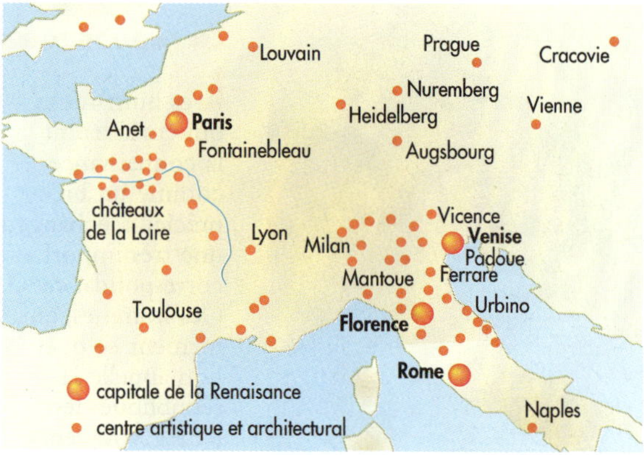

Les grands foyers de la Renaissance.

La cité idéale : ce projet d'architecture montre l'usage de la perspective mais aussi l'influence de l'Antiquité gréco-romaine.

De nouvelles techniques

Au début du XVe siècle, à Florence, des architectes et des peintres mettent au point la perspective. Il s'agit comme son nom l'indique de « voir clairement » les sujets en trois dimensions sur une surface qui n'en a que deux et de respecter les proportions naturelles, des préoccupations absentes dans l'art médiéval.

Les progrès de la métallurgie facilitent la réalisation de colossales sculptures comme celles de Donatello. En peinture, l'usage de l'huile siccative, qui, mêlée aux couleurs, les fixe plus vite, produit des effets de lumière. Léonard de Vinci emploie la technique du sfumato qui donne à ses tableaux une ambiance vaporeuse. ■

Le David de Michel-Ange : cette statue de 4 m de haut est caractéristique de l'imitation de l'art colossal de l'Antiquité qui se développe dans les villes italiennes, et qui témoigne également des ambitions du prince qui le commande.

Un art princier

Toute la production artistique des XIVe et XVe siècles est favorisée par l'action des mécènes. Ils passent des commandes précises aux artistes qui sont souvent à la fois peintres, sculpteurs et architectes. Ainsi, Michel-Ange exécute des sculptures pour le tombeau des Médicis à Florence. Il est aussi à l'origine du plan du dôme de Saint-Pierre de Rome.

Les grandes familles princières italiennes encouragent la production artistique, comme les Sforza à Milan, les Montefeltre à Urbino, et, par de prestigieuses constructions profanes et religieuses, embellissent, à leur gloire, leurs cités. Les plus grands artistes voyagent dans toute la péninsule, à Rome qui est transformée par les travaux des papes, et en Vénétie, où Palladio construit de magnifiques villas. Les Italiens travaillent auprès de souverains étrangers comme François Ier. La Renaissance est aussi l'œuvre d'artistes de toute l'Europe, comme le Flamand Van Eyck, l'Allemand Dürer ou le Français Goujon. ■

Dico → **humanisme** • **Renaissance** • **sfumato** • **Vinci**

Points clés

Réforme et Contre-Réforme

Établir un face-à-face avec Dieu, à l'aube des Temps modernes, revient à rompre avec l'ordre social et religieux médiéval. Certains humanistes pensent vivre ainsi leur foi. Cette attitude marginale contribue à affaiblir une Église catholique dont les hauts dignitaires sont très critiqués. Les fidèles attendent de nouvelles réponses, ce qui explique le succès du mouvement réformateur.

Aux origines de la réforme religieuse

Au XVe siècle, l'inquiétude des chrétiens face à la mort s'exprime à travers toutes sortes de représentations mettant en scène cette dernière. Les danses macabres sont un thème privilégié dans la peinture, la sculpture et le théâtre. Les croyants, qui ont besoin d'être rassurés, demandent une religion plus authentique. Le développement du culte des saints et de la Vierge répond à cette attente. Les mœurs de la hiérarchie ecclésiastique invitent à la critique. Les papes se comportent comme des princes. Les évêques tirent parti des bénéfices ecclésiastiques sans résider dans leur diocèse. Les membres du bas clergé, souvent ignorants, n'exercent que rarement leur sacerdoce et ont une moralité douteuse. Les faiblesses de l'Église catholique et l'angoisse des hommes devant leur salut posent la question du dialogue entre l'individu et Dieu. Les humanistes proposent une religion simple, pouvant presque se passer de l'Église, mais cette vision ne convient qu'à une élite. ■

L'Europe partagée entre les religions catholique et réformée.

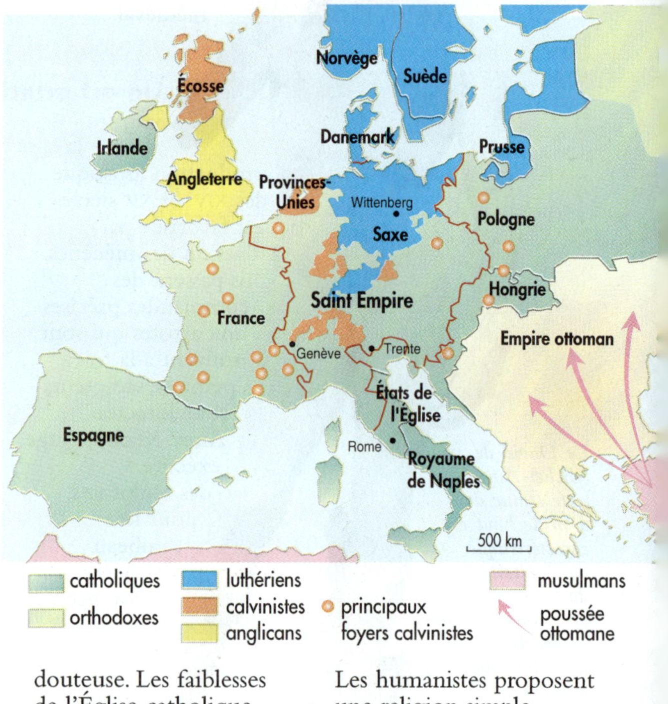

Les réformateurs : Luther et Calvin

Les courants mystiques flamands et allemands refusent les sacrements pour se rapprocher de Dieu. Un nouveau courant théologique, pour qui le mystère de Dieu reste insondable, offre une autre réponse. Martin Luther pense que seule la foi peut sauver les hommes de la damnation. Dieu seul pardonne, il est donc inutile d'espérer pouvoir acheter son salut par des indulgences. Luther condamne la hiérarchie ecclésiastique et refuse les sacrements, hormis le baptême et l'eucharistie. Cette conception le conduit à rompre avec l'Église catholique.
Partie d'Allemagne, la Réforme touche surtout l'Europe du Nord-Ouest et l'Europe centrale. Elle s'exprime dans le calvinisme en France et à Genève ou l'anglicanisme en Angleterre. ■

Martin Luther (1483-1546) est à l'origine d'une nouvelle religion chrétienne.

Un tribunal d'Inquisition, vers 1560. Cette institution échoua contre le protestantisme.

La Contre-Réforme

Alors que les thèses de Luther rencontrent une large audience, le pape Paul III allume les feux de la Contre-Réforme en réunissant un concile à Trente, de 1545 à 1563 : l'Église romaine réaffirme ses dogmes et oppose aux protestants une révision complète de sa discipline. Mais l'Europe entre dans une longue période de conflits, dont les causes sont autant religieuses que politiques. En Allemagne, les guerres de Religion dévastent le pays. En France, protestants et catholiques se déchirent à partir de 1562. En 1572, le jour de la Saint-Barthélemy (24 août), des protestants sont massacrés à Paris. Henri IV rétablit la paix civile en promulguant l'édit de Nantes en 1598. Jusqu'à sa révocation, en 1685, les protestants disposent de la liberté de conscience. Après le traité de Westphalie, qui met fin en 1648 aux guerres de religion allemandes, le protestantisme conforte ses positions. Ce traité consacre la division de l'Europe en deux parties, dominées l'une par le catholicisme et l'autre par les Églises réformées. ■

Dico → **Calvin • Contre-Réforme • Luther • protestant • Réforme**

L'universalité des Lumières

Points clés

La philosophie des Lumières doit beaucoup à l'humanisme, au philosophe anglais Locke et aux révolutions anglaises du XVIIe siècle. Elle définit un certain nombre de droits naturels ainsi que des principes politiques que tout système politique doit respecter. Les insurgés américains expérimentent les nouvelles idées et leur réussite encourage la contestation en France de la monarchie absolue.

Les grands principes de la philosophie des Lumières

Le XVIIIe siècle connaît un essor intellectuel et scientifique important. Il s'appuie sur l'héritage humaniste du XVIe siècle qui valorise la raison comme principe d'explication du monde. À la tête de ce mouvement, on trouve les philosophes, dont les plus célèbres sont Montesquieu, Voltaire et Rousseau. Ils affirment l'existence de droits naturels inhérents à l'homme : la liberté individuelle et l'égalité. La première se décompose en liberté de pensée, d'expression et de religion qui conduit à la tolérance. L'égalité dont il s'agit est celle des hommes devant la loi, qui remet en cause le système des ordres. Ces droits naturels doivent être garantis par un système politique respectant la séparation des trois pouvoirs (législatif, judiciaire et exécutif) et reposant sur la souveraineté du peuple. Celle-ci doit être inscrite dans une Constitution, contrat entre le peuple et un souverain détenant son pouvoir de la volonté populaire. ■

Dans **Du contrat social** *(1762), Rousseau présente une république de citoyens égaux.*

Le modèle anglais

Le modèle qui inspire les philosophes des Lumières est la monarchie anglaise. En effet, au XVIIe siècle, à la suite de deux révolutions, l'Angleterre devient une monarchie tempérée où le Parlement en partie élu au suffrage censitaire vient contrebalancer le pouvoir royal. Ce régime s'inspire des idées du philosophe Locke (1632-1704). En 1679, le Parlement vote l'*Habeas corpus* qui s'oppose à l'arbitraire en matière de justice et, en 1689, Guillaume III est contraint d'accepter la Déclaration des droits. Par ce texte, le Parlement devient le garant des libertés politiques et religieuses anglaises. Ainsi, au XVIIe siècle, la monarchie parlementaire triomphe en Angleterre. ■

La révolution américaine et la diffusion des Lumières

À la fin du XVIIIe siècle, les États-Unis, s'inspirant des idées des Lumières, adoptent le premier régime démocratique. En effet, en 1776, des députés des colonies britanniques proclament leur indépendance dans une déclaration nourrie des principes des Lumières : liberté, égalité et droit du peuple de choisir son propre système de gouvernement. En 1787, les jeunes États-Unis se dotent d'une Constitution fédérale qui établit une stricte séparation des pouvoirs entre un président élu au suffrage censitaire et un Parlement représentatif des États. En France, ces événements encouragent l'opposition à la monarchie. Dans tous les milieux, on remet en cause de plus en plus l'absolutisme. D'autant que les idées des Lumières se sont largement diffusées grâce aux livres, aux journaux, aux chansons. Les lieux de réunion et de discussions se multiplient, comme les salons et les loges maçonniques pour la haute société, voire les tavernes pour les milieux populaires. ■

Les cafés parisiens sont souvent d'importants lieux d'échanges intellectuels.

*L'*Encyclopédie *a diffusé l'esprit des Lumières.*

Points clés La crise de l'Ancien Régime : les cahiers de doléances

L'Ancien Régime se trouve confronté à la fin du XVIIIe siècle à une crise financière grave, qui contraint le roi à convoquer les États généraux. C'est aussi l'occasion pour les Français de s'exprimer à travers des cahiers de doléances. Il reste près de 60 000 de ces cahiers qui constituent pour les historiens une source irremplaçable d'informations sur l'état de la société à la veille de la Révolution.

La crise de l'Ancien Régime

Le soutien français à la guerre d'Indépendance américaine (1775-1782) grève le budget de la monarchie et creuse le déficit financier. D'autre part, la conjoncture des prix, jusqu'alors favorable, s'est retournée au milieu du siècle : les prix agricoles chutent, plaçant le monde des campagnes dans une situation difficile. Ainsi, la petite noblesse s'appauvrit et remet en vigueur de nombreux droits féodaux tombés en désuétude, aggravant ainsi la situation des paysans. À cette crise s'ajoute un traité de commerce avec l'Angleterre défavorable pour la jeune industrie manufacturière française. Deux mauvaises récoltes en 1787 et 1788 accentuent la misère dans les campagnes et les villes. Pour trouver une solution au déficit financier, les ministres qui se succèdent aux finances proposent une refonte du système fiscal, en créant un impôt égalitaire. Celui-ci est refusé par les ordres privilégiés. C'est l'opposition des parlements et des privilégiés à toute réforme fiscale qui précipite la crise.

La noblesse prend l'initiative de la lutte contre l'absolutisme dans l'espoir d'obtenir le renforcement de ses pouvoirs. Louis XVI se trouve ainsi contraint en 1788 de convoquer les États généraux. ■

Cette représentation du tiers état (bourgeois, artisans, ouvriers et paysans) écrasé par les deux autres ordres (le clergé et la noblesse) traduit l'aspiration à plus d'égalité, notamment en matière de fiscalité. Cette aspiration est au cœur des cahiers de doléances émanant du tiers état.

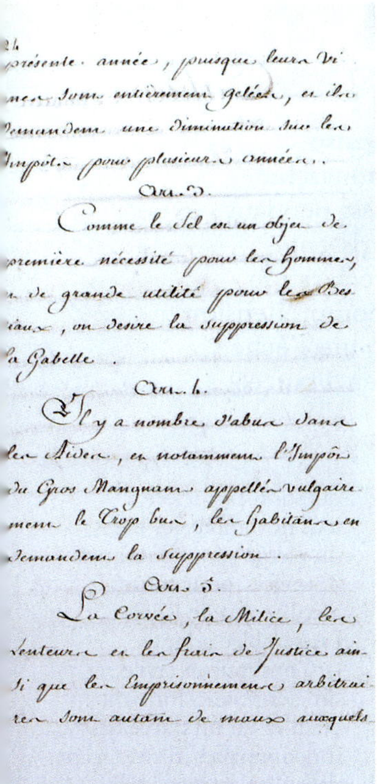
24
présente année, puisque leurs vi
nes sont entièrement gelées, et ils
demandent une diminution sur les
impôts pour plusieurs années.

Art. 3.

Comme le Sel est un objet de
première nécessité pour les hommes,
et de grande utilité pour les Bes
tiaux, on desire la suppression de
la Gabelle.

Art. 4.

Il y a nombre d'abus dans
les Aides, et notamment l'Impôt
du Gros Manquant appellé vulgaire
ment le Trop bus, les habitans en
demandent la suppression.

Art. 5.

La Corvée, la Milice, les
lenteurs et les frais de Justice ain
si que les Emprisonnements arbitrai
res sont autant de maux auxquels

Les doléances : un système complexe

Les États généraux sont une assemblée réunissant les représentants des trois ordres (clergé, noblesse, tiers état) pour conseiller le roi. Cette institution remonte au Moyen Âge, mais les rois se sont bien gardés de les convoquer afin de ne pas remettre en cause leur pouvoir. Pour réunir les États généraux, on organise des élections par ordre et dans chaque circonscription administrative et judiciaire (bailliage) afin de désigner les députés.

Les cahiers de doléances sont révélateurs de la crise de la société; ici, celui de la paroisse de Taverny.

Parallèlement, le roi invite ses sujets à présenter leurs doléances sous forme de cahiers. Pour le tiers état, villes et villages en rédigent un : chaque cahier est ensuite refondu dans un cahier de bailliage. Pour le clergé et la noblesse, les cahiers sont rédigés directement au niveau du diocèse ou de la province.
Des modèles circulent et beaucoup de cahiers s'en sont inspirés, ainsi se mêlent des considérations générales sur les réformes et des revendications propres à chaque village ou ville. De nombreux cahiers sont l'œuvre de notaires, qui sont souvent les seuls à savoir écrire. ■

Des revendications divergentes selon les différents ordres

Les cahiers des paroisses rurales réclament l'abandon des droits féodaux ainsi que la propriété des terres pour les paysans et dénoncent le poids de plus en plus lourd des impôts. Dans les villes, les cahiers du tiers état révèlent plutôt les aspirations des élites bourgeoises éclairées. Ils réclament une réforme fiscale au profit d'un système plus égalitaire, l'abolition des privilèges qui empêchent l'accès de la bourgeoisie à certaines carrières et une réforme des institutions s'inspirant de celles de l'Angleterre. Les idées des Lumières apparaissent derrière la revendication d'une monarchie plus tempérée, la rédaction d'une Constitution et l'instauration du libéralisme économique. La noblesse accepte souvent une certaine égalité fiscale, mais refuse l'abandon de ses privilèges honorifiques, et du système d'ordres. Elle souhaite souvent pouvoir jouer auprès du roi un rôle politique de conseil, à l'imitation de la Chambre des lords anglaise. Quant au clergé, il souhaite que la religion catholique reste religion d'État et il est souvent peu favorable à la liberté de culte. ■

Dico → clergé • Lumières • monarchie • noblesse • ordre • privilège

Points clés

Souveraineté nationale contre légitimité dynastique

La période qui s'ouvre avec la Révolution française est marquée par le passage en trois ans de la monarchie absolue de droit divin à la république. C'est aussi pendant cette période que se fixent les principes qui régissent les relations entre le pouvoir et la nation : la Déclaration des droits de l'homme et du citoyen. Mais l'incompréhension qui se développe entre le roi et la nation provoque l'échec de la tentative de monarchie constitutionnelle en France.

1789 : la fin de l'absolutisme

Devant le refus de Louis XVI d'accepter le vote par tête lors des États généraux, les députés du tiers état se proclament Assemblée nationale le 17 juin. Le 9 juillet, elle devient Constituante. Relayant l'action des députés, le peuple de Paris organise sa première journée révolutionnaire et s'empare de la Bastille le 14 juillet. Venu à Paris le 17, le roi accepte la situation et porte la cocarde tricolore. L'absolutisme vient de tomber. Dans les campagnes, les paysans attaquent les châteaux. La noblesse, pour désamorcer le mouvement, propose à l'Assemblée, dans la nuit du 4 août, d'abolir les privilèges. Le 26 août, la Déclaration des droits de l'homme et du citoyen organise la nouvelle société. ■

L'œuvre de la Constituante

Le 6 octobre, avec l'installation du roi et de l'Assemblée à Paris, la politique se fait désormais sous la surveillance du peuple. Pour la première fois, l'opinion publique s'exprime à travers une multitude de journaux et des clubs, comme celui des Jacobins. Pour régler la question financière, le 2 novembre, les biens du clergé sont confisqués. Toutefois, pour subvenir aux besoins de l'Église, l'Assemblée adopte la Constitution civile du clergé, transformant celui-ci en un corps de fonctionnaires. En exigeant de lui un serment, elle le divise bientôt en deux groupes : les jureurs et les réfractaires. L'Assemblée uniformise et simplifie l'organisation administrative du pays et, surtout, elle donne à la France sa première Constitution en 1791. Celle-ci consacre la souveraineté de la nation et instaure un suffrage censitaire. ■

Le 20 juin 1789, des députés font le serment de ne pas se séparer avant d'avoir donné une Constitution à la France.

L'échec de la monarchie constitutionnelle

La fuite du roi à Varennes, le 20 juin 1791, divise l'Assemblée alors qu'une fusillade éclate au Champ-de-Mars en juillet. La situation économique s'aggrave, car les assignats se dévaluent, entraînant l'inflation. Le roi pratique désormais la politique du pire et s'oppose systématiquement à l'action des députés, alors que la guerre se profile avec les pays étrangers. Le roi y est favorable ainsi que les Girondins.
Le 20 avril 1792, la guerre est déclarée. L'armée française, mal préparée, subit des défaites, et Paris est en danger. Le manifeste du duc de Brunswick qui menace Paris en cas d'atteinte à la famille royale déclenche une journée révolutionnaire : le 10 août 1792, la monarchie est renversée.

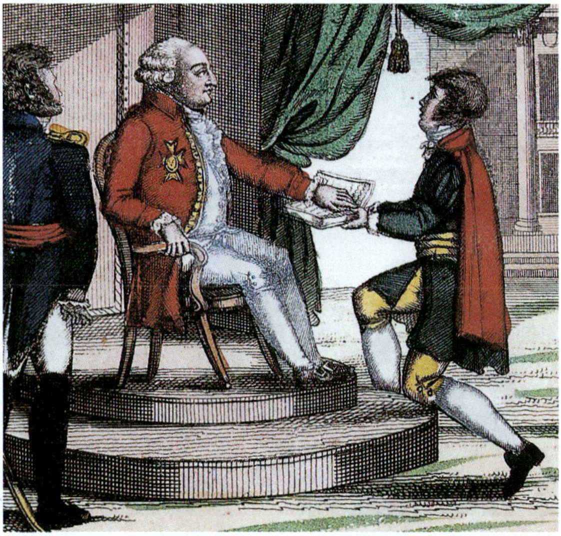

Si, dans un premier temps, Louis XVI semble accepter les changements, rapidement son attitude creuse le fossé avec le peuple.

Le 14 septembre 1791, la première Constitution est promulguée, que l'on célèbre dans des fêtes où l'on plante des arbres de la liberté.

Dico → **assignats • clergé • club • Constitution • noblesse • privilège**

Points clés

L'expérience républicaine en France (1792-1799)

En 1792, l'Assemblée proclame la Ire République et tente d'imposer son pouvoir au peuple. La Constitution de l'An I consacre la République démocratique, mais la guerre impose la Terreur, qui ternit le régime démocratique pour longtemps. En 1794, la bourgeoisie tente une dernière expérience républicaine qui, après son échec, débouche sur l'installation d'un pouvoir fort.

Le 21 janvier 1793, Louis XVI est guillotiné. Un mois plus tard la Convention procède à la levée de 300 000 hommes pour faire face à la menace des coalisés.

Naissance et installation de la République

Depuis le 10 août 1792, l'Assemblée doit désormais compter avec les sans-culottes, responsables des massacres de septembre 1792. La Convention, élue au suffrage universel, proclame la République le 21 septembre 1792. Rapidement s'y affrontent des Girondins méfiants vis-à-vis du peuple de Paris et des Montagnards soutenus par les sans-culottes. Pour remédier aux difficultés économiques, les sans-culottes exigent des mesures de taxation qui sont refusées par les Girondins. Le peuple impose alors sa loi à l'Assemblée et l'oblige à voter l'arrestation des Girondins, le 2 juin 1793. Auparavant, l'exécution du roi ainsi que la levée en masse provoquent des insurrections dans l'Ouest, en particulier en Vendée. ■

Une tentative de République démocratique

Les Montagnards partisans d'une République démocratique rédigent la Constitution de l'an I. Elle place l'égalité au premier rang des droits naturels, affirme le principe de démocratie directe et prévoit le droit au travail, à l'instruction et au secours pour tous. Jamais la France n'aura de Constitution plus démocratique. Mais à peine promulguée, elle est suspendue jusqu'à la paix. Les Montagnards instaurent une dictature (la Terreur) pour sauver la République menacée par les armées étrangères et les révoltes intérieures. Le gouvernement révolutionnaire (Comité de salut public, Comité de sûreté générale) prend des mesures d'exception dans les domaines politique (loi des suspects), économique (loi du maximum) et militaire (la terreur aux armées). En décembre, la République est sauvée. ■

L'échec de la République

Début 1794, les indulgents (Danton, Desmoulins) souhaitent mettre un terme à la Terreur, alors que les enragés conduits par Hébert réclament son renforcement. Robespierre fait exécuter les leaders des deux groupes, mais il est éliminé à son tour le 9 thermidor (27 juillet 1794). Les sans-culottes sont désarmés et l'Assemblée est libre d'agir. Les thermidoriens rédigent alors une nouvelle Constitution. Celle-ci reconnaît la propriété comme base de la société et, supprimant le suffrage universel au profit d'un suffrage censitaire, donne le pouvoir à la bourgeoisie. Par peur de la dictature, on répartit les pouvoirs entre deux assemblées et cinq directeurs. Très vite le Directoire est en butte à l'opposition des Jacobins et des royalistes. Un des directeurs, Sieyès, cherche un homme capable d'instaurer un régime fort. Le général Bonaparte, saisissant l'occasion, s'empare du pouvoir par le coup d'État militaire du 18 Brumaire (9 novembre 1799). Si, l'expérience républicaine est un échec, certaines valeurs républicaines sont ancrées. ■

La gravité des dangers qui menacent la Révolution et la patrie amène Robespierre, ci-contre, à promouvoir un pouvoir centralisateur fondé sur la vertu et la terreur.

Monument élevé en 1794 au champ de la Réunion pour la fête de l'Être suprême dont le culte a été instauré par Robespierre.

Points clés L'Empire clôt la Révolution

Le Consulat instauré en 1799 garde une façade démocratique, mais le Premier consul Bonaparte confisque la réalité du pouvoir. Fort de sa popularité, il se proclame empereur des Français en 1804. Son œuvre administrative prolonge celle de la Révolution. Mais l'expansion de l'Empire est définitivement stoppée à Waterloo, en 1815.

Le Consulat et les acquis de la Révolution

Bonaparte rédige lui-même la Constitution de l'an VIII, fondant le Consulat. Le Premier consul (Bonaparte) reçoit l'essentiel du pouvoir : il nomme les juges, les hauts fonctionnaires, a l'initiative des lois et dirige la politique extérieure. Le pouvoir législatif est partagé entre quatre assemblées : le Conseil d'État, le Tribunat, le Corps législatif, le Sénat. Des élections au suffrage universel masculin désignent des listes dans lesquelles Bonaparte choisit les membres des assemblées. Il recourt aussi au plébiscite pour confirmer son pouvoir. C'est d'ailleurs par plébiscite que le peuple approuve la Constitution en 1800. Conscient de l'aspiration des Français à la paix, il œuvre pour une pacification. En matière politique, tous les opposants sont invités à rentrer en France, sans être poursuivis. Il signe une paix avec les Vendéens et négocie avec le pape un Concordat (1801), restaurant l'unité de l'Église de France. Il impose aussi la paix à l'Autriche en 1801 et à l'Angleterre en 1802. Fort de sa popularité, il se fait donner le consulat à vie en 1802 avant de se faire sacrer empereur en 1804. ■

Le général Bonaparte doit son ascension à la Révolution quand il s'empare du pouvoir en 1799. Devenu empereur, il apporte alors aux Français lassés par dix ans de Révolution la stabilité à laquelle ils aspirent.

La mise en place d'un État moderne

Napoléon réorganise l'administration du pays en imposant une centralisation. Il abandonne ainsi les principes de l'élection des fonctionnaires (juges, maires), qui sont désormais nommés par le Premier consul. Le préfet dirige d'une main de fer les départements, et le sous-préfet l'arrondissement. Sur le plan économique, il crée la Banque de France et lui donne le monopole d'émission de la monnaie, le franc Germinal. Le Code civil, qui est une des fondations du régime (les « masses de granite »), garantit l'héritage révolutionnaire et instaure une société hiérarchisée. ■

L'échec du rêve impérial

L'expansion de l'Empire suscite la formation de cinq coalitions contre la France, entre 1805 et 1815. L'Angleterre, qui participe à toutes ces coalitions, en est l'acteur principal. Dans les pays conquis, le comportement des soldats provoque la révolte des populations, comme en Espagne où l'insurrection de 1808 montre l'exemple à tous les peuples dominés. En France même, le caractère de plus en plus autoritaire du régime, la conscription, les difficultés économiques suscitent le mécontentement de la population, en particulier de la bourgeoisie, pourtant un des piliers du régime. Ainsi, lorsque les troupes étrangères envahissent le pays en 1814, les Français accueillent Louis XVIII sans protester. Bien qu'il ait octroyé une Charte garantissant à la France le maintien des libertés essentielles ainsi qu'un régime représentatif,

Le retour de Napoléon de l'île d'Elbe. Les Cent-Jours (20 mars-22 juin 1815) ne seront qu'une parenthèse dans le règne de Louis XVIII.

Louis XVIII ne peut s'opposer à Napoléon, revenu de son exil à l'île d'Elbe. Mais la formation de la dernière coalition aboutit à la défaite de Waterloo, le 18 juin 1815. L'empereur est contraint, pour la seconde fois, à abdiquer quatre jours plus tard. ■

Dico → consul • Empire • Napoléon Ier • plébiscite • sacre

Points clés La naissance de l'État moderne

Depuis le Moyen Âge, les rois capétiens n'ont pas cessé de consolider leur autorité contre les aspirations à l'autonomie de leurs sujets et d'étendre leur contrôle sur un vaste territoire. La construction de l'État royal et de son administration est une œuvre de longue haleine dont les révolutionnaires vont assumer l'héritage en le modernisant.

Du roi suzerain au souverain (Xe-XIIIe siècle)

Quand Hugues Capet est élu par les Grands en 987, il n'est qu'un roi seigneur dont l'autorité n'est guère assurée au cœur de son propre domaine. Ses successeurs, s'appuyant sur le prestige du sacre et sur une légitimité dynastique incontestée, vont renforcer leur pouvoir sur la noblesse en se plaçant à la tête de la hiérarchie féodale. Roi suzerain, le souverain exige de tous ces vassaux un serment de fidélité qu'il est le seul à ne devoir à personne. Au XIIIe siècle, son Conseil, formé de juristes, devient un véritable organe de gouvernement, à la tête d'une administration centralisée dont les compétences s'affirment au-delà du domaine royal. Le roi étend sa souveraineté en affirmant son droit de légiférer, de rendre une justice d'appel et de faire circuler ses monnaies dans tout le pays. Il devient « empereur en son royaume ». ■

Louis XIV, reçu par les magistrats de Strasbourg en 1681. Lors des entrées royales, les villes montrent leur allégeance au souverain.

Vers l'État absolutiste (XIVe-XVIIe siècle)

Aux XIVe et XVe siècles, la guerre de Cent Ans, après avoir menacé le royaume d'éclatement, favorise la naissance d'un sentiment national et permet le renforcement de l'autorité royale. Le roi lève un impôt, la taille, pour financer une armée permanente. Le XVIe siècle marque une étape décisive vers la construction d'un État absolutiste. Le gouvernement central, divisé en sections spécialisées avec à leur tête des ministres, s'appuie dans les provinces sur des officiers à qui le roi a vendu des charges publiques de justice ou de finance. Recrutés dans la bourgeoisie, ces officiers deviennent les serviteurs dévoués de l'État et du souverain. Le concordat de Bologne, signé en 1516 par François Ier et le pape Léon X, assure au roi le contrôle de l'Église de France, en lui accordant le droit de nommer les évêques et les abbés. En outre, l'unification du royaume est favorisée par le choix du français comme langue administrative et juridique. Pour mieux percevoir l'impôt, on institue de nouvelles circonscriptions administratives, les généralités, dirigées par des receveurs généraux. L'échec des multiples révoltes contre cette emprise croissante de l'État annonce la victoire de l'absolutisme. ■

Nicolas Fouquet, surintendant des Finances, est arrêté en 1661, puis emprisonné à vie. Issu de la bourgeoisie, il appartient à la noblesse de robe. Son train de vie éblouissant, le faste royal déployé dans son château de Vaux-le-Vicomte faisaient de l'ombre au jeune Roi-Soleil.

L'affirmation de l'État centralisateur (XVIIe-XIXe siècle)

Dans la monarchie absolue, le souverain incarne l'État, dont les intérêts se situent au-dessus de ceux des particuliers ou des divers groupes existants. La noblesse est placée sous surveillance à la cour de Versailles, tandis que les parlements et les villes sont mis sous la tutelle des intendants, représentants tout-puissants du roi dans les provinces. Le contrôle du pouvoir s'étend aux consciences, aux arts et à l'économie. La Révolution française transforme le régime politique ; mais elle poursuit l'œuvre de centralisation, qu'elle renforce en lui ajoutant ce que les rois n'avaient jamais pu réaliser, l'homogénéisation des institutions et du territoire national : les multiples privilèges et coutumes sont supprimés au profit de lois et de règlements applicables sur l'ensemble des départements. Napoléon complète cette centralisation de l'administration en instituant les préfets et en plaçant les lycées et l'université, creuset des futurs cadres, sous le contrôle de l'État. ■

Dico → bourgeoisie • concordat • féodalité • Louis XIV • souveraineté

Points clés

L'Europe transformée par l'Empire napoléonien

L'Empire napoléonien atteint son apogée en 1812. Dans le grand Empire, de généreux principes bouleversent les anciens régimes. Le blocus continental contre l'Angleterre profite à l'économie française, mais il provoque de graves difficultés économiques dans les territoires dominés qui veulent s'émanciper.

Une nouvelle carte de l'Europe

Vers 1812, près de la moitié de l'Europe est sous domination française. La France compte 130 départements qui s'étendent sur 750 000 km² du sud du Danemark à l'Italie centrale. Certains territoires sont sous l'autorité de la France sans y être annexés, comme les Provinces illyriennes et le royaume d'Italie, où Eugène de Beauharnais est vice-roi. Dans les royaumes de Naples, de Westphalie, d'Espagne comme dans le grand-duché de Berg, Napoléon place des membres de sa famille ou ses proches, comme Joachim Murat. Ailleurs, ce sont des États de protectorat comme le grand-duché de Varsovie ou la Confédération du Rhin. Napoléon souhaite faire « de tous les peuples d'Europe un même peuple ». Mais s'ils sont français au même titre que des Parisiens, les habitants de Lübeck, de Rome ou de Bruxelles ne peuvent bénéficier des retombées économiques du blocus continental contre l'Angleterre, car les frontières douanières restent fixées au Rhin et aux Alpes. ■

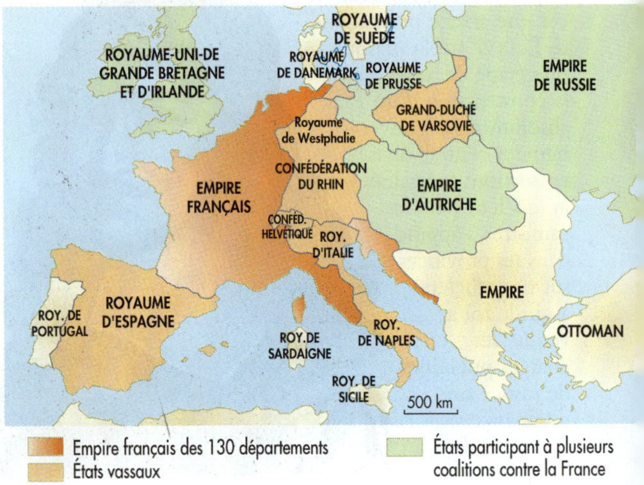

1806
Mise en place du blocus continental qui doit entraîner la ruine de l'Angleterre et l'obliger à capituler. Il favorise les produits français.

1807
Les *Discours à la nation allemande* du philosophe Johann Gottlieb Fichte (1762-1814) sont un appel à résister à la domination française.

1808
À l'annonce de la nomination de Joseph Bonaparte comme roi d'Espagne le 2 mai, Madrid se soulève.

Tres de Mayo *de Goya. Ce tableau peint en 1814 dénonce la répression française du soulèvement de Madrid en mai 1808.*

Des principes généreux

Dans cette nouvelle Europe, les anciens régimes sont transformés par l'introduction de réformes généreuses comme l'abolition du servage et des droits seigneuriaux. Le principe de l'égalité civile permet à tous, grâce au Code civil, d'accéder à tous les métiers et aux différentes fonctions qu'ils choisissent sans que la naissance ne constitue un obstacle. La liberté religieuse s'impose également par l'abandon du principe «tel prince, telle religion». Néanmoins, la portée de ces réformes est tributaire de la plus ou moins bonne volonté des souverains et de la résistance des aristocrates locaux. C'est pourquoi les régions où la bourgeoisie domine bénéficient davantage des réformes. Malgré tout, la présence française est de plus en plus mal supportée par les populations. ■

Napoléon entre guerre et paix, dans les années 1810. La légende disait : «L'olive de la paix lui fut offerte, il suit l'ambition qui le mène à sa perte.»

Les résistances nationales

Les exactions, les difficultés économiques et les levées d'hommes de plus en plus nombreuses pour la défense de l'Empire provoquent des soulèvements. En outre, le principe du droit des peuples à disposer d'eux-mêmes, qui a soulevé un immense espoir parmi les populations, n'est pas appliqué. En Espagne, la guérilla suscite une féroce répression que Goya (1746-1828) dénonce dans *Les Désastres de la guerre.* En Italie, au Tyrol, des révoltes éclatent contre la présence française. C'est la naissance des mouvements nationaux dans toute l'Europe. ■

Dico → Empire • guérilla • Napoléon Ier

Points clés

Quelle idée de nation pour l'Europe? Romantisme et identité nationale

Au XIXe siècle, les grands empires européens sont confrontés aux revendications de peuples qui aspirent à disposer d'eux-mêmes dans le cadre d'un État unitaire. En Allemagne, l'idée nationale est différente de celle développée en France. Le romantisme, tout d'abord réaction «littéraire» à la philosophie des Lumières, acquiert une dimension politique.

Pour Jean-Jacques Rousseau, auteur entre autres d'un Essai sur l'origine des langues, *le mal dont souffrent les hommes est linguistique et politique.*

La conception française de la nation

En France, l'idéal national se développe alors qu'il existe déjà un État constitué. Cet idéal prend une connotation politique et juridique à partir des Lumières.

Pour Jean-Jacques Rousseau, la nation implique une association volontaire des citoyens. Elle se définit par un contrat social passé entre ses membres et se confond avec la souveraineté politique. Tout en affichant son appartenance aux Lumières, Rousseau nourrit une inquiétude qui ouvre la voie au romantisme. Pour Sieyès, l'auteur de *Qu'est-ce que le tiers état ?*, durant la Révolution, la nation est une communauté de citoyens conscients de leur appartenance et égaux en droits. C'est ainsi que les territoires d'Alsace qui bénéficient de la suppression des privilèges demandent leur rattachement à la nation française. En politique étrangère, l'idéal national aboutit à la proclamation du droit des peuples à disposer d'eux-mêmes. ■

Le philosophe allemand Herder (1744-1803) est hostile à la philosophie des Lumières.

Delacroix, peintre romantique, prend parti pour l'indépendance grecque.

La conception allemande

Né en réaction à l'occupation française, le sentiment national trouve son inspiration dans le retour aux traditions. En Allemagne, qui n'est pas un État unitaire, le mouvement aboutit à une conception nationale très éloignée de celle issue des Lumières et de la Révolution. Pour certains philosophes hostiles aux Lumières, tel Herder, la nation est une réalité vivante, elle s'impose à l'individu par le partage d'une langue. C'est l'origine et la culture commune qui fondent la nation. Celle-ci s'identifie au génie national. Par ailleurs, de nombreux intellectuels allemands dénoncent l'occupation française. En 1806-1807, dans ses *Discours à la nation allemande*, Fichte identifie complètement culture, race, langue et nation. Partout en Europe, à l'exemple de l'Allemagne, la recherche de l'idendité nationale se développe à partir des travaux sur la langue, sur l'histoire et la religion. ■

Du romantisme de la contre-révolution à l'Europe des nations

Le romantisme se veut d'abord un mouvement de rejet des règles classiques de la création. Mais les romantiques veulent aussi changer le monde. Leur contestation vise la philosophie des Lumières, qu'ils rejettent, et la Révolution, dont ils dénoncent les insuffisances et les limites. Conservateur ou progressiste, le mouvement romantique influence la définition de la nation. En Allemagne, le lien entre romantisme et réaction politique est particulièrement fort. Les écrivains exaltent le souvenir de l'Allemagne des cathédrales gothiques, des légendes. Les écrivains Arnim (1781-1831) et Brentano (1778-1842) orientent la définition de la nation vers la race et la langue. L'irruption d'une nouvelle génération vers 1825 fait évoluer le romantisme en Europe. Désormais, les romantiques rejoignent le camp de la liberté. La révolte romantique se conjugue alors de plus en plus avec l'idéal démocratique, mais aussi avec le combat des peuples en quête de souveraineté nationale. Cet élan atteint son apogée en 1848. ■

Dico → État-nation • Lumières • romantisme • Rousseau • Sieyès

Points clés — L'Europe, du congrès de Vienne aux révolutions de 1830

Après la défaite napoléonienne, les vainqueurs doivent reconstruire l'Europe bouleversée par la Révolution et l'Empire. Ils entendent rétablir et maintenir une paix durable, tout en affirmant le retour de l'ordre ancien. Mais après 1815, les mouvements libéraux et nationaux qui secouent le continent rappellent que les principes de la Révolution sont désormais enracinés dans les esprits.

Le retour à l'ordre ancien

Au congrès réuni à Vienne en 1814, quatre grandes puissances, l'Autriche, l'Angleterre, la Russie et la Prusse, redessinent à leur profit la nouvelle carte de l'Europe. Elles se mettent d'accord sur deux grands principes : la légitimité dynastique et, surtout, l'équilibre entre les grandes puissances.

L'acte final, signé en 1815, est complété par les traités de la Sainte-Alliance conclus par la Prusse, l'Autriche et la Russie et de la Quadruple-Alliance entre ces mêmes pays et l'Angleterre. Ils traduisent la volonté d'instaurer un contrôle sur toute tentative révolutionnaire qui tendrait à rompre ce nouvel équilibre. ■

Des revendications politiques

Le retour à l'ordre ancien est rapidement confronté aux aspirations libérales. Celles-ci sont souvent le fait d'associations ou de sociétés secrètes aux effectifs encore réduits. Elles ont en commun le rejet des monarchies absolues.
En Allemagne, la contestation s'exerce dans les associations d'étudiants, en Italie, dans des sociétés secrètes, les carbonari, qui organisent des soulèvements en 1820-1821. Souvent liés à des aspirations nationales, ces mouvements libéraux sont durement combattus ; ils parviennent à déclencher en 1830 une série de révolutions.
En France, l'insurrection renverse le roi Charles X.
En Allemagne et en Italie les soulèvements sont réprimés par l'Autriche. ■

Caricature du congrès de Vienne qui redessine la carte de l'Europe sans tenir compte des aspirations nationales.

Des aspirations nationales

La Sainte-Alliance est contestée par les mouvements nationaux, dont certains reçoivent le soutien décisif des grandes puissances.
En novembre 1830, dans le royaume de Pologne, sous domination russe, une insurrection éclate. Elle est dirigée par la noblesse et la bourgeoisie intellectuelle qui revendiquent l'indépendance et la réunification de la Pologne. Isolée et sans soutien extérieur, la révolution polonaise est écrasée par l'armée russe en septembre 1831. Dans l'Empire ottoman, les Grecs proclament leur indépendance dès 1822. La France, l'Angleterre et la Russie interviennent en leur faveur : les Turcs sont contraints d'accepter l'indépendance grecque en 1829.
Rattachée en 1815 aux Pays-Bas protestants, la Belgique catholique obtient son indépendance en 1830. La France et l'Angleterre découragent toute intervention étrangère, contraignant les autres puissances à reconnaître son indépendance et sa neutralité. ■

En 1831, l'insurrection des Polonais est réprimée par les Russes. Depuis 1772, la Pologne a été partagée à trois reprises.

Arrestation de carbonari en 1821. Ils veulent libérer la péninsule italienne de la domination autrichienne et établir un gouvernement démocratique.

Dico → **libéraux • nationalisme • Quadruple-Alliance • Sainte-Alliance**

Les révolutions de 1848

Les révolutions qui embrasent une grande partie de l'Europe en 1848 sont le produit d'aspirations libérales, nationales et démocratiques. Le reflux est aussi rapide que la flambée révolutionnaire. En dépit de leur échec, ces révolutions ont ébranlé l'ordre instauré en 1815 lors du congrès de Vienne.

Le printemps des peuples

Après la grave crise économique de 1846-1847, des insurrections éclatent presque simultanément dans plusieurs pays. Dès la fin de 1847, la Sicile s'agite. En janvier 1848, des émeutes touchent Milan et Naples. Au lendemain de la révolution parisienne de février, toute la péninsule s'embrase. Les Autrichiens sont chassés de Milan et de Venise. Des constitutions et des réformes sont imposées aux souverains absolutistes. Le roi de Piémont prend la tête du mouvement contre l'Autriche. Pie IX est chassé de Rome où Mazzini proclame la République romaine. En Allemagne, les libéraux font élire au suffrage universel un parlement qui se réunit à Francfort. La nature du futur État allemand oppose les défenseurs de la Grande Allemagne (avec l'Autriche) et ceux de la Petite Allemagne (avec la Prusse), qui l'emportent. En mars 1848, l'insurrection de Vienne oblige l'empereur à accorder une constitution. Un congrès des peuples slaves réuni à Prague propose d'unifier les Slaves en un seul État. ■

En 1848, Louis Kossuth, grande figure du nationalisme hongrois, réclame l'indépendance de la Hongrie.

Le reflux

Un rapide reflux met fin à cette flambée révolutionnaire. En Autriche, le gouvernement du nouvel empereur François-Joseph s'appuie sur l'armée pour rétablir l'ordre et organise la réaction. François-Joseph anéantit les velléités d'indépendance des Tchèques dès juin 1848, puis celles des Hongrois l'année suivante. En Italie, l'armée autrichienne bat les troupes piémontaises à Custozza en juillet 1848, puis à Novare, en mars 1849. Une intervention française provoque la chute de la République romaine défendue par les «chemises rouges» de Garibaldi. En Allemagne, le roi de Prusse rétablit le pouvoir absolu dans ses États et refuse la couronne impériale que lui offrent les libéraux. Le Parlement est chassé et dissous.
Les révolutions de 1848 ont globalement échoué. Cependant, en Autriche, en Italie et dans les États allemands les privilèges abolis ne sont pas rétablis. Dans le royaume de Piémont-Sardaigne, la Constitution libérale de 1848 est maintenue. ■

Vienne est secouée par de violentes émeutes en mars 1848. Le chancelier Metternich doit fuir.

Les leçons de 1848

Les révolutions de 1848 sont des mouvements spontanés, romantiques et libéraux, fruits de la maturation intellectuelle depuis les années 1820-1830. Le peuple fraternise avec la bourgeoisie, les espoirs sociaux et généreux se conjuguent avec le nationalisme en Italie, en Allemagne et en Hongrie. Ces révolutions sont avant tout bourgeoises et urbaines, elles touchent des catégories ayant accès à la culture écrite. Elles se réfèrent à la Révolution française et au droit des peuples à disposer d'eux-mêmes, mais également aux réalisations postérieures au congrès de Vienne, comme la révolution grecque. L'échec de ces mouvements montre également que l'élan populaire ne peut à lui seul assurer la victoire du mouvement national; ce dernier doit être de plus en plus organisé. La prise en compte des puissances extérieures dont l'intervention peut être déterminante s'impose comme un élément de réussite.

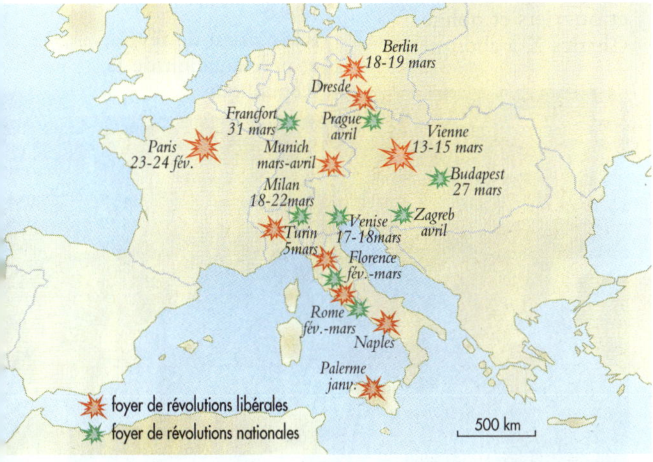

En 1848, des révolutions éclatent simultanément dans plusieurs pays d'Europe : c'est le printemps des peuples.

Dico → François-Joseph • libéraux • nationalisme • romantisme

Points clés

La France entre Restauration et révolutions

Le retour des Bourbons en 1814 ne signifie pas le retour de l'Ancien Régime. De 1818 à 1848, la Charte octroyée par Louis XVIII permet à la France de renouer avec un régime représentatif. Mais le suffrage censitaire laisse le pouvoir politique aux mains des notables. La révolution de février 1848 met fin à la monarchie censitaire et instaure le suffrage universel, tout en décevant les aspirations sociales.

De la Restauration aux Trois Glorieuses

Louis XVIII souhaite réconcilier les Français. La Charte qu'il octroie est un texte de compromis. Elle reconnaît certaines conquêtes de la Révolution et de l'Empire, comme l'égalité de tous devant la loi ou la liberté d'opinion. Elle réaffirme la primauté du roi, lequel doit partager le pouvoir législatif avec deux assemblées, dont la Chambre des députés élue au suffrage censitaire. Le gouvernement n'est pas responsable devant le Parlement et le corps électoral est très restreint. La majorité victorieuse après les élections de 1816 s'efforce d'appliquer la Charte. En 1820, le retour des ultras, nostalgiques de l'Ancien Régime, ruine cette tentative de restauration modérée. Cette politique de réaction est accentuée sous Charles X. Alors que l'opposition libérale remporte les élections de 1830, le roi refuse le verdict des urnes. À Paris, une insurrection, les 27, 28 et 29 juillet 1830, unit bourgeois, artisans et ouvriers et oblige Charles X à abdiquer. ■

1814
• *Juin* Charte octroyée par Louis XVIII.

1830
• *27, 28 et 29 juillet* Soulèvement du peuple parisien; Louis-Philippe devient roi.

1840-1848
Guizot domine le gouvernement.

1848
Révolution de février et proclamation de la République.

En 1825, Charles X, reprenant la tradition de l'Ancien Régime, se fait sacrer dans la cathédrale de Reims.

En 1830, le duc d'Orléans Louis-Philippe devient « roi des Français ». Il inaugure la monarchie bourgeoise.

La monarchie de Juillet

Les bourgeois libéraux font appel au duc d'Orléans Louis-Philippe. La révision de la Charte, en août 1830, traduit l'influence de la bourgeoisie libérale. Le cens électoral est abaissé, mais la participation à la vie politique demeure le privilège d'une minorité. Le roi encourage la modernisation économique. La croissance de la grande industrie s'accompagne d'une prise de conscience de la question sociale. Mais à partir de 1840, le gouvernement dominé par Guizot mène une politique de plus en plus conservatrice. La crise économique de 1847 plonge le pays dans l'agitation. L'opposition libérale réclame une réforme électorale. Dans ce but, une campagne de banquets républicains est organisée pour contourner l'interdiction des réunions publiques. Le banquet prévu le 22 février 1848 est interdit et provoque la révolte de Paris. ■

La révolution de 1848

Sur les barricades, les étudiants sont rejoints par les ouvriers et la petite-bourgeoisie. Le 24 février, Louis-Philippe abdique, la République est proclamée le soir même et un gouvernement provisoire est désigné par les députés. Le gouvernement multiplie les réformes politiques et décide l'élection d'une Assemblée constituante au suffrage universel. Cette élection marque le triomphe des modérés. Mais en juin, les ateliers nationaux créés pour procurer du travail aux chômeurs sont fermés, provoquant un soulèvement ouvrier à Paris. Le général Cavaignac écrase dans le sang l'insurrection. La République conservatrice a balayé les espérances sociales de 1848. ■

La Garde nationale, dont le recrutement est ouvert aux classes populaires, rejoint le camp des insurgés.

Points clés

Origines et processus de l'industrialisation

Entre 1780 et 1850, la Grande-Bretagne transforme radicalement ses méthodes de production. Les machines-outils se substituent progressivement au travail manuel et les artisans dispersés dans les ateliers font place aux grandes masses ouvrières concentrées dans les usines. Dans la seconde moitié du XIXe siècle, ce processus d'industrialisation s'étend à l'Europe occidentale et aux États-Unis.

1769
Machine à vapeur de James Watt.

1779
Mule-jenny de Samuel Crompton.

1784
Fabrication du fer à partir de la fonte par le procédé du puddlage.

1785
Métier à tisser mécanique d'Edmund Cartwright.

Industrialisation et mécanisation

La croissance lente, mais continue, des économies européennes au XVIIIe siècle suscite un contexte favorable au démarrage industriel. Les progrès de l'agriculture en Angleterre et l'amélioration des moyens de transport traditionnels favorisent la croissance démographique, l'enrichissement des classes moyennes et l'essor du commerce. La hausse continue de la demande en produits courants – matières textiles et outillage agricole – est satisfaite dans un premier temps par les ateliers urbains et ruraux et l'intensification du travail à domicile des ouvriers-paysans travaillant pour des négociants. Mais cette augmentation de l'offre reste insuffisante et les producteurs comptent sur des innovations techniques pour répondre aux besoins nouveaux dans les meilleurs temps et au meilleur prix et pour résoudre les problèmes de pénurie de main-d'œuvre et de matières premières. La mécanisation démarre dans la filature du coton, matière textile résistante et bon marché. La mule-jenny, inventée par Crompton en 1779, permet de faire tourner 400 broches à la fois. Dans la métallurgie, on substitue la fonte au charbon de bois, matière rare en Angleterre, par de la fonte au coke, entraînant la multiplication des mines pour extraire le fer et le charbon.
La machine à vapeur de Newcomen, perfectionnée par Watt en 1769, devient la principale source d'énergie dans toute l'industrie naissante. ■

L'atelier à domicile, dans les villes, reste très répandu, en particulier pour le travail de la soie, matière fragile, difficile à mécaniser.

Les premières machines à vapeur sont utilisées pour pomper l'eau dans les galeries des mines.

Un processus en chaîne

Lorsqu'une étape de la production bénéficie d'un progrès technique, ce dernier s'étend rapidement à l'ensemble du processus. Ainsi, la mécanisation de la filature entraîne celle du tissage (1784). Chaque invention est perfectionnée, puis étendue aux autres secteurs : après le lin et la laine, la soie connaît la mécanisation. Parallèlement, l'industrie chimique se développe (blanchiment et teinture des tissus). Dans la métallurgie, le procédé du puddlage (1784) permet d'obtenir à partir de la fonte un fer beaucoup plus solide qui va être utilisé pour la fabrication des différentes machines. Chaque progrès technique, qui entraîne une baisse des coûts de fabrication et des prix de vente, permet d'accroître la clientèle et d'ouvrir de nouveaux marchés. ■

L'avance britannique

En 1850, l'avance de la Grande-Bretagne est considérable. Elle fournit plus du tiers de la production manufacturière et assure la moitié du commerce mondial. Les pays européens suivent l'exemple britannique en l'adaptant à leur situation particulière. La France, dont la main-d'œuvre est abondante et qualifiée, ne mécanise en priorité que les secteurs à faible valeur ajoutée, comme la filature, et se spécialise dans l'industrie du luxe. L'Allemagne et les États-Unis, entrés tardivement dans l'ère industrielle, investissent massivement dans la sidérurgie et les biens d'équipement. La concentration industrielle y est beaucoup plus forte et des barrières douanières les protègent de la concurrence extérieure. ■

Le marteau-pilon à vapeur, inventé en 1839, permet de forger des pièces de très gros calibres.

Dico → classe sociale • manufacture • puddlage

La révolution des transports

La révolution des transports accélère le processus d'industrialisation en ouvrant aux producteurs des marchés de plus en plus vastes. En accentuant la concurrence, elle établit de nouvelles hiérarchies aux niveaux international et national. Elle favorise l'exode rural, recompose les paysages agricoles et ordonne de nouvelles localisations industrielles.

1819
Traversée de l'Atlantique par un navire mixte.

1830
Ligne de voyageurs Manchester-Liverpool.

1885
Daimler met au point le moteur à explosion.

1909
Blériot traverse la Manche en avion.

La construction de tunnels, de ponts et de gares donnent un essor considérable aux industries du bâtiment et des travaux publics.

L'essor des chemins de fer

En 1814, la première locomotive construite par Stephenson a remplacé les chevaux pour tracter les wagons de charbon dans les mines. Il faut attendre 1830 pour que l'on ouvre des lignes destinées aux voyageurs. Dès lors, une véritable fièvre ferroviaire gagne tous les pays industriels. En moins de 20 ans, des réseaux sont tracés partout en Europe de l'Ouest et aux États-Unis, tissés par des sociétés privées. Dès 1850, 10 000 km de voies sillonnent la Grande-Bretagne. Sur le continent, le chemin de fer traverse les fleuves et franchit les montagnes en 1854. Aux États-Unis, il traverse le continent en 1869, reliant New York à San Francisco. Les compagnies ferroviaires deviennent les premières grandes entreprises capitalistes et bouleversent les marchés financiers. Pour financer les investissements, elles émettent des actions et des obligations qui drainent l'épargne populaire et favorisent la croissance des Bourses et la naissance des banques de dépôt. ■

Points clés

Entre 1820 et 1850, le prix du transport maritime est divisé par 4.

Des steamers à l'aviation

La navigation connaît une révolution similaire avec la naissance des navires à vapeur à partir de 1830. Guère plus rapides que les grands voiliers, ils sont plus réguliers et transportent des tonnages importants. Les canaux de Suez et de Panamá, percés en 1869 et en 1914, favorisent les liaisons transocéaniques. Des grandes compagnies de navigation assurent des liaisons régulières entre les grands ports mondiaux. La maîtrise de l'électricité permet l'essor des communications (le télégraphe en 1844, le téléphone en 1876) et celui des tramways et du métro dans les grandes villes. À la fin du XIXe siècle, le moteur à explosion révolutionne les transports terrestre et aérien. L'automobile devient dès les années 1920 un produit de consommation courant aux États-Unis. L'aviation, qui se développe à la faveur de la Grande Guerre, s'ouvre au domaine civil dès le lendemain du conflit. ■

L'unification des marchés

Ces nouveaux moyens de transport stimulent de larges branches industrielles et unifient les marchés. L'extraction charbonnière, les constructions mécaniques et surtout la sidérurgie deviennent les moteurs de la croissance et prennent le relais de l'industrie textile. Le rail désenclave des régions entières, accélère l'exode rural, transforme l'espace et ouvre aux producteurs de nouveaux marchés à conquérir. La navigation maritime développe les échanges mondiaux par l'abaissement considérable du fret et met en concurrence les agricultures européennes avec celles des pays neufs, dont les coûts sont beaucoup plus faibles. ■

En 1927, l'Américain Lindbergh réalise la première traversée de l'Atlantique à bord du Spirit of Saint Louis.

Dico → action • banque • Bourse • économie de marché

Points clés — Croissance, crises et dépression

En rupture majeure avec les sociétés traditionnelles, le monde industrialisé connaît une croissance économique exceptionnelle et continue de 1800 à 1940. Grâce à la production de masse, le niveau de vie des populations augmente de façon considérable. En revanche, cette croissance n'est pas régulière mais ponctuée par des cycles où alternent expansion et dépression.

Croissance et crises

De 1780 à 1870, la croissance, spectaculaire, est rythmée par des fluctuations économiques courtes, d'une durée de 6 à 10 ans. La crise est brève et correspond à un retournement de la conjoncture, le passage d'une phase de croissance à une phase de récession. Ce sont des crises commerciales, révélatrices d'un déséquilibre entre la production et la consommation.
Les prix et les profits s'effondrent, la production chute, provoquant la faillite des entreprises les plus faibles, et le chômage devient massif. La purge est brutale mais l'ensemble des activités reprend rapidement. ■

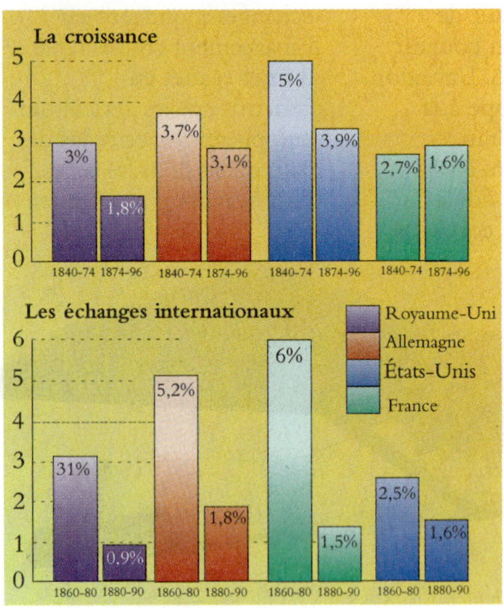

Le ralentissement de la croissance et des échanges. Avec la crise économique ouverte en 1873 par le krach de la Bourse de Vienne, les grands pays industrialisés connaissent une croissance ralentie, la baisse des prix et l'insuffisance d'emplois.

La grande dépression

La grande dépression qui frappe les pays industrialisés de 1873 à 1893 met en évidence des cycles plus longs, d'environ 40 ans, où alternent une phase d'expansion et une période de dépression. La croissance se poursuit mais à un rythme plus lent. Cette longue décélération des économies est perçue par les contemporains comme plus inquiétante que les crises. Elle frappe davantage les vieux pays industriels, Angleterre et France, que les jeunes, Allemagne et États-Unis, et elle affecte surtout les premières industries (métallurgie au bois, textile). Cette grande dépression révèle l'épuisement du système reposant sur le coton, le charbon et le fer : elle marque la fin de la croissance des secteurs nés de la première industrialisation. ■

Points clés

Jusqu'en 1870, le chômage est faible en valeur absolue et conjoncturel car l'offre de main-d'œuvre reste insuffisante. L'expansion du monde ouvrier et du salariat en général accroît les conséquences sociales des crises industrielles. Le chômage devient massif, entraîne une chute de la consommation et retarde la reprise.

L'application du taylorisme donne naissance au travail à la chaîne, stigmatisé par Chaplin dans Les Temps modernes.

La deuxième industrialisation

Pour retrouver la croissance et faire face à la concurrence, accrue par l'ouverture des marchés, les entreprises réalisent des innovations qui provoquent une mutation de l'ensemble des techniques de production. L'acier, le béton, la chimie de synthèse, l'électricité, le pétrole et la motorisation deviennent les nouveaux secteurs clés de la croissance et modifient les structures de production et l'environnement quotidien des hommes d'une façon beaucoup plus nette que la première industrialisation. À l'origine de la révolution agricole, ces innovations donnent naissance, dans l'industrie, à la grande usine taylorisée où l'ouvrier, sans qualification, doit s'adapter au rythme imposé par la machine.

Dans les foyers, les biens industriels, téléphone, électroménager, automobile, deviennent accessibles à des couches sociales de plus en plus larges. Le paysage mondial se recompose, avec un déclin relatif des anciennes puissances industrielles, la France et l'Angleterre, et la montée en puissance de l'Allemagne et des États-Unis qui dominent ces technologies. ■

Dico → crise • croissance • dépression • standardisation • taylorisme

Points clés

Capitalisme et libéralisme au XIXe siècle

Le capitalisme libéral, système économique fondé sur la propriété privée des moyens de production et la libre concurrence entre les producteurs, s'impose au début de l'industrialisation. Mais dès la fin du siècle, les États, sous la pression de divers groupes sociaux, protègent les économies nationales de la concurrence et adoptent des lois sociales pour réglementer le travail salarié.

Le capitalisme libéral

La première industrialisation s'est développée dans le cadre souhaité par le père du libéralisme économique, l'Écossais Adam Smith. La richesse des nations augmente avec les échanges et la division du travail. Le marché, lieu de confrontation entre l'offre et la demande, détermine des lois naturelles qu'il faut suivre dans l'intérêt général. Ni l'État ni aucun groupement d'intérêts particuliers ne doivent intervenir dans la vie économique, sous peine de fausser ces lois et d'obtenir des résultats néfastes. Derrière l'Angleterre en 1846, les États suivent ce modèle libéral jusque dans les années 1880, où la plupart adoptent des mesures protectionnistes et se dotent de législations sociales. La grande prospérité des années 1920 favorise un bref retour des idées libérales avant le repli protectionniste des années 1930 et le début d'une intervention croissante des États dans la vie économique. ■

Adam Smith, fondateur d'une nouvelle science, l'économie politique, expose, en 1776, les principes de la théorie libérale dans son essai **Recherches sur la nature et les causes de la richesse des nations.**

Le contrôle des marchés

Le premier capitalisme s'appuie sur un nombre croissant de petites entreprises, dans un marché concurrentiel. Celles-ci se développent par réinvestissement des bénéfices. Le développement du rail puis la deuxième industrialisation transforment le capitalisme. L'importance des capitaux nécessaires à la grande industrie pour financer les laboratoires de recherches et s'équiper de machines perfectionnées rend nécessaire la constitution de sociétés anonymes dont le capital, divisé en actions, est mis en vente au public dans les Bourses. Pour contrôler les marchés afin de limiter la concurrence, les entreprises signent des accords d'entente entre elles, les cartels, et se lancent dans un processus de concentration par fusion ou absorption des plus petites. ■

La grève et les syndicats sont considérés comme une menace contre le marché. Le rôle de l'État est de veiller à cette «liberté» du marché en éliminant, y compris par la force, tout ce qui vient le perturber.

Des groupes de pression libres-échangistes, composés d'intellectuels, se développent en Europe de l'Ouest, après 1846, pour exiger des États la fin du protectionnisme. Ils l'obtiennent, contre l'avis de la majorité du patronat, à partir de 1860.

La formation du patronat

Une nouvelle classe dirigeante, la grande bourgeoisie, issue du patronat industriel, du grand commerce et de la Banque, s'affirme aux dépens de la vieille aristocratie. Détentrice de la puissance économique, elle étend son pouvoir aux domaines culturel et politique tout en imposant sa vision du monde à la société : la plupart des députés et des hommes politiques sont issus de ses rangs. Attachée à l'ordre politique et moral, au respect de la propriété, aux vertus du travail et de la famille, cette nouvelle classe dirigeante mesure le mérite des individus à leur richesse personnelle. Dans leur entreprise, les patrons se considèrent investis d'une autorité absolue que ni l'État ni les ouvriers ne doivent entraver. Mais ils se sentent aussi responsables de leurs salariés, pour lesquels ils construisent des logements, des hôpitaux, des crèches et des écoles. Leur pouvoir s'étend sur toute la ville : le paternalisme des patrons des grandes entreprises est illustré par les maîtres de forges comme Schneider au Creusot ou Michelin à Clermont-Ferrand. ■

Le monde ouvrier

La révolution industrielle entraîne une profonde mutation des structures sociales. Les effectifs ouvriers représentent, en 1914, près de la moitié de la population active en Angleterre et en Allemagne et plus du tiers en France. La grande misère ouvrière, qui caractérise les débuts de l'industrialisation, recule à la fin du siècle sous l'effet conjugué de l'essor économique, des luttes syndicales et de l'action des États.

La diversité du monde ouvrier

Durant tout le XIXe siècle, le monde ouvrier, dont les effectifs augmentent rapidement, est marqué par une grande diversité. Les formes traditionnelles de la production, l'artisanat et le travail à domicile, restent vivantes jusqu'à la grande dépression. La petite entreprise emploie des ouvriers professionnels dont le savoir-faire leur permet d'obtenir des revenus décents, tandis que les travailleurs isolés, payés à la pièce, subissent la concurrence du travail industriel. Dans la grande usine, l'écart des salaires entre les ouvriers qualifiés et les manœuvres va du simple au double. Quant aux femmes et aux enfants, leur rémunération pour un même emploi est inférieure de 50 % à celle des hommes. Dans l'ensemble, les conditions de travail sont fort pénibles. Travaillant environ 15 heures par jour, soumis à une discipline punitive, les ouvriers ne bénéficient d'aucune protection et risquent à tout moment l'accident ou le chômage, qui les précipitent dans la misère et la marginalité. La criminalité, l'alcoolisme et les épidémies demeurent les grandes plaies des quartiers populaires. ■

La construction de cités ouvrières a permis aux patrons d'enraciner un monde ouvrier qui refusait l'industrialisation.

Il faut attendre le début du XXe siècle pour que les lois interdisant le travail des enfants soient réellement appliquées.

La naissance d'une législation sociale

Le travail des enfants est le premier champ d'intervention de l'État dans un secteur, l'entreprise, considéré jusqu'alors comme relevant du domaine privé. Dès 1841, la France interdit le travail aux enfants de moins de 8 ans et est bientôt suivie par d'autres pays.
Mais c'est en Allemagne que sont adoptées les premières grandes mesures sociales. Entre 1883 et 1889, une législation du travail protège les salariés contre la maladie, les accidents et la vieillesse.
En Angleterre, les mêmes mesures sont prises en 1911, auxquelles s'ajoute une assurance contre le chômage. En France, les assurances sociales ne sont accordées qu'en 1928. Partout, le temps de travail est réduit progressivement à 10 heures à la fin du siècle puis à 8 heures après la Grande Guerre.
En France, les salariés obtiennent, en 1936, la semaine de 40 heures et 15 jours de congés payés. ■

Le travail à domicile, effectué surtout par une main-d'œuvre féminine, se maintient dans le textile jusqu'à la fin des années 1930.

L'amélioration des conditions de vie

Entre 1890 et 1930, la condition ouvrière connaît une nette amélioration. Les salaires réels augmentent pendant la grande dépression puis dans les années 1920, avec les progrès du taylorisme. L'alimentation, qui représente encore plus de la moitié des budgets ouvriers, est devenue plus riche et diversifiée. La mortalité infantile, qui pouvait atteindre 40 % dans certains quartiers populaires, recule et l'espérance de vie s'accroît. Astreints à une discipline rigoureuse, les ouvriers de la grande industrie bénéficient en contrepartie de la construction de logements, d'hôpitaux et d'écoles. ■

Le syndicalisme en Europe au XIXe siècle

L'industrialisation s'est développée dans un cadre libéral. Partout, les grèves et les coalitions sont interdites au nom de la liberté du travail et réprimées par l'intervention de la troupe. Puis les États accordent le droit de grève et d'association. De puissantes organisations syndicales se constituent et deviennent les partenaires obligés de l'État et du patronat.

L'expérience anglaise

Le syndicalisme apparaît en Angleterre dans la première moitié du XIXe siècle. Des unions de métiers, les trade-unions, organisées par les ouvriers qualifiés, se développent dans le textile et le bâtiment. Les ouvriers obtiennent le droit de grève, puis, en 1825, la liberté d'association. En 1833, la tentative de regrouper les trade-unions dans un syndicat unique, avec comme objectif la grève générale et la destruction du capitalisme, échoue devant la riposte patronale qui interdit l'embauche des syndiqués et répond à la grève par la fermeture. Le mouvement syndical se reconstitue et organise en 1868 un congrès qui fédère les trade-unions (TUC), désormais ouvertes aux ouvriers non qualifiés et aux employés. Reconnues officiellement, les trade-unions s'engagent dans la voie réformiste et deviennent en 1914 le plus puissant syndicat européen avec près de 4 millions de membres. Ce syndicalisme précoce suscite la création d'un parti socialiste modéré en 1906. ■

En souvenir de la manifestation de 1886 à Chicago où la police a tiré sur des manifestants réclamant la journée de 8 heures, la IIe Internationale fait du 1er mai la journée internationale des travailleurs pour obtenir les « trois 8 ».

L'anarcho-syndicalisme en France

En France, des syndicats de métiers et des sociétés de secours mutuel se constituent, mais ces structures restent très éclatées et fermées aux ouvriers de la grande industrie. En 1864, la grève et les associations professionnelles sont tolérées. La Commune de Paris radicalise le mouvement ouvrier, qui se tourne vers les thèses anarchistes. Après avoir obtenu la liberté syndicale en 1884, les syndicats s'unissent au sein de la Confédération générale du travail, en 1895. Dans la Charte d'Amiens, en 1906, la CGT prône un syndicalisme révolutionnaire et appelle à l'action directe et à la grève générale pour l'émancipation des travailleurs et la destruction du capitalisme. Le mouvement syndical, avec moins de 400 000 militants, n'obtient guère d'avancées sociales, malgré des luttes très dures. ■

La grève, ici en France en 1893, devient le moyen essentiel des ouvriers d'obtenir la satisfaction de leurs revendications et l'occasion de créer de fortes solidarités.

Le syndicalisme réformiste allemand

En Allemagne, le développement syndical, comme l'industrialisation, est plus tardif et, à l'inverse de la Grande-Bretagne, il émane du mouvement socialiste. Limité à quelques syndicats d'ouvriers qualifiés, il ne connaît un réel essor qu'après l'abrogation des lois antisocialistes en 1890. Les divers syndicats de métier se fédèrent en 1892 dans l'Union générale des syndicats allemands (DGB). Si de nombreux militants sont également membres du parti social-démocrate, le DGB reste indépendant et se fixe comme objectif de lutte, non pas des revendications politiques, mais une amélioration de la condition ouvrière. Fort de ses 2,5 millions d'adhérents, le syndicalisme allemand choisit la voie réformiste et bénéficie des lois de protection les plus avancées du monde. ■

Le nombre de syndiqués en Angleterre passe de 1 million en 1885 à 4 millions en 1914.

Dico → **capitalisme • grève • réformisme • syndicalisme**

Points clés

Le socialisme

L'extrême misère du monde ouvrier des débuts de l'industrialisation suscite une réflexion des intellectuels sur les inégalités sociales et les moyens de les faire disparaître. Différents courants de pensée donnent naissance à des mouvements socialistes qui s'engagent dans le combat politique en prenant des voies spécifiques selon les pays.

En 1848, Marx, ci-dessus, et Engels publient le Manifeste du parti communiste. *Ils exposent une théorie, le matérialisme dialectique, et appellent à l'union de tous les prolétaires.*

Le marxisme

Le philosophe allemand Karl Marx analyse l'histoire des hommes comme étant le résultat de la lutte des classes, entre ceux qui possèdent les moyens de production et ceux qui sont obligés de vendre leur force de travail. L'industrialisation a produit deux classes antagonistes, la bourgeoisie, qui détient le capital et les usines, et le prolétariat, qui lui est soumis. Les profits réalisés par les patrons proviennent de l'exploitation des prolétaires, qui ne sont pas payés à leur juste valeur. La classe ouvrière, par son avant-garde organisée en parti révolutionnaire, doit conquérir le pouvoir par la violence, puis instaurer une dictature du prolétariat, prélude à une société sans classes ni État : le communisme. ■

Les anarchistes

Les anarchistes – le Russe Bakounine ou le Français Proudhon – font la même critique du capitalisme, mais s'opposent aux marxistes sur la façon de construire la société idéale. Ils sont hostiles à la formation d'un parti d'avant-garde et rejettent toute idée d'État, fût-il socialiste. La révolution doit partir de la base, des travailleurs organisés en fédérations locales sur les lieux de production. Ils appellent à la grève générale, au « grand soir », qui provoquera l'effondrement inéluctable du capitalisme et instaurera une société sans classes formée d'une libre association de producteurs regroupés en coopératives. ■

L'Internationale

En 1864, sous l'influence de Marx, socialistes et anarchistes créent, à Londres, la première Association internationale des travailleurs, organisée en sections locales dans les différents pays. Mais son influence très limitée et les oppositions entre marxistes et anarchistes provoquent sa dissolution en 1876. Les partis socialistes qui se forment dès lors en Europe présentent de fortes divergences entre eux. ■

De la diversité à la division

Une IIe Internationale est constituée en 1889. C'est un lieu de débats où s'expriment les différents courants de pensée socialistes. La tendance révolutionnaire qui prône la prise du pouvoir par la force s'oppose aux réformistes qui prétendent passer du capitalisme au socialisme en participant au pouvoir et en s'alliant avec la bourgeoisie. En Allemagne, le parti social-démocrate, fondé en 1875, s'engage dans le réformisme et devient le plus puissant parti socialiste européen. En Angleterre, le parti travailliste, constitué en 1906 par les trade-unions, abandonne tout projet révolutionnaire. En Russie, le parti ouvrier social-démocrate, interdit et clandestin, se divise en 1903 entre les bolcheviks révolutionnaires et les mencheviks. En France, les différents partis socialistes fondent en 1905 la SFIO (Section française de l'Internationale ouvrière) où la tendance réformiste, menée par Jaurès, s'impose. En 1914, l'Internationale s'avère incapable d'empêcher la guerre et les différents partis socialistes entrent dans des gouvernements d'union nationale. La création de la IIIe Internationale, par Lénine en 1919, provoque la scission au sein des partis socialistes entre les communistes, favorables à Lénine, et les socialistes, qui veulent garder leur indépendance. ■

Mikhaïl Bakounine, anarchiste russe émigré à Paris, s'oppose au sein de la Ire Internationale au courant socialiste autoritaire mené par Karl Marx. Il en est exclu en 1872.

La division entre socialistes et communistes affaiblit la gauche pendant l'entre-deux-guerres et est une des causes de l'arrivée au pouvoir des fascistes en Italie et en Allemagne.

Les chrétiens face à la modernité

La transformation des sociétés traditionnelles et la fin des privilèges dont bénéficiait le clergé sous l'Ancien Régime contribuent à diminuer le poids et l'influence de l'Église auprès des populations. Après une période de refus de la modernité, elle tente de s'adapter aux bouleversements sociaux afin de retrouver une audience auprès des milieux populaires.

La remise en cause de l'Église

L'exode rural provoque un déclin du monde villageois qui, depuis plus de 1 000 ans, constituait le cadre paroissial dans lequel l'Église avait assis son pouvoir et son influence. La présence du clergé dans les villes n'a jamais accompagné l'essor urbain, notamment dans les quartiers ouvriers. L'Église se trouve confrontée à des systèmes de pensée qui la remettent en cause. Les socialistes accusent la religion d'être « l'opium du peuple » et l'Église d'être un des piliers de la bourgeoisie capitaliste. Le développement de l'esprit scientifique ébranle les certitudes religieuses. La thèse de Darwin sur l'évolution des espèces remet en cause l'origine divine de la création de l'homme. La laïcisation des États, en particulier dans le domaine scolaire, fait perdre à l'Église le monopole en matière d'éducation. ■

Léon XIII, surnommé le pape-ouvrier, ouvre la voie au christianisme social et encourage les catholiques français à se rallier à la République.

Le repli de l'Église

Le cumul de ces facteurs provoque, en Europe, un recul important de la foi, des pratiques religieuses et des vocations. L'Église se réfugie dans une attitude de repli dogmatique et de rejet des évolutions, d'autant que l'unité italienne lui fait perdre son pouvoir temporel. Après avoir proclamé le dogme de l'Immaculée Conception, Pie IX condamne dans le *Syllabus*, en 1864, la démocratie et le libéralisme, la liberté de conscience et le rationalisme.
En 1870, il réunit le concile de Vatican I qui affirme l'infaillibilité pontificale. L'Église cherche à mobiliser les croyants par un renouveau de la piété populaire en faisant appel à l'émotion. Elle multiplie les processions et les pèlerinages, elle édite des livres et des images pieuses et développe la dévotion à la Vierge et au Sacré-Cœur. ■

Les tentatives de renouveau

À la fin du XIXe siècle, l'Église assouplit sa position et cherche à promouvoir un christianisme social. Dans l'encyclique *Rerum novarum*, Léon XIII définit, en 1891, la doctrine sociale de l'Église. Critiquant le capitalisme libéral comme le socialisme, il dénonce la misère et l'exploitation des ouvriers tout en affirmant le respect de la propriété. L'Action catholique tente de s'implanter dans le monde ouvrier en conciliant la foi et la justice sociale. Des syndicats catholiques se constituent en Allemagne, en France, et des organisations, comme la Jeunesse ouvrière chrétienne, créée en 1924, cherchent à encadrer les jeunes. Dans les années 1930, la papauté adopte une position ambiguë face aux régimes totalitaires. Si elle condamne les thèses racistes de l'Allemagne nazie, elle oscille entre la bienveillance et le soutien envers l'Italie fasciste et l'Espagne franquiste. ■

Après l'annonce, en 1858, de plusieurs apparitions de la Vierge dans une grotte, Lourdes devient un des plus importants lieux de pèlerinage.

Missionnaires d'Alger et enfants arabes. L'Église multiplie son activité missionnaire dans les pays colonisés où elle connaît de nombreux succès, notamment en Afrique.

Points clés

L'Europe domine le monde

À la fin du XIXe siècle, de profondes transformations stimulent et facilitent l'expansion européenne. Le dynamisme démographique suscite de forts courants d'émigration, la révolution des transports, l'accroissement des échanges, la mobilisation des capitaux et leur exportation placent l'Europe au centre du monde.

Des émigrants européens découvrent la statue de la Liberté dans le port de New York. Les États-Unis représentent le premier pays d'immigration.

Les Européens peuplent le monde

À la fin du XIXe siècle, l'Europe bénéficie d'une importante vitalité démographique. Entre 1800 et 1870, la population passe de 200 à 300 millions d'habitants et atteint près de 450 millions (soit près d'un quart de la population mondiale). Ce dynamisme qui déclenche sur le continent l'essor de l'urbanisation engendre aussi un fort courant d'émigration. Au cours du XIXe siècle, près de 40 millions d'Européens s'expatrient. Les laissés-pour-compte de la révolution industrielle ont en effet toujours la possibilité de tenter leur chance dans les contrées peu peuplées. Les États européens peuvent ainsi résoudre à moindre frais la question sociale résultant des mutations économiques. Les émigrants, qu'ils soient du Nord (Suédois, Baltes), du Centre (Allemands, Tchèques, etc) ou du Sud de l'Europe (Italiens, Grecs) gagnent en priorité le continent américain. Plusieurs vagues d'immigrants débarquent aux États-Unis qui accueillent les plus forts contingents d'Européens. Entre 1800 et 1840, 1,5 million d'Européens émigrent. Au milieu du XIXe siècle, le mouvement s'accélère. En 1880, près de 1,3 million d'Européens quittent le Vieux Continent. Les Britanniques sont les plus nombreux; ils s'installent en Amérique du Nord, en Australie et en Nouvelle-Zélande. L'expansion de la population européenne dans le monde contribue ainsi à développer l'économie mondiale et à diffuser les valeurs de la civilisation que l'Europe incarne. ■

L'Europe domine les échanges

Tirant parti de son avance économique et de sa supériorité technique, l'Europe domine le commerce mondial. De 1830 à 1880, les échanges connaissent un essor sans précédent. Le volume des exportations est multiplié par 6. Les progrès décisifs de la navigation maritime (les vapeurs remplacent les voiliers) et l'ouverture de nouvelles routes commerciales (notamment, le canal de Suez) facilitent les échanges en diminuant leur coût, en augmentant leur volume et en réduisant les délais. La politique de libéralisation des échanges instaurée par la Grande-Bretagne et appliquée par les États européens à partir de 1860 contribue en outre au développement commercial. Les grandes compagnies commerciales qui organisent et monopolisent les échanges entre l'Europe et le reste du monde jouent un rôle essentiel dans l'expansion européenne au cours du siècle. ■

Vue du port de Londres. La capitale du royaume britannique domine le commerce mondial.

Les Européens, banquiers du monde

Les transformations du système bancaire en Europe favorisent la concentration de masses de capitaux. Les placements devenant moins avantageux en Europe, les détenteurs de capitaux se tournent vers l'étranger où l'argent est rare et cher. En prêtant de l'argent aux gouvernements étrangers à des taux d'intérêt élevés, ils espèrent réaliser de gros profits. L'Empire ottoman, l'Égypte et la Tunisie sont particulièrement attractifs. L'endettement de ces pays donne à leurs créanciers un droit de regard et de contrôle sur leurs affaires. Ainsi se prépare un terrain favorable à la colonisation. ■

Le canal de Suez ouvre à l'Angleterre une nouvelle route des Indes.

Points clés

Des rivalités coloniales au partage du monde

À partir des années 1870-1880, les États européens prennent le relais des explorateurs dans la conquête de nouveaux continents. Rapidement, l'Afrique et l'Asie sont placées sous la domination de l'Europe et deviennent l'enjeu de rivalités entre les nations européennes.

Les acteurs de l'expansion coloniale

À l'heure où la révolution industrielle transforme les paysages en Europe, le voyage et la découverte de contrées lointaines suscitent le rêve. Des Européens entreprennent des expéditions en Afrique et en Asie. En Afrique, l'explorateur britannique Livingstone traverse le continent d'est en ouest (1842-1872), tandis que le Français Savorgnan de Brazza découvre le Congo. Les sociétés de géographie en Allemagne et en France encouragent ces initiatives et leur donnent une légitimité scientifique. Parallèlement, les Églises catholique et protestante s'emploient à évangéliser les populations indigènes. C'est l'État anglais qui affirme le premier sa vocation coloniale. Après la conquête de l'Inde (1857), les Britanniques pénètrent en Afrique. En 1876, l'Angleterre est la première puissance coloniale avec un empire de plus de 22 millions de kilomètres carrés. En France, l'expansion est plus hasardeuse. La monarchie de Juillet entame la conquête de l'Algérie en 1830. Puis la France établit sa souveraineté en Afrique de l'Ouest (Sénégal, Côte-d'Ivoire) et, en Indochine, avant d'annexer la Nouvelle-Calédonie. En 1870, elle est la deuxième puissance coloniale. ■

Savorgnan de Brazza (1852-1905) signe un traité avec le roi des Téké, Makoko. Il est ratifié par le gouvernement français en 1883; l'occupation française fait pièce à l'implantation belge au Congo.

1884-1885
La conférence de Berlin règle la question du Congo et détermine aussi les zones d'influences en Afrique.

1911
L'Allemagne et la France s'accordent sur leur souveraineté au Congo et au Cameroun.

1912
Protectorat français au Maroc. L'Angleterre reconnaît la souveraineté de la France sur le pays : Paris lui garantit en échange la liberté de passage en Méditerranée.

1913
Ouverture du canal de Panamá.

La « course au clocher »

L'expansion devient un enjeu économique et politique pour les États européens. En France, le discours colonialiste fédère les républicains. Les entrepreneurs, pour profiter de marchés protégés par des systèmes douaniers avantageux, encouragent les gouvernants dans cette voie. En Angleterre, le colonialisme permet de réaffirmer la suprématie économique de la Couronne. Paris et Londres se livrent à une véritable course aux colonies en Afrique et en Asie. Si les Français constituent un ensemble maghrébin autour de l'Algérie, les Anglais maintiennent leur contrôle sur le proche-Orient. En Extrême-Orient, la France impose son influence en Indochine à partir de 1883 ; deux ans plus tard, les Anglais occupent la Birmanie. ■

Le « gâteau chinois » suscite les convoitises de l'Angleterre, de l'Allemagne, de la Russie, de la France et du Japon.

Affiche de propagande coloniale : la délimitation des frontières franco-allemandes au Congo.

Le partage du monde

L'impérialisme de la France et de l'Angleterre exaspère des nations voisines comme l'Italie et l'Allemagne. Celles-ci entendent récolter à leur tour les fruits de leur croissance. À la fois pour des raisons économiques – recherche de débouchés – et politiques – ouverture maritime –, l'Allemagne affirme sa domination en Afrique et dans le Pacifique. L'Italie, mue par le rêve de reconstituer l'Empire romain, s'installe en Afrique – en Érythrée et en Somalie.
Cette course à l'expansion nécessite la tenue de conférences – celle de Berlin se tient en 1885, celle d'Algésiras en 1906 – qui organisent le partage et règlent les conflits.
En 1914, les nations européennes se partagent l'Afrique, à l'exception de l'Éthiopie et du Liberia, et dominent l'Asie. ■

Dico → colonie • impérialisme

Colonies et métropoles

Les empires coloniaux comprennent soit des colonies de peuplement, comme le Canada, l'Australie et l'Afrique du Sud pour les Britanniques ou l'Algérie pour les Français, soit des colonies d'exploitation. Dans ces dernières, les États européens se bornent à exploiter les ressources du pays, souvent par l'intermédiaire de grandes firmes.

Bananeraie au Congo belge, exemple d'une colonie d'exploitation.

Une mission civilisatrice

À travers la colonisation, les puissances européennes affirment leur prépondérance culturelle. L'idéologie coloniale triomphe dans ces nations à partir de 1880. Chacune d'entre elles souhaite propager des valeurs qu'elle estime supérieures et en appelle à sa propre histoire. L'Angleterre se lance dans la conquête au nom d'une mission civilisatrice (le « fardeau de l'homme blanc ») attachée à la supériorité et au prestige de la nation anglaise. La France entend diffuser les « grands principes » de 1789 et de la République qui seuls peuvent conduire les peuples soumis sur la voie du « progrès ». Les théories de la sélection naturelle élaborées en Europe dans le courant du XIXe siècle fondent le principe d'inégalité des races. Les civilisations les plus faibles sont ainsi appelées à se soumettre ou à disparaître (« darwinisme social »). Cette cause civilisatrice est aussi défendue par les missions d'évangélisation. Coloniser devient un devoir pour le citoyen comme pour le chrétien. ■

Des colonies d'exploitation…

Les colonies sont au service des métropoles. Les ressources minières et agricoles coloniales sont exploitées par les Européens qui les exportent vers la métropole. Les matières premières n'étant pas transformées sur place, elles ne créent pas de richesses. L'économie de marché, soumise à la demande de la métropole, introduit des déséquilibres. Quoi qu'il en soit, l'économie et l'organisation spatiale des territoires coloniaux subissent des mutations profondes et durables. Pour assurer l'acheminement des productions vers la métropole, on multiplie, surtout à partir des années 1920, les investissements. Routes et voies ferrées sont construites en liaison avec les ports. Sur ces portions de territoire, les villes se développent, associant quartiers européens et quartiers indigènes. ■

Les expositions coloniales consacrent la grandeur de l'Empire.

L'Algérie, prolongement de la France au-delà de la Méditerranée, est colonisée depuis 1830.

… aux colonies de peuplement

Certaines colonies sont des terres d'immigration où les Européens introduisent un début d'équipement économique, sanitaire et scolaire. Cependant, les colons, détenteurs du pouvoir et de la richesse, y forment une société fermée. Le statut des autochtones est partout inférieur à celui des colons. L'Algérie offre l'exemple type d'une colonie de peuplement. Département français, elle est directement administrée par la métropole à la différence des protectorats. Cette administration illustre la politique d'assimilation de la France. Un code de l'indigénat limite les libertés des colonisés placés sous la juridiction du gouverneur. Dans ces sociétés inégalitaires, les colonisés tentent de résister. L'avènement d'une élite indigène formée aux valeurs européennes leur en donnera les moyens. ■

Dico → colonie • économie de marché • protectorat

Points clés

La modernisation du Japon, de 1868 à 1939

En 1868, l'empereur Mutsuhito inaugure l'ère Meiji. Le Japon, jusque-là féodal, se convertit aux mœurs, aux techniques et aux institutions inspirées de l'Occident. Désormais, le pays s'insère dans le concert des grandes puissances.

Empereur à 15 ans, Mutsuhito prend le nom de Meiji Tenno et engage le Japon sur la voie de la modernisation.

La révolution Meiji

En 1850, le Japon est un pays fermé, aux structures féodales. L'empereur, dieu vivant, vit à Tokyo et n'exerce aucun pouvoir. Celui-ci est aux mains du shogun. Chef militaire toujours issu de la même famille, installé à Edo, le shogun contrôle une noblesse féodale. L'État interdit tout commerce avec l'étranger ainsi que l'émigration. Les transformations du Japon résultent d'un choc externe. En 1853, une importante escadre américaine commandée par l'amiral Perry vient exiger l'ouverture du pays et arrache au shogun un traité commercial. Les Européens obtiennent à leur tour la signature de traités similaires. Face à cette humiliation, le jeune empereur Mutsuhito met fin au pouvoir du shogun. En 1868, il proclame l'entrée dans l'ère Meiji, qui signifie «politique éclairée». Les profonds changements qui s'opèrent sont imposés par le sommet. Les Japonais ne tardent pas à se convaincre que le meilleur moyen de résister à l'Occident est d'occidentaliser leur pays. ■

Le temps des réformes

La féodalité est abolie et l'égalité juridique décrétée. Le Japon se dote d'une armée, d'une instruction moderne et adopte, en 1889, une Constitution qui donne la réalité du pouvoir à l'empereur. Sous l'impulsion de l'État, un ministère de l'Industrie est créé ainsi qu'une nouvelle monnaie : le yen. Les propriétaires terriens versent un impôt foncier payé en espèces. Le pays se dote d'infrastructures en faisant appel aux techniciens étrangers. En 1914, il dispose d'une importante industrie textile et métallurgique. L'industrie repose sur de grandes entreprises, les *zaïbatsu*. ■

Un nouvel impérialisme

Le développement industriel est pénalisé par le manque de matières premières, de débouchés et par l'exiguïté du pays. Le Japon est également confronté à une croissance rapide de sa population. Il espère trouver en Asie des marchés et des zones de colonisation. En 1895, il colonise Taiwan après une courte guerre avec la Chine. En 1904-1905, il bat la Russie qui, comme lui, a des vues sur la Chine. Le Japon rejoint dès lors le concert des grandes puissances. Le traité de Portsmouth signé en 1905 lui accorde un protectorat sur la Corée et des droits sur le chemin de fer de Mandchourie et la moitié de l'île de Sakhaline. En 1910, le Japon annexe la Corée.

En 1905, le Japon est vainqueur de la guerre avec la Russie. C'est la première victoire d'un peuple asiatique sur un peuple blanc.

Pendant et après la Première Guerre mondiale, l'économie nippone conquiert de nouveaux marchés en Asie, en Amérique latine et aux États-Unis. La crise des années 1930 montre la fragilité d'une économie dépendante des marchés extérieurs. Pour remédier à la crise, l'État se lance dans une politique de conquête et de réarmement. En 1931, l'armée s'empare de la Mandchourie, qui devient le Mandchoukouo. En 1937, la Chine est envahie : Pékin, Shanghai et Nankin sont saccagées. ■

Sous l'impulsion de l'État, le Japon se dote d'une infrastructure portuaire moderne et se lance dans une politique d'exportations.

L'irrésistible ascension des États-Unis (1860-1939)

En l'espace d'un demi-siècle, les États-Unis deviennent la première puissance industrielle et financière du monde. Dotés d'un immense espace, ils devancent les autres puissances dans la course à la modernité et symbolisent le pays de la libre entreprise. Mais s'ils n'hésitent pas à intervenir pour défendre leurs intérêts, ils n'occupent toutefois pas, en 1939, une position dominante sur l'échiquier international.

Le transcontinental, symbole de la conquête de l'Ouest et du recul de la «frontière» toujours plus à l'ouest. Le pays compte cinq lignes de ce type à la veille de la Première Guerre mondiale.

La poursuite de la conquête de l'Ouest

L'expansion du territoire américain s'accélère à partir de la conquête de l'Ouest. En 1848, la découverte de métal précieux en Californie entraîne la «ruée vers l'or», qui se poursuit ensuite au Colorado et dans le Nevada.
Le gouvernement fédéral encourage le déplacement de la frontière vers la côte pacifique en concédant des terres et en prêtant de l'argent aux grandes compagnies ferroviaires. Le premier transcontinental sera achevé en 1869. En 1848, le gouvernement américain contraint le Mexique à céder l'espace compris entre le Texas et la Californie. Le peuplement du territoire est encouragé par des lois, comme le Home Stead Act qui permet, à partir de 1862, la cession de terres à bas prix.
Les Indiens privés des leurs sont parqués dans des réserves. L'Ouest achève son intégration dans l'Union. Les États-Unis connaissent aussi une croissance démographique exceptionnelle qui provient pour 40 % de l'arrivée massive d'émigrants européens. ■

La première puissance économique

Grâce aux capitaux et aux techniques venus d'Europe, au dynamisme du marché intérieur protégé par de forts tarifs douaniers et aux vertus de la libre entreprise, les États-Unis réalisent 36 % de la production mondiale en 1913. Les entreprises sont très puissantes et regroupées en trusts. Elles misent sur la mécanisation, l'organisation rationnelle du travail et la recherche permanente de l'innovation. En 1918, les États-Unis disposent de la moitié du stock d'or mondial.

L'expansion des années 1920 est spectaculaire. Le développement du taylorisme, le crédit et la publicité font des États-Unis la première société de consommation de masse. La crise de 1929 et son ampleur semblent balayer cet âge d'or du capitalisme. Avec le New Deal, Roosevelt introduit un capitalisme fondé sur une régularisation étatique. ■

Le nouvel urbanisme « vertical » qui utilise l'ossature de fer et le béton traduit la formidable croissance urbaine des États-Unis.

Le président Monroe, célèbre pour sa doctrine : « l'Amérique aux Américains ».

La doctrine Monroe ou l'isolationnisme

En matière de politique extérieure, les États-Unis s'en tiennent à la doctrine Monroe, qui dénie aux Européens tout droit d'intervention sur le continent américain. L'essor économique du pays s'accompagne de visées impérialistes. En 1898, les États-Unis déclarent la guerre à l'Espagne. Vaincue, celle-ci abandonne Cuba, les Philippines et Porto Rico. Peu après, les États-Unis annexent Hawaii et l'archipel des Samoa, poursuivant ainsi une politique axée sur le Pacifique. Par ailleurs, ils contrôlent strictement le canal de Panamá, ouvert en 1914, élément vital de leur empire, et ils multiplient les interventions dans la zone caraïbe. Dans le même temps, ils étendent leur influence au Mexique et au Canada. Des intérêts économiques privés transforment de petits États latino-américains en « républiques bananières ». Les États-Unis sortent de leur isolement en 1917 et participent à la Première Guerre mondiale. Mais, en 1920, le Sénat refuse l'entrée des États-Unis à la Société des Nations. L'isolationnisme est de retour. ■

Dico → **isolationnisme • libéralisme • Roosevelt • taylorisme**

Points clés

Revendications nationales et nationalismes en Europe

Si les révolutions de 1848 ont échoué, elles ont révélé la force politique du sentiment national. Le mouvement des nationalités s'appuie sur la force des États et, à la fin du XIXe siècle, suscite un nationalisme conquérant.

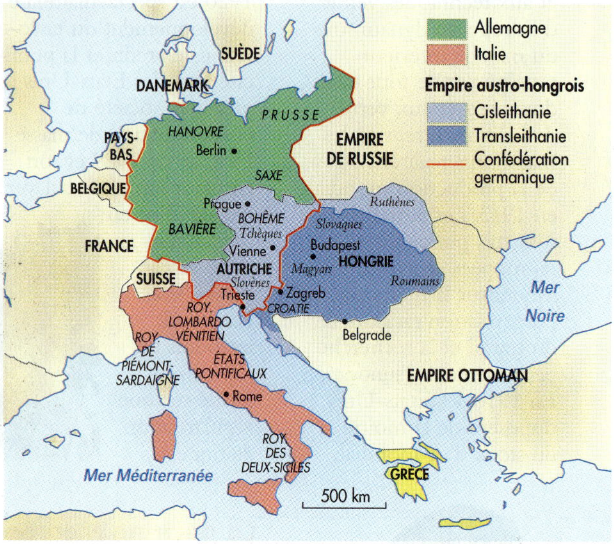

L'Empire d'Autriche est un État multinational dont la cohésion repose sur l'attachement à la dynastie.

1848 : la révélation du fait national

Bien que battue, la vague révolutionnaire de 1848 a laissé une empreinte profonde sur tous les régimes, même les plus autoritaires.
La leçon de 1848 – un véritable tournant entre deux époques – est retenue par tous. Si les intellectuels radicaux recherchent de nouvelles voies, les chefs d'État ont eu la confirmation de l'importance de l'agitation nationale. Ce sont eux qui, dans les deux décennies suivantes, cherchent à utiliser cette force pour parachever la construction d'États-nations. Ainsi le Prussien Bismarck pour l'Allemagne et le Piémontais Cavour pour l'Italie. ■

Les aspirations des minorités nationales

Au milieu du XIXe siècle, le mouvement des nationalités se développe.
Le principe des nationalités veut faire coïncider les frontières politiques et les frontières nationales.
Dans les États multinationaux, comme l'Autriche, certains peuples dominés revendiquent une autonomie, sinon une indépendance, complète.
Les nations éclatées entre plusieurs États souhaitent réaliser leur unité, comme dans le cas allemand.
D'autres nations, éclatées et sous domination étrangère, rêvent d'une unité perdue, comme la Pologne. Ces mouvements nationaux aboutissent dans certains cas à la constitution d'États-nations. Si ce nationalisme libérateur progresse, il est loin d'avoir répondu aux aspirations de tous les peuples d'Europe avant la Première Guerre mondiale. ■

L'essor des nationalismes

À la fin du XIXe siècle, dans les États-nations, une forme de nationalisme se développe qui exprime une volonté de puissance et un sentiment de supériorité. En France, le sentiment national reste ancré à gauche jusque dans les années 1880. Avec la crise boulangiste, un nationalisme antirépublicain émerge autour de Paul Déroulède, de Maurice Barrès et du monarchiste Charles Maurras. En Allemagne, fort des succès de l'Empire, le pangermanisme revendique le rattachement dans le même Reich de tous les habitants de langue et de « race » allemandes.

Les nationalistes français exaltent l'idée d'une revanche contre l'Allemagne.

L'empereur d'Autriche François-Joseph Ier s'appuie sur l'armée. Loyale à la dynastie, elle est l'élément de cohésion de l'Empire.

Ces nationalistes alimentent un impérialisme qui s'exprime dans les conquêtes coloniales. Cette volonté d'expansion n'épargne pas l'Italie qui, au-delà de la question des terres irrédentes restées sous domination autrichienne, élargit ses ambitions à la Méditerranée. En Russie, l'intelligentsia diffuse l'idéologie panslave et réclame une politique extérieure axée tout entière sur la défense des Slaves. ■

Dico → Bismarck • Cavour • État-nation • nationalisme • pangermanisme

Points clés

L'unité italienne et l'unité allemande

Dans les années 1860, l'Italie et l'Allemagne réalisent leur unité à partir de deux royaumes : le Piémont-Sardaigne et la Prusse. Ces unités, œuvre de Cavour et de Bismarck, se font aux dépens de l'Autriche-Hongrie et transforment profondément l'équilibre européen.

Cavour et Victor-Emmanuel II

L'échec de la révolution de 1848, au cours de laquelle Mazzini, grande figure du Risorgimento, joue un rôle important, oriente l'unité italienne. Celle-ci se construit autour d'un pôle, le royaume de Piémont-Sardaigne, et de la volonté politique de Cavour, chef du gouvernement. L'Italie est divisée en sept États, dont quatre sont dominés par l'Autriche. Le roi du Piémont Victor-Emmanuel II et Cavour font du royaume un lieu d'accueil pour les patriotes italiens pourchassés par les autres États après 1848. Cavour encourage la modernisation économique et celle de l'armée et laïcise l'État. Il déploie une intense activité diplomatique pour chercher un appui international à la volonté d'unification italienne. En juillet 1858, à Plombières, il obtient une aide militaire de Napoléon III. Cette alliance est offensive et défensive. Or, l'Autriche lance un ultimatum demandant la démobilisation de l'armée piémontaise. ■

27 avril 1861 : naissance de l'Italie

La guerre commence en mai 1859. Les Autrichiens sont battus à Magenta et Solferino. Napoléon III signe la paix de Villafranca sans l'assentiment de Cavour. Au printemps 1860, trois duchés d'Italie centrale chassent les princes autrichiens et proclament leur annexion au Piémont. En 1860, la Sicile s'insurge. Garibaldi organise l'expédition des Mille, conquiert le royaume, puis s'empare de Naples. Victor-Emmanuel II est proclamé roi d'Italie le 27 avril 1861. Après la défaite de Napoléon III contre les Prussiens en 1870, Rome devient la capitale de l'Italie unifiée. ■

L'Italie, « simple expression géographique » selon Metternich, réalise son unité.

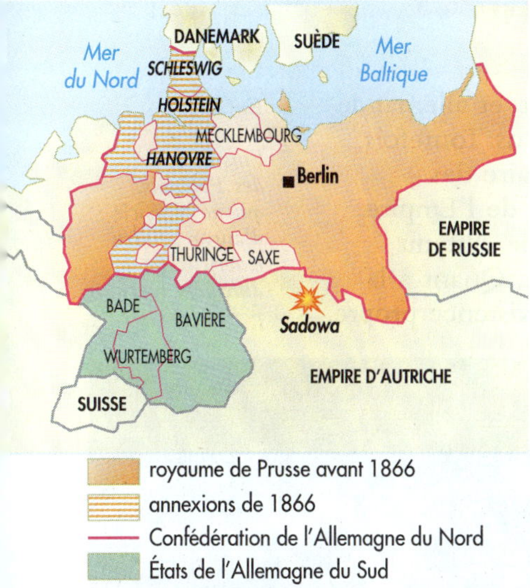

Bismarck, aristocrate prussien, devient chancelier de Prusse en 1862, puis du Reich de 1871 à 1890.

Le Zollverein est créé à l'initiative de la Prusse.

La Prusse et le Zollverein

En 1848, la tentative d'unification sur le mode libéral représentée par le Parlement de Francfort échoue. Le roi de Prusse Frédéric-Guillaume IV refuse de devoir sa couronne à des députés élus par le peuple, mais il n'écarte pas l'idée de coiffer la couronne impériale. Il tente d'avancer dans la voie de l'unification en proposant une union restreinte aux autres États allemands. En 1849, elle est acceptée par vingt-huit États, sauf ceux du Sud. L'Autriche, exclue de cette « petite Allemagne », oblige le roi de Prusse à y renoncer, c'est la « reculade » d'Olmütz.

L'unité allemande par la volonté des peuples et des princes a échoué. Sur le plan économique, la Prusse réunit entre 1834 et 1842 la plupart des États allemands dans une union douanière : le Zollverein. La création d'un espace économique allemand est un pas majeur vers l'unité du pays ; elle confirme le rôle moteur de la Prusse et l'exclusion de l'Autriche. En 1862, le roi de Prusse Guillaume Ier nomme Bismarck chancelier. C'est ce dernier qui incarne la volonté d'unification. Il utilise le sentiment national pour accroître la puissance prussienne. ■

18 janvier 1871 : naissance de l'Empire allemand

En 1864, Bismarck entraîne l'Autriche dans une guerre contre le Danemark qui leur cède deux duchés. En 1866, le Holstein est le prétexte d'un affrontement entre la Prusse et l'Autriche qui est vaincue à Sadowa. La Prusse crée et préside alors la Confédération de l'Allemagne du Nord, qui ne rallie pas les États catholiques du Sud. Bismarck parachève l'unification par une guerre contre la France. En juillet 1870, celle-ci déclare la guerre à la Prusse : elle est vaincu à Sedan et Paris est assiégé. L'Empire allemand est proclamé le 18 janvier 1871. ■

Dico → Bismarck • Garibaldi • Napoléon III • Risorgimento • Zollverein

Points clés

Les nations sacrifiées

La réalisation des unifications italienne et allemande suscite en Europe des espoirs vite déçus. Toutefois, l'empereur d'Autriche est conduit à faire des concessions en faveur des nationalités de l'Empire. En Irlande, le Home Rule, l'autonomie, obtenu en 1912, enflamme l'Ulster protestant. Quant à la Pologne, démembrée, elle n'a pas d'existence propre.

En 1863, à Varsovie, l'insurrection des Polonais, qui ne bénéficie d'aucun soutien extérieur, est durement réprimée par les Russes.

La Pologne

L'insurrection polonaise de 1863 est écrasée par l'armée russe. La Pologne, qui perd toute autonomie, est soumise à une russification. Dans la Pologne prussienne, un durcissement s'opère à partir de 1870. La germanisation s'accentue, une commission de colonisation favorise l'installation de colons prussiens aux dépens des paysans polonais. La condition polonaise semble plus favorable dans la Pologne autrichienne, mais, à partir de 1880, des courants critiques se développent. À la fin du XIXe siècle, des mouvements de masses amplifient la contestation nationale dans les trois Polognes. ■

L'Irlande

La création du mouvement Fenian en 1858 inaugure une période de luttes violentes. La crise agricole des années 1870 lie plus que jamais la question de l'autonomie et de la terre. Le Premier ministre anglais Gladstone et les libéraux proposent à deux reprises l'autonomie : le Home Rule. Mais le Parlement de Londres s'y oppose. Des organisations plus radicales voient le jour, comme le Sinn Féin d'Arthur Griffith en 1902. En 1912, le vote du Home Rule accroît la tension entre les catholiques et les protestants de l'Ulster. ■

Déceptions dans l'empire d'Autriche-Hongrie

En 1860, l'empereur François-Joseph Ier propose une structure fédérale dans le cadre de l'Empire. La solution proposée est mal accueillie. En 1861, un second texte, la Patente, voit le jour, mais les Hongrois le rejettent. En 1867, un compromis établit le dualisme austro-hongrois : le souverain est à la fois empereur d'Autriche et roi de Hongrie ; l'armée et la diplomatie restent communes. Vienne administre le Cisleithanie et la Hongrie la Transleithanie. En Cisleithanie, les Tchèques, minorité la plus nombreuse, demandent des droits comparables à ceux des Hongrois. Ils n'obtiennent pas satisfaction et le mouvement national tchèque se durcit. À partir de 1862, des associations sportives, les sokols, jouent un rôle important dans la transmission des idées nationales. En Transleithanie, les concessions faites aux minorités croates en 1868 sont remises en cause dès les années 1870 par une magyarisation brutale. Émerge alors un courant national favorable à l'union des Slaves du Sud dans une fédération yougoslave. Jusqu'au début du XXe siècle, les rivalités entre Serbes et Croates freinent ce mouvement. ■

L'empire d'Autriche est un État multinational. Ses échecs contre le Piémont en 1859, puis la Prusse en 1866, encouragent les revendications des différentes minorités nationales.

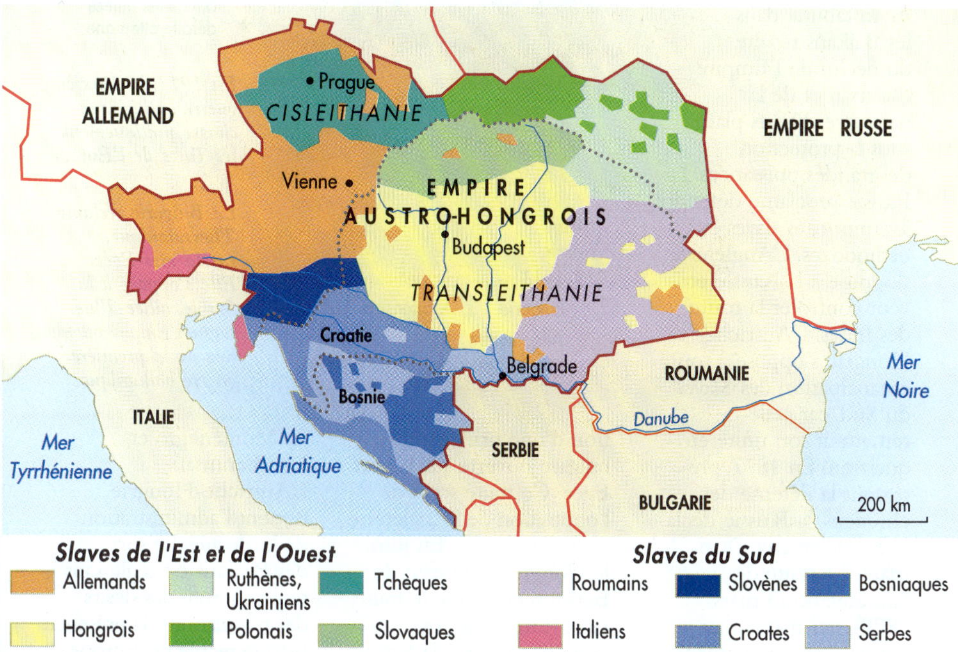

La poudrière balkanique

Tous les États balkaniques se sont constitués au cours du XIXe siècle aux dépens de l'Empire ottoman : depuis 1804, date de l'autonomie de la Serbie, jusqu'à la veille de la Première Guerre mondiale. Mais cette balkanisation est aussi le résultat du jeu des grandes puissances qui, sous couvert d'assurer la sécurité dans la région, sont surtout soucieuses de conforter leurs zones d'influence respectives.

En 1913, la deuxième guerre balkanique chasse pratiquement les Turcs de l'Europe.

La Bulgarie réclame Thessalonique, sur la mer Égée. Elle s'oppose à la Serbie, alliée d'hier contre l'Empire ottoman, lors de la première guerre balkanique.

Les Balkans, enjeu des rivalités internationales

L'instabilité dans les Balkans résulte du déclin de l'Empire ottoman et de la naissance d'États placés sous la protection de grandes puissances. La Russie proclame défendre les minorités slaves et orthodoxes. L'Angleterre s'oppose à la Russie et veut contrôler la route des Indes. L'Autriche-Hongrie s'oppose à toute émancipation des Slaves du Sud, car celle-ci remettrait son unité en question. En 1877, prétextant la défense des chrétiens, la Russie déclare la guerre aux Ottomans. Le traité de San Stefano (3 mars 1878), qui met fin au conflit, entraîne la formation d'une principauté bulgare ouverte sur la mer Égée. Ce traité soulève l'opposition de l'Angleterre et de l'Autriche. En juin, le Congrès européen de Berlin rend caduc le traité russo-turc et octroie l'indépendance à la Serbie, au Monténégro et à la Roumanie. L'Autriche-Hongrie obtient l'administration de la Bosnie. Le sort des Balkans est réglé sans tenir compte des désirs des populations ; la présence turque recule en Europe.

Village serbe abandonné par les Bulgares lors de la seconde guerre balkanique. La Bulgarie, qui est entrée en guerre en raison d'un désaccord avec ses anciens alliés à propos du partage de la Macédoine, est la grande perdante du second conflit balkanique.

Les guerres balkaniques

La Serbie, la Bulgarie, la Grèce et le Monténégro forment un front commun, la ligue balkanique, contre les Turcs. En 1912, la déclaration de guerre à la Turquie par le Monténégro rejoint par les autres États déclenche la première guerre balkanique. Pour la Turquie, c'est un échec sanctionné par le traité de Londres en 1913. Très vite la discorde s'installe chez les vainqueurs. Les Serbes et les Grecs s'allient contre la Bulgarie, la tension s'accroît et aboutit à la deuxième guerre balkanique (juin-juillet 1913). La Bulgarie, isolée, attaque les Grecs et les Serbes unis et doit également affronter l'armée turque. Cette seconde guerre balkanique se conclut par le traité de Bucarest en août 1913. La Grèce reçoit la plus grande partie de la Macédoine, la Serbie annexe la partie Nord. Durant la première guerre balkanique, une Assemblée nationale avait proclamé l'indépendance de l'Albanie. Les grandes puissances reconnaissent cette indépendance à l'issue de la seconde guerre balkanique. ■

Points clés

La Serbie, rivale de l'Autriche

Avec l'annexion de la Bosnie-Herzégovine par l'Autriche en 1908, les relations entre Vienne et Belgrade avaient pris un tour tendu. Cinq ans plus tard, la Serbie prend un avantage. En effet, le traité de Bucarest, qui met fin à la seconde guerre balkanique, profite avant tout à la Serbie qui voit se réaliser son rêve de Grande Serbie : sa population passe de 2,9 à 4,5 millions d'habitants, sa superficie de 48 300 à 87 000 km². En accédant ainsi au statut longtemps convoité de rivale de l'Autriche, la Serbie réussit à se poser comme l'unique espoir des Slaves du Sud. ■

L'Autriche (Arlequin) veut empêcher la Serbie de s'emparer de Durazzo (aujourd'hui Durrës) en Albanie.

Points clés

Les intellectuels entre révolte et engagement

Après 1918, de nombreux intellectuels rejettent les valeurs d'une société qui a conduit à la guerre. D'autres, comme les surréalistes, artistes engagés dans leur temps, se révoltent contre le rationalisme et prônent la liberté de création. La révolution russe, puis la montée du fascisme les précipitent dans l'action politique.

Le Rendez-vous des amis *de Marx Ernst. Parmi eux, André Breton (1) et Paul Eluard (2).*

Une « crise de l'esprit » (Paul Valéry)

Une littérature de témoignage, comme *Le Feu* d'Henri Barbusse, dénonce l'horreur de la Grande Guerre. À l'instar de Paul Valéry dans *La Crise de l'esprit* (1919), des intellectuels mettent en avant le déclin de la civilisation. Des mouvements traduisent le rejet des valeurs d'une société qui a conduit à la guerre et proclament l'absurdité du monde. Le mouvement dada, fondé en 1916 autour de Tristan Tzara, rejette la culture bourgeoise et mène une réflexion sur le statut de l'œuvre d'art. Le surréalisme prolonge cette contestation. Regroupés autour d'André Breton, auteur du *Manifeste du surréalisme* (1924), des intellectuels appellent à une liberté totale de création liée à l'exploration de toutes les ressources de l'inconscient. ■

Des intellectuels au service de l'État

La révolution bolchevique semble ouvrir une révolution culturelle. Le commissariat du peuple à l'instruction publique favorise l'expression de l'avant-garde futuriste où domine la personnalité de Maïakovski. Avec le cinéaste Eisenstein (*Potemkine*, 1925), le 7e art épouse la cause du peuple et de ses héros. Le film de propagande s'épanouit avec Poudovkine, dont *La Mère* (1926) montre une humanité transformée par la révolution. En 1922, Lénine prend partie contre l'art abstrait et l'URSS de Staline impose le réalisme socialiste. Dans l'Allemagne d'Adolf Hitler, la cinéaste Leni Riefenstahl filme les Jeux olympiques de Berlin en 1936 pour la gloire du régime. ■

Les intellectuels engagés

Dans les années 1920, les intellectuels prennent position sur la guerre et la révolution russe. En Allemagne, Bertolt Brecht entend intégrer la culture à l'activité sociale et politique. Les surréalistes sont influencés par le communisme. La montée des dictatures et les menaces de guerre conduisent nombre d'intellectuels à s'engager en politique. Certains le font aux côtés du mouvement communiste en lutte contre le fascisme, d'autres dans la mouvance de l'extrême droite comme Drieu la Rochelle. La guerre d'Espagne symbolise ces affrontements : Picasso peint *Guernica*, Malraux et Hemingway s'engagent aux côtés des républicains espagnols. Le Comité mondial contre la guerre et le fascisme, constitué de 1932 à 1933, élargit son mot d'ordre à la défense de la culture. ■

Bats les blancs avec le coin rouge.
Cette œuvre du Russe Lissitzky est conçue dans le style du constructivisme avec des plans et des lignes assemblés.

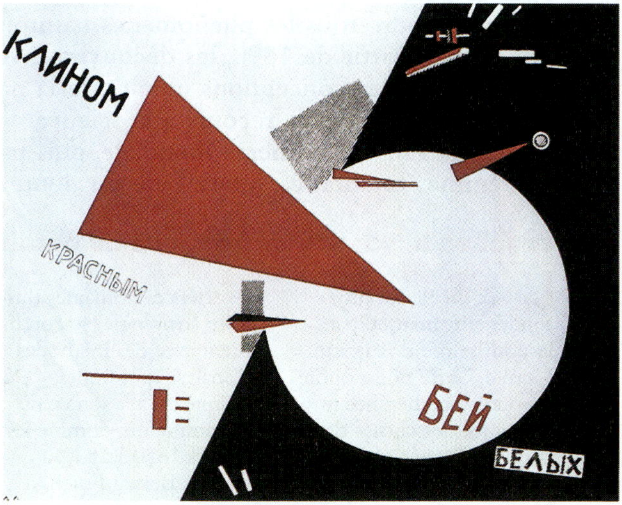

Les Ukrainiens et les Russes ont un cri de guerre : Ne permettez pas au bourgeois d'être le maître des travailleurs *(affiche de Maïakovski, 1920).*

Points clés

La science, de la foi aveugle au désenchantement

Pour le positivisme et le scientisme, la science permet de comprendre tous les phénomènes naturels ou sociaux. Pourtant, à partir de 1890, les découvertes scientifiques bouleversent les conceptions mêmes de la nature de l'Univers. Enfin, le recours à la science lors de la Première Guerre mondiale, puis par les régimes totalitaires, ouvre l'ère du doute.

La foi en la science : le triomphe du positivisme

Le XIXe siècle est profondément marqué par le positivisme d'Auguste Comte. Cette philosophie renonce à rechercher le pourquoi des choses dans la foi ou la métaphysique et se propose de décrire les phénomènes par la raison et l'expérimentation. Le positivisme et le rationalisme influencent tous les domaines de la pensée, les sciences humaines (histoire, sociologie) se constituent avec des méthodes d'analyse spécifiques. Comte est à la source du scientisme qui domine les années 1850 à 1890. Claude Bernard met au point des méthodes de vérification expérimentale qui permettent les découvertes de Pasteur en France et de Koch en Allemagne. La géologie et la biologie bousculent l'image d'un monde immuable créé par Dieu. Darwin dans *De l'origine des espèces* explique l'évolution grâce à la sélection naturelle. Ces découvertes font naître la foi dans un progrès infini et alimentent l'optimisme des nations industrielles. La valeur de la science est alors admise sans critique. ■

Claude Bernard définit les principes fondamentaux de la recherche scientifique dans son Introduction à l'étude de la médecine expérimentale *en 1865. Les méthodes de vérification expérimentale permettent à Pasteur de découvrir le rôle des microbes et le principe de la vaccination.*

De nouvelles connaissances

Cette vision optimiste est remise en cause à partir des années 1890. La psychanalyse avec Freud modifie profondément l'image de l'homme en montrant le rôle de l'inconscient dans les comportements humains. La découverte des rayons X par Röntgen en 1895, du rayonnement de l'uranium par Becquerel en 1856, de l'électron par Thomson en 1857 conduisent Pierre et Marie Curie à des recherches sur l'énergie que dégage la matière. Ils découvrent le radium, donc la radioactivité, en 1898. En 1911, Rutherford découvre le noyau atomique et démontre qu'un noyau soumis à un bombardement de particules peut se transformer, ouvrant ainsi la voie au processus de transmutation par réaction nucléaire.
En 1905, Einstein émet l'hypothèse de la relativité restreinte. Il démontre qu'il n'y a pas un espace et un temps mais un espace-temps à quatre dimensions. Il travaille à étendre sa théorie à l'ensemble des phénomènes et, en 1916, il émet l'hypothèse de la relativité générale. ■

Albert Einstein publie en 1905 **La Théorie de la relativité restreinte** *qui modifie les lois de la mécanique newtonienne et, en 1916, celle de la relativité générale. Il reçoit le prix Nobel de physique en 1921.*

Le temps du doute

Les savants abandonnent l'idée de lois et de connaissances établies une fois pour toutes : les hypothèses qu'ils formulent sont révisables. Cette nouvelle attitude et l'utilisation de la science pour créer des armes meurtrières, employées lors de la Grande Guerre, ébranlent la foi dans la science. Celle-ci devient un enjeu économique et politique et contribue à la puissance des nations. Le mythe d'un progrès infini porté par les découvertes scientifiques et assurant le bonheur de l'humanité a vécu. Les régimes totalitaires détournent la conception scientifique du monde au profit de leur idéologie. En Allemagne, Hitler, au nom de la sélection naturelle appliquée aux sociétés, mobilise la biologie pour affirmer la pureté de la race allemande. Dès juillet 1933, le promoteur de la loi sur la stérilisation, le docteur Arthur Gütt, affirme la nécessité de l'intervention de l'État pour lutter contre la dégénérescence de la race allemande. En URSS, le parti communiste impose aux savants des orientations et des méthodes de travail. ■

Dico → Darwin • Einstein • Freud • Pasteur • positivisme

De l'académisme à l'art moderne

La rupture avec l'art académique libère les artistes des conventions et du goût officiel. La peinture conquiert sa liberté. Les impressionnistes captent la lumière, les fauves portent la couleur au paroxysme et les cubistes font éclater la structure de l'objet. L'art abstrait est le point d'aboutissement de ces recherches. Les artistes s'interrogent alors sur la fonction de l'art et de la culture.

Les académies et le bon goût

Les académies réunissent des artistes, des amateurs et des historiens de l'art. Ces institutions sont les gardiennes de l'art officiel et donnent le ton au goût artistique. Elles exercent une véritable dictature sur l'enseignement artistique mais également dans les admissions aux Salons. Les jurys des Salons annuels composés de membres de l'Académie des beaux-arts sélectionnent les œuvres qui sont exposées et récompensent les meilleures selon eux. Les artistes doivent se plier aux tendances dominantes et reproduire le modèle classique en évitant toute innovation, car ils sont dépendants des commandes publiques. L'État achète en effet un certain nombre d'œuvres exposées dans les Salons. En 1855, le Salon refuse deux toiles de Courbet, *L'Atelier du peintre* et *Un enterrement à Ornans*, puis en 1863 *Le Déjeuner sur l'herbe* de Manet. Napoléon III autorise la même année, en marge du Salon officiel, la tenue d'un « Salon des refusés » où exposent les premiers impressionnistes. ■

L'Académie des beaux-arts est la gardienne du « bon goût » et de l'art officiel, qui emprunte ses modèles à l'Antiquité. Ici, Le Retour de Marius Sextus *de Pierre Guérin (1774-1833).*

Impression, soleil levant *(Monet). Cette huile exposée en 1874 dans la galerie du photographe Nadar a donné son nom au mouvement impressionniste.*

La rupture avec l'art officiel

Apparu en 1874, l'impressionnisme est le mouvement pictural qui regroupe des peintres comme Monet, Pissarro et Renoir. Ils choisissent de peindre sur chevalet pour retenir les scènes de la vie quotidienne et cherchent à capter la mobilité des couleurs et de la lumière. Dans les années 1890, l'impressionnisme semble dépassé par des expériences nouvelles. En 1905, le fauvisme caractérise le style de Derain ou de Matisse, qui utilisent des tons purs et abandonnent la notion de la perspective. Assez proche du fauvisme par l'utilisation de couleurs violentes et intenses, l'expressionnisme cherche à décrire les sensations de l'artiste et néglige la réalité. Il est illustré par des peintres comme les Allemands Nolde et Schiele. Avec *Les Demoiselles d'Avignon* de Picasso, la peinture franchit une nouvelle étape, le cubisme : désormais, les objets eux-mêmes sont décomposés, représentés de façon fragmentaire et sous différents points de vue. ■

Vers l'art abstrait

C'est en 1911 que l'art abstrait apparaît avec Kandinsky, qui publie un ouvrage théorique, *Du spirituel dans l'art et dans la peinture en particulier.* La peinture abstraite se libère de toute référence concrète au profit d'un jeu sur la couleur et les formes, comme chez Paul Klee. En 1915, le Russe Malevitch expose un simple carré noir sur un fond blanc. Aux Pays-Bas, la recherche de l'abstraction géométrique trouve son expression dans l'œuvre du Néerlandais Piet Mondrian qui l'associe à l'utilisation des couleurs pures. ■

La marche vers l'abstrait est aussi visible dans l'œuvre de Paul Klee.

Points clés

La naissance d'une culture de masse

La frontière entre culture populaire et culture des élites s'estompe avec l'émergence d'une culture de masse. Cette dernière est favorisée par le développement de l'instruction et l'essor de nouveaux moyens de communication comme la presse à grand tirage, la radio et le cinéma.

La radio introduit une véritable révolution en diffusant instantanément des nouvelles du monde entier.

Les vecteurs d'une culture de masse

Le journal est, jusqu'à l'entre-deux-guerres, le principal vecteur de la culture de masse. Les journaux, dont le prix baisse grâce à la généralisation de la presse rotative et de la publicité, tirent, comme *Le Petit Parisien*, à plus d'un million d'exemplaires. Les reporters et correspondants utilisent les moyens modernes de communication qui permettent une diffusion plus rapide de l'information. Le livre se diffuse plus largement avec la mise en place des librairies de détail et des kiosques de gare. L'image, de plus en plus souvent associée au texte, devient omniprésente sous forme d'affiches publicitaires, de bandes dessinées ou de catalogues de vente par correspondance. La radio commence à gagner les foyers, d'abord aux États-Unis, mais cette diffusion est assez lente. En 1923, en France, Radio Paris diffuse un journal parlé. Les hommes politiques comprennent l'efficacité de ce moyen d'information et les régimes totalitaires l'utilisent à des fins de propagande. ■

La pratique du sport se diffuse dans tous les milieux sociaux.

De nouveaux loisirs

Avec la diminution du temps de travail et le repos hebdomadaire, le temps libre est occupé par de nouveaux loisirs. D'abord pratiqué au XIXe siècle par une élite qui le met à la mode, le sport gagne une audience populaire. Football, cyclisme et, aux États-Unis, le base-ball passionnent un large public. Les clubs sportifs se multiplient et s'organisent en sociétés, ligues et fédérations. Le Tour de France, créé en 1903, et les grands combats de boxe suscitent l'enthousiasme. La presse et la radio se font l'écho de ces manifestations sportives. Des stades sont construits dans les grandes capitales. Le Français Pierre de Coubertin inaugure les Jeux olympiques modernes en 1896 à Athènes. On commence à organiser le temps libre. Ainsi, des associations, comme le scoutisme (1908), se développent dans toute l'Europe, tandis que les auberges de jeunesse, le camping et les villages de vacances favorisent l'essor du tourisme de masse. ■

Le cinéma, distraction populaire

En décembre 1895, les frères Lumière projettent à Paris leurs premières images. Très vite le cinéma devient une distraction populaire. Il se transforme rapidement en une activité artistique à part entière et en une véritable industrie. Les compagnies américaines, Paramount ou Metro Goldwyn Mayer, dominent la production mondiale. En 1927, la comédie musicale *Le Chanteur de jazz* inaugure le cinéma parlant. La domination américaine s'accentue et Hollywood met au point la plupart des grands genres cinématographiques : western, comédie musicale, policier, etc. En Europe, les cinémas allemand et soviétique dominent les années 1920 ; le cinéma français s'impose dans les années 1930. Dans les pays totalitaires, le cinéma devient une arme de propagande, comme en Italie où Mussolini fait construire en 1935 les studios de Cinecittà. ■

Inventé par les frères Lumière, le cinéma devient rapidement une industrie.

Suffrage universel et Parlements en Europe

Points clés

Entre 1850 et 1914, la démocratie libérale devient le modèle de référence pour les États industriels d'Europe et d'Amérique du Nord. L'adoption du suffrage universel et le poids du Parlement en Grande-Bretagne ou en France symbolisent l'enracinement du parlementarisme. De son côté, l'Allemagne hésite entre l'autoritarisme, incarné par l'empereur, et la démocratie.

Le progrès de la démocratie en Europe

Le modèle politique libéral permet à la démocratie de progresser dans une Europe majoritairement monarchique. Il est souvent le fruit d'un compromis entre tradition dynastique et libéralisme qui impose le rejet de l'absolutisme au nom de la liberté individuelle. S'ils continuent d'exercer un rôle diplomatique, militaire ou judiciaire, les souverains, liés à la nation par une Constitution, ont un pouvoir de plus en plus limité. En revanche, le rôle des Parlements s'affirme. Représentants élus, les parlementaires élaborent les lois au terme de débats.

En fonction de la relation entre l'exécutif et le législatif, on distingue deux types de régime : parlementaire, si le gouvernement est responsable devant les députés ; non parlementaire, dans le cas contraire. Dans une démocratie, la nation exerce la souveraineté : l'établissement du suffrage universel est donc indispensable.

Or, le suffrage tarde à être universel. Même quand il est proclamé, il exclut les femmes. Établi à l'occasion d'une révolution comme en France (1848) ou par la loi en Allemagne (1867), il peut résulter d'une conquête progressive, comme en Angleterre (de 1832 à 1918). ■

Mouvement de suffragettes en Angleterre. Le suffrage n'est que théoriquement universel : les femmes n'ont pas le droit de vote avant 1918 en Angleterre et avant 1944 en France.

L'Angleterre : un régime parlementaire

L'Angleterre n'est devenue une démocratie libérale qu'au terme d'un lent processus. À l'apogée de sa puissance, vers 1830, elle présente une société très inégalitaire. La vie politique, réservée à l'aristocratie et à la grande bourgeoisie, ne suit pas les bouleversements économiques et sociaux introduits par la révolution industrielle. La monarchie parlementaire est pourtant ancienne et le principe de séparation des pouvoirs acquis depuis le XVIIe siècle. Le roi délègue son pouvoir au Premier ministre qui gouverne avec l'assentiment du Parlement : Chambre des lords (membres nommés) et Chambre des communes (membres élus). La démocratisation de la vie politique, où alternent au pouvoir tories (conservateurs) et whigs (libéraux), s'opère par des réformes électorales qui élargissent le suffrage (universel en 1918). Les libertés individuelles sont peu à peu garanties. Après l'échec de la révolte chartiste (1830), des organisations légales (syndicats) encouragent les progrès sociaux. ■

La Weltpolitik (politique mondiale) de Guillaume II conforte le capitalisme et le nationalisme allemands, mais ne répond pas aux aspirations du mouvement ouvrier.

L'Empire allemand : un régime autoritaire

L'Empire fédéral allemand, installé en 1871, offre l'exemple d'une vieille nation récemment constituée en État démocratique dont le fonctionnement conserve les aspects d'un régime autoritaire. Conformément à la Constitution (1867), l'empereur, à la tête du pouvoir fédéral, partage l'exécutif avec son chancelier qui n'est pas responsable devant le Parlement (Reichstag). Ce dernier, élu au suffrage universel, exerce un pouvoir législatif en accord avec le Bundesrat, composé des représentants des États. Derrière cette apparence démocratique, ce sont les chefs de l'exécutif, soutenus par des majorités conservatrices, qui dirigent l'Empire. De 1871 à 1890, le chancelier Bismarck consolide l'unité allemande à travers une politique de germanisation dirigée contre les minorités. Il mène la lutte contre les catholiques dans le cadre du Kulturkampf et réprime l'opposition socialiste. Afin de s'attacher la classe ouvrière, il met en œuvre une législation sociale avancée. Sur le plan extérieur, l'empereur Guillaume II s'emploie à faire de l'Empire une puissance mondiale. ■

Dico → Bismarck • Constitution • démocratie • Kulturkampf • libéralisme

La difficile mise en place du régime républicain en France

De 1848 à 1875, la France connaît plusieurs régimes. Partagée entre les partisans d'un retour à la monarchie et les démocrates-libéraux, la IIe République semble répondre aux aspirations de ces derniers en 1848. Mais la France hésite encore. L'instauration de l'Empire traduit cette crainte. Après la défaite de 1870, un nouveau choix s'impose : république ou restauration monarchique ?

L'échec de la IIe République : 1848-1851

Dans un contexte de crise économique et sociale, la révolution éclate en février 1848 à Paris. Le 24 février, le roi Louis-Philippe abdique et laisse place à la République. Le suffrage universel masculin devient l'expression de la nation souveraine. En décembre 1848, Louis Napoléon Bonaparte, neveu de l'Empereur, est élu à la présidence. En mai 1849, le parti de l'Ordre (royalistes, légitimistes et orléanistes) remporte les élections législatives : les républicains sont écrasés et les conservateurs votent une loi limitant le suffrage universel (mai 1850). Le 2 décembre 1851, Louis Napoléon Bonaparte, qui s'est employé à exploiter les dissensions au sein du parti de l'Ordre, déclenche un coup d'État. ■

Le 2 décembre 1852, Louis Napoléon, surnommé le prince président, met fin à la IIe République.

Le second Empire : 1852-1870

Plébiscité par le peuple, Louis Napoléon met fin, le 2 décembre 1852, au régime républicain et instaure le second Empire. Ce nouveau régime connaît tout d'abord une phase autoritaire : l'opposition est réduite à l'impuissance. Toutefois, l'agitation libérale et les difficultés en politique extérieure conduisent à un assouplissement progressif du régime à partir de 1860. En septembre 1869, l'initiative des lois accordée au Conseil législatif marque une évolution sensible vers un régime parlementaire. L'Empire ne survit pas à la défaite de 1870. ■

Points clés

Appuyée par les milieux ouvriers, la Commune s'installe à Paris après la levée du siège par les Prussiens. Elle est renversée par l'armée de Versailles commandée par Mac-Mahon.

De la répression de la Commune à la République parlementaire

Le 4 septembre 1870, la République est proclamée. Le gouvernement dirigé par Adolphe Thiers, à majorité monarchiste, signe la paix avec la Prusse (10 mai 1871). Les sévères conditions imposées par le traité de Francfort – en particulier, la cession à l'Allemagne de l'Alsace et d'une partie de la Lorraine – déclenchent le soulèvement de Paris et la proclamation de la Commune, le 18 mars. Le gouvernement de Thiers, fixé à Versailles, répond par la répression. Élu président de la République en août 1871, Thiers réorganise la France vaincue. Mais, ayant préconisé trop ouvertement le régime républicain, il est renversé par une coalition des partis monarchiste et conservateur en mai 1873. Le maréchal de Mac-Mahon lui succède à la tête de l'État. Il devient rapidement l'instrument des monarchistes qui espèrent, à terme, rétablir la royauté. Avec le soutien de l'Église catholique, le nouveau gouvernement dirigé par le duc de Broglie impose une politique d'ordre moral. Les conditions sont réunies pour une restauration monarchique. Mais le prétendant légitimiste, le comte de Chambord, laisse passer sa chance en récusant le principe d'une monarchie constitutionnelle symbolisée par le drapeau tricolore. Les lois constitutionnelles de 1875 instaurent un régime parlementaire. Après 1876, les républicains étant en majorité à la Chambre, Mac-Mahon entre en conflit avec Jules Simon, chef du gouvernement, et l'oblige à démissionner. Cette crise n'empêche pas les républicains de remporter les élections législatives en 1877. La IIIe République est définitivement installée. Le 14 Juillet devient la fête nationale et *La Marseillaise* l'hymne officiel de la France. ■

Dico → **Mac-Mahon** • **Napoléon III** • **république**

Points clés De Boulanger à l'affaire Dreyfus

De 1885 à 1898, la IIIe République, touchée par la dépression économique, connaît une série de crises politiques qui révèle la fragilité du régime. Le boulangisme exprime un nationalisme revanchard. L'affaire Dreyfus divise ensuite la France en deux camps. La République, qui paraît menacée, finit par surmonter ces difficultés et en sort renforcée : désormais, elle peut faire valoir ses valeurs.

La crise boulangiste

Le général Boulanger se dote d'un programme ambitieux : « dissolution, révision et constituante ». Paris l'élit en janvier 1889 avec quelque 430 000 voix sur 570 000 inscrits. La population parisienne le pousse à prendre l'Élysée, mais il se refuse au coup d'État.

L'instabilité ministérielle provoque une montée de l'antiparlementarisme. La République des modérés affronte une double opposition : celle des nationalistes, qui lui reprochent d'abandonner l'idée de revanche contre l'Allemagne, et celle des radicaux, qui déplorent l'absence de réformes. L'opposition se cristallise autour du général Boulanger. Ministre de la Guerre en 1886, celui-ci rassemble tous les mécontents : royalistes, républicains modérés ou radicaux. Élu triomphalement à la députation de Paris en janvier 1889, il refuse de s'emparer du pouvoir par un coup d'État. Menacé d'arrestation, il s'enfuit en Belgique. Le succès de l'Exposition universelle de 1889 fait oublier le général. Le courant antiparlementaire n'est pas pour autant stoppé. En 1892, le scandale de Panamá éclabousse de nombreux députés, accusés d'avoir touché des pots-de-vin de la compagnie chargée des travaux. Ces révélations renforcent l'opposition, notamment à gauche. Le courant socialiste, brisé après la Commune, renaît. Il est désormais représenté au Parlement. Les anarchistes, de leur côté, trouvent un moyen d'expression légal grâce à la Confédération générale du travail (CGT), syndicat fondé en 1895. ■

L'affaire Dreyfus

À partir de 1898, l'affaire Dreyfus ébranle la République. En 1894, la justice militaire condamne à la déportation le capitaine d'état-major Alfred Dreyfus. Juif d'origine alsacienne, il est accusé d'espionnage pour le compte de l'Allemagne. Or, Dreyfus clame son innocence. Il faut la ténacité de sa famille pour que la justice soit saisie. L'écrivain Émile Zola lance l'« Affaire » en 1898. Dans un article paru dans *L'Aurore* et intitulé «J'accuse», Zola dénonce le déni de justice commis par l'armée et ses complices, hommes politiques et magistrats. Le cas du capitaine Dreyfus devient une affaire d'État qui déchire profondément l'opinion. D'un côté, les antidreyfusards défendent l'honneur de l'armée – un antisémitisme nationaliste voit le jour –, de l'autre, les dreyfusards exigent la révision du procès au nom de la vérité, de la justice et des droits de l'individu. Ces derniers obtiennent finalement gain de cause et Dreyfus, grâcié par le président de la République Émile Loubet, réintègre l'armée en 1906. ■

Cinq Centimes

L'AURORE

Littéraire, Artistique, Sociale

J'Accuse...!

LETTRE AU PRÉSIDENT DE LA RÉPUBLIQUE

Par ÉMILE ZOLA

Sans la ténacité de Mathieu Dreyfus, le frère du capitaine, du critique Bernard Lazare et de l'écrivain Émile Zola, il n'y aurait pas eu d'affaire Dreyfus. Georges Clemenceau publie dans son journal la lettre de Zola.

Une République stabilisée

Pris entre deux camps au cours de l'affaire Dreyfus, le gouvernement des modérés ne parvient pas à faire valoir son autorité. Nationalistes et antiparlementaires menacent la République. Le 23 février 1899, Paul Déroulède, président de la Ligue des patriotes, tente de soulever contre l'Élysée les troupes qui défilent à l'occasion des obsèques du président Félix Faure. C'est un échec : un ministère d'union et de «défense républicaine» conduit par Waldeck-Rousseau, et dans lequel siège l'aile gauche des républicains (les radicaux), parvient à rétablir l'ordre. Quoi qu'il en soit, les conséquences politiques de l'affaire Dreyfus sont considérables et durables. Désormais sont «républicains» ceux qui ont choisi le camp des dreyfusards : défendant des valeurs telles que les droits de l'homme, la justice, la laïcité et le parlementarisme. Ils rassemblent la gauche par opposition à la droite. Celle-ci devient nationaliste, militariste, autoritaire et antisémite : c'est l'époque où l'organe catholique *La Croix* se proclame le «journal le plus antijuif de France». ■

Dico → **Boulanger • Clemenceau • parlement • radicalisme**

L'enracinement de la République

De 1875 à 1914, la République s'enracine dans les faits comme dans les esprits. Les républicains, garants de l'ordre, imposent un régime parlementaire démocratique et laïc et surmontent les difficultés économiques et les crises politiques. À travers des institutions comme l'école, la République incarne le progrès social et économique auquel les Français adhèrent majoritairement.

La République se consolide

À partir de 1879, les républicains mettent en place un régime démocratique à travers une série de lois garantissant la liberté de la presse et de réunion (1881), la liberté d'association et l'élection du maire par le conseil municipal (1884). Priorité est donnée à l'instruction qui devient gratuite, laïque et obligatoire (lois Jules Ferry, 1881-1882). La République surmonte la crise boulangiste (1887-1889) avant que le scandale politico-financier de Panamá n'éclabousse une partie de la classe politique et notamment les radicaux. Face au courant anarchiste qui multiplie les attentats contre l'État, de 1892 à 1894, celui-ci se montre répressif (lois scélérates). L'affaire Dreyfus secoue le monde politique et conduit à l'installation durable des radicaux au pouvoir, à partir de 1899. Dès cette époque, la gauche républicaine s'unit dans une lutte anticléricale qui s'achève en 1905 avec le vote de la séparation de l'Église et de l'État. La France républicaine devient laïque. Après 1909, la République radicale soutient le nationalisme et les préparatifs militaires. ■

Fête du centenaire de la République (21 septembre 1892). Cent ans après sa première proclamation, la République n'est plus menacée.

Points clés

Dans l'esprit des républicains qui votent les lois scolaires de 1881 à 1882, l'école doit véhiculer la démocratie et les idéaux de 1789. Dans les communes, les écoles se multiplient et implantent, en même temps que les mairies, la République dans les campagnes.

Des valeurs partagées

Les radicaux défendent les valeurs républicaines: enseignement pour tous, aide à l'acquisition de la propriété, limitation du grand capitalisme et laïcité. Leur programme rallie les classes moyennes qui voient dans la République la promesse d'une ascension sociale. La République peut compter aussi sur le soutien de la paysannerie à qui elle garantit la propriété et défend la production par une politique protectionniste. La progression des voix républicaines dans les campagnes de 1877 à 1914 témoigne de cet engagement.

La vie politique s'organise dans les communes; le maire devient un relais de la République, des syndicats agricoles profitent de la loi sur les associations professionnelles pour se former. L'anticléricalisme républicain déclenche l'hostilité de régions comme la Bretagne, qui rejette la République. Cet anticléricalisme mobilise une opposition monarchiste au sein de la bourgeoisie, qui, pour le reste, adhère à la République. Seuls les ouvriers affichent encore une certaine méfiance. ■

L'école au service de la République

L'école laïque assure la diffusion des valeurs républicaines. Par le recrutement dans les écoles normales des instituteurs et des institutrices, les «hussards de la République», celle-ci forme à ses valeurs et à leur diffusion une catégorie issue de la classe moyenne. L'école doit intégrer les plus défavorisés et favoriser la promotion sociale. Au service de la nation, elle exalte le patriotisme; *Le Tour de la France par deux enfants*, manuel scolaire paru en 1877, en est la parfaite illustration. ■

Dico → **anticléricalisme • nationalisme • radicalisme • république**

Modernisation et rayonnement de la France : 1880-1914

À la veille de la Première Guerre mondiale, la France est la quatrième puissance économique mondiale, derrière les États-Unis, le Royaume-Uni et l'Allemagne. C'est aussi la deuxième puissance financière, après le Royaume-Uni. Enfin, la possession d'un vaste empire colonial donne aux Français le sentiment d'appartenir à une grande puissance.

En 1924, le constructeur automobile André Citroën lance une expédition en Afrique, la Croisière noire.

L'héritage du second Empire

La France de la IIIe République bénéficie de la politique conduite par Napoléon III. S'inspirant des valeurs du saint-simonisme, qui fonde le progrès social sur le développement économique, l'empereur a encouragé la modernisation de la France, laquelle a profité d'une conjoncture européenne d'expansion. L'augmentation de la masse monétaire, conséquence de l'afflux d'or californien et australien, s'est traduite par une hausse des prix particulièrement favorable aux producteurs. Parallèlement, l'État a favorisé la transformation du secteur bancaire. La création des sociétés anonymes par actions a encouragé la spéculation et fait de Paris une place financière internationale. Les banques de dépôt (Société générale, Crédit lyonnais) drainent désormais l'épargne. Les banques d'affaires permettent aux industriels d'emprunter pour se moderniser, ce qui devient une nécessité avec l'ouverture à la concurrence. ■

Dessin glorifiant la colonisation française au Maroc (1911).

Le rayonnement de la France

Pour restaurer sa grandeur après la défaite de 1870, la France relance une politique coloniale initiée par Napoléon III. Catholiques et laïcs soutiennent cette entreprise, les premiers pour développer les missions, les seconds pour apporter des valeurs civilisatrices qui se confondent avec celles de la République. Jusqu'en 1890, la colonisation rencontre cependant l'opposition de ceux qui regardent vers «la ligne bleue des Vosges» (c'est-à-dire en direction de l'Allemagne). Dans le monde, la France fait figure de nation modèle. Patrie de la Révolution de 1789, première République européenne, elle défend des symboles universels comme la liberté, l'égalité et les droits de l'homme. La langue française, que l'on parle volontiers dans les milieux intellectuels et diplomatiques européens ou latino-américains, véhicule ces valeurs. Capitale de la mode, Paris est un pôle artistique et culturel. ■

La révolution du rail et l'essor urbain

Malgré les nombreuses crises économiques que traverse la IIIe République, la prospérité matérielle de la France se manifeste avec éclat lors des Expositions universelles de 1889 et de 1900. Parallèlement, la mise en place rapide du plan Freycinet, élaboré en 1878, rénove l'ensemble des moyens de transport, en particulier le réseau ferroviaire : depuis le second Empire, l'État a concédé l'exploitation des lignes à des entreprises privées. C'est ainsi que le réseau ferroviaire est passé de 3 500 km en 1852 à 17 000 km en 1870. L'industrie sidérurgique qu'illustre l'usine Schneider au Creusot profite largement de l'extension du réseau ferré. La modernisation des infrastructures portuaires complète ces progrès. L'exode rural, l'industrialisation et le développement du commerce entraînent l'essor des villes, largement amorcé sous le second Empire. ■

Dico → **action • banque • Napoléon III • république • société anonyme**

Points clés

Les origines de la Grande Guerre

En 1914, l'Europe est partagée entre deux systèmes d'alliance, d'un côté la plus ancienne, la Triple-Alliance, de l'autre, la Triple-Entente. Cet équilibre est remis en cause à plusieurs reprises par des crises. L'attentat de Sarajevo, le 28 juin 1914, aurait pu ne constituer qu'une crise de plus. En réalité, il s'agit du détonateur d'un conflit devenu inévitable en raison des tensions accumulées.

Les deux systèmes d'alliance : Triple-Alliance et Triple-Entente

Dès 1871, le chancelier allemand Bismarck veut isoler la France en Europe. Aussi l'Allemagne se rapproche-t-elle de l'Autriche (signature de la Duplice en 1879). Pour parfaire son système, elle se tourne vers l'Italie qui, humiliée de voir la Tunisie devenir un protectorat français, rejoint la Duplice qui devient alors la Triple-Alliance en 1882. Mais l'Italie est un partenaire fragile, car elle revendique des territoires autrichiens, les terres irrédentes (Trentin, Istrie, Dalmatie). De son côté, la France se tourne vers la Russie, isolée, elle, à l'autre bout du continent. L'entente entre la France républicaine et la Russie autocratique paraît contre nature. Néanmoins, les deux pays signent un traité d'assistance en 1893. L'Angleterre, se sentant menacée par le développement de la flotte de guerre allemande, sort de son splendide isolement et noue avec la France l'Entente cordiale en 1904. Celle-ci, enfin complétée par un traité anglo-russe en 1907, devient la Triple-Entente.

Les deux systèmes d'alliance à la veille de la Première Guerre mondiale.

Le 28 juin 1914, l'archiduc François-Ferdinand, héritier de l'Empire austro-hongrois, est assassiné à Sarajevo, en Bosnie-Herzégovine, par un jeune étudiant bosniaque, Gavrilo Prinzip. L'Autriche accuse Belgrade d'avoir armé Prinzip et juge le moment venu de se débarrasser de la Serbie.

Les crises marocaines et balkaniques (1905-1913)

Entre 1904 et 1913, une série de crises secoue l'Europe. Les premières concernent le Maroc. La France cherche à s'y constituer un protectorat afin de compléter sa domination sur le Maghreb. En mars 1905, lors d'un voyage à Tanger, l'empereur d'Allemagne, Guillaume II, se pose en défenseur de l'indépendance marocaine. Mais la France, soutenue par l'Angleterre, s'établit au Maroc. En 1911, l'affaire rebondit quand l'Allemagne envoie une canonnière devant le port d'Agadir. À nouveau, l'Angleterre soutient la France qui instaure un protectorat au Maroc. L'attention se tourne ensuite vers les Balkans, où l'Autriche et la Russie s'affrontent, l'une cherchant à dominer les Slaves du Sud, l'autre se posant en protectrice de ces derniers. Trois guerres secouent les Balkans (1908, 1912, 1913) : ces crises à repétition menacent le fragile équilibre européen. ■

La marche à la guerre

L'attentat de Sarajevo sert de détonateur. Recevant le soutien de l'Allemagne, l'Autriche déclare la guerre à la Serbie, le 28 juillet 1914. À cette date, le conflit ressemble à une des précédentes crises balkaniques. Mais, alliée des Serbes, la Russie décide de se porter à leur secours et, sans consulter la France, annonce le 30 juillet la mobilisation générale. L'empereur Guillaume II répond en déclarant la guerre à la Russie (1er août), puis à la France (3 août), tandis que l'Angleterre déclare la guerre à l'Allemagne (4 août). Par le jeu des alliances, en une semaine, l'Europe est emportée dans la tourmente de la guerre. ■

1879
Duplice

1882
Triple-Alliance

1893
Alliance franco-russe

1904
Entente cordiale

1907
Triple-Entente

Dico → balkanisation • Bismarck • Triple-Alliance • Triple-Entente

Points clés # La Première Guerre mondiale

La guerre qui commence en 1914 va bouleverser le monde. Personne n'a prévu un long conflit et les soldats qui partent en septembre espèrent être revenus à Noël, la guerre gagnée. Malheureusement en décembre, les illusions sont tombées. Le conflit s'installe dans la durée et s'étend au monde entier avec l'entrée en guerre des États-Unis en 1917.

1914, l'échec de la guerre de mouvement

L'Allemagne prend l'initiative à l'ouest avant d'attaquer sur le front de l'Est. Appliquant le plan Schlieffen, elle envahit la Belgique, puis la France, menaçant Paris qui est sauvé en septembre (bataille de la Marne). Le front étant désormais stabilisé, les deux armées tentent de déborder l'ennemi (course à la mer, 18 septembre-15 novembre). Aucun des belligérants n'y parvient et le front s'étire désormais sur près de 700 km. Entre-temps, les Allemands ont stoppé les Russes à Tannenberg (août). ■

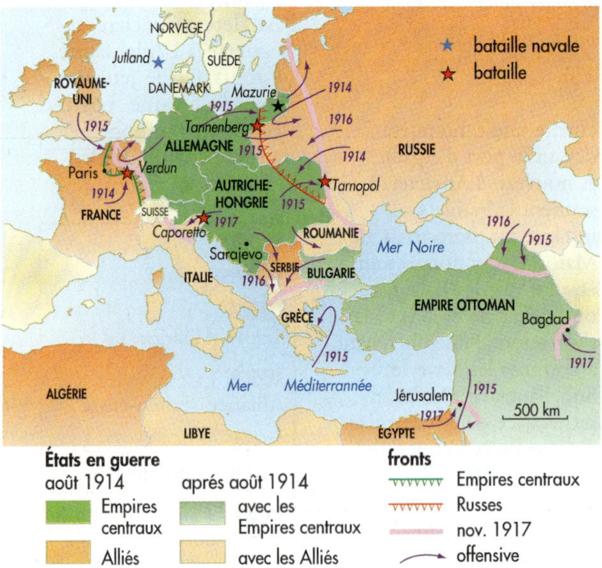

Les fronts de 1914 à 1917. Toutes les offensives, françaises ou allemandes, échouent.

1915-1916, la guerre de position

Avec la stabilisation des fronts à l'ouest, les Allemands passent à l'offensive à l'est, faisant reculer les Russes de près de 500 km. Pour soulager son allié, Joffre tente, entre mai et septembre 1915, de percer le front ennemi en Artois, puis en Champagne. Meurtrières, ces offensives se soldent par un échec. En mars, pour rétablir la liaison avec les Russes, les Anglais ont tenté, sans succès, de débarquer dans les Dardanelles. En 1916, les Allemands inaugurent une nouvelle stratégie, la guerre d'usure : de février à décembre, la bataille fait rage à Verdun, mais ils ne parviennent pas à enfoncer le front. Les Français tentent la même opération dans la Somme, sans plus de réussite. Le moral des soldats est au plus bas. ■

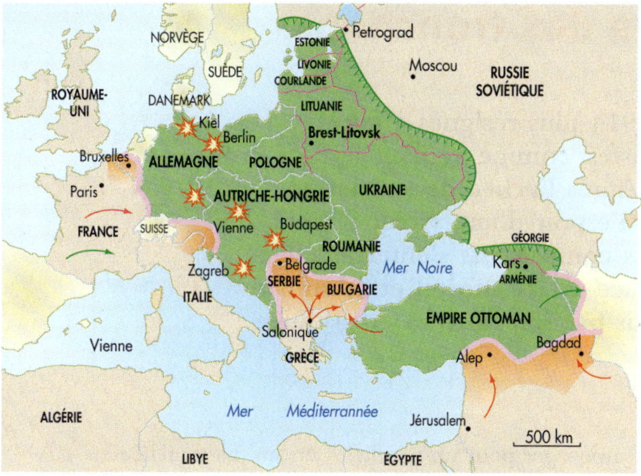

Cette carte des fronts en Europe et au Moyen-Orient en 1918 montre bien que l'Allemagne signe l'armistice alors que, malgré l'offensive des Alliés, son territoire n'est pas envahi.

1917-1918, retour à la guerre de mouvement

En 1917, la relance de la guerre sous-marine entraîne les États-Unis dans le conflit. Sur le front ouest, c'est l'échec de l'offensive de Nivelle (Chemin des Dames, 16 mai). Sur le front russe, les Allemands prennent Riga et occupent la Bucovine. La prise de pouvoir par les bolcheviks aboutit à la cessation des hostilités en décembre. En 1918, Berlin est décidé à obtenir un avantage décisif avant l'engagement en nombre des Américains. Mais les Allemands se heurtent à la contre-offensive de Foch en Champagne et en Picardie (juillet-septembre). L'arrivée massive des troupes américaines ne laisse plus aucune chance aux Allemands qui reculent vers leur frontière.
Les alliés de l'Allemagne abandonnent tour à tour les combats, en septembre les Bulgares, en octobre les Turcs et, enfin, le 3 novembre c'est le tour des Autrichiens. L'Allemagne, isolée, signe l'armistice le 11 novembre. ■

Points clés

1914
- *3 août* L'Allemagne déclare la guerre à la France.
- *26 août* Défaite des Russes à Tannenberg.
- *6-13 septembre* Première bataille de la Marne.

1915
- *24 avril* L'Italie rejoint l'Entente.
- *Mai-septembre* Offensives françaises en Artois et en Champagne.
- *Février-avril* Échecs alliés aux Dardanelles.

1916
- *27 août* La Roumanie déclare la guerre à l'Autriche et à l'Allemagne.
- *Février-décembre* Bataille de Verdun.

1917
- *6 avril* Entrée en guerre des États-Unis.
- *Mars-novembre* Révolution bolchevique.
- *15 décembre* Armistice entre la Russie et l'Allemagne.

1918
- *Mars-juillet* Offensives allemandes à l'ouest.
- *18 juillet* Seconde bataille de la Marne.
- *11 novembre* L'armistice est signé à Rethondes.

Dico → armistice • Triple-Alliance • Triple-Entente

La guerre des tranchées

Les soldats partent en 1914 plus résignés à faire leur devoir qu'enthousiastes, comme veulent le faire croire les photos de l'époque. Après l'échec de la guerre de mouvement s'envole l'espoir d'une victoire rapide. Dans les deux camps, les combattants s'enterrent dans des tranchées pour un face-à-face mortel et inhumain qui les marquera à jamais par son horreur et sa durée.

L'univers des tranchées

L'armée allemande s'adapte plus facilement que les Français aux tranchées et y stocke rapidement du matériel en vue d'une guerre défensive. De son côté, l'état-major français découvre, au début de 1915, qu'il est nécessaire de les aménager pour un conflit qui va durer. Tout le long du front sont creusées plusieurs lignes de tranchées dont le tracé court sur de nombreux kilomètres. Elles sont toutes reliées par des boyaux qui, comme leur nom l'indique, sont très étroits. La tranchée en elle-même est creusée dans le sol, parfois couvert de caillebotis ; elle zigzague pour éviter les tirs en enfilade. Profonde souvent de 2 mètres, elle comporte du côté de l'ennemi un parapet sur lequel les soldats se préparent avant les attaques. En avant de la tranchée court un réseau de fil de fer barbelé qui la sépare de la tranchée adverse. Le conflit s'éternisant, les hommes s'organisent et y construisent de nombreux abris souterrains. Ce cadre de vie souterrain s'est révélé très efficace puisque toutes les offensives s'y sont brisées. ■

Les gaz utilisés par les Allemands à Ypres en avril 1915 portent le nom d'ypérite ou gaz moutarde. Ils s'attaquent aux voies respiratoires malgré le port d'un masque.

À nouvelle guerre, nouvelles armes

L'armement doit s'adapter à cette nouvelle forme de guerre. Ainsi grenades à main, lance-flammes, crapouillots (mortiers de tranchée) sont mis au point pour attaquer les tranchées ennemies. Interdits par la conférence internationale de La Haye (1899), les gaz apparaissent pour la première fois à la bataille d'Ypres (1915). Ils sont dès lors redoutés et, pour se défendre contre leurs effets, les hommes portent de jour comme de nuit des masques rudimentaires. Pour l'observation et le renseignement, on se sert de ballons captifs. Pour les communications, on installe le téléphone dans les tranchées. L'aviation fait son apparition et, avec elle, les premiers duels aériens, tandis qu'en 1918 les premiers chars de combat sont employés lors de la grande offensive de juillet. ■

Lors de brefs instants de repos, les soldats prennent le temps d'écrire à leur famille. C'est un moyen de garder le moral.

Un enfer de boue et de vermine

Les poilus vivent au jour le jour un véritable enfer. Pendant quatre ans, ils vivent rongés par les poux, entourés de rats dans ces tranchées, qui deviennent rapidement avec les pluies un univers de boue. L'attente de l'attaque, les bombardements incessants et surtout l'angoisse de la mort, partout présente à travers l'ami qui ne revient pas ou le corps qui reste à pourrir le long des barbelés, marqueront à jamais ces hommes. De nombreux écrivains après la guerre s'en sont fait les témoins. La résistance des poilus à ces conditions de vie s'explique par un patriotisme forcené. Malgré tout, en 1917, la lassitude et le dégoût conduisent parfois certains à refuser les combats. Le général Pétain, conscient des immenses difficultés des soldats, prend des mesures pour améliorer leurs conditions de vie. Ainsi, les hommes seront relevés régulièrement afin de bénéficier de permissions pour retourner à l'arrière. ■

Les blessés représentent au total les deux tiers des mobilisés. Nombreux sont ceux qui restent invalides ou gazés. Après l'enfer des tranchées, le retour à la vie civile sera très difficile.

Dico → armistice • Pétain

Points clés

La guerre économique et l'économie de guerre

Engagés, contrairement à leurs prévisions, dans un conflit de longue durée, les belligérants procèdent à une véritable mobilisation industrielle. Peu à peu, l'arme économique devient prépondérante et les États sont conduits à intervenir directement dans la production.

L'absence des hommes, partis au front, oblige les femmes à les remplacer au champ et à l'usine.

La guerre économique

Avec l'allongement de la durée du conflit, les belligérants se servent de l'arme économique. En 1914, les Britanniques, forts de leur puissance navale, imposent à l'Allemagne un blocus rigoureux. Celle-ci en effet ne peut survivre qu'en important des pays neutres denrées alimentaires et matières premières. Mais le blocus maritime est total. Sur terre, l'Entente contrôle de plus en plus le commerce. En 1915, l'Allemagne réplique en déclenchant une guerre sous-marine pour stopper les convois en provenance des États-Unis : tout navire ennemi ou neutre croisant dans les eaux britanniques est coulé. En janvier 1917, l'état-major allemand décide d'intensifier la guerre sous-marine, ce qui provoque l'entrée en guerre des États-Unis. ■

Des besoins de financement importants

Très vite, les besoins militaires croissants posent le problème de leur financement. Chaque gouvernement est contraint d'augmenter les recettes, d'abord par l'impôt. Ainsi, l'impôt sur le revenu voté en 1914 est instauré en France. Comme ces mesures sont insuffisantes, on lance auprès des populations, dans les deux camps, des emprunts à court terme, sous forme de bons de la défense nationale. On emprunte aussi à l'étranger : l'Entente bénéficie de prêts américains importants. Mais les besoins de financement qui ne sont pas couverts par les emprunts ou l'impôt le sont par l'émission massive de monnaie papier. Cette inflation incontrôlée, un phénomène nouveau pour l'époque, conduira à des dévaluations monétaires après la guerre. ■

L'économie de guerre

Progressivement, tous les rouages de l'économie passent sous le contrôle de l'État : importations, exportations, flotte maritime, etc. La société entière est aussi sollicitée. Ainsi, les ingénieurs, les ouvriers spécialisés de la métallurgie, de la mécanique, de la chimie sont rappelés du front et mobilisés dans les usines. Dans de nombreux métiers, dans les usines, mais aussi dans les champs, les femmes remplacent les hommes partis au front. On fait également appel à la main-d'œuvre coloniale et étrangère.

En 1917, avec le déclenchement de la guerre sous-marine totale, les Allemands coulent près du tiers de la flotte britannique en six mois.

L'appareil productif est aussi mis au service de la guerre. En France, on doit réimplanter des centres de production loin du front, car les régions industrielles du Nord-Est sont transformées en champs de bataille.

Acheter des bons de la défense nationale devient un devoir patriotique.

Des régions jusqu'ici restées à l'écart du développement industriel connaissent une forte croissance (Normandie, Sud-Ouest et Sud-Est). Les industries civiles sont reconverties en industries de guerre. Le travail à la chaîne se développe et les cadences dans les usines augmentent afin de fournir au front l'armement nécessaire à la poursuite du conflit. La guerre conduit à la concentration des entreprises, à une liaison de plus en plus forte entre laboratoires de recherches et usines et à une importante modernisation de l'industrie. ■

Dico → blocus • dévaluation • inflation • Triple-Entente

Points clés 1917, l'année charnière

L'année 1917 marque un tournant dans le conflit. L'entrée en guerre des États-Unis, en avril, et la révolution russe, en octobre, modifient les rapports de force. De plus, trois ans de combats ont entamé le moral des soldats et la lassitude commence à se faire sentir. À l'arrière, les difficultés économiques provoquent des mouvements sociaux importants.

Les États-Unis entrent dans la guerre

Le 6 avril 1917, le président Wilson déclare la guerre à l'Allemagne.

Dès 1914, la Triple-Entente, forte de sa supériorité navale, organise un blocus de l'Allemagne, qui réplique en 1915 par une guerre sous-marine. En six mois, le tiers de la flotte britannique est coulé. Le 31 janvier 1917, l'Allemagne annonce une guerre sous-marine totale, prenant le risque de voir les États-Unis intervenir. Berlin espère alors une défaite rapide de la Grande-Bretagne. Les convois vers l'Angleterre sont interrompus, entraînant le mécontentement des industriels américains qui font pression sur le gouvernement. Finalement, le 2 avril, les États-Unis entrent dans le conflit : l'Entente peut désormais compter sur la première économie mondiale et, à terme, sur des troupes fraîches. ■

La Russie en sort

La situation en Russie se dégrade. À l'invasion de l'ouest du territoire par les troupes allemandes s'ajoutent les difficultés d'approvisionnement, surtout dans les grandes villes. Les désertions et les manifestations se multiplient. Ce contexte insurrectionnel débouche sur la révolution de février 1917. Le nouveau gouvernement, malgré l'opposition de la population, décide de poursuivre la guerre. Le mécontentement des Russes grandit et, en octobre, les bolcheviks prennent le pouvoir. Lénine entame des négociations avec l'Allemagne qui aboutissent, le 15 décembre 1917, à un armistice. Le traité de paix est signé le 3 mars 1918 à Brest-Litovsk. Le front de l'Est disparaît et les Allemands peuvent alors concentrer leurs troupes à l'ouest. ■

Les soldats russes prêtent serment au nouveau régime qui s'est installé sur les ruines du tsarisme à la suite de la révolution de février 1917.

Parmi les condamnations à mort prononcées par les tribunaux militaires en 1917, peu sont exécutées. Certains condamnés seront réhabilités après la guerre.

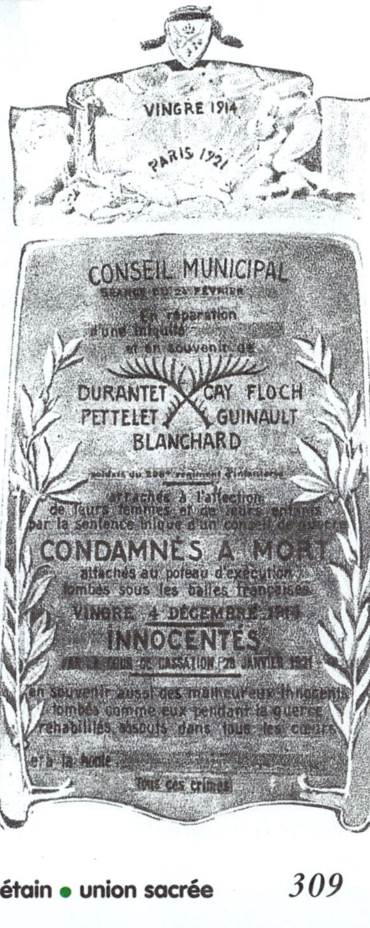

L'épuisement sur le front et à l'arrière

L'échec des offensives au Chemin des Dames déclenche des mutineries dans l'armée d'avril à juin 1917. Celles-ci sont en grande partie dues au désespoir des soldats face à des ordres de combat aussi meurtriers qu'inutiles. Ce phénomène de lassitude frappe tous les fronts. En France, l'armée commence à être touchée par des mutineries : sur 412 peines de mort prononcées, 55 sont suivies d'exécution. Le nouveau commandant en chef, Pétain, conscient des difficultés des soldats, prend des mesures afin d'améliorer la vie des combattants. Dans le même temps, à l'arrière, la situation se dégrade dans tous les pays. L'enlisement de la guerre, les privations alimentaires affaiblissent le moral des civils. Dans les usines, l'augmentation des cadences, la stagnation des salaires face à une inflation galopante provoquent des grèves. Face à ces mouvements sociaux, les pacifistes réclament l'arrêt de la guerre et, en France, les socialistes dénoncent l'union sacrée. Les gouvernements, confiés à de fortes personnalités, comme Georges Clemenceau, durcissent leur position en réprimant les grèves. À la fin de l'année, les crises sont surmontées. ■

Dico → bolchevik • Clemenceau • Lénine • Pétain • union sacrée

Points clés

Culture de guerre et propagande : la Première Guerre mondiale

La Première Guerre mondiale voit les débuts de la propagande moderne qui utilise tous les médias de l'époque. Ainsi, dès 1914, les États en guerre s'attachent à étendre leur contrôle sur tous les moyens d'information. Ce conflit est perçu comme un devoir patriotique qui va marquer toute une génération. Son souvenir devient un véritable culte entretenu par des commémorations.

Une culture de guerre

En 1914, les soldats français partent au front pour défendre la patrie que l'école leur a définie comme sacrée.
Il s'agit donc d'un patriotisme défensif : on combat pour défendre sa terre et sa famille. La majorité des soldats sont des ruraux pour qui la terre est le symbole de la vie. Mais pour tous, c'est l'ennemi qui est responsable du conflit, donc la guerre est juste et doit mener à la victoire du droit.
En 1914, les exactions commises par les Allemands, dont les populations ont été informées très tôt, donnent à la guerre un sens nouveau. L'Allemand devient le « Boche » et la guerre se transforme en une lutte que la civilisation doit remporter contre la barbarie. ■

Dès la première année du conflit, les soldats allemands sont représentés comme des barbares. Les soldats français font l'objet du même traitement outre-Rhin.

La propagande devient une arme de guerre

En 1915, la censure apparaît sous la forme de longs blancs dans les journaux et les correspondances des soldats. La propagande, s'appuyant sur le patriotisme ambiant, se sert des affiches, du cinéma, des chansons et des journaux pour maintenir le moral des populations. L'école joue aussi son rôle : ainsi, les écoliers travaillent sur des exercices à thème patriotique. Dans les tranchées, les soldats créent leurs propres journaux, eux aussi censurés. Des spectacles, des fêtes sont improvisés au front pour distraire le soldat et maintenir son moral.
Cette propagande, appelée « bourrage de crâne » par les hommes, a bien fonctionné, car, malgré la crise de 1917, le moral a tenu. ■

Les peintres insistent sur l'horreur de la guerre, la peur du soldat devant la présence obsédante de la mort. Ici, panneau central du triptyque d'Otto Dix, La Guerre.

La mémoire de guerre

Ces quatre années de guerre marquent les hommes dans leur chair, mais aussi leur esprit. Les écrivains et les artistes essayent de faire revivre après la guerre les combats des tranchées, la peur qu'ils ont connue et les horreurs qu'ils ont vécues. De très nombreuses associations d'anciens combattants naissent de la fraternité des tranchées et luttent après la guerre pour obtenir des pensions pour les blessés et les mutilés. Pour perpétuer le souvenir des soldats dans tous les villages de France, on érige des monuments aux morts. Le 11 novembre, date de la signature de l'armistice de Rethondes, devient un jour férié, occasion de nombreuses manifestations : les enfants des écoles sont invités à commémorer le sacrifice de ceux qui sont morts pour la patrie. En 1920, un soldat, dont on ignore l'identité, est choisi pour être inhumé sous l'arc de triomphe à Paris : le Soldat inconnu devient ainsi un haut lieu de la mémoire et du patriotisme. Il s'agit donc, avant tout, de se souvenir, non pour ressasser la haine, mais pour éviter le retour d'un conflit. Beaucoup de soldats sont devenus des pacifistes, attachés à construire un monde meilleur débarrassé de la guerre. C'est pour construire ce monde qu'ils soutiennent la création d'une société internationale dont le but sera d'éviter les conflits : la Société des Nations (SDN). Cette guerre qu'on appelle la « der des der » est censée marquer le début d'une ère nouvelle. ■

Les « ciseaux d'Anastasie » symbolisent la censure exercée par l'État.

Dico → patriotisme • SDN

Points clés

La division du mouvement socialiste français en 1920

La révolution russe et la création de la IIIe Internationale (Komintern) divisent les socialistes français. Une majorité souhaite rejoindre cette dernière afin de voir la révolution triompher. Une minorité est hostile aux 21 conditions d'adhésion, qu'elle juge étrangères aux traditions socialistes : le mouvement ouvrier est profondément divisé.

La poussée révolutionnaire

La France est atteinte par la vague révolutionnaire de l'après-guerre. Elle se traduit notamment par des grèves très violentes : grève du 1er mai 1919, puis, après la défaite des socialistes aux élections de 1920, grève des cheminots. Pour soutenir celle-ci, une grève générale est déclenchée en mai 1920. Les effectifs du parti socialiste et de la CGT progressent spectaculairement. À la veille du congrès de Tours, les tensions sont vives entre les partisans de l'action violente pour établir une société sans classes et les partisans d'une conquête du pouvoir par la voie parlementaire. Le comité de la IIIe Internationale favorable à la révolution bolchevique est appuyé par la délégation envoyée en Russie par la SFIO et dirigée par Cachin, directeur de *L'Humanité*, et Frossard, secrétaire général du parti. L'unité de la gauche, réalisée en 1905 avec la création de la Section française de l'Internationale ouvrière (SFIO), est menacée. ■

Marcel Cachin conduit la majorité favorable à l'adhésion à la IIIe Internationale.

Le congrès de Tours

Lorsque s'ouvre le congrès en décembre 1920, il s'agit de se prononcer sur l'adhésion à la IIIe Internationale. Cela signifie accepter les 21 conditions strictes imposées par Moscou. Pour Frossard, secrétaire de la SFIO, la IIe Internationale a fait faillite en n'empêchant pas la guerre et en laissant les partis socialistes participer à des gouvernements d'union sacrée. Les élections de 1919 ont été un échec et la tentative de prise du pouvoir révolutionnaire par les grèves de 1920 aussi. Pour lui, le but des socialistes français est la révolution et c'est ce que propose le Komintern. Adhérer, c'est donc rester fidèle à la tradition française. Les adversaires de l'adhésion expliquent que les 21 conditions imposées par le Komintern sont étrangères aux traditions des socialistes français. La subordination du syndicat au parti est, par exemple, contraire à la charte d'Amiens. Léon Blum, dans son intervention, rejette le centralisme démocratique au nom de la tradition socialiste. ■

La grande scission de la gauche

Au terme des débats, la majorité (3 252 mandats sur 4 763) se prononce pour l'adhésion et donne naissance au parti communiste SFIC (Section française de l'Internationale communiste). Conduite par Blum, la minorité poursuit la SFIO. La formation du parti communiste s'explique par le désir de se rattacher à une révolution qui a réussi. Pour ses fondateurs, les 21 conditions ne sont qu'un énoncé formel qu'il appartient aux communistes d'adapter à la situation française. Or, le Komintern, lui, les considère comme essentielles. C'est pour cela que pendant dix ans la vie du parti communiste est rythmée par les crises et les exclusions, dont celle de Frossard en 1923. Les deux partis adoptent des stratégies opposées : les socialistes participent à des majorités parlementaires alors que les communistes y sont hostiles. *L'Humanité* devient le journal du parti communiste, les socialistes fondent *Le Populaire*. Ce débat se poursuit au sein de la CGT. Les réformistes majoritaires avec Léon Jouhaux excluent les minoritaires favorables à la IIIe Internationale, lesquels fondent la CGT unitaire.

Au terme de débats passionnés, le congrès de Tours donne naissance au parti communiste. Le monde ouvrier se divise durablement.

Fondé à Moscou en mars 1919, le Komintern ou IIIe Internationale impose 21 conditions aux partis socialistes pour adhérer.

Dico → **Blum • centralisme • communisme • Komintern • socialisme**

Points clés La nouvelle carte de l'Europe après la Première Guerre mondiale

La conférence de la paix réunie à Paris en janvier 1919 élabore des traités qui bouleversent la carte de l'Europe. Ces traités tiennent partiellement compte des principes énoncés par le président américain Wilson, notamment le droit des peuples à disposer d'eux-mêmes. Mais ils prennent aussi en considération les désirs des puissances traditionnelles et les pratiques de l'Europe du XIXe siècle.

En 1920, à l'issue des traités de paix, l'Europe compte huit nouveaux États indépendants : la Pologne, la Lituanie, la Lettonie, l'Estonie, la Hongrie, la Yougoslavie, la Tchécoslovaquie et la Finlande.

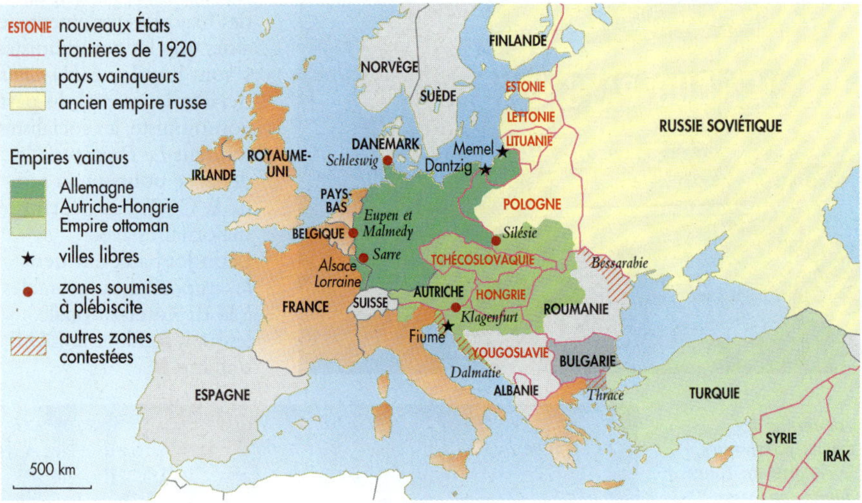

La conférence de la paix de Paris

La conférence de la paix s'ouvre à Paris le 8 janvier 1919 en l'absence des vaincus et de la Russie bolchevique. Le conseil des quatre composé de Wilson (États-Unis), Clemenceau (France), Lloyd George (Grande-Bretagne) et Orlando (Italie) domine les débats. Cette conférence révèle rapidement des désaccords. Wilson souhaite faire adopter les principes qu'il a définis dans les « quatorze points », un an plus tôt, dont le droit des peuples à disposer d'eux-mêmes et la création d'une Société des Nations. Les Alliés mettent en avant leurs propres intérêts. Clemenceau exige une grande fermeté à l'égard de l'Allemagne. Lloyd George s'oppose à l'hégémonie française sur le continent. L'Italie réclame les terres irrédentes (Trentin, Istrie, Dalmatie). ■

L'Europe des traités

Les traités signés sont des compromis entre les vainqueurs ; ils sont imposés aux vaincus. Au terme du traité de Versailles, signé le 28 juin 1919, le territoire de l'Allemagne est amputé. À l'ouest, elle restitue l'Alsace-Lorraine à la France. À l'est, elle perd la Posnanie et une partie de la Silésie. Un corridor coupe le pays en deux pour offrir à la Pologne un accès à la mer. L'Allemagne, jugée responsable du conflit, est contrainte à verser des réparations. Elle perd ses colonies et son armée est fortement réduite. Les traités de Saint-Germain-en-Laye et du Trianon entérinent le démantèlement de l'Autriche-Hongrie. L'Autriche et la Hongrie sont réduites à de petits États. La Tchécoslovaquie est créée. Les Slaves des Balkans sont regroupés dans la Yougoslavie nouvelle. Le traité de Neuilly enlève la Thrace à la Bulgarie. À la suite du traité de Sèvres, la Turquie perd ses possessions moyen-orientales qui sont confiées sous forme de mandats de la SDN à l'Angleterre et à la France. ■

Le traité de Versailles déclare l'Allemagne responsable du conflit. Son territoire est amputé et elle doit payer des réparations. La Rhénanie est démilitarisée et occupée. Ce traité est considéré comme un diktat par les Allemands.

Des problèmes en suspens

Les traités règlent certains litiges territoriaux, mais en crée d'autres ; le principe des nationalités est parfois difficile à appliquer. Des conflits éclatent entre la Roumanie et la Hongrie à propos de la Transylvanie, entre la Roumanie et la Russie à propos de la Bessarabie, entre les Serbes et les Autrichiens à propos de la Carinthie. Le tracé des frontières de la Pologne reste indécis. La ligne proposée par lord Curzon pour la frontière orientale est refusée par les Polonais : elle sera déplacée en 1920 de 200 km à l'est à l'issue de la guerre entre l'URSS et la Pologne. Celle-ci s'oppose à la Lituanie à propos de la ville de Vilnius que le conseil suprême des Alliés accorde à la Lituanie : mais, en 1920, la Pologne l'annexe par la force. L'Italie revendique les terres irrédentes de 1915 et le port de Fiume, déclaré ville libre par Wilson. La carte laisse apparaître des entorses au principe wilsonien : la Tchécoslovaquie compte 3 millions d'Allemands, dans les Sudètes, et quelque 700 000 Hongrois. ■

Points clés

La révolution russe

La Première Guerre mondiale provoque l'implosion de la Russie tsariste qui s'avère incapable de supporter le poids du conflit. La révolution qui, en mars 1917, abat l'autocratie est considérée par Lénine comme une «révolution bourgeoise». Aussi prône-t-il une seconde révolution prolétarienne et socialiste : en octobre, les bolcheviks s'emparent du pouvoir.

Mars 1917, la chute du tsarisme

Trotski de retour en Russie se rallie aux bolcheviks en 1917. Il est chargé d'organiser l'Armée rouge.

La Russie, engagée dans le conflit en 1914, est mal préparée. Les revers militaires discréditent le tsar Nicolas II. Les difficultés d'approvisionnement provoquent l'asphyxie économique. L'inflation et le chômage se développent.
Le 23 février 1917, une grande manifestation est organisée pour célébrer la journée internationale des femmes ; grèves et manifestations se multiplient les jours suivants et, le 27 février, le palais d'Hiver de Petrograd est investi par la foule. Le 2 mars, le tsar abdique. Dès lors, le pouvoir est détenu par le gouvernement provisoire, dominé par les constitutionnels démocrates, et par les soviets (conseils), majoritairement mencheviks et sociaux-révolutionnaires. En avril 1917, Lénine expose ses «thèses». Il appelle à l'arrêt de la guerre, au partage des terres et à une seconde révolution pour instituer une république des soviets. ■

Octobre 1917, la révolution bolchevique

En septembre, les bolcheviks sont majoritaires dans le soviet de Petrograd. Lénine les convainc de lancer une insurrection. Celle-ci se déroule dans la nuit du 24 au 25 octobre. Les points stratégiques de la capitale sont occupés sans résistance. Lénine prend la tête du Conseil des commissaires du peuple. Il adopte aussitôt des décrets, notamment sur le partage des terres. Il invite les belligérants à ouvrir sans délai des négociations en vue d'une paix démocratique, fondée sur l'affirmation du droit à l'autodétermination des peuples allogènes et sur le contrôle ouvrier des entreprises industrielles. ■

Théoricien et homme d'action, Lénine rentre en Russie en 1917. Il conduit la révolution d'Octobre et devient président du Conseil des commissaires du peuple.

1917-1921, le communisme de guerre

Une guerre civile oppose le nouveau pouvoir et l'Armée rouge dirigée par Trotski aux armées blanches soutenues par les Alliés, hostiles au nouveau régime. Les bolcheviks instituent alors le communisme de guerre fondé sur la dictature du parti bolchevik, qui prend le nom de parti communiste. Ils dissolvent l'Assemblée constituante dans laquelle ils sont minoritaires. En 1921, l'Armée rouge est victorieuse mais le pays est exsangue après des années de guerre. Certains membres du parti reprochent à Lénine son autoritarisme et réclament une démocratisation du pouvoir. En vain. ■

La guerre civile (1917-1921), plus particulièrement en Ukraine, entraîne de terribles famines qui font plusieurs millions de victimes.

Points clés

La Russie sous Staline, de 1924 à 1939

En 1924, à la mort de Lénine, Staline utilise son poste de secrétaire général du parti pour éliminer ses rivaux. Pour lui, le rôle de l'État est de créer une société communiste : le parti doit donc durcir la dictature du prolétariat. Partisan de la « construction du socialisme dans un seul pays », il engage l'URSS dans une « industrialisation à toute vapeur », financée par l'agriculture. La société, encadrée par le parti, est soumise à une véritable terreur d'État.

La conquête du parti

Dans ses dernières notes, Lénine s'inquiète de la dérive bureaucratique du PCUS et du pouvoir acquis par Staline. À sa mort s'ouvre une lutte pour sa succession. Staline place à des postes de responsabilité des hommes qui lui sont dévoués. Il profite des débats soulevés par la poursuite ou l'abandon de la NEP (politique économique plus libérale établie en 1921 par Lénine) pour éliminer ses adversaires. Il frappe d'abord l'opposition de « gauche » qui veut l'abandon de la NEP et l'industrialisation de l'URSS. Trotski, Kamenev et Zinoviev sont évincés. En 1928, Staline s'attaque à la « droite » qui, à l'image de Boukharine, propose de poursuivre la NEP. En 1929, Staline est le maître du parti. Les grands procès qui se tiennent à Moscou de 1936 à 1939 frappent les vieux compagnons de Lénine qui doivent confesser leurs crimes en public. ■

Manifestation de soutien de paysans pauvres aux mesures décrétées contre les koulaks.

«Le grand tournant»

À partir de 1929, Staline tourne le dos à la NEP et, pour «construire le socialisme», entreprend l'industrialisation du pays. L'État contrôle l'économie par la planification. Le Gosplan est chargé d'élaborer des plans quinquennaux. Les objectifs à atteindre sont fixés par Staline, puis approuvés par le parti : ils sont impératifs et contrôlés. Pour financer le développement de l'industrie, Staline prélève le capital nécessaire sur l'agriculture. En 1929, il décrète la collectivisation totale. Les paysans sont contraints d'entrer dans des kolkhozes. Ceux qui résistent sont considérés comme koulaks (paysans enrichis), arrêtés, déportés ou exécutés. La priorité est donnée aux industries de base qui reçoivent la majeure partie des investissements. En 1940, l'URSS est la troisième puissance industrielle, mais la production agricole et les biens de consommation demeurent insuffisants. ■

Un système totalitaire

Le parti implanté dans chaque quartier, chaque entreprise, encadre la population par l'intermédiaire de diverses organisations. Les Komsomols, jeunes communistes, participent aux fronts pionniers de la planification. La propagande contrôle tous les moyens d'information et impose l'image d'un chef infaillible. Les artistes sont tenus de se plier à la règle du réalisme soviétique. À partir de 1934, la police politique, le NKVD, surveille la population. Les opposants risquent la déportation vers des camps de travail. Staline fait l'objet d'un véritable culte. Les Soviétiques bénéficient de la priorité donnée à l'éducation. Durant cette période, certains obtiennent une promotion sociale que facilitent les purges. Les ouvriers sont soumis à des lois répressives. ■

Le réalisme soviétique, imposé dans les arts, glorifie la mobilisation des ouvriers lors du premier plan quinquennal, en 1928.

Dico → kolkhoze • koulak • Lénine • Staline

Points clés

Les révolutions et leur reflux : 1918-1920

La lassitude due à la guerre entraîne une agitation révolutionnaire sans précédent. Des soulèvements se produisent en Allemagne, en Hongrie ; la France et l'Italie connaissent des troubles sociaux. La révolution mondiale semble en marche, la IIIe Internationale est créée en mars 1919. Mais la réaction est partout violente et provoque l'isolement de la Russie.

Bela Kun proclame la République des Conseils de Hongrie qui ne dure que 133 jours. Les soldats révolutionnaires sillonnent les rues de Budapest.

La contagion révolutionnaire

La mutinerie de la flotte allemande à Kiel, le 3 novembre 1918, donne le signal de la flambée révolutionnaire. Le 7 novembre, une république socialiste de Bavière est proclamée. Le 9 novembre, la révolte gagne Berlin. La République est proclamée par Scheidemann, social-démocrate. Les spartakistes dirigés par Karl Liebknecht et Rosa Luxemburg, favorables à la prise du pouvoir par les Conseils, déclenchent une insurrection armée en janvier 1919. En Hongrie, Bela Kun, chef du PC, proclame la République des Conseils. Des grèves ouvrières gagnent la France et l'Italie où elles prennent un caractère insurrectionnel. ■

La naissance de la IIIe Internationale

La guerre a consacré la faillite de la IIe Internationale (1889-1914). Réunis à Zimmerwald, en Suisse, en 1915, plusieurs socialistes européens se déclarent partisans d'une révolution immédiate et de la dictature du prolétariat. En janvier 1919, les représentants de cette tendance répondent à l'appel des dirigeants bolcheviks et se réunissent à Moscou en mars 1919. Après trois jours de débat, la décision de créer une IIIe Internationale ou Komintern est prise. Le Komintern fait appel à la solidarité du mouvement international en faveur de la révolution russe et a pour mission d'encourager la révolution socialiste en Europe. ■

Les spartakistes sont hostiles au socialisme parlementaire et favorables au pouvoir des Conseils (Räte).

Dirigeante du groupe spartakiste, Rosa Luxemburg est exécutée lors de la semaine sanglante à Berlin en janvier 1919.

L'échec des mouvements révolutionnaires

Un peu partout la réaction est violente. En Allemagne, Noske, le ministre de la Défense social-démocrate, est chargé d'organiser la répression. Il rassemble des bataillons spéciaux, les corps francs, qui regroupent des volontaires : officiers et soldats démobilisés de l'armée impériale, mais aussi déclassés et chômeurs. À Berlin, au cours de la semaine sanglante du 6 au 15 janvier 1919, l'insurrection spartakiste est écrasée, Liebknecht et Luxemburg sont exécutés. Dans le reste du pays, Noske lance les corps francs qui, à Brême, à Hambourg, brisent la résistance ouvrière. À Munich, Kurt Eisner, qui a proclamé la république socialiste de Bavière, est assassiné et les communistes écrasés en mars : c'est la fin de la République des Conseils. En Hongrie, le régime de Bela Kun est renversé au bout de 133 jours par les troupes roumaines entrées à Budapest. En Angleterre et en France, les grèves sont réprimées. La défaite de l'Armée rouge devant les troupes polonaises en août 1920 symbolise le reflux révolutionnaire. À la fin de 1920, partout, la vague révolutionnaire est brisée. Le Komintern encourage la formation de partis communistes. L'influence communiste va se poursuivre, mais elle ne débouche pas sur la révolution. ■

Dico → **Komintern** • **Luxemburg** • **spartakisme**

Points clés

La Yougoslavie (1920-1999)

Les Balkans sont constitués d'une mosaïque de peuples, aux langues et aux religions différentes. Née après la Grande Guerre, la Yougoslavie est d'abord un royaume, puis une république après 1945. La disparition de Tito, en 1980, puis l'effondrement du bloc communiste libèrent les nationalismes antagonistes. La communauté internationale, divisée, ne réussit pas à éviter la guerre.

De la monarchie à Tito

La défaite de l'Autriche-Hongrie et de l'Empire ottoman en 1918 aboutit à la création du royaume des Serbes, Croates et Slovènes dont les frontières, définies par différents traités, englobent des minorités, comme les Albanais au Kosovo. Le nouvel État connaît des dissensions entre Zagreb et Belgrade, mais ni les Croates ni les Serbes ne veulent une scission. En 1929, la Constitution est suspendue et le roi Alexandre organise une véritable dictature. Il est assassiné en 1934. Après une période de régence, son jeune fils Pierre II est proclamé roi en 1941. Mais en avril, l'invasion allemande aboutit au démembrement du royaume dont des territoires sont annexés par l'Allemagne, l'Italie, la Bulgarie et la Hongrie. Seuls demeurent deux États « indépendants » en Serbie et en Croatie où les oustachis d'Ante Pavelic font régner la terreur. La résistance qui s'organise est l'œuvre de deux groupes rivaux. Autour du communiste Tito, membre du Komintern, une véritable armée de partisans se lève. De son côté, le général Mihajlovic organise un courant nationaliste et monarchiste. Cependant, c'est Tito qui reçoit l'aide des Alliés. En novembre 1945, la monarchie est abolie après l'écrasante victoire électorale du Front populaire. ■

Tito, surnom de Josip Broz, est né en 1892 d'un père croate et d'une mère slovène. Il est le chef de la Fédération de Yougoslavie jusqu'à sa mort en 1980.

La Yougoslavie titiste

Se met en place alors la République populaire fédérative de Yougoslavie dont la Constitution est calquée sur celle de l'URSS. Le maréchal Tito devient le chef de l'État composé de six républiques (Slovénie, Croatie, Bosnie-Herzégovine, Monténégro, Serbie et Macédoine) et deux territoires autonomes (la Voïvodine et le Kosovo) rattachés à la Serbie. L'égalité des peuples est garantie par la Constitution. Le régime titiste réussit plus ou moins à étouffer les revendications nationales, même si en 1971 le «printemps croate» a dû être réprimé. Une nouvelle Constitution est mise en place en 1974. Celle-ci permet à toutes les républiques, y compris les plus petites, de présider à tour de rôle le pays. ■

En 1991, l'espace des «Slaves du Sud» était encore une fédération de six républiques.

La Bosnie des accords de Dayton (21 novembre 1995). Principale victime du conflit, la Bosnie n'est plus qu'une fiction.

L'éclatement de la Yougoslavie

En vertu de la Constitution de 1974, les Serbes ne jouissent plus de l'hégémonie qui était la leur jusqu'alors. Après la mort de Tito (1980) l'équilibre yougoslave devient instable. Celui-ci est notamment menacé au Kosovo, province serbe peuplée à 90 % d'Albanais. Slobodan Milosevic, le président serbe, mène une politique anti-albanaise et encourage le projet d'une grande Serbie ethniquement pure. La Slovénie et la Croatie, les régions les plus développées, proclament leur indépendance, comme la Macédoine. La guerre éclate en juin 1991. En avril 1992, les forces serbes assiègent Sarajevo, en Bosnie. Conclue en 1995, la paix en Bosnie ne rétablit pas l'ordre dans la région. En 1998, Milosevic décide la purification ethnique du Kosovo. La Serbie refuse la signature des accords de Rambouillet préparés par l'Union européenne et les États-Unis. De mars à juin 1999, l'Otan recourt à la force en bombardant la Serbie. ■

Dico → fédéralisme • Komintern • nationalisme • Tito

Points clés

La crise des démocraties libérales et l'échec de la SDN

Pendant la Première Guerre mondiale, le président des États-Unis Wilson propose la mise en place d'un organisme international chargé de prévenir les conflits ultérieurs : la Société des Nations. Siégeant à Genève, la SDN apparaît vite impuissante à faire appliquer ses décisions face aux coups de force des dictatures. Les démocraties libérales laissent faire pour tenter de sauvegarder la paix à tout prix.

Le président du Conseil français Aristide Briand, à droite, et le ministre allemand des Affaires étrangères Gustav Stresemann, les deux artisans du rapprochement entre la France et l'Allemagne dans les années 1920. Ils recevront le prix Nobel de la paix en 1926.

La SDN et l'esprit de Genève

Les traités de paix prévoient un recours possible à la Société des Nations dont le pacte est adopté à l'unanimité en avril 1919 à Paris lors de la conférence de la paix. Les États-Unis, bien que promoteurs du projet, n'y adhèrent pas en raison de l'opposition de la majorité des membres du Congrès, partisans de l'isolationnisme. Dans la nouvelle Europe des traités d'après-guerre, les problèmes économiques et politiques ne manquent pas. Toutefois, le début des années 1920 marque l'avènement de « l'esprit de Genève », qui repose sur la volonté de désarmement et sur le principe de la sécurité collective et le début du règlement du contentieux franco-allemand. Le plan élaboré par l'Américain Charles Dawes (plan Dawes) limite et rééchelonne les versements dus par l'Allemagne au titre des réparations de guerre. À Locarno en 1925, sous l'impulsion du Français Briand et de l'Allemand Stresemann, un accord garantit les frontières occidentales de l'Allemagne, qui reconnaît le retour de l'Alsace-Lorraine à la France. L'Allemagne est admise à la Société des Nations l'année suivante. La guerre est même déclarée « hors la loi » par le pacte Briand-Kellogg en 1928. ■

Les temps des coups de force

Cependant l'« esprit de Genève » est mis à mal par les tensions en Europe centrale, où s'opposent les États réunis autour de la France dans la Petite Entente et ceux qui, mécontents, se tournent vers l'Italie. La disparition de Stresemann (1929) et de Briand (1932) ainsi que les difficultés liées à la crise économique enveniment les relations internationales. Mais ce sont surtout les coups de force japonais (occupation de la Mandchourie, 1931), allemand (remilitarisation de la Rhénanie, 1936) et italien (conquête de l'Éthiopie, 1936) qui aggravent les tensions et représentent autant de défis à l'égard des clauses du pacte de la SDN. ■

Malgré le traité de Versailles, la Wehrmacht, reconstituée, pénètre en Rhénanie en mars 1936.

La volonté d'apaisement des démocraties

L'article 16 de la SDN prévoit d'exercer des représailles économiques contre tout État agresseur mais pas d'utiliser la force. La SDN n'a donc pas les moyens de faire respecter les principes de la sécurité collective. D'autre part, malgré leur supériorité militaire, le Royaume-Uni et la France sont soucieux de préserver la paix à tout prix. Cette volonté d'apaisement se traduit par des simulacres de représailles menées contre l'Allemagne et par la volonté française d'encercler le Reich en renforçant ses accords avec la Petite Entente (Tchécoslovaquie, Yougoslavie, Roumanie) et en se rapprochant de l'URSS. L'Allemagne y répond par le pacte anti-Komintern signé avec le Japon. La tentative, à Stresa (avril 1935), de garantir l'indépendance de l'Autriche avec l'appui de l'Italie vole en éclats avec la formation de l'Axe Rome-Berlin. En outre, les démocraties prennent en compte le pacifisme de leurs opinions publiques. ■

De gauche à droite, Laval (France), Mussolini (Italie) et MacDonald (G.-B.), lors de la conférence de Stresa, en avril 1935, s'engagent à lutter contre la remilitarisation de l'Allemagne.

Points clés

La crise de 1929

La crise de 1929 est le fruit des déséquilibres de la croissance des années 1920. L'échec de solutions internationales et le repli protectionniste transforment la crise en une dépression durable qui n'épargne aucun pays et aucun secteur de la vie économique. La gravité sociale de cette crise engendre de profonds traumatismes et remet en cause les certitudes sur la valeur du capitalisme libéral.

La chute boursière de Wall Street n'est pas la cause de la crise de 1929 mais une de ses manifestations. Elle marque la prise de conscience des difficultés industrielles chez les investisseurs.

La prospérité des années 1920 et ses limites

Après une brève crise de surproduction en 1920, l'économie mondiale connaît une période de prospérité exceptionnelle. La production mondiale augmente de 40 % dans les années 1920 grâce aux progrès de la productivité. La croissance économique est portée par l'essor des branches nées de la deuxième industrialisation, le pétrole, les industries chimiques et électriques et les constructions mécaniques. Dans ces secteurs, la diffusion du taylorisme, le développement du travail à la chaîne et la standardisation permettent d'atteindre des productions de masse et de baisser les coûts. L'assemblage d'une voiture chez Ford passe de 12 h 30 avant-guerre à 1 h 30 en 1929. Mais cette prospérité s'accompagne de profonds déséquilibres. Les branches traditionnelles (le textile, la sidérurgie) ont un rythme de croissance beaucoup plus lent et l'agriculture souffre de la surproduction et de l'endettement. Le système financier et monétaire international, bouleversé par la guerre et dominé par les États-Unis qui détiennent la moitié du stock d'or mondial, reste très fragile. ■

L'éclatement de la crise

Beaucoup plus grave, les salaires augmentant moins vite que la productivité dans tous les grands pays industriels, la demande ne suit plus l'offre de produits. Dès 1928, les stocks d'invendus augmentent dangereusement et menacent l'industrie d'une grave crise de surproduction. Les Bourses européennes, dont les hausses ont accompagné la prospérité, atteignent leurs maxima en février 1929. Wall Street poursuit son envolée spéculative jusqu'en octobre, où la panique s'empare des boursiers et provoque un krach qui dure trois semaines. Révélateur d'une perte de confiance, la crise boursière et l'affolement des épargnants venant retirer leurs fonds désorganisent le système bancaire américain en provoquant la faillite de plus de 5 000 banques entre 1929 et 1931. L'arrêt du crédit, qui entraîne une chute de la consommation et de l'investissement, amplifie les effets de la crise industrielle. ■

La dépression des années 1930

La crise financière accélère le rapatriement des capitaux américains placés en Europe centrale, provoquant la faillite de plusieurs grandes banques. La décision britannique d'abandonner la convertibilité de la livre en 1931, suivie par celle des Américains en 1933, achève de disloquer le système monétaire international. La conférence de Londres en 1933 sur la stabilisation des monnaies se termine sur un échec. Le monde s'organise en zones monétaires et commerciales distinctes, protégées par des barrières protectionnistes. Ce cloisonnement provoque une baisse des échanges internationaux, qui chutent d'un tiers entre 1929 et 1938. Dans tous les pays, les prix diminuent de 20 à 40 %, en particulier ceux des produits agricoles et des matières premières, affectant gravement les agriculteurs et les pays producteurs comme le Brésil ou le Chili. La production mondiale chute de 40 % entre 1929 et 1932, entraînant la multiplication des faillites et un chômage massif. Les chômeurs atteignent près du quart de la population active aux États-Unis, 16 % en Allemagne et en Grande-Bretagne et environ 6 % en France. Les expulsions, les saisies jettent dans la rue les victimes de la crise, la misère réapparaît, les bidonvilles se multiplient et les millions de chômeurs, sans protection sociale, survivent grâce aux soupes populaires. ■

Au Brésil, le café, ne trouvant plus d'acquéreur, remplace le charbon dans les locomotives.

Dico → crise • croissance • dépression • krach • productivité

Points clés

Les régimes politiques face à la crise

Les politiques libérales destinées à enrayer la crise échouent sur le plan économique et provoquent de graves troubles sociaux. Des politiques de relance sont alors engagées avec plus ou moins de succès. Les dictatures privilégient l'investissement dans les industries d'armement tandis que les démocraties s'efforcent de relancer la consommation. Dans tous les cas, l'État joue désormais un rôle essentiel dans le développement économique.

Le remède libéral

Face à la crise, les responsables politiques appliquent dans un premier temps les remèdes conseillés par les économistes libéraux. Pour relancer la production et résorber le chômage, il faut que les prix baissent et que les monnaies soient stables. Les gouvernements adoptent donc des politiques de déflation en baissant les salaires pour diminuer le coût du travail, en réduisant les dépenses publiques et le crédit afin de diminuer la masse monétaire. Cette politique, appliquée en Angleterre et au Japon jusqu'en 1931, en Allemagne et aux États-Unis jusqu'en 1933 et en France jusqu'en 1936, est catastrophique : elle amplifie le mouvement de baisse des prix et de la production créé par la crise. Les responsables recherchent des solutions nouvelles. ■

La voie du réarmement massif, décidée par l'Allemagne nazie, relance l'industrie lourde et met fin au chômage dès 1938.

L'économie au service de l'État totalitaire

Dans les régimes totalitaires, l'État intervient dans l'économie, la dirige pour réaliser ses projets politiques. En Allemagne comme en Italie, il impose un contrôle strict de la monnaie, des prix et des revenus dans le cadre d'une économie corporatiste où les salariés sont étroitement soumis au syndicat unique. Pour relancer la production et résorber le chômage, l'État planifie des grands travaux dans le domaine civil, puis dans l'industrie militaire, s'engageant dans la voie du réarmement. Si l'Allemagne et l'Italie retrouvent, dès 1936, leur niveau de production de 1929, la poursuite de leur croissance nécessite une politique expansionniste menant à la guerre. ■

Les démocraties et l'intervention de l'État

Après son élection à la présidence des États-Unis (1933), Franklin D. Roosevelt lance un vaste programme, le New Deal, destiné à relancer l'économie par l'investissement public et la reprise de la consommation. Pour relancer les exportations, il dévalue le dollar de 41 % en 1934. L'État intervient directement par une politique de grands travaux comme le programme de la Tennessee Valley Authority, destiné à mettre en valeur le territoire tout en procurant du travail aux chômeurs. Pour soutenir l'agriculture, l'État encourage la destruction des excédents et accorde des primes aux agriculteurs qui limitent leur production. Dans l'industrie, il favorise les accords entre producteurs pour limiter la concurrence, fixer un salaire minimal et diminuer le temps de travail. En 1935, une loi sur la sécurité sociale assure les travailleurs contre la vieillesse et le chômage. Si le bilan économique est très limité, la production industrielle en 1939 n'ayant toujours pas atteint son niveau de 1929, le bilan social est très positif. Le New Deal, en réintégrant les exclus, a permis de ressouder la nation américaine. En France, le Front populaire tente de relancer la consommation en augmentant les salaires, en favorisant la négociation collective par branches et en amorçant une politique de grands travaux, mais il se heurte à l'opposition des milieux d'affaires. Ces politiques de relance, également amorcées en Suède, en Nouvelle-Zélande, annoncent la naissance de l'État-providence après 1945. ■

Aux États-Unis, les entreprises qui acceptent, pour mettre fin à la guerre des prix, le code de bonne conduite fixé par le NRA (National Industrial Recovery Act) reçoivent l'emblème de l'aigle bleu. Pour lutter contre la crise, Franklin Roosevelt mène une politique d'inspiration keynésienne : dévaluation du dollar et lancement des grands travaux.

Dico → crise • déflation • État-providence • New Deal • Roosevelt

Points clés

Régimes autoritaires, fascisme et totalitarisme

L'Europe de l'entre-deux-guerres compte des États qui sont qualifiés de fascistes. Mais sous ce terme on englobe des réalités différentes. Il convient de distinguer les pays qui ont engagé des politiques, certes, autoritaires, mais simplement réactionnaires et les régimes italien et allemand.

Hitler rencontre le général Franco à qui il apporte un soutien militaire pendant la guerre d'Espagne avec la légion Condor.

Les régimes autoritaires

Dans les années 1920 en Europe, après une vague révolutionnaire d'inspiration bolchevique, de nombreux régimes réactionnaires sont instaurés. C'est le cas de la Hongrie de l'amiral Horthy, de la Pologne et de la Roumanie où le régime semi-parlementaire n'est qu'une façade. Ces États défendent les intérêts de la classe dominante traditionnelle et il existe des partis d'opposition. Dans les années 1930, la situation évolue avec la crise économique et surtout avec les modèles qu'offrent l'Italie mussolinienne et l'Allemagne nazie. Des mouvements fascistes se développent, sans pour autant accéder au pouvoir. La Grèce et le Portugal connaissent des dictatures militaires. Franco, victorieux en 1939, n'instaure pourtant pas un régime fasciste en Espagne. ■

L'idéologie fasciste

En effet, même si le franquisme se rapproche beaucoup plus du fascisme que les dictatures « classiques », il s'en éloigne, car il ne cherche pas à intégrer les masses. En revanche, le fascisme mobilise la population – en lançant de grandes batailles économiques – et entend non seulement supprimer toute opposition, mais transformer la société en lui imposant ce qu'elle doit penser. Comme tout régime autoritaire, le fascisme implique le culte du chef qui s'exprime par une imagerie naïve et omniprésente et par des slogans comme « Mussolini a toujours raison ». Tout-puissant, le fascisme ménage d'abord les élites traditionnelles, même s'il choisit ses cadres non plus dans la grande, mais dans la petite-bourgeoisie. Enfin, il convient aussi de noter que le fascisme est l'héritier de courants aussi divers que le nationalisme et l'antilibéralisme. ■

Hitler est appelé à la chancellerie par le maréchal Hindenburg, dernier président de la République de Weimar.

Le totalitarisme

L'arrivée au pouvoir nécessite alors un compromis entre les différentes composantes du fascisme. En Allemagne, ce sera l'élimination, dès 1934, des SA (sections d'assaut) qui inquiètent l'industrie et l'armée. Dans le même temps, la petite-bourgeoisie profite de la promotion sociale qu'offre le parti unique. Plus rapidement en Allemagne qu'en Italie, les éléments constitutifs du totalitarisme sont mis en place. Le contrôle de tous les aspects de la vie des hommes s'effectue par une puissante police et par une propagande active ; le culte du chef se développe. La volonté de créer un homme nouveau prend un aspect racial en Allemagne nazie. Enfin, les méthodes utilisées par Staline justifient l'inclusion de l'URSS dans les régimes totalitaires. ■

Les Italiens entreprennent la construction de routes pour mettre en valeur leur empire colonial. Ici, en Éthiopie.

Dico → fascisme • Franco • Hitler • Mussolini • totalitarisme

Points clés L'Italie fasciste

La nomination de Benito Mussolini comme président du Conseil le 29 octobre 1922 est l'aboutissement d'une crise complexe qui frappe l'Italie après la Première Guerre mondiale. Progressivement, le Duce établit un nouveau type de régime qui exhorte les Italiens à «croire, obéir et combattre». La volonté de donner à l'Italie une place dans le concert des nations conduit à une politique extérieure agressive.

De la marche sur Rome aux lois «fascistissimes»

Mussolini, pacifiste et rédacteur du journal socialiste *Avanti !*, change d'attitude et dès 1914 milite pour l'intervention italienne dans la guerre : il fonde à cet effet *Il Popolo d'Italia*. La «victoire mutilée» engendre de nombreux groupes nationalistes dont les Faisceaux italiens de combat (1919). Le programme de ce premier fascisme est hétéroclite. Outre les revendications nationales, il propose des réformes économiques, financières, sociales et politiques inspirées par les anarcho-syndicalistes qui, avec Mussolini et des futuristes, sont à l'origine du mouvement. Mais comme les fascistes s'attaquent aux révolutionnaires, ils sont soutenus par les industriels et les grands propriétaires fonciers. Ils se regroupent dans le Parti national fasciste (1921) au programme ultranationaliste. En 1922, bien que minoritaire, Mussolini menace de «marcher sur Rome» et obtient les pleins pouvoirs de Victor-Emmanuel III. La mise en place de l'État fasciste est progressive. En 1924, l'assassinat du député socialiste Matteotti, dont Mussolini revendique la responsabilité «politique, morale et historique», lui permet de liquider l'opposition et de mettre en place les lois «fascistissimes» (de défense de l'État) en novembre 1926. ■

Les jeunes fascistes (Balillas) défilent devant Mussolini et Hitler qui, à partir de 1936, se rapprochent en constituant l'Axe Rome-Berlin.

Points clés

La propagande met en valeur la participation du Duce à la «bataille du blé» qui doit permettre à l'Italie d'accroître sa production.

La toute-puissance de l'État

Les lois de 1926 abolissent les partis politiques et tout groupement hostile au fascisme. La dictature est donc en place, même si les institutions, maintenues, sont vidées de leur sens. Le Duce, à qui l'on rend un culte, possède tous les pouvoirs. Pour se concilier les catholiques, les accords du Latran accordent à la papauté la souveraineté sur le Vatican. Par la propagande qui exalte le passé glorieux de l'Italie et utilise les moyens modernes de communication, le PNF contrôle les Italiens, aidé par la Milice, créée en 1923. Pour s'attacher la population et «créer l'homme nouveau», la jeunesse est embrigadée dans des associations qui sont les seules autorisées. Les *Balillas*, du surnom d'un jeune Génois qui lança la révolte contre les Autrichiens au XVIIIe siècle, regroupent les 8-14 ans qui passent ensuite chez les Avangardistes, puis, à partir de 18 ans, deviennent membres de la Jeunesse fasciste. Le but est de former une jeunesse conditionnée par l'idéologie fasciste. Aussi leur éducation est-elle étroitement surveillée par des enseignants qui doivent prêter serment de fidélité au régime. Les adultes sont également encadrés. Les corporations remplacent les syndicats interdits et l'organisme Dopolavoro s'occupe des loisirs, du sport et de la culture. ■

Une volonté de puissance

Le totalitarisme se renforce avec la mise en place du *Minculpop* en 1937 qui forge l'homme fasciste, fort et vigoureux, contraire du petit-bourgeois. Le slogan «Tout dans l'État, rien hors de l'État, rien contre l'État» s'applique à l'économie qui est dirigée vers l'autarcie. Des grands travaux sont entrepris pour bonifier les terres agricoles (assèchement des marais Pontins), augmenter la production de blé et embellir Rome qui est modernisée mais dont on met aussi en valeur les vestiges antiques. La volonté de doter la «nation prolétaire» d'un empire colonial aboutit à une politique extérieure agressive. L'Éthiopie est attaquée à partir de la Somalie et de l'Érythrée italiennes et, le 1er juin 1936, l'Africa Orientale Italiana est proclamée. Le rapprochement avec l'Allemagne nazie permet à Mussolini de s'emparer de l'Albanie en 1939. ■

Dico → **dictature • fascisme • futurisme • Mussolini • totalitarisme**

Points clés L'Allemagne nazie

La République de Weimar, minée dès sa naissance par l'opposition des communistes et des nationalistes, est emportée par la crise financière au début des années 1930. Porté au pouvoir en janvier 1933, Adolf Hitler applique une législation raciste et antisémite.

Hitler à la conquête du pouvoir

Autrichien, Hitler est à Munich en 1914 quand la guerre éclate. Il s'engage dans l'armée bavaroise car il a été jugé inapte par l'armée autrichienne. À la fin du conflit, Hitler adhère au minuscule Parti des travailleurs allemands dont il devient le Führer et le transforme en Parti national-socialiste des travailleurs allemands (NSDAP). La Bavière connaît une agitation politique extrémiste et des tentatives de coup d'État, dont celui de 1923 : Hitler est arrêté. À sa sortie de prison, il réorganise le parti nazi et envisage d'arriver légalement au pouvoir en participant aux élections. Insignifiant jusqu'en 1928, le NSDAP progresse fortement en 1932 en profitant des difficultés économiques de l'Allemagne. La terreur et la propagande comme l'appui des milieux d'affaires font du NSDAP et de son chef un rempart contre les communistes, ce qui conduit le président Hindenburg à nommer Hitler chancelier le 30 janvier 1933. Très vite, la dictature est mise en place avec les premiers camps de concentration (mars 1933). Après l'incendie du Reichstag, Hitler obtient les pleins pouvoirs et devient Reichsführer à la mort d'Hindenburg le 2 août 1934. ■

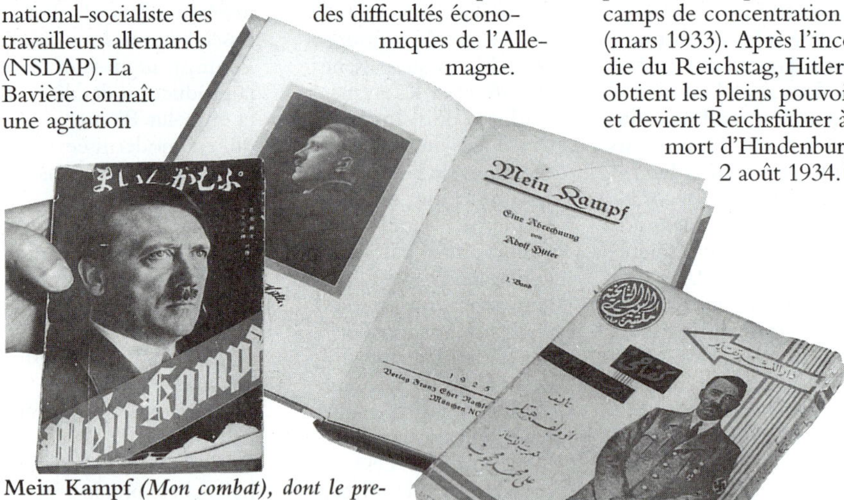

Mein Kampf *(Mon combat), dont le premier tome sort en 1925 et le second en 1926, expose la théorie de la supériorité de la race aryenne. Arrivé au pouvoir en janvier 1933, Adolf Hitler mettra rapidement en application ce pamphlet antisémite.*

Hitler et la Volkswagen : la « voiture du peuple » conçue par F. Porsche est l'un des symboles de la politique économique autarcique menée à des fins militaires.

L'idéologie nazie

En prison, Hitler rédige *Mein Kampf* où il expose clairement ses idées. L'inégalité des races est la base de toute son idéologie et le conduit à affirmer, après bien d'autres, la prétendue supériorité de la race aryenne. La pureté du *Volkstum* (la communauté de sang) doit être préservée et garantie de toute « contamination » et en particulier juive. L'antisémitisme est donc omniprésent dans les écrits et les discours du Führer. L'État nazi est pangermaniste car il veut regrouper toutes les populations de culture et de langue allemandes. Mais les revendications nationalistes contre le diktat de Versailles sont dépassées car Hitler envisage, par la conquête de nouveaux territoires, de donner au Reich le *Lebensraum* (espace vital) qu'il revendique. Pour les nazis, anticommunistes et anticapitalistes, aucune division de classes ne doit perturber l'État dirigé par le chef, garant de l'idéal national. ■

« Ein Volk, ein Reich, ein Führer »

Pour préserver l'intégrité du *Volk* (le peuple), l'État nazi mène une politique raciale par des stérilisations forcées et par l'élimination des personnes handicapées. La législation antisémite de Nuremberg (1935) interdit aux Juifs de voter, d'exercer certaines professions libérales et d'être fonctionnaires ainsi que les mariages entre Aryens et Juifs. Des mesures discriminatoires sont prises, comme l'obligation du port d'une étoile jaune ou l'interdiction des lieux publics. Lors de la nuit de cristal (1938), un véritable pogrom est organisé. Régime policier, le Reich est surveillé par la Gestapo, qui lutte contre tous les opposants au chef suprême, le Führer. Ce dernier, tout en laissant une grande autonomie à ses collaborateurs, est toutefois au centre du système nazi. ■

Dico → antisémitisme • diktat • Hitler • nazisme • pangermanisme

Points clés

Les accords de Munich

Le 30 septembre 1938, la signature des accords de Munich est une étape décisive dans la formation de la Grande Allemagne souhaitée par Hitler. Elle est aussi le symbole de la politique d'« appeasement » menée par la France et le Royaume-Uni. La volonté de maintenir la paix à tout prix aboutit à l'abandon de la Tchécoslovaquie, seul État encore démocratique en Europe centrale.

Mussolini et Chamberlain sont à l'origine de la conférence de Munich : le Britannique pour l'avoir proposée et l'Italien pour avoir convaincu Hitler de l'accepter.

Hitler et la Tchécoslovaquie

La politique extérieure hitlérienne, clairement exprimée dans *Mein Kampf*, poursuit les objectifs de la République de Weimar qui sont de libérer l'Allemagne du diktat de Versailles. Mais elle s'en écarte par ses méthodes et son idéologie raciste. Hitler veut réunir toutes les populations allemandes au Reich et lui assurer un vaste *Lebensraum* (espace vital) qui, dans son esprit, se trouve en Europe de l'Est : les populations indigènes y seraient placées sous l'autorité de la « race » allemande. Après l'Anschluss (annexion de l'Autriche) en mars 1938, Hitler se tourne donc vers les Sudètes. Cette région de Bohême, dont une partie de la population est germanophone, a été attribuée à la Tchécoslovaquie après 1918. Depuis, les Sudètes revendiquent une autonomie qui leur est refusée. À partir de 1933 le nazi Konrad Henlein dirige le Parti allemand des Sudètes qui est soutenu par Hitler. En mai 1938, l'État tchécoslovaque n'accepte pas la constitution d'une structure fédérale qui accorderait une certaine autonomie aux Sudètes. La tension s'accroît quand l'Allemagne menace de libérer les Sudètes par la force. Des négociations s'engagent sous l'égide des Britanniques, qui en font accepter l'idée à la France. ■

La conférence de Munich

La Tchécoslovaquie est en effet alliée de la France avec laquelle elle a signé deux traités en 1924. Entre mai et septembre 1938, Hitler harcèle le gouvernement tchécoslovaque, exigeant l'autodétermination des Sudètes, puis la sécession. Le Premier ministre britannique Neville Chamberlain prône l'apaisement et rencontre Hitler à deux reprises les 15 et 22 septembre. Il est clair que l'Allemagne entend démembrer la Tchécoslovaquie. Dans la dernière semaine de septembre, la guerre semble inévitable : la France rappelle ses réservistes, de même que l'Allemagne, l'Italie et l'URSS, liée à la Tchécoslovaquie par un pacte d'assistance mutuelle depuis 1935. Chamberlain parvient à convaincre Mussolini de convoquer une conférence internationale. Elle se tient à Munich le 29 septembre en présence de Mussolini, du président du Conseil français Daladier, d'Hitler et de Chamberlain, mais sans représentants tchécoslovaques ni soviétiques. ■

« A gentleman agreement »

Les accords signés dans la nuit du 29 au 30 septembre à Munich prévoient l'occupation par l'Allemagne des cantons des Sudètes mais en « l'étalant » entre le 1er et le 10 octobre. Ils prévoient aussi d'organiser des plébiscites dans les cantons contestés. Cette clause n'est pas respectée. L'État tchécoslovaque est donc amputé de 85 000 km² et perd environ trois millions d'habitants. Ses nouvelles frontières sont garanties mais seulement par la France et la Grande-Bretagne. Par ailleurs, la Pologne et la Hongrie en profitent pour exiger des territoires : ainsi, Varsovie occupe la région de Teschen et Budapest le sud de la Slovaquie. Chamberlain et Daladier à leur retour sont accueillis de façon enthousiaste, dans « un lâche soulagement », selon la formule de Léon Blum. Cependant les opinions publiques se divisent rapidement entre « munichois » et « anti-munichois ». Le règlement de la crise des Sudètes entre « gentlemen » a certes permis de sauvegarder la paix, mais au prix du déshonneur (l'abandon d'un allié) et du discrédit de la France en Europe centrale. ■

Les quatre protagonistes des accords de Munich fument le calumet de la « paix ».

Dico → Anschluss • Chamberlain • Daladier • diktat • espace vital • Hitler

Points clés

Les origines de la Seconde Guerre mondiale

En Orient, la politique extérieure agressive du Japon aux dépens de la Chine montre les limites du fonctionnement de la SDN. L'internationalisation de la guerre civile espagnole est un prélude à la Seconde Guerre mondiale, qui éclate par un nouveau coup de force de Hitler. Ayant les mains libres à l'est avec la signature du pacte germano-soviétique, il envahit la Pologne.

Le Japon et la guerre en Asie

La crise politique, économique et sociale qui secoue le Japon à partir des années 1920 favorise le développement du militarisme. À partir de 1930, la pression des militaires sur le pouvoir civil prend de l'ampleur. C'est donc un régime entièrement militarisé qui, en 1931, prenant prétexte d'un banal incident, décide de conquérir la Mandchourie. Après ce premier coup de force, constatant l'absence de réaction internationale, le Japon s'attache à morceler peu à peu le nord-est de la Chine et pousse son avantage jusqu'aux abords de Pékin (1935). Signataire du pacte anti-Komintern en 1936, le Japon espère s'entendre avec Tchang Kaï-chek, le chef des nationalistes chinois. Ce dernier, trop occupé à combattre les communistes de Mao Zedong, ne s'est pas opposé à l'expansion nippone. Le 7 juillet 1937, le Japon envahit la Chine sans déclarer la guerre. Mais contrairement aux espoirs de Tokyo, nationalistes et communistes chinois font front commun. ■

Signé le 23 août 1939 à Moscou par von Ribbentrop et Molotov (assis), le pacte germano-soviétique est accompagné d'un protocole secret prévoyant le partage de la Pologne.

Les troupes allemandes conspuées pénètrent à Prague en mars 1939. Un protectorat de Bohême-Moravie est constitué alors que la Slovaquie «indépendante» est l'alliée de l'Allemagne.

La guerre civile d'Espagne

Au moment où les troupes japonaises déferlent en Chine, il y a déjà un an que l'Europe est secouée par la guerre d'Espagne. La victoire du Frente popular en 1936 provoque un putsch organisé à partir des possessions espagnoles au Maroc. Des avions allemands et italiens permettent de transporter des troupes maures et la légion étrangère dans la Péninsule. Le général Franco bénéficie en outre d'hommes et de matériels militaires fournis par l'Italie mussolinienne et l'Allemagne nazie. De leur côté, les démocraties se refusent à intervenir en faveur des républicains que soutiennent l'URSS et les volontaires des Brigades internationales. Les principaux protagonistes du conflit mondial sont en présence.
Cette guerre qui ravage le pays se termine à l'avantage des nationalistes en mars 1939. ■

Points clés

Le pacte germano-soviétique

Après la remilitarisation de la Rhénanie en mars 1936 – la France n'a pas réagi –, la signature des accords de Munich en septembre 1938 – les démocraties ont renoncé à assumer leurs engagements –, Hitler peut entreprendre le démembrement de la Tchécoslovaquie : le 15 mars 1939, les troupes nazies entrent à Prague. Les démocraties n'interviennent toujours pas et le Führer en profite pour annexer Memel, ville détachée de l'Allemagne après le traité de Versailles. Il revendique le retour de Dantzig – ville libre depuis 1919 – au Reich. La Pologne refuse de céder Dantzig et son corridor. Varsovie est cette fois soutenue par Paris et Londres qui recherchent une entente avec Staline. Les négociations avec l'URSS traînent en longueur. Dans le même temps, Moscou se tourne vers Berlin. La signature du pacte de non-agresssion (23 août) permet à Hitler d'envahir la Pologne le 1er septembre. L'Angleterre et la France entrent en guerre le 3. ■

Dico → **Franco** • **Hitler** • **Staline**

Points clés

L'évolution singulière de l'économie française (1914-1939)

La France, dans les années 1920, connaît une croissance remarquable, tirée par les exportations. Mais cette forte intégration aux marchés mondiaux la rend très sensible aux fluctuations monétaires. Dès 1927, elle entre en crise, mais le retournement conjoncturel s'étale sur trois ans. L'économie française, enlisée dans la dépression, est la seule, avec celle des États-Unis, à ne pas avoir retrouvé, dix ans plus tard, ses niveaux de production de 1929.

La prospérité des années 1920

L'économie française traverse une période de prospérité exceptionnelle dans les années 1920, stimulée par l'inflation qui efface les dettes et par la faiblesse du franc qui favorise la conquête des marchés extérieurs. La croissance de la production industrielle, de l'ordre de 10 % par an entre 1922 et 1929, est la plus élevée parmi les pays industrialisés. L'importance des investissements, les efforts de modernisation et de rationalisation, en particulier dans la sidérurgie, la chimie et les industries mécaniques, permettent d'obtenir des gains importants de productivité (environ 5 % par an). La sidérurgie double sa production de fonte et d'acier. L'industrie automobile, Citroën et Peugeot en tête, se lance dans la production en série et occupe le deuxième rang mondial avec un taux de croissance de 18 % par an entre 1921 et 1926. Les barrages et les centrales thermiques fournissent l'énergie électrique nécessaire à l'électrification du pays. Mais le marché intérieur se révèle incapable d'absorber ces progrès de la production. La dégradation constante du franc sur les marchés des changes permet aux entreprises d'écouler leurs surplus sur les marchés extérieurs. Les exportations représentent le tiers de la production d'acier, d'automobiles, et atteignent les deux tiers et les trois quarts des tissus de laine et de soie. ■

Suivant l'exemple de Ford, Citroën est le premier constructeur français à installer des chaînes de montage en 1921.

Points clés

L'agriculture française reste à l'écart de la modernisation. Les agriculteurs représentent encore le tiers des actifs dans l'entre-deux-guerres. Les revenus agricoles ont diminué de 32 % entre 1929 et 1935.

Une crise précoce et graduelle

La stabilisation du franc, opérée par Raymond Poincaré en décembre 1926, et sa réforme légale de 1928, qui le fixe au quart de sa valeur or de 1913, mettent un terme à la prospérité. Les industries très exportatrices, sacrifiées sur l'autel de la monnaie, entrent en crise précoce. Le textile atteint son maximum en 1927, l'automobile et la sidérurgie en 1929. Les profits industriels culminent en 1928, puis entament un mouvement continu de baisse. La Bourse, sensible au mouvement des bénéfices, entame un repli dès février 1929. Mais la production industrielle, du fait de la réalisation de commandes antérieures, poursuit son mouvement de hausse et atteint son plafond en mai 1930. Cette inertie a laissé croire que la France n'était entrée que tardivement dans la dépression. ■

Une dépression durable

Si la France connaît une crise moins violente que ses partenaires, la dépression y est beaucoup plus durable. Elle révèle les contradictions particulièrement fortes de la croissance des années 1920. Le poids très lourd du monde rural, la faible croissance démographique et la stagnation des revenus ouvriers limitent la consommation intérieure et accordent un rôle vital aux exportations. Après les dévaluations de la livre et du dollar, en 1934, elles ne représentent plus que la moitié de leur valeur de 1914. Les politiques de déflation jusqu'en 1935, la chute des investissements, les dévaluations trop tardives et la faiblesse des politiques de relance empêchent la reprise et figent les structures économiques de la France. ■

La « bataille du franc ». La baisse du franc est perçue comme le signe inacceptable d'une perte de puissance.

Dico → crise • croissance • dépression • inflation • Poincaré

La France de l'entre-deux-guerres : la IIIe République contestée

La France sort très éprouvée du premier conflit mondial et connaît des difficultés financières et économiques. Si les institutions de la IIIe République fonctionnent correctement – comme en témoigne l'alternance de gouvernements de droite et de gauche –, elles génèrent toutefois une forte instabilité ministérielle. Par ailleurs, le régime, discrédité par une série de scandales, est de plus en plus contesté.

Caricature du Cartel des gauches par Sennep en 1928 : le communiste Marcel Cachin dévore l'alliance radicaux-SFIO.

Les partis de la IIIe République

Le régime politique de la IIIe République est parlementaire. C'est l'Assemblée nationale qui choisit le président. Élu pour 7 ans, ce dernier n'a qu'un rôle honorifique, mais il nomme le président du Conseil qui est responsable devant les Chambres. Le parti radical, dirigé par Édouard Herriot à partir de 1919, domine la vie politique française. La gauche se divise lors du congrès de Tours en décembre 1920. La majorité vote l'adhésion à la IIIe Internationale. La Section française de l'Internationale communiste, qui devient le PCF l'année suivante, conserve *L'Humanité* qui est dirigée par Marcel Cachin. La SFIO se développe autour de Léon Blum et du quotidien *Le Populaire*. La vie politique est marquée par le poids des anciens combattants qui représentent 60 % de la population masculine adulte et sont regroupés dans des associations dont l'Union nationale des combattants, à droite. ■

Le 6 février 1934, répondant à l'appel des ligues, des anciens combattants manifestent à Paris contre la « Gueuse » (la République).

De la Chambre « bleu horizon » au Cartel des gauches

Les élections de novembre 1919 donnent la victoire au Bloc national qui réunit des partis de droite, des royalistes et localement des radicaux. Majoritairement constituée d'anciens combattants, la nouvelle Chambre des députés est surnommée «bleu horizon». Le Bloc national doit régler les problèmes liés aux difficultés économiques et financières et à l'application du traité de Versailles.
En 1923, Raymond Poincaré décide de faire occuper la Ruhr, ce qui provoque la rupture avec les radicaux. L'alliance de ces derniers avec la SFIO aboutit à la victoire du Cartel des gauches en 1924. La politique extérieure menée par Aristide Briand permet d'apaiser le différend franco-allemand, mais les questions économiques divisent les membres du Cartel. En 1926, la droite retrouve le pouvoir avec un nouveau gouvernement Poincaré qui stabilise le franc et remporte les élections de 1928. ■

1934, le régime contesté

L'instabilité ministérielle est très importante dans la France des années 1930 ébranlée par la crise économique. Les renversements d'alliance du parti radical, pivot de la vie politique, provoquent la chute des gouvernements qui ont une moyenne d'existence de quatre mois. L'antiparlementarisme se développe mais ne constitue pas le seul mouvement de contestation des institutions républicaines.
En effet, à côté de l'Action française royaliste se constituent des ligues aux objectifs divers, dont les Croix-de-Feu du colonel de La Rocque, ou des groupes fascisants comme Solidarité française. L'affaire Stavisky provoque la démission du cabinet radical de Camille Chautemps en janvier 1934. Le nouveau président du Conseil Édouard Daladier renvoie le préfet de Paris Chiappe, proche des ligues, qui appellent alors à une manifestation le 6 février 1934. ■

Dico → Blum • Briand • Daladier • Herriot • Komintern • SFIO

Points clés

1936, le Front populaire

À partir de 1934, pour combattre la montée des ligues et apporter à la France « le pain, la paix et la liberté », une alliance électorale réunit la SFIO, le parti communiste et le parti radical-socialiste. La victoire de ce rassemblement populaire aux élections de 1936 permet d'engager des réformes importantes. Cependant, les difficultés intérieures et internationales provoquent sa chute.

La naissance du Front populaire

La manifestation du 6 février 1934 tourne en émeute réprimée par la police. Cet événement est interprété par la gauche comme une tentative de coup d'État. En réaction, elle organise une manifestation où le cortège socialiste et le cortège communiste sont distincts mais d'où fusent des appels à l'unité contre la menace fasciste. Le 14 juillet 1934, les socialistes signent un pacte d'alliance avec les communistes. Le 14 juillet 1935 se forme le Rassemblement populaire qui est constitué de nombreuses associations. En effet, la SFIO, le PCF, le parti radical, la CGT et la Ligue des droits de l'homme, entre autres, répondent à l'appel lancé par le Mouvement contre la guerre et le fascisme de Romain Rolland et Henri Barbusse pour défendre les libertés. ■

Les premiers pas du gouvernement Blum

Pour les législatives du printemps 1936, un accord de désistement est passé pour favoriser l'élection des candidats de la gauche. La discipline républicaine permet le 5 mai de donner la majorité au Front populaire et à la SFIO de devenir le premier parti à la Chambre des députés. Le 4 juin, Léon Blum forme un gouvernement inédit, avec des femmes, composé uniquement de ministres socialistes et radicaux, mais qui a le soutien des communistes. Sa première réalisation est de mettre fin aux grèves et aux occupations d'usines en organisant des rencontres entre syndicats et patronat qui aboutissent aux accords de Matignon : les salaires sont augmentés, des conventions collectives sont établies et le droit syndical est reconnu dans les entreprises. Des lois complètent ces mesures en instaurant la semaine de 40 heures et deux semaines de congés payés. ■

Léon Blum préside de juin 1936 à juin 1937 le premier gouvernement du Front populaire. Sa chute est provoquée par les divisions de la gauche, nées en particulier de la politique de non-intervention en Espagne.

Cette caricature n'est qu'un exemple des nombreuses campagnes de presse menées contre le Front populaire.

Les difficultés et la chute du Front populaire

Le gouvernement Blum réalise aussi des réformes de structure, comme la nationalisation des usines d'armement, la mise en place de l'Office du blé et la réforme de la Banque de France. Léo Lagrange instaure des billets de chemin de fer à prix réduits et encourage le développement des auberges de jeunesse. La droite critique ce « ministère de la paresse ». Mais c'est d'une façon plus générale que les mesures du Front populaire sont décriées. Les partis politiques, remplaçant les ligues interdites en juin 1936, mènent de violentes campagnes antisémites et anticommunistes. Face à la dégradation de la situation financière Blum demande aux Assemblées les pleins pouvoirs financiers. Le Sénat refuse et Blum démissionne le 21 juin. ■

Divers cabinets radicaux se succèdent jusqu'en avril 1938. Daladier forme alors un cabinet avec des radicaux et des hommes du centre droit pour « remettre la France au travail ». ■

Grève sur le tas. À l'annonce de la victoire électorale, de nombreuses grèves avec occupation des locaux éclatent partout en France.

La Seconde Guerre mondiale

La guerre qui débute en septembre 1939 est d'abord favorable aux forces de l'Axe. L'extension du conflit en 1941 à l'URSS et aux États-Unis modifie le rapport de force. L'année 1942 marque le tournant de la guerre et conduit à la victoire des Alliés en 1945.

1939-1941 : les succès de la guerre éclair

L'attaque allemande contre la Pologne, le 1er septembre, est brutale, des bombardements aériens intensifs préparent le terrain pour une percée des blindés, c'est la guerre éclair. La Pologne est écrasée en 4 semaines. Commence la «drôle de guerre» : Français et Anglais attendent sur le front de l'Ouest, espérant un arrêt du conflit. Mais en mai 1940, l'Allemagne attaque la France. La brutalité et la rapidité de la défaite française, en juin, laisse l'Angleterre seule en lice. Hitler décide alors de bombarder les aéroports et la ville de Londres.
Les Britanniques tiennent bon malgré les bombardements : la bataille d'Angleterre est un échec pour Hitler. Ce dernier se tourne alors contre l'Europe balkanique et s'empare de la Roumanie, de la Bulgarie, de la Yougoslavie et de la Grèce. ■

1941 : l'extension du conflit

Le 22 juin 1941, Hitler lance l'opération Barbarossa contre l'Union soviétique avec laquelle l'Allemagne est pourtant liée par le pacte germano-soviétique du 23 août 1939. Les troupes allemandes s'enfoncent profondément dans le territoire russe jusqu'aux villes de Leningrad et Moscou, alors qu'en Afrique du Nord Rommel arrive aux portes du Caire. L'attaque japonaise de la base américaine de Pearl Harbor, le 7 décembre 1941, contraint les États-Unis à entrer dans le conflit.
Les Japonais s'emparent successivement de la Malaisie, des Philippines et de la Birmanie. La guerre devient mondiale et les théâtres d'opérations se multiplient. ■

Les blindés de Guderian sont venus à bout des Ardennes, réputées infranchissables.

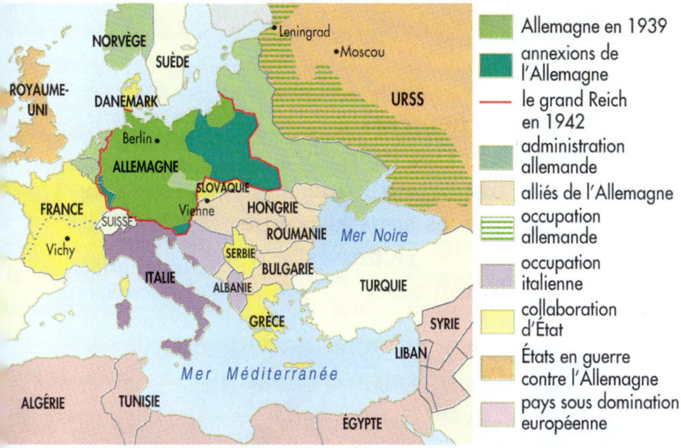

L'Europe de 1942 occupée et organisée par les nazis.

1940
- *Mai-Juin* Défaite de la France.

1941
- *21 juin* La Wehrmacht envahit l'URSS.
- *7 décembre* Entrée en guerre des États-Unis.

1942
- *8-11 novembre* Débarquement allié en Afrique du Nord.

1943
- *2 février* Victoire des Russes à Stalingrad.

1944
- *6 juin* Débarquement allié en Normandie.

1945
- *2 mai* Capitulation de l'Allemagne.
- *2 septembre* Capitulation du Japon.

1942-1945 : du tournant de la guerre au succès des Alliés

En Russie, les troupes allemandes échouent devant Stalingrad et subissent la contre-offensive russe. Parallèlement, les Britanniques chassent les troupes de Rommel de l'Afrique du Nord. Le 6 juin 1944, les Alliés débarquent en Normandie et entreprennent bientôt de marcher sur le Rhin. De leur côté, les troupes soviétiques approchent de Berlin.

L'ultime offensive se termine le 8 mai 1945 avec la capitulation allemande. Mais la guerre se poursuit en Asie. Dans le Pacifique, les Américains progressent désormais d'île en île. Mais face à la résistance japonaise, ils utilisent par deux fois l'arme atomique sur Hiroshima (6 août) et Nagasaki (9 août), poussant l'Empire nippon à capituler le 2 septembre 1945. ■

La bataille de Stalingrad marque le tournant de la guerre sur le front est.

Dico → **Hitler • nazisme • totalitarisme**

Points clés

Une guerre totale

L'extension du conflit oblige les gouvernements à mobiliser toutes les ressources matérielles et humaines. La guerre économique devient aussi importante que les combats. Ainsi, les pays conquis sont placés sous la coupe des vainqueurs qui en exploitent toutes les richesses, les matières premières mais aussi les hommes.

La machine de guerre allemande se met en place bien avant la guerre. Ici, les usines Messerschmitt.

L'économie au service de la guerre

Les belligérants lancent une guerre sous-marine afin de couper les approvisionnements de l'ennemi : c'est le cas dans l'Atlantique où les sous-marins allemands font des ravages dans les convois vers l'Angleterre. Les sites industriels sont fréquemment bombardés : l'Allemagne choisit alors d'enterrer ses usines pour mieux les protéger. Des intérêts économiques dictent la stratégie militaire. Ainsi, la bataille de Stalingrad doit ouvrir aux Allemands la route des champs de pétrole russe. La mobilisation concerne aussi la main-d'œuvre, car il faut augmenter les productions d'armement. Les États-Unis mettent leur économie au service des Alliés, fournissant à l'Angleterre et à l'URSS du matériel militaire grâce à la loi prêt-bail. ■

Les sciences et les médias sont mobilisés

La science se met au service de la guerre et permet des avancées technologiques importantes. Les chercheurs inventent de nouvelles armes comme les V2, des bombes volantes, le radar qui permet à l'Angleterre de gagner la bataille des airs en 1940. Enfin, le projet Manhattan, resté secret, aboutit à la première explosion atomique sur Hiroshima. La propagande s'intensifie dans les deux camps et utilise tous les médias pour mobiliser les populations. La radio joue une grand rôle dans le contrôle des informations, donnant lieu à une guerre des ondes.
Ainsi, journalistes, artistes, écrivains sont eux aussi enrôlés. ■

Les Russes utilisent la tactique de la terre brûlée devant l'avancée allemande.

La surexploitation des pays conquis

Dans les pays vaincus, les troupes allemandes et japonaises massacrent les populations au nom de la supériorité de la race. Partout règne la terreur. Les territoires conquis sont soumis à la loi des vainqueurs et systématiquement exploités. Les Allemands exigent des pays soumis des tributs énormes, comme frais d'occupation, des livraisons de matériel, de matières premières et de produits agricoles, laissant des pays exsangues. Dans l'Europe occupée, en France, aux Pays-Bas et en Grèce, notamment, les populations ont du mal à survivre et connaissent la pénurie et la sous-alimentation. À mesure que le conflit s'étend, les besoins de la machine de guerre allemande deviennent immenses. Ainsi le Reich réquisitionne-t-il une main-d'œuvre destinée à travailler, souvent dans des conditions épouvantables, dans ses usines. ■

Les bombardements aériens n'épargnent pas les villes. Ici, Londres lors du Blitz.

Dico → déportation • nazisme • totalitarisme

Résistance et collaboration

L'occupation d'une grande partie de l'Europe par la Wehrmacht provoque des réactions différentes selon les États et les individus. Certains refusent l'ordre des nazis et l'Europe nouvelle qu'ils veulent instaurer; d'autres, en revanche, y participent et collaborent avec l'Allemagne hitlérienne. Cette collaboration peut être économique, politique ou idéologique.

Les différentes formes de résistance

Partisans grecs. La résistance grecque contre l'Italie fasciste s'organise très tôt, de façon efficace. La Wehrmacht est obligée d'intervenir, ce qui l'oblige à retarder son attaque contre l'URSS.

La Résistance n'est pas seulement l'œuvre des hommes, des femmes et même des adolescents vivant dans les pays occupés. Il y a des opposants allemands comme ceux de la Rose blanche ou des partisans italiens. Les mouvements de résistance organisent des filières d'évasions, cachent les Juifs et les réfractaires au STO, distribuent des tracts et impriment de nombreux journaux clandestins. Certains se spécialisent dans les sabotages, comme le groupe norvégien Milorg qui détruit la seule usine d'eau lourde. Les voies ferrées, les ponts sont également les cibles des sabotages. Cette dangereuse «guerre de l'ombre» est soutenue par des émissions radiophoniques émises de Boston, Moscou et de Londres. Dans certains pays comme en Yougoslavie, en Grèce, en URSS et en Italie, de véritables armées de partisans harcèlent les troupes de l'Axe. Les résistants, parfois unis, peuvent aussi être, comme en Grèce, déchirés par des clivages idéologiques aboutissant à de véritables guerres civiles. ■

L'Europe nazie

L'Europe nazie est constituée de territoires annexés, mais aussi d'États souverains, dotés de régimes autoritaires ou fascisants qui sont en fait des satellites du IIIe Reich. C'est le cas de la Hongrie ou de la Roumanie. Ils participent à la répression des résistants – comme les oustachis croates –, à la politique d'extermination des Juifs en organisant, comme en France, des rafles, mais aussi à l'économie de guerre. Ces régimes fournissent des hommes qui sont envoyés en Allemagne, des produits agricoles et industriels ainsi que des matières premières.

Le pillage des économies est d'autant plus intense que les États doivent entretenir les troupes d'occupation. Cette collaboration étatique est relayée par des engagements volontaires dans la Wehrmacht. ■

Le sabotage des voies de communication – ici, la ligne Besançon-Vesoul – est l'un des objectifs principaux des maquisards.

Départ de la LVF en présence de Philippe Henriot, secrétaire d'État à l'Information. Il est exécuté par la Résistance en juin 1944.

Les collaborations individuelles

Certains individus, pour des raisons diverses, collaborent avec l'Allemagne nazie. On trouve des hommes qui ont fondé des groupes fascisants dans l'entre-deux-guerres, comme le Belge Léon Degrelle (mouvement rexiste) ou le Norvégien Quisling (Rassemblement national). En France, Jacques Doriot et Marcel Déat fondent la Légion des volontaires français (LVF) qui combattent sous l'uniforme de la Wehrmacht sur le front de l'Est. ■

Points clés

Des camps de concentration à la solution finale

Dès l'arrivée au pouvoir des nazis, les opposants sont enfermés dans des camps de concentration. Avec la guerre ces camps changent de nature : camps de prisonniers, camps de travail forcé au service de l'économie allemande et camps d'extermination de la « solution finale à la question juive » se multiplient dans les territoires conquis. Des millions d'hommes, de femmes et d'enfants subissent l'univers concentrationnaire.

Les premiers camps

Les premiers camps, ouverts dès 1933 à Dachau et Oranienburg-Sachsenhausen, servent à enfermer des opposants au nazisme, des prisonniers de droit commun et des Juifs. En septembre 1939 il y a environ 22 000 prisonniers répartis dans six camps. Il existe aussi des centres d'euthanasie où handicapés, malades mentaux et invalides sont éliminés au nom de la préservation de la « race » aryenne. La guerre entraîne la construction de près d'un millier de camps, plus ou moins importants, surtout en Pologne mais aussi en Autriche, en Bohême, dans les États baltes et en Alsace. ■

Les camps de concentration et d'extermination en 1942. Ces derniers sont pour la plupart implantés en Pologne.

Le camp de Ravensbrück, en Allemagne, était réservé aux femmes. De nombreuses prisonnières y étaient vouées à une mort lente au service des industries allemandes.

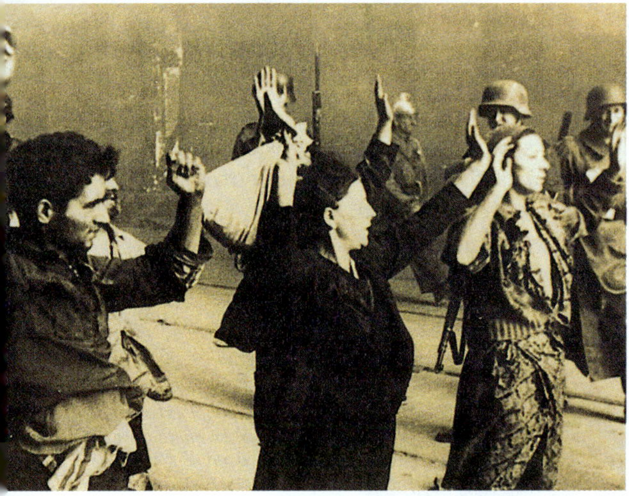

L'insurrection du ghetto de Varsovie du 19 avril au 16 mai 1943 est noyée dans le sang : le ghetto est rasé et les survivants envoyés à Treblinka.

L'univers concentrationnaire

Dans les camps, on distingue les différentes catégories de prisonniers par un triangle de couleur cousu sur leur « pyjama ». Rouge pour les « politiques », opposants allemands et résistants après 1939, vert pour les droits communs, rose pour les homosexuels, violet pour les Témoins de Jéhovah, noir pour les « asociaux » et jaune pour les Juifs. Quel que soit leur statut, tous vivent entourés de barbelés et de miradors dans des camps souvent construits par les prisonniers eux-mêmes. Les camps sont constitués de baraquements (blocks) autour d'une place où se font les interminables appels des numéros qui sont tatoués sur les prisonniers. Les camps se trouvent en général dans des régions malsaines et au climat rigoureux, ce qui aggrave une mortalité déjà très élevée. En effet, les mauvais traitements qu'infligent les kapos et les SS qui dirigent les camps, les exécutions sommaires, la malnutrition et le travail forcé tuent près du tiers des prisonniers. Cependant, un degré supplémentaire dans l'horreur est franchi, à partir de 1941, avec la mise en service des camps d'extermination pour les « races » jugées inférieures, les Tziganes, les Slaves et surtout les Juifs. ■

La Shoah

En 1941, avec les premières victoires sur l'URSS, le nombre de Juifs soumis aux nazis est de plus en plus important. Déjà, des groupes de tuerie mobiles (les Einsatzgruppen), qui opèrent sur les arrières de la Wehrmacht, sont chargés de liquider résistants et Juifs. Après avoir longtemps envisagé la solution du problème juif sous l'angle de l'émigration – qui n'est d'ailleurs plus possible concrètement en raison de l'état de guerre –, le régime décide de procéder à l'extermination des Juifs d'Europe. Préparée en 1941, la « solution finale à la question juive » est entérinée lors de la conférence de Wannsee le 20 janvier 1942. Partout, en Europe occupée, les Juifs sont traqués, enfermés dans des ghettos avant d'être acheminés vers les camps de la mort – Belzec, Auschwitz, Treblinka, Sobibor, Majdanek. ■

Dico → génocide • holocauste • nazisme • Shoah

Auschwitz-Birkenau

Le camp d'Auschwitz-Birkenau occupe une place à part dans l'histoire du génocide par son caractère de symbole. C'est le plus grand des camps, à la fois camp de concentration, camp de travail et camp d'extermination. La mise à mort méthodique par gazage, pratiquée dans d'autres camps en Pologne, acquiert à Auschwitz une dimension industrielle : environ 1,5 million d'hommes, de femmes et d'enfants, venus de toute l'Europe, y ont disparu.

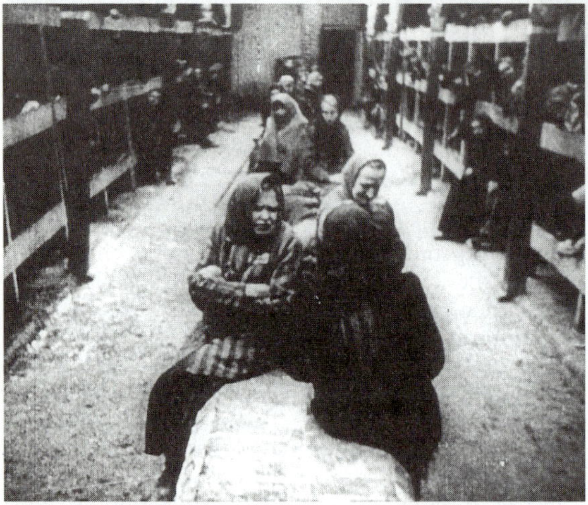

Auschwitz-Birkenau est le dernier camp d'extermination à fonctionner : ce n'est qu'en novembre 1944 que Himmler ordonne de cesser les gazages. Le camp est libéré par les Soviétiques en janvier 1945.

Le complexe concentrationnaire

Le camp d'Auschwitz, situé près de la ville polonaise d'Oswiecim, est créé en mai 1940 et fonctionne jusqu'à l'arrivée des Soviétiques en janvier 1945. La construction d'Auschwitz, comme celle de tous les autres camps, est confiée à la direction centrale des constructions de la Waffen-SS. Elle est précédée de plans, d'estimation des besoins en matériaux, d'appels d'offres à des entreprises. Ces nombreux documents sont conservés. La direction du camp est confiée à Rudolf Hoess, ancien criminel de droit commun. C'est d'abord un complexe concentrationnaire aménagé en camp d'extermination et un camp de travail. Le camp principal, Auschwitz I, est complété par le camp de Birkenau ou Auschwitz II situé à deux kilomètres, puis d'Auschwitz III, ou Monowitz, implanté à six kilomètres du camp principal, près des bâtiments de l'IG Farben qui y produit du caoutchouc synthétique et du méthanol. Dans le camp principal, les premiers gazages homicides commencent dès 1941 : les cadavres sont brûlés dans un crématoire fourni, après appel d'offres, par une firme d'Erfurt. À Birkenau, deux casemates abritent six chambres à gaz et quatre crématoires. ■

Sur ce cliché, pris sans doute au mois de mai 1945, des survivants, témoins de la Shoah, dans l'attente de leur retour de l'enfer.

Les chambres à gaz

Dès l'arrivée des trains transportant les déportés, les SS procèdent à la sélection : les individus valides sont dirigés vers les usines, notamment celle de l'IG Farben, les autres sont conduits aux chambres à gaz. Sous prétexte d'hygiène et de désinfection, hommes, femmes et enfants, dénudés et rasés, sont rassemblés dans des salles de « douche » où, selon les rapports des entreprises qui les ont construites, il y a « des fenêtres et des portes étanches au gaz ».
On utilise successivement deux sortes de gaz. D'abord, le monoxyde de carbone, puis le puissant Zyklon B. ■

L'horrible bilan

En août 1944, on estime que 24 000 Juifs hongrois sont exterminés en une seule journée. Au total, c'est environ 1,5 million de personnes qui périssent dans le camp d'Auschwitz-Birkenau qui représente donc le principal centre d'extermination des Juifs. Mais ils sont plus de 5 millions à être les victimes de la solution finale. Ce qui signifie que 90 % des Juifs de Pologne et des États baltes, 60 % des Juifs de Belgique et 25 % des Juifs de France ont disparu du fait de la politique raciale nazie. Quelques survivants ont pu témoigner, comme l'Italien Primo Levi, des horreurs de la Shoah.
Ce terme hébreu évoquant « la désolation, la ruine » est préféré à ceux d'holocauste, qui signifie sacrifice sanglant à but religieux, et de génocide. Il sert à caractériser l'aspect unique de cette annihilation programmée du peuple juif par la volonté délibérée d'un État. ■

L'horrible charge d'enfourner les cadavres était confiée à des prisonniers.

Dico → déportation • génocide • nazisme • Shoah

Vichy, un fascisme à la française

La IIIe République s'achève le 10 juillet 1940 quand l'Assemblée nationale accorde les pleins pouvoirs au maréchal Pétain. Devenu le chef de l'État français, il instaure un régime nationaliste, corporatiste, antisémite et anticommuniste : la révolution nationale, dont la devise est «Travail, Famille, Patrie».

L'image de Pétain (ici par Philippe Henri Neyer) est utilisée par la propagande en faveur de la révolution nationale.

L'État français incarné par Pétain

Président du Conseil depuis le 16 juin 1940, Pétain quitte Bordeaux après l'armistice et se rend à Vichy, en zone libre. Détenteur à partir du 10 juillet des pleins pouvoirs exécutif et législatif, il nomme tous les fonctionnaires civils et militaires, dispose de la force armée, peut négocier tous les traités. Cet homme, qui bénéficie alors d'une immense popularité, peut organiser la répression politique par l'intermédiaire de la Cour suprême de justice. C'est donc une véritable dictature qui est mise en place, d'autant que toute forme de représentation est supprimée par l'ajournement de l'Assemblée nationale et du Sénat. ■

Les hommes de Vichy

Le maréchal dirige, entouré de conseillers privés et de ministres qu'il choisit. À l'hôtel du Parc de Vichy, on retrouve surtout des notables et des hommes appartenant aux groupes qui ont manifesté le 6 février 1934. En effet, de nombreux conseillers appartiennent à l'Action française ou au Parti social français du colonel de La Rocque. De plus, des représentants des milieux d'affaires participent également au gouvernement. Ainsi Pierre Pucheu, administrateur dans l'industrie, est ministre de l'Intérieur. Pétain gouverne d'abord avec Pierre Laval, vice-président du Conseil, le dauphin présumé. Puis en décembre 1940, il le remplace par Pierre-Émile Flandin. L'amiral François Darlan lui succède de février 1941 à avril 1942. Les Allemands imposent alors le retour de Laval, qui souhaite dans un discours radiodiffusé «la victoire de l'Allemagne» et organise le Service du travail obligatoire (STO). ■

La Milice est fondée en janvier 1943 par Darnand qui est lui-même membre de la Waffen-SS. Elle se livre à de nombreuses exactions.

La révolution nationale

La République n'existe plus ni sa devise, remplacée par «Travail, Famille, Patrie». Le régime de Vichy veut jeter les bases d'un «ordre nouveau». Il s'agit de transformer les structures de la société d'abord par un «redressement intellectuel et moral». Le régime de Vichy entend donc procéder à une révolution nationale. La jeunesse, que l'on veut «saine» et «disciplinée», est éduquée dans les chantiers de jeunesse et les familles nombreuses sont encouragées. Cette profonde transformation des mœurs et des institutions s'accompagne également d'une politique répressive et prend des mesures d'exception. En effet, dès juillet 1940 les fonctionnaires nés de pères étrangers sont écartés, une loi révise les naturalisations obtenues depuis 1927. En octobre 1940 et en juin 1941, les «statuts des Juifs» excluent ceux-ci de la société, comme les francs-maçons et les communistes. Le nationalisme de Vichy, sa profonde hostilité envers la République, la démocratie et le parlementarisme ainsi qu'une conception autoritaire de l'État apparentent le régime du maréchal Pétain au fascisme. ■

Laval organise la rencontre de Pétain avec Hitler à Montoire, le 24 octobre 1940, où la politique de collaboration est établie.

Dico → collaboration • fascisme • Hitler • milice • Pétain

La Résistance intérieure et extérieure française

S'il est possible de dater avec précision la naissance de la Résistance extérieure, cela est moins facile pour celle qui se déroule en France. D'ailleurs, il faudrait utiliser un pluriel, car la France est coupée en deux par la ligne de démarcation, sans compter les territoires annexés par les nazis. Pluriels également sont les origines, l'action et les objectifs des résistants.

La Résistance intérieure

La défaite militaire de juin 1940 provoque un profond désarroi dans la population française. La grande majorité des Français s'en remet au maréchal Pétain, mais d'autres refusent d'admettre la partition et l'occupation d'une partie du territoire national. Après quelques actes isolés de résistance, on voit apparaître, dès 1940, des groupes organisés tant en zone libre qu'en zone occupée. Dans la zone située au sud de la ligne de démarcation, on trouve différents mouvements. Le MLN fondé par Henri Frenay en 1940 devient Combat en 1941, qui comprend, entre autres, Georges Bidault. Il y a également le mouvement Libération autour d'Emmanuel d'Astier et Francs-tireurs créé par J.-P. Lévy. Ils publient journaux et tracts et mènent des actions de sabotage. Dans la zone occupée, où l'action clandestine est encore plus dangereuse, des réseaux de résistance s'organisent. À partir de novembre 1942, toute la France est occupée et Vichy accentue sa politique de collaboration économique avec l'Allemagne. Dès lors, on voit se former des maquis : les réfractaires au Service du travail obligatoire (STO) y renforcent les effectifs de la Résistance à laquelle participent également des étrangers. ■

Le général de Gaulle au micro de la BBC à Londres, où il se trouve depuis le 17 juin 1940. Il est condamné à mort pour trahison et désertion à l'étranger.

La France libre

Le général Charles de Gaulle lance depuis la BBC à Londres, le 18 juin 1940, un appel aux soldats et aux ingénieurs et techniciens de l'armement pour qu'ils se mettent en rapport avec lui, car la défaite n'est pas définitive et «la France n'est pas seule». Ce discours invitant à la résistance est alors peu entendu. Cependant, des militaires le rejoignent tels Koenig et Leclerc. De Gaulle, même s'il est reconnu comme chef des Français libres par Winston Churchill dès juin 1940, a des difficultés à imposer sa représentativité aux Alliés qui, eux, ont reconnu le régime de Vichy. Cependant, en juin 1943, un Comité français de libération nationale est créé à Alger libéré et permet l'unification des Forces françaises libres. Celles-ci participent aux opérations militaires des Alliés. ■

Jean Moulin est chargé par de Gaulle d'unifier la Résistance française.

L'unification des mouvements de Résistance

Pour asseoir sa légitimité, le général de Gaulle a besoin de réaliser l'unification des résistances intérieures. C'est pourquoi l'ancien préfet Jean Moulin est envoyé en France avec pour mission de faire converger les mouvements de résistance intérieure et de leur faire admettre l'autorité du général. Il est vrai que la Résistance est divisée. Il existe, par exemple, un courant communiste, les Francs-tireurs et partisans, et un groupe catholique autour de Témoignage chrétien. Toutefois, le Mouvement uni de la Résistance se constitue et le 27 mai 1943, à Paris, a lieu la première réunion du Conseil national de la Résistance (CNR). Il rassemble des représentants des anciens partis politiques, les syndicats et des mouvements de la Résistance. Le CNR a pour objectif de préparer le cadre politique et économique de l'après-guerre. ■

Les maquisards profitent de la protection naturelle qu'offrent reliefs et végétation, ici en Haute-Savoie.

Points clés La France de la Libération

La Résistance unifiée entend œuvrer pour l'avenir. À travers un programme politique, économique et social réellement novateur, elle souhaite ériger une France nouvelle. Pourtant, au lendemain de la Libération, des choix s'imposent. Ils vont révéler des dissensions internes et briser l'unanimité tout en posant les bases d'une société nouvelle.

Le programme du Conseil national de la Résistance (CNR)

En mars 1944, le Conseil national de la Résistance présente son programme pour la France de la Libération. Celui-ci comprend un volet économique : éviction des trusts, organisation planifiée de la production, passage à la nation des grands moyens de production, participation des travailleurs à la direction et à la gestion des entreprises et un volet social : droit pour tous au travail, à la santé, à l'instruction, au loisir, à la culture et à un niveau de vie décent. Après la libération de Paris du 19 au 24 août, le Gouvernement provisoire de la République française (GPRF) dirigé par le général de Gaulle s'installe. La réalisation de ces projets se heurte à des difficultés externes et internes. ■

Organe de la Résistance unifiée, les Forces françaises de l'intérieur (FFI) participent à la Libération.

Une France libérée

Alors que la guerre se poursuit (Royan ne sera libérée que le 8 mai 1945), la tâche qui attend le GPRF est immense.
Il lui faut assurer la transition entre le régime de Vichy et la République et permettre le retour à l'ordre dans une France où les vainqueurs sont des résistants armés, animés d'espoirs politiques. À cet égard, l'incorporation des Forces françaises de l'intérieur (FFI) dans la Ire armée française règle le problème militaire. La participation de la France libre à la victoire l'installe au rang des nations victorieuses.
Le passage d'une République à l'autre est plus délicat. De Gaulle souhaite incarner une légitimité ininterrompue faisant de Vichy une parenthèse illégale. D'anciens parlementaires de la IIIe République affirment au contraire la légalité de Vichy et aspirent au maintien des institutions. Le retour à la paix passe par l'épuration, qui de sauvage devient légale, et par la restauration de l'autorité (commissaires de la République). ■

Maurice Thorez, secrétaire général du parti communiste depuis 1930, député, est ministre d'État à la Fonction publique de novembre 1945 à janvier 1946 et vice-président du Conseil dans les cabinets ultérieurs jusqu'au départ des communistes en mai 1947.

Une France nouvelle

Le 5 octobre 1944, les femmes obtiennent le droit de vote. En octobre 1945, l'Assemblée constituante élue à la proportionnelle est dominée par la gauche (communistes, socialistes) et le MRP, mouvement démocrate chrétien issu de la Résistance, qui s'allient pour gouverner (tripartisme). Elle s'oppose au général de Gaulle qui démissionne le 20 janvier 1946. Le 13 octobre consacre par référendum l'avènement de la IVe République qui donne un cadre constitutionnel aux réformes déjà entamées. En effet, entre 1945 et 1946, l'ENA, le Commissariat au plan, l'INSEE, le CNRS, la Sécurité sociale, les comités d'entreprises voient le jour. Parallèlement s'opèrent les grandes nationalisations. ■

Par une ordonnance du Gouvernement provisoire de la République française présidé par Charles de Gaulle, les femmes obtiennent le droit de vote en octobre 1944 et l'exercent dès les élections municipales de mars 1945.

Points clés

De Yalta à Potsdam : l'alliance antinazie en question

La Grande Alliance, née en 1941 de la lutte contre les nazis, a du mal à résister aux contraintes de l'après-guerre. En effet, la victoire acquise, chacun des Alliés cherche à imposer ses conditions et les différentes conférences laissent apparaître les dissensions. Ainsi, le monde n'a pas été partagé à Yalta, mais plutôt dans les années qui suivirent la guerre.

Des points de vue différents sur l'après-guerre

Dès 1943, alors que la défaite de l'Axe ne fait plus de doute dans l'esprit des Alliés, Franklin D. Roosevelt, Joseph Staline et Winston Churchill se rencontrent à la fin de l'année à Téhéran afin d'organiser le paysage politique de l'après-guerre. Déjà, Staline exprime ses appétits expansionnistes, notamment en Europe balkanique. Le numéro un soviétique souhaite déplacer les frontières de la Pologne vers l'ouest au détriment de l'Allemagne qui serait morcelée en cinq États autonomes. En face, les États-Unis aspirent à la mise en place d'un ordre mondial stable pour relancer le commerce et à la création d'une organisation internationale plus efficace que la Société des Nations. En 1944, alors que la guerre semble gagnée, l'Angleterre voit d'un mauvais œil la montée en puissance de l'URSS. Elle cherche alors à imposer la France dans les négociations et comme membre à part entière du Conseil de sécurité de la future ONU pour faire contrepoids au communisme en Europe. ■

1941
- *21 juin* La rupture du pacte germano-soviétique marque le début de la Grande Alliance.

1943
- *28 novembre-2 décembre* Rencontre de Téhéran.

1945
- *4-11 février* Conférence de Yalta.
- *17 juillet-2 août* Conférence de Potsdam.

1945-1946
- *20 novembre-15 octobre* Procès de Nuremberg, dernière manifestation solidaire des Alliés.

La conférence de Yalta réunit, de gauche à droite, W. Churchill, F. D. Roosevelt et J. Staline.

Rencontre entre Jdanov, responsable de la propagande du PCUS, et Paasikivi, président de la Finlande. Malgré la proximité de l'URSS, la Finlande conservera de bonnes relations avec les deux Grands.

Yalta, le faux partage du monde

Si les relations entre Roosevelt, Staline et Churchill sont encore bonnes lors du sommet de Téhéran (1943), les positions sont plus tendues quand les trois Grands se retrouvent à Yalta du 4 au 11 février 1945. La situation militaire a évolué et chacun est présent en Europe. Toutefois, l'URSS arrive en position de force, car les troupes soviétiques sont quasiment à Berlin alors que celles des Alliés sont encore en deçà du Rhin. Malgré tout, l'entente est encore relativement cordiale. Les Soviétiques obtiennent satisfaction sur de nombreux points. Ainsi, la moitié des réparations allemandes leur sont attribuées, la Galicie, détachée de la Pologne, leur est donnée. On décide aussi du sort de l'Allemagne, qui est partagée en trois zones d'occupation (russe, américaine et anglaise). Churchill obtient qu'une zone soit attribuée à la France prélevée sur les deux zones occidentales. Une déclaration de principe est rédigée sur la dénazification de l'Europe et l'organisation d'élections libres après la libération. La conférence de Yalta participe donc moins d'un cynique «partage du monde» que d'une tentative d'organiser politiquement un état de fait militaire. ■

Potsdam, l'alliance se fissure

Trois mois après Yalta, les forces de l'Axe ont capitulé. Leur défaite se traduit rapidement par la rupture du front antifasciste : la conférence de Yalta ne peut qu'entériner cet état de fait. Déjà, Staline est revenu sur sa promesse d'élargir le gouvernement polonais à des formations non communistes. Pour l'Américain Harry Truman (Roosevelt est mort en avril 1944) et le travailliste britannique Clement Attlee (Churchill, chef des conservateurs, a perdu les élections), la soviétisation de l'Europe de l'Est a commencé. Les décisions ne portent que sur quelques points : l'Allemagne ne sera pas démantelée, la Pologne est amputée d'une partie de son territoire au profit de l'URSS. ■

Dico → Churchill • ONU • Roosevelt • Staline

Points clés

Le bilan moral et matériel de la Seconde Guerre mondiale

La Seconde Guerre mondiale est le conflit le plus meurtrier de l'histoire. Il laisse en cinq ans un champ de ruines, des économies brisées et tout un monde à reconstruire. De plus, la découverte des crimes nazis entraîne un traumatisme moral lourd de conséquences.

Un bilan humain accablant

La guerre a fait 50 millions de morts. L'Europe de l'Est et l'URSS, qui à elle seule perd 20 millions d'hommes, sont les plus touchées. Cette hécatombe s'explique en grande partie par l'extension et la durée du conflit, par l'extermination des Juifs, par les bombardements aériens et par la surmortalité des civils dans les pays occupés du fait de la sous-alimentations. La chute de la natalité est aussi très forte, et génère dans certains pays un déséquilibre important entre les sexes. La guerre entraîne de nombreux transferts de population lors des combats ou du fait de la politique antisémite de l'Allemagne. Après la guerre, ces transferts se poursuivent, notamment en Allemagne devant l'avancée de l'Armée rouge. ■

Un champ de ruines à reconstruire

C'est en Europe orientale et à l'ouest de l'URSS que les destructions atteignent leur plus grande ampleur. Les villes ont beaucoup souffert des bombardements et certaines sont totalement rasées. Les voies de communications, les ports ont été systématiquement détruits par les Allemands lors de leur retraite, entraînant une désorganisation des économies. La facture financière est très lourde et l'Europe ne peut pour l'instant rembourser sa dette, d'autant que l'inflation est forte. La population reste soumise au rationnement ou s'alimente au marché noir, tandis que la famine fait son apparition. ■

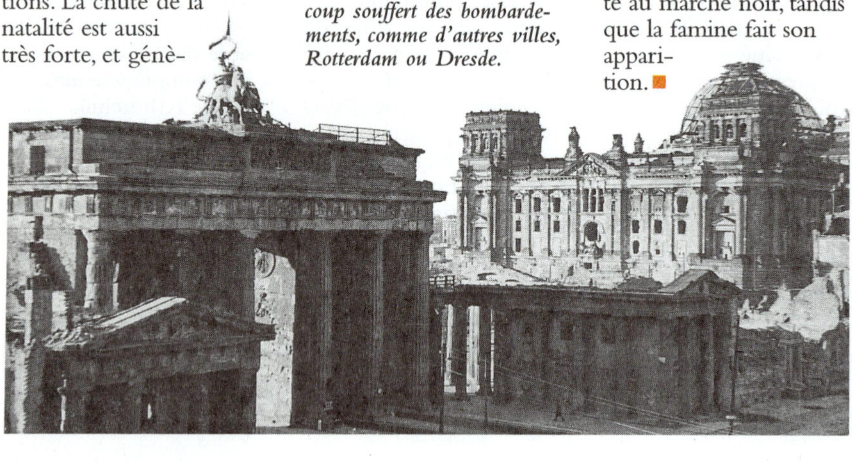

La ville de Berlin a beaucoup souffert des bombardements, comme d'autres villes, Rotterdam ou Dresde.

Nagasaki : le monde entre dans l'ère atomique.

Au camp de concentration de Dachau se dresse un mémorial dédié aux victimes du nazisme.

La fin des certitudes

La découverte du génocide nazi plonge le monde dans l'horreur. Les hommes découvrent que la civilisation peut mener aux pires abominations. La foi dans le progrès, la croyance en la supériorité de l'homme blanc sont remises en question. De nouveaux courants intellectuels et artistiques reflètent le malaise des populations, comme la philosophie existentialiste, le néoréalisme italien. L'explosion de la première bombe atomique à Hiroshima fait entrer le monde dans l'ère atomique. L'humanité, désormais, vit dans la peur de cette arme capable de la détruire. La fin du conflit fait naître aussi l'espoir d'un monde meilleur, la jeunesse veut oublier ces années difficiles, et les populations aspirent globalement à plus de justice sociale. ■

Dico → civilisation • génocide • holocauste • nazisme

La réorganisation américaine

Avant même que le conflit ne soit achevé, les futurs vainqueurs, États-Unis, URSS et Grande-Bretagne, se rencontrent pour poser les fondements du monde d'après guerre. Il s'agit pour les États-Unis, qui imposent leur vision du monde, de créer des institutions internationales capables de garantir le maintien de la paix et le retour à la prospérité économique.

La naissance de l'ONU

Discutée lors de nombreuses conférences depuis 1941, les principes de l'Organisation des Nations unies sont posés à Dumbarton Oaks en 1944 et sa charte de fondation est adoptée par les 51 États signataires à San Francisco, le 26 juin 1945. Le but essentiel de l'ONU est de « maintenir la paix et la sécurité internationale », dans un esprit de coopération entre les grandes puissances. Le Conseil de sécurité, composé des représentants de 11 États dont 5 membres permanents disposant du droit de veto (États-Unis, URSS, Grande-Bretagne, France et Chine), est le véritable centre de décision, le directoire des grandes puissances.
Il peut faire usage de la force armée et prendre des sanctions diplomatiques ou économiques pour maintenir la paix.
L'Assemblée générale, composée d'un délégué par État membre, élit le secrétaire général sur proposition du Conseil de sécurité et émet des recommandations.
Une Cour internationale de justice et un Conseil économique et social, dont dépendent plus de 50 institutions spécialisées, sont chargés d'assurer la défense des droits de l'homme et la coopération internationale. ■

La conférence de San Francisco réunit les 51 nations alliées contre les puissance de l'Axe pour signer la charte de l'ONU.

Le plan Marshall, du nom de son promoteur (ci-contre), rejeté par l'URSS, marque la rupture de la Grande Alliance et la naissance d'un monde bipolaire.

Débarquement de matériel américain à Cherbourg au titre du plan Marshall.

Les accords de Bretton Woods

Persuadés que les désordres économiques et monétaires étaient à l'origine de la guerre, les États-Unis réunissent en juillet 1944 une conférence à Bretton Woods, pour réorganiser le système monétaire international. Les États signataires s'engagent à maintenir la stabilité et la convertibilité de leur monnaie définie par rapport à l'étalon-or. Le Fonds monétaire international (FMI) et la Banque internationale pour la reconstruction et le développement sont chargés d'aider les pays à maintenir l'équilibre de leurs balances des paiements et à financer leurs investissements.
Ces accords consacrent la domination des États-Unis qui détiennent les deux tiers du stock d'or et l'hégémonie du dollar. ■

Le plan Marshall

En juin 1947, le secrétaire d'État américain George Marshall propose d'apporter une aide financière massive à l'Europe pour aider à la reconstruction et faire rempart au communisme. L'European Recovery Program, voté par le congrès en 1948, fournit 12 milliards de dollars en 4 ans aux 16 pays de l'Europe de l'Ouest qui acceptent cette aide. L'importation de produits alimentaires et énergétiques et l'envoi de missions de productivité aux États-Unis accélèrent la reconstruction et favorisent un développement sur le modèle américain. Les accords du GATT, signés en octobre 1947, stimulent les échanges, dans le cadre libéral souhaité par les États-Unis. ■

Dico → FMI • GATT • ONU

Points clés La croissance des Trente Glorieuses

De 1945 à 1973, le monde connaît une croissance économique spectaculaire. La conjonction de multiples facteurs assure des gains exceptionnels de productivité et le développement d'une production de masse. Le plein emploi et la hausse générale du niveau de vie permettent de répondre à cette offre de biens et de services.

Les aspects de la croissance

Durant les Trente Glorieuses, la production mondiale de biens et de services est multipliée par trois. Le taux de croissance moyen du produit intérieur brut (PIB) des pays de l'OCDE est de l'ordre de 5 % par an, contre 2 % sur la période 1800-1929. Plus remarquable encore, cette croissance est continue, sans aucun recul notable, laissant penser aux contemporains que l'ère des crises est définitivement révolue. Pour certains pays comme l'Italie, l'Allemagne et le Japon, dont la croissance est supérieure à la moyenne, on parle de miracle économique, alors que les États-Unis progressent plus lentement. Ces différences traduisent le rattrapage du retard pris sur la puissance américaine dont l'économie domine le monde par l'importance de ses flux de capitaux et de marchandises, son avance technologique et le rôle de sa monnaie. Cette forte croissance s'explique par une hausse continue de la productivité horaire du travail qui passe de 1 % par an pour les périodes antérieures à plus de 3 % pendant les Trente Glorieuses. Des différences notables existent entre les branches industrielles, entre les régions et à l'échelle mondiale. En 1970, 70 % de la richesse mondiale est produite par 6 pays, les États-Unis, l'URSS, le Japon, l'Allemagne, la France et la Grande-Bretagne. ■

Le travail taylorisé sur les chaînes de montage de l'industrie automobile entraîne une baisse continuelle des coûts de production. La voiture devient accessible à tous.

Points clés

La publicité joue un rôle essentiel dans la stratégie de vente des industriels. En effet, elle suscite chez les consommateurs le besoin d'acheter les multiples produits nouveaux qui, au cours des Trente Glorieuses, inondent les marchés.

Le transistor révolutionne l'industrie de l'électronique en permettant la miniaturisation des ordinateurs et des postes de radio.

Les multiples facteurs de la croissance

La croissance est favorisée par l'essor démographique du monde industrialisé. La reprise de la fécondité, le recul de la mortalité et l'immigration stimulent la demande de biens de consommation. L'intense effort d'investissement, de 20 à 30 % du PIB, réalisé par des entreprises très concentrées, à dimension multinationale, favorise l'accélération du progrès technique et des innovations. La généralisation du taylorisme et une formation de plus en plus qualifiée de la main-d'œuvre expliquent également les progrès de la productivité. L'État, devenu un acteur essentiel, soutient la consommation par de fortes dépenses publiques civiles et militaires et par une politique de la monnaie et du crédit très souple. En France, en Angleterre et en Italie, l'État joue un rôle encore plus important par l'intermédiaire d'un puissant secteur nationalisé. Partout, les systèmes de sécurité sociale, mis en place après guerre, permettent des transferts de revenus au profit des catégories sociales les moins favorisées. Ces mesures, cumulées avec des hausses salariales qui suivent les progrès de la productivité, permettent le développement d'une véritable consommation de masse. La mondialisation des échanges stimule la croissance de la production. Avec une hausse de 8 % par an, le volume du commerce international est multiplié par 5 pendant cette période. Favorisés par les accords du GATT et par le rôle accru des firmes multinationales, les échanges commerciaux bénéficient d'une nouvelle révolution des transports. ■

Dico → crise • croissance • GATT • OCDE • productivité • taylorisme

Points clés

Les grandes mutations sectorielles

De profondes mutations sociales et une nouvelle répartition de la population active accompagnent la croissance des Trente Glorieuses. La modernisation agricole achève le mouvement d'exode rural, tandis que les nouveaux actifs se dirigent vers les industries de pointe ou viennent gonfler les rangs du tertiaire. Le salariat devient la forme dominante du travail.

L'industrie aéronautique, balbutiante entre les deux guerres, connaît un véritable boom dans les années 1950, portée par la rivalité Est-Ouest et la généralisation de l'aviation civile. Ci-contre, chaîne de montage chez Dassault.

La modernisation de l'agriculture

La révolution technique modifie profondément les méthodes, les structures et les paysages agricoles. L'intense effort de motorisation et de mécanisation, l'utilisation massive d'engrais, de pesticides et de nouvelles variétés issues de la recherche agronomique permettent de multiplier les rendements par trois. Cette modernisation est soutenue par les États et par la Communauté économique européenne (CEE) qui accordent des subventions ou soutiennent les prix. En revanche, elle s'accompagne d'une chute des effectifs agricoles et d'une forte concentration des exploitations dont la taille moyenne triple au cours de la période. L'exode rural touche surtout les jeunes et provoque un vieillissement des campagnes ainsi qu'une désertification des régions mal adaptées aux cultures intensives. Les investissements réalisés entraînent un endettement chronique des exploitants agricoles, que la baisse continuelle des prix, conséquence de la surproduction, ne fait qu'accentuer. ■

L'essor des industries de pointe

L'industrie est la principale bénéficiaire des investissements réalisés, mais le rythme élevé de la productivité n'entraîne pas un besoin croissant de main-d'œuvre. L'essor industriel est marqué par de grandes inégalités entre les branches. L'utilisation massive du pétrole, dont la consommation est multipliée par 10, provoque un déclin de l'exploitation du charbon. L'industrie textile souffre de la concurrence des pays à bas salaires de l'Asie du Sud-Est. La croissance est surtout tirée par les industries de consommation, l'électroménager, l'électronique grand public et l'automobile. Les industries de pointe, l'aéronautique, l'aérospatiale bénéficient des commandes de l'État et leurs avancées se répercutent sur les autres secteurs industriels. Les progrès de l'électronique amorcent une mutation des méthodes de production et bouleversent le quotidien des hommes. Les ordinateurs transforment le travail industriel et la télévision, qui envahit les foyers, imprime de nouveaux modes de vie. ■

La tertiarisation des sociétés

L'essor des activités tertiaires, dont les gains de productivité sont faibles jusque dans les années 1980, provoque une forte hausse des actifs dans les services. Les «cols blancs», cadres et employés, fonctionnaires et professions libérales, deviennent majoritaires aux États-Unis dès 1950 et au début des années 1970 en France. Ce mouvement s'accompagne d'une importante féminisation de l'emploi dans le secteur. Le taux d'activité des femmes passe d'environ 33 % au début des années 1950 à 45 % à la fin des années 1970. La modernisation industrielle provoque le développement des transports, des réseaux bancaires, des sociétés de services aux entreprises et des laboratoires de recherche. Le rôle accru de l'État et des collectivités territoriales entraîne une forte augmentation du nombre de fonctionnaires. La hausse du niveau de vie suscite la croissance des secteurs de la santé, de la grande distribution, des loisirs et du tourisme. Le salariat se généralise, aux dépens des travailleurs indépendants, pour atteindre près de 80 % des actifs au milieu des années 1970. ■

Le cœur des grandes cités accueille tous les matins les flots d'employés travaillant dans le quartier des affaires, comme celui de la City à Londres.

Dico → banque • croissance • productivité

Points clés

Civilisations urbaines et nouveaux modes de vie

La croissance des Trente Glorieuses accélère l'exode rural et renforce le processus de métropolisation dans les pays industrialisés. Le développement des sociétés urbaines favorise l'uniformisation des modes de vie, des modèles de consommation et des pratiques culturelles.

Une urbanisation tentaculaire

La population urbaine, sous l'effet de la reprise démographique et de l'exode rural, s'accroît pour dépasser 70 % au début des années 1970. Cette croissance profite surtout aux grandes villes qui deviennent des métropoles. L'espace urbanisé s'étend vers des périphéries de plus en plus lointaines. La population des vieux centres stagne tandis que les banlieues se couvrent d'un habitat pavillonnaire et de grands ensembles. De nouvelles zones d'activités et les premières grandes surfaces commerciales s'installent à proximité des gares et des carrefours autoroutiers. Mais l'essentiel des activités restant concentré dans les centres urbains, des migrations pendulaires déplacent les populations des cités-dortoirs vers leurs lieux de travail. ■

La société de consommation

La hausse du pouvoir d'achat des populations, qui triple en France pendant les Trente Glorieuses, débouche sur une consommation de masse, facilitée par la généralisation du crédit. La structure de la consommation des ménages se modifie. La part consacrée à l'alimentation et à l'habillement régresse au profit des dépenses de logement, de santé, de culture et de loisirs.
La plupart des logements bénéficient du confort moderne, symbolisé par l'électricité et la salle de bains. Le taux d'équipement des foyers en biens durables, automobiles, réfrigérateurs, télévisions, varie de 60 à 80 % en 1975.
La publicité suscite un renouvellement des besoins et génère des modes qui tendent à uniformiser les goûts, même si les sociétés occidentales demeurent très inégalitaires. ■

Les supermarchés construits à la périphérie des métropoles sont le double symbole de la société de consommation et de la civilisation de l'automobile.

Les mutations culturelles

La démocratisation de l'enseignement provoque, à partir des années 1950, une véritable explosion scolaire dans l'enseignement secondaire et universitaire; elle a pour conséquences une surcharge des effectifs et une dévalorisation des diplômes, facteurs générateurs de tensions sociales. La culture se diffuse également par le canal des médias dont le rôle devient central dans tous les domaines. La révolution des télécommunications uniformise la culture, devenue mondiale, et transforme le monde en un «village planétaire». Dans les années 1960, les transistors deviennent les vecteurs d'une musique revendiquée par la jeunesse, tandis que la télévision rythme les soirées familiales. La baisse continuelle du temps de travail combinée aux multiples nuisances engendrées par la vie urbaine favorise l'essor d'une civilisation des loisirs. Chaque week-end, les citadins se dirigent vers leurs résidences secondaires ou les stations balnéaires. ■

Les concerts rassemblent des milliers de jeunes autour d'une culture musicale génératrice de liens sociaux.

Lors de chaque départ en vacances, des flots de voitures s'échappent des grandes agglomérations pour se regrouper dans les stations touristiques des littoraux.

Dico → civilisation • croissance • société

Points clés

Les inégalités dans le monde

Jusque dans les années 1970, un vaste tiers-monde s'opposait, par son sous-développement, à la richesse de quelques pays. Lors de ces trois dernières décennies, cette unité par la misère a éclaté. Ainsi, loin des réussites des pays d'Asie, l'Afrique s'enfonce dans le sous-développement.

Les difficultés du tiers-monde

Pendant les Trente Glorieuses, l'écart se creuse entre pays riches et pays pauvres. À la fin du XXe siècle, ces derniers représentent près des trois quarts de la population mondiale alors qu'ils ne réalisent que 10 % de la production industrielle. Si leur croissance économique – environ 4 % par an – est honorable, elle est en partie absorbée par l'explosion démographique, la fécondité pouvant atteindre 7,2 enfants par femme au Burkina Faso. À l'évidence, l'agriculture, qui représente entre 60 et 80 % de la main-d'œuvre, ne suffit pas aux besoins des populations. Par manque de capitaux, de main-d'œuvre qualifiée et de maîtrise technologique, les activités industrielles se limitent à la production de matières premières et énergétiques (environ 80 % des exportations). Mais elles sont soumises aux aléas des marchés internationaux et leurs prix ont baissé de 45 % entre 1980 et 1990. D'où un accroissement de leur endettement. Quant à l'aide en faveur des pays du tiers-monde, elle ne représente que 0,22 % du PIB global des pays riches. On est bien loin de l'objectif de 0,7 % envisagé par les Nations unies. ■

La famine, qui frappe ici des Mauritaniens, n'est jamais la conséquence de conditions naturelles difficiles mais le résultat de conflits. Elle fait encore des millions de victimes par an en Afrique.

Le miracle asiatique

La crise de 1973 et la dépression qui la suit provoquent une cassure dans l'unité économique du tiers monde. Les pays de l'OPEP (Organisation des pays exportateurs de pétrole) utilisent la hausse de leurs revenus pétroliers pour s'industrialiser en achetant massivement des biens d'équipement. Les pays d'Amérique latine et surtout ceux d'Asie du Sud-Est connaissent un décollage économique avec des taux de croissance avoisinant 10 %. Leur main-d'œuvre abondante et bon marché attire les délocalisations industrielles des pays riches, Japon en tête. Cette industrialisation se propage par cercles concentriques à l'ensemble de l'Asie pour gagner l'immense potentiel chinois. L'industrialisation de l'Amérique latine, plus mesurée, s'accompagne d'un fort endettement et d'une inflation mal maîtrisée. La croissance de ces pays s'est accompagnée de mutations socio-économiques : recul de la mortalité et de la fécondité, progrès des revenus, de l'instruction, de l'espérance de vie et de la démocratie. ■

Les famines, qu'elles soient le résultat de guerres civiles, de catastrophes naturelles ou d'ordre économique, sont toujours d'une sinistre actualité. D'après le Programme alimentaire mondial des Nations unies, 3 millions d'Africains sont morts de faim en 2003.

Le drame de l'Afrique noire

L'Afrique noire est restée en dehors de ces processus de développement et sa situation s'est plutôt dégradée ces dernières décennies. Avec 12 % de la population mondiale, elle ne produit que 2 % de la richesse mondiale et 1,7 % des exportations, essentiellement des produits bruts. À l'écart des investissements des grands groupes industriels, l'Afrique survit par l'aide publique internationale, qui représente 10 % de son PNB. La fécondité très élevée et l'analphabétisme qui touche près de 60 % des adultes représentent des handicaps majeurs au développement. La mortalité infantile dépasse 10 % et l'espérance de vie n'est que de 54 ans. Les populations souffrent de malnutrition et sont encore victimes des grandes épidémies, dont le sida, des guerres et des famines. ■

Dico → croissance • inflation • tiers-monde

La dépression économique contemporaine

La crise de 1974, qui suit le choc pétrolier de décembre 1973, interrompt brutalement une période de prospérité qui semblait ne jamais devoir s'arrêter. Elle a plongé les pays industriels dans une dépression économique durable, devant laquelle toutes les politiques, qu'elles soient de relance ou d'austérité, ont échoué.

La stagflation

Pour la première fois depuis la guerre, la production industrielle chute en 1974, marquant un retournement de tendance. En fait, la croissance se poursuit mais à un rythme beaucoup plus ralenti, autour de 2 %, où alternent reprises et récessions. La productivité comme le taux de profit des entreprises suivent cette même décélération. Cette faible croissance s'accompagne d'une forte inflation qui passe de 5 % à plus de 10 % par an ; d'où le terme de stagflation, inventé par les économistes, pour la qualifier. Beaucoup plus grave, ce ralentissement provoque des licenciements massifs. Le taux de chômage des pays de l'OCDE grimpe de 3 % à plus de 8 % au début des années 1980. Il frappe particulièrement les jeunes et les femmes. ■

À la recherche des causes

En apparence, la guerre du Kippour, qui provoque le quadruplement du prix du pétrole en 1973, semble être à l'origine de la crise : augmentation des coûts de production et des déficits commerciaux, accélération de l'inflation et ralentissement de l'activité. Le deuxième choc pétrolier, en 1979, aurait cassé la reprise qui s'amorçait. Mais cette explication ne tient plus quand, à partir de 1986, le prix du pétrole retrouve ses niveaux d'avant 1973.

D'autres analyses rendent les dérèglements monétaires responsables de la dépression. La fin de la convertibilité du dollar en 1971, qui marque l'effondrement du système monétaire international, aurait été le moteur de l'inflation, elle-même cause de la crise. ■

100 R. DE RICHELIEU PARIS 2e · 073.65.00 · 742.81.54 · FONDATEUR ROBERT LAZURICK

L'AURORE

70 CENTIMES MERCREDI 21 NOVEMBRE 1973 N° 9.089 32e ANNÉE

LA PÉNURIE DE PÉTROLE S'AGGRAVE EN OCCIDENT

Nixon prend des mesures d'économie plus sévères encore que celles appliquées par les Européens et les Japonais

IL SERAIT TEMPS DE DIRE AUX FRANÇAIS LA VÉRITÉ

MARIA-ESTELLA PERON DIRIGERA L'ARGENTINE PENDANT LE VOYAGE DE SON MARI EN URUGUAY

Inflation et taxations

GISCARD AVERTIT LES COMMERÇANTS : "JE NE CÉDERAI PAS AUX PRESSIONS"

GRÈVE NATIONALE le 6 décembre CONTRE LA VIE CHÈRE décident les syndicats CGT et CFDT

SAKHAROV DÉCLARE A "L'AURORE" "On veut m'atteindre à travers ma femme"

La hausse du prix du pétrole, décidée par les pays de l'OPEP en 1973 pour obtenir le retrait israélien des Territoires occupés, provoque un choc en Occident.

L'échec des politiques économiques

Toutes les politiques tentées pour sortir de la crise se sont soldées par des échecs. Dans les années 1970, les gouvernements appliquent des politiques keynésiennes de relance par la consommation ou par l'investissement. Celles-ci débouchent sur des déficits commerciaux, une accélération de l'inflation et une dévalorisation des monnaies sans pour autant résorber le chômage. Dans les années 1980, les théories libérales reviennent en force. Tous les États s'appliquent à réduire la masse monétaire en circulation par des politiques de désinflation qui ramènent les hausses de prix à des taux similaires à ceux des Trente Glorieuses, autour de 3 %. Les salaires sont bloqués et les dépenses publiques sont limitées, l'État se désengage par les privatisations, la baisse des impôts et la libéralisation des prix. Les succès monétaires ont permis aux entreprises de renouer avec les profits, mais ils n'ont pas provoqué la relance ni réduit le chômage qui continue de progresser. Les explications de la crise sont liées aux mutations industrielles en cours. ■

Les friches industrielles se multiplient dans les vieilles régions comme le Nord ou, ci-contre, la Lorraine.

Le chômage s'accompagne d'une très grande fluidité du marché du travail. Si 3 millions de personnes sont inscrites à l'ANPE (Agence nationale pour l'emploi), c'est plus de 10 millions qui y passent au cours de l'année.

Dico → **crise • croissance • dépression • Keynes • stagflation**

Points clés

Accroissement des richesses et dissolution sociale

La dépression contemporaine s'accompagne d'une profonde mutation des activités et des paysages industriels et d'une modification de la gestion de la main-d'œuvre. Sur le plan social, elle entraîne la remise en cause de l'État-providence, du système de régulation sociale qui assurait à chacun un emploi et une hausse continue de ses revenus et de son niveau de vie.

Vers une troisième révolution industrielle ?

La saturation progressive des biens de consommation durables et la baisse de la productivité semblent remettre en cause le taylorisme et le fordisme. Les mutations en cours laissent apparaître un remodelage du paysage industriel. Les industries anciennes (la sidérurgie, la construction navale et le textile), frappées par la crise, ont licencié massivement, puis ont délocalisé leurs activités vers les pays à bas salaires. Pour retrouver les profits et la compétitivité, les branches motrices des Trente Glorieuses, l'automobile et l'électroménager, ont multiplié les investissements pour informatiser et robotiser leur production. Les grands groupes abandonnent une part croissante de leurs activités à des entreprises de sous-traitance employant une main-d'œuvre précaire et peu rémunérée. À l'inverse, les industries de pointe, à forte valeur ajoutée (l'électronique, les télécommunications, l'aéronautique, le nucléaire et les biotechnologies), connaissent des taux de croissance remarquables depuis 20 ans. Ces mutations technologiques entraînent des modifications du paysage industriel. Les régions fiefs des activités traditionnelles se désindustrialisent au profit des grandes métropoles ou d'un glissement vers les littoraux où les technopôles se multiplient. Plus généralement, les économies deviennent de plus en plus tertiaires et conduisent à la naissance de sociétés postindustrielles. ■

Le luxe qui s'affiche dans les années 1980 s'accompagne d'une promotion de la réussite individuelle, portée par les idées libérales auxquelles se convertissent tous les responsables politiques.

Points clés

La création du revenu minimum d'insertion (RMI) s'est révélée insuffisante pour endiguer la montée du nombre de sans-abri.

Des sociétés déstructurées

La fin du plein emploi et la remise en cause de l'État-providence, les hausses salariales, la protection contre la vieillesse, la maladie et le chômage et les divers avantages sociaux ont mis un terme à la garantie des revenus, fondement de la cohésion sociale des sociétés d'après-guerre. La perte d'emploi pour les personnes peu qualifiées ou la précarisation du travail des jeunes et des femmes provoquent une chute des revenus qui conduisent à l'exclusion et à la déstructuration des liens sociaux dont la crise des banlieues est le révélateur. ■

Des sociétés plus riches

Depuis 1980, la reprise des profits des entreprises et le maintien de taux d'intérêts élevés nourrissent davantage les marchés financiers et la spéculation boursière que les investissements productifs. La bonne santé des grandes Bourses et l'essor des industries du luxe contrastent avec le développement de la pauvreté au cœur même des métropoles des pays riches. Un taux de croissance actuelle, inférieur à 2 %, produit autant de richesses que les performances exceptionnelles des Trente Glorieuses. Mais il ne produit pas la même offre de travail, car le développement des secteurs dynamiques ne compense pas, en terme d'emploi, le déclin des secteurs traditionnels. ■

Les rodéos dans les banlieues chaudes témoignent de l'exclusion sociale des jeunes dans des quartiers où les taux de chômage peuvent atteindre 40 %.

Dico → dépression • État-providence • Ford • taylorisme

Points clés

Les nouveaux pôles de la croissance mondiale

La dépression économique a accéléré le mouvement de mondialisation, commencé depuis 1945. Les délocalisations industrielles, les flux croissants de capitaux et de marchandises dénationalisent les économies et créent des réseaux d'interdépendance, unifiant l'espace mondial autour des trois grandes zones régionales : l'Europe, l'Amérique du Nord et l'Asie du Sud-Est.

La robotique a permis à l'industrie automobile japonaise de détrôner les États-Unis.

La mondialisation des échanges

Depuis l'après-guerre, les échanges internationaux n'ont cessé de progresser à un rythme supérieur à celui de la production. Avec un taux de 4 % par an depuis 20 ans, le commerce international a tiré la croissance mondiale, en évitant le naufrage des économies comme dans les années 1930. En contrepartie cette mondialisation provoque une forte dépendance des économies nationales vis-à-vis des marchés extérieurs. Les exportations représentent 10 % de la richesse américaine, 13 % de celle du Japon et le quart de celle de la France. Ces échanges internationaux sont favorisés par les accords successifs du GATT dont le dernier, l'Uruguay Round (1994), étend la baisse des barrières douanières aux produits agricoles et aux services. ■

La triade, à la tête du système-monde

Le commerce mondial est le reflet de l'hégémonie écrasante des trois grands pôles de l'économie mondiale, l'Amérique du Nord, l'Europe occidentale et l'Asie du Sud-Est, appelés la triade. À elle seule, elle réalise plus des deux tiers des échanges internationaux et près des trois quarts pour les produits manufacturés. Le rôle des firmes multinationales, toutes originaires de ces trois pôles, est essentiel puisque les échanges entre filiales représentent un tiers du commerce mondial. La majeure partie des flux économiques circule au sein de ces trois zones ou entre elles. Les autres espaces économiques sont placés sous leur dépendance ou laissés à l'écart du développement. ■

Des espaces régionaux intégrés

Cette mondialisation s'est accompagnée d'une forte intégration régionale. Des zones de libre-échange et des marchés régionaux se sont constitués, formant la nouvelle armature du système-monde. L'Union européenne, première puissance économique et commerciale, réalise 45 % du commerce mondial. Autour de l'Allemagne, qui en est le moteur économique, elle poursuit son intégration, signant en 1992 les accords de Maastricht, prélude à l'union économique et monétaire. Dans le même temps, elle s'ouvre aux pays de l'Europe de l'Est qui achèvent leur transition vers une économie libérale. Face à ce qu'ils considèrent comme une forteresse commerciale, les États-Unis ont constitué, en 1994, l'ALENA (Accords de libre-échange nord-américain) avec le Canada et le Mexique, réalisant 16 % des échanges mondiaux. Retrouvant le chemin de la croissance et de la compétitivité, les États-Unis continuent d'imposer leur domination sur le monde. La zone asiatique, pilotée par le Japon, est la grande puissance émergente de ces dernières décennies. Grâce aux résultats exceptionnels du Japon, des nouveaux pays industrialisés et de la Chine, elle est devenue le deuxième espace économique du monde, réalisant plus de 20 % du commerce mondial. ■

La Silicon Valley, en Californie, cœur de l'industrie électronique américaine, est un des symboles de la réorientation des États-Unis de l'espace atlantique vers le Pacifique.

Le quartier des affaires de la Défense, à Paris, fait partie des grands centres de l'économie mondiale.

Dico → croissance • dépression • GATT • mondialisation

Points clés

Les États-Unis, modèle universel

La Constitution des États-Unis définit un régime présidentiel tempéré par un pouvoir législatif fort. La propension américaine à se présenter comme le «monde libre» est relayée par l'influence de l'*american way of life* diffusé par le cinéma et adopté à travers la consommation de produits *made in USA*.

La religion est indissociable de la vie politique américaine. Au moment de son investiture, chaque ministre doit prêter serment sur la Bible. Ici, George Marshall, secrétaire d'État (ministre des Affaires étrangères), lors de sa prise de fonction en 1947.

Une démocratie ancienne

La Constitution de 1787, plusieurs fois amendée, régit les rapports des citoyens et de leur gouvernement. Elle donne au président élu, après une longue campagne d'investiture, par de grands électeurs un grand pouvoir puisqu'il est à la fois chef d'État et de gouvernement. Il s'entoure de secrétaires (ministres) qui ne sont responsables que devant lui. Le Congrès exerce le pouvoir législatif et la Cour suprême veille au respect des institutions et peut par la procédure de l'*impeachment* mettre en accusation le président, puis le containdre à la démission (comme Richard Nixon lors du scandale du Watergate en 1974). Si la Constitution prévoit la séparation de l'Église et de l'État, la religion joue un grand rôle aux États-Unis. En effet, la devise de l'Union adoptée en 1956 est « In God We Trust » (« En Dieu, nous croyons ») et figure sur les billets et les pièces de monnaie. Par ailleurs, lors de leur investiture, le président, les gouverneurs et les secrétaires d'État, ainsi que tous les élus de la Fédération prêtent serment sur la Bible. ■

Points clés

Ouverture de la première pizzeria américaine à Moscou. Le modèle made in USA *s'exporte partout dans le monde, y compris chez son ancien adversaire de la guerre froide.*

« Les gardiens de la liberté »

La religiosité intense que l'on retrouve dans le Thanksgiving Day, une des principales fêtes nationales, confère aux États-Unis « la mission divine » d'apporter au monde la liberté. Ronald Reagan ne dit pas autre chose lorsqu'il affirme, le 4 juillet 1986 lors du centenaire de la statue de la Liberté, que « nous sommes les gardiens de la liberté ». Mais bien avant lui, c'est ce que revendiquèrent ses prédécesseurs, notamment lors du second conflit mondial et surtout lors de la guerre froide, en se portant à la tête du monde libre. Le modèle politique, mais aussi économique, américain doit être diffusé dans le monde entier. La volonté hégémonique des États-Unis est soutenue par le « billet vert » et s'exprime par leur poids considérable dans le Fonds monétaire international. En outre, beaucoup de pays de l'ancien bloc communiste ont adopté des constitutions inspirées de celle des États-Unis. En 1999, dans la même logique pro-américaine, la Pologne, la République tchèque et la Hongrie intègrent l'Otan, en pleine reconversion depuis la chute du mur. L'alliance s'élargit en 2004 à la Bulgarie, l'Estonie, la Lettonie, la Lituanie, la Roumanie, la Slovaquie et la Slovénie. ■

L'influence du « made in USA »

Depuis la Seconde Guerre mondiale avec l'introduction des chewing-gums parmi les populations libérées par les GI's, l'*american way of life* s'est considérablement répandu dans le monde. D'abord grâce au cinéma avec les grandes productions hollywoodiennes – dans des films tels que *Rambo* ou *Rocky*, le héros défend le monde libre - ainsi qu'à travers les séries télévisées, comme *Dallas* ou *Dynastie*. Mais aussi par le blue jeans ou le fast food, dominé par McDonald's. Coca-Cola est présent partout y compris dans les lieux les plus reculés du monde où des chanteurs et des basketteurs américains sont de véritables idoles. Cependant, y compris aux États-Unis, des mouvements de rejet du modèle américain se développent. ■

Dico → constitution • démocratie • FMI • Reagan

Points clés

Le grand frère russe et les démocraties populaires

On désigne par démocraties populaires l'ensemble des États communistes de l'Albanie au Viêtnam. Toutefois, selon l'usage, on dénommait ainsi plus spécialement les pays de l'Europe de l'Est. Ces derniers avaient des régimes politiques et économiques plus ou moins similaires à ceux du « grand frère » russe auquel ils étaient liés par le pacte de Varsovie et le CAEM.

Andreï Jdanov (1896-1948), responsable de la propagande du PCUS, définit les démocraties populaires comme des États « où le pouvoir appartient au peuple... ».

L'imitation du modèle soviétique

Au lendemain de la Seconde Guerre mondiale, dans la plus grande partie de l'Europe centrale et orientale, derrière le « rideau de fer », se mettent en place des gouvernements dirigés par les communistes. Ils se dotent de Constitutions, imitées du modèle soviétique. Les démocraties populaires se lancent également dans une soviétisation de leur économie, planifiée, en donnant la priorité à l'industrie lourde et à la collectivisation du travail. Le Conseil d'assistance économique mutuelle (CAEM) est fondé afin d'organiser les activités économiques des pays de l'Est en fonction des besoins de l'URSS. Les échanges s'y effectuent en roubles. L'alignement sur l'URSS est aussi culturel et linguistique. ■

Les limites et les fissures

Après la rupture avec la Yougoslavie et l'Albanie, il ne reste plus que six démocraties populaires dans le CAEM. Elles participent aux vagues d'épuration des partis communistes, mais connaissent des difficultés liées à la déstalinisation amorcée par le XXe Congrès du PCUS. En 1956, en Pologne, des émeutes aboutissent à un changement du comité central au profit de Gomulka que Moscou accepte. En revanche, en Hongrie, la volonté de réformes et la neutralité qu'affirme le gouvernement de Nagy provoquent l'intervention des troupes du pacte de Varsovie. En août 1968, le « printemps de Prague » qui veut réformer dans un sens plus libéral le régime tchécoslovaque est également réprimé. Enfin, c'est au nom de la « solidarité socialiste », qui limite la souveraineté des États (doctrine Brejnev), que la Pologne du début des années 1980 fait l'objet d'une surveillance attentive de la part de Moscou. ■

70e anniversaire de la révolution russe : les principaux dirigeants communistes sont réunis à la tribune officielle à Moscou.

1989 : la fin des démocraties populaires

En quelques semaines le bloc communiste européen s'effondre. L'année 1989, qui débute par des élections en Pologne, s'achève le 9 novembre par la chute du mur de Berlin. Tout cela est favorisé par le cours nouveau de la politique de l'URSS (la perestroïka) impulsée par Mikhaïl Gorbatchev. Ce dernier n'intervient pas dans le processus de réunification en Allemagne.
À cela s'ajoute l'action décisive d'organisations d'opposition comme le Forum démocratique en Hongrie ou la Charte 77 en Tchécoslovaquie qui réussissent à obtenir gain de cause de manière pacifique. Cependant, en Roumanie, c'est une révolution violente qui met fin à la dictature des époux Ceausescu. ■

Chars soviétiques à Berlin. Retour à l'ordre après les manifestations de juin 1953.

Dico → CAEM • communisme • démocratie • Gorbatchev • perestroïka

La Chine, un modèle pour le tiers-monde

La création de la République populaire de Chine en 1949 renforce le bloc communiste. Mao Zedong imite le modèle soviétique, puis s'en éloigne au début des années 1960. Pékin va alors diffuser son modèle du socialisme dans le tiers monde. Mais, depuis les années 1980, la Chine s'est ouverte à l'économie de marché.

La voie chinoise du socialisme

Mao, qui hérite d'un pays ravagé par la guerre, fait appel à l'URSS dont l'aide lui permet d'entreprendre une vaste réforme agraire tout en développant l'industrie lourde. En 1958, il impose, lors du Grand Bond en avant, la collectivisation des terres : c'est un échec économique. En 1960, l'URSS rappelle ses experts provoquant ainsi l'arrêt des grands projets industriels. La rupture avec l'URSS est consommée en 1969. Pour sortir de son isolement, Mao Zedong se rapproche des États-Unis. ■

L'exportation du modèle chinois

Pour Mao, l'ennemi n'est pas les États-Unis mais le «social-impérialisme soviétique» qui refuse la révolution mondiale. Il s'oppose également à la coexistence pacifique entre l'Est et l'Ouest, considérant que les nations pauvres sont exploitées par ces deux blocs. Dans les années 1960, la Chine populaire et les États africains, nouvellement créés, signent des accords culturels mais aussi de coopération économique et technique. Mais surtout, la Chine cherche à encourager certains mouvements révolutionnaires. Au Cambodge, elle soutient activement les Khmers rouges. ■

Lors de son arrivée à Pékin en juillet 1955, le Vietnamien Hô Chi Minh est accueilli par Mao Zedong.

L'après-Mao

À la mort de Mao Zedong, en 1976, la Chine connaît des bouleversements sous l'impulsion de Deng Xiaoping, écarté pendant la révolution culturelle (1966-1976). Mais, comme le montre la répression sanglante du « printemps de Pékin » en 1989, les transformations ne sont pas politiques. En effet, le parti communiste joue toujours un rôle déterminant et le marxisme-léninisme est encore l'idéologie officielle du régime de Pékin. Toutefois, dans le cadre de ces principes intangibles, les campagnes sont modernisées et décollectivisées depuis l'abandon des communes populaires en 1984. Des entreprises privées se multiplient. Le pays a ouvert des zones économiques spéciales à partir de 1979, notamment dans la région de Canton, où les investisseurs étrangers affluent, attirés par les avantages qui leur sont accordés. Ainsi, la Chine est entrée dans l'économie de marché. ■

En 1960, des soldats congolais brandissent des fusils, mais aussi des portraits de Mao et des exemplaires de son Petit Livre rouge.

Affiche chinoise : « Pays du tiers-monde, unissez-vous. Luttez contre l'impérialisme des pays capitalistes. »

Dico → **Deng Xiaoping** • **Hô Chi Minh** • **Mao Zedong** • **tiers-monde**

Points clés

La guerre froide et la naissance des blocs (1947-1961)

Dès 1946, Churchill évoque le «rideau de fer» séparant l'Europe en deux blocs, l'un libéral, l'autre communiste, qui s'affrontent dans une compétition idéologique, économique et politique : la guerre froide. Néanmoins, les États-Unis et l'URSS veillent à ce que l'état de tension entre les deux camps ne débouche jamais sur un affrontement armé direct.

1947 : vers un monde bipolaire

Face à la soviétisation des pays d'Europe de l'Est, le président Harry Truman expose en mars 1947 les grandes lignes de la politique du *containment*, endiguement systématique du communisme. De son côté, le secrétaire d'État George Marshall annonce, en juin, un plan d'aide économique à la reconstruction de l'Europe. L'URSS rejette l'offre américaine et oblige la Pologne et la Tchécoslovaquie, qui voulaient en bénéficier, à y renoncer. Dans les pays d'Europe centrale et orientale libérés par l'Armée rouge se forment des gouvernements de coalition. Très rapidement, les communistes vont s'emparer de la totalité des leviers de commande. En septembre, l'URSS crée le Bureau d'information des partis communistes, le Kominform. ■

Pendant près d'un an, Berlin-Ouest est ravitaillée par un pont aérien américain.

1948-1953 : le temps des crises

La crise de Berlin met au jour les antagonismes. À l'unification des secteurs d'occupation occidentaux, Staline réplique par le blocus de la ville (juin 1947-mai 1949). Cette crise débouche sur la création de la RFA, puis de la RDA, d'obédience communiste. La rivalité soviéto-américaine se déplace en Asie. En juin 1950, les communistes nord-coréens envahissent le sud du pays. Les troupes de l'ONU, sous le commandement des États-Unis, interviennent. L'URSS ne s'engage pas directement tandis que la Chine se porte au secours des communistes coréens. L'armistice de 1953 entérine la partition de la Corée. ■

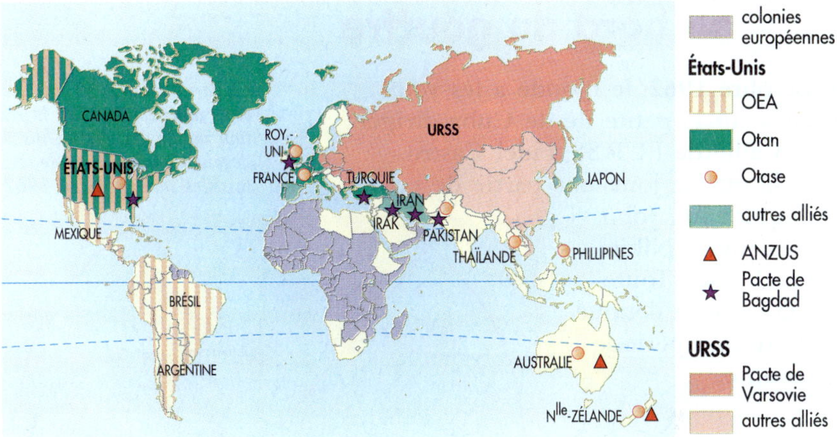

Le bloc de l'Est et le bloc de l'Ouest en 1956.

1947
- *5 juin* Plan Marshall.
- *septembre* Kominform.

1948
- *23 juin* Début du blocus de Berlin.

1949
- *12 mai* Fin du blocus de Berlin.
- *23 mai* RFA.
- *7 octobre* RDA.

1950-1953
Guerre de Corée.

1956
- *14 février* XXe congrès du PCUS.
- *4 novembre* Intervention soviétique à Budapest.

1953-1961 : un dégel précaire

La disparition de Staline en mars 1953 permet à Khrouchtchev lors du XXe congrès du PCUS de lancer la déstalinisation. La Hongrie tente une libéralisation de son régime. Mais vu les risques de contamination, elle est rapidement remise au pas en novembre 1956.
Le lancement du premier Spoutnik en 1957 modifie l'équilibre de la terreur : l'URSS vient de montrer qu'elle maîtrise le lancement des fusées intercontinentales. Si les relations américano-soviétiques évoluent vers la coexistence pacifique, les tensions restent vives, comme en 1961, lorsque Khrouchtchev décide de construire un mur qui désormais sépare Berlin en deux. ■

La guerre de Corée marque le point culminant de la guerre froide : les États-Unis interviennent sous couvert de l'ONU.

Dico → Churchill • endiguement • Khrouchtchev • Kominform • Truman

La crise de Cuba : le monde au bord du gouffre

En octobre 1962, le monde a les yeux braqués sur la petite île de Cuba dirigée par un allié de l'URSS, Fidel Castro. C'est là que se joue une partie de poker atomique entre John F. Kennedy et Nikita Khrouchtchev. Toutefois, la crise se dénoue et ouvre une période de détente.

Cuba est situé à 50 km des côtes américaines, d'où la réaction rapide des États-Unis devant l'implantation de missiles soviétiques en 1962.

La genèse de la crise

En 1959 à Cuba, île située à 150 km des côtes de la Floride, un jeune avocat, Fidel Castro, renverse le dictateur Batista et veut libérer son pays de la tutelle économique américaine. Les relations américano-cubaines se détériorent et Castro demande l'aide des Soviétiques ravis de se doter d'un allié si proche des États-Unis. Kennedy décide alors d'intervenir à Cuba pour renverser Castro. Il organise un débarquement d'exilés cubains anticastristes à Cuba dans la baie des Cochons en 1961, espérant un soulèvement de la population; mais c'est un échec. ■

La crise des fusées

En octobre 1962, des avions espions américains apportent la preuve de l'installation à Cuba de rampes de lancement de missiles dirigées vers les côtes des États-Unis. Washington prend immédiatement la mesure du danger : en effet, des missiles tirés à partir de ces rampes pourraient atteindre des centres vitaux des États-Unis. Parallèlement, des cargos soviétiques transportant des missiles font route vers l'île. Ils sont repérés dans l'Atlantique nord. Kennedy dénonce l'attitude soviétique qui, en intervenant à Cuba, rompt le *statu quo* établi par la guerre froide. Les deux Grands se sont reconnu implicitement des zones d'influence et Cuba, comme le reste du continent américain, fait partie de la zone américaine, conformément à la doctrine Monroe. ■

Au bord du gouffre

Kennedy décide alors d'installer un blocus autour de Cuba, pour empêcher le passage de tout cargo. Il annonce aux Soviétiques que l'envoi de missiles à partir de Cuba serait considéré comme un acte de guerre et déclencherait une réponse massive. Mais, parallèlement, il laisse la porte ouverte à des négociation au Conseil de sécurité de l'ONU, car il est conscient des risques de guerre nucléaire. Ces négociations aboutissent en octobre : Khrouchtchev rappelle les cargos soviétiques et fait démonter les rampes de lancement, tandis que les Américains font de même en Turquie où leurs missiles menacent le territoire russe. ■

Ce cliché indique l'emplacement des rampes de lancement de missiles russes installées à Cuba qui ont déclenché la crise.

Le monde retient son souffle face à l'avancée des cargos soviétiques vers Cuba, contraints de forcer le blocus de l'île décrété par Kennedy.

La détente

La crise de Cuba a montré au monde que la guerre froide pouvait devenir extrêmement « chaude ». Aussi l'URSS et les États-Unis vont-ils chercher à limiter conjointement les armements nucléaires. Si l'antagonisme soviéto-américain et les luttes d'influence des deux blocs continuent d'être un facteur déterminant des relations internationales, un plus grand souci de limitation des conflits (la détente) se fait sentir au lendemain de la crise des missiles. Sur le plan politique, Khrouchtchev est le grand perdant de la crise : accusé d'aventurisme politique, il cède son poste en 1964 à Leonid Brejnev. ■

Dico → Brejnev • Kennedy • Khrouchtchev • ONU

Points clés

La détente et les zones d'influence

La crise de Cuba ouvre une période de détente entre les deux Grands. En effet, les États-Unis et l'Union soviétique choisissent d'entamer des négociations afin de parvenir à un désarmement progressif qui doit ouvrir la voie à la coexistence pacifique. Mais les années 1980 sont marquées par un retour des tensions dans un monde désormais multipolaire.

Les difficultés des deux Grands

Après l'épilogue de la crise des missiles de Cuba, les deux grandes puissances sont désormais contraintes de s'engager sur la voie de la détente car les blocs commencent à se fissurer. Ainsi, en France, le général de Gaulle manifeste par tous les moyens sa volonté d'indépendance vis-à-vis des États-Unis : le retrait de la France de l'Otan en 1966 en est le signe le plus manifeste. Pendant ce temps, les Américains se sont embourbés à partir de 1963 dans la guerre du Viêtnam qui oppose les communistes nord-vietnamiens, soutenus par la Chine, aux nationalistes du Sud, aidés par les États-Unis. Cette guerre longue et coûteuse en hommes se termine par la défaite des Américains en 1973. Dans l'autre camp, les tensions de plus en plus vives entre les dirigeants soviétiques et chinois conduisent à la rupture sino-soviétique de 1963 : les deux pays rivalisent désormais pour prendre la tête du monde communiste. En Europe de l'Est, à l'image de ce qui se passe en Occident en 1968, la Tchécoslovaquie tente une démocratisation du régime communiste (c'est le « printemps de Prague »). Mais face aux risques de contagion, les troupes du pacte de Varsovie répriment le mouvement et imposent rapidement la normalisation. ■

La guerre du Viêtnam, qui a fait près de deux millions de morts, s'achève par les accords de Paris de 1973 et le retrait américain.

En août 1968, les blindés du pacte de Varsovie interviennent pour écraser le «printemps de Prague» et assurer ainsi le retour de la normalisation.

Un regain de tension

L'intervention soviétique en Afghanistan en 1978 est le signal d'une nouvelle guerre froide. Face à l'extension de l'influence soviétique en Afrique (Angola, Mozambique), où Moscou soutient les mouvements marxistes, Reagan, élu en 1980, veut redonner confiance à son pays. Réagissant à l'installation des SS-20 en Europe de l'Est, il réplique avec les euromissiles et, surtout, il lance l'initiative de défense stratégique (IDS). En Amérique latine, confrontés aux guérillas marxistes, les États-Unis accordent leur soutien aux dictatures militaires. ■

La course aux armements

La détente n'implique pas un quelconque désarmement. Au contraire, États-Unis et Union soviétique participent à une course aux armements de plus en plus complexes et coûteux. Les stratégies de défense sont aussi modifiées. Les Américains abandonnent les représailles massives au profit d'une réponse graduée en fonction de l'attaque, alors que les Soviétiques, fidèles à la guerre totale, se dotent d'un armement conventionnel conséquent. Mais cette course grève de plus en plus les budgets des États. Ainsi, une série de conférences au sommet conduit à des accords de limitation des armes nucléaires (SALT). La détente permet aussi la signature des accords d'Helsinki en 1975 qui prévoient le développement de la coopération en Europe et l'engagement de tous les pays signataires de respecter les droits de l'homme. ■

Américains et Soviétiques se rencontrent pour négocier des accords de désarmement.

Points clés

Les décolonisations

En 1945, le réveil nationaliste des peuples colonisés d'Asie et d'Afrique sonne le glas des empires coloniaux. Par vagues, pendant une vingtaine d'années, dans la paix ou au terme de conflits, naissent de nouveaux États, en Afrique et en Asie.

Un processus en marche

L'appel des puissances européennes aux peuples dominés dans les deux conflits mondiaux permet à ces derniers de prendre conscience de leur importance géostratégique, économique et humaine. De grandes figures du nationalisme, comme le Vietnamien Hô Chi Minh pour l'Asie ou le Ghanéen Nkrumah pour l'Afrique, s'organisent politiquement pour réclamer des droits avant d'exiger l'indépendance de leur pays au nom des valeurs démocratiques qu'ils ont contribué à défendre, notamment au cours de la Seconde Guerre mondiale. La charte de l'Atlantique, adoptée par les Alliés en 1941, affirmant le droit des peuples à disposer d'eux-mêmes, devient leur référence. En Asie du Sud-Est, les peuples s'engagent dans la lutte pour l'indépendance. Les deux Grands, États-Unis et URSS, qui perçoivent l'héritage colonial comme un obstacle à leur influence, se font les champions de l'émancipation tandis que l'ONU devient leur tribune. ■

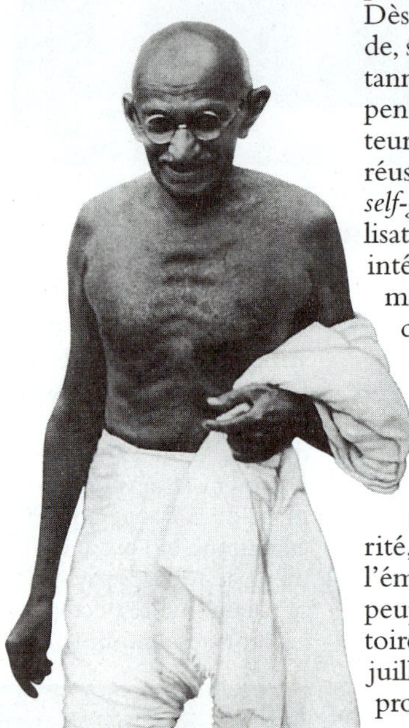

Le Mahatma Gandhi (1859-1946) lance plusieurs campagnes anti-anglaises avant de participer aux négociations pour l'indépendance.

Des indépendances consenties...

Au lendemain de la guerre, les métropoles sont toutes hostiles à la perte de leurs colonies. Dès 1947, toutefois, l'Inde, sous domination britannique, accède à l'indépendance. Plusieurs facteurs expliquent cette réussite. Le principe du *self-government*, l'industrialisation du pays et son intégration dans le Commonwealth offrent des conditions politiques et économiques privilégiées pour un nouvel État. L'opinion anglaise semble en outre acquise, dans sa majorité, aux principes de l'émancipation des peuples colonisés. La victoire des travaillistes en juillet 1945 accélère le processus. Enfin, la lutte nationaliste, qui est ancienne, triomphe grâce au charisme de chefs comme Gandhi ou Nehru. La question religieuse se pose néanmoins. Elle oppose les musulmans et les hindous et se règle violemment avec la partition du pays en deux États indépendants : le Pakistan et la République indienne. ■

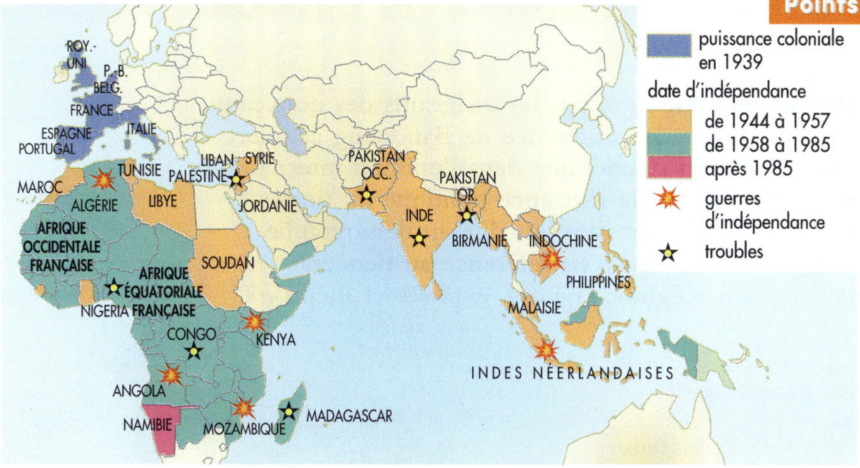

Les étapes de la décolonisation. En moins de vingt ans, de 1945 à 1962, la quasi-totalité des empires coloniaux ont disparu.

... aux indépendances conquises

D'autres puissances européennes, comme la France, refusent d'accéder au désir d'émancipation des peuples colonisés. Celle-ci tente de maintenir sa souveraineté sur l'Indochine, alors que la plupart des pays d'Asie du Sud-Est obtiennent l'indépendance. La guerre d'Indochine (1945-1954) s'achève sur le retrait français et laisse place à celle d'Algérie (1954-1962). Lasse de réclamer l'égalité des droits avec la population métropolitaine, une partie de l'élite algérienne se radicalise et déclenche l'insurrection. Le conflit se durcit face à des gouvernements successifs attachés à la conservation d'une colonie où vivent un million de Français. Au terme d'une guerre sanglante, l'Algérie devient indépendante avec la signature des accords d'Évian en mars 1962. ■

Parachutistes à Diên Biên Phû (1953). En dépit de l'aide américaine, les Français, encerclés par les forces du Viêt-minh, capitulent le 7 mai 1954.

Dico → **colonie • dominion • néocolonialisme**

Points clés La conférence de Bandoeng (1955)

Réunie en avril 1955 par les dirigeants des nouveaux États asiatiques, la conférence de Bandoeng acquiert une dimension symbolique dans l'opinion internationale. Elle marque la naissance politique du tiers-monde. Cette expression est due au démographe français Alfred Sauvy, en référence au tiers état de l'Ancien Régime, « ignoré, exploité et méprisé ».

Les États présents lors de la conférence de Bandoeng.

État présent à Bandoeng — territoire non indépendant en 1955, mais représenté à Bandoeng

La naissance du tiers-monde

Dès 1947, l'indépendance de l'Inde, puis celle de l'Indonésie, la naissance de la République populaire de Chine (1949), l'affaiblissement des puissances européennes vis-à-vis des Américains et l'attraction du modèle communiste modifient les rapports de force en Asie. Celle-ci devient le principal lieu de conflit entre les deux Grands. Pour adopter une attitude commune face à cette situation et s'imposer sur la scène internationale de manière indépendante, le président indonésien Sukarno prend l'initiative de réunir les pays concernés. L'Indien Nehru l'assiste dans les préparatifs. La conférence s'ouvre le 18 avril 1955 à Bandoeng (Indonésie). La présence de six États africains aux côtés des États asiatiques va accélérer le mouvement de décolonisation. ■

De l'idéal...

Après une semaine de débats et de discours parfois contradictoires et violents, les participants parviennent à s'entendre sur une résolution générale : condamnation du colonialisme au nom du droit des peuples à disposer d'eux-mêmes. La France est particulièrement visée pour sa politique en Afrique du Nord. Figurent également la souveraineté et l'égalité entre toutes les nations, le refus de toute ingérence dans les affaires intérieures des États, le règlement par la voie pacifique de tous les différends, l'interdiction de l'arme atomique et la mise en œuvre d'une coopération entre pays riches et pays pauvres. La conférence propose à cet égard la création d'un fonds des Nations unies pour le développement économique et la mise au point de projets communs aux pays représentés. Au-delà des divergences, qui opposent tenants du neutralisme et du communisme, les participants proclament la fin de leur complexe d'infériorité. ■

... à la réalité

Cette conférence fait naître l'espoir que dans les grandes décisions internationales, les peuples du tiers-monde pourront s'exprimer et seront en mesure de faire prévaloir une troisième force neutraliste, dans un monde bipolaire. Mésestimée par les Américains et les Européens dans leur majorité, la conférence ne réalise aucun des vœux annoncés. Sa portée reste plus symbolique que réelle. Toutefois, elle marque, d'une part, l'avènement de la Chine comme le second leader communiste après l'URSS, d'autre part, le point de départ de la vague de décolonisation en Afrique. En outre, elle offre une tribune au FLN

Nehru (1889-1964) est après Gandhi la grande figure du nationalisme indien. Il a tenu un rôle de premier plan dans l'organisation de la conférence en choisissant les participants.

Les chefs d'État du tiers-monde à Bandoeng. Le représentant de la délégation chinoise, Zhou Enlai, prend la parole à la tribune.

Points clés L'émergence du tiers-monde

En 1955, la conférence de Bandoeng a imposé un nouvel acteur sur la scène internationale : le tiers-monde. Celui-ci devient un point de ralliement pour les marginaux des deux camps de la guerre froide. Tito le Yougoslave, Nasser l'Égyptien et Nehru l'Indien inspirent le mouvement des non-alignés, en quête d'un nouvel ordre économique mondial.

La crise de Suez : une victoire du tiers-monde

Le 26 juillet 1956, le colonel Nasser décide de nationaliser le canal de Suez. Celui-ci est alors exploité par une compagnie franco-britannique. La France et la Grande-Bretagne, qui se sont assurées du soutien d'Israël, décident d'envoyer un corps expéditionnaire en Égypte. Mais sous la pression des États-Unis et les menaces de l'Union soviétique, Paris et Londres renoncent à concrétiser leur avance alors que l'aviation israélienne a déjà cloué au sol les appareils égyptiens. Vaincu militairement, le colonel Nasser exploite le recul de la France et de l'Angleterre à son avantage. Il réussit à s'imposer comme chef charismatique dans son pays et comme modèle dans le tiers-monde. L'affaire de Suez marque en outre la capacité du tiers-monde à s'affirmer comme une force politique capable d'autonomie face aux deux Grands. Cet événement s'inscrit dans l'esprit de Bandoeng et apparaît comme la première manifestation du non-alignement. ■

Nasser, Nehru et Tito (de gauche à droite), chefs de file des non-alignés, réunis à Belgrade en 1961 : l'unanimité affichée cache en réalité de profondes divergences.

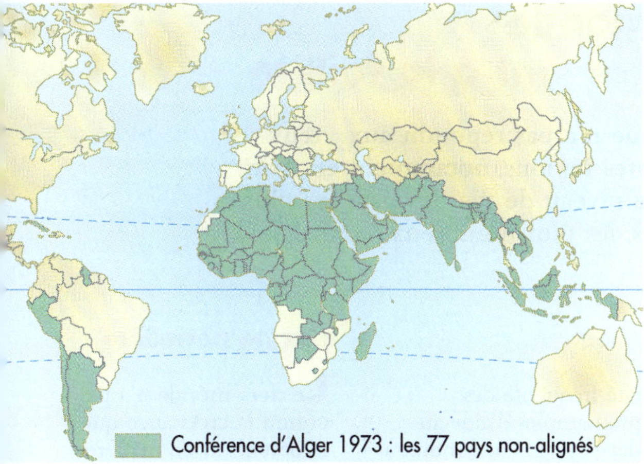

Conférence d'Alger 1973 : les 77 pays non-alignés

Les mouvements des non-alignés

En septembre 1961, la conférence de Belgrade consacre la naissance du mouvement des non-alignés. Les vingt-cinq États présents affirment leur volonté d'être reconnus comme des acteurs à part entière sur la scène internationale, leur attachement à la coexistence pacifique et leur droit à un partage équitable des richesses du globe. Toutefois, l'unanimité est plus apparente que réelle. Au strict neutralisme de l'Inde ou de la Yougoslavie s'opposent des pays comme le Maroc qui restent liés aux Occidentaux et des États comme Cuba pour qui le non-alignement consiste à s'aligner derrière l'URSS. De plus, la Chine, qui rivalise avec l'URSS comme modèle dans le tiers monde, brille par son absence. Par la suite, l'élargissement du mouvement aux pays d'Afrique noire et d'Afrique du Nord fait de la question du développement, que n'a pas réglée la décolonisation, une priorité. ■

1961
La première conférence des non-alignés se tient à Belgrade et rassemble 25 participants.

1964
La conférence, qui se tient au Caire, est marquée par l'entrée en masse des États africains nouvellement indépendants.

Le nouvel ordre économique

En 1963, sous l'égide de l'ONU, 75 pays non-alignés d'Amérique latine, d'Asie et d'Afrique appellent à une conférence mondiale sur le développement économique. Elle prend le nom de CNUCED (Conférence des Nations unies pour le développement) et se réunit pour la première fois en 1964. Or, la réunion ne parvient pas à mettre en œuvre un plan de stabilisation du prix des matières premières. Élargi à 77 pays, ce cartel des pauvres tente d'exiger, à Alger, en 1973, un nouvel ordre économique qui « mette fin à la division du monde en zones d'abondance et en zones de pauvreté intolérables » (selon le président algérien Boumediene). Mais des dissensions internes condamnent toute action. L'échec du non-alignement traduit l'impuissance diplomatique du tiers-monde. Seuls des regroupements régionaux comme l'OUA (Organisation de l'unité africaine) en 1963 ou l'ASEAN (Association des nations d'Asie du Sud-Est) en 1967 parviennent à créer des solidarités. ■

Points clés

Le tiers-monde : de l'éclatement à la faillite

L'évolution du tiers-monde n'a pas répondu aux vœux émis à Bandoeng. Certaines régions, notamment en Asie du Sud-Est, ont rejoint le niveau de vie des pays les plus riches, mais d'autres États, les plus nombreux, connaissent des situations dramatiques.

Le développement en question

À l'expression ambiguë de tiers monde se substitue, dans les années 1970, celle de pays sous-développés. Cette formule, née du sentiment de culpabilité entretenu par les pays riches, est à l'origine de multiples programmes d'aide au développement. Cette aide masque souvent la responsabilité des dirigeants des pays du tiers-monde dans l'aggravation du sous-développement et néglige leur diversité culturelle, politique et sociale. De plus, l'inefficacité fréquente des programmes d'aide au développement conduit à relativiser l'idée d'un « pillage du tiers-monde ». La multiplicité des affrontements frontaliers, les échecs des tentatives de regroupements économiques et l'inefficacité des conférences internationales révèlent un tiers-monde multiforme. Par ailleurs, le développement rapide de certaines régions du tiers-monde remet en question la mise en place d'une solution globale. ■

L'arme pétrolière

Le tiers-monde n'a pas connu la croissance que la détention de matières premières pouvait lui laisser espérer. Ainsi, il a dû se contenter d'exporter ses matières premières ou des produits semi-finis, c'est-à-dire sans grande valeur ajoutée, à des prix toujours plus bas.
En 1973, à la faveur de la quatrième guerre israélo-arabe (guerre du Kippour), les pays producteurs de pétrole réunis dans le cadre de l'OPEP décident une hausse importante des prix pétroliers qui affecte durement les pays occidentaux. Mais les pays exportateurs de pétrole afficheront de profondes divergences, notamment en ce qui concerne la fixation des quotas de production. ■

La révolution verte au Brésil illustre un projet de développement de l'agriculture aux résultats contrastés.

Une manifestation anti-FMI à Lima (Pérou). L'austérité imposée soulève le mécontentement de la population.

Les faillites du tiers-monde

Aujourd'hui, l'Amérique latine et surtout l'Asie du Sud-Est atteignent une croissance qui autorise un réel développement. L'Amérique latine se classe désormais au rang des pays à revenus intermédiaires selon la Banque mondiale. Ce progrès s'explique par l'essor économique et la démocratisation des États entre 1979 et 1990. Dans le même temps, le gonflement de la dette, qui atteint son paroxysme au début des années 1980, impose des limites. Son rééchelonnement s'accompagne de mesures d'austérité qui participent à l'assainissement des circuits économiques des pays, mais accroît leur dépendance à l'égard des pays riches, la privatisation des entreprises publiques profitant aux capitaux étrangers. En revanche, l'Afrique noire, Afrique du Sud exclue, incarne à elle seule le tiers monde tel qu'il se définit au début des années 1960. La persistance d'épidémies, de famines et de guerres est symptomatique d'un échec à tous les niveaux. Les projets si prometteurs d'industrialisation n'ont eu pour effet que d'accroître la dette extérieure. L'ampleur des mouvements de réfugiés dans cette partie du monde trahit sa faillite. ■

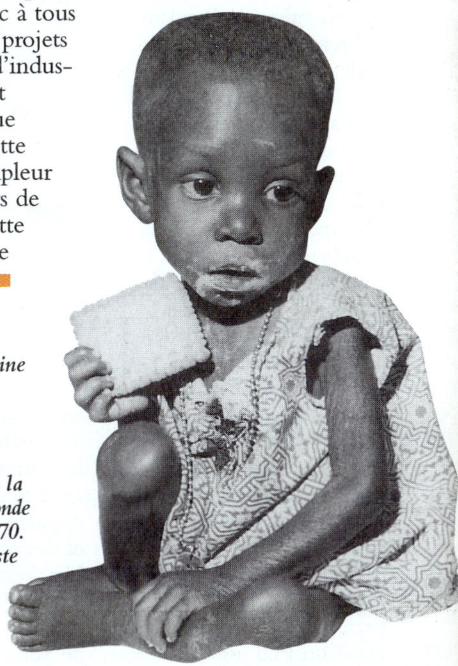

Victime de la famine et de la guerre, un enfant biafrais au regard triste et aux membres grêles témoigne de la misère du tiers-monde dans les années 1970. Cette vision persiste en Afrique noire, où les crises successives font le malheur des populations.

Dico → crise • néocolonialisme • tiers-monde

Le Proche et le Moyen-Orient, zones instables

En 1947, l'ONU, en voulant régler le problème juif, ne fait que créer une nouvelle zone de conflit. Les États arabes de la région vont ainsi affronter Israël à plusieurs reprises, tandis que le nationalisme arabe pousse les États à revendiquer un développement autonome, difficilement acceptable au vu des immenses ressources pétrolières de la région.

La naissance d'Israël : à gauche, plan de partage de l'ONU, à droite, après 1948.

1917-1947 : genèse d'un conflit

À la fin du XIXe siècle, le Hongrois Theodor Herzl crée le mouvement sioniste qui se fixe comme objectif de créer un État juif en Palestine. Pendant la Première Guerre mondiale, l'Angleterre promet aux Juifs un foyer national en Palestine (déclaration Balfour) et aux Arabes un royaume en échange de leur soutien contre les Ottomans. Or, à la fin de la guerre, les promesses ne sont pas tenues et la Palestine passe sous mandat britannique. À partir de 1928, des troubles sanglants opposent les Palestiniens arabes aux immigrants juifs. En 1939, le *Livre blanc* britannique impose des restrictions à l'immigration juive, provoquant l'opposition violente du mouvement sioniste. En 1947, l'ONU décide le partage de la Palestine entre un État juif et un État arabe. ■

1948-1973 : les conflits israélo-arabes

Le plan de partage est rejeté par les Arabes qui déclenchent en mai 1948 la première guerre israélo-arabe : l'État palestinien disparaît au profit d'Israël et des pays arabes voisins. Un deuxième conflit éclate en 1956, provoqué par la nationalisation du canal de Suez par l'Égypte. En 1967, au cours du troisième conflit (guerre des Six Jours), Israël occupe le Sinaï, Gaza, la Cisjordanie et le Golan. L'ONU exige la restitution des territoires occupés, ce qu'Israël refuse. La quatrième guerre qui éclate en 1973 (guerre du Kippour) aboutit à la décision des pays arabes de réduire leurs exportations de pétrole. ■

Points clés

La guerre des pierres, ou Intifada, a été déclenchée par la jeunesse palestinienne face à l'intransigeance israélienne en 1987. Elle s'est prolongée jusqu'aux accords d'Oslo de 1993. Une seconde Intifada a commencé depuis septembre 2000.

1973-2003 : guerre au Liban, conflit irano-irakien, guerres du Golfe

La défaite de 1973 pousse l'Égypte à envisager la paix. Ainsi, en 1978, les accords de paix israélo-égyptiens sont signés à Camp David. On assiste désormais à un conflit israélo-palestinien. Les Palestiniens réfugiés au Sud-Liban poussent Israël à intervenir en 1982. Cette présence palestinienne au Liban déstabilise le fragile équilibre des communautés libanaises, qui s'opposent dans une guerre civile (1975-1981). Dans les territoires occupés éclate un soulèvement général, l'Intifada, contre l'implantation de colonies juives (1987). L'opinion internationale s'émeut et oblige Israël à entamer un processus de paix qui aboutit aux accords de 1993, remis en cause en 1997. Le sommet de Camp David (2000) réunit à nouveau les protagonistes du conflit en vue d'un règlement de la paix, sous l'égide de la Maison-Blanche. Mais il échoue un an plus tard. La reprise de l'Intifada et la multiplication des actes terroristes ramènent les dirigeants palestiniens et israéliens à la table des négociations en 2002 : une feuille de route est signée, approuvée par la Fédération de Russie, l'UE et l'ONU, dans le but de parvenir à un règlement définitif et global du conflit israélo-palestinien en 2005. Entre-temps, le régime du shah d'Iran a été emporté par la révolution islamique de 1979. Pour se prémunir contre une possible contagion révolutionnaire, l'Irak déclenche une guerre meurtrière de 1980 à 1988. Enfin, en 1991, une coalition de l'ONU intervient contre l'Irak qui a envahi le Koweït. Si l'avance technologique américaine vient facilement à bout des forces irakiennes, les attentats du 11 septembre 2001 annoncent une nouvelle forme de guerre, plus complexe, livrée contre l'Occident : le terrorisme. C'est au nom de la lutte contre cet ennemi invisible que les États-Unis occupent l'Afghanistan en 2001 et l'Irak en 2003. ■

Dico → intégrisme • Intifada • mandat • ONU • sionisme

Points clés

La course à l'armement nucléaire

Ayant prouvé sa terrible efficacité à Hiroshima et à Nagasaki, l'atome militaire est à l'origine d'une course à l'armement nucléaire qui devient, dès la fin des années 1950, une composante majeure des relations internationales. Toutefois, à partir du milieu des années 1960, les deux grandes puissances tentent de limiter leurs arsenaux respectifs.

L'après-Hiroshima

À l'issue du second conflit mondial, les États-Unis sont les seuls à maîtriser l'arme atomique. Ils ont lâché avec succès, le 6 août 1945, une bombe à l'uranium sur Hiroshima et, trois jours plus tard, une arme au plutonium explose au-dessus de Nagasaki. Dès octobre 1945, la France et la Grande-Bretagne engagent des recherches sur l'énergie atomique.
Les Soviétiques, quant à eux, font exploser leur première bombe atomique en août 1949.
La course à l'atome entre les deux anciens Alliés est lancée. La recherche s'oriente vers la conception de bombes à hydrogène (bombe H), beaucoup plus puissantes. En 1952, les États-Unis sont en mesure d'effectuer les premiers essais de la bombe H, mais ils sont rejoints l'année suivante par l'Union soviétique. ■

L'arme atomique est utilisée par les États-Unis à Hiroshima. Une seconde explosion, à Nagasaki, contraint le Japon à capituler.

L'ère nucléaire

Les États-Unis et l'URSS ne conservent pas longtemps le monopole de la terreur. Ils sont rejoints par la Grande-Bretagne en 1952, la France en 1960 et la Chine en 1964. En 1974, l'Inde procède à un essai tout en affirmant qu'il s'agit d'une expérimentation à des fins pacifiques. Il est possible que d'autres pays disposent de cette technologie. Les armes nucléaires peuvent être rangées dans deux catégories : d'une part, les armes dites stratégiques – dont les objectifs sont les grandes villes, les centres économiques et industriels ; de l'autre, les armes tactiques – de moindre puissance, elles seraient employées contre des objectifs militaires. Quelles que soient leurs cibles, elles sont de plus en plus précises et miniaturisées. ■

Réunion à Genève des négociateurs américains et soviétiques dans le cadre des rencontres SALT II.

Limitation et réduction des armements

Dès le début de l'ère nucléaire, des négociations tentent de maîtriser la prolifération. En 1957 est créée l'Agence internationale de l'énergie atomique qui doit veiller à l'utilisation pacifique de cette technologie. En 1961, une résolution de l'ONU veut prévenir la diffusion des armes nucléaires. En 1968, à l'initiative des deux Grands est signé un traité de non-prolifération nucléaire (TNP). Il prévoit que les États non dotés de l'arme nucléaire ne cherchent pas à l'acquérir et que ceux qui la possèdent transmettent une information technologique à usage civil. En 1972 sont signés les accords de limitation SALT I et en 1979, SALT II, mais ces derniers ne sont pas ratifiés par le Congrès américain en raison de l'invasion de l'Afghanistan par l'Armée rouge. À la fin des années 1980, après la crise des euromissiles, les pourparlers reprennent entre les États-Unis et l'URSS. En 1987, le traité de Washington prévoit l'élimination des missiles intermédiaires et, en 1991, Mikhaïl Gorbatchev et George Bush signent un traité réduisant d'environ 30 % les armements nucléaires stratégiques. Si la disparition de l'URSS a écarté la menace d'un affrontement majeur, elle a ouvert la voie à la prolifération nucléaire. ■

Au déploiement des SS-20 soviétiques (ci-contre), les Occidentaux répliquèrent en décembre 1979 par l'installation des Pershing II.

Dico → Gorbatchev • ONU • SALT

Points clés

Le bilan mitigé de l'ONU

Le premier objectif de l'ONU est de maintenir la paix et la sécurité internationales, de préserver l'égalité des nations et des individus, de développer le progrès social et d'être « un centre où s'harmonisent les efforts des nations vers ces fins communes ».

L'action économique et culturelle

Dès 1948, l'assemblée générale des Nations unies adopte la Déclaration universelle des droits de l'homme. C'est pourquoi l'ONU lutte contre l'apartheid, mais aussi contre la torture et l'intolérance. En 1989, elle adopte une convention sur les droits des enfants. Par l'intermédiaire d'institutions spécialisées, comme l'UNICEF ou l'UNESCO, elle encourage l'éducation et la culture. En outre, elle réalise des campagnes contre la faim et la malnutrition par l'intermédiaire de la FAO. La vaccination des enfants du tiers monde est à la charge de l'Organisation mondiale de la santé (OMS). Depuis 1964, de nombreuses conférences de la CNUCED tentent de réguler les échanges commerciaux entre les pays riches et les pays pauvres. ■

Les interventions de l'ONU

Malgré le scepticisme ou les critiques de certains, l'ONU a œuvré efficacement pour le maintien de la paix internationale. En effet, le chapitre 7 de la charte de 1945 lui permet de prendre des sanctions politiques, économiques contre un État agresseur et même d'agir militairement. Par l'intermédiaire des casques bleus (prix Nobel de la paix en 1988), elle est intervenue dans de nombreux conflits, notamment en Corée ou dans l'ancien Congo belge. Elle s'est interposée à plusieurs reprises au Proche-Orient tout comme en Nouvelle-Guinée et au Yémen du Nord. À travers le Haut-Commissariat aux réfugiés (HCR), elle s'occupe du difficile problème des populations fuyant les conflits. Mais ses capacités d'action sont limitées, chaque intervention requérant l'unanimité du Conseil de sécurité. ■

La Force intérimaire des Nations unies au Liban (FINUL) est créée par la résolution 425 du Conseil de sécurité de l'ONU en 1978.

L'UNICEF, Fonds des Nations unies pour l'enfance, est chargé d'aider les enfants du tiers-monde.

Les difficultés de la diplomatie onusienne

Les cinq membres permanents du Conseil de sécurité (États-Unis, Chine, France, Grande-Bretagne, Russie) possèdent un droit de veto dont ils ont fait un large usage, notamment durant la guerre froide. Ainsi, malgré la volonté du secrétaire général, l'ONU ne peut pas toujours prendre les mesures nécessaires au rétablissement de la paix. Durant le conflit yougoslave, les multiples interventions de l'Otan (venue prêter main-forte, en 1995, à la Forpronu en Bosnie-Herzégovine où elle a autorisé le lancement de frappes aériennes pour desserrer l'étau autour de Sarajevo et d'autres zones menacées, qui étaient officiellement considérées comme des zones de sécurité) ont pu souligner ces manquements ; tout comme s'est révélée l'impuissance manifeste des instances internationales face au terrible génocide rwandais en 1994. Par ailleurs, l'ONU ne peut pas toujours faire appliquer ses décisions, même quand elles ont été prises à l'unanimité. C'est le cas de la résolution 242 sur le Moyen-Orient qui engage les troupes israéliennes à quitter les territoires occupés depuis 1967. Au Koweït, en 1990-1991, ce sont les États-Unis qui ont pris la tête de la coalition onusienne contre les troupes irakiennes de Saddam Hussein. Avec la dernière guerre du Golfe, en 2003, conséquence supposée des attentats du 11 septembre 2001 à New York, c'est dans le contexte de la lutte internationale contre le terrorisme, que la légitimité de l'ONU est remise en cause. Les Nations unies, en effet, ont adopté une posture différente de celle des États-Unis qui, prétextant le danger d'une présence d'armes non-conventionnelles en Irak, ont choisi d'intervenir militairement avec leurs alliés anglais, indépendamment des avis onusiens. Peu convaincus du bien-fondé d'une présence américaine à Bagdad, bon nombre de pays-membres de l'ONU ont eu l'amertume de constater que, pour cette fois, leurs avis intervenaient relativement peu dans le processus de prise de décision américaine de fouler le sol irakien. Néanmoins, les difficultés éprouvées sur le terrain par les troupes d'occupation et la menace d'une guerre civile ont conduit les États-Unis à se tourner vers l'ONU pour obtenir de celle-ci la reconnaissance du Conseil de gouvernement transitoire de l'Irak. ■

Points clés

Ordre ou désordre mondial ?

Depuis la chute du mur de Berlin, une recomposition du monde est en cours, qui n'est pas sans provoquer heurts et réactions. Quand certains pays, fortement industrialisés, prospèrent, d'autres subissent guerres, famines et pénuries, rappelant que ce monde un est aussi un monde en flammes.

Un ordre mondial fondé avant tout sur l'économie

Pour faire face à la « mondialisation », bon nombre de pays se sont regroupés au sein d'alliances régionales telles que l'UE, l'ALENA ou l'ASEAN. Il en est résulté une libération des échanges et une progression en volume de la circulation des biens et personnes. Depuis 1950, une part croissante de la production mondiale est échangée, tout particulièrement en Amérique et en Europe. L'expansion de ces échanges internationaux a été rendue possible notamment grâce à l'explosion du libre-échange consécutif à la réduction des barrières douanières. Le GATT, de 1947 à 1995, puis son successeur l'OMC (Organisation mondiale du commerce) ont géré le commerce international des marchandises qui s'est concentré pour l'essentiel dans la zone des pays développés (Amérique du Nord, Europe, Asie du Sud-Est et Japon). Les autres pays, en voie de développement, ont été mis à l'écart du grand trio mondial : surtout l'Afrique et les pays ex-communistes. ■

En 1999, l'exode des Albanais chassés du Kosovo par les Serbes.

Un monde en recomposition

La chute du mur de Berlin a ouvert un chantier d'États-nations dont la construction n'a pas été sans péril. L'URSS, la Yougoslavie ont en effet laissé place à de nouveaux États qui se sont proclamés indépendants dans des conditions peu favorables à la stabilité. Les difficultés économiques, le chômage, l'absence de protection sociale ont fait le lit de comportements xénophobes conforté par un sentiment ultra-identitaire. Ces nouvelles formes d'idéologies totalitaires, fondées sur l'exclusion des minorités et le rejet ethnique se sont ainsi répandu dans les Balkans et dans l'ensemble des pays de l'ex-URSS, créant une situation conflictuelle. La volonté de la Yougoslavie de construire son État-nation s'est soldée par une terrible guerre civile. ■

La guerre dans l'ex-Zaïre (nouvelle République démocratique du Congo) a condamné toute perspective de développement.

Un monde en état de guerre permanent

Cette poudre de revendication ultra-identitaire s'est également propagée en Corée où il faut attendre octobre 2000 pour assister à un rapprochement Nord-Sud. Mais c'est en Afrique qu'elle est la plus tragique : que dire en effet du terrible génocide du Rwanda en 1994 ? Que dire encore des massacres du Congo-Kinshasa, ou de ceux du Libéria, du Tchad, du Sénégal mais aussi de la frontière Éthiopie-Érythrée ? Tous semblent participer d'une même folie meurtrière, devant laquelle les instances de paix internationales, pressées par les événements, restent impuissantes. Pour la seule année 2000 sur le continent africain, le HCR (Haut Commissariat aux réfugiés) a placé sous sa protection 21,3 millions de personnes. Il faut ajouter à ce chiffre inquiétant 20 à 30 millions de déplacés à l'intérieur de leurs propres pays, tout en sachant que ces derniers ne reçoivent aucune aide et ne sont soutenus par aucune structure humanitaire conséquente face aux difficultés de l'exode. Les musulmans font aussi valoir de fortes revendications identitaires dans de nombreux endroits du monde, en dehors du conflit israélo-palestinien et des deux guerres en Irak. Qu'il s'agisse du conflit entre Serbes et Bosniaques en Europe (de 1991 à 1995), de celui du Kosovo (en 1999), de la répression russe contre les Tchétchènes (en 1995 et 1999, prise d'otage de Moscou en 2003), des zones conflictuelles d'Asie centrale (guerre d'Afghanistan en 2001, tensions entre le Pakistan et l'Inde au Cachemire avec, depuis 1999, la menace brandie de part et d'autre d'une guerre nucléaire), ou encore du mouvement philippin Abou Sayaf pratiquant la prise d'otage (été 2000), on reçoit un peu partout dans le monde les signaux d'un sentiment de crise identitaire dont l'un des plus funestes aboutissements reste les attentats organisés par le réseau terroriste islamiste Al Quaida, à New York, le 11 septembre 2001. ■

Dico → GATT

Points clés

La construction européenne

L'idée d'une fédération européenne est ancienne. Déjà au XVIIe siècle, l'abbé de Saint-Pierre, puis Victor Hugo au XIXe siècle et Aristide Briand, dans les années 1920, l'ont évoquée. Mais la construction européenne commence seulement au lendemain de la Seconde Guerre mondiale. C'est un processus lent, qui connaît des succès mais aussi des échecs.

La genèse de l'idée européenne

La Seconde Guerre mondiale bouleverse l'économie européenne. La reconstruction des États passe pour certains par la constitution d'une Europe unifiée. Dans le contexte de la guerre froide, les États-Unis encouragent ce point de vue. Dès 1947, l'idée européenne incarne la démocratie et la liberté face au bloc soviétique. En 1948, le congrès de La Haye regroupe les partisans d'une Europe fédérale et les tenants d'une communauté supranationale. Le coup de Prague de 1948 favorise le rapprochement militaire : le traité de Bruxelles, signé la même année, enclenche le processus de construction européenne par l'alliance défensive entre le Royaume-Uni, la France et le Benelux. ■

La signature du traité de Rome, le 25 mars 1957.

1951
Communauté européenne du charbon et de l'acier (CECA).

1954
La France rejette le projet de la CED (Communauté européenne de défense).

1957
Traité de Rome.

1973
Adhésion du Danemark, du Royaume-Uni et de l'Irlande.

1981
Adhésion de la Grèce.

1986
Adhésion de l'Espagne et du Portugal.

1992
Traité de Maastricht.

1995
Adhésion de l'Autriche, de la Finlande et de la Suède.

1999
Entrée en vigueur de l'euro.

2004
Adhésion de l'Estonie, la Lituanie, la Lettonie, la Pologne, la Hongrie, la République tchèque, la Slovaquie, la Slovénie, Chypre et Malte.

Atelier de fabrication de la fusée européenne Ariane. L'Agence spatiale européenne (ESA) associe treize pays. Le premier lancement d'Ariane a eu lieu le 24 décembre 1979.

La naissance du Marché commun

Le contexte de la guerre froide rend nécessaire une réconciliation franco-allemande. Deux Français, Jean Monnet et Robert Schuman, se font les artisans de ce rapprochement qui s'ouvre sur une coopération économique dans le cadre de la CECA. Le Royaume-Uni refuse d'en faire partie. En mars 1957, le traité de Rome institue la Communauté économique européenne. En 1967, le Marché commun se met en place. Le traité de Rome organise les institutions européennes.
Les institutions supranationales et les gouvernements des États membres se partagent le pouvoir de décision. La Commission européenne et le Parlement européen en constituent les organes exécutif et législatif. Le Conseil des ministres, composé des représentants de chaque État, complète le dispositif législatif. La Cour de justice arbitre les conflits entre ces différentes institutions. L'élargissement de l'Union européenne à vingt-cinq membres en 2004 a conduit à simplifier le système décisionnel. Le traité de Nice (2003) a ainsi établi de nouvelles règles qui définissent la taille et le mode de fonctionnement de l'institution. ■

Points clés

De la CEE à l'Union européenne

Dès 1961, le Royaume-Uni, à l'origine d'un marché concurrent, l'AELE (Association européenne de libre-échange), sollicite son entrée dans la CEE. La France n'y consent qu'en 1969. Dans les années 1970, l'Europe connaît une période de doutes où les divergences entre les membres l'emportent sur les ambitions communes. La construction européenne reprend dans les années 1980. L'axe franco-allemand devient le pilier de cette union.
La chute du mur de Berlin précipite la constitution d'une Europe politique.
Le traité de Maastricht sur l'Union européenne, qui prévoit une monnaie unique et une citoyenneté européenne, pique les sentiments nationaux. Ajoutée à cela la perspective d'une constitution européenne, les contradicteurs souverainistes flattent les réflexes patriotiques en soulignant ce que chacun risque de perdre dans l'intégration européenne. Mais le refus, en 2003, de la Suède d'intégrer la zone euro ne saurait éclipser les avantages, certes insuffisamment perçus, de l'Union européenne. ■

Dico → CECA • fédéralisme • Monnet • référendum

Points clés

L'Europe entre tradition et modernité

On entend par démocratie libérale un régime politique dans lequel les citoyens, par l'intermédiaire d'assemblées élues au suffrage universel, exercent des pouvoirs et jouissent de libertés. On peut donc appliquer cette définition aux États de l'Europe occidentale malgré les différentes Constitutions qui définissent les rapports entre les trois pouvoirs.

Des principes fondamentaux

Les démocraties libérales sont les héritières d'une longue évolution de la pensée philosophique. Au XVIIe siècle, l'Anglais John Locke pose les bases d'une réflexion sur la société civile que reprennent les philosophes des Lumières. Ils mettent en avant les droits naturels des individus contre le pouvoir de l'État. Pour garantir la société contre tout abus d'autorité, Montesquieu préconise la séparation des pouvoirs. Des textes fondamentaux, comme l'*Habeas corpus* anglais au XVIIIe siècle ou les Déclarations américaine et française au XVIIIe siècle sont l'aboutissement des théories libérales. Toutefois, la conquête de l'égalité, qu'elle soit juridique ou politique, est plus ou moins rapide selon les États. Ils sont caractérisés de nos jours par le pluralisme des partis politiques et par la possibilité que ceux-ci ont à exercer le pouvoir en fonction des résultats des élections effectuées au suffrage universel. Les démocraties libérales permettent également l'existence de syndicats et garantissent la liberté de conscience et l'indépendance de la presse. ■

Juan Carlos Ier, roi d'Espagne depuis 1975, symbolise le retour de la démocratie après la période franquiste.

Élisabeth II, reine d'Angleterre depuis février 1952, prononce le traditionnel discours d'ouverture de l'année parlementaire; ici, en 1994.

Des régimes représentatifs

La fin des années 1970 voit disparaître les derniers régimes autoritaires de l'Europe méditerranéenne. En effet, en 1974, la « révolution des œillets » au Portugal, la fin du régime des colonels en Grèce ainsi que la transition démocratique en Espagne post-franquiste viennent renforcer l'Europe libérale. Les États, qu'ils soient monarchiques ou républicains, possèdent des régimes représentatifs. Quel que soit le mode de scrutin, les membres du Reichstag, des Cortes ou de la Chambre des communes sont élus au suffrage universel. Cependant, l'Europe libérale connaît un abstentionnisme assez élevé et la montée des partis d'extrême droite semble contredire le mouvement d'élargissement de l'Union européenne. Au moment où la Suède refuse, en 2003, d'adhérer à la monnaie unique, dix nouveaux pays adhèrent à l'UE l'année suivante. Face au mécontentement d'une partie des opinions (celle des extrêmes, se confondant sur la question de l'Europe avec celle de souverainistes issus de familles politiques modérées), il semble ici paradoxal d'évoquer les conditions de possibilité d'une constitution européenne. Qu'on le veuille ou non, vingt-cinq pays sont déjà entrés dans une dynamique européenne qu'il semble chimérique de vouloir interrompre, et suicidaire d'ignorer. Le passage à la monnaie unique a constitué une révolution en ce qu'il a révélé la nécessaire unité de décision en matière de politique économique, ainsi qu'une de ses corollaires attendue, l'Europe sociale. ■

Points clés

De profondes mutations

Héritière de la Grande Europe historique des régions ou encore de celle des cités rayonnantes, l'Europe des Nations, telle qu'elle s'est construite au XXe siècle, est donc d'abord celle des villes et régions. Le réajustement national à cette donnée historique européenne est plus facile pour certains pays que d'autres. L'Allemagne des « landers » a sans doute plus de facilité géographique à se mouler au modèle européen que la France, encore très centralisée sur sa capitale. Avec une population vieillissante, l'Europe libérale doit affronter, à des degrés divers, le problème social du chômage et des exclusions qu'il entraîne. Le libéralisme économique de plus en plus pratiqué dans certains États rend plus difficile le maintien des traditionnelles politiques de protection sociale. Les lois du marché favorisent la constitution de grands groupes économiques privés qui se créent de véritables empires de communications et influencent la vie politique des États. La culture, qui passe de plus en plus par la télévision, a tendance à s'uniformiser. ■

Points clés

L'effondrement et l'éclatement du monde communiste

En 1985, l'arrivée au pouvoir de Mikhaïl Gorbatchev en URSS ouvre une ère nouvelle dont témoignera la non-intervention de Moscou dans la réunification allemande. Mais la désorganisation économique et les tensions entre le gouvernement central et les républiques fédérées conduisent à l'éclatement de l'Union.

L'ouverture de Check Point Charlie marque la fin du communisme en Europe de l'Est.

Glasnost et perestroïka

Devenu secrétaire général du PC en 1985, Gorbatchev met en œuvre un programme de réformes économiques et politique, la perestroïka (restructuration), s'appuyant sur la glasnost (la transparence). Il fait largement appel à l'initiative privée et favorise l'autonomie des entreprises d'État. La politique de transparence de la vie publique se traduit par la suppression de la censure politique et le rétablissement de la liberté de parole. Le rôle dirigeant du parti est aboli et, pour la première fois en mars 1989, les électeurs ont le choix entre des candidatures multiples. En politique étrangère, Gorbatchev met fin à l'intervention soviétique en Afghanistan, se réconcilie avec la Chine communiste et signe avec les États-Unis des accords de désarmement. ■

La chute du communisme en Europe de l'Est

L'arrivée de Gorbatchev au pouvoir est suivie avec attention dans les démocraties populaires où, depuis le début des années 1980, des mouvements opposés au communisme se développent, comme le syndicat Solidarité en Pologne. En Hongrie, les communistes réformateurs inaugurent un mouvement révolutionnaire qui se propage. Après la Hongrie et la Pologne, la Tchécoslovaquie et la RDA abandonnent le communisme et le mur de Berlin tombe en novembre 1989. Dans l'Europe balkanique, le mouvement est plus tardif et plus violent. En Roumanie, les époux Ceausescu sont exécutés, tandis qu'en Yougoslavie la fin du communisme annonce une terrible guerre civile. Ainsi, les unes après les autres, les démocraties populaires abandonnent le communisme au cours de l'année 1989. ■

L'effondrement de l'URSS

En URSS, Gorbatchev se trouve confronté à l'opposition des libéraux et des conservateurs, à laquelle s'ajoutent le mécontentement croissant de la population soviétique face aux difficultés économiques et la montée des mouvements nationalistes.

En 1990, le PCUS accepte le multipartisme et les opposants remportent de nombreuses élections locales, tandis que les républiques baltes proclament leur indépendance. En août 1991, des communistes irréductibles tentent un coup d'État. Celui-ci échoue et précipite la chute du régime en faisant disparaître le PCUS.
En décembre, les différentes républiques de l'URSS se proclament indépendantes, mettant fin à l'Union : Gorbatchev doit quitter la présidence d'un pays qui n'existe plus. ■

En 1991, c'est la résistance des Moscovites autour de Boris Eltsine lors du siège de la douma qui fait échouer le putsch.

L'éclatement de l'Union soviétique favorise la montée des revendications nationalistes ; ici, en Tchétchénie.

Dico → **communiste • Gorbatchev • perestroïka**

Points clés Le difficile passage au marché

L'effondrement du système communiste a révélé l'ampleur des dysfonctionnements du système économique socialiste. Les chiffres honorables de croissance affichés reposaient sur l'industrie lourde : ils dissimulaient une sous-productivité agricole et industrielle et une grande faiblesse des industries de biens de consommation, générant une économie de pénurie chronique.

La transition vers des économies de marché

La disparition du CAEM en 1989 et l'éclatement de l'URSS en 1991 ont révélé l'échec du passage progressif et organisé du bloc socialiste vers une économie de marché.
Les ex-démocraties populaires se sont engagées dans des réformes de structures par des voies et à des rythmes différents. Cette transition s'avère plus coûteuse et plus difficile que prévu et s'accompagne de graves problèmes sociaux générateurs d'instabilité politique. La libéralisation des prix, du commerce et des monnaies a provoqué une très forte inflation, de 20 à plus de 100 % selon les pays, et une baisse du niveau de vie des populations de l'ordre de 50 %. Elle s'accompagne d'une chute de la production industrielle qui oscille entre 30 et 50 % depuis 1985. ■

Les transitions réussies

Les pays d'Europe centrale, la Hongrie, la Pologne, la République tchèque et la Slovaquie, ont suivi les thérapies de choc imposées par le FMI et ont réussi leur stabilisation économique.
L'inflation est contenue, le chômage maîtrisé et la monnaie stabilisée. Les privatisations sont engagées et près de 70 % du PNB est réalisé par le secteur privé. Favorisée par d'importants investissements étrangers, principalement américains et allemands, dans le secteur des biens de consommation courants, la production industrielle de ces pays est en progression constante depuis 1993. Leur économie devenue compétitive s'est rapprochée de celle des pays de l'Europe de l'Ouest, si bien que huit pays d'Europe centrale ont pu intégrer l'Union européenne en mai 2004. ■

La passage à l'économie de marché et la privatisation des moyens de production ont rendu nécessaire la création de Bourses de valeur; ici, à Budapest.

Points clés

Les grandes entreprises occidentales, comme ici Renault en Pologne, Volkswagen en République tchèque, délocalisent vers les pays d'Europe centrale, à la recherche de nouveaux marchés et de coûts de main-d'œuvre compétitifs.

En 1997, les Bulgares, dont le niveau de vie se dégrade de jour en jour, manifestent pour réclamer des élections anticipées.

Les difficultés de l'ex-URSS et de l'Europe balkanique

Le passage à l'économie de marché se révèle beaucoup plus difficile et chaotique dans les Balkans, en Bulgarie, en Roumanie et dans les pays de l'ex-URSS, tout particulièrement en Russie et en Ukraine. L'éclatement de l'URSS a désorganisé les processus de production des entreprises dont les clients et les fournisseurs étaient dispersés à travers l'ex-URSS. La faiblesse du pouvoir central et l'importance de la corruption sont autant d'obstacles à l'application des réformes. La richesse produite par le secteur privé atteint difficilement la moitié du PNB. La production a chuté de 50 % depuis 1990 et, en 1997, la récession se poursuivait pour la septième année consécutive. Les investissements étrangers sont faibles et limités aux secteurs énergétiques et miniers. Les salaires réels ont diminué de moitié et près de 20 % de la population disposent de revenus inférieurs au minimum vital. Face aux carences de l'État, une économie informelle se met en place et les inégalités se creusent. Le développement de la grande pauvreté se traduit par une hausse de la mortalité infantile et une diminution de l'espérance de vie. La persistance des difficultés se traduit par de fortes tensions sociales et une grande instabilité politique. ■

Dico → **CAEM • FMI • inflation**

Points clés La France de la IVe République

La IVe République est le régime sous lequel vit la France du 3 juin 1944 – formation du gouvernement provisoire – au 5 octobre 1958. À cette date, la reconstruction est achevée, l'économie est en plein essor et la construction européenne en marche. Mais l'instabilité ministérielle et la guerre en Algérie entraînent la chute de ce régime.

Prisonniers allemands dans les rues de Saint-Lô en juin 1945 : la reconstruction après la guerre est la première étape de la modernisation du pays.

Une nouvelle République

La IVe République s'appuie sur un régime parlementaire à deux Chambres qui votent les lois : d'une part, l'Assemblée nationale qui peut être dissoute par le gouvernement mais qui peut aussi censurer ce dernier et, de l'autre, le Conseil de la République au pouvoir consultatif. Le président de la République, élu pour sept ans par les deux Assemblées, désigne le président du Conseil : le chef du gouvernement. Un conseil économique élu par les syndicats et des organisations professionnelles s'occupe des questions sociales.
Si le chef de l'État n'a guère de pouvoir, le président du Conseil dépend de majorités parlementaires fluctuantes, d'où de nombreuses crises politiques. ■

La modernisation

La France sort ruinée de la guerre. La reconstruction est le premier défi de la IVe République. Dès 1946, les signes du redressement sont visibles : le charbon, l'électricité ou le ciment ont retrouvé leur niveau de production de 1938. Toutefois, la population souffre de pénurie jusqu'en 1949. L'aide des États-Unis est alors décisive (plan Marshall). La croissance s'appuie sur un marché intérieur en pleine expansion, sur l'esprit d'entreprise et sur les initiatives de l'État. Les Français découvrent la société de consommation. Par ailleurs, l'idée européenne progresse grâce à Robert Schuman et Jean Monnet. Le rapprochement avec l'Allemagne fédérale permet l'institution de la Communauté européenne du charbon et de l'acier (CECA, 1951) puis de la Communauté européenne (CE, 1957), mais échoue sur un projet d'alliance militaire, la Communauté européenne de défense (CED). ■

La chute

Sur le plan politique, le régime se heurte dès 1947 à l'opposition des gaullistes et des communistes. Le centre et la gauche modérée constituent une troisième force : celle-ci se déchire en 1951, ouvrant une période d'instabilité ministérielle. Sur le plan économique, l'inflation entraîne de nombreuses grèves. Dans le contexte de la guerre froide, la dépendance à l'égard des États-Unis, qu'il s'agisse de l'adhésion à l'OTAN (1949) ou de l'expédition de Suez (1956), suscite l'opposition des communistes. La question de la décolonisation engendre des conflits politiques qui affaiblissent le régime. En Indochine, la France s'engage dans une guerre de 9 ans pour conserver sa souveraineté face aux combattants d'Hô Chi Minh. La défaite de Diên Biên Phû met fin aux illusions. Accédant alors au pouvoir, Pierre Mendès France règle le conflit indochinois, puis négocie l'indépendance du Maroc et de la Tunisie. Mais, plus encore que la guerre d'Indochine, la question algérienne mine la IVe République. L'insurrection du 13 mai 1958 à Alger sonne le glas du régime : dès juin, le général de Gaulle prépare une nouvelle Constitution. ■

Le 20 juillet 1954, Pierre Mendès France signe les accords de Genève : c'est la fin de la guerre en Indochine.

Soldats français en tenue de combat. Dès 1956, la guerre s'intensifie en Algérie.

1945
Référendum contre le retour à la IIIe République.

1949
Premier journal télévisé.

1954
Accords de Genève : fin de la guerre en Indochine.

1955
État d'urgence en Algérie.

1957
Signature du traité de Rome et création de la CEE.

1958
Insurrection à Alger.

Dico → inflation • parlement • république • suffrage

Points clés

Du gaullisme à l'alternance

Revenu au pouvoir en mai 1958, le général de Gaulle mène une politique de réformes économiques, politiques et sociales. Sur le plan extérieur, il défend la souveraineté de la France. Les gouvernements qui suivent, qu'ils soient gaullistes ou non, témoignent du bon fonctionnement des institutions. Celles-ci permettent l'alternance et la cohabitation, et de faire face à une contrainte, la crise économique, et à un défi, la construction européenne.

En 1958, de Gaulle se rend à Brazzaville (capitale de l'actuel Congo). Ce retour sur les lieux mêmes de la conférence de 1944 se veut symbolique et rappelle la volonté du Général de faire triompher sa conception de la coopération dans le cadre de l'Union française.

La république gaullienne

Rappelé en 1958 dans un climat de guerre civile latente, de Gaulle rétablit l'ordre et accorde l'indépendance à l'Algérie (accords d'Évian, 1962). Parallèlement, les colonies françaises d'Afrique noire obtiennent l'indépendance. Le général de Gaulle peut alors se consacrer à son grand dessein : rétablir la grandeur de la France. Sur le plan extérieur, il affirme la souveraineté française et poursuit la construction européenne qui connaît des crises politiques, mais aussi des succès, notamment dans le domaine agricole. Sur le plan économique et social, il mène une politique volontariste. Partisan d'une monnaie forte, symbole de puissance, il instaure le nouveau franc. Mais les retards sociaux accumulés, dans une période de croissance, fragilisent le régime. La crise de Mai 68 entame l'autorité personnelle du général, qui démissionne le 27 avril 1969. ■

L'après-gaullisme

La Vᵉ République survit au départ du général de Gaulle. Georges Pompidou, élu en juin 1969, ne se démarque guère, dans un premier temps, du gaullisme, si ce n'est en faisant du développement industriel une priorité. Sous l'impulsion de son Premier ministre, Jacques Chaban-Delmas, Pompidou promeut une «nouvelle société» (SMIC, mensualisation des salaires, formation professionnelle), qu'il abandonne avec le gouvernement de Pierre Messmer (1972). À la mort de Georges Pompidou (1974), l'élection à la présidence de Valéry Giscard d'Estaing, qui gouverne au centre, témoigne d'une usure du gaullisme. Son septennat s'ouvre sur une crise économique durable (premier choc pétrolier, 1973). ■

Jacques Chirac, Premier ministre, et François Mitterrand, président, au sommet européen de Bruxelles. Ils inaugurent une phase constitutionnellement inédite : la cohabitation.

Alternance et cohabitation

Avec l'élection de François Mitterrand en mai 1981 commence une ère nouvelle dans l'histoire de la Vᵉ République : l'alternance. L'arrivée de la gauche au pouvoir suscite un immense espoir. Le premier gouvernement de Pierre Mauroy bénéficie de «l'état de grâce», dont témoignent les nationalisations, l'abolition de la peine de mort, la cinquième semaine de congés payés et la semaine de 39 heures. Mais les contraintes économiques réduisent la marge de manœuvre de la gauche. En 1986, la victoire de la droite aux législatives ouvre la voie à la cohabitation (président de gauche, majorité parlementaire et gouvernement de droite). Celle-ci se renouvelle en 1993 sous le second septennat de Mitterrand puis en 1997 sous la présidence de Jacques Chirac, avec cette fois une majorité de gauche. Malgré les difficultés économiques qui persistent (chômage élevé), la construction européenne progresse au cours de cette période : Acte unique en 1986 et traité de Maastricht ratifié en 1991. ■

En juin 1973, Georges Marchais et François Mitterrand (à droite) s'entendent sur un programme commun de gouvernement. Il est dénoncé en 1977.

Dico → constitution • de Gaulle • parlement • république

Points clés

Les institutions de la Vᵉ République

En 1958, à la faveur de la crise algérienne, le général de Gaulle revient au pouvoir. Convaincu que les difficultés de la France sont dues à la prépondérance du Parlement, il entame une refonte des institutions. Le 28 septembre, la Constitution qui établit la Ve République et instaure un régime présidentiel est approuvée par 80 % des voix.

La prépondérance présidentielle

Pour empêcher le retour à un régime d'assemblée, tel qu'il fonctionnait sous la IVe République, les pouvoirs de l'exécutif sont renforcés. Leur exercice appartient conjointement au gouvernement et au président de la République. Ce dernier, élu pour sept ans par les grands électeurs, puis au suffrage universel à deux tours à partir du 28 octobre 1962, dispose de pouvoirs propres. Chef des armées, recours suprême en justice (droit de grâce), il dirige la diplomatie et indique au gouvernement les grandes orientations de son action. Il peut dissoudre l'Assemblée et dispose en cas de crise grave de pleins pouvoirs exceptionnels (article 16). Il désigne le Premier ministre, qui lui propose un gouvernement. Ce dernier peut émettre des propositions de lois ou gouverner par décrets (article 49.3). ■

Le 4 septembre 1958, le général de Gaulle présente aux Français le projet de nouvelle Constitution.

Un nouveau régime parlementaire

La Ve République conserve les caractéristiques d'un régime parlementaire puisque les ministres sont responsables devant l'Assemblée nationale qui peut exercer ainsi un droit de censure. Toutefois celle-ci dispose de pouvoirs plus limités qu'auparavant. Émanation du suffrage universel, elle rassemble 482 députés élus pour cinq ans. Élu par un collège électoral (conseillers généraux et municipaux) tous les neuf ans et renouvelable par tiers, le Sénat complète le dispositif législatif. Les deux assemblées ont ainsi la charge d'élaborer et de voter les lois au terme d'aller et retour entre elles (navette). En cas de litige, l'Assemblée conserve le dernier mot. ■

Points clés

Le président Valéry Giscard d'Estaing et le gouvernement en exercice dirigé par Jacques Chirac lors du traditionnel Conseil des ministres qui se tient chaque mercredi dans le palais de l'Élysée.

1958
Début de la Ve République.

1969
Démission du général de Gaulle (avril); élection de Georges Pompidou (juin).

1974
Élection de Valéry Giscard d'Estaing.

1981 et 1988
Élection de François Mitterrand.

1995 et 2002
Élection de Jacques Chirac.

Des institutions d'une grande souplesse

Le Conseil constitutionnel est une innovation de la Ve République. Composée d'anciens présidents de la République et de neuf magistrats désignés par le chef de l'État et les présidents des deux Chambres (Assemblée nationale et Sénat), cette instance offre une garantie d'indépendance et de contrôle. Elle veille non seulement au bon fonctionnement des institutions, mais aussi à leur souplesse. Depuis sa création, en effet, la Ve République a montré une grande capacité d'adaptation. Critiquées sous la présidence de De Gaulle, ses institutions emportent ensuite l'adhésion de l'ensemble de la classe politique, opposition comprise. Les amendements de la Constitution, lorsqu'ils ne sont pas soumis à référendum, sont votés lors de sessions exceptionnelles par le Parlement réuni en Congrès à Versailles. Ils traduisent des préoccupations politiques, économiques et sociales qui prennent acte des mutations de la société ou de l'environnement international, comme l'immigration ou l'intégration de la France dans l'Union européenne. ■

Robert Badinter et Robert Fabre, respectivement président et membre du Conseil constitutionnel prêtent serment (mars 1986).

Points clés

Les transformations de la société française depuis 1945

En 1945, la France sort exsangue de la guerre. Toutefois, elle renoue très rapidement avec la croissance. Au début des années 1950 commence en effet une période d'expansion économique baptisée par la suite «Trente Glorieuses» par l'économiste Jean Fourastié. La société en sort transformée. Mais la crise économique, au début des années 1970, marque une rupture : le chômage et la progression des écarts de revenus font craindre une société à deux vitesses.

Un essor démographique important

Les progrès en matière d'hygiène, de soins médicaux et d'alimentation font reculer la mortalité de façon très sensible. Parallèlement, la France connaît un essor démographique, offrant une image dynamisée par le rajeunissement de sa population. Grâce au *baby boom*, le contingent annuel des naissances dépasse 800 000 entre 1946 et la fin des années 1950, contre 630 000 en 1936. On recense 40 millions de Français en 1946, 45 millions en 1960. Toutefois, la population active reste insuffisante et il est nécessaire de recourir à la main-d'œuvre étrangère. L'essor démographique marque vite le pas et, dès la fin des années 1960, la natalité recule. Le vieillissement de la population est dû à la baisse de la natalité, consécutive à l'évolution des mentalités, aux progrès de la contraception et surtout à l'augmentation de l'espérance de vie. ■

Manifestation de sidérurgistes victimes de la crise structurelle, à Paris en 1984.
Les années 1980 sont les années chômage.
Les années 1990 sont celles des «sans» : sans-domicile, sans-emploi, sans-papier.

Une société transformée

Aucun secteur de la société française n'est épargné par les effets de la croissance et de la modernisation. Dans les campagnes, l'heure est à la mécanisation et à la concentration : les petites exploitations sont de moins en moins nombreuses et l'exode vers les villes s'accélère. Le monde agricole doit lui aussi prendre en compte la dimension européenne, notamment à travers la politique agricole commune (PAC) qui lui permet de trouver sa place dans le monde, au sein du GATT, puis de l'OMC. Pour l'ensemble de la population active, l'augmentation du salariat et l'arrivée des femmes sur le marché du travail traduisent les mutations du monde industriel (diminution des ouvriers) et la progression du secteur des services (employés, cadres, tourisme). Au cours des années 1960 et 1970, la croissance de la classe moyenne salariée est le phénomène le plus frappant. Pourtant le cancer social du chômage ne cesse de progresser, révélé par les crises pétrolières. Des mesures concrètes telles que le RMI ou la CSG on été prises pour pallier aux situations urgentes de grande précarité. Ces crises sont liées aux mutations d'une économie nationale en proie à la concurrence mondiale. Un besoin de main-d'œuvre qualifié, surtout dans les nouveaux métiers issus de la révolution des services, a enjoint l'État à développer des politiques de formation en partenariat avec le monde de l'entreprise. Si le bilan français est aujourd'hui celui d'une puissance industrielle et commerciale prospère, la carte régionale du pays est pourtant frappée d'inégalités criantes. Ainsi, tandis que la production agricole française se porte à merveille, le taux de chômage rural n'a jamais été aussi élevé ■

Élevage hors sol de volailles : témoignage de la révolution silencieuse dans les campagnes.

Le progrès en question

Le succès du mouvement écologique lié aux problèmes d'environnement traduit la remise en cause actuelle du progrès. Le chômage (plus de 3 millions de chômeurs) en augmentation depuis 1974, en dehors d'une période de stabilisation de 1987 à 1991, témoigne des mutations économiques structurelles et du ralentissement de la croissance. Devenu un enjeu majeur dans le débat politique, il concerne en priorité les jeunes de moins de 25 ans, les femmes et les salariés âgés. Faute de solutions économiques, les gouvernements successifs ont imposé des mesures sociales palliatives, comme le RMI. Cette situation aggrave les inégalités au sein d'une population touchée par la précarité de l'emploi (plus de 20 % des actifs) ou par la pauvreté (SDF). La question du financement des acquis sociaux (santé, retraite, scolarité, logement) caractérise la crise de l'État-providence. ■

Dico → crise • croissance • État-providence

Points clés

Les mutations culturelles

À l'heure de la modernisation et de la croissance, les Français découvrent la société de consommation. Ils consacrent une part croissante de leurs revenus à leur bien-être (logement, santé, loisirs). La démocratisation de l'éducation et de la culture touche les domaines de la sexualité et de la famille. Mais la crise économique révèle les failles d'un système qui peut conduire à l'exclusion.

En 1974, Simone Veil à la tribune de l'Assemblée nationale : «Ministre de la Santé, femme et non parlementaire, je propose une profonde modification de la législation sur l'avortement... »

La famille remise en question

Les progrès en matière économique et sociale, la libéralisation de la société contribuent à la remise en cause du schéma traditionnel de la famille. Les femmes profitent de ce changement. Leur place dans la société se modifie au rythme des législations : lois du 28 décembre 1967 autorisant la vente des contraceptifs oraux (pilule) et du 17 janvier 1975 instaurant l'IVG. Ces progrès assurent le recul de l'avortement, offrent plus de liberté aux femmes, favorisent leur accès au travail et modifient les rapports au sein des couples. En même temps, l'augmentation du nombre des divorces depuis la fin des années 1970 caractérise la crise de la famille. Le recul de l'âge nuptial et la généralisation des unions libres expliquent la baisse des mariages. ■

La fin des idéologies

Marquantes jusqu'à la fin des années 1960, les idéologies déclinent au milieu des années 1970. C'est le cas du marxisme- léninisme, dont témoigne le recul du parti communiste. Sur un autre plan, la religion catholique connaît une certaine crise d'influence : baisse des vocations et des pratiques. Ces difficultés sont d'autant plus visibles qu'elles contrastent avec la progression d'autres religions minoritaires comme l'islam, aujourd'hui deuxième religion de France, et le bouddhisme. ■

1962
Premier numéro de *Salut les copains* : la culture jeune fait irruption en France.

1968
Contestation du modèle social par les étudiants.

1974
Légalisation de l'avortement.

1975
Réforme du divorce : consentement mutuel.

1981
Abolition de la peine de mort.

1985
Naissance des chaînes de télévision privées.

1990
Émeutes à Vaulx-en-Velin : la violence dans les banlieues s'intensifie.

1993
Réforme du code de la nationalité qui durcit les moyens d'acquérir la nationalité française.

1999
Pacte civil de solidarité (PACS).

2004
Loi sur la laïcité interdisant le port de tout signe religieux ostensible à l'école.
Réforme du divorce : simplification des procédures.

Éducation et culture de masse

Considéré comme un moyen efficace de promotion sociale et stimulé par l'allongement à 16 ans de la durée de la scolarité obligatoire (1959), l'enseignement se diffuse largement. Au nombre de 6 millions en 1945, écoliers, lycéens et étudiants ont plus que doublé leur population. La jeunesse devient ainsi une classe qui compte dans la société. Dans l'enseignement supérieur, les étudiants ouvrent la voie de la contestation du modèle social (1968) avant de manifester leur inquiétude face à un avenir incertain (1986). La diffusion d'une culture de masse (la télévision équipe 95 % des foyers au début des années 1990) et la progression des classes moyennes tendent progressivement à uniformiser la société. Mais, en période de crise, celle-ci se replie sur des valeurs individualistes, excluant ceux qui vivent à sa marge. ■

Manifestation de soutien pour la régularisation des « sans-papiers », à Paris en août 1996. La crise économique, qui se manifeste par un chômage très important, conduit les gouvernements à durcir la législation sur les étrangers en France.

La politique extérieure de la France depuis 1945

Sous la IVe République, la France est confrontée aux revendications indépendantistes de ses colonies. Avec la Ve, la décolonisation s'achève et le général de Gaulle entend «rendre à la France son rang». Ses successeurs poursuivent une politique très proche : renforcement de l'axe franco-allemand et intégration européenne. Parallèlement, la France continue sa politique de coopération dans le monde.

L'indépendance nationale, credo du gaullisme

Fort du redressement de l'économie, le général de Gaulle conduit une politique étrangère fondée sur la défense de l'indépendance nationale. Il refuse à ce titre la bipolarisation et conteste l'hégémonie américaine. En 1961, il dote la France de l'arme atomique, symbole de l'indépendance à l'égard de Washington. En 1966, la France se retire de l'OTAN. La même année, il critique la politique américaine au Viêtnam. De Gaulle se rapproche de l'URSS et reconnaît la Chine populaire (1964). En matière européenne, il est hostile à l'idée d'une Europe fédérale au caractère supranational. Mais il privilégie les relations avec l'Allemagne fédérale. Considérant l'Angleterre comme le «cheval de Troie des USA», il s'oppose à deux reprises à son entrée dans le Marché commun (1963 et 1967). Parallè-lement, il favorise la coopération avec les anciennes colonies, mais aussi avec l'Amérique latine et le monde arabe qu'il soutient face à Israël. ■

La politique de défense s'appuie sur une force de frappe dissuasive : sous-marins, missiles terrestres et avions. Le déclenchement du feu nucléaire relève de la responsabilité du chef de l'État.

Sommet francophone. Lancée par des chefs d'État africains comme Léopold Sedar Senghor, la francophonie intègre peu à peu les pays de tous les continents.

Image de l'amitié franco-allemande : Helmut Kohl et François Mitterrand se recueillent à Verdun.

L'influence dans le monde

Depuis la fondation de l'ONU, la France est membre permanent du Conseil de sécurité. Elle fournit régulièrement des contingents armés dans le cadre des opérations des Nations unies, par exemple dans l'ex-Yougoslavie (depuis 1992) ou au Rwanda (1994). La France conduit une politique étrangère active, notamment dans le tiers monde. Ainsi, de nombreux accords de défense, d'assistance militaire, de coopération technique, scientifique et culturelle lient Paris aux principaux États d'Afrique francophone. La France est aussi présente au Proche-Orient, dans l'océan Indien, en Amérique latine et dans le Pacifique Sud. ■

La France et l'Europe

Après la mort du général de Gaulle, le centre de gravité de la politique extérieure de la France se concentre sur la construction de l'Europe politique. La France est à l'origine de la création d'une Commission unique des Communautés européennes. Sous la présidence de Valéry Giscard d'Estaing, l'Europe devient une réalité politique : premières élections au suffrage universel du Parlement européen en 1979. François Mitterrand poursuit l'œuvre de ses prédécesseurs. Son action, relayée par celle de Jacques Delors, président de la Commission, accélère la construction du marché unique européen (Acte unique, 1986) et relance l'idée d'une Europe politique où certains droits nationaux sont soumis au droit communautaire (traité de Maastricht ratifié en 1991, adopté par référendum en 1992). À l'heure de l'élargissement, la France occupe plus que jamais une position centrale au cœur de l'UE avec l'Allemagne. ■

Dico → droit de veto • État-nation • fédéralisme • politique

FICHES PRATIQUES

Pour se documenter

Un guide pour lire et s'orienter vers les livres, les films, les musées, les expositions, le multimédia...

Lire et se documenter

Utiliser la bibliothèque municipale : livres et revues 433

Lire des revues de vulgarisation 435

Consulter un dictionnaire d'histoire 437

Comprendre le journal 439

Les produits multimédia 441

L'histoire au baccalauréat

La composition d'histoire 443

L'étude d'un ensemble documentaire 445

L'explication d'un document 447

Regarder, écouter

Regarder la chaîne « histoire » sur le câble 449

Le documentaire historique 451

La musique et l'histoire : la symphonie « Héroïque » de Beethoven 453

La peinture et l'histoire : « Scènes des massacres de Scio » de Delacroix 455

Visiter

Le musée du Louvre 457

Les écomusées 459

L'histoire, aujourd'hui et demain

L'histoire aujourd'hui 461

Les métiers de l'histoire 463

Utiliser la bibliothèque municipale : livres et revues

La bibliothèque municipale peut être un compromis très utile entre le CDI du lycée où, la plupart du temps, on ne peut pas faire d'emprunts, et les bibliothèques universitaires et spécialisées dont l'accès est fréquemment limité. Son fonds est le plus souvent largement suffisant pour entreprendre une recherche et obtenir une documentation importante.

Les bibliothèques départementales de prêt

Afin de desservir les zones rurales, on a créé en 1945 les bibliothèques départementales de prêt (BDP). Les mairies, les écoles et divers organismes culturels servent de lieux de dépôt. Les BDP disposent également d'un service de véhicules, dont plus de 350 bibliobus, qui permettent aux communes les plus petites de bénéficier d'une bibliothèque.

La bibliothèque municipale offre en général un fonds suffisamment important pour répondre aux besoins des lycéens.

Une bibliothèque de proximité

La bibliothèque municipale est, comme son nom l'indique, gérée par la municipalité. C'est un service que la commune rend aux habitants et l'accès en est généralement gratuit. On trouve une bibliothèque municipale dans la plupart des communes. Les grandes villes en ont plusieurs qui sont parfois spécialisées, par exemple dans les ouvrages pour la jeunesse. Le fonds des bibliothèques municipales est vaste et varié, puisqu'il est possible d'emprunter des disques, des cassettes et des vidéos. La discipline historique est présente dans ces bibliothèques à travers une grande diversité de revues et de livres spécialisés ou de vulgarisation qui permettent d'entamer une recherche.

Utiliser la bibliothèque municipale : livres et revues

La quête des informations et des documents

Les livres sont identifiés par une cote répertoriée dans un fichier (l'histoire est répertoriée sous la côte 900, selon la classification décimale Dewey qui indexe les notices).
Le fichier, classé par titre d'ouvrage, auteur ou sujet, est souvent informatisé et permet donc de trouver rapidement les livres que l'on cherche dans les rayonnages. Comme les livres sont rangés par thème, on peut aussi consulter directement les rayons de la matière qui nous intéresse. Au début d'une recherche, certains ouvrages constituent d'excellents outils de travail : dictionnaires, encyclopédies, etc. Après avoir découvert un livre ou un article de dictionnaire adapté au sujet, on se reportera aux renvois bibliographiques pour approfondir l'étude.
En cas de difficulté, les bibliothécaires et les documentalistes sont de précieux auxiliaires. Ces professionnels accéléreront le travail de recherche en conseillant les pistes les plus pertinentes.

Les ouvrages utiles en histoire

En histoire, il faut souvent commencer par consulter les encyclopédies dites généralistes *(Universalis, Grand Larousse universel)* et les dictionnaires historiques, très nombreux, tel le *Mourre*, qui sont souvent disposés en évidence dans la bibliothèque municipale. Certaines collections historiques apportent également des informations et des illustrations précieuses, telle la collection *Les Grandes Civilisations*, qui comporte un ouvrage sur chacune des grandes époques de l'histoire mondiale (*Civilisation de la Grèce classique*, par exemple), ou la collection *Peuples et Civilisations*.
Mais la discipline historique dans les bibliothèques municipales est également représentée par de nombreuses revues et des périodiques, tels *Historiens et Géographes*, *L'Histoire* ou *Historia* qui contiennent des dossiers accessibles, documentés et abondamment illustrés sur des événements et des questions historiques.

S'inscrire dans une bibliothèque municipale

Pour obtenir une carte de membre, il suffit de présenter un justificatif de domicile et une pièce d'identité. L'emprunt des livres et revues est gratuit, mais pour emprunter des cassettes, disques ou vidéos, il est nécessaire de payer une cotisation annuelle. Une carte de bibliothèque municipale d'une commune ne peut-être utilisée pour se rendre dans la bibliothèque municipale d'une autre commune.

Films et documentaires

Outre les livres et les revues qui sont à sa disposition, l'historien peut recourir au fonds audiovisuel des bibliothèques municipales. En effet, certains documentaires historiques *(Shoah, De Nuremberg à Nuremberg, Français si vous saviez)* ou certains films *(Louis, enfant-roi, La Prise de pouvoir par Louis XIV)* sont des œuvres de grande valeur.

Lire des revues de vulgarisation

L'Histoire, *Historia*, *Enquête sur l'histoire*, *Notre Histoire* sont des revues de vulgarisation qui permettent d'avoir facilement accès aux analyses d'historiens professionnels. Les revues de vulgarisation fournissent des documents, des informations et des illustrations accessibles et, la plupart du temps, de qualité.

L'accès aux différentes revues d'histoire

Les revues de vulgarisation d'histoire sont, pour la plupart, mensuelles. Elles sont vendues en kiosque et proposent des formules d'abonnement. La plupart sont également disponibles par l'intermédiaire de l'OFUP (réservé aux lycéens, étudiants et enseignants) qui propose des réductions importantes sur les abonnements. Mais ces revues, notamment *L'Histoire*, se trouvent aussi dans la plupart des CDI, bibliothèques municipales ou universitaires. Ces revues de vulgarisation allient sérieux et souci de lisibilité, mais contrairement aux nombreuses revues pour spécialistes, elles condensent la taille des articles et ne développent pas de sujets trop «pointus». Elles veulent toucher un public large et n'intéressent donc pas seulement les enseignants ou les étudiants en histoire.

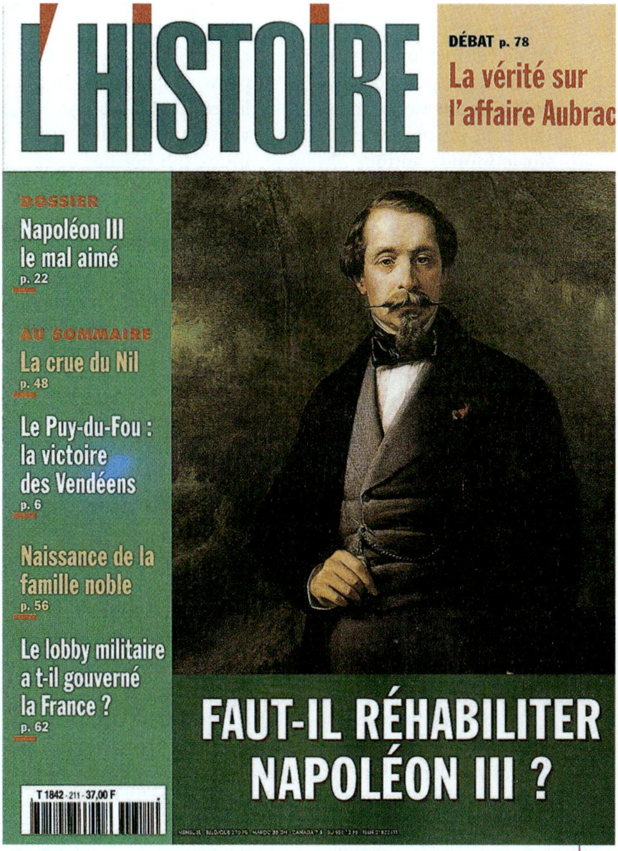

La plus connue des revues de vulgarisation, L'Histoire, *consacre toujours un dossier spécial à un thème, un personnage ou une époque.*

Lire des revues de vulgarisation

Au sommaire…

La plupart des revues de vulgarisation sont organisées sur le même principe, même si la maquette et le format sont bien évidemment divers. Le cœur de la revue est constitué d'un dossier sur un sujet historique (un personnage, un événement, une période, etc.), annoncé en « une », qui peut porter aussi bien sur le monde antique ou le Moyen Âge que sur les périodes modernes et contemporaines.
Ce dossier est composé de la réunion de différents articles d'historiens, de journalistes, de personnalités interviewées, d'écrivains. Différentes rubriques lui succèdent : « actualité », « comptes rendus critiques de livres », « forums des lecteurs », etc.
Les revues de vulgarisation sont abondamment illustrées et donnent donc accès à des documents iconographiques de tous types (précieux pour les exposés) : cartes, peintures, plans, graphiques. De plus, les revues proposent, souvent en fin d'année, un index qui permet de trouver aisément les articles sur un thème que l'on recherche. Enfin, elles éditent des numéros spéciaux qui ne traitent que d'un sujet à la fois et sortent la plupart du temps sous forme de hors-série. Leur périodicité est variable. *Historia Spécial* est, par exemple, bimensuel.

Les revues d'histoire spécialisées

La discipline historique compte de nombreuses revues érudites et savantes, dont la lecture est plus exigeante. Toutefois, elles peuvent fournir des éléments nouveaux pour une recherche approfondie et matière à réflexion.
On peut citer les *Annales* ou la *Revue d'histoire moderne et contemporaine.* Avec elles, l'apprenti historien découvrira que le champ d'investigation de l'histoire et ses objets paraissent véritablement sans limites.

Des revues orientées vers l'actualité

Ces revues d'histoire sont tournées vers le présent. En effet, les dossiers et les numéros spéciaux font fréquemment écho à l'actualité. Cela peut être à l'occasion d'un procès, d'un débat politique ou, le plus souvent, d'un anniversaire ou d'une commémoration. Si le lien est fait, dans la majorité des cas, entre hier et aujourd'hui, c'est parce que ces revues ont pour objectif de mieux faire comprendre les enjeux et les problèmes du temps présent en les éclairant par les leçons du passé. L'actualité dont traitent ces revues de vulgarisation n'est toutefois pas seulement historique, elle est aussi historiographique. En effet, ces revues rendent compte et critiquent les ouvrages d'histoire importants, notamment ceux qui portent sur une question où les différentes visions des historiens s'affrontent.
Ce fut le cas en 1996 avec le livre de l'Américain Daniel Goldhagen, *Les Bourreaux volontaires de Hitler*, ou en 1997 avec la sortie du *Livre noir du communisme* sous la direction de Stéphane Courtois.
Dans tous les cas, la lecture des revues est une invitation à découvrir des livres d'histoire.

Consulter un dictionnaire d'histoire

Les dictionnaires généraux peuvent être utiles en histoire pour vérifier le sens d'un mot ou obtenir une brève notice biographique d'un personnage historique. Mais la discipline historique possède des outils spécifiques précieux : les dictionnaires d'histoire. Ils permettent de commencer efficacement une recherche et d'obtenir rapidement des informations précises.

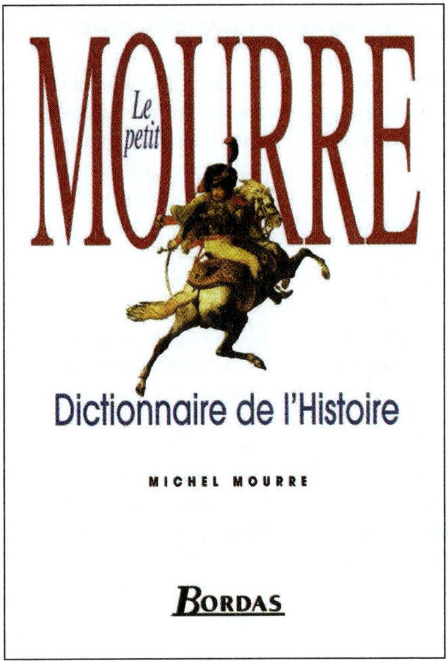

Le Dictionnaire d'histoire universelle *de Michel Mourre est appelé, plus communément, le* Mourre. *Il a été réédité récemment chez Bordas.*

Utiliser un dictionnaire d'histoire

Les articles des dictionnaires d'histoire nous informent sur des événements, des personnages qui ont fait l'histoire, ou encore des notions historiques importantes. On trouve ainsi dans le *Mourre*, le plus célèbre des dictionnaires d'histoire, les rubriques « Commune de Paris », « De Gaulle » ou bien « Féodalité ». La consultation d'un dictionnaire d'histoire débute donc par la recherche d'un mot clé. Si l'intitulé du sujet sur lequel on effectue une recherche ne constitue pas une « entrée » directe du dictionnaire que l'on utilise, il est nécessaire de se reporter à l'index situé en fin d'ouvrage. Celui-ci contient, en face du mot recherché, les articles auxquels il faut se reporter pour obtenir des informations. Un dictionnaire d'histoire est composé de multiples renvois et chaque information qu'il donne oriente le lecteur vers une autre. Par exemple, à la fin d'un article sur Robespierre seront indiqués les articles voisins pouvant éclairer la notice principale de données complémentaires (tribunal révolutionnaire, Terreur, etc.).

Consulter un dictionnaire d'histoire

Quels dictionnaires d'histoire consulter ?

Les dictionnaires d'histoire sont très variés à la fois dans leur forme et dans leur contenu.
Il faut d'abord distinguer les dictionnaires généraux de ceux portant sur une période historique spécifique. Les premiers, dont le modèle est le *Dictionnaire d'histoire universelle* de Michel Mourre (éditions Bordas), portent sur toutes les grandes périodes. Comme le spectre historique et géographique est très large, les informations ont tendance à être plus succinctes et il faut souvent se reporter à des dictionnaires portant sur des périodes plus précises. Ceux-ci couvrent un espace géographique plus ou moins large.
Le *Dictionnaire de l'Ancien Régime* ne concerne que la France, mais le *Dictionnaire historique du Moyen Âge* porte sur l'Europe. Certains sont encore plus spécialisés, comme l'intéressant *Dictionnaire des fascismes et du nazisme*.
En fonction de sa recherche, il faut ensuite distinguer les dictionnaires d'histoire qui contiennent des notices biographiques de ceux qui ne contiennent pas de noms propres.

Certains dictionnaires choisissent de ne traiter que des notions historiques, des institutions, des moments décisifs d'une époque sans consacrer des notices spécifiques aux différents personnages historiques. On les appelle souvent des lexiques historiques comme, par exemple, le *Lexique de la civilisation romaine*. D'autres dictionnaires, en revanche, ne s'intéressent qu'aux biographies des personnages célèbres et moins célèbres. Ainsi, le *Dictionnaire historique du mouvement ouvrier* recense tous les militants du XIXe siècle dont on a gardé des traces.

Des dictionnaires thématiques

Jean Tulard, *Dictionnaire Napoléon*, Fayard, 1999. *Dictionnaire du Consulat et de l'Empire*, Laffont, 1995.

François Furet, *Dictionnaire critique de la Révolution française*, Flammarion, 1992 (4 volumes).

Un format de présentation très utile

Consulter un dictionnaire d'histoire est d'abord utile parce que celui-ci offre des informations précises et rapides dans un volume de texte réduit. On le consulte donc d'abord quand on recherche une définition d'un terme technique, un éclairage ponctuel sur un personnage ou un moment historique. Mais le dictionnaire d'histoire peut être aussi un point de départ vers des ouvrages historiques plus spécialisés puisqu'il offre souvent des orientations bibliographiques. Enfin, beaucoup de dictionnaires d'histoire contiennent des illustrations anciennes et des présentations graphiques d'études statistiques qui serviront pour un exposé ou une recherche. Des dictionnaires qui ne s'intitulent pas dictionnaire d'histoire sont aussi utiles à la discipline historique. Ainsi le *Trésor de la langue française* donne l'histoire du sens de chaque mot.
De même, le *Dictionnaire des œuvres* donne des informations sur le contexte dans lequel ont été créées les grandes œuvres artistiques.

Comprendre le journal

Par rapport à la radio ou à la télévision, le journal présente une information plus approfondie. Mais pour comprendre le journal, il faut savoir que l'écriture des articles, le choix des photographies et la mise en page obéissent à des règles de présentation et d'organisation dont la connaissance permet d'exercer une lecture critique.

La « une » d'un quotidien est consacrée à l'événement considéré comme le plus important. Ici, un choix de « unes » de Libération.

Une information hiérarchisée et organisée

La « une » du journal présente les informations essentielles du jour. Cette première page indique au lecteur le sujet qui sera développé dans les pages intérieures, tout en tentant d'accrocher son attention grâce aux gros titres ou aux photos. D'autres informations figurent sur la première page : informations secondaires, sommaire, éditorial, tribune offerte à une personnalité, etc. Le journal, outre les premières pages qui reviennent et développent l'information annoncée en «une», est constitué de rubriques consacrées à des thèmes variés : la politique intérieure, les événements internationaux, la société, l'économie, la culture.
À cela s'ajoutent des pages pratiques (programmes de télévision, jeux, petites annonces). À l'intérieur de chaque rubrique, la hiérarchisation de l'information se fait selon la taille du titre. Les gros titres abordent les questions les plus importantes tandis que les entrefilets ou les brèves sont des textes courts portant sur des sujets secondaires.

Comprendre le journal

La liberté de la presse

La liberté de la presse a été proclamée dans la Déclaration d'indépendance américaine (1776) et la Déclaration des droits de l'homme et du citoyen (1789), avant d'être stipulée par la loi du 29 juillet 1881. Cette loi, abrogeant tous les textes antérieurs, donne un statut libéral à la presse : abolition de l'autorisation préalable et de la censure. Sous l'Occupation, une nouvelle réglementation rétablit, entre autres, la censure et l'autorisation préalable; elle sera abolie à la Libération par l'ordonnance du 26 août 1944.

Distinguer l'information du commentaire

L'éditorial est utilisé par la rédaction pour exprimer son point de vue sur tel ou tel événement. Il n'est pas toujours signé, de manière à indiquer qu'il représente le point de vue du journal dans son ensemble. Pour autant que l'éditorial exprime ouvertement la subjectivité de son auteur, il ne faut pas en déduire que les autres articles sont l'expression d'une totale objectivité. Il suffit d'ailleurs de consulter deux journaux différents traitant du même sujet pour s'en convaincre. Toutefois, certains quotidiens séparent nettement la présentation des faits de leur analyse.

Les agences de presse

Les agences de presse fournissent aux journaux des articles, des informations et tous autres éléments de rédaction. Les plus connues sont l'agence Tass en Russie, Reuter en Angleterre, Associated Press aux États-Unis et l'AFP en France.

Une information hiérarchisée

Lire un journal dans sa totalité prend plusieurs heures. En règle générale, on trie l'information en fonction de ses centres d'intérêt. Ce premier tri est d'autant plus facile que l'on connaît la répartition des différentes rubriques (international, politique intérieure, économie, etc.). À chaque article correspond un titre principal dont le libellé est à lui seul un résumé de l'article. Un sous-titre, qui peut prendre deux ou trois lignes, permet de cadrer l'article. Mais seule la lecture de ce dernier permet de se faire une idée plus complète et, surtout, de prendre la mesure de la subjectivité de l'information.

Quand les journaux font l'histoire

Certains événements qui ont pu avoir *a posteriori* une conséquence importante ont été directement créés par des journalistes et des journaux. Ainsi, en publiant l'article d'Émile Zola intitulé « J'accuse » dans *L'Aurore* du 13 janvier 1898, Clemenceau est à l'origine de ce qui allait devenir l'affaire Dreyfus. De même, ce sont deux journalistes américains du *Washington Post*, Carl Bernstein et Robert Woodward, qui ont déclenché, par leur enquête commencée en juin 1972, l'affaire du Watergate, qui a finalement contraint le président Richard Nixon à la démission, le 8 août 1974.

Les produits multimédia

Les produits multimédia permettent d'enrichir nos connaissances dans de nombreux domaines. L'écran de l'ordinateur peut aujourd'hui se transformer en une véritable encyclopédie, nourrie par différents types de documents et de supports, ouverte à toutes les transformations et les actualisations. Surtout, ces outils ont ceci de particulier qu'on peut y «naviguer», choisir et utiliser à sa guise ce qui nous est proposé.

L'écriture multimédia

Le multimédia propose sur le marché un nombre croissant de titres qui offrent à la fois de bonnes introductions à la connaissance de périodes au programme mais aussi des moments de plaisir et de divertissement. Bien utiliser un CD-ROM d'histoire nécessite une certaine habitude de la narration historique sur ce support. Beaucoup de produits ne sont en fait que des banques de données plus ou moins bien faites, habilement habillées par des graphistes qui utilisent au mieux toutes les possibilités offertes par les techniques de numérisation et de retouche des images. Quoi qu'il en soit, certains produits sont excellents. Citons notamment *L'Histoire de France* (Encyclopaedia Universalis et la RMN), *Versailles, complot à la cour du Roi-Soleil* (Cryo/Canal + et la RMN) ou, sur la Seconde Guerre mondiale, *Opération Teddybear* (Flammarion et Index +). L'utilisateur doit savoir que l'écriture multimédia est souvent morcelée et ne facilite pas une appréhension synthétique. Laissant libre cours à l'imagination, elle est moins serrée que la narration livresque et, de ce fait, plus intuitive que réflexive.

L'histoire est une matière qui se prête particulièrement bien à l'édition électronique.

Les produits multimédia

Les CD-ROM

Il existe de nombreux CD-ROM sur l'histoire qui peuvent être un complément amusant et instructif aux cours et aux lectures. Ces produits présentent l'avantage de rassembler une grande quantité d'informations (comme les encyclopédies, par exemple) et sous des formes très variées.
On peut ainsi avoir accès à des sources historiques diversifiées et s'attarder sur celles que l'on préfère. Ainsi, un CD-ROM sur le général Charles de Gaulle présente à la fois des photos et des images vidéo, des extraits de ses œuvres, de ses lettres et de ses discours, des témoignages de contemporains, des reproductions d'objets lui ayant appartenu, des articles de journaux, des affiches et caricatures… Sans le CD-ROM, il aurait fallu se rendre dans de nombreux lieux différents pour pouvoir accéder à ces supports multiples et variés.
Les CD-ROM historiques sont extrêmement diversifiés et portent sur de nombreuses périodes : de l'Égypte ancienne à l'histoire de la Shoah, en passant par l'art du Moyen Âge et les batailles célèbres.

Internet

De nombreux sites du réseau sont consacrés à l'histoire. Internet présente l'avantage d'être une formidable banque de données sur tous les sujets, même les plus pointus. De nombreux centres de recherche ont par exemple des sites, et les historiens eux-mêmes utilisent ce moyen de communication et d'échange d'informations. Le réseau offre une une réalité nouvelle à la coopération internationale dans tous les domaines scientifiques. Il n'est plus besoin d'attendre la publication d'un livre pour savoir qui travaille sur le sujet et pouvoir dialoguer avec lui.

Mais d'autres sites mettent à la portée de tous des informations sur des questions historiques moins pointues. C'est une manière ludique et rapide d'avoir accès à toutes sortes d'informations sur divers sujets. Certains sites permettent d'entrer en communication avec des gens qui sont passionnés par les mêmes questions. L'intérêt est de pouvoir naviguer entre les différents types d'informations et de pouvoir rencontrer d'autres utilisateurs. On trouvera également des informations sur des activités liées à l'histoire : fouilles, restauration de monuments historiques, etc.

Les monuments sur CD-ROM

La reconstitution de certains sites à l'aide des images virtuelles (et aussi des travaux des historiens) permet de voyager à l'intérieur de lieux historiques, reconstitués tels qu'on imagine qu'ils devaient être. Ces reconstitutions peuvent être spectaculaires, à partir de ruines (le site de Délos ou l'abbaye de Cluny), mais elles dépassent la simple visite virtuelle. Ainsi, les CD-ROM sur les châteaux de la Loire ou Notre-Dame de Paris nous aident à mieux visualiser les modes de vie, l'environnement, l'atmosphère d'une époque. On assiste à la construction de ces bâtiments, on les voit évoluer au travers des différentes périodes historiques.

La composition d'histoire

La composition remplace l'ancienne dissertation, mais les objectifs restent les mêmes. Il s'agit d'organiser des connaissances en fonction d'un sujet donné. Le premier travail consiste à bien comprendre et analyser tous les termes de l'énoncé, puis à le délimiter dans le temps et l'espace. Cette réflexion préliminaire vous évitera de faire des hors-sujets.

Dégager la problématique et construire le plan

Dans un second temps, vous sélectionnez les connaissances nécessaires pour traiter le sujet en vous posant des questions : quels sont les acteurs concernés et quels sont leurs mobiles et leurs objectifs ? Dans quel(s) espace(s) les événements se situent-ils et pourquoi là et pas ailleurs ? À quel moment se déroulent-ils et pour quelles raisons ? Existait-il des signes annonciateurs ?
Quelles en sont les causes, lointaines et immédiates ? Comment les événements, les structures évoluent-ils ? Quelles en sont les conséquences à court et à plus long terme ?
Vous ne devez jamais perdre de vue l'énoncé du sujet afin de juger de la pertinence ou non des connaissances que vous sélectionnez.
Recherchez toujours les liens logiques unissant les idées les unes aux autres. Éliminez tout ce qui n'est pas clairement relié au sujet. Loin de vous rapporter des points, cela vous en fera perdre.

Le jour de l'épreuve, chacun est penché sur sa copie : mon plan est-il clair ?

La composition d'histoire

Dégager la problématique et construire le plan

Il s'agit maintenant de dégager la problématique du sujet, c'est-à-dire l'idée directrice de votre devoir autour de laquelle vous allez organiser vos connaissances. Quel est le problème central soulevé par le sujet, qu'est-ce que l'on va montrer ? Cela revient à transformer l'énoncé en une question pertinente. Ce préalable va vous permettre d'élaborer votre plan. Vous identifiez les idées maîtresses et vous les ordonnez selon votre idée directrice en deux ou trois parties, puis vous regroupez les thèmes secondaires au sein de chaque partie en justifiant leurs liens. Votre devoir ne doit pas consister à juxtaposer des informations, mais doit être une démonstration rigoureuse où toutes les idées, reliées les unes aux autres, sont illustrées par des exemples précis. Il n'y a pas de plan idéal. Pour un même sujet, on peut trouver plusieurs plans possibles selon le choix de votre problématique. Le plan chronologique est le plus simple et le plus classique. En suivant les événements, il vous évite de faire des répétitions. Mais vous devez mettre en évidence les dates charnières et justifier votre découpage chronologique. Le plan chronologique ne vous permet pas de dégager les permanences et les structures. Le plan thématique, plus difficile à construire, s'adapte mieux aux sujets de type bilan ou tableau. Vous devez dégager les principaux thèmes en montrant leurs articulations. Au sein de chaque partie, vous pouvez montrer les évolutions chronologiques. Il faut éviter de tomber dans le plan à tiroirs où vous traitez successivement de la société, de l'économie, de la politique, etc. Ce type de plan sépare de façon artificielle des thèmes étroitement imbriqués.

Comment rédiger le devoir ?

L'**introduction**. Après avoir introduit le sujet par une courte phrase de présentation, vous le rappelez, puis vous expliquez les termes et vous fixez les bornes chronologiques et spatiales. Vous exposez ensuite votre problématique avant de terminer par l'annonce de votre plan.

Le développement. Vous devez respecter le plan annoncé. Vos deux ou trois parties doivent être subdivisées en paragraphes correspondant chacun à une idée, illustrée par un exemple. Reliez chaque paragraphe et chaque partie par des phrases de transition.

La conclusion. Ce n'est pas un résumé de votre étude, mais un bilan qui répond à votre problématique. Terminez votre devoir en l'ouvrant sur la période postérieure ou sur une perspective plus large.

La forme. Votre devoir doit être agréable à lire. Vous ne devez pas numéroter vos parties mais sautez des lignes entre chacune d'elles et retourner à la ligne à la fin d'un paragraphe. Soignez le style, la syntaxe et l'orthographe. Deux points sur vingt sont attribués à la qualité du français et à la présentation. Soignez l'introduction et la conclusion qui sont la première et la dernière impression laissées au correcteur. Votre conclusion doit être rédigée à l'avance sur un brouillon car le temps vous manquera à la fin de l'épreuve. Gardez-vous 5 minutes pour une ultime relecture.

L'étude d'un ensemble documentaire

L'épreuve écrite du baccalauréat, d'une durée de quatre heures, comporte deux parties inégales, tirées au sort le jour des épreuves. Il est conseillé de consacrer entre deux heures et demie et trois heures pour la première partie qui sera évaluée sur 12 tandis que la seconde épreuve sera notée sur 8. Si la première partie concerne l'histoire, la seconde portera obligatoirement sur la géographie. Si l'histoire est tirée au sort en première partie, les candidats ont le choix entre trois sujets : deux compositions et l'étude d'un ensemble documentaire.

Cinq documents au maximum

L'étude d'un ensemble documentaire a été récemment modifiée. Le sujet posé laisse apparaître une problématique claire et porte sur un des thèmes majeurs du programme d'histoire. Il est accompagné de 5 documents au maximum, pouvant être de nature diverse, textes, iconographies, statistiques, cartes, etc. Si les documents comportent des titres, ils sont purement indicatifs et ne contiennent aucune information thématique car c'est un des objectifs que l'on attend de vous. Si les documents font référence à des événements ou à des personnages secondaires, des notes complémentaires vous sont fournies à leur propos en annexe. Une chronologie indicative peut compléter cet ensemble documentaire. L'exercice compte deux parties : il faut d'abord analyser les documents en répondant à des questions (cinq au maximum) qui peuvent porter sur la recherche, la mise en relation ou la contextualisation d'informations, sur l'identification de notions ou thèmes essentiels et sur l'intérêt et les limites de l'ensemble documentaire par rapport au sujet. Il faut ensuite rédiger de façon synthétique une réponse argumentée à la problématique définie par le sujet.

René Cassin fit adopter en 1948 la Déclaration universelle des droits de l'homme : un beau sujet d'examen.

L'étude d'un ensemble documentaire

Répondre aux questions

Comme pour une composition, il faut commencer par analyser le sujet. Les documents doivent aider à le traiter : il faut les lire attentivement afin d'identifier leur nature, leur auteur et leur source, les notions majeures ou les thèmes essentiels. Ensuite, il faut répondre aux questions : pour cela, il faut sélectionner, dans chaque document, les informations qui correspondent à chaque question. On peut travailler directement sur les documents à l'aide de marqueurs de couleur, par exemple, pour repérer des phrases importantes dans un texte, des ensembles sur une carte ou identifier des tendances sur un graphique. Un même document peut donner des éléments de réponse pour une ou plusieurs questions. Attention ! Il ne s'agit pas de dire simplement ce qu'il y a dans chaque document mais de répondre précisément aux questions posées.

Exemple de sujet : « L'Europe a t-elle un avenir politique ? »

Liste des documents

- Document 1 : carte des élargissements de l'Union Européenne.
- Document 2 : « Une Europe fédérale », par Joschka Fisher.
- Document 3 : dossier « Une Constitution pour l'Europe », *Le Monde*.
- Document 4 : « Unité ou divisions de l'Europe ? », par Bronislaw Geremek.

Questions

1. Qu'est-ce-qui caractérise le cinquième élargissement ? Quelle en est la signification politique ? (document 1)
2. Quelle réforme des institutions européennes préconise Joschka Fischer ? (document 2)
3. Quel a été le débat au sein de la convention lors de l'élaboration du projet de Constitution ? (document 3)
4. Qui composait la Convention européenne ? Quel en était l'intérêt ? Quelles sont les causes de l'échec de l'accord sur le projet de Constitution européenne ? (document 4)

Rédiger la réponse à la problématique proposée

En se fondant sur le travail préparatoire, sur l'ensemble des informations extraites des documents et sur ses connaissances personnelles, il faut rédiger une réponse organisée à la problématique du sujet. Il ne s'agit pas de restituer brutalement les réponses aux questions mais d'en faire une synthèse. Il faut donc, comme dans une composition, rédiger une introduction, qui présente les thèmes choisis, une conclusion, qui résume la réponse apportée à la question posée par le sujet, et construire un plan correspondant aux idées principales de l'argumentation, c'est-à-dire la réponse à la problématique explicitée normalement dans l'intitulé du sujet. Aucun document ne doit être ignoré même si l'on privilégie ceux que l'on juge les plus importants. Il faut cependant faire attention à ne pas répéter une information citée dans plusieurs documents. On essaiera de mettre en évidence les relations logiques entre les thèmes et les contradictions entre les documents : la synthèse doit être avant tout critique.

L'explication d'un document

Si la géographie est tirée au sort en première partie, le candidat aura, pour la seconde partie, le choix entre deux explications d'un document d'histoire, portant l'un et l'autre sur un thème suffisamment large du programme. Chaque document comporte un titre et est accompagné de questions. Des notes explicatives peuvent éventuellement vous éclairer. Votre commentaire doit s'organiser en trois parties : la présentation du document en introduction, son analyse dans le développement et, en conclusion, l'étude de son intérêt et de sa portée historiques.

La dégradation de l'État qui va se précipitant. L'unité française immédiatement menacée. L'Algérie plongée dans la tempête des épreuves et des émotions. La Corse subissant une fiévreuse contagion. Dans la métropole, des mouvements en sens opposé renforçant d'heure en heure leur passion et leur action. L'armée, longuement éprouvée par des tâches sanglantes et méritoires, mais scandalisée par la carence des pouvoirs [...]. C'est dans ces conditions que je me suis proposé pour tenter de conduire une fois de plus au salut le pays, l'État, la République, et que, désigné par le chef de l'État, je me trouve amené à demander à l'Assemblée nationale de m'investir pour un lourd devoir. De ce devoir, il faut les moyens. Le gouvernement, si vous voulez l'investir, vous proposera de les lui attribuer aussitôt. Il vous demandera les pleins pouvoirs [...]. Le gouvernement que je vais former, moyennant votre confiance, vous saisira sans délai d'un projet de réforme [...] de la Constitution, de telle sorte que l'Assemblée nationale donne mandat au gouvernement d'élaborer, puis de proposer au pays, par la voie du référendum, les changements indispensables.

Discours d'investiture du général de Gaulle, le 1er juin 1958.

La présentation du document

La première question vous invite à présenter le document. Vous devez indiquer sa nature, qui peut être un discours, un extrait de Mémoires, un article de presse, un traité diplomatique, un document iconographique, une carte, des statistiques, etc. S'il s'agit d'un extrait d'un ouvrage, vous devez en citer le titre et le souligner. Après avoir précisé sa date de réalisation et sa méthode pour des statistiques ou des graphiques, vous présentez son auteur en indiquant les fonctions qu'il occupait au moment des événements qu'il relate, en évitant de verser dans une étude biographique détaillée. Vous terminez en indiquant les destinataires du document et les circonstances dans lesquelles il a été élaboré. Cette présentation du contexte peut être locale, nationale ou interna-

L'explication d'un document

tionale selon la teneur du document. Une conférence d'un président des États-Unis devant un parterre d'universitaires est souvent destinée à un public beaucoup plus large, voire au monde entier. Toutes ces informations que vous donnez ont comme seul objectif d'éclairer le document. Vous pouvez terminer cette introduction en présentant les principaux thèmes évoqués par le document.

L'analyse du document

Les deux ou trois questions centrales qui vous sont posées vous invitent à expliquer les thèmes majeurs exposés dans le document. Elles correspondent au travail d'explication proprement dite. Vous devez éviter de tomber sur les deux écueils classiques, la paraphrase et le hors-sujet. La paraphrase consiste à répéter le texte d'une manière différente, voire à simplement le recopier, sans y apporter d'explications supplémentaires. L'autre piège est d'utiliser le texte comme un prétexte pour faire un exposé de votre cours. Cette dérive vous amène à faire du hors-sujet. L'explication consiste à réaliser un fragile équilibre entre ces deux extrêmes. Vous devez toujours coller au texte et le citer en mettant les phrases entre guillemets. Puis vous utilisez vos connaissances pour l'éclairer et le rendre intelligible pour quelqu'un qui ne connaîtrait rien des événements. Vous devez faire des allers et retours permanents entre le texte et le contexte auquel il se réfère. Expliquez les allusions et les sous-entendus, analysez les nuances et soulevez les contradictions qu'il peut comporter mais gardez-vous des contresens ou des faux-sens. Ne faites pas dire au document ce qu'il ne dit pas, même s'il va à l'encontre de ce que vous avez appris. Complétez les renseignements partiels, notez les lacunes et effectuez les rapprochements avec le contexte historique général. N'utilisez vos connaissances que dans la mesure où elles permettent d'apporter un éclairage à votre commentaire : vous devez étudier le document, tout le document, rien que le document.

La conclusion

La dernière question porte sur l'intérêt et la portée historique du document. Vous devez indiquer de façon critique ce qu'il nous apprend et ce qu'il révèle de l'auteur et de la situation et des événements dont il est question. L'auteur est-il partial ou se montre-t-il un observateur avisé ? Ce document présente-t-il un point de vue original ou est-il simplement révélateur du climat de l'époque ? Quelle que soit la réponse que vous apporterez à cette question, prenez garde de déraper vers un jugement personnel. L'histoire se garde d'être un tribunal, elle tente seulement d'expliquer les motivations des hommes et le déroulement des événements. Vous concluez sur la portée du document : quel a été son impact immédiat ? Quelles en ont été les conséquences à court ou à plus long terme ? A-t-il pesé sur le cours de l'histoire ? Le commentaire ne doit pas excéder une page. Vous devez donc être clair, concis et rigoureux. Veillez à la présentation, à l'orthographe et à la qualité de votre syntaxe.

Regarder la chaîne «histoire» sur le câble

Cette chaîne, entièrement consacrée à l'histoire, offre aux téléspectateurs un programme varié pour apprendre, revoir ou approfondir leurs connaissances historiques.

Le logo de la chaîne câblée consacrée à l'histoire et présentée par des historiens.

histoire

La chaîne «histoire»

La chaîne «histoire» est une chaîne thématique de la télévision publique née le 14 juillet 1997, diffusée sur le bouquet TPS et sur certains réseaux câblés. Sa grille de programmes s'articule autour de deux moments forts : le matin, des documentaires de format court, destinés surtout aux scolaires ; le soir, des documentaires inédits et des programmations spéciales. La chaîne traite toutes les périodes historiques et, de façon plus générale, tente de couvrir le maximum de sujets. Elle constitue une manière agréable de réviser un cours car elle permet, par exemple, de visionner des documents d'actualité. Les lieux, les hommes, les événements qui sont au programme du lycée acquièrent une dimension vivante. On peut aussi essayer de se mettre à la place des contemporains qui voyaient ces informations au cinéma. Sans doute est-ce là une manière de réaliser qu'ils ignoraient tout ce que nous savons aujourd'hui, comme les clauses secrètes des traités. On prend ainsi conscience du travail des historiens qui ont mis au jour certains faits historiques inconnus des contemporains.

Des images d'actualité présentées par des historiens

Sur la chaîne histoire, les documents d'époque – c'est-à-dire le plus souvent les images des actualités d'alors – sont toujours présentés par des historiens. Cette introduction par un historien est systématique, car elle permet d'attirer l'attention du téléspectateur sur les conditions de production des images, de cadrer le sujet et de rappeler le contexte dans lequel il s'inscrit. Rappelons que les images dites d'archives ne sont jamais innocentes. Plus généralement, et quel que soit le thème proposé, un minimum de connaissances est ainsi fourni au téléspectateur pour le guider dans la lecture d'images parfois difficiles à déchiffrer.

Regarder la chaîne «histoire» sur le câble

Les documentaires historiques et les films de fiction

La chaîne propose également des documentaires historiques dont le contenu est très différent de celui des actualités.
Ils ont été réalisés après les événements dans un but démonstratif: si des images d'actualité peuvent s'y trouver, c'est qu'elles auront été retenues par le réalisateur pour appuyer son propos. C'est pourquoi les documentaires historiques sont plus faciles à regarder que des actualités d'époque: ils sont un peu comme un exposé en images.
En regardant un documentaire il peut être intéressant de repérer cette construction: comment l'auteur présente son sujet, comment il choisit de le traiter et comment il l'illustre. Autant de points qui peuvent aider à mieux comprendre une période. On peut s'inspirer de la démarche de certains documentaires pour faire un exposé.
La chaîne histoire introduit aussi systématiquement les documentaires qu'elle diffuse. Ces introductions peuvent attirer l'attention du téléspectateur sur un point novateur du documentaire ou, au contraire, sur un élément ou une idée qui peut être inexact. Il faut en effet toujours regarder les documentaires avec prudence: la télévision ne dit pas plus la vérité que les journaux ou les livres. Elle ne la dit pas moins non plus, mais la vérité est toujours imparfaitement saisie et, dans le laps de temps souvent court des documentaires, elle risque d'être soumise à des raccourcis, des exagérations, des oublis, etc.
Le même système de présentation existe pour les films de fiction à caractère historique que la chaîne diffuse.

Une vocation éducative et pédagogique

Depuis sa création en 1997, la chaîne Histoire revendique une dimension véritablement éducative et pédagogique. Elle produit donc un certain nombre d'émissions en partenariat avec divers acteurs du monde de l'enseignement (notamment le ministère de l'Éducation nationale et le CNED, etc.). En dehors des documentaires diffusés le matin qui traite des différents sujets des programmes scolaires, une série d'émissions plus particulièrement centrées sur l'objectif du baccalauréat ont été produites en 2003 : les vingt-cinq volets de « Cap Bac » ont fourni aux candidats des documents, des photographies, des archives, des cartes et des séances de révision pour leur permettre d'appréhender avec plus de facilité les épreuves d'histoire et de géographie. Ces fiches de révision sont téléchargeables sur le site de la chaîne : http://www.histoire.fr
Le site met également à la disposition des élèves et des professeurs un certain nombre d'outils pédagogiques : pour chaque niveau et pour chaque sujet, des références bibliographiques et des liens vers des sites internet complémentaires.
La chaîne diffuse également des colloques et forums portant sur les différents points clés des programmes.

Le documentaire historique

Une image du documentaire de Claude Lanzmann, Shoah. *Ce film est essentiellement composé de témoignages.*

Le documentaire est un support très intéressant pour faire de l'histoire et il est souvent une occasion unique de voir vivre les personnages qui ont marqué leur temps.

Des documentaires variés

Les sujets des documentaires historiques sont très variés : ils peuvent porter sur la vie de personnes connues (hommes politiques, sportifs, chanteurs, etc.) ou moins connues (les rescapés des camps de concentration) ; ils peuvent aussi retracer des événements importants (Mai 68, l'assassinat d'Henri IV) ou encore restituer les principaux traits d'une période, d'une société (la France des années 1960, la vie en Afrique du Sud au temps de l'apartheid). Grâce aux images et au récit qui les lient entre elles, le documentaire donne l'occasion de voir des images, des lieux, des événements, des hommes qui, sinon, ne sont souvent que des mots dans les livres. Quand on entend Hitler haranguer les foules, on est frappé par la dureté de son ton, par la manière dont il hurle dans son micro. Quand on voit le décor dans lequel il aimait se produire : un décor immense, grandiloquent, où tout converge vers sa personne, on ressent – presque comme les gens d'alors le percevaient – ce qu'a pu être le culte du chef mis en place par celui qui se faisait appeler le Führer et comment cette mise en scène, qui n'était qu'un des aspects d'un régime totalitaire et oppressif, a pu être efficace. Les images permettent bien souvent de visualiser ce que l'on a lu ailleurs ou d'apporter d'autres éléments qui rendent plus vivantes les connaissances que l'on a pu acquérir.

Le documentaire historique

L'histoire proche : une enquête policière

Le réalisateur qui décide de faire un documentaire sur une période proche fait souvent le choix d'interviewer, dans ses films, des témoins. Comme pour une enquête policière, il leur demande ce qu'ils ont vu, entendu, ce qu'ils savaient, ce qu'ils ont pensé. Il cherche ainsi à restituer une époque en demandant aux gens de se replonger dans leurs souvenirs : comme si les gens étaient les meilleures machines à avoir enregistré une réalité disparue. Dans la parole vivante, le réalisateur tente de retrouver des détails, une atmosphère, une perspective qui auraient échappé aux archives et, par conséquent, à ce que les historiens ont pu écrire à partir d'elles. Les témoins interviewés prennent alors une autre dimension : ce sont eux qui, par leurs témoignages, font l'histoire, l'écrivent. Le témoin apparaît dans ces documentaires comme l'équivalent, par exemple, d'une gravure ou d'un document administratif trouvé dans les archives : une véritable source. Il reste au réalisateur à faire un travail très proche de celui de l'historien : critiquer ses sources, recouper les témoignages, bref les faire parler, leur donner un sens.
À cet égard, le montage final joue un rôle particulièrement important.

« Shoah », un documentaire sans images d'archives

Shoah, le film de Claude Lanzmann sur le génocide des Juifs par les nazis pendant la Seconde Guerre mondiale, est exemplaire de ce genre de documentaire. Son réalisateur a en effet interrogé des dizaines de rescapés des camps de concentration. Ils décrivent la manière dont ils ont été arrêtés, puis déportés dans des wagons à bestiaux jusque dans les camps de travail ou d'extermination. Ils racontent aussi avec beaucoup d'émotion comment ils ont vécu dans ces camps, comment ils ont vu leurs amis ou leur famille mourir. Ils disent aussi leur difficulté de vivre après la mort de tant de gens (plus de six millions de Juifs sont morts pendant la Seconde Guerre mondiale) et après être eux-mêmes passés si près de la mort. Tous ces récits, extrêmement forts, font bien sentir la réalité des camps et la souffrance qu'ont éprouvée les déportés – et qu'ils éprouvent encore en la racontant. Le documentaire ressemble dans ce cas à un immense livre de témoignages. Pour rendre ces récits encore plus parlants aux spectateurs, Lanzmann les a entrecoupés d'images de ce qui reste des camps aujourd'hui. Il nous montre bien ainsi que la principale trace des camps de concentration et de cette histoire atroce réside dans la parole des survivants. C'est pourquoi il ne fait pas un film didactique sur la mise en place de la solution finale, le projet de Hitler et sa réalisation terrible.
Il a choisi d'aborder cette question du point de vue du vécu des victimes juives (et de quelques Allemands ayant participé à l'encadrement administratif des camps).
Ce documentaire ne doit pas être pris comme une leçon générale sur les camps de concentration ou la solution finale, mais comme une des manières d'aborder cette réalité.

La musique et l'histoire : la symphonie « Héroïque » de Beethoven

La musique, comme toute œuvre d'art, est plus ou moins ancrée dans son époque. La symphonie *Héroïque* de Ludwig van Beethoven ne fait pas exception : elle ne surgit pas *ex nihilo* du cerveau tourmenté de l'artiste, mais elle est bien plutôt la rencontre d'un génie et d'un contexte historique troublé. C'est ce « combat de Titan » qui donne justement à la troisième symphonie de Beethoven son souffle héroïque et révolutionnaire ; les différents thèmes mélodiques qui la parcourent peuvent être interprétés comme autant de thèmes historiques.

Une œuvre de son temps

L'*Héroïque*, composée en 1803, fut à l'origine dédiée à Bonaparte (alors premier consul), que Beethoven admirait sincèrement. Il voyait en lui un révolutionnaire héroïque et antimonarchiste, acteur de la libération des peuples d'Europe, et rendait ainsi hommage à l'incarnation vivante de son idéal de liberté et de démocratie. Mais quand Bonaparte se fit couronner empereur en 1804 (sous le nom de Napoléon Ier), Beethoven, furieux, déchira la dédicace en réécrivant simplement que son œuvre était « composée pour célébrer le souvenir d'un grand homme ». La symphonie *Héroïque* n'est pourtant pas engagée dans les luttes politiques

Grand musicien du siècle romantique, Ludwig van Beethoven (1770-1827) est l'incarnation du génie.

La musique et l'histoire : la symphonie « Héroïque » de Beethoven

que par cette seule dédicace : son style même témoigne d'un goût inédit pour les instruments à vent, directement inspiré par les ensembles de cuivres révolutionnaires qui se produisaient à cette époque à Paris, en plein air. Romain Rolland, dans la préface d'un ouvrage consacré à Beethoven, reprenait à son compte cette inspiration révolutionnaire en s'exclamant : « Rouvrons les fenêtres. Faisons rentrer l'air libre. Respirons le souffle des héros. »

Le prototype de l'artiste moderne

Par ses nombreuses innovations, dont l'accroissement de l'effectif instrumental, Beethoven s'est imposé comme le prototype de l'artiste moderne contrastant avec le musicien artisan de l'époque prérévolutionnaire. Il fut le modèle des compositeurs, qui, comme Wagner, mirent la musique au service de l'idée.

Une profession de foi laïque

Le souffle solennel qui parcourt la symphonie *Héroïque* en fait une œuvre mystique qui pourtant n'est absolument pas religieuse. C'est en cela aussi qu'elle est une œuvre « historique » et révolutionnaire : elle récupère la dimension sacrée de la musique solennelle (omniprésente par exemple au Moyen Âge) sans pour autant utiliser aucun des thèmes religieux qui ornaient les cantates ou les messes chantées. Ainsi, le combat héroïque qui est à l'œuvre ici n'est plus celui du Bien contre le Mal, mais celui de l'énergie morale contre la douleur. Par exemple, la marche funèbre du deuxième mouvement se déploie dans un recueillement extraordinaire, mais dont les accents sont laïcisés. Beethoven est de ce point de vue l'inventeur d'une forme nouvelle de baroque laïc, inaugurale du XIXe siècle qui commence. Dans quelle interprétation écouter cette symphonie ? L'enregistrement de l'Orchestre philharmonique de Vienne dirigé par Wilhelm Furtwängler en 1944 est une référence historique. Recommandons, parmi les versions modernes, celle de Leonard Bernstein à la tête du philharmonique de New York en 1969.

La musique et l'éveil des nationalités

L'esprit de liberté qui souffle sur l'Europe lors des conquêtes de Napoléon est à l'origine d'une prise de conscience des identités nationales. L'affirmation d'une spécificité culturelle allemande est perceptible dans l'opéra. Ainsi, le *Freischütz* de Weber est à l'origine de la création de l'opéra romantique allemand, dont Wagner reprendra le flambeau plus tard. En Italie, la lutte contre l'occupant autrichien à travers le mouvement d'indépendance du Risorgimento est associée aux opéras de Verdi, qui lui-même joua un rôle actif dans la politique de son pays.

La peinture et l'histoire : « Scènes des massacres de Scio » de Delacroix

Alors que les peintres du Moyen Âge et de la Renaissance privilégiaient les sujets religieux et bibliques, le mouvement romantique européen revendique ouvertement ses sources d'inspiration historique. Bien sûr, le témoignage de Delacroix n'est ni journalistique ni objectif et demeure avant tout artistique et subjectif. Pourtant, la réalisation de cette œuvre par l'artiste, mais aussi sa réception par le public de l'époque peuvent faire l'objet d'une étude historique enrichissante.

C'est sous l'influence de Gros, puis sous celle de Géricault que Delacroix (1798-1863) s'essaie à la peinture historique, dont Scène des massacres de Scio *est un parfait exemple.*

Le massacre de l'île de Scio : un événement historique

Avant d'être une œuvre d'art, *Scènes des massacres de Scio* est un épisode tragique de la guerre d'indépendance de la Grèce, au début du XIXe siècle. Ce pays était en effet occupé depuis le XVIe siècle par les Turcs de l'Empire ottoman et son peuple au passé prestigieux ne supportait plus la domination du sultan de Constantinople. Le soulèvement des Grecs, en 1821, bouleversa les intellectuels occidentaux, profondément philhellènes : il s'agissait pour eux de défendre un patrimoine culturel dont les origines remontent au Ier millénaire avant notre ère. En avril 1822, 20 000 Grecs sont massacrés par les Turcs à Chio, une petite île de la mer Égée. Dès le mois de mai 1823, Eugène Delacroix

La peinture et l'histoire : « Scènes des massacres de Scio » de Delacroix

écrit sur son carnet qu'il est « décidé à faire pour le Salon des scènes du massacre de Scio ». Cette œuvre est donc le résultat d'une réaction à chaud du peintre.
Pour mieux témoigner de ce carnage, il s'inspire des récits des témoins oculaires, faisant ainsi véritablement œuvre d'historien. La mort du poète anglais lord Byron, aux côtés des insurgés en avril 1824, pousse Delacroix à dédier son tableau à cet ardent défenseur des Grecs. Cette œuvre magistrale mérite bien d'être considérée comme « historique ».

Les études préliminaires

Avant de peindre la vaste toile, qui mesure 4,17 m sur 3,54 m, Delacroix a réalisé de nombreuses études à l'aquarelle, pour mieux maîtriser l'expression des couleurs.
Il est passionnant d'aller voir ces études, pour mieux se rendre compte de la réalité du travail pictural.
On peut admirer les *Massacres de Scio* et une de ses esquisses à l'aquarelle au musée du Louvre.

Un artiste témoin de son temps

Les *Massacres de Scio* ne sont pas une œuvre isolée dans la production foisonnante de Delacroix. *La Mort de Sardanapale* (en 1828) d'après la tragédie de Byron ou bien *La Liberté guidant le peuple* (en 1831), une grande composition inspirée par les barricades du 28 juillet 1830 à Paris, témoignent de cette même volonté d'inscrire son art dans certains grands événements historiques.
Il reste que l'énergie vitale et la passion de Delacroix ne sont pas du goût de tout le monde. Ainsi, les réactions du jury au Salon de 1824 n'ont pas été très positives. En effet, le baron Gros, qui est pourtant le protecteur de Delacroix, critique le tableau en affirmant qu'il s'agit en fait du « massacre de la peinture » !
La cruauté des soldats ottomans et le désespoir halluciné des victimes font scandale, en même temps qu'une certaine sensualité difficilement acceptable à l'époque.

Delacroix : un peintre « romantique » ?

Delacroix s'est toujours défendu d'appartenir à l'école romantique, car il en refusait le style qu'il jugeait parfois grandiloquent. Pourtant les *Massacres de Scio* reçurent un accueil enthousiaste de certains représentants de cette école, et non des moindres, puisque le grand Victor Hugo prit sa défense, suivi par le petit cercle des écrivains romantiques.
En effet, ce peintre qui affirmait son goût pour les classiques et son refus du sentimentalisme a opéré avec cette toile une véritable révolution picturale en se libérant des contraintes académiques qui ont longemps bridé l'emploi des couleurs.
On remarquera aussi le contraste violent entre le mouvement du soldat au second plan et l'apathie immobile du personnage blême au premier plan.
Longtemps incompris, Delacroix fut peut-être surtout le peintre métaphysique d'un « hymne composé en l'honneur de la fatalité et de l'irrémédiable douleur », comme l'écrivait Baudelaire. Les *Massacres de Scio* en sont le témoignage sublime et désolé.

Le musée du Louvre

Le musée du Louvre est aujourd'hui le plus grand musée du monde. Il contient une collection très riche d'œuvres d'art, de l'Antiquité à l'époque classique. C'est aussi un palais qui a une histoire de plusieurs siècles.

Une des nouvelles salles du Louvre.

L'histoire du Louvre

Le Louvre fut la demeure des rois de France pendant plusieurs siècles avant de devenir un musée. Il porte les traces de sa très riche histoire. C'est sous le règne de Philippe Auguste, au moment où Paris devient la capitale du royaume, que le Louvre naît, alors simple donjon placé en avant-poste du palais de la Cité (sur le site de l'actuel Palais de justice). Le Louvre est transformé en un palais fastueux sous l'impulsion de François Ier et de Henri IV. On peut aujourd'hui suivre les traces de cette histoire en visitant le Louvre médiéval.

Renseignements pratiques

Horaires : le musée du Louvre est ouvert tous les jours sauf le mardi. Collections permanentes de 9 h à 18 h, nocturne jusqu'à 21 h 45 le lundi et le mercredi. Les expositions temporaires du hall Napoléon sont ouvertes tous les jours de 9 h à 22 h sauf le mardi et les salles d'histoire le lundi de 9 h à 17 h 45.

Accès : de nombreuses lignes de bus desservent le musée (21, 27, 39, 48, 68, 69, 72, 95) ; en métro, il faut descendre aux stations Palais-Royal-Musée du Louvre, Louvre-Rivoli ou Tuileries (ligne 1).

Tarifs : 7,5 € de 9 h à 15 h ; 5 € après 15 h. Entrée gratuite pour les jeunes de moins de 18 ans.
Il existe une carte de fidélité, valable un an, qui donne l'accès libre aux collections ainsi qu'aux expositions. Il existe aussi une carte Louvre pour les jeunes. Le musée est gratuit le premier dimanche de chaque mois.

Le musée du Louvre

Une longue histoire

Le projet d'ouvrir le Louvre au public et d'en faire un musée date du XVIIIe siècle : c'est celui du comte d'Angiviller, directeur des bâtiments du roi. Mais ce n'est qu'en 1793 que l'idée prend corps. Après les pillages des journées de 1848, le Louvre devient un grand chantier national. Napoléon III y réinstalle certains symboles du pouvoir (*cf.* les salles de l'aile Richelieu, les nouveaux bâtiments autour de la cour Napoléon). Mais les incendies de 1871 détruisent les Tuileries et une partie du palais. Ce n'est que sous la République que le musée retrouve ses droits, la dernière étape en étant le départ du ministère des Finances en 1989.

Les départements

Le Louvre compte sept départements : antiquités orientales (Proche-Orient), antiquités égyptiennes, antiquités grecques et romaines, peintures (toutes les écoles européennes), sculptures, objets d'art et arts graphiques.

Deux femmes célèbres

Certaines œuvres constituent les joyaux de la collection, comme la *Vénus de Milo*, une sculpture exhumée en 1820 dans une île des Cyclades et autour de laquelle persiste un mystère. Elle présente la particularité de ne plus avoir de bras : il est bien difficile aujourd'hui de l'imaginer autrement.

***La Joconde* est la seconde femme célèbre du musée du Louvre. Peinte par Léonard de Vinci, elle a appartenu à la collection du roi François Ier. C'est son sourire énigmatique qui en fait la beauté et la légende. Le tableau, qui fut volé en 1911, est aujourd'hui très protégé.**

Il serait long d'énumérer les richesses du Louvre. Certaines collections méritent à elles seules une journée de visite, comme celle des antiquités égyptiennes, dont la salle a été réouverte fin 1997 et entièrement restaurée.

Le Grand Louvre et l'alliance du classique et du moderne

L'ampleur des collections du Louvre exigeait un réaménagement des lieux en profondeur. L'opération Grand Louvre, lancée en 1981, a été achevée en décembre 1997. Elle a permis au musée de mettre en valeur à la fois le palais lui-même – par la restauration des salles et leur aménagement (verrières, nouveaux éclairages…) – et d'exposer des œuvres qui jusque-là ne trouvaient pas leur place et étaient entreposées dans les sous-sols du musée. La réussite du Grand Louvre est celle de l'alliance entre l'art classique, auquel le musée tout entier rend hommage, et l'art contemporain, représenté par la pyramide de verre de l'architecte Ieoh Ming Pei. C'est aussi la ferme volonté de faire du musée un lieu de détente et de promenade avec l'aménagement du Carrousel du Louvre (boutiques, restaurants et même un théâtre de poche).

Les écomusées

La visite des écomusées est un complément intéressant à l'étude de l'histoire, notamment à celle des sociétés rurales ou préindustrielles. Ils sont de plus en plus nombreux et nous permettent de nous informer plus particulièrement sur l'histoire de notre région.

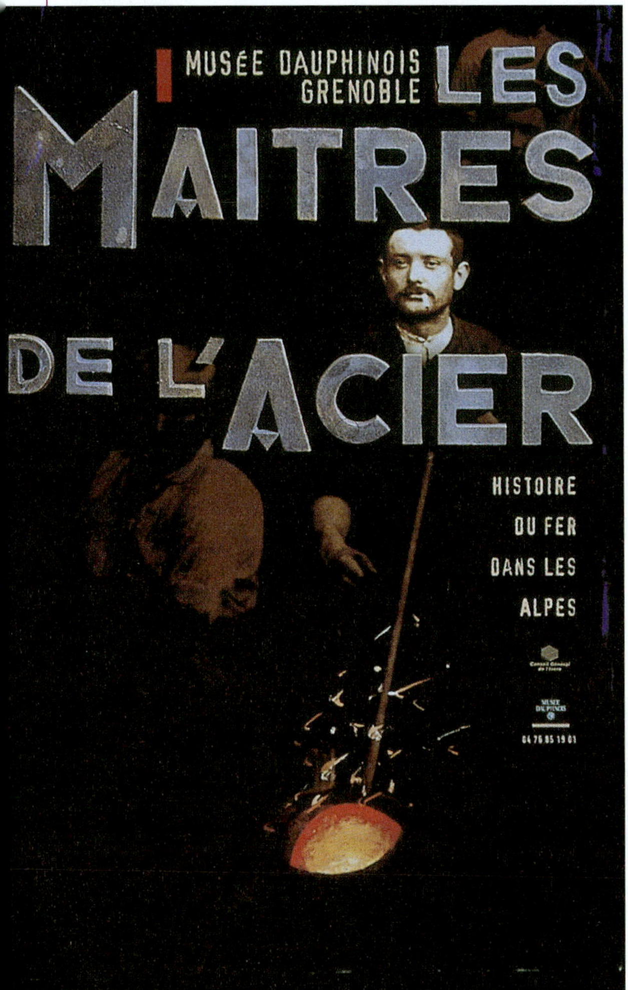

Aux origines des écomusées

Le terme d'écomusée est récent (1960). Il désigne un musée qui présente une collectivité humaine dans son environnement géographique, social et culturel. On peut considérer le musée des Arts et Traditions populaires à Paris comme le premier écomusée en France. Il a été fondé en 1937, dans le but de réunir des témoignages du passé rural du pays et de constituer une mémoire des us et des techniques en usage dans les régions. Ce musée n'est pas à proprement parler un écomusée, car il se trouve dans le bois de Boulogne et non pas au sein des milieux qu'il nous fait découvrir. De nombreux musées ont adopté la même démarche en rassemblant des collections qui retracent l'histoire d'une région, d'une communauté, voire d'une activité traditionnelle.

«Les Maîtres de l'acier», une exposition du musée du Dauphinois, a retracé en 1998 l'histoire du fer dans les Alpes.

Les écomusées

Donner à voir

Les écomusées sont le plus souvent conçus de manière pédagogique. Les collections sont présentées de manière à faire bien comprendre les coutumes et les usages d'une époque et d'une région. Les écomusées se considèrent comme les dépositaires d'une mémoire vivante. À ce titre, ils ne peuvent que bien compléter un cours d'histoire. Par exemple, il peut être intéressant de visiter l'écomusée de sa région pour mieux comprendre comment elle a pu prendre part aux transformations des révolutions industrielles. Les formes de la vie matérielle ont évolué : techniques, habitat, vêtements. Pour mieux imaginer ces transformations, les salles sont souvent des reconstitutions de scènes de la vie quotidiennes. C'est en cela que ces musées sont originaux. Ils ne montrent pas des œuvres d'art, mais bien les bases de la culture matérielle, une autre vision du passé que celle que nous offre un musée traditionnel. Ainsi, l'écomusée de Guérande (Bretagne) raconte l'histoire du sel et des techniques ancestrales qui permettent de l'extraire.

Le musée du Dauphinois à Grenoble

Musée du Dauphinois,
30, rue Maurice-Gignoux,
38031 Grenoble Cedex 1
04 76 85 19 01.

Ce musée comprend deux parties. La première est réservée aux collections permanentes et la seconde à des expositions temporaires. Les collections présentent sous une forme très claire le fonctionnement de l'économie de montagne sylvo-pastorale. On y explique le fonctionnement des alpages, le rythme des activités rurales et les techniques utilisées. Mais l'environnement de la région ne se limite pas à cette économie. Ainsi une partie est-elle consacrée à l'artisanat de la ganterie, activité traditionnelle depuis le XVIIIe siècle, liée à la soierie lyonnaise et aujourd'hui disparue. Les expositions temporaires permettent d'élargir encore le champ de l'écomusée. Une exposition a par exemple été organisée sur les origines de familles grenobloises : on a établi leur généalogie sur deux siècles. C'est une manière de montrer la diversité des apports de populations dans la région et de remettre en question la notion de tradition qui est aussi le fruit d'apports de générations d'immigrés italiens, maghrébins...

Les nouveaux écomusées

Les écomusées sont le plus souvent axés sur la vie rurale. Toutefois, la tendance est aujourd'hui de plus en plus à faire des écomusées sur des sites industriels, dans les régions touchées par la crise. Les usines abandonnées deviennent des témoignages historiques sur ce qu'a été la première révolution industrielle. On peut y voir les machines et les outils qui servaient, par exemple, à extraire le charbon. On est impressionné devant les dimensions des aciéries, comme au Creusot, où l'empire Schneider est en partie devenu un musée, avec comme pièce maîtresse le fameux « pilon », exposé à l'entrée de la ville.

L'histoire aujourd'hui

L'historien connaît les conditions, les limites, les risques et l'importance de ce qu'il fait. Au centre d'une nébuleuse d'informations de toutes provenances, il fournit des traitements synthétiques sans prétendre détenir la vérité.

L'histoire est à la mode

L'histoire n'a jamais été aussi populaire : des milliers d'ouvrages sortent dans les librairies, lus par de très nombreux lecteurs pas forcément historiens. Il faut noter aussi le succès des romans historiques sous toutes leurs formes. Pourtant les historiens ont le sentiment de vivre une période de crise de la discipline. Comment l'historien peut-il aujourd'hui voir son métier, être dans son temps en faisant évoluer ses méthodes de travail ? Si l'historien doit s'assigner pour mission de mieux comprendre son époque en comprenant le passé, il est intéressant de voir qu'à la crise de la société tout entière correspond une crise de la discipline historique. Certains y répondent en considérant que l'histoire doit raconter des histoires, et cela à un public de plus en plus large. C'est comme cela que l'on peut expliquer la multiplication des ouvrages de vulgarisation que l'on voit fleurir et qui permettent à de nombreuses personnes d'avoir accès à des études historiques, non plus réservées aux seuls spécialistes. Pour le grand public, le travail de l'historien se rapproche de plus en plus de celui du journaliste.

Comment les historiens voient-ils leur métier ?

La discipline évolue par le questionnement interne auquel la soumettent les historiens et par la multiplication des échanges internationaux. Les nouveaux moyens de communication permettent aujourd'hui aux chercheurs d'échanger des informations en un temps record et à distance. Le monde de la recherche est bien une petite planète. Mais aujourd'hui, après les grands mouvements historiographiques des années 1970, l'histoire est en question. Sortie de ce qu'on a appelé la «nouvelle histoire»,

L'historien américain Robert Paxton fut appelé à évoquer la France de Vichy lors du procès Papon.

entrée dans une phase d'éclatement (*cf.* François Dosse, *L'Histoire en miettes,* 1987), elle est à l'image d'une société troublée et trouve des refuges dans le refus des théorisations ou dans l'éloge du travail de fourmi de l'historien, à la recherche de nouvelles informations plutôt que d'une vérité établie puisqu'il est acquis qu'il n'y a pas de vérité historique, mais autant de vérités qu'il y a d'historiens. C'est ce que nous dit par exemple Paul Veyne en parlant de la « petite philosophie de l'histoire personnelle » que se constitue chaque historien. La connaissance historique tend à devenir une opinion comme une autre.
On peut conclure avec Gérard Noiriel que l'histoire est en crise (*Sur la crise de l'histoire*, Belin, 1996).

Carlo Ginzburg, « Le Juge et l'historien, considérations en marge du procès Sofri »

Cet ouvrage est écrit par un historien italien, spécialiste des procès en sorcellerie au Moyen Âge.
Il traite du procès d'anciens gauchistes italiens, jugés pour le meurtre d'un commissaire de police le 17 mai 1972.
Cette affaire est à la fois une affaire de justice, un procès qui s'est déroulé de 1988 (suite aux aveux d'un repenti) à 1997 et une affaire qui concerne l'historien. Des années se sont écoulées et des ouvrages ont tenté de faire la lumière sur cette période caractérisée par une tentative de déstabilisation du pays sous l'action de groupements d'extrême droite et de membres des renseignements généraux italiens.
C'est ce que les historiens ont appelé la «stratégie de la tension».
Ginzburg s'est attaché à montrer, en partant d'une analyse des actes de l'instruction et du premier procès, que la crédibilité du repenti ne tient pas.
Il fait donc œuvre d'historien par la critique des sources, sans se substituer au travail des magistrats, mais en leur démontrant qu'ils se trompent en condamnant les trois militants gauchistes.
Il pose la question de la place de l'historien dans le débat civique.

À quoi sert l'historien aujourd'hui ?

Paradoxalement, alors qu'on assiste à cette crise du sens de l'histoire, les historiens sont sollicités pour expliquer des événements d'actualité. On les voit intervenir dans les débats en tant que spécialistes de certaines questions qui ressurgissent dans l'actualité. Ils sont même appelés à la barre des témoins dans le cas des procès pour crime contre l'humanité. Au cours du procès Papon, plusieurs audiences ont été consacrées à l'audition des historiens, dont le Suisse Philippe Burin et l'Américain Robert Paxton, tous deux spécialistes du IIIe Reich et de la France de Vichy.
La présence des historiens à la barre des témoins pose le problème de savoir si l'historien est bien une sorte de juge, une instance qui pourrait établir des responsabilités, condamner quelqu'un au nom de la vérité historique. La justice et l'histoire, on le sait, sont souvent en décalage et il est bien difficile de distinguer ces deux tâches. L'histoire jugera, dit-on souvent. Oui, mais lorsqu'il s'agit de juger aujourd'hui, quelle est la place de l'historien ?

Les métiers de l'histoire

L'historien ne travaille pas seul. Il doit s'entourer de spécialistes qui l'éclairent sur certains points de sa tâche. L'histoire n'est pas seulement ce qu'on lit et ce que l'on apprend dans les cours, elle est présente un peu partout dans notre vie quotidienne et nous aide à enraciner notre réflexion et notre action.

Une archiviste de la Bibliothèque nationale au travail. L'archive est la matière première de l'historien.

L'historien ne travaille pas seul

Contrairement à l'image courante, l'historien n'est pas seulement un «rat de bibliothèque», plongé dans ses livres et ses manuscrits. Il travaille le plus souvent en collaboration avec d'autres professionnels, qui lui apportent leurs compétences spécifiques. Lui-même doit bien souvent s'initier à d'autres métiers pour faire correctement le sien.

L'historien travaille tout d'abord avec les **archivistes**, qui sont eux-mêmes un peu des historiens. Ces archivistes ont pour tâche de classer des documents les plus divers et de faciliter leur accès. Mais ils ont également pour mission de veiller à leur entretien et à leur conservation. Pour devenir archiviste, il faut faire des études poussées à l'École des chartes ou à l'École du patrimoine. Parfois, l'historien doit faire appel à d'autres disciplines pour pouvoir étudier ses sources. Ainsi, faire de l'histoire romaine nécessite non seulement de pouvoir comprendre le latin mais aussi de pouvoir déchiffrer les inscriptions : cette discipline particulière

de l'histoire s'appelle l'épigraphie. De même, étudier les monnaies, les emblèmes ou les blasons nécessite des compétences particulières que l'historien doit impérativement acquérir s'il ne veut pas se trouver bloqué dans son enquête.
L'archéologue est aussi un allié incontournable de l'historien. Bien souvent, on est à la fois historien et archéologue, car il faut rassembler les compétences de l'un et de l'autre, pouvoir interpréter et constituer un savoir historique à partir des données brutes fournies par l'archéologie.

Les sciences auxiliaires de l'histoire

L'histoire d'aujourd'hui se caractérise par la part qu'y prennent les disciplines scientifiques les plus variées. Outre l'archéologie, l'historien utilise nombre de disciplines satellites.
L'épigraphie est l'étude et la reconstitution des inscriptions anciennes.
La généalogie recherche l'origine et la composition des familles.
La numismatique, étude des monnaies, est devenue objet d'érudition au XIVe siècle avec Pétrarque.
L'onomastique est l'étude des noms de personnes ou de lieux.
La diplomatique, fondée au XVIIe siècle, étudie les documents officiels.
La paléographie déchiffre les écritures anciennes.
La papyrologie se développe après la découverte, en 1752, des papyrus grecs d'Herculanum.
L'héraldique fait des blasons et des armoiries les objets de son étude.
La sigillographie étudie les sceaux.

Les métiers qui ont besoin de l'histoire

De nombreux domaines de la société ne peuvent se passer de connaissances historiques. C'est ainsi que les conservateurs de musée recourent à l'histoire pour mieux organiser les collections dont ils ont la charge. De même, les guides touristiques comportent souvent une partie historique : découvrir un lieu, c'est tout d'abord en connaître l'histoire.
Les journalistes aussi sont souvent obligés de reconstituer l'histoire d'une question pour mieux comprendre les enjeux de l'actualité. Par exemple, il paraît nécessaire de connaître dans le détail l'histoire de la guerre d'indépendance algérienne (1954-1962) pour comprendre la réaction du gouvernement algérien face aux tentatives d'interventions européennes et notamment françaises dans la guerre civile actuelle.
Le domaine de la politique est également un domaine où posséder des connaissances historiques est nécessaire. On peut, en effet, estimer qu'il est du devoir de nos dirigeants de connaître l'histoire de leur pays pour éviter de refaire les mêmes erreurs ou en tirer des leçons pour leur action actuelle. De plus, une des fonctions de l'État est bien de prendre en charge l'histoire, notamment en organisant les commémorations. Celles-ci célèbrent notamment les fêtes nationales, comme le 11 Novembre, ou des anniversaires historiques, comme le bicentenaire de la Révolution française en 1989 ou la commémoration du baptême de Clovis en 1995.

DICO

Pour retrouver une définition, une notion

De A à Z, l'explication des mots difficiles, les biographies importantes.

Ablution

Dans de nombreuses religions, acte rituel de purification par l'eau ; dans la liturgie catholique, rite de purification du calice qui a contenu le vin sacré.

● L'ablution a pour but de mettre le sujet ou l'objet dans un état de pureté rituelle qui rende possible le contact avec le sacré, mais également d'effacer la contagion du sacré pour le retour à la vie profane.

● Le christianisme a conservé du symbolisme de l'eau purificatrice l'aspersion d'eau bénite et, dans un sens plus élevé, le baptême, qui n'est pas un simple rite de purification mais un renouvellement de la créature qui le reçoit.

→ **pages :** ***206, 217.***

Académisme

Imitation sans originalité de règles et de modèles traditionnels.

● Principalement utilisé en histoire de l'art, ce terme décrit une attitude artistique qui consiste à traiter avec fidélité les sujets selon le code prôné par les autorités de l'époque.

● Souvent considéré de manière péjorative par les artistes d'avant-garde, l'académisme fait figure de synonyme de manque d'imagination et de personnalité.

→ **page :** ***286.***

Accapareurs

Pendant la Révolution française, ceux qui entassent les produits de consommation et les conservent pour réaliser des profits importants par suite de la raréfaction des denrées et donc de la hausse de leur prix. Synonyme de spéculateurs.

● Votée le 26 juillet 1793, la loi sur l'accaparement prévoit jusqu'à la peine de mort pour les commerçants qui ne feraient pas la déclaration de leur stock de denrées de première nécessité.

● Le gouvernement révolutionnaire, hostile dans son ensemble à l'économie dirigée, ne manifestera pas un grand zèle pour faire appliquer la loi, laissée à la discrétion des municipalités et des sections.

→ **page :** ***232.***

Accommodement (principe d')

Organisation de l'Église sur le modèle des institutions romaines.

● Les premières communautés chrétiennes se sont organisées sur la base territoriale des cités avec à leur tête des responsables, appelés évêques.

● Une fois que le christianisme est autorisé par les autorités impériales en 313, l'Église décide de s'organiser en reproduisant le découpage géographique et la hiérarchie de l'administration romaine.

→ **pages :** ***60, 206, 208.***

Acropole

Citadelle de l'ancienne Athènes située sur un rocher haut d'une centaine de mètres.

● Consacrée à Athéna, elle fut ravagée par les Perses en 480 av. J.-C. lors des guerres médiques. Elle cessa alors d'être une forteresse et fut réservée aux cultes civiques.

● L'Acropole ne connut que peu de modifications à l'époque romaine (temple d'Auguste et de Rome devant le Parthénon, piédestal d'Agrippa) et fut préservée à l'époque médiévale.
➜ **pages** : *55, 198, 199.*

Action

Titre représentant une part d'associé dans certaines sociétés, par exemple dans les sociétés anonymes (SA).

● Titre négociable, l'action donne droit en principe à participer aux assemblées générales de la société et permet de voter.

● La responsabilité de l'actionnaire est limitée par la valeur nominale de l'action : l'actionnaire ne peut donc pas être tenu responsable du passif de la société au-delà du montant de l'action.
➜ **pages** : *250, 254, 298.*

Affranchi

Esclave que son propriétaire a rendu libre.

● Dans l'Antiquité, l'esclave peut être affranchi par son maître pour des raisons très diverses, par testament, par rachat de son indépendance ainsi que par décision de l'État pour services rendus.

● En Grèce, l'affranchi n'est pourtant pas considéré comme un homme libre, il rejoint le rang des métèques : il ne jouit d'aucun droit politique et doit avoir un maître.

● À Rome, les affranchis deviennent citoyens de plein droit dès l'instauration de la République.
➜ **page** : *195.*

Agora

Dans l'Antiquité grecque, place et centre de la vie politique, religieuse et économique.

● L'agora la plus représentative est celle d'Athènes. Elle servait primitivement aux assemblées du peuple ; à partir de Clisthène (seconde moitié du VIe siècle av. J.-C.), le lieu de réunion de l'ecclésia est transféré sur la Pnyx, puis au théâtre. Mais toute l'activité administrative reste à l'Agora.
➜ **page** : *198.*

Alliance (ancienne et nouvelle)

Terme synonyme pour, respectivement, l'Ancien et le Nouveau Testament.

● Le terme alliance, qui signifie testament en hébreu, illustre le lien privilégié qui unit le Dieu unique à son peuple élu, le peuple juif.

● Pour ce qui concerne les alliances diplomatiques ou militaires, se reporter aux entrées suivantes : Quadruple-Alliance, Sainte-Alliance, Triple-Alliance.
➜ **pages** : *204, 280, 281.*

Allogène

Peuple qui conserve son identité collective (langue, traditions et coutumes, institutions communautaires) bien qu'étant minoritaire dans le cadre d'un État-nation.

● En Europe, l'exemple le plus évident de peuple allogène est constitué par le peuple basque (essentiellement pour sa partie vivant en

Espagne), qui s'est perpétué sans se dissoudre dans le creuset espagnol.
➜ **page :** ***317.***

Anachorète

Individu qui a décidé de se retirer du monde, de vivre en solitaire.

- Le plus généralement, l'anachorète est un moine ou un ermite.
- Les premiers anachorètes chrétiens se sont installés dans les déserts (en Égypte ou en Asie Mineure) lorsque le christianisme a été autorisé par les autorités impériales dans la première moitié du IVe siècle. Ils fuyaient une situation où la pratique de leur foi était devenue trop facile. Le père de ce mouvement, l'érémitisme (ou monachisme), fut saint Antoine, qui mourut en 356.
- Les moines qui vivent en communauté dans les monastères sont appelés cénobites.

➜ **page :** ***209.***

Anarchie

Conception politique et sociale fondée sur le rejet de toute autorité.

- L'anarchie est née en Europe au XIXe siècle. Ses théoriciens furent les Russes Bakounine et Kropotkine, l'Allemand Stirner et les Français Élisée Reclus, Pierre Joseph Proudhon et Jean Grave.
- En France, les anarchistes, également appelés socialistes libertaires, furent particulièrement actifs entre 1880 et 1894.
- Les anarchistes jouèrent un rôle important dans la guerre civile espagnole (1936-1939).

➜ **pages :** ***258, 259, 260, 296.***

Anschluss

Rattachement de l'Autriche à l'Allemagne imposé par Hitler en mars 1938.

- L'Autriche devient une simple province du Reich, l'Ostmark, administrée par un Statthalter.
- L'amalgame austro-allemand est pratiqué dans l'administration et dans l'armée, le plus souvent au profit des Allemands.
- L'Anschluss a été ratifié par plus de 99 % des voix.

➜ **pages :** ***122, 141, 336.***

Anticléricalisme

Opposition à l'ingérence ou à l'influence du clergé dans les affaires publiques.

- En France, l'anticléricalisme est indissociable de la IIIe République : en 1904, à l'initiative d'Émile Combes, le gouvernement rompt les relations diplomatiques avec le Saint-Siège, puis fait voter, en 1905, la loi qui institue la séparation des Églises et de l'État.

➜ **pages :** ***296, 297.***

Antisémitisme

Doctrine ou attitude d'hostilité systématique à l'encontre des Juifs.

- Cette hostilité apparaît dans l'Empire romain : c'est un antisémitisme païen.
- L'antisémitisme chrétien se fonde sur l'enseignement d'idées, comme celle de la responsabilité collective des Juifs dans la Crucifixion.
- À la fin du XIXe siècle, l'antisémitisme prétend se fonder sur les théories pseudo-scientifiques du racisme.

Sous le IIIe Reich, l'antisémitisme hitlérien aboutit à l'extermination de six millions de Juifs.

→ pages : *133, 295, 334.*

Antoine (saint)

Patriarche des cénobites, moines vivant en communauté (251-356).

- Né à Qeman (Haute-Égypte), ermite par vocation, il distribue ses biens et se retire dans le désert où il est suivi par de nombreux chrétiens.
- Fondateur des deux premiers monastères connus, il exerce une influence considérable auprès des ermites et des cénobites.

→ page : *209.*

Apartheid

Ségrégation systématique des populations non blanches en Afrique du Sud.

- La première loi ségrégationniste apparaît en 1913, mais c'est en 1948, avec l'arrivée au pouvoir du parti nationaliste, que l'apartheid se renforce considérablement, incluant peu à peu tous les aspects de la vie politique, économique, sociale et culturelle.
- L'apartheid, soutenu par le parti nationaliste et les syndicats de travailleurs blancs et combattu, notamment, par l'opposition politique et plusieurs groupes religieux, a été condamné par l'ONU et a valu à l'Afrique du Sud des sanctions économiques.
- En 1991, le Parlement procède à l'abolition des lois fondamentales régissant l'apartheid.

→ page : *406.*

Apôtres

D'une part, appellation des douze disciples choisis par Jésus, d'autre part, de ceux que le Christ a appelés pour être les messagers de l'Évangile.

- Les noms des Douze sont donnés par les trois Évangiles synoptiques et par les Actes des Apôtres.
- Après la Pentecôte, les apôtres furent les messagers de l'Évangile.

→ pages : *205, 206.*

Arianisme

Doctrine d'Arius (v. 256-336), prêtre d'Alexandrie, et de ses adeptes qui nie la divinité du Christ, celle-ci n'étant que secondaire ou subordonnée.

- L'arianisme est condamné en mai 325, lors du concile universel de Nicée qui promulgue un Symbole définissant la foi catholique. Arius et ses partisans ne renoncent pas et la querelle arienne devient politico-religieuse.
- Le concile de Constantinople (381) clôt officiellement la querelle, mais l'arianisme reviendra, par l'intermédiaire des Barbares arianisés. La conversion des Lombards aux VIe et VIIe siècles met fin à l'arianisme.

→ page : *209.*

Aristocratie

Forme de gouvernement où le pouvoir est exercé par une classe sociale privilégiée, héréditaire. Par extension, la classe qui détient le pouvoir.

- Dans l'Antiquité grecque, il s'agit d'abord d'une noblesse de naissance, puis d'argent. À partir de la Révolution française, le terme prend un sens péjoratif qui désigne tous les privilégiés.

➔ page : *255.*

Aristote

Philosophe grec (384-322 av. J.-C.).

- Précepteur d'Alexandre le Grand, auteur de nombreux traités de logique, de politique, de biologie, de physique et de métaphysique, il est le fondateur à Athènes du Lycée.
- Son œuvre a marqué la philosophie et la théologie chrétiennes du Moyen Âge.

➔ page : *213.*

Armistice

Convention de suspension des hostilités.

- Conclu par les chefs militaires suprêmes, il n'a pas d'incidence sur l'état de guerre entre les belligérants, seules cessent les hostilités. Il est destiné à laisser les diplomates entamer les négociations de paix : l'armistice du 11 novembre 1918 a préparé la voie au traité de Versailles.

➔ pages : *303, 304, 309, 388.*

Assignat

Titre d'emprunt émis par le Trésor en 1789 dont la valeur est assignée sur les biens nationaux.

- Les assignats deviennent une monnaie en 1791 et les assemblées révolutionnaires multiplient les émissions qui entraînent une forte inflation. Le cours légal des assignats est supprimé en 1797.

➔ page : *231.*

Auctoritas principis

Autorité conférée à l'empereur romain en raison de son titre de princeps *(« premier » citoyen de Rome).*

- L'*auctoritas principis* complète l'*imperium* et la *potestas* qui représentent son pouvoir judiciaire, militaire et administratif.
- En vertu de l'*auctoritas patrum*, le sénat a le pouvoir de confirmation des lois sous la République.

➔ page : *71.*

Auguste

Empereur romain (63 av. J.-C.-14 apr. J.-C.).

- D'abord appelé Octave, puis Octavien, petit-neveu de César, qui en fit son héritier, il est le seul maître du pouvoir après sa victoire sur Antoine à Actium (31 av. J.-C.). Il reçoit le nom d'Auguste en 27 av. J.-C.
- Il achève la conquête de l'Espagne et porte les frontières de l'Empire sur le Danube. Il est honoré comme un dieu après sa mort.

➔ page : *200.*

Augustin (saint)

Docteur de l'Église latine (354-430).

- Converti par les prédications de saint Ambroise, il devient évêque d'Hippone (Afrique du Nord) en 396.
- Auteur de *La Cité de Dieu*, des *Confessions* et de *De la grâce*, il a exercé une influence capitale sur la théologie occidentale et donné au latin chrétien ses lettres de noblesse.

➔ page : *208.*

Autarcie

Situation d'un pays qui tend à se suffire à lui-même sur le plan économique.

- Dans les sociétés primitives, l'autarcie est une nécessité naturelle.
- L'autarcie est la forme de l'économie fermée, illustrée au Moyen Âge par le domaine.
- Les régimes totalitaires, comme l'Allemagne nazie et l'Italie fasciste, ont pratiqué l'autarcie.

→ **pages :** ***328, 330.***

Balkanisation

Processus qui aboutit à la fragmentation en de nombreux États de ce qui constituait auparavant une entité territoriale ou politique.

- Ce terme renvoie directement à l'histoire des Balkans dont la carte politique n'a cessé de se faire et de se défaire au gré des intérêts de la France, de la Grande-Bretagne, de la Russie, de la monarchie austro-hongroise et de l'Empire ottoman.
- La guerre qui éclate en 1991 en ex-Yougoslavie a montré que la balkanisation était une réalité contemporaine.

→ **pages :** ***280, 300.***

Banque

Entreprise privée ou publique qui reçoit du public des fonds, qu'elle emploie pour effectuer des opérations de crédit ou des opérations financières.

- L'apparition de la monnaie, vers le VIIe siècle av. J.-C., favorise le commerce de banque : c'est ainsi que des temples, comme ceux de Delphes et d'Éphèse, ont des activités bancaires prospères.
- Au Moyen Âge, les grandes foires attirent en Champagne négociants et banquiers de nombreux pays. Les banquiers commencent à unifier leurs méthodes. L'époque est marquée par la prééminence des banques italiennes, notamment lombardes.
- Le développement des échanges qui accompagnent la Renaissance donne une impulsion considérable à la banque. Des banquiers, tels les Médicis et les Fugger, acquièrent une puissance politique.
- Au cours du XVIIe siècle, l'évolution est principalement issue d'Angleterre : les opérations de prêts se développent sous l'impulsion des orfèvres de la Cité de Londres.
- Au XIXe siècle, l'essor de l'activité commerciale et industrielle et l'apparition de grandes sociétés entraînent la création de banques puissantes. De la fusion des banques locales naissent les grands établissements de crédit, notamment en France, en Angleterre et en Allemagne, qui disposent de succursales à l'étranger.
- La banque de dépôt est un établissement qui reçoit des dépôts à vue (remboursables immédiatement ou sous un délai très court) ou des dépôts à terme (remboursables selon une échéance variable et bénéficiant d'un intérêt) sans investir de moyens importants dans des entreprises.
- La banque d'affaires est un établissement dont l'activité principale est d'investir dans des entreprises

existantes ou qui se créent.

● La banque d'émission, ou banque centrale, est un établissement doté du monopole d'émission des billets de banque.

➜ pages : *65, 66, 250, 265, 298.*

Baptême

Dans la religion chrétienne, sacrement qui constitue le signe juridique et sacral de l'insertion dans l'Église.

● Pour les catholiques, le baptême est un sacrement institué par Jésus : son rite essentiel consiste dans une ablution accompagnée d'une invocation sacramentelle aux trois personnes de la sainte Trinité.

● Selon la doctrine catholique, le baptême efface le péché originel et les fautes commises jusqu'au jour de sa réception.

● Dans l'Église luthérienne, le baptême consiste dans l'union de l'eau et de la parole divine ; par cette grâce, les péchés sont remis et l'âme est régénérée.

➜ pages : *206, 207, 225.*

Baptistère

Chapelle ou bâtiment annexe d'une église destiné à l'administration du baptême.

● Avant l'édit de Milan (313), les chrétiens utilisaient souvent le bassin d'un atrium. Par la suite, un lieu consacré spécial a été édifié dans chaque diocèse.

● En règle générale, le baptistère comprend une cuve baptismale dans laquelle le baptisé est immergé.

➜ page : *206.*

Basileus

Dans l'Antiquité grecque, terme désignant un roi au pouvoir absolu.

● Les Grecs ont désigné sous ce terme le roi de Perse qui était le plus grand souverain de l'époque. Le titre est passé à Alexandre le Grand.

● Héraclius Ier, empereur romain d'Orient, prend le titre de basileus après avoir battu les Perses en 629 ; ses successeurs l'imiteront.

➜ pages : *61, 212.*

Basilique

Édifice romain qui abritait diverses activités publiques, puis église chrétienne bâtie sur le plan de la basilique romaine.

● La basilique romaine a la forme d'une grande salle rectangulaire généralement divisée en plusieurs nefs par des colonnades et terminée par une abside. La plupart des basiliques édifiées en Occident jusqu'au Xe siècle comportent trois nefs dont la plus haute, au centre, est percée de fenêtres.

● À partir du IIIe siècle, les chrétiens donnent l'aspect d'une basilique à certains de leurs lieux de réunions.

● Avant tout lieu de célébration du culte, la basilique peut aussi avoir des fonctions funéraires.

➜ page : *202.*

Bible

Recueil des livres saints juifs et chrétiens constitué de l'Ancien Testament et du Nouveau testament.

● L'Ancien Testament, achevé au Ier siècle av. J.-C., rédigé principale-

ment en hébreu, comprend les écrits relatifs à l'histoire et à la religion du peuple juif.
- Le Nouveau Testament, écrit en grec, concerne la révélation chrétienne et les origines de l'Église.
- Au IVe siècle, saint Jérôme donne une traduction latine des deux Testaments, la *Vulgate*, devenue la version officielle de l'Église d'Occident.

→ **pages : *58, 204, 218.***

Bismarck (Otto, prince von)

Homme d'État prussien (1815-1898).

- Président du Conseil de Prusse, il est l'artisan de l'unité allemande, au profit de la Prusse, entre 1864 et 1871.
- Chancelier du Reich après la proclamation de l'Empire allemand le 18 janvier 1871, il conduit une politique autoritaire, notamment à l'égard des catholiques en pratiquant le *Kulturkampf* (*cf.* ce terme), ainsi que contre les sociaux-démocrates.
- Il conclut la Triple-Alliance avec l'Italie et l'Autriche en 1882 et doit quitter le pouvoir en 1890, peu après l'avènement de Guillaume II.

→ **pages : *107, 110, 274, 276, 277, 291, 300.***

Blocus

Ensemble des mesures économiques ou militaires destinées à couper un port, une ville ou un pays de toute communication avec l'extérieur.

- L'Angleterre fut soumise à un blocus naval rigoureux par la France napoléonienne après la bataille de Trafalgar en 1805.
- Au cours de la Première Guerre mondiale, les ports allemands ont été bloqués et isolés de l'Atlantique par la surveillance du Pas-de-Calais et par l'établissement de champs de mines entre la Norvège et l'Écosse.
- Pendant la Seconde Guerre mondiale, le blocus des ports allemands se révéla impossible.
- La guerre froide a connu un blocus spectaculaire à Berlin, en 1948, contourné par un gigantesque pont aérien organisé par les États-Unis.

→ **pages : *155, 238, 306, 388, 391, 393.***

Blum (Léon)

Homme politique français (1872-1950).

- Inscrit au Parti socialiste français en 1902, Blum choisit de rester dans le camp des minoritaires qui refusent l'adhésion à la IIIe Internationale (Komintern), lors du congrès de Tours en 1920.
- À la tête de la Section française de l'Internationale ouvrière (SFIO), il dirige le gouvernement du Front populaire (1936-1937).
- Arrêté en 1940, déporté en Allemagne en 1943, il est de nouveau chef du gouvernement de décembre 1946 à janvier 1947.

→ **pages : *131, 312, 337, 342, 344.***

Bolchevik

Partisan de la thèse soutenue par Lénine et Plekhanov lors du congrès du POSDR à Bruxelles en 1903.

• C'est à Bruxelles, puis à Londres, la même année, que les thèses de Lénine sur la composition et l'organisation d'un parti de type nouveau emportent l'adhésion de la majorité (bolchevik signifie «majoritaire») du Parti ouvrier social-démocrate russe face aux thèses de la minorité du parti (menchevik signifie «minoritaire»).

• En 1905, l'apparition des soviets cristallise les divergences entre bolcheviks et mencheviks.

• La révolution qui éclate en février 1917 est d'abord favorable aux thèses mencheviks (perspective d'un régime révolutionnaire bourgeois). Mais en octobre, les bolcheviks s'emparent du pouvoir par la lutte armée.

• En mars 1918 est fondé le Parti communiste bolchevik; le terme est abandonné en 1952.

→ **pages:** ***261, 308, 316, 317.***

Boulanger (Georges)

Général et homme politique français (1837-1891).

• Lié à Gambetta et à Clemenceau, défenseur de la cause républicaine, il devient ministre de la Guerre (1886-1887).

• Très populaire au sein de l'armée – il améliora le sort de l'homme de troupe en adoptant un matériel moderne (le fusil Lebel) –, mais aussi dans la population en raison de son discours anti-allemand (le général «La Revanche»), il rassemble un mouvement d'opinion provoqué par une vague d'antiparlementarisme et par une grave crise économique.

• Élu triomphalement dans plusieurs départements et à Paris, il renonce finalement au coup d'État (1889) et s'enfuit en Belgique, où il se suicide sur la tombe de sa maîtresse.

→ **pages:** ***112, 294, 296.***

Bourgeoisie

Catégorie sociale comprenant des personnes qui n'exercent pas un travail manuel, par opposition aux ouvriers et aux paysans.

• La formation de la bourgeoisie en tant que catégorie socio-économique date de la fin du XIe siècle. Elle coïncide avec la renaissance du commerce occidental et le renouveau urbain.

• Le *burgensis* (bourgeois) est l'habitant d'un bourg, d'une ville, jouissant, dans le cadre de la commune, de certains privilèges.

• En France, c'est sous le règne de Louis XIV que la bourgeoisie accède aux plus hautes fonctions de l'État et qu'elle s'allie au régime monarchique (noblesse de robe).

• Prépondérante aux États généraux de 1789, la bourgeoisie accède finalement au pouvoir politique entre la période de la Révolution et 1830 (révolution de Juillet). Cette date marque son triomphe définitif sur la réaction aristocratique liée à la Restauration.

• Selon le marxisme, la bourgeoisie est une classe sociale détentrice des moyens de production et d'échange dans le régime capitaliste, par opposition au prolétariat.

→ **pages** : ***77, 92, 237, 246, 255.***

Bourse

Marché où s'effectuent des transactions sur les valeurs mobilières ou sur les marchandises.

- L'institution de la Bourse prend réellement naissance au XVe siècle dans les principales villes commerçantes de France, d'Italie, d'Allemagne et des Flandres.
- En France, la première Bourse réellement importante est fondée à Lyon au XVIe siècle.
- Au début du XVIIIe siècle, l'Écossais J. Law crée à Paris un marché à terme et au comptant particulièrement efficace. Mais il sera emporté par une faillite restée célèbre. Par la suite, la Bourse de Paris est réglementée en 1724 par une série d'arrêtés royaux qui confirment le monopole des agents de change.
- L'institution de la Bourse a permis l'essor du capitalisme commercial et industriel ainsi que celui de l'activité économique de l'Europe à partir du XVIe siècle.

➜ **pages :** ***250, 254, 408.***

Brejnev (Leonid)

Homme politique soviétique (1906-1982).

- Brejnev s'impose sans difficulté comme l'homme fort du régime au lendemain de la chute de Khrouchtchev (1964) et devient premier secrétaire du parti la même année.
- Il contraint la Tchécoslovaquie à s'engager sur la voie de la normalisation après l'intervention des troupes de cinq pays du pacte de Varsovie à Prague en août 1968. Il justifiera *a posteriori* cette intervention au nom de la doctrine dite de « souveraineté limitée ».
- Signataire avec le président américain Richard Nixon des accords de limitation des armements stratégiques SALT I (1972) et SALT II (1979), il met un terme à la détente lors de l'invasion de l'Afghanistan en décembre 1979.

➜ **pages :** ***166, 384, 391.***

Briand (Aristide)

Homme politique français (1862-1932).

- Orateur brillant, passionné de politique, il est 25 fois ministre (chargé notamment des Affaires étrangères à 17 reprises) et 11 fois président du Conseil.
- Après la Grande Guerre, il engage la France sur la voie de la coopération internationale et du désarmement dans le cadre de la SDN.
- Partisan d'une politique de réconciliation avec l'Allemagne, il signe l'accord de Locarno (1925), puis inspire le pacte Briand-Kellogg (1928) par lequel 60 nations renoncent à la guerre. Incarnation de l'« esprit de Genève », il reçoit le prix Nobel de la paix en 1926.

➜ **pages :** ***324, 343.***

CAEM

Sigle de Conseil d'assistance économique mutuelle.

- Créé en 1949, le CAEM, appelé aussi Comecon, regroupe l'URSS, la RDA, la Bulgarie, la Hongrie, la Pologne, la Roumanie, la Tchécoslovaquie, la Mongolie, Cuba (en 1972) et le Viêtnam (en 1978).

• Des accords de coopération ont été conclus entre le CAEM et la Finlande (1973), l'Irak et le Mexique (1975). Le CAEM a été dissous le 28 juin 1991.

➔ pages : *156, 384, 416.*

Calife

Chef suprême des musulmans après la mort de Mahomet.

• Le calife est le représentant du Prophète et le dépositaire de la loi.

• Selon la théologie chiite, seuls les descendants d'Ali, le gendre de Mahomet, peuvent être désignés par Dieu à la fonction de calife.

➔ pages : *209, 212.*

Calvin (Jean)

Réformateur français (1509-1564).

• Rallié à la Réforme luthérienne dès 1533, Calvin doit fuir les foudres de l'Inquisition tout en faisant œuvre de missionnaire.

• Il se fixe définitivement à Genève en 1541 dans le but de faire de cette ville une cité modèle et instaure une discipline rigoureuse.

• Son œuvre la plus importante est l'*Institution de la religion chrétienne* (1536), dans laquelle il affirme la souveraineté de Dieu, seul maître du salut de l'homme par la prédestination.

• L'attitude de Calvin à l'égard des questions économiques (affirmation de la liberté individuelle) explique l'accueil favorable fait au calvinisme dans les pays anglo-saxons où l'activité économique a connu un développement précoce.

➔ pages : *69, 225.*

Capitalisme

Système économique et social qui repose sur la propriété privée des moyens de production.

• La recherche du profit, l'initiative individuelle et la concurrence entre les entreprises sont caractéristiques du capitalisme.

• Selon la théorie marxiste, le capitalisme est un régime économique, politique et social régi par la recherche de la plus-value grâce à l'exploitation des travailleurs par ceux qui détiennent les moyens de production.

• À ses origines, le capitalisme est avant tout commercial et le plus souvent réglementé. Au début du XIXe siècle naît un capitalisme industriel et libéral dont le personnage central est l'entrepreneur. Depuis la fin du XIXe siècle, le groupe (les sociétés anonymes) s'est substitué à l'individu.

➔ pages : *102, 254, 259, 273, 326.*

Castro (Fidel)

Homme politique cubain, né en 1927.

• Il prend part à la lutte contre le dictateur Batista, connaît la prison (1953-1955), puis l'exil.

• Il débarque à Cuba en 1956 et organise la guérilla qui aboutit à la prise du pouvoir en 1959.

• Premier ministre (1959), puis chef de l'État (depuis 1976), Castro devient très vite un allié inconditionnel de l'URSS qui lui apporte soutien économique et militaire.

• Marxiste convaincu, il est toutefois contraint à une relative ouver-

ture après l'effondrement du bloc communiste ; il reçoit officiellement le pape Jean-Paul II en 1998.
➜ pages : *162, 390.*

Cavour (Benso, comte de)

Homme d'État italien (1810-1861).

- Partisan des idées libérales, plusieurs fois ministre du Piémont, il en devient président du Conseil en 1852.
- Il entreprend la rénovation de l'État dans une optique libérale, s'emploie à diffuser l'idéal unitaire dans la péninsule et se rapproche de Napoléon III qu'il gagne à la cause de l'unité italienne. Ce dernier intervient en Italie et contribue à la victoire contre les Habsbourg, qui sont expulsés d'Italie du Nord.
- Il meurt après avoir vu la réalisation du «royaume d'Italie», mais sans avoir réussi à régler la question romaine – qui reste en suspens jusqu'à la défaite de la France en 1871 contre les Prussiens.

➜ pages : *274, 276.*

CECA

Sigle de Communauté européenne du charbon et de l'acier.

- Elle est créée par le traité du 18 avril 1951, à l'initiative de Jean Monnet et Robert Schuman, en vue de l'établissement d'un marché commun du charbon et de l'acier.
- La CECA, qui rassemble la RFA, la Belgique, les Pays-Bas, le Luxembourg, l'Italie et la France, «a pour mission de contribuer [...] à l'expansion économique, au développement de l'emploi et au relèvement du niveau de vie dans les États membres».
- Un accord d'association est signé avec la Grande-Bretagne en décembre 1954.

➜ pages : *161, 410, 418.*

Cens

Au Moyen Âge, redevance en argent ou en nature due par des tenanciers au seigneur du fief dont leur terre dépend.

- Le cens personnel, dit également chevage, consiste en un versement d'une somme fixe, payée annuellement par le serf à son seigneur.
- Le cens réel est une prestation annuelle en argent due au seigneur pour la concession d'une terre roturière, la censive.
- Le serf peut s'affranchir de l'obligation du cens par le déguerpissement et vendre sa terre sous réserve du paiement d'un droit dit de lods et ventes au seigneur.

➜ pages : *244, 245, 246.*

Centralisme démocratique

Système d'organisation sur lequel repose la vie intérieure des partis communistes.

- Le centralisme démocratique implique l'élection des organismes dirigeants, la démocratie dans l'élaboration d'une ligne politique et la soumission de la minorité à la majorité dans l'application de cette ligne.
- Dans la pratique, ce système empêche que les débats fondamentaux ne se déroulent au grand jour. Ainsi, en cas de divergences sur des questions stratégiques, les partis commu-

nistes ont longtemps procédé à l'exclusion d'opposants qualifiés d'« antipartis ».

➜ pages : *312, 313.*

Chamberlain (Neville)

Homme politique britannique (1869-1940).

- Député conservateur, ministre à plusieurs reprises, il est nommé chef du gouvernement en 1937.
- Il tente de maintenir la paix à tout prix, quitte à accepter les exigences d'Adolf Hitler. Ainsi, il signe les accords de Munich en septembre 1938, prélude à l'intervention allemande en Tchécoslovaquie (mars 1939) qui marque la fin de la politique d'apaisement.
- Chamberlain déclare la guerre à l'Allemagne, mais son gouvernement est débordé par les premiers succès de la Wehrmacht et il abandonne le pouvoir à Winston Churchill en mai 1940.

➜ pages : *130, 141, 336, 337.*

Charles X

Roi de France (1757-1836).

- Petit-fils de Louis XV, frère de Louis XVI et de Louis XVIII, il est chef du parti ultraroyaliste lors du règne de Louis XVIII (1815-1824).
- Il monte sur le trône à la mort de Louis XVIII et devient rapidement impopulaire en dépit de la victoire de Navarin au cours de la guerre d'indépendance grecque.
- Il modifie la Charte octroyée par Louis XVIII, dissout la Chambre et supprime la liberté de la presse, provoquant la révolution de juillet 1830. Il abdique le 2 août et prend le chemin de l'exil. C'est le dernier Bourbon à avoir régné.

➜ pages : *91, 93, 95, 246, 247.*

Christianisme

Ensemble des religions fondées sur l'enseignement de Jésus-Christ.

- Le christianisme, issu du judaïsme, est fondé par Jésus, fils de Dieu et Dieu lui-même.
- Venu sur Terre pour sauver les hommes du péché originel, Jésus annonce l'avènement du Royaume de Dieu. Sa prédication est poursuivie par les apôtres, notamment saint Paul.
- Après la période des persécutions, vient la liberté de culte (313), mais aussi le temps des premières hérésies (arianisme, nestorianisme).
- Religion officielle de l'Empire romain depuis 392, le christianisme va connaître plusieurs divisions : les Églises orientales se détachent de l'Église romaine au XIe siècle, puis les Églises protestantes font scission au XVIe siècle.
- Le XXe siècle est marqué par un mouvement en faveur de l'union de tous les chrétiens (l'œcuménisme).

➜ pages : *63, 204, 206, 208, 262.*

Churchill (Winston)

Homme politique britannique (1874-1965).

- Député conservateur, ministre à plusieurs reprises, Premier lord de l'Amirauté au cours de la Première Guerre mondiale, il est l'instigateur de l'expédition des Dardanelles, dont l'échec lui est attribué.

● Successeur de Chamberlain à la tête du gouvernement en mai 1940, il conduit l'effort de guerre britannique pendant toute la durée du conflit, n'ayant promis que «blood, sweat and tears».

● Plus perspicace que l'Américain Roosevelt à l'égard des Soviétiques, il pressent dès les derniers mois de la guerre la future soviétisation de l'Europe de l'Est.

● Les conservateurs perdent les élections générales de juillet 1945 et Churchill quitte la vie politique au milieu de la conférence de Potsdam. Il reviendra au pouvoir de 1951 à 1955.

➜ **pages:** ***126, 144, 362, 388.***

Cité

Dans l'Antiquité, communauté politique dont les membres s'administrent eux-mêmes.

● La notion de cité est essentiellement associée au monde grec et, plus précisément, au monde des villes de l'époque classique, aux VIe et Ve siècles av. J.-C.

● Dans sa forme achevée, la cité est composée de la citadelle, de la ville basse, du territoire et du peuple qui les occupe.

● L'un des traits les plus caractéristiques de la cité est sa méfiance à l'égard de la tyrannie: la loi prévoit parfois l'expulsion hors de la cité de tout homme suspecté d'y aspirer.

● Trop occupées à se faire la guerre, les cités grecques tomberont sous la coupe des rois macédoniens, puis de Rome. D'ailleurs, du jour où l'expansion assure à la cité des dépendances vastes et lointaines, il n'y a plus de cité, mais nation ou empire.

➜ **pages:** ***55, 58, 194, 196.***

Citoyen

Dans l'Antiquité, celui qui jouit du droit de cité.

● Parmi les divers critères qui peuvent définir la citoyenneté, le critère économique permet de distinguer entre citoyen actif et citoyen passif.

● Est citoyen actif celui qui dispose d'un type donné de biens, qui participe au budget de l'État dans des conditions déterminées. Est citoyen passif celui qui n'a que les devoirs de la qualité dont on l'honore.

● Dès l'Antiquité, les cités grecques oligarchiques fonctionnent sur cette distinction. Le système des classes à Rome en témoigne également.

● En 1791, la Révolution française ne fait que donner une forme juridique à cette notion, qui est à l'origine du système censitaire.

➜ **pages:** ***55, 194, 200.***

Civilisation

Ensemble des caractères spécifiques à la vie culturelle, morale, sociale d'une société humaine donnée.

● Chaque civilisation relève d'abord d'une aire géographique dans la mesure où le climat, l'hydrographie et les ressources naturelles déterminent son développement.

● La production – organisation du travail collectif, techniques, outils – est un caractère distinctif particulièrement important des civilisations.

● Chaque civilisation se définit aussi par ses spécificités culturelles, dont les croyances et la religion sont le plus souvent le cœur.

● La langue contribue à la cohésion des civilisations : ainsi, le noyau originel des grandes civilisations correspond souvent à une communauté linguistique (cas de la Chine).

→ pages : *57, 194, 196, 200, 202, 204, 212, 364, 372.*

Classe sociale

Groupe d'individus ayant une place historiquement déterminée au sein de la société et se distinguant par son mode de vie (habitat, éducation, travail) et son idéologie.

● Selon le marxisme, la classe sociale est l'ensemble des individus liés entre eux par la place qu'ils occupent dans le processus économique et par la conscience de faire partie de cet ensemble par opposition à d'autres individus faisant partie d'une autre classe. Marx distingue deux classes, la bourgeoisie et le prolétariat.

→ pages : *248, 260.*

Classicisme

Ensemble de tendances littéraires et artistiques se signalant par une recherche de l'équilibre, de la clarté, du naturel et le culte de l'Antiquité grecque et romaine.

● Ces tendances se manifestent en France au XVIIe siècle dans des œuvres considérées comme des modèles.

● En littérature, le classicisme est incarné par La Fontaine, Molière, Racine, Boileau, Bossuet.

● Pour les autres arts, le classicisme est lié aux personnalités des Italiens Raphaël, Titien et des Carrache et, en France, de Mansart, de Poussin, de Le Lorrain.

● L'effort de coordination mené par Le Brun, par les Académies royales et par Colbert érige le classicisme en doctrine officielle à partir de 1660.

Clemenceau (Georges)

Homme politique français (1841-1929).

● Chef de la gauche radicale, il met ses immenses talents d'orateur au service d'une critique virulente de la politique coloniale menée par Jules Ferry.

● En 1898, il fait paraître dans *l'Aurore* le « J'accuse » de Zola en faveur de Dreyfus.

● Président du Conseil et ministre de l'Intérieur (1906-1909), il fait réprimer durement de nombreuses grèves et s'éloigne définitivement des socialistes.

● Clemenceau retrouve le pouvoir en 1917, se consacrant totalement à la conduite de l'effort de guerre. Surnommé « le Tigre », il négocie le traité de Versailles mais perd l'élection présidentielle de 1920.

→ pages : *112, 119, 294, 309, 314.*

Clergé

Ensemble des clercs ou des ecclésiastiques d'un culte d'un pays.

● Dans l'Église catholique, on distingue le clergé séculier, dont les membres exercent un ministère dans un diocèse, et le clergé régulier, composé des clercs appartenant à une communauté religieuse.

- Dans les Églises protestantes, l'organisation du clergé varie selon les États et les communautés religieuses.
- Avant la Révolution française, on distinguait le bas clergé, essentiellement composé des prêtres, et le haut clergé, c'est-à-dire les dignitaires de l'Église, évêques, abbés, chanoines.

→ **pages:** *206, 224, 228, 230.*

Club

À la veille et pendant la Révolution française, groupe ou association de réflexion politique.

- À la fin du règne de Louis XVI, la vie politique se développe essentiellement au sein de clubs et leur prolifération en 1788 apparaît comme le signe avant-coureur de la Révolution.
- C'est dans le cadre de ces clubs que vont s'ébaucher les partis politiques de la Révolution. Certains sont appelés à jouer un rôle de premier plan comme le club des Jacobins, le club des Cordeliers, le club des Feuillants.

→ **pages:** *82, 228, 230.*

CNUCED

Sigle de Conférence des Nations unies pour le commerce et le développement.

- Créé en 1964, cet organe subsidiaire de l'assemblée générale de l'ONU a pour objectif de favoriser l'essor du commerce international en tenant compte des intérêts propres aux pays du tiers-monde.
- Souvent critiquée pour son manque d'efficacité, la CNUCED a toutefois permis de faire du développement du tiers monde une des priorités et d'y contribuer de manière active; la conférence se réunit tous les quatre ans.

→ **pages:** *399, 406.*

Collaboration

Politique de coopération avec un ennemi, plus particulièrement pendant l'Occupation (1940-1944).

- En France, Pétain engage le pays sur la voie de la collaboration avec l'Allemagne, en octobre 1940. Cette politique n'a épargné à la France ni l'exploitation économique ni la répression politique.
- La collaboration idéologique, minoritaire et impopulaire, est le fait de petits groupes d'admirateurs du fascisme et du nazisme qui s'appuient sur une presse collaborationniste *(Je suis partout, La Gerbe).*
- Dans le reste de l'Europe occupée, les autorités allemandes tentent d'imposer des gouvernements dociles, comme Horthy en Hongrie ou Antonescu en Roumanie.

→ **pages:** *350, 356.*

Collectivisme

Système économique fondé sur la propriété collective des moyens de production.

- Les États socialistes ont tous eu recours à la collectivisation comme instrument majeur de leur politique économique, par le biais des sovkhozes et des kolkhozes en URSS, ou dans le cadre des communes populaires en Chine.

● Selon les marxistes, la collectivisation des moyens de production et d'échange doit permettre à chaque travailleur d'obtenir le produit intégral de son travail par la suppression de la plus-value capitaliste.

→ pages : *139, 156, 318, 384.*

Colonie

Territoire occupé et administré par un État étranger.

● On distingue deux grands types de colonies, les colonies de peuplement et les colonies d'exploitation.

● Les colonies de peuplement sont le fait des États qui entreprennent de peupler les territoires conquis, comme la France en Indochine et en Algérie.

● Pour leur part, les colonies d'exploitation sont le fait des États qui se contentent d'établir des comptoirs commerciaux, comme les Arabo-Persans sur la côte orientale de l'Afrique ou les Portugais sur sa côte occidentale et autour de l'océan Indien.

● Avec le temps des Grandes Découvertes, l'occupation territoriale se double d'une exploitation économique et prend rapidement la forme d'une domination politique et culturelle.

● Plusieurs mouvements de libération apparaissent dans les colonies dès la Première Guerre mondiale, mais ce n'est qu'après 1945 que va s'imposer aux métropoles la décolonisation comme un fait majeur et irréversible.

→ pages : *114, 158, 265, 266, 264, 268, 299, 394.*

Commonwealth

Ensemble des États et des territoires issus de l'Empire britannique et unis par une commune allégeance à la Couronne.

● Le terme apparaît officiellement pour la première fois en 1921 dans le traité de Londres qui reconnaît alors l'existence d'un nouveau dominion, l'État libre d'Irlande. Le Commonwealth comprend alors le Royaume-Uni, ses colonies, ses protectorats et un groupe d'États indépendants liés par un serment d'allégeance à la Couronne.

● Dès lors que les colonies britanniques ont accédé à l'indépendance, la solidarité au sein du Commonwealth apparaît de fait plus morale que juridique.

→ pages : *162, 394, 395.*

Communisme

Système et doctrine politiques fondés sur la collectivisation des moyens de production et la suppression des classes sociales.

● De tout temps la perspective d'une société égalitaire a exercé un attrait indéniable, au VIIIe siècle av. J.-C. chez les Grecs, au IVe siècle avant notre ère en Chine, jusqu'à l'Islam primitif.

● Dans l'Europe des Lumières, le communisme devient rationaliste et la critique de la propriété s'exprime dans l'utopie.

● Pendant la Révolution française, on ne remet pas en cause la propriété, à l'exception de Babeuf, qui, par ailleurs, théorise la pratique clandestine d'une insurrection et la dictature provisoire de la minorité révolutionnaire.

- Au XIXe siècle, les théories communistes abondent et, jusqu'à Marx et Engels, diffèrent peu des théories socialistes.
- La révolution russe d'Octobre 1917 entraîne la création de plusieurs dizaines de partis communistes dans le monde.

→ **pages :** ***139, 152, 260, 283, 312, 384, 414.***

Concentration

Réunion de deux ou plusieurs entreprises tendant à réaliser un ensemble plus vaste.

- La concentration peut se faire par fusion, absorption, apports partiels d'actifs ou prise de participation. On distingue deux grands types de concentration :
- La concentration verticale consiste pour une entreprise à prendre le contrôle d'entreprises proposant des produits similaires.
- La concentration horizontale qui consiste pour une entreprise à élargir ses activités en prenant le contrôle d'entreprises produisant des biens différents mais remplissant une même fonction économique.

→ **page :** ***254.***

Concile

Assemblée d'évêques et de théologiens qui décide des questions de doctrine.

- Les huit conciles des premiers siècles, notamment ceux de Nicée (325), de Constantinople (381) d'Éphèse (431), de Chalcédoine (451) et de Constantinople II (553) établissent les dogmes fondamentaux du christianisme.
- Les sept conciles médiévaux, dont Latran IV (1215), sont saisis essentiellement de questions de discipline.
- Les deux conciles unitaires de Constance (1414-1418) et de Bâle (1431-1449) tentent de conjurer le déchirement de la chrétienté.
- Les conciles modernes, dont ceux de Latran V (1512-1517) et de Vatican II (1962-1965), confrontent la Révélation et la Tradition avec les aspirations et les ruptures qui se sont exprimées à la suite de la Renaissance et au cours du XXe siècle.

→ **pages :** ***209, 225, 262.***

Concordat

Convention établie entre le Saint-Siège et un État souverain pour régler leurs rapports.

- Le concordat le plus célèbre est celui de 1801. Voulu par le premier consul Bonaparte pour rétablir la paix religieuse en France, mais aussi pour contrôler le fonctionnement et les orientations politiques de l'Église de France, ce concordat reconnaît la religion catholique comme celle « de la grande majorité des Français » et donne au chef de l'État le droit de nommer les évêques. Le Concordat de 1801 a été abrogé par la loi de séparation de 1905.
- Au XXe siècle, le concordat le plus connu est celui conclu en 1933 entre l'Allemagne nazie et le pape Pie XI.

→ **pages :** ***135, 234, 237.***

Confédération

Association d'États dont certaines de leurs compétences sont déléguées à un pouvoir central.

- Différentes confédérations ont joué un rôle important en Europe au cours des siècles, comme la Confédération athénienne, ou ligue de Délos (477-404 av. J.-C.), groupant des cités grecques sous l'autorité d'Athènes.
- La Confédération du Rhin, qui se mit en place à l'instigation de Napoléon Ier, regroupa certains États allemands, de 1806 à 1813. Elle visait à faire pénétrer l'influence française en Allemagne. La Confédération germanique fut instaurée en juin 1815, lors du congrès de Vienne, sur les ruines de la Confédération du Rhin.

➜ **page :** *238.*

Conscription

Recrutement militaire fondé sur l'appel annuel du contingent.

- Le principe de la conscription ou du service militaire obligatoire pour tous les Français est proposé à la Constituante le 12 septembre 1789, mais il est repoussé par l'Assemblée. La conscription ne sera donc introduite en France que par la loi Jourdan du 19 Fructidor an VI (5 septembre 1798). Les conscrits sont répartis en fonction de leur âge en cinq classes, les plus jeunes étant appelés en premier en cas de besoin.
- Le service militaire ne devient vraiment obligatoire et égal qu'avec la loi du 21 mars 1905.

➜ **pages :** *88, 232.*

Constantin Ier le Grand

Empereur romain (v. 288-337).

- Lorsqu'il est proclamé empereur en 306, l'Empire compte sept empereurs. Constantin écarte ses rivaux par alliance ou par la force et s'impose en battant Maxence sous les murs de Rome (312).
- En 313, Constantin établit la liberté religieuse (édit de Milan).
- En 324, Constantin bat Licinius, qui règne sur l'Orient, et rétablit l'unité impériale. L'année suivante, il convoque un concile à Nicée.
- Il reste l'empereur qui a rendu possible le triomphe du christianisme dans l'Empire en accordant des privilèges judiciaires et fiscaux.

➜ **pages :** *60, 208.*

Constitution

Loi fondamentale qui régit les relations des gouvernants et des gouvernés et détermine l'organisation des pouvoirs publics.

- Une Constitution est indispensable à l'existence de l'État : il est en effet nécessaire que soient posées et suivies des règles institutionnelles afin que l'autorité et le pouvoir de l'État puissent s'exercer.
- En France, les constitutions révolutionnaires et républicaines (Constitutions de 1791, de 1793, de l'an III, de 1848, de 1946, de 1958) ont chacune procédé à une réforme complète de l'État.
- La France est régie par la Constitution de 1958, qui est le fondement de la Ve République.

➜ **pages :** *74, 227, 228, 231, 290, 412, 414.*

Consul

Dans l'Antiquité romaine, magistrat élu pour un an par les comices centuriates et qui partage avec un collègue le pouvoir suprême.

- Les deux consuls détiennent le pouvoir exécutif civil et se chargent d'une bonne part de la préparation des lois soumises aux comices. Sur le plan militaire, les consuls sont les chefs de l'armée.
- En cas de menace majeure pour l'État et d'insuffisance des consuls, le sénat ordonne à l'un d'entre eux de nommer pour six mois un dictateur.

→ **pages :** *202, 234.*

Consulat

Régime politique établi en France après le coup d'État du 18 Brumaire an VIII (9 novembre 1799) et qui dura jusqu'à l'instauration du Premier Empire, le 18 mai 1804.

- Élaborée par Bonaparte, la nouvelle Constitution confie l'exécutif à trois consuls (Bonaparte, Cambacérès, Lebrun). Promulguée le 13 décembre 1799, la Constitution est approuvée par 3 millions de voix contre 1 562 opposants.
- La reprise des hostilités contre l'Angleterre et le complot anglo-royaliste précipitent la transformation de la République des notables en une dictature. Consul à vie depuis le 4 août 1802, Bonaparte est proclamé empereur par le sénatus-consulte du 18 mai 1804 qui établit l'Empire.

→ **pages :** *88, 234.*

Contre-Réforme

Mouvement de réforme entrepris par l'Église catholique au XVᵉ siècle en réaction à la Réforme protestante.

- L'objectif principal de la Contre-Réforme est de créer les conditions de la reconquête religieuse des régions passées au protestantisme. Rome s'appuie sur un nouvel ordre religieux, celui des Jésuites.
- Le concile de Trente, convoqué par le pape Paul III en 1545, est une des pièces maîtresses de la contre-offensive de l'Église catholique (révision complète de sa discipline et réaffirmation solennelle de ses dogmes).

→ **pages :** *224, 225.*

Contrôle des changes

Réglementation restrictive des conditions dans lesquelles toute personne peut acquérir, détenir ou céder des devises étrangères.

- On parle de contrôle des changes quand l'État supprime le marché libre des changes et s'assure le monopole des opérations sur les monnaies étrangères.
- Ce régime a été appliqué pour la première fois par l'URSS en 1918, puis par l'Allemagne en 1931. En France, le contrôle des changes, institué au début des années 1930, a été totalement levé en 1990.

→ **page :** *380.*

Coran

Livre sacré des musulmans.

- La parole de Dieu transmise à Mahomet par l'archange Gabriel de 612 à 632 a d'abord été retenue de mémoire par ses fidèles. Le Coran a été rédigé définitivement sous le troisième calife, Uthman (644-646).

- Le Coran est formé de 114 chapitres, ou sourates, subdivisés en versets, classés selon un ordre de longueur décroissant.
- L'importance accordée par les musulmans au texte sacré explique la place qu'occupent la calligraphie, l'enluminure et la reliure des corans dans l'art islamique.

➜ pages : *58, 61, 210, 211, 216.*

Cordeliers

Nom donné en France, avant la Révolution, aux franciscains, puis, à partir de 1790, aux membres du club révolutionnaire installé dans le couvent désaffecté des cordeliers.

- Les principaux chefs du club sont Danton, Desmoulins, Marat, Hébert, Chaumette.
- Agissant par manifestations et pétitions, les Cordeliers jouent un rôle de premier plan dans toutes les journées révolutionnaires.
- Les Cordeliers disparaissent de la scène politique après l'exécution des hébertistes, en mars 1794.

➜ page : *233.*

Cosmopolitisme

Doctrine philosophique de ceux qui se considèrent comme « citoyens du monde ».

- Le cosmopolitisme est une conception dont on trouve déjà la trace chez les stoïciens.
- On a pu parler du cosmopolitisme d'Érasme, sa véritable patrie étant la république des Lettres, république qui se confond chez lui avec la chrétienté.
- Pour les philosophes des Lumières, le cosmopolitisme signifie que les divisions politiques ou religieuses n'ont qu'un sens très relatif au sein de l'horizon de l'humanité, qui rassemble la totalité des êtres humains.

➜ page : *226.*

Crise

En économie, rupture d'équilibre entre la production et la consommation.

- Cette rupture est marquée par un affaiblissement de la demande, une augmentation des faillites et du chômage.
- Les premières grandes crises économiques sont contemporaines de l'épanouissement de la révolution industrielle ; citons celles de 1825, de 1836, de 1847, de 1857, de 1866
- La plus profonde et la plus longue des crises est celle qui débute en octobre 1929 avec le krach de la Bourse de New York et dont les effets – recul de la production, chômage important, rétraction des échanges internationaux – se feront sentir sur le continent américain et en Europe jusqu'en 1937.

➜ pages : *106, 129, 168, 252, 326, 340, 368, 376.*

Croisade

Expéditions entreprises du XIe au XIIIe siècle par les chrétiens d'Occident pour délivrer les Lieux saints, occupés par les musulmans.

- Si les croisades trouvent leurs

origines lointaines dans les prescriptions ecclésiastiques du Xe siècle, elles sont favorisées par les conditions sociales et économiques de l'Europe occidentale (vitalité démographique, manque de terres exploitables, croissance de l'économie monétaire et des échanges).

● Parmi les huit croisades, seules les trois premières seront des expéditions à caractère strictement religieux ; quant aux autres expéditions, elles ont de toute évidence ajouté à la finalité spirituelle des objectifs plus prosaïquement économiques et politiques.

➜ **pages :** ***64, 214, 215.***

Croissance

Le terme de « croissance » apparaît dans la théorie économique vers 1940, se différenciant de celui de « développement » et de « progrès ».

● On parle de croissance quand il y a accroissement rapide de la population, accroissement de la production et de la productivité, changements structurels (exode rural) et social (urbanisation), révolution dans les transports et dans les communications.

● La très forte période de croissance économique qui s'est manifestée entre 1948 et 1973 (les Trente Glorieuses) a présenté tous les aspects cités ci-dessus. À partir de 1974, les pays industrialisés ont connu une diminution importante et persistante de leur taux de croissance.

➜ **pages :** ***155, 250, 252, 326, 328, 340, 368, 370, 376.***

Cubisme

Mouvement artistique apparu en France vers 1906-1907 qui, en proposant une nouvelle conception du tableau et de son rapport à la réalité, opère la première révolution esthétique du XXe siècle.

● La leçon de Cézanne et la découverte de l'art nègre et de celui des Ibères ouvrent la voie aux travaux de Picasso, de Braque et de Juan Gris, dont les œuvres sont qualifiées de « bizarreries cubiques » par un critique.

● L'apparittion, vers 1912, de papiers collés, de fragments d'étoffe et de journaux réintroduit le réel sous une forme nouvelle, ouvrant la phase synthétique du cubisme.

● Après 1918, chacun des créateurs ou adeptes du cubisme prend sa liberté par rapport à celui-ci.

➜ **page :** ***286.***

Dadaïsme

Mouvement intellectuel et artistique, résolument subversif, qui apparaît à New York et reçoit son nom à Zurich en 1916.

● Animé par Hugo Ball, Tristan Tzara, Marcel Janco, Hans Harp à Zurich, par Marcel Duchamp, Francis Picabia et Man Ray à New York, par Max Ernst, Richard Huelsenbeck en Allemagne, le mouvement connaît son apogée à Paris et sa fin avec la victoire de la dissidence surréaliste vers 1920.

● Le dadaïsme a donc ouvert la voie au surréalisme, mais aussi au happening, au pop art, au nouveau réalisme, à l'art conceptuel, etc.

➜ **page :** ***282.***

Daladier (Édouard)

Homme politique français (1884-1970).

● Député radical-socialiste, ministre à plusieurs reprises, il est président du Conseil une première fois de janvier à octobre 1933, puis en avril 1938. Signataire en septembre des accords de Munich, il finit par déclarer la guerre à l'Allemagne le 3 septembre 1939.

● Incarcéré après l'armistice sur ordre de Pétain, il est déporté en Allemagne (1943-1945) et redevient député du Vaucluse à la Libération.

→ pages : *132, 141, 337, 343.*

Danton (Georges Jacques)

Homme politique français (1759-1794).

● Avocat gagné à la cause révolutionnaire, fondateur en 1790 du club des Cordeliers, orateur puissant et impétueux, élu député de Paris à la Convention nationale (septembre 1792), où il siège avec les Montagnards, il vote la mort du roi.

● Bien qu'il ait toléré les massacres de septembre 1792, il est finalement jugé trop modéré par les robespierristes et se trouve écarté du Comité de salut public en 1793.

● Il désapprouve la Grande Terreur, prend la tête du parti des indulgents et est accusé de malversations – il est compromis dans le scandale de la Compagnie des Indes – et de trahison. Arrêté comme ennemi de la République, il est jugé par le Tribunal révolutionnaire et guillotiné le 5 avril 1794.

→ pages : *82, 233.*

Darwin (Charles)

Naturaliste anglais (1809-1882).

● Darwin rapporte une immense somme de documents d'un voyage exploratoire de cinq ans (1831-1836). Il en tire un ouvrage capital *De l'origine des espèces par voie de sélection naturelle* (1859).

● Les esprits religieux ont vu dans le darwinisme une contradiction entre la genèse des espèces par l'évolution et leur création par Dieu telle que la décrit la Bible.

● Extrapolées aux sociétés humaines, les idées de *De l'origine des espèces* ont alimenté un courant appelé darwinisme social dont s'est prévalu notamment le nazisme.

→ page : *233.*

Déflation

Politique économique visant à restreindre la demande pour limiter ou provoquer la baisse des prix en cas d'inflation. La déflation est un instrument, parmi d'autres, de la lutte contre l'inflation.

● Les autorités peuvent réduire l'inflation par la réduction de la masse monétaire ou par l'encadrement du crédit et le contrôle des prix.

● La déflation peut être inefficace (par exemple, impossibilité de baisser les prix en raison de la rigidité des coûts de production) et créer des injustices : elle réduit le pouvoir d'achat des catégories sociales les plus défavorisées.

● La déflation a cédé le pas à des techniques plus fines et plus modulées.

→ pages : *130, 328, 341.*

Delacroix (Eugène)

Peintre français (1798-1863).

● Chef de file de l'école romantique, coloriste brillant, dessinateur, lithographe, aquarelliste, Delacroix pratique tous les genres avec bonheur. Il est surtout connu pour ses très grandes toiles d'inspiration historique comme *Scène des massacres de Scio* (en référence à la guerre d'indépendance grecque) ou *La Liberté guidant le peuple* (en référence à la révolution de juillet 1830 qui met fin au règne de Charles X).

● Sa correspondance et son *Journal* témoignent de la très grande clarté de sa pensée.

→ **pages :** ***95, 337, 344, 345.***

Démocratie

Système politique dans lequel la souveraineté émane du peuple.

● Les Grecs sont les inventeurs de la démocratie politique directe qui voit les citoyens prendre eux-mêmes les décisions concernant la cité *(polis).*

● Jean-Jacques Rousseau théorisera la démocratie directe sous le nom de théorie de la souveraineté populaire.

● Dans le cadre de la démocratie représentative, le pouvoir est détenu par la nation en tant qu'entité collective : c'est un corps de représentants élus de la nation qui incarnent la volonté nationale.

● Pour les marxistes, la disparition de l'État doit conduire à la démocratie totale.

→ **pages :** ***54, 56, 196, 290, 384, 412, 414.***

Deng Xiaoping

Homme politique chinois (1904-1997).

● Secrétaire général du comité central du PC en 1953, il s'oppose à la politique de Mao après l'échec du Grand Bond en avant (1958).

● Victime de la « révolution culturelle » (1966), il réapparaît sur la scène politique en 1973, mais il est de nouveau limogé en 1976 avant de retrouver le pouvoir en 1977. Dès lors, il sera le principal responsable des orientations nouvelles de la Chine (ouverture, modernisation économique).

→ **pages :** *180, 387.*

Déportation

Internement dans un camp de concentration situé dans une région éloignée.

● La déportation est indissociable de l'univers concentrationnaire mis en place par les nazis au cours de la Seconde Guerre mondiale.

● Avec la guerre et l'occupation d'une grande partie de l'Europe, le système concentrationnaire nazi s'internationalise. Les déportations ont pour but non seulement d'interner des adversaires, mais aussi de fournir à l'économie allemande une main-d'œuvre corvéable à merci et jusqu'à l'épuisement.

→ **pages :** ***349, 354, 364.***

Dépression

Ralentissement des activités économiques entraînant une crise.

● Les indicateurs de la dépression sont ceux qui composent le tableau de bord habituel d'une économie : taux de croissance de la production, taux de chômage, taux d'inflation, niveau de l'investissement, des profits, des salaires et des divers déficits publics et privés. On dit qu'il y a récession lorsque plusieurs de ces indicateurs sont bloqués et que rien ne permet d'anticiper une amélioration à court terme.

➜ **pages :** *252, 256, 326, 340, 374, 376, 378.*

Désinflation

Diminution de la hausse des prix. Il existe différentes politiques de désinflation qui dépendent des causes de l'inflation et du contexte international.

- En 1926, R. Poincaré décide de relever le taux de l'escompte, d'assainir les dépenses publiques, d'accroître l'impôt sur le revenu, de supprimer des emplois publics et de dévaluer la monnaie (*cf.* Dévaluation).
- En 1952, le président du Conseil A. Pinay baisse les tarifs publics, bloque les prix, contingente les importations, mais refuse de dévaluer.
- Au milieu des années 1980, l'inflation dans les pays industriels est en partie atténuée par la baisse des matières premières.

➜ **page :** *377.*

Desmoulins (Camille)

Homme politique français (1760-1794).

- Gagné à la cause de la Révolution, il exerce une forte influence sur l'opinion par ses discours au club des Cordeliers et par ses pamphlets.
- Secrétaire de Danton, député de Paris à la Convention, il s'attire la défiance de Robespierre en soutenant les indulgents. Sa condamnation du régime de la Terreur lui vaut d'être guillotiné.

➜ **page :** *233.*

Dévaluation

Diminution volontaire de la valeur officielle de la monnaie nationale par rapport à d'autres monnaies.

- En France, la dévaluation remonte à l'expérience Poincaré de 1926-1928. En 1926, l'inflation d'après guerre a multiplié les prix par cinq. En dévaluant de quatre cinquièmes le franc Germinal, le gouvernement choisit de stabiliser la monnaie dépréciée par une hausse des prix plutôt que d'opter pour la déflation.
- La dévaluation a toujours un caractère symbolique : dévaluer, c'est perdre un peu de sa puissance, la monnaie étant un des principaux symboles de la souveraineté nationale. C'est pourquoi la dévaluation apparaît bien souvent comme un expédient, même si elle peut parfois constituer une base de départ pour une politique économique cohérente.

➜ **pages :** *306, 341.*

Diaspora

Dispersion d'un peuple, plus particulièrement des communautés juives, à travers le monde.

- Après la destruction du royaume d'Israël (722 av. J.-C.), ses habitants sont déportés dans l'Empire assyrien.

● Une nouvelle déportation, cette fois en Babylonie, suit la prise de Jérusalem et la fin du royaume de Juda (587 av. J.-C.).

● Outre Babylone (VIe s.), Alexandrie (IVe s.), Antioche (IIIe s.) et Rome (Ier s.) ont été les principaux centres de la Diaspora.

➜ **pages :** ***204, 206.***

Dictature

Régime politique où le pouvoir est détenu par une ou plusieurs personnes qui l'exercent autoritairement et sans contrôle.

● Sous la République romaine, la dictature est une magistrature extraordinaire exercée pendant six mois par une personne unique dans des circonstances exceptionnelles.

● Après la Première Guerre mondiale, le terme est réservé à des régimes autoritaires caractérisés par la confiscation au profit d'un seul homme des pouvoirs politiques.

● La crise économique de 1929 joue un rôle capital dans l'émergence de nombreuses dictatures ; c'est notamment le cas en Allemagne avec l'arrivée de Hitler au pouvoir en janvier 1933.

➜ **pages :** ***137, 138, 333, 356.***

Diderot (Denis)

Écrivain français (1713-1784).

● Élève brillant chez les jésuites, il choisit d'abandonner le droit pour mener une vie de bohème à Paris, où il survit grâce à de petits travaux d'écriture.

● Animé d'une véritable boulimie de savoir, il se voit confier en 1745 la direction de l'*Encyclopédie* et engage toute son énergie dans cette tâche, la défendant contre l'hostilité du pouvoir.

● Parallèlement, il écrit beaucoup – théâtre, essais, philosophie – avec un égal talent, faisant montre d'un étonnant libertinage de l'esprit. Citons, parmi une œuvre foisonnante, *Jacques le Fataliste*, *Lettre sur les aveugles*, *Paradoxe du comédien*, *Le Neveu de Rameau*.

➜ **pages :** ***188, 226.***

Diktat

Exigence absolue imposée au plus faible par le plus fort.

● Le terme de « diktat » est essentiellement employé pour caractériser les conditions – très dures – faites à l'Allemagne par le traité de Versailles qui met fin à Grande Guerre.

● Au cours de son ascension, Adolf Hitler ne manquera pas de dénoncer à de nombreuses reprises l'iniquité du traité de Versailles, qui aurait acculé l'Allemagne à la ruine. Ce thème, auquel la crise de 1929 confère une opportune résonance, trouve un écho favorable dans une large partie de la population.

➜ **pages :** ***315, 335, 336.***

Diocèse

Circonscription ecclésiastique sur laquelle un évêque a juridiction.

● Dans l'Empire romain, le diocèse est une circonscription administrative créée par Dioclétien à la fin du IIIe siècle regroupant plusieurs provinces et placée sous l'autorité d'un vicaire.

● Au IVe siècle, le terme va désigner les divisions territoriales de l'Église catholique car son culte est autorisé.
➜ pages : *208, 224, 229.*

Dirigisme

Système dans lequel le gouvernement exerce un pouvoir d'orientation ou de décision sur l'économie. Le terme apparaît après 1930. On parle aussi d'économie dirigée.

● Le dirigisme s'inscrit dans le cadre d'une économie capitaliste.

● L'État assure l'orientation de l'activité économique par le contrôle du crédit, de la monnaie, de la fiscalité, de la politique du commerce extérieur, de la politique de la sécurité sociale, des salaires et des investissements.
➜ pages : *418, 419.*

Dogme

Principe fondamental d'une croyance religieuse.

● Dans la théologie catholique, on réserve le terme à une vérité de foi contenue dans la Révélation : celle-ci étant close, l'Église ne peut proposer de nouveaux dogmes.

● Dans la théologie protestante, le terme désigne un élément de doctrine élaboré par les théologiens et les synodes en se fondant sur l'Écriture sainte. Toutefois, certains protestants nient la possibilité de toute expression dogmatique.
➜ pages : *208, 209, 225, 262.*

Dominion

Nom donné aux États indépendants membres du Commonwealth.

● À l'origine, le terme s'applique à tout territoire reconnaissant la souveraineté britannique.

● À partir de 1907, les territoires dotés d'un gouvernement responsable obtiennent d'être distingués comme « dominions autonomes ».

● Depuis 1947, l'emploi du terme « dominion » s'est effacé au profit de l'expression « membre ou État du Commonwealth ».
➜ page : *394.*

Douma

Dans la Russie médiévale et tsariste, assemblée, conseil.

● La première douma d'État est créée en 1905 par Nicolas II pour calmer l'opposition libérale. Elle est dominée par le parti constitutionnel-démocrate (KD). Trois autres doumas d'État seront élues entre février 1907 et mars 1917.

● Lors de la révolution de février-mars 1917, la douma désigne un comité provisoire, qui se transforme en gouvernement provisoire le 2 mars.

● La Constitution de 1993 de la Fédération de Russie a instauré une douma d'État ; le terme désigne de nos jours l'assemblée des députés.
➜ pages : *113, 415.*

Droit canon

Droit ecclésiastique régi par un code rassemblant les canons, qui fixent la constitution de l'Église et règlent la discipline ecclésiastique.

● L'histoire du droit ecclésiastique est riche d'une multitude de recueils canoniques qui sont rassemblés au XVIe siècle dans le *Corpus juris canonici.*

● La codification moderne a été mise en œuvre par Pie X en 1904 et promulguée par Benoît XV en 1917. La réforme du droit canon a été achevée en 1983 par Jean-Paul II.

➜ page : *262.*

Droit de veto

Possibilité de s'opposer à une décision.

● Dans l'Antiquité romaine, les tribuns du peuple pouvaient s'opposer (veto signifie en latin «je m'oppose») à un décret du sénat.

● La Constitution de 1791 accorde au roi un droit de veto suspensif, qui lui permet de s'opposer à la promulgation des lois votées par l'Assemblée législative.

● La Constitution de la Ve République (1958) n'accorde pas de droit de veto au chef de l'État.

● Le droit de veto est la prérogative conférée aux cinq États membres permanents du Conseil de sécurité de l'ONU, qui leur permet de manifester leur opposition à toute question autre que de procédure.

➜ page : *407.*

Dynastie

Succession des souverains appartenant à une même famille.

● La couronne de France est passée successivement des Mérovingiens aux Carolingiens, aux Capétiens puis aux Bourbons, dont le dernier représentant est Charles X. Le dernier roi de France, Louis-Philippe, appartenait à la famille des Orléans.

● Dans la plupart des grandes civilisations, le principe de la transmission du pouvoir royal dans la même famille atteste de la permanence du fait dynastique.

➜ pages : *210, 211, 214, 215.*

Ecclésia

À Athènes et dans la plupart des cités grecques, assemblée des citoyens qui bénéficient des droits politiques.

● À l'époque classique, le nombre des citoyens – c'est-à-dire les hommes en possession de leurs droits civiques – a varié entre 20 000 et 40 000, mais il n'y avait en général que 3 000 à 4 000 participants à l'ecclésia.

● Les pouvoirs de l'ecclésia athénienne sont très étendus, puisqu'elle décide de la paix et de la guerre, vote les lois, peut engager une procédure d'ostracisme.

● L'ecclésia perd une grande partie de ses pouvoirs à l'époque hellénistique, de la conquête d'Alexandre à la conquête romaine.

➜ pages : *55, 196, 198.*

Économie de marché

Système économique dans lequel l'intervention de l'État est très limitée.

● L'économie de marché mobilise les intérêts privés et repose sur la liberté des échanges, où l'offre et la demande de biens et de services sont supposées tendre naturellement à l'équilibre.

● Marquée par l'idéologie libérale, l'économie de marché s'est développée en Europe à partir de la fin du XVIIIe siècle, puis en Amérique avant de se répandre dans le monde au XXe siècle.

• Ses partisans les plus intransigeants estiment que tout ajustement ne relevant pas du libre jeu de la concurrence entrave l'ordre économique naturel.

➜ **pages :** *250, 255, 265, 269, 272, 387, 416.*

Édit

En France, au Moyen Âge et sous l'Ancien Régime, acte législatif qui émane du roi.

• Sous le règne des Capétiens et des Valois, on appelle édits les actes qui expriment le pouvoir législatif de la royauté. L'édit, qui est rendu sous la forme d'une grande lettre patente, est scellé du grand sceau de cire verte et porte la date du mois et de l'année.

• L'histoire de France est riche de nombreux édits célèbres ; mais c'est incontestablement l'édit de Nantes, accordant la liberté de culte aux protestants, qui est passé à la postérité (1598).

➜ **page :** *224.*

Église

Société religieuse fondée par Jésus-Christ et, par extension, ensemble des fidèles de toute communauté chrétienne.

• L'Église catholique ou romaine regroupe la majorité des chrétiens et est soumise à l'autorité du pape.

• Les Églises orientales dites orthodoxes et les Églises protestantes (congrégationnistes, baptistes, méthodistes), nées de la Réforme luthérienne et calviniste, se sont séparées de l'Église romaine.

• On appelle Églises uniates celles qui ont conservé le rite oriental bien qu'elles se soient ralliées à la communion romaine.

➜ **pages :** *206, 208, 230.*

Einstein (Albert)

Physicien américain d'origine allemande (1879-1955).

• Après avoir établi la théorie du mouvement brownien, il formule le concept de photon.

• Formulée en 1905 et publiée en 1916, la théorie de la relativité restreinte est loin de valoir à son auteur la reconnaissance de ses pairs. D'ailleurs, il reçoit le prix Nobel de physique en 1921 non pour la théorie de la relativité alors contestée, mais pour sa contribution à l'étude de l'effet photoélectrique.

• Homme de science, Einstein a été également un homme engagé dans les grandes questions de son temps (lutte contre le nazisme, existence de l'État d'Israël, notamment).

➜ **page :** *285.*

Empire (premier)

Régime politique de la France du 18 mai 1804 au 6 avril 1814.

• L'Empire se présente comme l'aboutissement de la Révolution qui est désormais close. La mise en place d'un despotisme centralisateur est justifiée comme étant la garantie contre le retour de la contre-révolution et l'anarchie jacobine.

• Sur le plan intérieur, l'Empire voit triompher la prépondérance de la bourgeoisie. Les ouvriers sont soumis à une législation calquée sur celle de l'Ancien Régime, mais connaissent toutefois une amélioration de leurs conditions de vie matérielle.

● Sur le plan extérieur, l'objectif principal est d'abattre l'Angleterre : celle-ci fera partie de toutes les coalitions contre Napoléon.

● La chute de l'Empire est liée à une mauvaise conjoncture économique (dès 1811), au mécontentement des catholiques (Napoléon a fait arrêter Pie VII) et à l'hostilité de la bourgeoisie à la guerre. À ces divers facteurs s'ajoutent les défaites militaires, les anciens alliés et vassaux de la France s'étant coalisés contre elle.

➜ **pages :** ***234, 238.***

Empire (second)

Régime politique de la France du 2 décembre 1852 au 4 septembre 1870.

● Selon la Constitution du 14 janvier 1852, l'empereur Napoléon III détient la totalité du pouvoir exécutif et l'essentiel du pouvoir législatif.

● Sur le plan économique et social, le second Empire amorce la modernisation du crédit, des transports, des échanges et de l'urbanisation.

● Sur le plan extérieur, l'objectif de Napoléon III est de restaurer la prépondérance française et construire l'Europe des nationalités : ce qui explique l'intervention active de la France dans la réalisation de l'unité italienne.

● Le second Empire ne survit pas à la défaite militaire contre la Prusse (Napoléon III est emmené en Allemagne) au terme d'une guerre dans laquelle l'empereur se sera engagé sans appui diplomatique et sans préparation militaire.

➜ **pages :** ***104, 105, 292.***

Encyclique

Lettre solennelle envoyée par le pape aux évêques du monde entier ou d'une région et, à travers eux, aux fidèles.

● À l'origine, le terme « encyclique » désignait toute information envoyée par une haute autorité ecclésiale. Depuis Benoît XIV, en 1740, on réserve le terme aux actes du pape donnés sous forme de lettres.

● On désigne les encycliques par leurs premiers mots en latin.

➜ **page :** ***262.***

Endiguement

Politique d'alliance mise en œuvre par les États-Unis pour lutter contre le communisme dès les premiers temps de la guerre froide.

● Afin de contenir la poussée soviétique, les États-Unis acceptent, pour la première fois, la présence, en temps de paix, de soldats américains en Europe au sein de l'Alliance atlantique (Otan, 1949).

● L'Organisation du traité de l'Asie du Sud-Est (Otase, 1954), calquée sur le modèle de l'Otan, est destinée à contenir le communisme en Asie.

➜ **pages :** ***156, 388.***

Enragés

En 1793, membres d'un parti de révolutionnaires extrémistes.

● Les principaux chefs sont, à Paris, le vicaire Jacques Roux, le commis des postes Varlet et, à Lyon, l'actrice Claire Lacombe, Chalier et Leclerc. Les enragés préconisent la taxation des denrées, la réquisition des grains, des taxes sur les riches, la formation d'une armée révolutionnaire.

● Bien qu'ils aient lutté contre les Girondins, ils sont éliminés sur ordre de Maximilien Robespierre.

➜ **page:** *233.*

Épuration

À la Libération, condamnation des collaborateurs.

● Elle touche fonctionnaires, artistes et écrivains convaincus d'avoir collaboré avec l'ennemi.

● 11 343 fonctionnaires se voient condamnés à des sanctions disciplinaires (du déplacement d'office à la révocation sans pension). Les journaux publiés sous l'Occupation disparaissent. Des peines d'indignité nationale sont prononcées. La loi d'amnistie de 1953 supprime les conséquences matérielles de ces jugements.

➜ **page :** *360.*

Érasme (Didier)

Humaniste hollandais (1469-1536).

● C'est en Angleterre, auprès de Thomas More qu'il admire, qu'Érasme élabore une nouvelle théologie fondée sur le recours au texte grec des Évangiles et non sur la traduction de saint Jérôme. En Angleterre encore, il écrit son ouvrage majeur, l'*Éloge de la folie.*

● Ensuite, Érasme se rend à Bâle, Anvers et Louvain. Son séjour à Bâle, où se cotoient sans difficulté catholiques et protestants, convient à son goût prononcé pour la tolérance. D'ailleurs, Érasme ne prend le parti ni des catholiques ni des protestants, ce qui provoque la rupture avec Martin Luther.

➜ **pages:** *67, 69, 220.*

Espace vital

Théorie d'origine nationaliste selon laquelle tout territoire nécessaire à l'expansion démographique et économique d'un État doit lui être rattaché.

● Dans sa version nationale-socialiste, l'espace vital *(Lebensraum)* constitue la base même de la politique étrangère de conquêtes conduite par Adolf Hitler.

● Comme le futur chancelier du Reich l'avait annoncé de façon tout à fait explicite dans *Mein Kampf*, la théorie du *Lebensraum* est intimement liée à la question raciale – c'est-à-dire l'antisémitisme – qui lui fournit ses prémices.

➜ **pages:** *334-336.*

Étalon-or

Système monétaire en vigueur avant la Première Guerre mondiale.

● Les monnaies, alors définies par un poids en or, étaient librement convertibles en or et les règlements internationaux s'effectuaient dans ce métal.

➜ **page:** *367.*

État-nation

État dont la souveraineté procède de la nation, elle-même définie par une communauté d'origine, d'histoire, de culture, de tradition et, parfois, de langue.

● C'est au cours de la première moitié du XXe siècle que l'État-nation s'impose comme le cadre politique dominant en Europe : au nom du principe des nationalités les limites des États doivent coïncider avec celles des différentes communautés nationales.

● Il arrive que l'État précède la nation, comme dans le cas des pays nés de la décolonisation.

➜ pages : *240, 242, 243, 274, 275.*

État-providence

État qui intervient activement dans les domaines économique et social afin d'assurer des prestations aux citoyens.

● L'État-providence n'a de sens que dans le cadre d'une économie capitaliste. Les fonctions d'allocation, de redistribution et de régulation interfèrent avec les fonctions du marché, voire se substituent à certaines d'entre elles.

➜ pages : *329, 378.*

États généraux

Assemblées convoquées par le roi de France et formées de représentants de la noblesse, du clergé et du tiers état.

● Les États généraux qui s'ouvrent le 5 mai 1789 à Versailles rassemblent 291 députés du clergé, 270 pour la noblesse et 578 pour le tiers état. Ce dernier, considérant qu'il représente 96 % de la nation, se proclame Assemblée nationale le 10 juin.

● Le tiers état, rejoint par des députés de la noblesse et du clergé, contraint le roi à accepter une délibération commune des trois ordres au sein d'une assembée qui se proclame Assemblée nationale constituante.

➜ pages : *78, 231.*

Eucharistie

Selon la doctrine catholique, sacrement qui contient réellement le corps et le sang du Christ sous la forme du pain et du vin.

● L'eucharistie rappelle l'événement central du salut : la mort et la résurrection de Jésus-Christ ; elle actualise la fraction du pain réalisée par Jésus lors de la Cène.

● Sacrement fondamental du catholicisme, l'eucharistie est l'objet d'un culte solennel et multiforme : visite du saint sacrement, processions du saint sacrement, adoration du saint sacrement.

➜ page : *231.*

Évangile

Livres dans lesquels sont consignés la vie et le message de Jésus.

● La tradition attribue les quatre Évangiles canoniques à, respectivement, saint Matthieu, saint Marc, saint Luc et saint Jean.

● Les Évangiles sont destinés à propager la foi chrétienne : les paroles et les œuvres de Jésus sont présentées à travers le prisme de la Résurrection.

➜ pages : *59, 205, 207.*

Évêque

Dans les Églises catholique et orientales, prêtre qui possède la plénitude du sacerdoce et qui assure la direction spirituelle d'un diocèse.

• Les évêques sont les successeurs des apôtres. Le nom d'«évêque» est utilisé dès les premières communautés : il apparaît à la lecture des Actes des Apôtres et des lettres de Paul.

• L'évêque résidentiel est le pasteur d'un diocèse régulièrement constitué. L'évêque titulaire reçoit le titre d'un diocèse disparu mais dont on tient à conserver la mémoire.

• L'évêque exerce les tâches d'enseignement *(munus docendi)*, de sanctification *(munus sanctificandi)* et de gouvernement *(munus regendi)*.

➜ **pages :** *207, 208.*

Exécutif

Pouvoir d'appliquer les lois.

• Le pouvoir exécutif désigne à la fois la fonction et les organes politiques chargés de faire exécuter les lois : en France, l'exécutif est aux mains du président et du gouvernement.

• Dans le cadre de la séparation des pouvoirs, on distingue pouvoirs exécutif, législatif et judiciaire.

➜ **pages :** *226, 422.*

Expressionnisme

Courant artistique caractérisé par une vision émotionnelle et subjective du monde, qui s'affirme dans le premier quart du XXe siècle.

• Il se développe en Allemagne avec les peintres regroupés au sein de Die Brücke (Kirchner, Heckel, Nolde) et s'élargit avec les peintres du Blaue Reiter (Kandinsky, Marc, Macke).

• Dans les années 1950 se développe aux États-Unis l'expressionnisme abstrait, qui hérite à la fois du cubisme tardif et du surréalisme ; ses représentants les plus célèbres sont Pollock, De Kooning et Kline.

• L'expressionnisme cinématographique apparaît en Allemagne vers 1918 ; ses représentants les plus illustres sont Robert Wiene, Fritz Lang, Friedrich Wilhelm Murnau.

➜ **page :** *287.*

Factieux

Membre d'une faction, c'est-à-dire d'un parti, d'un groupe, d'une ligue, qui fomente des troubles politiques.

• Le terme « factieux » qualifie les ligues qui, dans les années 1930, en France, critiquaient le système parlementaire, lui préférant un régime autoritaire.

➜ **pages :** *343, 344.*

Fascisme

Régime établi en Italie par Mussolini entre 1922 et 1945.

• Le régime fasciste est fondé sur la dictature du parti unique, l'exaltation nationaliste, le culte du chef et le corporatisme. L'Italie de Benito Mussolini est le prototype historique du fascisme.

• Étendu à d'autres régimes que celui de l'Italie mussolinienne, le terme « fascisme » s'applique à un système politique caractérisé par un rejet du socialisme et de l'égalitarisme démocratique.

• Considéré dans son sens le plus

large (dictature, totalitarisme), le fascisme s'est décliné dans plusieurs versions. En Allemagne, où il s'est imprégné d'une très forte coloration raciale (absente dans son avatar italien), et en Espagne, où l'esprit corporatiste s'est développé au nom de valeurs traditionnelles institutionnalisées incarnées par l'armée et l'Église.

➜ **pages :** ***128, 262, 330, 332, 350, 356.***

Fauvisme

Mouvement pictural français du début du XXe siècle dont les représentants les plus célèbres sont Matisse, Marquet, Derain, Dufy, Vlaminck et Van Dongen.

- Le qualificatif de «fauves» a été employé par un critique pour désigner un ensemble de peintres réunis dans une salle du Salon d'automne en 1905 et dont il jugeait la tonalité des toiles agressive.
- Le fauvisme tend à exprimer, par l'orchestration de couleurs pures, le sentiment et la pensée de l'artiste devant le spectacle de la nature.
- Le fauvisme a largement contribué à ouvrir la voie au cubisme et au surréalisme.

➜ **page :** *287.*

Fédéralisme

Système politique dans lequel le pouvoir est partagé entre un État central et des États, provinces ou cantons.

- Sur le plan de sa finalité, le fédéralisme peut être considéré comme un mode de regroupement de collectivités, qui tend à accroître leur solidarité tout en préservant leur particularisme.
- Sous l'angle de la technique juridique, le fédéralisme prend la forme d'une confédération ou d'une fédération (État fédéral).
- Considéré sous son aspect philosophique, c'est un courant de pensée qui estime que le principe fédéral représente le mode idéal d'organisation politique et sociale.

➜ **pages :** ***323, 410.***

Féodalité

Régime politique et social de l'Europe occidentale entre le IXe et le XIIIe siècle.

- La féodalité est caractérisée par un réseau de liens de dépendance entre des seigneurs et leurs vassaux, ces derniers étant des hommes libres qui, pour de multiples raisons, se sont placés sour la protection d'un seigneur.
- La vassalité repose sur une base « réelle », le bénéfice, terme qui est remplacé par le mot « fief » au début du XIe siècle.
- Dominante au XIIe siècle, la féodalité entre en déclin au siècle suivant sous l'effet de la restauration du pouvoir royal et de l'évolution économique. Les structures de la féodalité vont se modifier. La chevalerie, ouverte à ceux qui étaient assez riches pour s'équiper, devient héréditaire : la noblesse apparaît. Toutefois, les rites féodaux se maintiennent jusqu'à la Révolution, qui les abolit.

➜ **pages :** ***210, 229, 236, 270.***

FMI

Sigle de Fonds monétaire international.

● Créé à Bretton Woods en juillet 1944, le FMI est chargé de veiller au bon fonctionnement du système monétaire international. Il doit plus particulièrement harmoniser les politiques des États membres pour les questions de change.

● Une des principales activités du FMI est d'octroyer des crédits aux pays rencontrant des difficultés. Ces crédits sont accordés moyennant des engagements de la part des pays qui les sollicitent (mise en place d'une politique d'ajustement structurel).

● Pour répondre à ses différentes missions, le FMI dispose de ressources en devises, dont une partie est fournie par la souscription des États membres.

➜ **pages :** ***154, 366, 401, 415, 416.***

Ford (Henry)

Industriel américain (1863-1947).

● Pionnier de l'industrie automobile, on lui doit la construction en série : grâce au montage à la chaîne, le prix de la Ford T passe de 850 dollars en 1908 à 265 en 1922.

➜ **pages :** ***124, 378.***

Fordisme

Théorie d'organisation industrielle due à l'Américain Henry Ford destinée à accroître la productivité par la standardisation des produits et par une nouvelle organisation du travail.

● L'aboutissement du fordisme est le travail à la chaîne.

● La standardisation des principales pièces composant une automobile permet d'accélérer la production : 75 000 voitures sortent des chaînes de montage en 1912.

● Le fordisme implique l'ouverture complète des marchés, aussi bien vers de nouvelles couches sociales que vers l'exportation dans tous les pays du monde.

➜ **pages :** ***124, 326, 340.***

Franco (Francisco)

Général et homme politique espagnol (1892-1975).

● Il se distingue au Maroc où il commande la Légion étrangère (1923-1927) contre Abd el-Krim et met un terme à la guerre du Rif.

● Promu général en 1926, il rentre en Espagne. Chef d'état-major de l'armée (1933), il réprime la grève des mineurs des Asturies (1934).

● Muté aux Canaries à l'avènement du Front populaire (1936), il prend la tête du mouvement nationaliste après la mort du général Sanjurjo.

● Après la défaite des républicains (1939), il donne à l'État une structure autoritaire inspirée des principes politiques de la Phalange.

● Très proche des régimes fasciste italien et nazi allemand, Franco refusera néanmoins d'engager son pays dans la Seconde Guerre mondiale.

● En 1969, il choisit de désigner pour lui succéder, avec le titre de roi, don Juan Carlos de Bourbon, le petit-fils d'Alphonse XIII qui avait abdiqué en 1931.

➜ **pages :** ***138, 330, 338.***

François-Joseph Ier

Empereur d'Autriche et roi de Hongrie (1830-1916).

- Sur le trône d'Autriche en 1848, il établit tout d'abord un régime autoritaire avant d'opter pour une politique plus libérale en 1859.
- Battu par les Prussiens à Sadowa (1866), il doit accepter le compromis austro-hongrois (1867) et donc reconnaître l'existence de deux États égaux, l'empire d'Autriche et le royaume de Hongrie.
- Sur le plan extérieur, il signe la Duplice avec l'Allemagne (1879), annexe la Bosnie-Herzégovine (1908) et déclare la guerre à la Serbie (1914), déclenchant ainsi l'engrenage qui va conduire à la Première Guerre mondiale.

➜ **pages :** ***244, 279.***

Freud (Sigmund)

Médecin autrichien (1856-1939).

- En 1885, Freud obtient une bourse qui lui permet de faire un stage à Paris chez Charcot. Là, il observe les manifestations de l'hystérie et les effets de l'hypnose et de la suggestion.
- À Berlin en 1886, il s'intéresse à la neuropathologie infantile avant de regagner Vienne où il ouvre son cabinet. Il s'y fait une clientèle parmi les «nerveux», pour la plupart des hystériques.
- En 1895, il publie, en collaboration avec Breuer, les *Études sur l'hystérie*, dans lesquelles on trouve déjà les principes fondamentaux de la psychanalyse. Mais c'est la publication, en 1900, de *L'Interprétation des rêves* qui est l'acte de baptême de la psychanalyse. En 1905 paraissent *Trois Essais sur la théorie de la sexualité*, son second ouvrage capital.

➜ **page :** ***285.***

Futurisme

Mouvement esthétique et littéraire du début du XXe siècle, essentiellement italien mais aussi russe, fondé sur l'adoption des notions clés du monde moderne : dynamisme, machinisme.

- Né en 1909 avec le *Manifeste du futurisme* du poète italien Marinetti, ce mouvement n'est pas exempt de contradictions : ses aspirations anarchisantes se transforment en glorification du nationalisme et de la guerre, voire en adhésion au fascisme, du moins pour Marinetti.
- La peinture futuriste russe est marquée par l'influence cubiste. Les écrivains futuristes russes se mettent au service du prolétariat.

➜ **pages :** ***282, 332.***

Gandhi (Mohandas Karamchand)

Apôtre national et religieux de l'Inde (1869-1948).

- Entre 1893 et 1914, au cours de plusieurs séjours en Afrique du Sud, il a l'occasion de mettre en pratique sa formation d'avocat en défendant les Indiens contre les discriminations raciales. C'est également en Afrique qu'il élabore sa doctrine de l'action non violente.
- En Inde, il s'oppose aux Britanniques et connaît la prison à plusieurs reprises. En 1928, il laisse la direction du mouvement national à

Nehru et se consacre à des tâches sociales, jouant également un rôle de médiateur entre hindous et musulmans (1946-1947). Il meurt assassiné par un extrémiste hindou.

➜ **pages :** ***126, 158, 394, 397.***

Garibaldi (Giuseppe)

Patriote italien (1807-1882).

- Au Brésil en 1836, il participe à l'insurrection du Rio Grande do Sul, puis passe en Uruguay (1841), où il soutient avec 800 Italiens la lutte de la jeune République contre le dictateur argentin Rosas.
- Rentré en Lombardie en 1848, il combat les Autrichiens, mais doit s'enfuir en Suisse. À Rome en 1849, il est élu député républicain.
- Il lutte contre le royaume des Deux-Siciles (expédition des Mille ou des Chemises rouges, en 1860) et contre la papauté. Il combat pour la France en 1870-1871.

➜ **page :** ***276.***

GATT

Sigle de General Agreement on Tariffs and Trade (Accord général sur les tarifs douaniers et le commerce).

- Signé à Genève en 1947, cet accord a fourni le cadre des grandes négociations commerciales internationales dans la perspective de créer une organisation internationale du commerce (allègement et harmonisation des politiques douanières).
- Plusieurs cycles de négociations ont permis d'obtenir des réductions des droits de douane, qu'il s'agisse des produits manufacturés, des produits agricoles ou des services.
- Le GATT a été remplacé en 1995 par l'Organisation mondiale du commerce (OMC).

➜ **pages :** ***152, 366, 369, 380.***

Gaulle (Charles de)

Général et homme politique français (1890-1970).

- Officier pendant la Première Guerre mondiale, Charles de Gaulle est fait prisonnier et tente de s'évader à cinq reprises. Après la guerre, il se consacre à la rédaction d'ouvrages de réflexion politique et de stratégie militaire (*Le Fil de l'épée*, 1932 ; *Vers l'armée de métier*, 1934).
- Sous-secrétaire d'État à la Défense nationale dans le cabinet Reynaud (juin 1940), il refuse l'armistice et lance de Londres un appel à la résistance (18 juin). Après s'être imposé aux Alliés, non sans peine, comme le chef de la France libre, il dirige à la Libération le Gouvernement provisoire de la République française (juin 1944). Mais il démissionne en janvier 1946.
- Il est rappelé au pouvoir en mai 1958 à la faveur de la crise algérienne et fait approuver une nouvelle Constitution, acte fondateur de la Ve République. Il met fin à la guerre d'Algérie (accords d'Évian, 1962) après avoir ouvert la voie aux indépendances en Afrique noire (1960).
- Il démissionne après l'échec du référendum sur la régionalisation et la réforme du Sénat (1969).

➜ **pages :** ***165, 358, 360, 419, 420, 422, 423.***

Génocide

Extermination systématique d'un groupe humain, national, ethnique, racial ou religieux.

- Le droit international considère le génocide comme un crime. Celui-ci est défini par la Convention pour la prévention et la répression du crime de génocide, adoptée à l'unanimité par l'Assemblée générale de l'ONU, le 9 décembre 1948.
- Le crime de génocide est imprescriptible selon la convention adoptée par l'Assemblée générale de l'ONU en 1968.

➜ pages : *146, 352, 354, 364.*

Gestapo

Police politique de l'Allemagne nazie.

- Créée en avril 1933, la Gestapo jouit très vite de pouvoirs extraordinaires : ses décisions se passent de la sanction des tribunaux ; quand elle saisit la justice, ses fonctionnaires soutiennent l'accusation en tant que ministère public.
- Pendant la guerre, la Gestapo étend le régime policier nazi à toute l'Europe occupée. Des unités de la Gestapo participent aux groupes de tuerie mobile *(Einsatzgruppen)* qui opèrent sur les arrières de la Wehrmacht lors de la campagne contre l'URSS. Elle participe à la déportation des Juifs.

➜ pages : *148, 335.*

Ghetto

Quartier habité par des communautés juives ou, autrefois, réservé aux Juifs.

- Au cours de la Seconde Guerre mondiale, les ghettos se multiplient en Europe orientale à mesure de l'avancée des armées allemandes.
- Certains ghettos deviennent vite surpeuplés, dont celui de Varsovie qui comptera jusqu'à 500 000 personnes. Transformés en camp de travail, condamnés à l'asphyxie par la surpopulation et l'insuffisance du ravitaillement, les ghettos sont l'antichambre des camps d'extermination pour ceux qui ont survécu à une terrible mortalité.

➜ page : *353.*

Girondins

Pendant la Révolution française, députés «modérés», par opposition aux Montagnards.

- Appelés ainsi parce que leurs principaux chefs sont originaires de la Gironde, les Girondins se présentent davantage comme les défenseurs d'une bourgeoisie éclairée que comme les partisans du peuple révolutionnaire, dont ils désapprouvent l'idéologie égalitaire.
- L'insurrection du 10 août 1792, réalisée sans les Girondins, marque le déclin de leur pouvoir.
- En mai 1793, Robespierre lance une offensive contre les Girondins, invitant les sans-culottes «à se mettre en insurrection contre les députés corrompus». Dépourvus d'appui populaire, les Girondins sont à la merci des sans-culottes (2 juin 1793). Vingt-neuf députés de la Convention sont décrétés d'arrestation ; à Paris, vingt et un Girondins sont exécutés. Certains députés réussis-

sent à prendre la fuite et réapparaissent après Thermidor.

➜ pages : *81, 229, 231, 232.*

Glacis

Dans la doctrine militaire soviétique, ensemble des territoires voisins fournissant le recul nécessaire au commandement pour organiser la défense du pays.

● L'obsession du commandement militaire de disposer d'une zone tampon en Europe renvoie au traumatisme suscité par l'invasion du territoire national par les armées allemandes en juin 1941.

● La soviétisation de l'Europe de l'Est et la constitution du pacte de Varsovie (1955) ont donné à l'URSS un glacis défensif.

➜ page : *388.*

Glasnost

Mot russe signifiant « publicité » et popularisé au milieu des années 1980 par Mikhaïl Gorbatchev.

● La glasnost incarne la politique de transparence destinée à permettre un renouvellement de la vie publique.

● La politique de transparence a donné des résultats tangibles, rendant difficile un retour à la langue de bois traditionnelle.

➜ page : *385.*

Gorbatchev (Mikhaïl)

Homme d'État soviétique (né en 1931).

● Secrétaire du parti communiste (1985), Gorbatchev lance une série de réformes économiques et politiques (la « perestroïka »), ce qui lui vaut d'être perçu par de nombreux Occidentaux comme le libérateur de l'Europe de l'Est.

● Élu président de l'URSS en 1990, dans un contexte tendu – difficultés économiques, tensions interethniques, revendications indépendantistes des républiques –, il se rapproche des conservateurs. C'est une équipe conservatrice qui tente de le renverser en août 1991. L'échec de ce coup d'État précipite le démantèlement de l'URSS et la chute de Gorbatchev, qui doit démissionner le 24 août 1991.

➜ pages : *175, 385, 405, 414.*

Gosplan

En URSS, comité d'État du plan.

● Le Gosplan est créé en 1921 pour élaborer les plans quinquennaux de développement économique et en contrôler l'exécution.

● Il appartient au pouvoir politique (parti, Soviet suprême, gouvernement) de fixer les orientations du plan. Ensuite le Gosplan fixe les chiffres de contrôle qui sont soumis à leurs destinataires (ministères et administration) dont dépendent les entreprises.

● Dès lors qu'il est approuvé par le Soviet suprême, le Gosplan acquiert force de loi.

➜ pages : *140, 319.*

Goulag

En URSS et dans ses États satellites, système concentrationnaire.

● L'instauration de camps de travail forcé est contemporaine de la révolution bolchevik. Dès 1919 apparaissent les premiers camps tandis que s'élabore une théorie du redressement par le travail.

● Les victimes du goulag seront les membres de l'ancienne bourgeoisie, des paysans riches (koulaks), des membres des organisations communistes, des citoyens des pays rattachés à l'URSS en 1940 et, après la Seconde Guerre mondiale, les «traîtres à la patrie» (des soldats revenus de captivité).

● Supprimé en 1956, le goulag laisse place aux colonies de redressement par le travail, qui comptent des détenus de droit commun et des «prisonniers d'opinion».

➜ **pages :** ***139, 319.***

Grâce

Don surnaturel que Dieu accorde aux hommes pour leur salut.

● La manifestation de la grâce de Dieu trouve son accomplissement dans le Christ; la grâce est avant tout le don que Dieu fait de lui-même en Jésus-Christ à l'homme pécheur.

● La question de la grâce est au cœur de la théologie protestante dont le texte central est l'Épître aux Éphésiens, II, 8-10 : «C'est par la grâce que vous êtes sauvés, par le moyen de la foi; vous n'y êtes pour rien, c'est le don de Dieu. Cela ne vient pas des œuvres afin que nul n'en tire orgueil...»

➜ **page :** *207.*

Grève

Arrêt collectif et concerté du travail.

● Le mot «grève» vient d'une place de Paris où se réunissaient les ouvriers en quête d'embauche.

● La grève est attestée dès le Moyen Âge et on pense que les Égyptiens l'auraient connue donc bien avant.

● En France, la loi Le Chapelier de juillet 1791, en interdisant toute coalition ouvrière, rend problématique l'exercice de la grève. Quoi qu'il en soit, les grèves seront très nombreuses au cours du XIXe siècle.

● Avec la naissance du syndicalisme en 1884, la grève devient l'instrument par excellence de la revendication ouvrière.

● Le droit de grève est inscrit dans le préambule de la Constitution de 1946 (IVe République), repris par celle de 1958 (Constitution de la Ve République).

➜ **pages :** ***255, 258, 259.***

Guérilla

Guerre de harcèlement.

● La guérilla apparaît pour la première fois en Espagne en 1808. Elle est déclenchée à la suite de la nomination de Joseph, un des frères de Napoléon Ier, empereur des Français, comme roi d'Espagne. Les actions de harcèlement et le soutien anglais aux Espagnols transforment l'évacuation de l'Espagne en véritable déroute (1812).

● La guérilla est la forme de lutte par excellence des maquis révolutionnaires – Indochine, Amérique latine, Afghanistan, notamment. Elle est en général le fait de groupes irréguliers contre des objectifs civils ou militaires.

➜ **pages :** ***235, 239.***

Guillaume II

Roi de Prusse et empereur d'Allemagne (1859-1941).

● Empereur en 1888, il s'appuie sur les conservateurs. En 1898, il lance un programme de construction navale pour rivaliser avec l'Angleterre. Après la conclusion de la Triple-Entente (1907), il se rapproche de l'Autriche et renouvelle la Triplice (1912).

● Lorsque la guerre éclate en 1914, il est incapable d'imposer sa volonté à l'état-major, dominé par Hindenburg et Ludendorff. Il abdique après la défaite et se réfugie aux Pays-Bas.

➜ **pages :** ***115, 290, 301.***

Guizot (François)

Homme politique et historien français (1787-1874).

● Professeur d'histoire moderne à la Sorbonne, Guizot est nommé secrétaire général au ministère de l'Intérieur (1814) et contribue à la chute de Charles X (1830).

● De 1840 à 1848, il joue un rôle de premier plan dans la vie politique soit comme ministre des Affaires étrangères, soit comme chef du gouvernement. Opposé à toute réforme électorale, animé par un profond conservatisme social, il précipite la chute de son cabinet et, avec lui, celle de la monarchie bourgeoise (1848).

➜ **pages :** *96, 247.*

Habeas corpus

Institution anglo-saxonne qui a pour but de garantir la liberté individuelle des citoyens en remédiant au danger des arrestations et des détentions arbitraires.

● L'*Habeas corpus* s'intègre dans un ensemble plus vaste, la Déclaration des droits, qui, à partir de 1689, accorde aux Anglais des libertés et des droits politiques.

● La procédure d'habeas corpus est intégrée dans la Constitution des États-Unis.

➜ **pages :** *73, 91, 226, 412.*

Hébert (Jacques)

Journaliste et homme politique français (1757-1794).

● Fondateur du *Père Duchesne*, un journal révolutionnaire extrémiste (1790), membre très influent du club des Cordeliers, Hébert mène une lutte impitoyable contre les Girondins.

● À la tête de la faction ultrarévolutionnaire du parti montagnard, il contribue à la condamnation de Marie-Antoinette.

● Il s'oppose à Robespierre auquel il reproche sa modération. Arrêté, et condamné à mort, il est exécuté le 24 mars 1794.

➜ **page :** *233.*

Hégire

Date qui marque le début de l'ère musulmane.

● Elle correspond à l'an 622 de l'ère chrétienne, le 16 juillet selon la tradition (premier jour de l'année lunaire en cours), quand Mahomet quitte La Mecque pour rejoindre Médine avec Abu Bakr, Ali et leurs compagnes.

➜ **pages :** ***210, 211.***

Héliée

Dans l'Athènes antique, tribunal.

● Créé par Solon au début du VIe siècle av. J.-C., l'héliée a compétence sur presque tous les domaines, à l'exception des affaires qui relèvent des tribunaux spéciaux (religieux, notamment).

● Au Ve siècle, l'héliée comprend 6 000 membres, les héliastes, tirés au sort parmi les citoyens âgés de plus de trente ans. Les héliastes peuvent siéger 300 jours par an ; les débats sont publics.

➜ **pages :** ***55, 196.***

Hérésie

Doctrine ou foi d'origine chrétienne contraire au dogme.

● Les hérésies sont indissociables de l'histoire de l'Église. Parmi les plus importantes, retenons l'arianisme (IVe s.), le nestorianisme (Ve s.) et le catharisme (XIe-XIIIe s.).

● Avec la secte vaudoise, l'hérésie se déplace du dogme vers une critique de la vie et des mœurs de l'Église, ouvrant, avec d'autres sectes, la voie à Luther et à la grande fracture de l'Église au XVIe siècle.

● Dans les Églises protestantes, l'hérésie est issue d'une variation dans l'interprétation des Écritures.

➜ **pages :** ***209, 212.***

Herriot (Édouard)

Homme politique français (1872-1957).

● Figure charismatique du parti radical, qui devient sous sa direction le pivot de la vie politique dans l'entre-deux-guerres, il accède à la présidence du Conseil en juin 1924. De nouveau chef du gouvernement (juin-décembre 1932), il est ministre d'État dans la plupart des gouvernements qui se succèdent de 1933 à 1936.

● Il apporte le soutien des radicaux au Front populaire et préside la Chambre des députés de 1936 à 1940. Il s'abstient lors du vote des pleins pouvoirs au maréchal Pétain et il est déporté en Allemagne (1944-45). Il participe à la vie politique dès son retour.

➜ **page :** ***342.***

Hindenburg (Paul von)

Maréchal et homme d'État allemand (1847-1934).

● Il se distingue lors de la Première Guerre mondiale en battant les Russes à Tannenberg (août 1914). Chef d'état-major général (1916), il dirige avec Ludendorff les opérations et la planification stratégique, jusqu'à la fin du conflit.

● Président de la République de Weimar en 1925, réélu en 1932, il fait appel à von Papen, puis à von Schleicher pour diriger le gouvernement. Mais, devant la menace des troubles sociaux et sur l'insistance de von Papen et des milieux industriels, il appelle Adolf Hitler à la chancellerie.

➜ **page :** ***342.***

Hitler (Adolf)

Homme politique allemand (1889-1945).

● Il combat pendant la Première Guerre mondiale sous l'uniforme bavarois. Profondément traumatisé par la défaite, il en conçoit une haine à l'endroit de la république, des communistes et des Juifs qu'il rend responsables de l'humiliation du traité de Versailles.

• Chef du parti nazi en 1921, il se fixe la prise du pouvoir comme objectif. Après l'échec du putsch de Munich (1923), qui lui vaut neuf mois de prison, il décide de réaliser son dessein par la voie légale. Il renforce son parti dès 1925 (création de la SS) et, à la faveur de la crise économique de 1929, renforce de façon spectaculaire ses positions électorales. En janvier 1933, Hindenburg le nomme chancelier.

• À l'intérieur, il élimine rapidement toute opposition interne et assume tous les pouvoirs avec le soutien d'un appareil policier omniprésent (SS et Gestapo).

• À l'extérieur, sa politique hégémonique aboutit au déclenchement de la Seconde Guerre mondiale. Vaincu, il se suicide à Berlin le 30 avril 1945.

➜ **pages : *127, 132, 330, 334, 336, 338, 346, 356.***

Hô Chi Minh

Homme politique vietnamien (1890-1969).

• Fondateur du Parti communiste indochinois (1930), il participe en 1941 à la création de la charte du Viêt-minh. Il proclame l'indépendance du Viêtnam (septembre 1945) et poursuit la lutte contre la France jusqu'à la bataille de Diên Biên Phû (mai 1954).

• À plus de soixante-dix ans, son rôle dans la «seconde guerre de résistance» contre les États-Unis est celui de l'inspirateur du nationalisme révolutionnaire.

➜ **pages : *126, 386, 394, 418.***

Holocauste ➜ Shoah

Home Rule

Nom donné au régime d'autonomie revendiqué par les Irlandais pour leur pays, entre 1870 et 1914.

• Le Parlement anglais rejette un premier projet de Home Rule en 1886. En 1892, les Communes adoptent un second projet qui est écarté par les Lords (1893).

• La loi accordant l'autonomie est votée en 1914, mais son application est reportée, du fait de la guerre, à un an après la fin des hostilités. Les six comtés du Nord-Est ne sont pas concernés par l'autonomie.

➜ **page : *278.***

Hoplite

Dans l'Antiquité grecque, fantassin.

• À Athènes, on recrute les hoplites parmi les moyens propriétaires (les zeugites) et dans les rangs des métèques sous réserve d'une fortune équivalente – l'hoplite doit s'équiper à ses frais.

• Très lourd (35 kg), l'armement complet des hoplites comprend le bouclier en peau de bœuf, le casque, la cuirasse, les cnémides (jambières en cuir ou en métal), l'épée droite à double tranchant et la lance, longue de deux mètres.

➜ **pages : *194, 197, 199.***

Humanisme

Courant intellectuel qui, dans l'Europe du XVIe siècle, tire sa philosophie de l'étude des textes antiques.

● L'humanisme est indissociable de la période de Renaissance en tant qu'elle exprime une révolution intellectuelle et artistique, d'abord en Italie, puis dans toute l'Europe occidentale.

● Toutefois, les premières manifestations de l'humanisme apparaissent dès le XIVe siècle dans une Italie fascinée par les modèles de l'Antiquité : à cet égard, Pétrarque (1304-1374) et Boccace (1313-1375) peuvent être considérés comme les précurseurs d'une réévaluation de la place de l'homme.

● Enfin, il convient de replacer l'humanisme dans le contexte des importantes mutations que connaît l'Europe d'alors : découverte du Nouveau Monde et voyages d'explorations, naissance de la Réforme et de la Contre-Réforme, diffusion du livre et nouveau rapport de l'écrivain à la cité et au pouvoir.

➜ **pages :** ***218, 220, 222, 226.***

Icône

Image sacrée qui orne les églises de rite chrétien oriental.

● Le peintre d'icônes est un médiateur qui, au même titre qu'un officiant, exprime la vision de l'Église. L'icône fondamentale est donc le visage même du Christ ; la grâce divine repose dans l'icône qui est ointe.

● À partir du VIe siècle, toute icône du Christ, de la Vierge ou d'un saint est considérée comme un intercesseur auprès de Dieu. C'est pourquoi, au début du VIIe siècle, le pape Léon III tente de supprimer le culte des images (iconoclasme). En 787, le IIe concile de Nicée restaure le culte des icônes.

➜ **pages :** ***210, 216, 217.***

Imperator

Sous la République romaine, titre conféré aux généraux en chef victorieux.

● Le général qui a remporté une victoire décisive est acclamé par ses soldats tandis que le sénat lui décerne le triomphe.

● À partir d'Auguste (63 av. J.-C.-14 apr. J.-C.), l'empereur, toujours associé à la victoire, en fait son « prénom » officiel.

➜ **page :** ***75.***

Impérialisme

Domination d'un État sur un peuple, un État ou un groupe d'États.

● L'impérialisme, dans sa version européenne, est intimement lié aux conquêtes coloniales du début du XIXe siècle. Il concerne principalement l'Afrique que se disputent essentiellement la France et la Grande-Bretagne. C'est à travers l'établissement de colonies que la métropole impose sa domination culturelle, économique et militaire.

● Pour Lénine, l'impérialisme est la phase supérieure du développement du capitalisme.

➜ **pages :** ***115, 266, 267.***

Impressionnisme

École picturale française qui se manifesta de 1874 à 1886 par huit expositions publiques à Paris et marqua la rupture de l'art moderne avec l'académisme.

- Si Édouard Manet joue un rôle important dans la genèse de cette nouvelle peinture, les impressionnistes au sens strict sont Claude Monet, Camille Pissarro et Alfred Sisley, qu'accompagnent Auguste Renoir, Paul Cézanne, Édouard Degas et Berthe Morisot.
- Les impressionnistes poussent très loin l'étude du plein air, font de la lumière l'élément essentiel et mouvant de leur peinture, privilégiant les teintes pures. L'impressionnisme aura une grande influence sur Gauguin, Toulouse-Lautrec et Van Gogh.

→ **page :** *286.*

Indulgence

Pour les catholiques, rémission de la peine temporelle due pour les péchés déjà pardonnés.

- On distingue les indulgences plénière et partielle, selon qu'elles libèrent totalement ou partiellement de la peine temporelle due au péché.
- En 1515, le pape Léon X promulgue une indulgence pour tous ceux qui verseraient des aumônes destinées à l'achèvement de Saint-Pierre de Rome. Cette décision provoque l'indignation de Martin Luther qui réplique par la publication des 95 thèses : la querelle des Indulgences est à l'origine de la réforme luthérienne.

→ **page :** *225.*

Infaillibilité pontificale

Dogme d'après lequel le pape, parlant **ex cathedra,** *ne peut se tromper en matière de foi.*

- Le dogme de l'infaillibilité pontificale a été défini au premier concile du Vatican en 1870.
- La Réforme a rejeté l'infaillibilité du pape et des conciles et de tout magistère ecclésiastique.

→ **page :** *262.*

Inflation

Hausse généralisée, permanente et plus ou moins importante des prix.

- On distingue classiquement deux catégories d'inflation. L'inflation dite par la demande – elle est liée au classique déséquilibre entre l'offre de produits disponibles et les revenus distribués – et l'inflation par les coûts – elle est la conséquence des facteurs de hausse agissant sur les prix de revient : tendances irréversibles à la hausse des salaires.
- Dans la plupart des cas d'inflation, il se produit à la fois une augmentation des revenus, de la demande et des coûts.
- Après avoir été longtemps la « bête noire » des gouvernements en Europe occidentale, notamment pendant les années 1970, après le premier choc pétrolier, l'inflation est aujourd'hui parfaitement maîtrisée. Mais le souvenir de ses ravages dans les économies d'alors continue de peser sur les choix économiques et la politique monétaire des pays industrialisés.

→ **pages :** *130, 230, 306, 309, 340, 375, 416.*

Innovation
En économie, processus qui se déroule depuis la naissance d'une idée jusqu'à sa matérialisation.

● L'histoire industrielle montre que l'innovation est un processus long. Toutefois, depuis le début du XXe siècle, le processus s'est réduit : le délai est passé de 102 ans pour la photographie à 56 ans pour le téléphone ; 10 ans séparent la découverte du neutron et la pile atomique.

➜ **page :** *253.*

Intégrisme
À l'intérieur d'un mouvement religieux, attitude et disposition d'esprit de certains croyants qui, au nom d'un respect intransigeant de la tradition, se refusent à toute évolution.

● L'intégrisme catholique, qui fut particulièrement combatif du temps de Pie X (1903-1914), a connu une nouvelle flambée après Vatican II (1962-1965).

● L'intégrisme islamique entend s'imposer à la sphère du politique.

➜ **page :** *402.*

Intelligentsia
Mot russe désignant l'ensemble des intellectuels d'un pays.

● Couche sociale de la société soviétique dont les membres ont obtenu des diplômes d'éducation supérieure et occupent des professions non manuelles. La Constitution de 1977 reconnaissait l'intelligentsia comme l'une des composantes de la base sociale de l'Union soviétique.

Interventionnisme
Doctrine préconisant l'intervention des pouvoirs publics dans la vie économique d'un pays.

● L'interventionnisme occupe une place intermédiaire entre le libéralisme et l'étatisme.

● On parle également d'interventionnisme pour désigner l'intervention d'un État dans un conflit opposant d'autres États.

➜ **pages :** *254, 328, 329.*

Intifada
Révolte nationaliste des Palestiniens de Cisjordanie et de Gaza qui a commencé en 1987.

● Spontané au départ, ce soulèvement a été encadré par l'OLP et le mouvement islamiste Hamas.

● L'Intifada, que l'on a aussi désignée sous le nom de « révolte des pierres », a brisé le *statu quo* qui a régné pendant vingt ans dans les territoires occupés, au prix toutefois de nombreuses victimes.

➜ **page :** *403.*

Inventaire
État, description et estimation des biens appartenant à une collectivité.

● La loi du 9 décembre 1905 sur la séparation des Églises et de l'État prescrivait de faire l'inventaire des objets du culte et du mobilier des églises, avant de les transmettre aux associations cultuelles.

● Les résistances suscitées par la loi de 1905 conduisirent Clemenceau à surseoir à tout inventaire qui exigeait l'emploi de la force.

➜ **page :** *113.*

Investissement

Utilisation de capitaux destinés à augmenter la production d'une entreprise ou à améliorer son rendement.

- Au sens technique, l'investissement est l'acte par lequel un capital monétaire ou financier est transformé en des biens ayant la capacité de produire d'autres biens ou des services pendant un certain temps.
- Par extension, on désigne sous le terme « investissement » tous capitaux, biens investis, par exemple une machine, un équipement.
- Il existe des investisseurs institutionnels, c'est-à-dire des organismes qui effectuent des placements pour leur compte ou pour le compte d'un tiers, à une grande échelle. La Caisse des dépôts et consignations, les compagnies d'assurances, les caisses de retraite sont les principaux investisseurs institutionnels.

➜ **pages :** ***254, 326, 370.***

Investiture

Dans un régime parlementaire, procédure qui accorde à un nouveau chef de gouvernement la confiance du Parlement.

- En droit féodal, cérémonie de la délivrance du fief par le seigneur. Ce dernier remettait au vassal un objet (gant, rameau, motte de terre, couteau) symbolisant le fief.
- La querelle des Investitures désigne le conflit qui opposa la papauté et le Saint Empire au sujet des nominations d'évêques et d'abbés (Xe-XIIe siècle). Cet affrontement aboutit au compromis du concordat de Worms (1122), par lequel l'empereur renonçait à l'investiture des fonctions spirituelles, réservée à l'Église, et conservait en revanche la collation des biens et droits temporels qui y étaient attachés.

➜ **pages :** ***361, 418, 424.***

Islam

Religion des musulmans ; ensemble de ceux qui adhèrent au message de Mahomet.

- Le monde musulman est majoritairement sunnite et se caractérise par un respect strict de la lettre, les Textes et la Tradition du Prophète. Le chiisme, qui mêle mysticisme et courant protestataire, est un mouvement minoritaire. Il est concentré en Iran, en Irak, au Liban et autour du golfe Persique.
- Outre chiites et sunnites, des sectes minoritaires sont représentées essentiellement dans le Proche- et le Moyen-Orient. C'est notamment le cas des druzes (dans le centre et le sud-est du Liban) et des ismaéliens (en Oman et dans le sud de l'Arabie Saoudite).

➜ **pages :** ***61, 63, 172, 210, 212, 214, 426.***

Isolationnisme

Politique extérieure d'un État consistant à s'intégrer le moins possible à la vie politique internationale.

- L'isolationnisme a longtemps été l'un des fondements de la politique étrangère des États-Unis. En 1823, il fut érigé en doctrine par le président James Monroe.

● L'isolationnisme des États-Unis est rompu avec leur intervention dans la Première Guerre mondiale, pour renaître dans les années 1920 et 1930. L'attaque japonaise contre Pearl Harbor (1941) lui porte un coup fatal.

➜ page : *273.*

Jacobin

Pendant la Révolution française, partisan d'une démocratie centralisatrice et révolutionnaire.

● Le club des Jacobins est fondé à Versailles en mai 1789 par des députés bretons aux États généraux. Le Club breton s'établit à Paris dans le réfectoire du couvent dominicain de la rue Saint-Honoré, où il prend le nom de « club des Jacobins ».

● Privé de ses membres les plus modérés (Barnave, La Fayette, Sieyès), il devient l'organe directeur de la Montagne et est dominé par Robespierre. Le club est fermé le 11 novembre 1794, moins de quatre mois après la chute de ce dernier.

➜ pages : *81, 233.*

Jaurès (Jean)

Homme politique français (1859-1914).

● Socialiste influencé par Jules Guesde, il prend parti pour la grève des mineurs de Carmaux (1892). Cette grève décide de son entrée en politique.

● Député, il prend position en faveur du capitaine Dreyfus, puis rejoint le Bloc des gauches. En 1904, il fonde le journal *L'Humanité.*

● Pacifiste militant, il s'attire l'hostilité des milieux nationalistes – il sera l'homme le plus haï des nationalistes revanchards. C'est l'un d'eux, Raoul Villain, qui l'assassine le 31 juillet 1914. Sa disparition décapite le parti socialiste, qui se rallie à l'Union sacrée.

➜ pages : *112, 261.*

Judaïsme

Foi dans un Dieu unique, dont le peuple juif, le premier dans l'histoire, a proclamé l'existence.

● Pour les Juifs, la Bible, formée uniquement des livres hébraïques, correspond, pour l'essentiel, à l'Ancien Testament des chrétiens. Elle comprend : la Loi de Moïse ou Pentateuque (Torah) ; les Prophètes et les Hagiographes. La Torah en est la partie la plus importante.

● La conception totalisante du judaïsme fait qu'à tout moment de sa vie, communautaire ou privée, le croyant est au service de Dieu.

● Le judaïsme réformé est un mouvement dissident du judaïsme traditionnel, né en Allemagne au début du XIXe siècle. Son but est d'insérer la religion et la culture juives dans la vie moderne.

➜ page : *204.*

Judiciaire (pouvoir)

Organes exerçant la fonction judiciaire.

● Dans le cadre de la théorie de la séparation des pouvoirs, le pouvoir judiciaire doit être indépendant des pouvoirs législatif et exécutif. La Constitution de 1958 parle d'« autorité judiciaire indépendante ».

➜ pages : *226, 422.*

Kennedy (John Fitzgerald)

Homme d'État américain (1917-1963).

● Sénateur démocrate, candidat de son parti à la présidence, il est élu en novembre 1960 à la présidence des États-Unis.

● Sur le plan intérieur, il fait preuve d'un réel dynamisme (suppression des discriminations à l'endroit des Noirs) et relance l'expansion économique.

● À l'extérieur, sa politique est marquée par une grande fermeté vis-à-vis de l'URSS (affaire des missiles de Cuba), mais aussi par une montée en puissance de la présence américaine au Viêt-nam.

● Le 22 novembre 1963, au cours d'un voyage au Texas, il est assassiné à Dallas par Lee Harvey Oswald.

➜ **pages :** *162, 390, 391.*

Keynes (John Maynard)

Économiste britannique (1883-1946).

● Conseiller auprès du Trésor britannique pendant la Grande Guerre, poste dont il démissionne avec éclat en 1919, il livre une sévère critique du volet économique du traité de Versailles.

● En juillet 1944, il conduit la délégation britannique lors des accords de Bretton Woods.

● À travers une œuvre abondante, il se fait le défenseur de l'action du gouvernement pour assurer le plein emploi de la main-d'œuvre par l'intermédiaire d'une relance des investissements.

➜ **pages :** *130, 376.*

Khrouchtchev (Nikita)

Homme politique soviétique (1894-1971).

● Premier secrétaire du PC de l'Ukraine (1938-1949), il poursuit la politique stalinienne d'épuration et de russification.

● Nommé premier secrétaire du PCUS à la mort de Staline (1953), il devient le numéro un incontesté après avoir évincé le chef de l'État, Malenkov (1955).

● Lors du XXe congrès du parti, en 1956, il dénonce les crimes de Staline et définit la coexistence pacifique comme la ligne générale de la politique extérieure soviétique.

● En réalité, les relations Est-Ouest seront marquées par de très fortes tensions : crise de Suez (1956), crise de Berlin (1958), qui aboutit à la construction du Mur (1961), crise de Cuba (1962). Il est d'ailleurs évincé pour son aventurisme en matière de politique extérieure.

➜ **pages :** *389, 390, 391.*

Kolkhoze

En URSS, exploitation agricole fondée sur la propriété collective des moyens de production.

● Les premiers kolkhozes apparaissent en 1919, mais connaissent un développement très lent jusqu'en 1929. Avec la collectivisation des terres et des moyens de production (1930), ils deviennent la principale forme d'organisation collective du travail agricole. Ils ont disparu avec l'effondrement du bloc communiste.

➜ **pages :** *140, 319.*

Kominform

Abréviation russe de «Bureau d'information des partis communistes et ouvriers».

• Créé en Pologne en septembre 1947, le Kominform est une réplique au plan Marshall présenté par les États-Unis en juillet de la même année.

• Destiné à l'origine à n'être qu'un instrument de liaison, il devient très vite une centrale de direction, donnant le ton à tous les partis communistes du monde. La première réunion, qui se tient en 1947, adopte le rapport d'Andreï Jdanov qui divise le monde en deux: le «camp impérialiste et antidémocratique», dirigé par les États-Unis, et le «camp anti-impérialiste et démocratique», que dirige l'URSS.

• Le Kominform est officiellement dissout après le XXe congrès du parti, en 1956.

➜ **pages : *152, 154, 388.***

Komintern

Nom russe de la IIIe Internationale.

• Créé en 1919 à l'instigation des bolcheviks, le Komintern rassemble de 1920 à 1943 les partis communistes léninistes, puis staliniens.

• En France, la question de l'adhésion de la SFIO au Komintern entraîna la scission du mouvement socialiste (naissance du PC lors du congrès de Tours, en 1920).

• Staline décide de mettre fin au Komintern, en 1943: une manière de donner des gages à ses alliés occidentaux et de convaincre la population qu'elle se bat moins pour la cause du socialisme que pour la défense de la patrie (on parlera dès lors de «la grande guerre patriotique»).

➜ **pages: *261, 312, 320, 322, 324, 342.***

Koulak

En Russie, paysan enrichi.

• Après avoir été menacés par le communisme de guerre (1917-1920), les koulaks sont finalement tolérés par les autorités soviétiques tant que dure la NEP (1921-1928).

• Mais à partir de 1931, ils sont l'objet d'une liquidation brutale en tant que classe. Aux premières mesures d'expropriation s'ajoute une déportation massive vers les camps du Goulag.

➜ **pages: *113, 318.***

Krach

Effondrement des cours des valeurs à la Bourse.

• L'effondrement de la Bourse de New York en 1929 est l'archétype du krach par son mécanisme et son ampleur.

• Le mercredi 23 octobre 1929, deux millions et demi d'actions sont vendues à Wall Street; les cours baissent. Des spéculateurs ont acheté des actions à crédit, pariant sur la hausse constante de la Bourse pour rembourser. Mais pour rembourser, il leur faut vendre de toute urgence des titres: plus on vend, plus les cours baissent.

• Les spéculateurs ruinés vident leurs comptes bancaires, les banques ne peuvent faire face, d'autant que les autres déposants, maintenant inquiets, demandent à être remboursés. Rien ne peut stopper le mécanisme des faillites en chaîne.

● Au-delà de l'effondrement de Wall Street, rappelons que le krach n'est pas la cause des crises économiques, mais plutôt son symptôme le plus spectaculaire.

➜ **pages :** *129, 326.*

Kulturkampf

Politique entreprise par Bismarck entre 1871 et 1878 pour lutter contre l'Église catholique.

● En 1871, un protestant rigide est nommé à la tête du ministère des Cultes tandis que l'inspection des écoles prussiennes est confiée à des laïques. Parallèlement, Bismarck fait interdire plusieurs congrégations, dont les jésuites et les lazaristes.

● Entre 1873 et 1875, les petits séminaires sont supprimés, obligation est faite aux futurs prêtres de suivre d'abord leurs études dans les établissements de l'État, toutes les congrégations non hospitalières sont expulsées.

● Les opposants au Kulturkampf sont réprimés, mais la réprobation de l'empereur et des conservateurs prussiens ainsi que les succès électoraux des catholiques du Zentrum (Centre) et des socialistes conduisent le chancelier à assouplir ses positions.

➜ **page :** *291.*

Laïcité

Système qui exclut les Églises de l'exercice du pouvoir politique et administratif.

● La laïcité est l'expression de la séparation de l'État et de l'Église. Celle-ci se trouve ainsi privée de tout pouvoir politique. En affirmant la neutralité religieuse de la société civile, la laïcité de l'État met toutes les Églises sur un pied d'égalité. Pour sa part, l'État s'interdit d'intervenir dans les affaires de l'Église.

● En France, le principe de la laïcité de l'État est posé par l'article 2 de la Constitution de 1958.

➜ **pages :** *206, 295, 296.*

Laval (Pierre)

Homme politique français (1883-1945).

● Député socialiste, président du Conseil à deux reprises (1931-1932, 1935-1936), il devient Premier ministre du maréchal Philippe Pétain en avril 1942.

● Favorable à la collaboration avec l'Allemagne, il organise l'entrevue de Montoire entre Pétain et Hitler. Désavoué en décembre 1940 par le maréchal, il revient au pouvoir en avril 1942 sur l'insistance de l'Allemagne. Il va dès lors accentuer la politique de collaboration, persuadé que l'Allemagne est le dernier rempart contre le bolchevisme. Il est jugé puis fusillé à la Libération.

➜ **pages :** *131, 141, 356, 357.*

Législatif (pouvoir)

Organe constitutionnellement chargé de faire la loi.

● Dans le cadre de la séparation des pouvoirs, le pouvoir législatif est distinct du pouvoir exécutif et du pouvoir judiciaire.

● Dans les démocraties représentatives, cas de la France, le pouvoir législatif est dévolu aux représentants du peuple, les députés, qui discutent et votent les lois.
➜ **pages :** ***226, 246, 422.***

Lénine

Révolutionnaire et homme d'État russe (1870-1924).

● Il expose en 1902 dans *Que faire ?* sa conception centralisée du parti révolutionnaire. En avril 1917, il quitte la Suisse et rentre à Petrograd où il dirige la révolution d'Octobre.
● Désormais président du Conseil des commissaires du peuple, il conclut avec l'Allemagne la paix de Brest-Litovsk (mars 1918) et fonde la IIIe Internationale (Komintern, 1919). Toutefois, les échecs des mouvements révolutionnaires en Europe et la guerre civile (1918-1921) le conduisent à recentrer son action sur la seule URSS.
● Face aux difficultés économiques et aux résistances intérieures, il adopte la NEP (*cf.* ce terme).
● En mai 1922, il est frappé d'hémiplégie et doit réduire ses activités. Il propose, sans succès, le remplacement de Staline au secrétariat général du parti. Il laisse des notes politiques improprement appelées « Testament ».
➜ **pages :** ***120, 261, 282, 308, 316, 318.***

Léon XIII

Pape (1810-1903).

● Élu pape en 1878, il invite les catholiques français à rallier la République (1890), chargeant le cardinal Lavigerie d'en être le messager. Il favorise l'expansion du catholicisme aux États-Unis, non sans mettre en garde les fidèles contre l'américanisme (1899).
● Adversaire du socialisme, défenseur de la famille chrétienne contre les divorces, il entend créer un ordre chrétien fondé sur la justice sociale. C'est ainsi qu'il encourage dans une série d'encycliques le catholicisme social et la pénétration religieuse du monde ouvrier. Il donne une impulsion nouvelle aux études exégétiques.
➜ **pages :** ***101, 263.***

Libéralisme

Doctrine économique faisant de la libre entreprise sa pierre angulaire.

● Le libéralisme postule qu'il existe dans le domaine économique un ordre naturel qui tend à s'établir spontanément : il appartient donc aux individus de découvrir les lois économiques qui doivent entraîner le système vers l'équilibre. L'individu est l'agent économique auquel il faut accorder le plus de liberté.
● Les principaux théoriciens du libéralisme sont, en Angleterre, Adam Smith, Malthus, Ricardo, John Stuart Mill ; en France, Jean-Baptiste Say, Frédéric Bastiat.
➜ **pages :** ***77, 96, 131, 228, 254, 262, 273, 291, 412.***

Libéraux

Partisans de la limitation des pouvoirs de l'État afin de protéger les libertés individuelles.

● Au XVIIe siècle, les premiers «combats» des libéraux les portent à contester l'absolutisme monarchique. Essentiellement bourgeois, les libéraux ne reprennent pas à leur compte les idées de Rousseau sur la souveraineté populaire.
● Au XIXe siècle, des partis libéraux sont nés dans plusieurs pays d'Europe (Angleterre, Belgique, notamment), soucieux de mettre en pratique le libéralisme politique et économique.
➜ **pages :** *77, 89, 95, 242, 244, 246.*

Ligue

Dans la France de l'entre-deux-guerres, groupe d'activistes d'extrême droite.
● Les ligues qui voient le jour dans les années qui suivent la Première Guerre mondiale recrutent essentiellement leurs membres parmi les anciens combattants. Ces derniers, eu égard aux souffrances endurées dans les tranchées, s'estiment fondés à juger le monde politique et en particulier les députés.
● Dans un contexte économique déprimé et d'instabilité ministérielle avérée, le conservatisme apolitique et l'antiparlementarisme tentent nombre d'anciens combattants : cet état d'esprit explique le poids de l'Union nationale des combattants, de droite, et l'évolution des Croix-de-Feu, association de décorés devenue ligue politique et qui jouera un rôle de premier plan lors des émeutes du 6 février 1934 à Paris (15 morts).
➜ **pages :** *131, 343, 344.*

Limes

Dans l'Empire romain, ensemble fortifié édifié à certaines frontières.
● Le but des limes est de protéger l'Empire face aux Barbares. En l'absence d'obstacle naturel (fleuve, montagne, etc.), l'édification d'un système artificiel s'impose : fossé, tours, fortins, ouvrages isolés, en avant et en arrière, garantissant un système de défense en profondeur.
● Les principaux limes étaient celui de Germanie *(limes Germanicus)*, commencé en 84 apr. J.-C., celui de Grande-Bretagne (*limes Britannicus* ou mur d'Hadrien) et celui de Dacie *(limes Dacicus)*.
➜ **page :** *200.*

Liturgie

Ensemble des cérémonies et des prières du culte divin propre à une religion.
● Pour l'Église catholique, la liturgie s'applique à toutes les fonctions du culte : sacrements, sacramentaux, office divin, prières publiques. Il existe à l'intérieur de l'Église catholique quelques liturgies locales, comme la liturgie ambrosienne dans l'Église de Milan ou la liturgie mozarabique (Tolède).
● La liturgie protestante diffère essentiellement de la liturgie catholique par une plus grande simplicité.
➜ **pages :** *206, 207.*

Louis XIV

Roi de France (1638-1715).
● Fils de Louis XIII et d'Anne d'Autriche, il connaît, pendant la

régence de sa mère, sous Mazarin, l'humiliation de la Fronde.

● À sa majorité, il laisse Mazarin exercer l'essentiel du pouvoir. Mais à la mort de ce dernier, il prend en main les destinées du royaume, se donnant avec passion à son «métier de roi».

● Sur le plan intérieur, il s'entoure de personnalités très compétentes (Colbert, Vauban, entre autres) et obtient de bons résultats en matière d'agriculture, de commerce, d'industrie, de travaux publics et de marine. Instruit par les événements de la Fronde, il choisit de retenir la noblesse à Versailles, symbole de son pouvoir absolu.

● Soucieux du rayonnement de la France, il se lance dans de nombreuses guerres, dont le coût plonge le pays dans une crise financière profonde et durable. Aussi, quand Louis XIV meurt au terme du règne le plus long de l'histoire de France le pays est exténué.

➜ **pages**: ***71, 72, 75, 236.***

Louis-Philippe Ier

Roi des Français (1773-1850).

● Fils de Louis-Philippe d'Orléans (Philippe Égalité) et de Louise-Marie de Bourbon-Penthièvre, il participe aux combats de Valmy et de Jemmapes (1792).

● Lieutenant général du royaume lors de la révolution de juillet 1830, il devient roi des Français en août.

● Il fait face à l'insurrection démocratique (juin 1832), à la tentative légitimiste de la duchesse de Berry en Vendée (1832), aux insurrections de Lyon et de Paris, à celles de Blanqui et de Barbès et échappe à plusieurs attentats.

● Pour des raisons de politique extérieure, il sacrifie Thiers qu'il remplace par Guizot. Ce dernier conduit une politique ultraconservatrice tandis que monte l'opposition libérale. Quand éclate la révolution de 1848, Louis-Philippe abdique et trouve asile à Londres.

➜ **pages**: ***97, 200.***

Lumières

Mouvement philosophique dominant dans l'Europe du XVIIIe siècle.

● En 1784, Kant écrivait: «Les Lumières se définissent comme la sortie de l'homme hors de l'état de minorité, où il se maintient par sa propre faute [...] Aie le courage de te servir de ton propre entendement! Voilà la devise des Lumières.» L'homme des Lumières est donc l'héritier de Galilée, de Descartes et de Newton.

● Les idées des philosophes des Lumières, Montesquieu, Voltaire, Diderot, notamment, inspireront les *insurgents* américains et leur Déclaration d'indépendance (1776), les révolutionnaires français et leur Déclaration des droits de l'homme et du citoyen (1789).

➜ **pages**: ***226, 231, 242, 412.***

Luther (Martin)

Théologien et réformateur allemand (1483-1546).

● En référence à la doctrine paulinienne de la justification par la foi, il s'oppose au commerce des indulgences qu'il dénonce dans ses 95 thèses (1517), que l'on tient pour le point de départ de la Réforme.

• Refusant de se rétracter, il est mis au ban de l'Empire après la diète de Worms (1521). Frédéric de Saxe lui donne asile au château de la Wartburg. De retour à Wittenberg, en 1522, il passe le reste de sa vie à structurer son œuvre. On lui doit notamment une traduction de la Bible en allemand.

➜ **pages :** ***69, 225.***

Luxemburg (Rosa)

Révolutionnaire allemande (1870-1919).

• Figure de proue, avec Karl Liebknecht, de la social-démocratie allemande, en désaccord avec Lénine au sujet de l'organisation du parti, elle lui oppose en 1904 son article «Questions d'organisation de la social-démocratie russe».

• Elle participe à la révolte spartakiste à Berlin en janvier 1919; elle est arrêtée avec K. Liebknecht et est abattue par les corps francs.

➜ **pages :** ***320, 321.***

Machiavel (Nicolas)

Homme politique et écrivain italien (1469-1527).

• Alors qu'il remplit de nombreuses missions diplomatiques pour la république de Florence, la prise du pouvoir par les Médicis l'écarte des affaires de la cité. Il s'adonne donc à l'écriture de nombreux ouvrages, dont *Le Prince* (1513, mais publié en 1532) et *Discours sur la première décade de Tite-Live* (1513-1519).

• À l'inverse des utopistes, il ne s'interroge pas sur ce que devraient être les États, mais sur ce qu'ils sont, sur les lois qui président à leur existence.

➜ **page :** ***220.***

Mac-Mahon

Maréchal de France et homme politique français (1808-1893).

• Gouverneur général d'Algérie (1864-1870), il participe à la guerre contre les Prussiens, où il est blessé.

• À la tête de l'armée des Versaillais, il écrase la Commune de Paris (mai 1871). Président de la République en 1873, il incarne les espoirs des partisans d'une restauration monarchique. Il établit un régime d'ordre moral en appelant le duc de Broglie à la tête du gouvernement.

• Mais l'ampleur du succès des républicains aux élections sénatoriales de janvier 1879 le pousse à se retirer définitivement.

➜ **page :** ***293.***

Magistrat

Dans l'Antiquité grecque et romaine, personnage investi de fonctions publiques importantes.

• À Athènes et dans la pupart des cités grecques, les magistrats sont soumis au contrôle des assemblées. On distingue les hauts magistrats titulaires d'une charge de commandement, des agents techniques chargés d'une mission particulière.

• Sous la République romaine, les magistrats sont élus et doivent donc être citoyens de plein droit.

➜ **pages :** ***196, 202, 203.***

Mahomet

Fondateur de l'islam (v. 570-632).

● La tradition musulmane rapporte que Mahomet eut une vision de l'archange Gabriel l'investissant d'une mission divine. Il se mit alors à prêcher la foi en un Dieu unique, Allah.

● Face à l'hostilité des autorités de La Mecque, il s'enfuit en 622 avec ses fidèles à Médine. Ce départ (hégire) marque le début de l'ère musulmane. En dix ans, il parvient à établir un État et une société où l'islam a remplacé les anciennes coutumes de l'Arabie.

→ pages : *58, 61, 211.*

Mandat

Régime appliqué à des territoires administrés par une puissance étrangère et sous contrôle de la SDN.

● Parmi les mandats créés par les traités de paix de 1919 et le pacte de la Société des Nations, on distingue trois types : les mandats A s'appliquaient aux territoires détachés de l'Empire ottoman ; les mandats B concernaient les régions directement administrées par l'État mandataire ; les mandats C plaçaient sous la législation du mandataire les territoires qui y étaient soumis.

→ page : *402.*

Manufacture

Autrefois, établissement industriel de grande taille.

● La manufacture regroupait dans un même atelier différentes machines, conduites chacune par une seule personne, effectuant différentes opérations en vue d'une même production.

● L'organisation sociale de la manufacture a disparu avec la parcellisation des tâches entraînées par le taylorisme et le travail à la chaîne.

→ pages : *248, 249.*

Mao Zedong

Homme d'État chinois (1893-1976).

● Il participe en 1921 à la fondation du Parti communiste chinois et dirige le soulèvement du Hunan (1927), dont l'échec lui vaut d'être exclu du bureau politique du PC.

● Mao réussit à entraîner les rescapés du Hunan dans le Jiangxi où il fonde la République soviétique chinoise (1931). Harcelé par les nationalistes du Guomindang, il entame la Longue Marche (1934-1935).

● Face à l'attaque du Japon contre la Chine, nationalistes et communistes font front commun. Les combats reprennent après la capitulation du Japon et se terminent par la victoire des communistes (1949).

● À la tête de la République populaire, il veut accélérer l'évolution du pays lors du Grand Bond en avant (1958) et de la Révolution culturelle (1966-1976).

→ pages : *149, 155, 166, 338, 386.*

Marshall (George Catlett)

Général et homme politique américain (1880-1959).

● Il assure la présidence de l'état-major anglo-américain durant la Seconde Guerre mondiale.

● Secrétaire d'État (1947-1949), il met en place un programme d'aide économique à l'Europe afin de contenir l'expansionnisme soviétique. Il reçoit le prix Nobel de la paix en 1953.

➜ pages : *154, 367, 389, 414, 418.*

Martyr

Chrétien mis à mort ou torturé en témoignage de sa foi.

● Dans les premiers siècles du christianisme, le martyre constitue la forme éminente de la sainteté, car il est l'écho même de la parole de Jésus : « S'ils m'ont persécuté, ils vous persécuteront aussi » (Jean 15, 20).

● Avec la paix accordée à l'Église au IVe siècle, les persécutions cessent. Leur disparition suscite une autre forme de sainteté : le retrait du monde et une existence ascétique (l'érémitisme de saint Antoine).

➜ page : *207.*

Marx (Karl)

Philosophe et économiste allemand, théoricien du socialisme. (1818-1883).

● Influencé par Hegel, Feuerbach, Saint-Simon et Adam Smith, il élabore le « matérialisme historique » et, avec Engels, le *Manifeste du parti communiste* (1848). Expulsé d'Allemagne, il trouve refuge à Londres où il jette les bases de son grand ouvrage, *Le Capital.*

● Dans cette œuvre, inachevée, Marx se livre à une analyse du système capitaliste dans ses dimensions historiques, économiques et structurelles.

➜ pages : *98, 105, 260.*

Maximum (loi du)

En France, loi qui interdisait en période de famine de vendre des denrées au-dessus d'un certain prix.

● Pendant la Révolution française, la Convention promulgua une loi du maximum, le 4 mai 1793. Puis, le 29 mai fut voté le maximum général des salaires et des prix. D'application difficile, la loi fut abolie le 24 décembre 1794.

➜ page : *232.*

Mazzini (Giuseppe)

Révolutionnaire italien (1805-1872).

● Expulsé d'Italie en 1835 pour son appartenance aux carbonari, il entame une vie d'exil qui le mène en Suisse, en France, en Angleterre.

● Il participe à l'insurrection de Milan (1848), puis au gouvernement de la République romaine (1848). Il doit reprendre le chemin de l'exil, non sans avoir tenté quelques coups de main en Italie.

➜ pages : *97, 244, 276.*

Mécène

Personne qui protège les écrivains, les artistes et les savants et les aide matériellement.

● Le terme « mécène » est éponyme d'un chevalier romain (69-8 av. J.-C.), qui aimait à s'entourer de lettrés : Virgile, Horace, Varius, Properce, Rufus, entre autres.

● De tout temps, les artistes ont pu bénéficier de la protection et des largesses d'un grand, seigneur, prince ou monarque. Mais c'est surtout pendant la Renaissance que

le mécénat a connu un essor sans précédent, notamment dans la péninsule italienne.
● Parmi les monarques qui se sont érigés en protecteur des arts et des lettres en France, citons Louis XIV et, au XIXe siècle, Napoléon III.
➜ page : *223*.

Meiji Tenno
Empereur du Japon (1852-1912).
● Dans la charte de Cinq Articles du 6 avril 1868, l'empereur annonce la suppression du régime féodal et exprime sa volonté de s'inspirer des méthodes occidentales.
● L'acte constitutionnel qui fait du Japon une monarchie constitutionnelle est publié le 11 février 1869. Toutefois l'empereur – dont l'origine divine n'est pas contestée – conserve tous les pouvoirs de l'État.
● Durant l'ère Meiji, le Japon s'ouvre au monde, se modernise en s'inspirant des modèles occidentaux. Parallèlement, il déploie une politique extérieure ouvertement agressive : guerre sino-japonaise (1894-1895), guerre russo-japonaise (1905) et annexion de la Corée (1910).
➜ page : *270*.

Menchevik
Membre du Parti ouvrier social-démocrate de Russie (POSDR) opposé aux bolcheviks.
● Encore majoritaires en avril 1917, mais hostiles aux «thèses d'avril» de Lénine et à la prise du pouvoir lors de la révolution d'Octobre, ils ne disposent plus que de 16 représentants dans l'Assemblée constituante élue en novembre 1917.
● Opposés à la conclusion de la paix avec l'Allemagne, ils sont exclus du comité central du congrès panrusse des soviets en juillet 1918.
➜ pages : *261, 316, 317*.

Mendès France (Pierre)
Homme politique français (1907-1982).
● Membre du Parti radical, ministre de Léon Blum (1938), puis en charge de l'Économie nationale dans le Gouvernement provisoire (1944-1945), il démissionne après le rejet de son plan d'austérité.
● Président du Conseil de juin 1954 à février 1955, il met fin à la guerre d'Indochine en signant les accords de Genève, donne l'autonomie interne à la Tunisie, rejette la CED (Communauté européenne de défense) et organise la lutte contre la rébellion algérienne naissante. Mis en minorité par la droite et les communistes, il démissionne.
➜ pages : *159, 418*.

Messie
Envoyé de Dieu.
● Dans la Bible hébraïque (Ancien Testament), le messie est le libérateur d'Israël et l'instaurateur du règne de Yahvé.
● Dans les écrits du Nouveau Testament et dans la tradition chrétienne, le terme de «Messie» est exclusivement attribué à Jésus-Christ, fils de Dieu, rédempteur de l'humanité déchue.
➜ pages : *204, 206*.

Métèque

À Athènes et dans les cités grecques, étranger.

- Étranger à la cité, le métèque y réside, est protégé par la loi et participe à la vie culturelle.
- Il n'a pas de droits politiques, ne peut posséder ni terres ni maison et doit payer une « taxe » symbolique (la capitation). Il participe pleinement à la prospérité d'Athènes.

→ **pages :** ***195, 198.***

Métropole

État considéré par rapport aux territoires qui en dépendent.

- Dans l'Antiquité grecque, le terme « métropole » désigne la cité mère dont l'identité est définie par opposition aux colonies (clérouquies) qu'elle a fondées.
- Avec la constitution des empires coloniaux européens, et plus particulièrement dans le cadre des colonies de peuplement, la métropole désigne la puissance coloniale.

→ **pages :** ***268, 269.***

Metternich-Winneburg (Klemens, prince von)

Homme d'État autrichien (1773-1859).

- Diplomate, ministre des Affaires étrangères (1809), hostile à Napoléon Ier, il négocie toutefois le mariage de ce dernier avec Marie-Louise (1810). Trois ans plus tard, il est l'artisan de l'entrée de l'Autriche dans la coalition contre la France.
- Personnage clé du congrès de Vienne (1814-1815), il s'emploie avec succès à restaurer l'équilibre européen au profit de l'Autriche.
- Artisan de la Quadruple-Alliance destinée à étouffer tout mouvement libéral, chancelier en 1821, il est renversé par la révolution de mars 1848.

→ **page :** ***246.***

Milice (la)

Sous le gouvernement de Vichy, formation paramilitaire.

- Créée par une loi du 30 janvier 1943, placée sous la direction de Joseph Darnand, la Milice exécuta sa mission en étroite collaboration avec l'occupant allemand : elle se distingua tristement contre la Résistance, notamment lors des opérations contre les maquis, dont celui du Vercors (1944).
- L'idéologie de la Milice, entièrement orientée vers la répression, est plus que rudimentaire. Toutefois, le monarchiste Charles Maurras salua en elle une « bonne et sûre police ».

→ **pages :** ***333, 356.***

Mitterrand (François)

Homme d'État français (1916-1996).

- Ministre à plusieurs reprises sous la IVe République, opposé au général de Gaulle et aux institutions de la Ve République, il est élu président en 1981, puis en 1988.
- La souplesse des institutions de la Ve République lui permet de cohabiter sans heurts par deux fois avec des Premiers ministres issus de l'opposition (Jacques Chirac et Édouard Balladur).

→ **pages :** ***159, 422, 429.***

Monachisme

Institution monastique.

● Le monachisme se caractérise par un désir de perfection évangélique qui prend la forme d'une vie hors du siècle : pauvreté, chasteté, obéissance, méditation et prières sont les règles de la vie monacale.

● Le monachisme chrétien se développe d'abord en Égypte, dans le dernier quart du IIIe siècle, à l'initiative de saint Antoine, puis de son disciple saint Pacôme. Toutefois, l'organisation monastique proprement dite ne commence qu'avec saint Basile, au début du IVe siècle.

● En Occident, c'est saint Benoît de Nursie qui, au VIe siècle, donne une impulsion décisive au monachisme.

→ **page :** ***209.***

Monarchie

Régime politique où le chef est un roi ou un empereur.

● La monarchie d'Ancien Régime, en vigueur en France depuis François Ier, est une monarchie de type absolu : le roi est tout-puissant et il n'existe aucun contre-pouvoir.

● La monarchie constitutionnelle, dont la Restauration offre le premier exemple en France, voit l'autorité du prince limitée par une Constitution.

● Dans le cadre de la monarchie parlementaire, le gouvernement est responsable devant le Parlement et le roi n'a guère de pouvoir autre que symbolique ; la Grande-Bretagne est l'archétype de la monarchie parlementaire.

→ **pages :** ***226, 228, 230, 244.***

Mondialisation

Terme désignant l'imbrication et l'interdépendance des économies nationales.

● Les différents marchés – par exemple ceux de l'électronique, du textile, de l'automobile –, libérés depuis 1945 des tarifs douaniers et des quotas, s'étendent désormais aux dimensions de la planète.

● Les grands groupes peuvent acquérir des positions dominantes sur certains marchés internationaux, au détriment de leurs concurrents.

→ **pages :** ***369, 380, 381.***

Monet (Claude)

Peintre français (1840-1926).

● Représentant le plus typique de l'école impressionniste – le terme vient d'une de ses toiles *Impression, soleil levant*. Il se lie avec Bazille, Renoir, Sisley avec lesquels il peint sur le motif.

● On lui doit, entre autres chefs-d'œuvre, *Femmes au jardin* (1867), *Le Déjeuner* (v. 1873), *La Grenouillère* (1869) et la série des « Gare Saint-Lazare », des « Meules », « Peupliers » et « Cathédrale de Rouen », peints aux différentes heures du jour.

→ **pages :** ***287, 411.***

Monnet (Jean)

Économiste français (1888-1979).

● Après avoir participé à plusieurs commissions interalliées au cours de la Seconde Guerre mondiale, il propose en 1945 l'adoption d'un « plan de modernisation et d'équipement » de l'économie française ; il est premier commissaire général au Plan.

• Promoteur de l'idée européenne, il assure la direction de la Haute Autorité de la Communauté européenne du charbon et de l'acier.
➔ pages : *382, 411, 418.*

Monothéisme

Religion dans laquelle il n'existe qu'un dieu unique.

• S'il y a eu dans l'Antiquité des ébauches de monothéisme – institution par le pharaon Akhenaton du culte unique du dieu Aton –, l'unicité de Dieu reste l'affirmation fondamentale des trois grandes religions méditerranéennes : le judaïsme, le christianisme et l'islam.

• Le monothéisme s'oppose au polythéisme (croyance en plusieurs dieux), à l'hénothéisme (un Dieu suprême régnant sur des divinités secondaires) et au panthéisme (système identifiant Dieu et le monde).
➔ pages : *204, 206, 209.*

Monroe (James)

Homme d'État américain (1758-1831).

• Président des États-Unis en 1816 puis en 1820, il réussit à aplanir – provisoirement – les divergences entre le Nord et le Sud (compromis du Missouri).

• Sur le plan extérieur, il obtient de l'Espagne la Floride et reconnaît les nouvelles républiques sud-américaines. Celles-ci sont au cœur de son message au Congrès en décembre 1822, qui passera à la postérité sous le nom de « doctrine Monroe » : celle-ci dénie aux Européens le droit d'intervenir sur le continent américain – les révolutions qui secouent l'Amérique latine intéressent particulièrement la France et la Russie, alliées de l'Espagne, et l'Angleterre.
➔ pages : *273, 390.*

Montagnard

Pendant la Révolution française, partisan d'un régime centralisateur.

• Les députés de la Montagne, élus de Paris, siégeaient à la Convention sur les gradins les plus élevés – d'où leur nom.

• Adversaires déclarés de la monarchie, les Montagnards se recrutent parmi les membres du club des Cordeliers ou des Jacobins. Leurs chefs sont Danton, Marat, Robespierre (les triumvirs).

• Les Montagnards, favorables à un régime centralisateur, s'appuient sur les sans-culottes pour éliminer les Girondins (mai-juin 1793). Maîtres du pouvoir, ils gouvernent par la terreur, qui ne prend fin qu'avec leur chute : exécution de Robespierre en juillet 1794 (9 Thermidor).
➔ page : *232.*

Montesquieu (Charles de Secondat)

Écrivain français (1689-1755).

• Conseiller, puis président du parlement de Bordeaux, il obtient son premier succès littéraire avec les *Lettres persanes* (1721), succès qui lui ouvre les milieux de la Cour.

• De son œuvre, où s'exprime le sens du relatif et l'exigence de justice, retenons les *Considérations sur les causes de la grandeur des Romains et de leur décadence* (1734) et *De l'esprit*

des lois (1748). Cet ouvrage, qui devait inspirer la Constitution de 1794, est à l'origine de la philosophie libérale sur la séparation des pouvoirs.
→ **page : *226*.**

Moulin (Jean)

Administrateur et résistant français (1899-1943).

- Préfet de l'Eure-et-Loir (1940), il gagne Londres peu après la défaite. Il est envoyé en janvier 1942 en France par le général de Gaulle pour unifier les divers mouvements de la Résistance en zone sud.
- Président du Conseil national de la Résistance (1943), il est arrêté à la suite d'une probable trahison à Caluire (21 juin) et torturé. Il meurt sans avoir parlé lors de son transfert en Allemagne (8 juillet).
- Ses cendres ont été déposées au Panthéon en 1965.

→ **pages : *144, 359*.**

Mussolini (Benito)

Homme politique italien (1883-1945).

- Militant socialiste, il fait campagne contre la guerre en Libye (1911-1912). Tout d'abord favorable à la neutralité de l'Italie dans la Première Guerre mondiale, il se prononce pour l'intervention, ce qui provoque sa rupture avec les dirigeants socialistes.
- À la fin de la guerre, il fonde les Faisceaux italiens de combat, noyau du parti fasciste (1919). Le roi lui confie la direction du gouvernement après qu'il a menacé de marcher sur Rome (28 octobre 1922). Il obtient les pleins pouvoirs (1925) et réalise la substitution de l'État fasciste à l'État libéral constitutionnel avec la garantie de la Couronne.
- À l'extérieur, il pratique une politique expansionniste (conquête de l'Éthiopie, 1935) et se rapproche de l'Allemagne (Axe Rome-Berlin, 1936). Il participe à la Seconde Guerre mondiale aux côtés de Hitler.
- Les chefs fascistes lui retirent leur confiance et le roi le fait arrêter. Délivré par les Allemands, il instaure l'éphémère République sociale de Salo avant d'être exécuté avec sa maîtresse par des partisans.

→ **pages : *128, 136 , 289, 330, 332, 336*.**

Napoléon Ier

Empereur des Français (1769-1821).

- Jacobin déclaré, il tombe en disgrâce après le 9-Thermidor en dépit de son brillant comportement lors du siège de Toulon contre les Anglais (1793). En 1795, il brise le soulèvement royaliste du 13 vendémiaire, ce dont le directeur Barras le remercie en lui confiant le commandement de l'armée d'Italie.
- Méfiant à l'égard de ce général victorieux, le Directoire l'éloigne en lui confiant la tête de l'expédition d'Égypte (1798). De retour en France, il organise le coup d'État du 18 Brumaire (novembre 1799) et devient Premier consul en 1802 (*cf.* Consulat).
- Le complot de Cadoudal lui fournit le prétexte pour se faire confier

le titre d'empereur des Français en 1804 par le Sénat (*cf.* Empire).

- La guerre va accaparer une bonne partie de son règne, tout entier tourné vers l'édification du Grand Empire. À la suite des Cent-Jours, la France retrouve les frontières qui étaient les siennes à la veille de la Révolution française.

→ **pages :** ***87, 89, 234, 238.***

Napoléon III

Empereur des Français (1808-1873).

- Louis Napoléon Bonaparte tente de s'emparer du pouvoir à deux reprises, connaît la prison (1840), s'évade, se réfugie en Angleterre et, à la faveur de la révolution de 1848, revient en France.
- Élu président de la République (10 décembre 1848), il conduit une politique conservatrice et, faute d'obtenir légalement une révision de la Constitution, il organise un coup d'État (2 décembre 1851). Un an plus tard, il devient empereur des Français.
- De 1852 à 1860, il met en œuvre une politique autoritaire, puis favorise une libéralisation du régime. Il fait entreprendre de nombreux travaux publics, notamment à Paris, encourage l'agriculture, l'industrie ainsi que le commerce et favorise les institutions de crédit. À l'extérieur, son règne est marqué par la guerre de Crimée (1854-1856), un soutien actif à la cause de l'unité italienne (1859) et par la malheureuse expédition au Mexique (1862-1867). Il se lance inconsidérément dans la guerre contre la Prusse (juillet 1870). La défaite française devant Sedan (2 septembre) entraîne sa déchéance (4 septembre).

→ **pages :** ***101, 104, 276, 292, 298.***

Nasser (Gamal Abdel)

Homme politique égyptien (1918-1970).

- Il participe activement au mouvement des officiers libres qui renversent le roi Farouk (1952) et instaurent la République (1953).
- Après avoir écarté Néguib (1954), Nasser détient tous les pouvoirs. Il nationalise le canal de Suez (1956), provoquant l'intervention franco-anglaise. Battu militairement, il tire avec habileté son épingle du jeu, se posant comme le leader du monde arabe.
- Il met en chantier le barrage d'Assouan avec l'aide de l'URSS, s'engage dans une guerre au Yémen (1962-1967) et déclenche la guerre des Six-Jours (1967). Battu, il démissionne, mais plébiscité, il reprend les rênes du pouvoir.

→ **page :** ***398.***

Nation

Communauté humaine caractérisée par une unité historique, linguistique, culturelle plus ou moins prononcée.

- En France, jusqu'au XVIIIe siècle, le terme « nation » désigne les habitants d'un pays. Mais avec la Révolution, un nouveau sens se dégage : celui de l'ensemble politique formé par les citoyens d'un pays. Ainsi, les États généraux se proclament-ils « Assemblée nationale des représentants du peuple français ». Formant l'ensemble des citoyens, la nation exprime sa souveraineté par la loi.

→ pages : *93, 110, 242.*

Nationalisation

Transfert à la collectivité par voie d'autorité de certaines entreprises privées.

● En France, c'est le Front populaire (1936) qui initie les premières nationalisations. Sont concernées essentiellement les industries d'armement et les sociétés ferroviaires privées (création de la SNCF). Elles se poursuivent après la Libération : nationalisation du crédit et confiscation des usines Renault qui deviennent « Régie nationale des usines Renault ».

● L'arrivée de la gauche au pouvoir en 1981 relance le processus des nationalisations.

→ pages : *132, 154, 360, 363.*

Nationalisme

Doctrine politique plaçant les intérêts de la nation au-dessus de ceux des intérêts particuliers de chacun des groupes la constituant.

● Le nationalisme peut correspondre à l'application du principe des nationalités, c'est-à-dire le droit des peuples à disposer d'eux-mêmes.

● Il peut aussi être ségrégatif ou exclusif. Selon les circonstances historiques, le nationalisme peut se travestir en impérialisme (panslavisme russe), voire en racisme (expansionnisme nazi).

→ pages : *93, 114, 242, 246, 274, 278, 240, 242, 296, 315, 322, 411.*

Nazisme

Doctrine nationaliste et raciste qui, en Allemagne, tint lieu d'idéologie au régime hitlérien entre 1933 et 1945.

● La doctrine du nazisme, ou national-socialisme, est exposée par Adolf Hitler dans *Mein Kampf*. Elle puise ses sources dans le pangermanisme de la seconde moitié du XIXe siècle en s'appuyant sur le mythe ethnoculturel de la « race aryenne » : celle-ci se trouve en effet menacée par deux ennemis idéologiques modernes, le libéralisme et le communisme, dont le peuple juif serait le premier responsable.

● Le régime national-socialiste, incarné par son chef charismatique, déclinera son programme à l'intérieur – purification de la nation par l'exclusion (lois de Nuremberg) – et à l'extérieur – asservissement ou extermination des peuples soumis.

→ pages : *136, 334, 350, 352, 354.*

Nehru (Jawaharlal)

Homme politique indien (1889-1964).

● Proche de Gandhi, membre du parti du Congrès (1918), il prend part aux discussions qui aboutissent à la partition de l'Inde et du Pakistan (1947).

● Premier ministre jusqu'en 1964, il se fait le défenseur inlassable du neutralisme : il participe aux conférences de Colombo (1950), de Bandoeng (1955) et de Belgrade (1961). La défaite contre la Chine (1962) entamera grandement sa popularité et son prestige.

→ pages : *158, 394, 396, 398.*

Néocolonialisme

Politique de certains pays développés destinée à maintenir leur domination économique et politique sur des États autrefois colonisés.

- En instituant, sous des formes nouvelles, leur domination sur des États indépendants du tiers-monde jadis colonisés, les tenants du néocolonialisme donnent la mesure de l'inégalité des rapports entre les pays industrialisés et les pays économiquement peu développés
- Dans ces derniers, le néocolonialisme est caractérisé par un faible degré d'autonomie des politiques économiques nationales et par la quasi-absence de participation aux décisions de politique internationale. Par exemple, la fixation des cours des matières premières se décide hors du tiers-monde.

➜ **pages :** ***395, 400.***

NEP

Abréviation russe pour « nouvelle politique économique ».

- Destinée à mettre fin au communisme de guerre, la NEP est adoptée en mars 1921. Son principal promoteur, Lénine, en attend qu'elle restaure les liens entre la classe ouvrière et la paysannerie.
- La création de petites entreprises est permise et l'État conserve le monopole de l'industrie lourde. L'agriculture se relève en 1922-1923, alors que l'industrie lourde ne redémarre qu'en 1925.
- Au-delà de son efficacité, la NEP suscite un violent combat politique entre ses partisans – les droitistes défendus par Boukharine, Rykov, Tomski – et les gauchistes opposés à son principe. Staline met fin à la NEP en avril 1929.

➜ **pages :** ***121, 139, 318, 319.***

New Deal (« Nouvelle Donne »)

Ensemble des réformes engagées aux États-Unis en 1933 par Roosevelt pour faire face à la crise économique.

- Les principales mesures sont la réforme du système bancaire, l'abandon de l'étalon-or, la dévaluation du dollar, la limitation volontaire de la production agricole, la création d'une législation sociale et la mise en œuvre de grands travaux.
- Précurseur du Welfare State (État-providence), le New Deal prend fin avec l'entrée en guerre des États-Unis qui liquide les dernières séquelles de la crise.

➜ **pages :** ***273, 329.***

Nicolas II

Empereur de Russie (1868-1918).

- Son règne est tout d'abord marqué par la guerre perdue contre le Japon (1905) et la révolution de 1905, qui l'oblige à promettre la réunion d'une douma d'État.
- Il prend la direction des armées lors de la Première Guerre mondiale, laissant à son épouse, dominée par Raspoutine, un pouvoir croissant dans le gouvernement.
- Contraint d'abdiquer à la suite des événements de Petrograd (mars 1917), il est exécuté avec sa famille le 17 juillet 1918.

➜ **pages :** ***316, 317.***

Noblesse

Classe sociale qui possède un statut particulier et se perpétue par le sang.

- Dès le haut Moyen Âge, les mots *nobilis* et *nobilitas* désignent, d'une part, la notoriété conférée par l'ancienneté d'une généalogie, de l'autre, une certaine richesse.
- La noblesse d'épée est la noblesse acquise au Moyen Âge par des services militaires.
- La noblesse de robe est la noblesse acquise par l'achat d'une charge de judicature (de juge).

→ **pages :** *228, 230.*

Non-alignés (mouvement des)

Position de certains États, notamment du tiers-monde, qui refusèrent de s'intégrer à l'un des deux blocs, occidental ou communiste.

- Le mouvement des non-alignés prend corps lors de la conférence de Belgrade (1961) grâce aux efforts de Tito, Nasser et Nehru. Il s'inscrit dans le fil de la conférence de Bandoeng (1955) et est indissociable des luttes de libération nationale.
- Le mouvement se divisa rapidement entre ceux qui se reconnaissaient dans le modèle soviétique et ceux pour qui la seule distinction admissible renvoyait au clivage entre pays riches et pays pauvres.

→ **page :** *417.*

Obligation

En Bourse, titre de créance représentatif d'une fraction d'un prêt à intérêt consenti à une société.

- Les entreprises privées, mais aussi les collectivités locales ou l'État, peuvent émettre un emprunt obligataire.
- La détention d'obligations, à l'inverse de la possession d'actions, ne confère aucun droit sur la gestion de l'entreprise.

→ **page :** *250.*

OCDE

Organisation de coopération et de développement économiques.

- L'OCDE a été constituée à Paris en 1961 par 19 pays, les États européens, les États-Unis, le Canada, puis le Japon (1964), en vue de promouvoir des politiques visant à contribuer à une saine expansion économique entre États membres et pays en voie de développement.

→ **pages :** *368, 376.*

ONU

Sigle d'Organisation des Nations unies.

- L'ONU a été constituée en 1945 par un ensemble d'États en vue de sauvegarder la paix et la sécurité mondiales et d'instituer entre les nations une coopération économique, sociale et culturelle.
- L'action de l'ONU embrasse plusieurs domaines : le règlement pacifique des différends ; la capacité de mener une action en cas de menace contre la paix, de rupture de la paix et d'agression ; l'action économique et sociale ; l'action humanitaire ; l'action juridique. Toutefois, l'action de l'ONU est limitée. Ainsi, l'article 2 stipule

qu'« aucune disposition de la Charte n'autorise l'ONU à intervenir dans des affaires qui relèvent essentiellement de la compétence nationale d'un État ». De nombreux États font valoir cet article pour s'opposer à toute immixtion de l'ONU.

➜ **pages :** ***151, 190, 366, 390, 394, 406, 408.***

OPEP

Sigle d'Organisation des pays exportateurs de pétrole.

● Organisme créé en septembre 1960 à l'initiative du Venezuela, l'OPEP est alors destinée à stopper la chute des cours du pétrole. Les cinq membres fondateurs sont, outre le Venezuela, l'Iran, l'Irak, l'Arabie Saoudite et le Koweït.

● La cohésion dont l'OPEP a pu faire preuve, notamment en 1973, n'a pas résisté aux divergences d'intérêts de ses membres, voire à de véritables conflits, par exemple entre l'Iran et l'Irak.

➜ **pages :** ***169, 375, 376, 400.***

Ordonnance

Au Moyen Âge et sous l'Ancien Régime, texte de loi émanant du roi.

● Les ordonnances, qui apparaissent au XIIe siècle, sont des actes législatifs rendus par le roi ; elles concernent un nombre variable de matières – contrairement donc aux édits – et portent règlement pour l'ensemble du royaume. Par exemple, l'ordonnance de Villers-Cotterêts (1539) impose le français dans les actes officiels et de justice.

● On appelle « ordonnances de juillet » l'ensemble des textes promulgués par Charles X qui provoquèrent sa chute à la suite de la révolution de juillet 1830.

● La Constitution de 1958 prévoit que le gouvernement peut demander au Parlement l'autorisation de prendre par ordonnances des mesures qui sont du domaine de la loi.

➜ **page :** ***361.***

Ordre

Dans la France d'Ancien Régime, corps d'État caractérisé par sa position hiérarchique et, suivant le cas, par des privilèges.

● Les trois ordres qui composent la France d'Ancien Régime sont le clergé, la noblesse et le tiers état. Jusqu'à la Révolution, ceux qui détiennent le pouvoir appartiennent aux rangs des deux premiers. En se proclamant Assemblée nationale lors des États généraux, les représentants du tiers prennent le pouvoir et mettent fin à la société d'ordres de l'Ancien Régime.

➜ **pages :** ***228, 229, 230.***

Orthodoxie

Ensemble des doctrines des Églises orthodoxes.

● L'Église orthodoxe conserve une continuité profonde avec le christianisme originel, notamment au premier temps du schisme (XIe siècle). Les sept conciles œcuméniques qui se sont réunis en Orient, au cours du Ier millénaire, pour préciser et préserver le mystère du Christ, constituent sa règle de foi.

● Pour les Églises orthodoxes, le souverain pontife n'est pas infaillible et il ne possède pas de juridiction directe sur les Églises locales. L'infaillibilité réside dans le corps entier du peuple de Dieu et elle s'exprime par la voie des évêques réunis en concile œcuménique.

→ **pages :** ***209, 214, 216.***

Ostracisme

Dans l'Antiquité grecque, bannissement pour dix ans de celui dont on redoute qu'il constitue une menace pour la démocratie.

● L'institution remonterait à Clisthène (seconde moitié du VIe siècle av. J.-C). Le premier cas connu de banissement concerne Hipparque (v. 488-487 av. J.-C.). Parmi les bannis célèbres, citons Aristide, Thémistocle et Cimon qui tous furent ostracisés au Ve siècle avant notre ère. La pratique de l'ostracisme a été abandonnée vers 417.

→ **page :** ***196.***

Païen

Celui dont l'attitude s'inspire des idées et des tendances de la civilisation gréco-latine.

● Les premiers chrétiens ont donné le nom de « païens » à ceux qui pratiquaient des cultes polythéistes auxquels les habitants des campagnes restèrent longtemps fidèles.

● Par la suite, et de façon plus générale, les chrétiens ont désigné sous ce nom les membres d'une population qui n'a pas encore été évangélisée.

→ **pages :** ***206, 208.***

Panathénées

Fêtes en l'honneur d'Athéna célébrée par les Athéniens.

● Les Athéniens rendent un culte particulier à Athéna qui est la déesse protectrice de leur cité. À partir de Pisistrate (v. 600-527), on distingue les petites panathénées annuelles des grandes panathénées, célébrées tous les quatre ans pendant une dizaine de jours.

→ **pages :** ***55, 198, 199.***

Pangermanisme

Doctrine prônant le regroupement sous une même autorité politique des peuples parlant allemand.

● Le pangermanisme puise ses sources dans le rejet de certains principes de la Révolution française et dans la politique d'occupation de Napoléon Ier en Allemagne.

● Il connaît divers avatars au XVIIIe siècle et s'inspire, au XIXe siècle, des thèses raciales de Gobineau (1853).

● Jusqu'au début du XXe siècle, il n'est pas plus belliqueux que les impérialismes français, russe ou britannique. Mais la défaite de l'Allemagne en 1918 lui confère vitalité et audience. Hitler lui a emprunté plusieurs thèmes.

→ **pages :** ***275, 335.***

Parlement

Assemblée exerçant un pouvoir législatif.

● En France, sous l'Ancien Régime, le terme désigne un corps de justice souverain, émanation de la Cour du roi et dont les attributions, d'abord uniquement juridiques, tendent peu à peu à déborder sur le domaine politique : c'est le parlement de Paris qui déclenche la Fronde pendant la minorité de Louis XIV. À la veille de la Révolution, il existe 12 parlements qui siègent en province ; le parlement de Paris est constitué de 5 Chambres.

- Aujourd'hui, le système le plus répandu est celui du bicamérisme, comme en France, où le Parlement est formé de l'Assemblée nationale et du Sénat.

➜ **pages :** ***227, 294, 412.***

Parthénon

Temple d'Athéna sur l'Acropole d'Athènes.

- Édifié de 447 à 432 sous Périclès, par Ictinos et Callicratès dirigés par Phidias, le Parthénon est conçu pour mettre en valeur la statue d'Athéna, la déesse protectrice de la cité. Des corrections optiques – notamment la courbure de certaines lignes horizontales et l'inclinaison de l'axe des colonnes – concourent à l'harmonie du temple, chef-d'œuvre de l'ordre dorique.

➜ **pages :** ***21, 198.***

Pasteur (Louis)

Chimiste et biologiste français (1822-1895).

- Après l'étude des fermentations – il met en évidence l'action des micro-organismes –, Pasteur invente une méthode de conservation des bières, la pasteurisation.
- Il découvre le vibrion septique et le vaccin contre le charbon, maladie dont il a montré la nature microbienne. En 1881, il commence avec Roux ses recherches sur la rage. Elles aboutissent à la mise au point d'un vaccin qui peut être appliqué à l'homme (1885).

➜ **page :** ***284.***

Patriarcat

Territoire soumis à la juridiction d'un patriarche.

- En 451, le concile de Chalcédoine fixe le siège des patriarcats aux sièges épiscopaux des principales villes de l'Empire romain (Rome, Constantinople, Alexandrie, Antioche, Jérusalem). Le patriarche de Constantinople est appelé œcuménique, car il est le premier dans l'ordre de préséance.
- Ensuite, les Églises d'Orient ont eu d'autres sièges : en Géorgie (VIIe s.), en Russie (1589), en Serbie (1920), en Roumanie (1925) et en Bulgarie (1953).

➜ **pages :** ***208, 210, 212.***

Patriotisme

Dévouement sentimental à sa patrie.

- Le patriotisme se manifeste en général en cas de menace, réelle ou supposée, sur la patrie. C'est lui que la Révolution exalte en septembre 1792 pour défendre les frontières de la nation (Valmy) ; c'est encore lui qui alimente l'esprit de revanche après la défaite de Sedan (1870).
- Dans ces formes les plus excessives, le patriotisme peut se colorer de xénophobie et prendre la forme d'un nationalisme raciste et belliqueux.

➜ **page :** ***310.***

Paul (saint)

Apôtre (entre 5 et 15 - entre 62 et 67).

• Pharisien fervent, il devient apôtre de Jésus-Christ après une vision sur le chemin de Damas (v. 36). Il entreprend trois grands voyages (46-48, 49-52 et 53-58) qui le conduisent à Chypre, en Asie Mineure, en Macédoine et en Grèce. Il établit des églises dans les principales villes qu'il visite.

• Il est arrêté en 58, transféré à Rome en sa qualité de citoyen romain et exécuté. La tradition attribue 14 épîtres à saint Paul.

➔ **pages :** *60, 206, 207.*

Pèlerinage

Voyage vers un lieu consacré par une manifestation divine.

• Dès l'époque romaine, le christianisme compte des sanctuaires vénérés : Jérusalem, Rome (tombe des apôtres, catacombes) ou Carthage (tombe de saint Cyprien). Les reliques sont à l'origine des déplacements les plus importants et les villes ont toujours cherché à s'enrichir de ces restes précieux.

➔ **pages :** *214, 215, 262.*

Pérégrin

Celui qui n'est pas, en droit, citoyen romain.

• Le pérégrin est un homme libre. C'est d'abord l'étranger non ennemi, puis, sous l'Empire, le sujet de Rome. L'édit de Caracalla (212 apr. J.-C.) supprime presque complètement la catégorie des pérégrins.

➔ **page :** *200.*

Perestroïka

Mot russe signifiant restructuration.

• Décidée par M. Gorbatchev, la restructuration de la vie économique et politique intervient à partir de mars 1985. Elle est destinée à sortir le pays de la stagnation.

• Elle est étendue à partir de 1987 au domaine politique et prend essentiellement la forme d'une démocratisation des institutions.

➔ **pages :** *176, 385, 414.*

Périclès

Homme d'État athénien (v. 495-429 av. J.-C.).

• Sa longévité de stratège – il sera réélu pendant trente ans – lui permet d'assurer la démocratisation de la vie publique. Homme très influent, il s'entoure d'artistes, dont Phidias, qui participent au rayonnement de la cité au point que l'on parlera du « siècle de Périclès ».

• Sur le plan extérieur, il fait de la ligue de Délos une machine de guerre au service d'Athènes. Toutefois, il est écarté un temps du pouvoir après avoir été rendu responsable des premiers échecs de la guerre du Péloponnèse (431). Réélu une dernière fois en 429, il meurt la même année de la peste.

➔ **pages :** *55, 195, 197.*

Pétain (Philippe)

Maréchal de France et homme politique français (1856-1951).

• Sa carrière est pratiquement achevée quand commence la Première Guerre mondiale. Il se distingue à Verdun (1916) et prend le commandement en chef des forces françaises après l'échec de Nivelle au Chemin des Dames (1917). À la fin de la Grande Guerre, son prestige est immense.

- Pendant l'entre-deux-guerres, il est ministre de la Guerre (1934), puis ambassadeur à Madrid (1939).
- Nommé président du Conseil en pleine débâcle (16 juin 1940), il conclut l'armistice avec l'Allemagne et l'Italie. L'Assemblée nationale lui vote les pleins pouvoirs : le héros de Verdun devient chef de l'État français à 84 ans et entreprend la révolution nationale depuis le siège du gouvernement, à Vichy.
- La Haute Cour de justice le condamne à mort (avril 1945). Le général de Gaulle commue la peine en détention perpétuelle à l'île d'Yeu.

→ **pages :** ***305, 309, 356.***

Picasso (Pablo)

Peintre, dessinateur, graveur et sculpteur espagnol (1881-1973).

- Il est l'auteur d'une œuvre abondante, foisonnante qui, par ses interrogations et ses inventions, a bouleversé l'art moderne. Il existe deux grands musées Picasso, l'un à Barcelone, l'autre à Paris.

→ **pages :** ***109, 283, 289.***

Pierre (saint)

Selon les Évangiles, chef du collège apostolique des douze apôtres (mort entre 64 et 67).

- Pêcheur galiléen, il s'appelait en réalité Simon, son nom de « Pierre » lui ayant été attribué par Jésus. La prééminence de Pierre dans le collège apostolique survécut à la mort de Jésus dans la communauté chrétienne de Jérusalem.
- Pierre exerça son activité missionnaire en Palestine, à Antioche, à Corinthe et à Rome.
- Il est considéré par la tradition romaine comme le premier pape.

→ **page :** ***207.***

Planification

Encadrement par les pouvoirs publics du développement économique et social à l'aide d'un plan.

- En France, il revient au Commissariat général du plan d'établir le document de prévision et de fixer le cadre d'exécution de la planification.
- Neuf plans de modernisation et d'équipement ont été élaborés : 1947-1953 (premier plan, dit « plan Monnet ») ; 1954-1957 ; 1958-1961 ; 1962-1965 ; 1966-1970 ; 1971-1975 ; 1976-1980 ; 1981-1983 ; 1984-1988.

→ **pages :** ***318-319.***

Poincaré (Raymond)

Homme d'État français (1860-1934).

- Après avoir été ministre des Finances à deux reprises (1894-95 et 1905), il est président du Conseil et ministre des Affaires étrangères (1912-1913). Il est alors l'artisan du renforcement de la Triple-Entente.
- Président de la République (1913-1920), il nomme Clemenceau à la tête du gouvernement.
- Président du Conseil et ministre

des Affaires étrangères de 1922 à 1924, il fait occuper la Ruhr, mais doit accepter le plan Dawes. Rappelé au pouvoir après l'échec financier du Cartel des gauches (1926-1929), il stabilise le franc.

➜ **pages : *113, 123, 124, 341, 343.***

Politique

Ce qui relève de l'exercice du pouvoir dans l'État.

• Dans la Grèce antique, le politique désigne tout ce qui est du ressort de la cité.

• La sphère du politique englobe l'ensemble des options prises collectivement ou individuellement par les gouvernants d'un État dans quelque domaine que s'exerce leur autorité : domaines législatif, économique ou social, relations extérieures, etc.

• Dans les démocraties parlementaires, on oppose couramment le monde politique et la société civile, l'homme politique étant considéré comme un « professionnel ».

➜ **pages : *234, 235.***

Pompidou (Georges)

Homme d'État français (1911-1974).

• Proche collaborateur du général de Gaulle, il en devient le Premier ministre en 1962. Élu à la présidence de la République en 1969, il inscrit son action dans le fil du gaullisme : il accorde une attention toute particulière à la diplomatie, laissant au chef du gouvernement une grande autonomie quant à la gestion des affaires intérieures.

• Attaché à la construction européenne, il favorise l'entrée de la Grande-Bretagne dans la CEE. Il meurt en octobre 1973 sans avoir pu mener son mandat à terme. Il est l'auteur d'une *Anthologie de la poésie française* (1961).

➜ **pages : *165, 422, 429.***

Positivisme

Système philosophique d'Auguste Comte.

• Selon A. Comte (1798-1857), toutes les activités philosophiques et scientifiques ne doivent s'effectuer que dans le seul cadre de l'analyse des faits réels vérifiés par l'expérience. Il considère que l'esprit humain peut formuler les lois et les rapports qui s'établissent entre les phénomènes et ne peut aller au-delà.

• Au travers du positivisme, Comte entend établir une nouvelle discipline, la physique sociale (que l'on appellera sociologie). Système philosophique, mais aussi religion, le positivisme de Comte marque tout le XIXe siècle et étend son influence dans l'entre-deux-guerres (positivisme logique).

➜ **pages : *284, 285.***

Prêtre

Ministre de certains cultes religieux.

• Dans l'Église catholique et les Églises orientales, le prêtre est celui qui a reçu le sacrement de l'ordre.

• Aux derniers siècles de la République et sous l'Empire se multiplièrent à Rome et dans les provinces les prêtres de cultes orientaux. L'État n'intervenait dans les affaires de cultes privés que pour assurer l'ordre public.

➜ page : *205*.

Privilège

Avantage exclusif détenu par un individu ou un groupe par concession royale ou par droit de naissance.

- La société d'Ancien Régime est fondée tout entière sur les privilèges, qui règlent les droits de chacun. Ces privilèges sont une survivance des immunités et des droits personnels établis au cours du régime féodal.
- La disproportion entre les privilèges et l'utilité réelle des classes qui les détenaient est, en partie, la cause de la Révolution ; la nuit du 4 août 1789 devait en marquer la suppression solennelle.

➜ pages : *228, 231*.

Productivité

Rapport entre une quantité produite et les moyens mis en œuvre pour y parvenir.

- La standardisation a permis d'obtenir des gains de productivité spectaculaires dès le début du siècle, notamment dans le domaine de la construction automobile (fordisme).
- Dans le cadre d'une économie fortement concurrentielle, l'amélioration de la productivité est un instrument de gestion qui permet d'abaisser les coûts de fabrication, et donc les prix de vente.
- La question de la productivité tient une place essentielle dans l'analyse marxiste. Ainsi, selon Marx, la productivité, qui sert de point de départ à la production capitaliste, est « l'œuvre d'un développement historique dont les périodes se comptent non par siècles, mais par milliers de siècles ».

➜ pages : *166, 326, 340, 368, 376, 378*.

Prolétaire

Individu dont les ressources sont uniquement constituées par la rémunération que lui alloue celui auquel il vend sa force de travail.

- Pour les marxistes, les prolétaires forment la classe sociale productrice des valeurs et révolutionnaire à l'époque du mode de production capitaliste. Les prolétaires forment la classe du prolétariat.
- Dans la Rome ancienne, le prolétaire est un citoyen non propriétaire, recensé dans la dernière classe. Il n'est utile à l'État que par les enfants qu'il engendre.

➜ pages : *256, 260, 318, 320*.

Prophète

Interprète de la volonté de Dieu.

- La tradition a classé les prophètes bibliques en grands et petits prophètes. Les trois grands sont Isaïe, Jérémie et Ézéchiel, auxquels la tradition chrétienne a ajouté Daniel ; les douze petits prophètes sont Osée, Joël, Amos, Abdias, Jonas, Michée, Nahum, Habacuc, Sophonie, Aggée, Zacharie et Malachie.
- Ils ont exercé leur action du VIIe au IIe siècle av. J.-C.
- Le christianisme a vu en Jésus le Messie attendu qui a réalisé en sa personne les oracles prophétiques.

➜ pages : *61, 204, 211*.

Propylées

Dans la Grèce antique, porche monumental.

● Les propylées commandent en général l'entrée des grands sanctuaires. Les plus célèbres sont ceux de l'Acropole d'Athènes (437-432 av. J.-C.). Ils ont été en partie détruits par les ducs d'Athènes au XIVe siècle, puis par les Turcs en 1656.

➜ **page :** *198.*

Protectionnisme

Politique destinée à protéger l'économie nationale contre la concurrence étrangère.

● L'outil essentiel du protectionnisme est la barrière douanière qui confère à un pays la maîtrise de son marché intérieur. La délivrance de licences, l'imposition de normes (sanitaire, technique, etc.) et l'établissement d'un contrôle des changes font également partie de l'arsenal protectionniste.

● Doctrine des mercantilistes au XVIIe siècle, le protectionnisme a connu un nouvel essor à la fin du XIXe siècle.

➜ **pages :** *106, 254, 255, 297, 327.*

Protectorat

Régime juridique réglant les relations entre deux États, l'un apportant sa protection à l'autre.

● Le protectorat, qui apparaît au XIXe siècle, est une forme de l'expansion coloniale. Ainsi, le protectorat a souvent donné lieu à une colonisation classique. Ce fut le cas des protectorats français établis entre 1863 (Cambodge) et 1912 (Maroc), en Indochine, à Madagascar et aux Comores. Le Maroc a été le dernier État dit «protégé» par la France.

➜ **pages :** *269, 300.*

Protestant

Adepte de la Réforme.

● Les protestants n'appartiennent pas à un ensemble doctrinal, mais ont en commun une attitude de pensée de vie, qui est fidélité à l'Évangile.

● Les protestants, à quelque Église qu'ils appartiennent, partagent trois affirmations fondamentales : en ce qui concerne la foi, la Bible est l'autorité souveraine ; le salut, don de Dieu, ne peut s'obtenir que par la foi ; c'est par la force du témoignage intérieur de l'Esprit saint que le croyant saisit la parole de Dieu, celle-ci s'exprimant dans les livres saints.

➜ **pages :** *70, 184, 224, 278.*

Puddlage

Procédé autrefois utilisé pour obtenir du fer ou de l'acier à basse teneur en carbone.

● La technique consiste à brasser une masse de fonte liquide avec une scorie (oxyde de fer) dans un four à réverbère chauffé à la houille.

● Mis au point en 1784 par le maître de forge anglais Henry Cort, le puddlage connaît une diffusion très rapide en Angleterre. Il a été remplacé au cours de la première moitié du XIXe siècle par des procédés plus performants pour la fabrication de l'acier.

➜ **page :** *248.*

Quadruple-Alliance

Pacte conclu le 20 novembre 1815 entre l'Angleterre, l'Autriche, la Prusse et la Russie.

- À l'initiative de Castlereagh, le ministre des Affaires étrangères britannique, la Quadruple-Alliance doit, dans l'esprit des signataires, préserver l'équilibre européen mis à mal par les conquêtes de Napoléon.
- Des congrès périodiques auront lieu entre les Alliés et seront consacrés aux intérêts communs ainsi qu'à l'examen des mesures indispensables à la prospérité des peuples et au maintien de la paix.

→ **page :** *242.*

Rabelais (François)

Écrivain français (1494-1553).

- Prototype des humanistes de la Renaissance, écrivain concret et pittoresque, il concilie avec bonheur culture savante et tradition populaire. De son œuvre abondante on retiendra ici *Horribles et Épouvantables Faits et Prouesses du très renommé Pantagruel* (1532) ; *Vie inestimable du grand Gargantua* (1534) et le *Tiers Livre* (1546).

→ **page :** *220.*

Radicalisme

En France, courant politique qui domina la vie politique de la IIIe République.

- C'est après l'affaire Dreyfus que se forme le parti républicain radical et radical-socialiste (1901). Il se situe à gauche par son anticléricalisme, mais à droite par son attachement à la propriété privée.
- Très vite, le parti radical devient le parti des notables et surtout le parti du gouvernement par excellence. Ainsi, ses principaux membres dirigent le gouvernement de façon presque continue de 1902 à 1914. Après la guerre, le parti radical prend avec Herriot la tête du Cartel des gauches et du gouvernement (1924-1925 et 1926).
- En 1936, le radicalime constitue l'aile droite du Front populaire. Le parti s'effondre en 1945, se redresse un temps grâce à Mendès France et passe dans l'opposition après le retour du général de Gaulle.

→ **pages :** *294, 295, 296.*

Reagan (Ronald)

Homme politique américain (né en 1911).

- Gouverneur républicain de Californie, il est élu président en 1980 puis réélu en 1984 avec un programme visant à relancer l'économie par une politique d'inspiration ultralibérale.
- Ses deux mandats se caractérisent par une grande fermeté en matière de politique étrangère, notamment à l'égard de l'URSS et de ses alliés. Il signe toutefois avec Gorbatchev un traité de réduction des missiles à portée intermédiaire.

→ **pages :** *176, 393, 414.*

Récession

Ralentissement de l'activité économique.

- Dans la plupart des cas, la récession est la conséquence d'une politique de stabilisation des prix et

résulte d'une action contre le déficit extérieur. En effet, les autorités cherchent à modérer la demande globale, ce qui entraîne alors une baisse de la production industrielle.
➜ **pages :** ***252, 256, 341.***

Reconquista

Reconquête de l'Espagne par les chrétiens aux dépens des musulmans.

• La conquête de la péninsule Ibérique par l'islam, commencée en 711, est achevée en 718. Seuls quelques groupes chrétiens isolés ont trouvé refuge dans les montagnes du Nord. C'est de ces régions que part la reconquête qui se fera en direction du sud.

• Cette entreprise débute au milieu du VIIIe siècle dans les Asturies. Elle s'achève en 1492 quand Grenade se rend aux souverains Isabelle de Castille et Ferdinand II d'Aragon.
➜ **page :** ***214.***

Référendum

Consultation des électeurs en vue d'approuver ou de refuser un projet de loi.

• En France, l'article 11 de la Constitution de 1958 stipule que le président de la République, sur proposition du gouvernement ou sur proposition conjointe des deux Assemblées, peut soumettre au référendum tout projet de loi portant sur l'organisation des pouvoirs publics.

• Le référendum est souvent détourné de son objet par l'électeur, qui y voit l'occasion de manifester son approbation ou son rejet de la politique conduite par l'État. Ainsi, sur les quatre référendums organisés par le général de Gaulle, trois ont pu faire figure de plébiscite. Mais lors de la quatrième consultation (1969), les électeurs ont davantage sanctionné le chef de l'État que répondu à la question qui leur était posée (régionalisation et réforme du Sénat).
➜ **pages :** ***361, 410.***

Réforme

Mouvement religieux qui, dans l'Europe du XVIe siècle, s'est traduit par la naissance des Églises protestantes.

• Si la Réforme est d'abord l'œuvre personnelle de Martin Luther, sa diffusion hors de l'Allemagne n'en est pas moins rapide. De Zurich et de Strasbourg, elle gagne l'Alsace et la Suisse. Dans les pays francophones, c'est Calvin qui en est le principal médiateur.

• Le protestantisme se diffuse par la suite en Pologne, en Bohême, en Hongrie et dans les îles Britanniques, où il inspire la Réforme anglicane, une « charnière » entre protestantisme et catholicisme.
➜ **pages :** ***69, 224, 225.***

Réformisme

Tendance des partis révolutionnaires à abandonner la ligne dure pour l'adapter à des situations nouvelles.

• Le réformisme fait essentiellement débat chez les marxistes chez qui il vise à refuser la nécessité de la révolution violente pour la conquête du pouvoir politique.
➜ **pages :** ***259, 261.***

Renaissance

Période de rénovation culturelle (XVe-XVIe siècle) qui toucha tous les domaines, artistique, mais aussi économique et social.

• La Renaissance succède au Moyen Âge et marque le début des Temps modernes et les premiers pas du capitalisme. Sur le plan artistique, elle s'inscrit entre le gothique et le maniérisme.

• En matière politique, les monarchies nationales acquièrent une place croissante, du Portugal, en pointe dans les Grandes Découvertes, à la Suède, qui arrache au Danemark son indépendance dans les années 1520. En Italie, certes à une moindre échelle, un mouvement d'unification se manifeste qui voit la naissance de grands ensembles régionaux (Venise, Milan, Florence, Naples, Rome).

→ **pages :** *220, 221, 222.*

Réparations (question des)

Problèmes posés par le paiement des dommages de guerre imposés à l'Allemagne en 1919.

• Le principe des réparations est adopté par le traité de Versailles qui déclare l'Allemagne responsable de tous les dommages subis par les Alliés pendant le conflit. Mais de profonds désaccords divisent les Alliés – les demandes de la France sont exorbitantes, la Grande-Bretagne se montrant plus pragmatique – au point que le montant des réparations n'est arrêté qu'en 1921 : la dette allemande est fixée à 132 milliards de marks-or.

• Finalement, de moratoire en plan d'aménagement de sa dette (plan Dawes, 1924-1930; plan Young, 1930-1932), l'Allemagne n'aura versé que quelque 36 milliards de marks-or.

→ **page :** *315.*

République

Forme d'organisation politique où le pouvoir est exercé par ceux auxquels a été confié un mandat.

• Dans l'Antiquité, Rome offre le premier exemple d'organisation de la République (509-27 av. J.-C.).

• En France, la Ire République dure de septembre 1792 à mai 1804; la IIe République, du 25 février 1848 au 2 décembre 1852; la IIIe République, du 4 septembre 1870 au 10 juillet 1940; la IVe République, du 3 juin 1944 au 4 octobre 1958, date à laquelle naît la Ve République.

→ **pages :** *56, 73, 81, 200, 232, 292, 294, 296, 298, 342, 360, 418.*

Résistance

Ensemble des luttes menées contre l'occupation allemande pendant la Seconde Guerre mondiale.

• En France, la Résistance a été le fait de nombreux groupes qui ont été unifiés en 1943 par le Conseil national de la Résistance (CNR). Les actions de la Résistance ont contribué à la libération du territoire national.

• Dans toute l'Europe occupée, des résistants se sont opposés aux nazis, pratiquant guérilla, noyautages, sabotages et propagande.

→ **pages :** *358, 359, 360.*

Restauration

Régime politique de la France entre 1814 et 1830.

- On distingue deux périodes. La première Restauration correspond à la période pendant laquelle la monarchie française est rétablie en faveur de la branche aînée des Bourbons : elle s'étend du 24 avril 1814 au 20 mars 1815. La seconde Restauration correspond au rétablissement de Louis XVIII après la parenthèse du retour de Napoléon (les Cent-Jours) et au règne de Charles X : elle s'étend de juillet 1815 à juillet 1830.
- La Restauration est la dernière période où la branche des Bourbons occupe le trône de France.

→ **page** : *246.*

Résurrection

Selon les Évangiles, retour de Jésus à la vie, le troisième jour après sa mort.

- Dans le calendrier, la fête qui commémore la Résurrection correspond au jour de Pâques.
- La Résurrection a donné lieu à une abondante iconographie dans l'art occidental. Tout d'abord symbolisé par la croix nue, le retour de Jésus à la vie devient triomphant à partir du XIe siècle (Piero Della Francesca, Borgo San Sepolcro).

→ **pages** : *59, 205, 207.*

Risorgimento

Mouvement idéologique et politique qui a concouru, de 1815 à 1870, à la formation de l'unité italienne.

- Le terme « Risorgimento » est employé pour la première fois par l'écrivain Saverio Bettinelli dans le titre d'un ouvrage historique avant d'être repris et popularisé par un autre écrivain, Vittorio Alfieri, au XVIIIe siècle : il s'agit alors d'évoquer le jour où l'Italie retrouverait sa liberté et son unité.
- Au cours du XIXe siècle, le terme est appliqué au mouvement qui se fixe pour objectif de renverser l'absolutisme et de réaliser l'unité nationale. En 1847, Cavour fonde un journal baptisé *Il Risorgimento.*

→ **page** : *276.*

Robespierre (Maximilien de)

Homme politique français (1758-1794).

- Député du tiers état de l'Artois en 1789, il devient très vite un des leaders du club des Jacobins. Député de Paris à la Convention, il siège à la Montagne et contribue à éliminer les Girondins (1793) avec l'appui de la Commune de Paris.
- Personnage tout-puissant du Comité de salut public, il conduit une politique centralisatrice fondée sur la vertu et la terreur. Il est alors le maître de la France, mais une coalition rassemblant des membres de la Plaine, des modérés et d'anciens terroristes (dont Collot d'Herbois, Barras, Tallien) met fin au « règne » de celui que l'on appelait l'« Incorruptible » le 9 Thermidor (27 juillet 1794). Il meurt sur l'échafaud le lendemain en compagnie de vingt autres condamnés.

→ **pages** : *82, 233.*

Romanisation

Extension de la langue et de la civilisation romaines.

● On réserve le terme de «romanisation» pour désigner l'extension de la culture romaine aux provinces qui constituent peu à peu l'Empire à partir IIe siècle av. J.-C. La possibilité d'acquérir la citoyenneté romaine est un instrument privilégié de la romanisation.

➜ **pages :** *57, 200, 202.*

Romantisme

Dans l'Europe du XIXe siècle, mouvement intellectuel et artistique caractérisé par une réaction du sentiment contre la raison.

● Mouvement d'idées qui se manifeste dans les lettres dès la fin du XVIIIe siècle en Angleterre et en Allemagne, le romantisme gagne la France, l'Italie et l'Espagne au siècle suivant.

● Le romantisme, qui exprime des sensibilités individuelles et collectives, ne peut que favoriser l'émergence d'identités nationales. Celles-ci conduisent des intellectuels à fonder des mouvements patriotiques aux quatre coins de l'Europe.

➜ **pages :** *94, 241, 244, 247.*

Roosevelt (Franklin Delano)

Homme politique américain (1882-1945)

● Gouverneur démocrate de l'État de New York (1929-1933), il est élu président des États-Unis en 1933, puis réélu en 1936, 1940 et 1944.

● Sur le plan intérieur, sa présidence est marquée par l'instauration du *New Deal* pour lutter contre les effets de la crise de 1929.

● À l'extérieur, il engage les États-Unis dans la guerre après Pearl Harbor (7 décembre 1941). Il milite pour la création de l'ONU et meurt le 12 avril 1945, à la veille de la victoire.

➜ **pages :** *129, 144, 150, 328, 362.*

Rousseau (Jean-Jacques)

Écrivain et philosophe de langue française (1712-1778).

● Orphelin de mère, il mène une jeunesse vagabonde, exerce divers métiers, avant de tenter sa chance à Paris (1741) où il se lie avec les Encyclopédistes.

● Écrivain contestant l'écriture, philosophe en guerre contre les philosophes, Rousseau est un marginal qui souffre de solitude et d'incompréhension. Celles-ci pourtant nourriront son œuvre, dont on retiendra *Essai sur l'origine des langues*, *Discours sur l'origine et les fondements de l'inégalité parmi les hommes*, *Du contrat social*, *Julie ou la Nouvelle Héloïse*, sans oublier le versant autobiographique : *Confessions*, *Rêveries du promeneur solitaire*.

➜ **pages :** *75, 226, 240.*

Sacre

Cérémonie religieuse organisée lors du couronnement des rois ou des empereurs.

● En France, le cérémonial du sacre est inauguré par celui de Pépin et de ses deux fils, en 751. Le sacre du roi est considéré comme la confirmation de son droit divin car il est imité de l'onction sainte donnée aux rois dans la Bible. La cérémonie a lieu le plus souvent à Reims.

➜ **pages :** *71, 234, 246.*

Sacrement

Signe sacré institué par Jésus-Christ qui confère la sanctification divine.

- Il existe sept sacrements : le baptême, la confirmation, l'eucharistie, la pénitence, l'onction des malades, l'ordre et le mariage.
- Ce sont les évêques et les prêtres qui détiennent le pouvoir d'administrer les sacrements. L'effet du sacrement est de sanctifier celui qui le reçoit.

➜ **pages :** *207, 225.*

Sainte-Alliance

Pacte de fraternité et d'assistance mutuelle conclu le 26 septembre 1815 entre la Russie, l'Autriche et la Prusse

- Considérant les aspirations des petits États d'Italie et d'Allemagne, les signataires invitent les adhérents à mettre en pratique, dans leurs relations, les principes chrétiens «pour la défense des préceptes de la justice, de la charité chrétienne et de la paix».
- La Sainte-Alliance devient rapidement une coalition des rois contre les nations ; Louis XVIII la rejoint au nom de la France.

➜ **pages :** *97, 242.*

SALT

Strategic Arms Limitation Talks : négociations sur la limitation des armes stratégiques.

- Dans un contexte d'accumulation des armes nucléaires stratégiques par les États-Unis et l'URSS, une première phase de négociations s'ouvre en 1969 qui aboutit en mai 1972 à la signature d'un traité destiné à limiter les défenses antimissiles de part et d'autre.
- Le second accord SALT (Vienne, juin 1979) fixe des plafonds égaux pour les systèmes d'armes offensifs. Il ne sera pas ratifié par le Sénat des États-Unis.

➜ **pages :** *164, 172, 393, 404.*

Salut

Fait d'être sauvé de l'état de péché.

- Pour les catholiques, le salut est l'espérance manifestée par Jésus-Christ Sauveur qui justifie l'humanité pécheresse par sa grâce et apporte la promesse de posséder la vie éternelle.

➜ **pages :** *205, 224, 225.*

Sans-culotte

Révolutionnaire sous la Convention.

- Les patriotes de 1792, considérant la culotte comme un symbole de l'Ancien Régime, adoptent le pantalon de bure rayé. Peu à peu, le terme désigne ceux qui participent directement à la vie politique.

➜ **pages :** *82, 232.*

Schisme d'Orient

Séparation des Églises orientales de la communion romaine.

- On fixe généralement en 1054 la rupture entre l'Église latine et les patriarcats grecs d'Orient : c'est en effet à cette date que le patriarche de Constantinople, Michel Cérulaire, est excommunié par le pape Léon IX.

● Cette rupture est la suite sinon prévisible, du moins logique, du processus amorcé avec le partage de l'Empire romain (fin du IVe siècle).

➜ page : *211.*

SDN

Sigle de Société des Nations : organisation internationale dont l'objectif est de garantir la paix.

● Créée par le traité de Versailles (1919), la SDN compte à l'origine les États vainqueurs de la Première Guerre mondiale et les États neutres. L'Allemagne est admise en 1926.

● Le déclin de la SDN est contemporain de la crise de 1929. La conférence sur le désarmement (1932) est un échec. L'Allemagne et le Japon quittent l'organisation en 1933. Et la guerre italo-éthiopienne, qui oppose deux États membres, témoigne de la faillite de la sécurité collective.

➜ pages : *122, 311, 314, 324, 340.*

Sécurité collective

Paix mutuellement garantie.

● L'idée de sécurité collective est au cœur des principes fondateurs de la SDN et, dans les années 1920, on rêve même de mettre la guerre hors la loi. La SDN ne pourra empêcher le monde de basculer une nouvelle fois dans une guerre totale.

● Épuisées par les années de guerre (1939-1945), les grandes puissances veulent construire une paix durable et assurer, une nouvelle fois, une sécurité collective. Désormais, celle-ci se confond avec la création et les interventions de l'Organisation des Nations unies.

➜ page : *324.*

Seigneurie

Au Moyen Âge, territoire dépendant d'un seigneur.

● La seigneurie constitue l'assise politique et économique de la société féodale. Il existe entre les seigneuries une hiérarchie qui est fonction de l'étendue des pouvoirs du seigneur. On distingue ainsi les seigneuries titrées (duchés, maquisats, comtés) et celles qui ne le sont pas (châtellenies, fiefs de chevalier).

● Outre le domaine que le seigneur fait cultiver par le personnel libre ou serf attaché à sa personne et par des corvéables, le sol de la seigneurie est exploité par des concessions de tenures dont le seigneur tire des redevances (cens, champart).

➜ page : *210.*

Sénat

Dans la Rome antique, assemblée politique.

● Dans la Rome royale, le sénat réunit les chefs de famille. Sous la république, il admet les plébéiens. Le droit de convoquer le sénat appartient aux consuls, aux préteurs, aux tribuns de la plèbe.

● Les sénateurs surveillent l'installation des nouveaux cultes, ont la garde du trésor, attribuent les crédits nécessaires aux campagnes militaires. Sous l'Empire, le sénat perd sa compétence administrative et n'est plus ouvert qu'aux anciens magistrats possédant au minimum 1 million de sesterces et choisis par l'empereur.

→ page : *202.*

Séparation des pouvoirs

Principe d'organisation de l'État distinguant les pouvoirs exécutif, législatif et judiciaire.

- Le principe de la séparation des pouvoirs a été préconisé par Aristote, Locke et Montesquieu. Ce principe de droit public selon lequel les trois pouvoirs sont indépendants les uns des autres est une constante des démocraties parlementaires.

→ pages : *227, 291, 296.*

SFIO

Sigle de Section française de l'Internationale ouvrière.

- Parti politique français, la SFIO a été constituée lors du congrès de Paris en avril 1905 par la fusion du Parti socialiste français, du Parti socialiste de France, du Parti ouvrier socialiste révolutionnaire et de plusieurs fédérations autonomes.
- En 1920, la SFIO est déchirée par la question de l'adhésion à la IIIe Internationale fondée par Lénine en 1919. Environ deux tiers de ses membres se prononcent en faveur de l'adhésion au Komintern : la scission donne naissance au parti communiste.
- En 1969, la SFIO s'intègre à un nouveau parti socialiste dont François Mitterrand devient le premier secrétaire au congrès extraordinaire d'Épinay (juin 1971).

→ pages : *313, 342, 343, 344.*

Sfumato

Manière de peindre, vague et vaporeuse.

- Les gradations de la couleur et de la lumière, l'échelonnement en profondeur des objets dans l'atmosphère contribuent au modelé vaporeux du tableau. Les grands maîtres du sfumato sont les peintres italiens Léonard de Vinci, le Corrège et Andrea del Sarto.

→ page : *223.*

Shoah

Génocide des juifs d'Europe.

- En hébreu, Shoah signifie « destruction ». Ce terme a été officialisé le 19 août 1953 par une loi de la Knesset instituant le Yom Hasho'ah comme journée du Souvenir.
- Plusieurs termes ont été utilisés pour qualifier l'extermination des Juifs et la distinguer de tous les désastres qui jalonnent l'histoire juive. Ainsi, le terme « hurban » fait plus particulièrement référence aux deux destructions du Temple de Jérusalem. Le terme « holocauste » a paru, lui aussi, inadéquat dans la mesure où, à l'origine, il désigne un sacrifice.

→ pages : *147, 352, 354.*

Sieyès (Emmanuel Joseph)

Homme politique français (1748-1836).

- La publication en 1789 d'une brochure, *Qu'est-ce que le tiers état ?*, lui vaut une grande popularité. Député du tiers aux États généraux, tout d'abord partisan d'une monarchie constitutionnelle, il votera la mort du roi en 1792. Directeur en mai 1799, il soutient en novembre le coup d'État de Bonaparte (18-Brumaire). Il est alors l'un des trois consuls provisoires.

- Auteur du projet de Constitution de l'an VIII, que Bonaparte modifie, il ne joue plus dès lors qu'un rôle secondaire.

➜ **pages :** *87, 233, 240.*

Sionisme

Mouvement idéologique en faveur de la constitution d'un État juif en Palestine.

- Le sionisme naît au XIXe siècle sous l'impulsion de Juifs non religieux, comme Moses Hess, Leon Pinsker, Bernard Lazare et Theodor Herzl, auteur de *l'État juif* (1896).
- En 1901 est créé le Fonds national juif pour le rachat de terres en Palestine. En 1917, la déclaration Balfour favorable à la création d'un foyer national juif en Palestine suscite une forte immigration qui est interrompue dans l'entre-deux-guerres par la Grande-Bretagne.
- Après la Seconde Guerre mondiale et la Shoah, la création de l'État d'Israël signe la victoire du sionisme.

➜ **page :** *400.*

Smith (Adam)

Économiste écossais (1723-1790).

- Sa principale œuvre, celle qui lui a parfois valu d'être considéré comme le père de la science économique, est *Recherches sur la nature et la cause de la richesse des nations* (1776).
- Adam Smith estime que la source de toute richesse, c'est l'activité de l'homme. En recherchant donc leur intérêt personnel, les hommes vont contribuer à la réalisation de l'intérêt général. C'est pourquoi la liberté est centrale dans l'œuvre de Smith.

➜ **page :** *254.*

Social-démocratie

Courant d'idées issu du marxisme.

- La social-démocratie est le courant auquel se réfèrent les partis politiques de langue allemande et les pays scandinaves au sein de la IIe Internationale (1889-1923).
- Après la révolution d'Octobre 1917, sont dits, de façon péjorative, sociaux-démocrates ceux qui se réclament du marxisme tout en refusant le rattachement au Komintern (fondé en 1919 par Lénine).

➜ **page :** *107.*

Socialisme

Ensemble des doctrines condamnant la propriété privée des moyens de production et d'échanges.

- La dénonciation des inégalités sociales, de Platon à Babeuf, est d'abord morale. Avec Saint-Simon et Lassalle vient le temps des analyses techniques.
- Au XXe siècle, le socialisme se fait interventionniste. Ce sont les institutions, et non plus uniquement leur fonctionnement, qui sont remises en cause.
- Avec Marx et Engels apparaît le socialisme scientifique : les contradictions internes du capitalisme doivent déboucher sur la transformation des structures.

➜ **pages :** *260, 312.*

Société

Ensemble des individus entretenant des rapports organisés et permanents.

● Considérée sous l'angle de sa composition, la société est traditionnellement constituée de classes sociales : bourgeoisie, classes intermédiaires, classe ouvrière. Toutefois, dans les pays industrialisés, la catégorie socioprofessionnelle tend à supplanter la classe sociale.

➔ page : *372.*

Société anonyme

Société commerciale dont le capital est divisé en actions.

● Une société anonyme est constituée entre des associés dont le nombre ne peut être inférieur à sept et qui ne supportent les pertes sociales qu'à hauteur de la valeur nominale des actions qu'ils détiennent.

➔ pages : *254, 298.*

Souveraineté

Autorité d'un souverain.

● À la question de savoir qui, dans l'État, est le détenteur de la souveraineté, l'histoire a fourni de multiples réponses. Ainsi à la souveraineté monarchique de droit divin se sont substituées progressivement des doctrines de la souveraineté démocratique.

● Alors que Jean-Jacques Rousseau penche pour une souveraineté populaire (démocratie directe), les révolutionnaires de 1789 lui préféreront l'idée de souveraineté nationale : le pouvoir émane de la nation qui reste une entité abstraite.

➔ page : *236.*

Soviet

En russe, conseil.

● Les soviets sont une assemblée de délégués élus en Russie, puis en URSS. Les premiers soviets de députés ouvriers apparaissent lors de la révolution de 1905.

● Après Octobre 1917, les bolcheviks transforment les soviets en organes politiques du nouvel État socialiste. Leur organisation est précisée par la Constitution de l'Union soviétique en 1924.

➔ page : *316.*

Spartakisme

Mouvement communiste allemand.

● Le spartakisme se forme en 1914 contre la politique d'Union sacrée défendue par la majorité du parti social-démocrate.

● Ses deux principaux dirigeants, Rosa Luxemburg et Karl Liebknecht, sont assassinés le 15 janvier 1919 lors de l'insurrection de Berlin. L'échec des spartakistes porte un coup sensible au mouvement révolutionnaire allemand.

➔ pages : *320, 321.*

Sport

Exercices physiques, individuels ou collectifs, pouvant donner lieu à des compétitions.

● Le sport moderne naît en Angleterre au XVIIIe siècle. Il se répand par la suite par le truchement des universités dans le monde anglo-saxon. En France, il faut attendre la fin du XIXe siècle pour que le sport prenne son essor.

➔ pages : *136, 289.*

SS

Sigle de SchutzStaffel (échelon de protection), police militarisée du parti nazi.

• Créée en 1925, la SS passe sous la responsabilité de Himmler en 1929 et devient, après l'arrivée de Hitler au pouvoir (1933), un instrument servile et efficace au service du parti (élimination de la SA en 1934).

• Avec la guerre, elle fait régner «l'ordre noir» dans toute l'Europe occupée, assurant notamment la gestion et la garde des multiples camps de concentration.

• Des troupes de choc regroupées dans la Waffen SS participent à toutes les grandes offensives et contre-offensives à partir de 1940.

→ **pages :** ***133, 352, 353, 355.***

Stagflation

Phase de stagnation sur fond de hausse des prix et des salaires.

• On parle de stagflation lorsque la situation économique d'un pays est caractérisée par un ralentissement de la croissance – voire quand il y a récession –, avec cependant une persistance de la hausse des prix et des salaires en dépit du maintien d'un niveau de chômage assez élevé.

→ **page :** ***376.***

Staline (Joseph)

Homme politique soviétique (1879-1953).

• Il se rallie en 1917 aux «thèses d'avril» de Lénine, devient commissaire du peuple aux nationalités (1917-1922), puis secrétaire général du parti (1922).

• À la mort de Lénine (1924), il élimine un à un ses rivaux : Trotski, Kamenev, Zinoviev, d'abord, puis Boukharine et Rykov ensuite.

• Maître de l'URSS, il conduit une politique de collectivisation totale des terres – qui a pour effet d'éliminer les koulaks – et engage le pays sur la voie de l'industrie lourde, s'appuyant sur le travail forcé et le goulag. Parallèlement, les purges continuent.

• L'Allemagne ayant rompu le pacte germano-soviétique du 23 août 1939, Staline dirige la «grande guerre patriotique» et assure la soviétisation de l'Europe de l'Est après la victoire. Paranoïaque, il procède à de nouvelles purges avant de mourir en mars 1953.

→ **pages :** ***121, 140, 282, 318, 331, 339, 362.***

Standardisation

Mode de production standardisé.

• La standardisation des pièces entrant dans la fabrication d'une automobile a permis la production en série. La standardisation, en tant qu'elle permet le travail à la chaîne, est un élément capital du fordisme.

→ **pages :** ***252, 326.***

Stratège

Dans l'Athènes antique, principal magistrat.

• Les dix stratèges (un par tribu) font partie du système constitutionnel de Clisthène (seconde moitié du VIe siècle av. J.-C.).

• Si les stratèges ont à l'origine uniquement des attributions militaires, ils en viennent peu à peu à inspirer la politique d'ensemble de la cité, dont la guerre reste une activité importante.

→ pages : *55, 197.*

Suffrage

Système de vote.

- Le suffrage est restreint lorsque l'octroi et l'exercice du vote sont subordonnés à des conditions de sexe (suffrage masculin), de fortune (suffrage censitaire) ou d'instruction (suffrage capacitaire).
- Le suffrage est universel lorsqu'il est ouvert à tous sans restriction autre qu'une limite d'âge.
- Le suffrage est direct lorsque les électeurs désignent eux-mêmes leurs représentants. Le suffrage est indirect lorsque les électeurs désignent certains d'entre eux qui éliront leurs représentants.

→ pages : *112, 226, 230, 232, 234, 290, 292, 420.*

Sukarno

Homme d'État indonésien (1901-1970).

- Engagé très tôt dans la lutte pour l'indépendance, fondateur du parti national indonésien (1927), il proclame l'indépendance de l'Indonésie (1945) dont il devient le premier président. Il est chassé du pouvoir par le général Suharto (1966).

→ page : *414.*

Surproduction

Production excédant les besoins.

- La surproduction s'accompagne le plus souvent d'une baisse du prix de vente des produits. Le stockage, voire la destruction, est un des moyens d'en annuler les effets.
- La surproduction peut résulter d'une trop forte augmentation de la production, mais aussi d'une récession conjoncturelle et d'une limitation du marché.

→ pages : *326, 327.*

Surréalisme

Mouvement littéraire et artistique fondé sur la libération intellectuelle, morale, sociale et politique de l'individu.

- C'est Apollinaire qui le premier, dans *l'Esprit nouveau*, annonce le surréalisme (1917), tandis qu'André Breton s'attache à le définir (*Manifeste du surréalisme*, 1924).
- Aux formes d'ordre et de conventions logiques, morales, sociales, les surréalistes opposent la valeur du rêve, de l'instinct, du désir, de la révolte et la force de l'inconscient (écriture automatique).
- Parmi les peintres et sculpteurs les plus connus, on retiendra Ernst, Masson, Magritte, Miró, Tanguy, Dalí, Brauner, Bellmer, Giacommetti, Matta.

→ page : *282.*

Synagogue

Édifice dans lequel on célèbre le culte israélite.

- Les premières synagogues sont contemporaines de la conquête de la Babylonie par les troupes de Cyrus (VIe siècle av. J.-C.) : privés du culte du Temple détruit, les Juifs exilés bâtissent des synagogues.

● Les synagogues sont orientées vers Jérusalem ; à l'opposé de l'entrée se trouve une armoire, la *theba*, qui symbolise l'Arche d'Alliance et qui renferme la Torah. L'*almenor*, chaire où prend place le lecteur, lui fait place. Le culte est célébré autour de lectures commentées de la Bible.

➜ **pages :** ***204, 205.***

Syndicalisme

Mouvement regroupant des personnes qui partagent une même profession en vue de la défense de leurs intérêts.

● Le syndicalisme naît au XIXe siècle dans les pays européens industrialisés. En France, la liberté syndicale est entravée par la loi Le Chapelier sur les coalitions ouvrières.

● Au cours de la seconde moitié du XIXe siècle, le syndicalisme obtient la reconnaissance du droit de grève et la limitation des horaires de travail. La reconnaissance juridique intervient au tournant du siècle.

● De nos jours, dans les pays latins, les syndicats sont influencés par les divers courants politiques du mouvement ouvrier, par exemple le communisme en France. En revanche, dans les pays anglo-saxons, les syndicats limitent leurs actions aux seules revendications économiques.

➜ **pages :** ***104, 105, 258.***

Taylorisme

Système d'organisation fonctionnelle du travail.

● Le taylorisme doit son nom à Frederick Taylor (1856-1915), un ingénieur américain qui, après avoir étudié le monde industriel, conçut des procédés d'exécution originaux, comme le chronométrage appliqué à la manutention.

● Le taylorisme se caractérise par l'organisation fonctionnelle et la division du travail, le salaire différentiel, l'étude du rendement et la sélection du personnel.

➜ **pages :** ***124, 252, 256, 326, 368, 378.***

Tchang Kai-chek

Général et homme politique chinois (1887-1975).

● Engagé dans la révolution de 1911, à la tête de l'armée du Guomindang (1926), il rompt avec les communistes de Mao (1927) et établit un gouvernement nationaliste à Nankin.

● Après avoir contraint les communistes à entreprendre leur « Longue Marche », il s'allie avec eux contre les Japonais. La guerre civile (1946-1949) tourne à son désavantage et il doit se réfugier à Formose, où il préside le gouvernement.

➜ **page :** ***125, 151, 155, 338.***

Terres irrédentes

Terres revendiquées par l'Italie après 1870.

● Les terres irrédentes sont le Trentin, l'Istrie, la Dalmatie, Trieste et Fiume. Dans les années 1870, les nationalistes italiens réclament le rattachement à leur pays des territoires de langue italienne restés sous la domination austro-hongroise au lendemain de la réalisation de l'unité italienne.

➜ **pages :** ***300, 314.***

Terreur

Politique de contrainte révolutionnaire mise en œuvre par la Convention (1792 et 1793-1794)

● La première Terreur (10 août-20 septembre 1792) trouve son origine dans l'invasion prussienne. Elle donne lieu à l'arrestation du roi et aux massacres de septembre.

● La seconde Terreur (5 septembre 1793-28 juillet 1794) se traduit par l'élimination des Girondins et l'exécution d'un grand nombre de suspects. La Terreur culmine quand Robespierre, maître de la Convention (avril-juillet 1794), impose un régime d'exception.

➜ **page :** ***338.***

Théodose Ier

Empereur romain (v. 347-395).

● Sous son règne (379-395), le christianisme devient une religion d'État (392) tandis qu'est interdite toute pratique païenne.

● À la mort de Théodose, l'Empire est partagé entre ses deux fils, Honorius et Arcadius.

➜ **pages :** ***60, 61, 208, 210.***

Thiers (Adolphe)

Homme politique, journaliste et historien français (1797-1877).

● Plusieurs fois ministre, deux fois président du Conseil sous Louis-Philippe, il doit céder la place à Guizot, dont la politique conservatrice entraîne la chute du roi.

● Considéré comme l'âme conservatrice de la IIe République, député sous le Second Empire, chef du pouvoir exécutif lors des premiers pas de la IIIe République, il signe le traité de Francfort avec la Prusse et écrase la Commune (1871).

● Président de la République (août 1871), il s'attire l'hostilité profonde des monarchistes, majoritaires à l'Assemblée, et doit démissionner en mai 1873.

➜ **pages :** ***96, 101, 292.***

Thorez (Maurice)

Homme politique français (1900-1964)

● Secrétaire général du PC français en 1930, il se réfugie en URSS en 1939. Amnistié en 1944, ministre d'État (1945-1946), il est vice-président du Conseil (1946-1947).

➜ **page :** ***344.***

Tiers-monde

Ensemble des pays en voie de développement.

● Si le tiers-monde compte des pays différents, ils ont en commun d'être économiquement peu développés – même si des différences existent – et, en général, d'avoir fait partie d'un ensemble colonial : empires français, britannique, néerlandais.

➜ **pages :** ***156, 160, 374, 386, 396, 398, 400.***

Tito (Josip Broz, dit)

Maréchal et homme politique yougoslave (1892-1980).

● Secrétaire général du PC yougoslave depuis 1936, il organise la résistance contre l'occupation allemande entre 1941 et 1944.

● À la tête du gouvernement en

1945, il s'oppose à Staline (1948) et devient l'un des chefs de file du neutralisme.

● Élu président de la République (1953), il parvient à maintenir la cohésion de la fédération en instituant une direction collégiale – partage du pouvoir central entre les différentes composantes.

➔ pages : *322, 398.*

Totalitarisme

Système des régimes non démocratiques concentrant tous les pouvoirs en un nombre restreint de mains.

● Le terme de «totalitarisme» semble avoir été inventé par Mussolini, qui lui donnait un sens positif.

● Les régimes totalitaires se caractérisent par l'omniprésence de l'État, la subordination de l'individu à l'intérêt commun, l'endoctrinement dès le plus jeune âge, une propagande active et une politique de coercition. En ce sens, le fascisme, le nazisme et le communisme ressortissent au totalitarisme.

➔ pages : *132, 139, 330, 333.*

Trade-union

Syndicat ouvrier dans le monde anglo-saxon.

● Les trade-unions apparaissent dans la première moitié du XIXe siècle sous la forme de sociétés mutualistes (les syndicats étant alors interdits). Les lois sur les coalitions sont abrogées en 1824.

● En 1868, lors du congrès de Manchester, diverses associations, dont des Bourses du travail, des fédérations syndicales et des mutuelles se regroupent pour former la confédération syndicale britannique (Trades Union Congress ou TUC).

➔ pages : *107, 258, 261.*

Tribu

Dans l'Athènes antique, division territoriale.

● À Athènes, Clisthène crée dix tribus où sont répartis les citoyens de chaque région de l'Attique. Ces tribus, qui ont chacune leur héros éponyme, leur culte et leur sanctuaire, constituent un cadre politique et militaire.

➔ page : *194.*

Triple-Alliance

Pacte signé entre l'Allemagne, l'Autriche-Hongrie et l'Italie le 20 mai 1882.

● Les parties contractantes se promettent mutuellement paix et amitié et s'engagent à se porter secours en cas d'agression contre l'une d'entre elles. Guillaume II fera de la Triple-Alliance l'élément essentiel de sa politique extérieure. (On dit également Triplice.)

➔ page : *300.*

Triple-Entente

Pacte signé entre l'Angleterre et la Russie le 31 août 1907.

● La Russie et l'Angleterre, pays traditionnellement rivaux, se réconcilient pour régler leurs différends en Asie centrale (Perse, Afghanistan, Inde et Tibet).

● Cet accord bilatéral sert de base à l'établissement d'un nouveau sys-

tème d'alliance auquel adhère la France en vue de contrebalancer la Triple-Alliance.
➜ **pages :** ***116, 300.***

Trotski (Léon)

Homme politique soviétique (1879-1940).

- Il participe à la révolution de 1905, est arrêté, s'échappe, vit en exil et revient en Russie où il rallie les bolcheviks (mai 1917).
- Participant actif à la révolution d'Octobre, commissaire du peuple à la Guerre, il crée l'Armée rouge dont il assure la conduite lors de la guerre civile (1918-1920).
- Relevé de ses fonctions par Staline (1925), expulsé d'URSS, il est assassiné au Mexique en août 1940 sur ordre de Staline.

➜ **pages :** ***139, 316, 318.***

Truman (Harry)

Homme politique américain (1884-1972)

- Sénateur démocrate, il succède à Franklin Roosevelt peu avant la fin de la Seconde Guerre mondiale et prend la décision du bombardement atomique sur le Japon (août 1945).
- Réélu en 1948, il exerce son mandat en pleine guerre froide (blocus de Berlin, guerre de Corée).

➜ **pages :** ***156, 363, 388.***

Trust

Concentration d'entreprises soumise à une direction unique.

- À l'origine d'un trust il peut y avoir fusion, achat, prise de contrôle. Compte tenu de leur taille et de leur position sur le marché national ou international, certains trusts représentent une force considérable. Leur influence est parfois limitée par des lois dites antitrust.

➜ **page :** ***273.***

Unesco

Sigle de United Nations Educational Scientific and Cultural Organization (Organisation des Nations unies pour l'éducation, la science et la culture).

- Créée en 1946, l'Unesco est une institution spécialisée de l'ONU qui a pour objectif de favoriser la paix en développant des liens culturels et scientifiques.

➜ **page :** ***406.***

Unicef

Sigle de United Nations International Children's Emergency Fund (Fonds international de secours à l'enfance).

- Créé en 1946, l'Unicef est un organisme à but humanitaire de l'ONU dont l'objectif est de promouvoir une aide à l'enfance dans les pays du tiers-monde. Prix Nobel de la paix en 1965.

➜ **page :** ***406.***

Union sacrée

Rassemblement de tous les Français face à l'agresseur allemand.

- L'expression est employée par le président de la République Raymond Poincaré dans son discours au Parlement lors de la déclaration de guerre le 4 août 1914.

➜ **page :** ***309.***

Vichy (gouvernement de)

Gouvernement de l'État français (1940-1944).

• Président du Conseil à partir du 16 juin 1940, Pétain s'installe à Vichy et promulgue une nouvelle Constitution : l'État français succède ainsi à la IIIe République.

• La révolution nationale que le maréchal appelle de ses vœux est largement inspirée de l'idéologie maurassienne : conception autoritaire de l'État, exaltation du nationalisme, hostilité à la démocratie.

➜ **pages :** ***143, 147, 356, 358, 360.***

Vinci (Léonard de)

Peintre, sculpteur, architecte, ingénieur et savant italien (1452-1519).

• Dès 1472, son nom est inscrit sur le registre des peintres florentins. L'Italie du XVIe siècle admira principalement en lui le sculpteur et l'ingénieur. Il nous est plus connu en tant que peintre, auteur de *la Joconde* et de la *Cène*, et comme savant. À ce titre, il a laissé un monumental répertoire de matériaux que forment ses notes manuscrites.

➜ pages : *67, 223.*

Voltaire (François Marie Arouet, dit)

Écrivain français (1649-1778).

• Il connaît la Bastille pour avoir commis des vers irrévérencieux contre le Régent (1717-1718). Après un exil en Angleterre, dont il fait l'éloge dans les *Lettres philosophiques* (1734), et un séjour auprès du roi de Prusse (1750-1754), il gagne Genève et s'établit à Ferney.

• Engagé dans la lutte contre l'intolérance, il obtient la réhabilitation de Calas (1765) et de Sirven (1771).

• Il est l'auteur d'une œuvre abondante, dont *Le Siècle de Louis XIV*, *Zadig*, *Micromégas*, *Candide*.

➜ **pages :** ***188, 226.***

Wilson (Thomas Woodrow)

Homme politique américain (1856-1924).

• Candidat démocrate, il est élu président des États-Unis en 1912 et réélu en 1916.

• Il décide l'entrée en guerre des États-Unis (1917) et, après le conflit, s'emploie à créer la SDN.

➜ **pages :** ***119, 121, 308, 314, 324.***

Zhou Enlai

Homme politique chinois (1898-1976).

• Un des créateurs du PC chinois (1920), ministre des Affaires étrangères (1949-1958) et Premier ministre, il est à l'origine du rapprochement sino-américain (1972).

➜ **page :** *397.*

Zollverein

Union douanière allemande.

• Créé le 1er janvier 1834, le Deutscher Zollverein, qui englobe alors presque tous les États allemands, est appelé à jouer un rôle majeur en faveur de l'union politique.

• Pratiquant le libre-échange en son sein, mais protectionniste à l'extérieur, le Zollverein accélère l'unification économique de l'Allemagne au profit de la Prusse.

➜ **page :** *277.*

Crédits photographiques

ADAGP Paris, 2004 255 g, 258, 282, 283 h, 287 b, 307 b, 311 h , 317 h, 342, 356 / **Artephot** 277 / A.D.P.C. 32, 87, 219 b, 233 b, 235, 239 b, 242, 243 h, 244, 247 h, 247 b, 271 h, 273 h, 275 h, 281 h, 294, 301, 315 / Babey 20, 217 b / Bencini 222 / Bridgeman 51 / Cercle d'Art 216 / Collection Angel 99 / Fabbri 243 b / Faillet 60, 217 h, 221 h, 286 / Fiore 202, 365 b / Held 31, 201 b, 207 b, 287 b, 481 d / Meyer 12-13, 30, 245 / Nimatallah 13 b, 21, 23, 34, 57, 68, 195, 196, 197, 198, 199 g, 199 d, 208 h, 208 b, 284, 465 g / Oronoz 26, 29, 63, 209, 211, 219 h / Percheron 25 h, 27 b, 54, 204, 205 h, 213 / Perrin 97, 289 h, 289 b, 307 b / Pole 28, 207 h / Roland 225 h / Trela 225 b, 226, 240 h, 273 b, 275 b / Varga 67, 91, 246 / Visual Arts Library 95, 193 h, 234 / **Charmet** 13 h, 25 b, 33, 35, 36, 38, 40, 41, 42, 44, 47, 79, 100, 218, 221 b, 227 h, 227 b, 228, 229, 231 b, 249 h, 249 b, 255 h, 255 b, 262, 263 h, 263 b, 278, 292, 308, 310, 367 h, 387 b / **Cinéstar** 451 / **Crochet** 114-115, 236, 251 h, 271 b, 272, 285, 291, 307 h, 328, 346, 348, 349 b, 353, 370, 383 h / A.D.N. Zentralbild Berlin 364 / Canadien national 288 / **Édimédia** 22, 27 h, 70, 83, 147, 192-193, 194, 203 b, 205 b, 206, 215, 220, 230, 233 h, 239 h, 240 b, 259 b, 283 h, 287 h, 296, 306, 311 h, 317 h, 319, 349 h, 455 / Bridgeman 223 / Giacomelli 210 / L'Hoir 241 / Lorenzini 200 / Snark 150, 203 h, 214, 282, 283 b, 318, 321 h, 351 b, 366 / **Explorer** Bertrand 248 / Carbonare 372 / Charmet 256, 257 h, 257 b / Dorval 373 h / Giraudou 377 d / Halberstadt/ Resear 381h / Hevens 453 / Horvas 433 / Laird 380 / Le Toquin 463 / Porcher 381 b / Wolf 430-431, 457 / **Gamma** 179, 378, 412 / A.P.I. 375/ Apesteguy 421 h / Aventurier 377 g, 379 h / Benainous 413 h / Bonnet 401 h / Buu 406 / Campion 424 / Chip Hires 403 h, 409 h / De Keerle 176 / De Martini 417 b / Duclos 429 h / Eslami Rad 403 b / Hernandez/Liaison 415 b / Jager 149 / Lepéchoux 428 / Lochon 425 h / Malecki/Liaison 417 h / Morel 400 / Novosti 405 b / Piel 414 / Pool 393 b / Quidu 49 b / 191 / Rannou 193 b, 374 / Reglain 411 b / Ribeiro 173 / Sestini 322 / Shone 187, 382, 385 h, 415 h / Taieb 392, 393 h / Tait 185 / Turner Spoon 425 b / Turpin 373 b, 379 b, 427 / Vioujard 181 / Vittet 405 h / **Giraudon-Lauros** 270 / **Havas Édition Électronique** 441 / **Histoire** 441 / **L'Histoire** 449 / **L'Illustration/Sygma** 37, 103, 119, 143, 231 h, 232, 297, 304, 305 h, 316, 317 b, 320, 321 b, 324, 325 b, 326, 336, 347, 362, 431 h, 443, 445, 461 / **Keystone** 43, 45, 46, 155, 157, 159, 163, 169, 253 h, 325 h, 327, 329, 332, 333, 334, 335, 338, 339, 343, 344, 350, 352, 354, 355 h, 355 b, 357 b, 358, 359 h, 360, 361 h, 361 b, 363, 365 h, 367 b, 368, 382, 384, 385 b, 386, 387 b, 388, 389, 391 h, 391 b, 394, 395, 397 h, 397 b, 398, 401 b, 404, 410, 418, 419 h, 419 b, 420, 421 b, 422, 423 h, 423 b, 427, 429, A.D.P. 357 h / Musée de la Résistance de Besançon 351 h / **Kharbine-Tapabor** 39, 49 h, 106, 111, 121, 123, 125, 127, 131, 133, 137, 138, 141, 237, 250, 251 b, 253 b, 254, 258, 259 h, 260, 261 h, 261 b, 264, 265 h, 265 b, 266, 267 h, 267 b, 268, 269 h, 269 b, 281 b, 290, 293, 298, 299, 305 b, 309 h, 309 b, 311 b, 312, 313 h, 313 b 330, 331 h, 331 b, 337, 340, 341 h, 341 b, 342, 345 h, 345 b, 356, 359 b, 369 g, 407 h / Collection Dixmier 295 / Collection Jonas 75, 77, 376 / **Bordas** 437 / **Libération** 439 / **Maire** 24 / **Musée Dauphinois** Guy Depollier 459 / **Rapho** 48-49, 167, 408, 409 b / Brake 369 d / Sappa 416 / Sturrock 371.

Liste des illustrations

Couverture (g) François Bouchot (1800-1842), *Bonaparte au Conseil des Cinq Cents, à Saint-Cloud, le 10 novembre 1799*, peinture, 1840, musée national du château de Versailles, Ph. Hubert Josse © Archives Larbor.

Couverture (d) *Conférence de Yalta dans la cour du palais Livadia* (Winston L. Churchill, Franklin Delano Roosevelt, Staline), Photo 2, 1945, Ph. coll. Archives Larbor.

20 Second cercueil de Toutankhamon, vallée des Rois, musée du Caire.

22 Statue de l'empereur Auguste, musée du Vatican.

23 Première représentation connue du Christ, pierre dure, IXe-Xe s., musée d'Ostie, Rome.

24 Basilique Sainte-Sophie, Istanbul.

25 (h) Kaaba, carreau de faïence XVIe s., musée du Caire.

25 (b) Coran, manuscrit égyptien XVIe s., bibl. de l'Arsenal, Paris.

26 Scène d'hommages *Liber Feudorum*, Archives de la couronne d'Aragon, Barcelone.

28 Tympan du Jugement dernier, portail principal de l'église Sainte-Foy de Conques.

29 Maquette de la caravelle *Santa-Maria*, Huelva.

30 Brueghel le Vieux, *Le Combat de Carême et de Carnaval*, 1559.

31 Le Nain, *Repas de paysans*, Louvre, Paris.

32 Louis XIV en Apollon, ballet des fêtes de Bacchus le 2 mai 1651, B.N., Paris.

33 Cholat, *Prise de la Bastille le 14 juillet 1789*, aquarelle, musée Carnavalet, Paris.

34 Goya, *Le 2 Mai, la Charge des mamelouks*, musée du Prado, Madrid.

35 Bonhomme, *Le Creusot en 1866*, coll. part.

36 Flat Iron Building à New York v. 1910, carte postale.

38 Planche tirée du *Tour de la France par deux enfants* de G. Bruno.

42 Brochure de 1936, B.N., Paris.

44 *À l'assaut vers l'incertain*, paru dans *Signal*, 1942.

47 Affiche de Thébault et Fontséré, 1945, musée d'Histoire contemporaine.

51 Pierre de Rosette, British Museum, Londres.

54 Représentation de *Lysistrata* à Athènes le 20 septembre 1968.

57 Sarcophage d'un général de Marc-Aurèle, combat entre des cavaliers romains et barbares, Musée national, Rome.

60 Jean-Baptiste baptisant le Christ, évangile de l'abbesse Hitoa, Landesbibliothek de Darmstadt.

63 *Livre des croisades* : embarquement de Godefroi de Bouillon.

67 Metsys, *Le Changeur et sa femme*, Louvre, Paris.

68 Brunelleschi, projet pour la coupole du Dôme de Florence, musée des Offices, Florence.

70 Hyacinthe Rigaud, *Louis XIV en costume de sacre*, Versailles.

79 Fête de la Fédération à Paris le 14 juillet 1790, imagerie populaire de l'époque, musée Carnavalet.

83 De Machy, fête de l'Être Suprême au Champ-de-Mars le 8 juin 1794, musée Carnavalet, Paris.

87 Débarquement des Français en Égypte en 1798.

91 Laffitte, *Sacre de Charles X*, Versailles.

95 Thomas Phillips, *Byron*, National Portrait Gallery, Londres.

97 Révolution de 1830, prise du Louvre.

100 Atelier de tailleurs en 1848.

195 Trirème, période classique, musée de l'Acropole, Athènes

196 Machine électorale, musée de l'Agora, Athènes.

197 Ostrakon provenant de l'Agora avec le nom de Thémistocle.

198 Athéna en contemplation, 460-450 av. J.-C., musée de l'Acropole, Athènes.

199 (g) Frise nord du Parthénon, porteuses d'eau, musée de l'Acropole, Athènes.

199 (b) Frise nord du Parthénon, jeunes hommes menant des taureaux au sacrifice, musée de l'Acropole, Athènes.

200 Légionnaire romain, colonne trajane, 109 apr. J.-C., musée de la Civilisation romaine, Rome.

201 Monnaie (aureus), 112-114 apr. J.-C. trésor Vidy, médailler vaudois.

203 (h) Bas-relief, Ier s. apr. J.-C., Louvre, Paris.

204 Manuscrit de la mer Morte, 70 apr. J.-C.

205 (b) Gustave Doré, gravure pour *La Sainte Bible*, coll. part.

206 Baptistère, mosaïque romaine, VIe s. apr. J.-C., musée du Bardo, Tunis.

207 (h) Saint Paul, mosaïque byzantine, chapelle archiépiscopale, Ravenne.

207 (b) Catacombes de Priscilla, Rome.
208 (b) Botticelli, *Saint Augustin dans son bureau*, Ognissanti, Florence.
209 École de Ségovie, moines copistes, musée Lazaro Galdiano, Madrid.
210 Dioclétien, Maximien et Constance, groupe en porphyre à l'angle de la place Saint-Marc, Venise.
213 Chapelle Palatine, fin XIIe-XIIIe s., Palerme.
214 *Roman de Godefroi de Bouillon*, embarquement des croisés (1re croisade), B.N., Paris.
215 Mathieu Paris, *Saladin bat les Chrétiens et prend la Sainte Croix en 1187*, Bodleian Library.
216 *La Vierge de Vladimir*, déb. XIIe s., galerie Tretiakov, Moscou.
217 (h) Vitrail, croisillon nord de la cathédrale de Chartres.
217 (b) Mihrab de la mosquée de Cordoue, Espagne.
218 Bible dite «à 36 lignes», imprimée par Gutenberg v. 1455, fac-similé d'après l'exemplaire de la bibliothèque de l'université de Greifswald.
219 (h) Astrolabe, Musée naval, Madrid.
219 (b) Shenk et Valk, carte du système de Nicolas Copernic, gravure XVIIe s.
220 Carpaccio, *Saint Augustin dans son cabinet de travail*, XVIe s., Scuola di San Giorgio, Venise.
221 (h) Holbein, *Érasme*, Louvre, Paris.
221 (b) *Le Repas de Pantagruel*, œuvres complètes de Rabelais, 1873, bibl. des Arts décoratifs, Paris.
222 *La Cité idéale*, XVe s., palais d'Urbino.
223 Michel-Ange, *David*, galleria dell'Accademia, Florence.
225 (h) Cranach, *Martin Luther*, musée Condé, Chantilly.
225 (b) Tribunal d'Inquisition v. 1560, B.N., Paris.
226 Rousseau, B.N., Paris.
227 (h) *Le Café du Caveau au Palais-Royal*, estampe v. 1789, musée Carnavalet.
227 (b) *Le Vitrier*, gravure de l'*Encyclopédie*, bibl. des Arts décoratifs, Paris.
228 *Le Tiers état écrasé par les deux autres ordres*, 1789, B.N., Paris.
229 Cahier de doléances de la paroisse de Taverny, avril 1789, Archives nationales, Paris.
230 David, *Le Serment du Jeu de paume* à Versailles le 20 juin 1789 (détail), plume lavée de bistre avec rehaut de blanc sur papier, Versailles.
231 (b) Arbre de la liberté planté à Paris place du marché des Saints-Innocents le 15 novembre 1791, fête de la Constitution, B.N., Paris.
233 (h) École française, *Robespierre*, XVIIIe s., musée Carnavalet, Paris.
233 (b) Monument élevé au Champ-de-la-Réunion pour la fête de l'Être suprême, B.N., Paris.
234 Robert Lefèvre, *Napoléon Bonaparte*, Aspley House, Londres.
235 Débarquement de Napoléon à Golfe-Juan venant de l'île d'Elbe, le 5 mars 1815.
236 Louis XIV fait son entrée solennelle à Strasbourg, le 23 octobre 1681.
239 (h) Goya, *Le 3 Mai*, musée du Prado, Madrid.
239 (b) Maleuvre, *Napoléon entre la guerre et la paix*.
240 (h) Garnerey, *Rousseau*, 1803.
240 (b) Tischbein, *Herder*, 1796, nationale Forschungs und Gedenkstälten, Weimar.
241 Delacroix, *Scènes des massacres de Scio*, Louvre, Paris.
242 Congrès de Vienne, gravure satirique sur les participants, B.N., Paris.
243 (h) Granville, *L'ordre règne à Varsovie*, gravure sur l'insurrection polonaise, 1831, B.N., Paris.
243 (b) La révolte des carbonari, 1821.
245 Ziegler, *La Révolution de 1848 à Vienne*, Musée historique, Vienne.
246 Chasselat, *Sacre de Charles X*, gravure, Versailles.
247 (h) Louis-Philippe sur le pont Royal le 19 novembre 1832.
247 (b) Garde nationale mobile, 1848.
248 «Magasin pittoresque», fabrication des étoffes de soie, 1855.
249 (b) Marteau-pilon, v. 1870.
249 (h) Machine à épuiser les eaux des mines, XVIIe siècle, École nationale des ponts et chaussées, Paris.
251 (h) Lancement du paquebot *Great Britain* à Bristol, 1845.
255 (b) Grandjouan, *Répression sanglante d'une grève*, gravure, 1908, Musée social, Paris.
256 Cités ouvrières construites en 1846 à Mulhouse, gravure de 1852, B.N., Paris.
257 (h) Atelier de criblage du charbon v. 1860, musée des Arts et Métiers.
257 (b) Steinlen, *Couturière travaillant à domicile*, in *le Chambard socialiste*, 1894.
258 Grandjouan, *L'Assiette au beurre*, 28 avril 1906.

259 (h) *Le Petit Parisien*, 7 mai 1893.
259 (b) Carte de syndicaliste imprimeur lithographe, Angleterre, 1888.
261 (b) Vkhutemas, *Vive l'Internationale communiste*, 1921.
262 Le pape Léon XIII, lithographie fin XIXe s., bibl. des Arts décoratifs, Paris.
263 (h). Caplain, pèlerinage à Lourdes, couverture du *Soleil du dimanche*, 24 septembre 1899, B.N., Paris.
263 (b) Les missions catholiques, 22 novembre 1878, coll. part.
270 Mutsuhito, B.N., Paris.
271 (h) Guerre russo-japonaise : l'empereur Meiji du Japon reçoit les drapeaux de ses troupes.
271 (b) Port japonais v. 1890.
272 Thomas Hill, *Le Dernier Clou*, 1879.
273 (h) Chicago en 1890, d'après Taylor.
275 (h) Manifestation antigermaniste, place de la Concorde, 1894.
277 Bismarck, *Le Petit Journal*, 7 août 1898, coll. Y. Grégoire.
278 Massacre à Varsovie le 8 avril 1861, Bibl. polonaise, Paris.
281 (h) Guerre des Balkans, village serbe abandonné par les Bulgares, 1913.
281 (b) *Le Rire*, 7 décembre 1912.
282 Max Ernst, *Le Rendez-vous des amis*, 1922, coll. Lydia Bau, Hambourg.
283 (h) Lazar Lissitzky, *Bats les blancs avec le coin rouge*, affiche, 1920.
283 (b) Maïakovski, affiche, 1920.
284 L. Lhermitte, *Grehant, Malassez, Dastre et Claude Bernard*, 1889, Académie de médecine, Paris.
286 P. N. Guérin, *Le Retour de Marcus Sextus*, Louvre, Paris.
287 (h) Monet, *Impression soleil levant*, 1872, musée Marmottan, Paris.
287 (b) P. Klee, *Sans titre*, 1919, aquarelle sur papier, coll. part., Suisse.
289 (b) H. Brispot, première affiche de cinéma, 1896.
292 De Dreux, *Napoléon III*, musée de l'Armée, Paris.
294 Gilbert Martin, *Rochefort retient Boulanger*, 1890.
295 *L'Aurore*, 13 janvier 1898.
296 *Le Petit Journal*, 21 septembre 1892.
306 Affiche de propagande, guerre 1914-1918.
307 (b) Abel Faivre, affiche « Versez votre or pour la France ».
308 Déclaration de guerre des États-Unis à l'Allemagne le 6 avril 1917, American Library, Paris.
310 Soldat allemand, caricature de L. Métivet, *le Rire rouge*, mars 1915, Bibl. historique de la Ville de Paris.
311 (h) Otto Dix, panneau central du triptyque *la Guerre*, technique mixte sur bois, 1929-1932, Gemäldegalerie, Dresde.
315 Traité de Versailles déchiré, *le Rire*, 1923.
317 (h) A. Gerasimov, *Lénine à la tribune*, 1947.
319 A. Deineka, *le Peuple du premier plan quinquennal*, 1937.
321 (h) Affiche « Votez Spartakus », 1918, coll. part.
367 (h) Marshall, homme de l'année en couverture du *Time Magazine*, janvier 1948, American Library, Paris.
387 (b) Affiche « Pays du tiers-monde, unissez-vous, luttez contre l'impérialisme des pays capitalistes », coll. part.
451 Claude Lanzmann, *Shoah*.
453 J. K. Stieler, *Beethoven*.
455 Delacroix, *Scènes des massacres de Scio*, Louvre, Paris.

Imprimé en Italie par Bona
Dépôt légal 1ère édition : juillet 2004
Dépôt légal : avril 2006 - N° de projet 10133292